LAW

修訂八版

公司法論

Company Law

梁宇賢　著

三民書局

國家圖書館出版品預行編目資料

公司法論 / 梁宇賢著.－－修訂八版一刷.－－臺北
市：三民，2019
面；　公分

ISBN 978–957–14–6682–8　（平裝）
　1.公司法

587.2　　　　　　　　　　　　　　　108012348

©　公司法論

著 作 人	梁宇賢
發 行 人	劉振強
著作財產權人	三民書局股份有限公司
發 行 所	三民書局股份有限公司
	地址　臺北市復興北路386號
	電話　(02)25006600
	郵撥帳號　0009998–5
門 市 部	（復北店）臺北市復興北路386號
	（重南店）臺北市重慶南路一段61號
出版日期	初版一刷　1980年5月
	修訂七版一刷　2015年9月
	修訂八版一刷　2019年9月
編　　號	S 582470

行政院新聞局登記證局版臺業字第○二○○號

有著作權・不准侵害

ISBN　978–957–14–6682–8　（平裝）

http://www.sanmin.com.tw　三民網路書店

修訂八版序

　　公司法是工商社會市場運作的基本大法，對人民的生活，企業的運作及國際貿易關係，非常密切。隨著經濟社會全球化，公司法制之良窳，影響國家工商業及經濟甚鉅。本次修訂，為配合民國一〇七年八月一日公司法之修正，由於改版幅度大，筆者特於本書之末，附上此次政府對公司法部分條文修正之要點總說明，俾便讀者參考。

　　本書之修訂改版，承三民書局編輯部同仁之協助，備極辛勞，筆者非常感謝。惟筆者學識疏淺，思慮不周，尚祈海內外賢達，不吝指教。

梁宇賢　謹識

民國一〇八年八月

修訂七版序

　　公司法係工商法規的基本大法，對社會工商經濟、人民的生活及國際的貿易影響甚鉅。本書自民國六十九年五月問世以來，歷經多次修訂出版。政府於民國九十五年二月修訂公司法，俾因應資訊科技時代，協助企業提昇全球競爭力，追求企業永續發展並保護股東的基本權利，推動建立完善的公司治理制度，營造良好的公司法制環境，本書亦隨之配合修訂。然則至今已有十年，期間政府對於公司法又有數次之修訂，筆者因由國立臺北大學法律學院教授退休轉至中國文化大學法學院任教，不久又兼任院長職務，忙於院務，一直未對本書再作修訂，實感歉疚。惟近年來筆者已退休，僅為兼任教授，故有充裕的時間，對本書詳加修訂，並增訂政府於民國一〇四年七月一日公布之閉鎖性股份有限公司專節，鼓勵創新。因此筆者佐以近年來公司法修訂之立法理由及說明，俾求與日俱新。對於公司法在實施上，所面臨窒礙難行及所遭遇之爭議問題，提供解決方案。同時並增補近年來最高法院之判決及經濟部之函釋，力求理論與實務配合，以應學術界及工商界之需要，藉以答謝各方之雅愛。

　　筆者學疏識淺，思慮不周，疏漏難免，尚祈海內外賢達，不吝賜教。本書之修訂，承三民書局編輯部同仁之協助整理及校對，備極辛勞，特此表達謝忱。

梁宇賢　謹識

民國一〇四年八月

修訂六版序

我國公司法於民國九十年十一月十二日大幅修正公布實施後，至今將近四年。年來政府為因應資訊科技時代，協助企業提昇全球競爭，追求企業永續發展，並保護股東之基本權利，推動建立完善之公司治理制度，營造良好的公司法制環境，乃於民國九十四年六月二十二日修正公司法第十八條、第一二八條、第一五六條、第一七二條、第一七七條、第一七九條、第一八三條及第二七八條條文；增訂第一七二條之一、第一七七條之一至第一七七條之三、第一九二條之一及第二一六條之一條文；並刪除第三一七條之三條文公布實施。又於民國九十五年二月三日修正第二六七條、第二八九條、第二九○條第三○二及三○六條等條文公布實施。

筆者為求本書與日俱新，特加配合修訂，並佐以立法理由及說明。茲為彌補及解決公司法自民國九十年底修正後，在實施上所面臨室礙難行及所遭遇之爭議問題，本書特增補近年來最高法院之判決及經濟部之函釋，力求理論與實務配合，以應學術界及工商業界之需要，藉以答謝各方之雅愛。

筆者學疏識淺，思慮不周，疏漏難免，尚祈海內賢達，不吝指教。

梁宇賢　謹識
民國九十五年二月

修訂五版序

　　本書自民國六十九年五月問世以來，屢經再版、修訂版，承蒙各方廣為採用，不勝感謝之至。

　　公司法係工商法規的基本大法，公司法之修訂對社會經濟、人民之生活及國際貿易影響甚鉅。我國於民國九十一年初加入世界貿易組織，惟在加入之前，我國為因應加入後的國際化，與世界同軌同步交流，因此於民國九十年十一月十二日對於公司法大幅度修正公布實施。

　　按此次公司法修正後，適值作者任職國立臺北大學法律學院院長，職務忙碌，未能及時將本書加以修正，而延遲至今，始修正完成付梓，實感抱歉之至。本書取材廣泛，採綜合比較法，兼顧理論與實務，並附有本次及屢次公司法修正之理由，以供讀者佐證參考。然則公司法制變革日新月異，作者學殖不深，疏漏難免，尚祈賢達先進不吝教正，容日後修正增訂時改進。

　　本書修訂承國立臺北大學法學系碩士班研究生陳謏伊、林書慧、羅文苓、王曹正雄、陳雅憶、張簡勵如、傅馨儀、林佑珊、鄭曄祺及洪培睿等之協助收集資料，並承三民書局編輯部同仁之整理及校對，備極辛勞，特此表達謝忱。

梁宇賢　謹識

民國九十二年七月二十五日

於國立臺北大學法律學院院長室

修訂四版序

　　本書自民國六十九年五月問世以來，承蒙各方廣為採用，屢經再版及修訂版，至少已達七次以上。最近一次之修訂，為民國八十年十二月之修訂，係配合民國七十九年十月一日總統令修正之公司法公布而來。

　　近十年來，我國工商業進步，社會變化甚驟，國際貿易興盛，世界貿易組織形成。我國政府為配合未來加入世界貿易組織、加強企業透明及便民化，乃於民國八十六年六月二十五日總統令修正公布公司法。此次之修正公布重點在於多年來爭議之「關係企業章」、公司法上之罰則由傳統之貨幣銀元改為新臺幣，及為配合未來我國加入世界貿易組織而修正「外國公司章」，與原公司法中之「中國」一詞修正為「中華民國」。對於此次公司法之修正，作者因個人事務繁忙，直至八十九年九月中旬始將本書修訂完成送交三民書局付梓。惟作者學殖不深，疏漏難免，尚祈賢達先進教正，是所至盼。

梁宇賢　謹識

民國八十九年十月十日

於國立臺北大學法律學院研究室

修訂三版序

　　本書自民國六十九年五月問世以來，承蒙各大學院校教授採為教本，社會各界人士廣為採用，除於民國七十二年一月再版外，並於民國七十四、七十九年兩度修訂，頃均售罄。筆者對於各方之支持與鼓勵，無任感謝。

　　茲為因應我國工商業之國際化，及多角化經營，俾符世界潮流，政府於民國七十九年十一月復修訂公司法。筆者為使本書與日俱新，除對此次修訂之條文加以增補及佐以立法理由外，對於近年來最高法院之判決及經濟部之命令亦予以增列，力求理論與實務配合，藉以答謝各方之雅愛。唯筆者學殖未深，謬誤難免，尚祈先進，教正是幸。

　　本書修訂，承蒙國立中興大學法律學系林獻仁、俞秀端、鄭光禮等助教之協助整理及校對，備極辛勞，併致謝忱。

梁宇賢　謹識

民國八〇年十二月二十五日

於國立中興大學法律學系研究室

修訂二版序

　　筆者自民國五十七年起，濫竽於大學教席，擔任商法課程迄今。本書底稿，原係筆者歷年在國立中興大學法律學系講授公司法課程所用之講義，應三民書局股份有限公司之雅託，加以整理而成。本書自民國六十九年五月問世以來，承蒙各大學院校教授採為教本，社會各界人士廣為採用，初版及二版頃已售罄。筆者對於各方之鼓勵與支持，深以為感，謹此申謝。

　　近年來我國工商發達，為配合社會經濟之變遷，政府乃大幅度修正公司法，於民國七十二年十二月七日　總統公布實施。隨即經濟部及財政部於民國七十三年及七十四年初，對於相關的行政命令亦加以修訂。筆者為求本書與日俱新，除依原定旨趣，以詮釋法律條文為主，佐以我國司法院之解釋、最高法院之判決、法務部、經濟部及財政部之命令、各級法院座談會之意見、外國立法例以及各家見解，並參以管見，比較論述，評其得失，力求理論與實務配合外，特加以修訂，勘正疏誤，並補充新資料及立法理由，黽勉從事，不敢懈怠，藉以答謝各方之雅愛。惟筆者學疏識淺，思慮不周，謬誤之處，仍所難免，尚祈　賢達，不吝賜正，是所至盼。

梁宇賢
民國七十四年二月
於國立中興大學法商學院

自　序

　　余自民國五十七年起，濫竽於大學教席，擔任民商法課程，迄今業有十二載餘。本書底稿原係在國立中興大學法律學系及會計學系講授公司法課程所用之講義，敝帚自珍，不敢刊行問世。惟近年來政府為加強經濟發展，乃大幅度的修正公司法，終於在民國六十九年四月十八日由立法院三讀通過後，咨請　總統公布實施。為免今後每年印刷講義校對之苦，乃應同學之請，及三民書局股份有限公司之託，就余原有講義重新加以整理，將其付梓，以供研習公司法及有志於從事實務或參加各種考試者之參考。

　　按我國公司法，係仿效外國立法例而來，其規定或有不全，在所難免。因此實用之際，遇法條未明而判解又付之闕如者，惟有參考外國立法例，或各家學說及法理，增補註引，附以私見，俾資學者探本求源，比較參證之助。惟余自愧學疏識淺，拋磚引玉。尚祈
　海內宏達，不吝賜正，幸甚！

　　本書承張師國鍵、林師咏榮諸多鼓勵，並承立法委員冷彭先生，提供本法最新之修正資料，以及本校法律研究所城所長仲模兄之協助，得以順利問世，謹致謝忱。同時由陳貽男、許正忠、徐瑞晃諸研究生及林益輝同學之協助校對，備極辛勞，特此申謝。

梁宇賢　謹識
民國六九年五月一〇日
於國立中興大學法律學系研究室

凡　例

一、本書引用法規略稱如下：

公——公司法；　　　　　　　　金控——金融控股公司法；

公登——公司之登記及認許辦法；非訟——非訟事件法；

公平——公平交易法；　　　　　涉外——涉外民事法律適用法；

日會——日本會社更生法；　　　破——破產法；

日商——日本商法；　　　　　　商會——商業會計法；

日有——日本有限公司法；　　　商標——商標法；

外——外國人投資條例；　　　　商登——商業登記法；

民——民法；　　　　　　　　　強執——強制執行法；

民訴——民事訴訟法；　　　　　票——票據法；

仲——仲裁法；　　　　　　　　華——華僑回國投資條例；

企併——企業併購法；　　　　　銀——銀行法；

刑——刑法；　　　　　　　　　德股——德國股份法。

刑訴——刑事訴訟法；　　　　　憲——憲法；

姓——姓名條例；　　　　　　　證交——證券交易法；

金併——金融機構合併法；　　　公登——公司之登記及認許辦法

二、參照之法規，以簡稱註明條、項、款及判解之表示如下：

條：一、二、三　　　　　　司法院三四年以前之解釋例：院

項：Ⅰ、Ⅱ、Ⅲ　　　　　　司法院三四年以後之解釋例：院解

款：1、2、3　　　　　　　大法官會議解釋：釋

但書規定：但　　　　　　　最高法院判決：臺上

前段：前　　　　　　　　　行政法院判決：行判

後段：後　　　　　　　　　民刑庭總會決議：民刑議

經濟部五十七年四月二十五日發文經臺（五七）商字第一四八七六號令：經濟部五七、四、二五商字第一四八七六號

公司法論

目　次

緒　論

本　論

附　錄

緒

論

第一章　公司法之意義

公司法的意義，通常有實質意義與形式意義之分，又有廣義與狹義之別。其實，所謂實質意義，亦即廣義之意義。所謂形式意義，亦即狹義之意義。茲述之於下：

一、實質意義之公司法

實質意義之公司法者，係指關於公司規定之一切法規而言。除公司法名稱之公司法法典外，凡與公司法有關之法律規定，如民法上有關公司的規定，及破產法、民事訴訟法、稅法、外國人投資條例、華僑回國投資條例等等，有關公司規定之部分均屬之，故又稱為廣義的公司法。

二、形式意義之公司法

形式意義之公司法者，係專指經國家立法機關制定而賦予公司法名稱之公司法法典或商法法典中的公司規定而言❶。凡公司法法典以外者，均不屬之，故又稱狹義之公司法。本書所謂我國公司法或本法及一般通稱之公司法，均指此而言。茲將我國形式意義之公司法，詳述於後：

公司法者，規律以營利為目的之各種公司的組織、經營、解散及其他一切行為之法律關係的商事法。茲析述其意義為四：

一、公司法者，係屬商事法

關於各國立法例對於公司法之編制，大別之有二：

㈠採民商分立主義者，即民法法典之外，另有商法法典，有關公司之事項，規定於商法法典內，如日本、德國、法國、義大利之商法是也。

㈡採民商合一主義者，凡有關商事之一般共通事項規定於民法法典，而特別事項，則另行規定。我國民法屬之，故於普通民法之外，另有特別

---

❶　例如我國公司法、德國商法第二編、德國股份法、日本商法第二編公司、日本商法特例法、日本有限公司法、日本公司法、瑞士債務法第二編第二十三章是。

民法。在特別民法中之商業登記法、公司法、票據法、海商法、保險法及證券交易法等，通稱為商事法。

上列所述，不論為民商合一制或民商分立制，公司法均屬於商事法。

二、公司法者，係規律公司之商事法

按商事法之內涵頗多。公司法者，僅規範公司之商事法。其與票據法、海商法、保險法等之商事法所規定之內容不同。就企業之形態而言，公司法所規律者，以公司為對象，包括公開發行公司及未公開發行公司。至於公開發行公司，又另頒訂「證券交易法」再作嚴格的規範。至於「個人企業」、「合夥企業」、「合作企業」等類，另有法律可資遵循❷，不在公司法範疇之內。

三、公司法者，係規律以營利為目的之商事法

公司法所規定之各種公司，係以營利為目的，依其公司章程所定之事業經營。不論其事業是工業、商業、農業、礦業或娛樂業等均屬商事之範疇，故我國公司法開宗明義，於第一條第一項規定公司係以營利為目的，實有其理❸。

四、公司法者，係規律各種公司之組織、經營、解散及其他一切行為之法律關係的商事法

公司法係規律公司之商事法，故凡有關公司之種類及其組織要件、經營方式，在何種情況下可以解散，以及其他一切行為之法律關係，均詳加規定。所謂一切行為之法律關係，通常可分為對內關係及對外關係。前者係指公司與其股東，或股東相互間之法律關係而言；後者係指公司與第三人或其股東與第三人間之法律關係而言。此類關係異常複雜，為達到社會經濟之目的，故以公司法加以規範。

---

❷ 「個人企業」，不另成立法人資格者，應依商業登記法辦理。至於「合夥企業」，則民法第二編債第二章各種之債第十八節、第十九節及商業登記法，均有詳細規定。再者，「合作企業」詳細規定於「合作社法」內。

❸ 關於營利方面，美國各州之公司法規定非營利之事業亦可成立公司處理之，故與我國公司法有所不同。

第二章　公司法之性質

公司法者，不論係採民商分立主義或民商合一主義之公司法，均屬私法之範疇。惟為維護社會秩序及交易安全，含有公法化之色彩。其所規律者，首在各種公司組織之維持及其經營之強化，並賦予人格，俾達營利之目的。其次，公司法所規律者，為公司之社會交易關係，有任意法之性質，但為維護社會交易之安全，公司法有強制禁止之規定。基上所述，我國公司法有下列之性質：

一、公司法具有營利法之性質

公司法所規律之各種公司，均以營利為目的，此於我國公司法第一條第一項之規定，業已述明。惟其營利範圍，必須在其所登記之事業範圍內（公一五 I、一六 I、一〇一 I 2、一一五、一二九 2）為該事業之經營，以達營利之目的。故公司法具有營利法之性質，而與非營利為目的之其他法律不同。

二、公司法具有交易法之性質

公司法係規律公司營利之法律，就公司本身言，為達到營利之目的，對外必有所交易行為，以求利潤。況股份有限公司尚可發行公司債券，透過證券市場，輾轉流通於多數人。就公司之股東言，亦得經交易行為，將其股票轉讓，以求利潤。所謂交易，依契約自由之原則，應可自由買賣，以期達到營利之目的。我國公司法為達此目的，對公司之設立，採準則主義。對公司債之募集及發行，採核准主義。其餘者，為自由交易。交易自由外，尚賴交易安全，方可達到社會交易之安全，保障第三人與公司交易，故本法採公示主義。同時對公司之設立（公六）、解散（公二四）、發行新股（公三八七 I、公登五）、減資（公三八七 I、公登五）等，非經登記不生效力。對公司章程、股票、股東名簿及公司債券等，採要式主義，必須

記載法定事項，否則無效。

三、公司法原則具有團體法之性質

我國公司法之公司，除有限公司得由股東一人，以及股份有限公司得由政府或公司法人一人組織而成外，通常係由多數股東組織而成之團體，至於一人之有限公司或股份有限公司得隨時增加股東人數，故公司法屬團體法。團體法之意思表示，通常採多數議決，以維持團體之利益與發展。又股份有限公司雖得由政府或公司法人一人組織而成，但其公司股東會之運作，由董事會行使，不適用公司法有關股東會之規定（公一二八之一Ⅰ）。至於公司之董事、監察人，由政府或公司法人股東指派（公一二八之一Ⅴ），而董事仍須至少三人以組成董事會決定公司之意思，故公司法具有團體法之性質。

四、公司法具有人格法之性質

我國公司法之公司為法人，具有人格，故公司法有人格法之性質❶。凡公司之名稱、公司之能力及公司之住所等規定，均屬此性質之表現。

五、公司法具有私法公法化之性質

法律就其規律關係之不同，而區分為私法與公法。我國公司法係商事法之一，為普通民法之特別法，故屬於私法。但公司法對違反強制或禁止之規定，不似普通民法，僅明定為無效而已，更明訂公司經營業務，應遵守法令及商業倫理規範，得採行增進公共利益之行為，以善盡其社會責任（公一Ⅱ），因此特設罰則❷，科以刑罰或行政罰，以儆公司負責人，使其知所警惕，不敢違法，俾維護社會交易之安全，故公司法復具有公法之性質。

六、公司法具有經濟法之性質

經濟法一詞源於第一次世界大戰後，德國黑德曼 (Hedemann) 教授所創。其內涵原僅有合作社法、經濟契約法、勞動法及工業法，後來法國學者以之包括及工業所有權法❸。我國學者❹採概括主義，凡規範經濟活動

---

❶ 德國立法例，無限公司不具有法人資格，故與本法不同。

❷ 例如本法第 9 條、第 19 條、第 20 條、第 63 條等。

之法律及規章均屬之。因此可依經濟活動之事項，而將經濟法分為「工業法規」、「商業法規」、「礦業法規」、「商標法規」、「專利法規」、「獎勵投資法規」、「經濟管制法規」、「金融法規」、「農林法規」、「漁牧法規」、「水利法規」、「國際貿易法規」等。公司法係商業（事）法規之一，故亦為經濟法之一部門。國家為實現當前之經濟政策，因而對企業活動加強管制、指導、限制，並以公權力干預，是為經濟法之特色❺。公司法既為經濟法之一，故其規定，近年來之趨勢，國家干預逐漸加強。然則另有學者，如德國林克 (Rinck) 教授，對經濟法一詞採狹義的見解，認為經濟法是統制經濟秩序之法律。為配合實施國家經濟政策，規律經濟活動，制定不同之法令加以輔導、監督或統制，使各種經濟與企業活動，在總體經濟秩序之概念下，互相調和。此之有關統制經濟之法令，即屬狹義的經濟法。公司法之規定中，亦有公權力監督之規定，故公司法具有經濟法之性質。

七、公司法具有任意法與強行法之性質

　　凡法律規定之內容，不許當事人之意思變更適用者，為強行法；倘僅為補充或解釋當事人之意思，得由當事人之意思自由變更或拒絕適用者，為任意法。公司法為交易法，其規定頗多屬於任意法。惟為維護社會交易之安全，防止違法，促進經濟之繁榮，故公司法中強制或禁止之規定，亦復不少。例如不得為他公司無限責任股東之限制（公一三）；除法律或公司章程規定得為保證者外，不得為任何保證人（公一六 I）；無限公司、兩合公司之股東，必須半數在國內有住所（公四〇 I、一一五），及公司章程應記載事項（公四一、一〇一、一一六、一二九）等均屬強行規定，故公司法有強行法之性質。

---

❸　劉甲一著《公司法要論》(67 年) 第 6 頁至第 7 頁。

❹　蘇俊雄著《經濟法論》(64 年) 第 1 頁所述：「經濟法是指『所有工業、商業、手工業、農業、交通、運輸業等等，與企業或產業有關的職業，以及其他自由職業中，所有規範經濟活動的法律總體而言』。」

❺　管歐著〈經濟法規的理論與實際〉，中華法學協會編印《經濟法規研討論文集》(60 年) 第 1 頁以下。

八、公司法具有技術法之性質

公司制度，係人類為營社會商事活動，所創造之產物，必須有專門之知識、經營之能力，始能應付。蓋公司法所規定之內容，係經過專家精密之設計而成，若無相當之研究，則不易了解。不論公司之設立、經營、會計、重整、清算等，常需以數理為基礎，更需有邏輯之觀念，以及分析能力，故公司法深富技術性。

九、公司法具有實體法與程序法之性質

凡規定權利義務之實質及範圍之法律為實體法。規定行使權利履行義務之程序之法律為程序法。我國公司法共有九章，第一章總則，規定各種公司共同遵守之通則；第二章至第五章，分別規定無限公司、有限公司、兩合公司、股份有限公司之權利義務；第六章之一規定關係企業；第七章規定外國公司；第八章規定登記；第九章附則。至於第六章股份兩合公司，於民國六十九年五月九日修正公司法，予以刪除。上述各章，除第八章為程序法規定外，其餘各章悉屬實體法之規定，故公司法具有實體法與程序法之性質。民國一〇七年八月一日修正公布實施之公司法，將第八章修正章名為「登記」，分第一節申請，第二節為規費，並修正及刪除部分條文。

第三章　公司法之法系

　　漢摩拉比法典 (Code of Hammurabia) 及古羅馬法在觀念上，已承認共同團體 (Corporate Group) 在某限度內有其人格，同時在羅馬帝國時，共同團體係由君主之命令而成立❶，是為公司之前身。惟時至今日，世界各國之公司法，可分為四大法系，即德國法系、法國法系、英美法系及折衷法系。然各國法制相互影響，欲求其純真，不無困難，故此種劃分，僅就大體上，加以區別而已。茲簡述於後：

第一、德國法系

　　德國於一八六一年頒行聯邦性之商法。迨至一八七一年德意志帝國成立，該商法遂成為帝國之商法，即今稱之舊商法。其第二編之商事公司，係關於公司法之規定。嗣後修訂舊商法，將第二編商事公司與第三編隱名合夥併為第二編「商事公司及隱名合夥」，而於一八九七年公布為新商法。其中所規定之公司有四種，即無限公司、兩合公司、股份有限公司及股份兩合公司。迨至一八九二年德國又頒行有限公司法，與修正之新商法同時施行。一九三七年後頒行股份法，包括股份兩合公司與股份有限公司，並將商法中之股份兩合公司與股份有限公司予以廢止。一九四五年第二次世界大戰結束後，德國分裂成為東西兩邦。西德沿用一九三七年之股份法，由於西德國民經濟之發展與工商企業之躍進，乃感舊制未能盡其事宜，故於一九五八年聯邦政府法務省完成新股份法草案，並於一九六六年一月一日公布施行，是謂「西德新股份法 (Aktiengesetz—AktG)❷」(即現今德國

---

❶　Harry G. Henn: *Law of Corporation*, p. 11 2ed. (1970).

❷　林咏榮著〈詳介西德新股份法〉，載《法令月刊》第 23 卷第 6 期（61 年 8 月 5 日）。

股份法），取代一九三七年的股份法 (Aktiengesellschaften Und kommanditgesellschaften auf Aktien)。德國股份法修改頻繁，一九七八年轉化歐洲共同體指令 (Richtlinie 77/91/EWG)、二〇〇六年十一月十日時修法將商事登記電子化。最近一次修法則在二〇一八年一月三日。一九三七年的舊股份法與現今德國股份法的原文在名稱及施行日期相同。惟在兩德統一時的過渡期間，其個別法條適用則規範在德國股份法施行法。此法系以德國為中心，影響所及，奧國、瑞士、瑞典、挪威、丹麥等國均屬之。

第二、法國法系

法國於一六七三年所頒布之商事條例 (Ordonnance Sur le Commerce)，規定有「普通公司」(Société en générale) 與「康孟達公司」(Société en commandite)。前者相當於無限公司，後者相當於兩合公司。此項規定於一八〇七年納入新制定之商法法典，將公司規定於第一篇通則第三章中，並將普通公司改為「合名公司」(Société de nom collectif)，即屬人合公司 (Société de personnes)，原有「康孟達公司」予以保留。十九世紀以來，經濟發達，資合公司 (Société de capitaux) 變易甚多，屢經修正，於一八六七年另行頒布公司法，於第一章正式承認股份兩合公司，並捨核准主義，改採準則主義之股份有限公司，列於第二章。一九二五年復頒行有限公司法，正式承認有限公司❸。此法系以法國為中心，影響所及，義大利、比利時、西班牙、葡萄牙、埃及、敘利亞、伊朗及南美洲各國均屬之。

第三、英美法系

英國公司法之演進，可分為三階段：

第一階段 一七二〇年布伯爾法 (Bubble Act) 施行前之階段。在十六、十七世紀之英國盛行海外貿易公司 (Overseas Trading Company) 及共同股份公司 (Joint Stock Company)，前者經政府特許而成立之公司以政府之力

---

❸ 鄭玉波著《公司法》(66 年) 第 7 頁；林咏榮著《商事法新詮 (上冊)》(65 年) 第 18 頁。

量及貿易之特權，從事發展國外之貿易及殖民政策❹；後者係基於共同危險分擔，而由多數人締結契約組成之公司，並未經政府特許，亦未經登記❺。

　　第二階段　係指一七二○年至一八二五年間，即布伯爾法適用之時。

　　第三階段　係指一八二五年迄今，即指布伯爾法廢止後，所頒布之法案。諸如一八三五年之貿易公司法 (Trading Company Act of 1835)，一八四四年共同股份法 (Joint Stock Company Act)，一八五五年制定之有限責任法 (Limited Liability Act) 及其後一系列之公司法，並於一九四八、一九六七年加以修改，即成為今日之公司法。復於一八九○年制頒合夥法，一九○七年頒行有限責任合夥法。前者相當於我國現行民法之合夥；後者相當於我國民法之隱名合夥，而類似於我國公司法之兩合公司。一九○八年制頒公司合併法 (Company Consolidation Act)，在此法內承認私公司之組織。

　　按今日英國公司法，其公司之種類約有十種，惟其主要者有二❻，茲述於下：

　　一、無限公司 (Unlimited Company)

　　公司之股東對公司之債務，應負無限責任。

　　二、有限責任保證公司 (Company Limited by Guarantee)

　　公司之股東責任，僅就其所認之股份數額負責任。此公司可為公公司 (Public Company)，亦可為私公司 (Private Company)。為私公司時，其章程應訂明之內容有三：即㈠限制股份讓與；㈡限制股東人數在五十人以下；㈢禁止股份及公司債之募集。私公司乃係英國最通行之公司。

　　美國於殖民地時代 (American Colonial Period) 之貿易，由美國海外貿易公司，與當地公司為之。雖然布伯爾法亦適用於美洲殖民地，但實際上並未有效執行之。自美國獨立宣言發布後，迄聯邦憲法完成，此段期間，全美大約只有二十家公司而已。此二十家公司係依各州特別立法而成立。按美國殖民地同盟條款 (Articles of Confederation) 之規定，聯邦政府無權核

---

❹　Harry G. Henn: *Law of Corporation*, p. 11 2ed. (1970).

❺　Harry G. Henn, op. cit. supra, p. 16.

❻　Harry G. Henn, op. cit. supra, pp. 16–17.

准公司之成立。其後美國制定聯邦憲法會議時，曾提及「聯邦公司規定」之議案，惟未獲通過。是故美國聯邦憲法未明文賦予聯邦政府核准公司成立之權力。但基於「需要與適當」(necessary and proper) 之情況時，聯邦政府例外的有核准公司成立之權力，諸如戰時或州際間之貿易等情況，有所需要時❼。因此美國之普通商業公司，係依據各州法律而成立。一七七五年北卡羅來納州 (North Carolina)、一七九九年麻薩諸塞州 (Massachusetts)、一八一一年紐約州 (New York)、一八三七年康乃狄克州 (Connecticut) 均先後制定普通公司法。一八七五年新澤西州亦制頒之。隨後達拉威州 (Delaware) 於一八九九年亦仿之。終於全國統一州法律委員會 (The National Conference of Commissioners on Uniform State Laws) 在一九二八年制定統一商事公司法 (Uniform Business Corporation Act) 以供各州之參考。加利福尼亞州（一九二九至一九三三年）、密西根州（於一九三一年）、米里蘇達州（於一九三三年）、賓夕凡尼亞州（於一九二九年）等州於修改公司法時採之。再者，一九四三年美國法學會 (The American Bar Association) 制定模範商事公司法 (Model Business Corporation Act) 以供各州之參考。第二次世界大戰後美國各州紛紛修改公司法，諸如威斯康辛州 (Wisconsin) 於一九五一年、奧立岡州 (Oregon) 於一九五三年、佛羅里達州 (Florida) 於一九五三年、哥倫比亞特區 (District of Columbia) 於一九五四年、德克薩斯州 (Texas) 於一九五五年、北卡羅來納州於一九五五年、維吉尼亞州 (Virginia) 於一九五六年、波多黎各 (Puerto Rico) 於一九五六年、北達科塔州 (North Dakota) 於一九五七年、科羅拉多州 (Colorado) 於一九五八年、阿拉巴馬州 (Alabama) 於一九五九年、愛渥華州 (Iowa) 於一九五九年、康乃狄克州於一九五九年及一九六六年、懷俄明州 (Wyoming) 於一九六一年、猶他州 (Utah) 於一九六二年、密西西必州 (Mississippi) 於一九六三年、阿拉斯加州 (Alaska) 於一九六三年、紐約州於一九六三年、內布拉斯加州 (Nebraska) 於一九六三年、南卡羅來納州 (South Carolina) 於一九六四年、南達科塔州 (South Dakota) 於一九六五年、米蘇里州 (Missouri) 於一九六五年、賓夕凡

---

❼　Harry G. Henn, op. cit. supra, p. 18.

尼亞州 (Pennsylvania) 於一九六六年、華盛頓州 (Washington) 於一九六七年、馬里蘭州 (Maryland) 於一九六七年、達拉威州於一九六七年、印第安那州 (Indiana) 於一九六七年、新澤西州 (New Jersey) 於一九六八年、新墨西哥州 (New Mexico) 於一九六八年、蒙大拿州 (Montana) 於一九六八年、路易斯安那州 (Louisiana) 於一九六九年、喬治亞州 (Georgia) 於一九六九年、田納西州 (Tennessee) 於一九六九年、麻薩諸塞州於一九六五年及一九六九年、羅德島 (Rhode Island) 於一九七〇年❽。綜觀上列美國各州之公司法，以達拉威州公司法、加利福尼亞州公司法、紐約州公司法最為著名。尤以達拉威州，因地小貧瘠，故屢次修改公司法，以爭取各州人士，至達拉威州登記，成立公司，以便增加州政府之收入及繁榮地方。

美國無聯邦公司法，可是聯邦法院對於州際間公司之糾紛有管轄權。因此聯邦法院以其法庭地之州公司法作為實體法而審理之❾。再者，近幾十年來，聯邦法律對公司企業活動之影響，日益增加，美國國會透過其規律州際通商之權力，於一九三三年制頒證券交易法 (Securitiesand Exchange Act)，對州際證券之分配與銷售加以規律。其負責執行之機構為證券交易委員會 (Federal Securities and Exchange Commission)。該委員會之權限，不在決定某種證券可否向社會公開發行，而在於求各公司將其財務狀況充分公開，使投資人有充分資料作為其決定投資與否之參考❿。同時又修訂聯邦反托辣斯法規，俾禁止公司之獨占壟斷或合併。此外尚有聯邦投資公司法 (Federal Investment Company Act) 及 S. E. C. Proxy Rules 與 Rule 106–5 等⓫，以資適用。

第二次世界大戰以來，美國成為世界第一經濟強國，其貿易遍及世界，故美國之公司法乃脫穎而出，獨樹一幟，世界各國均受其影響。

❽　Harry G. Henn, op. cit. supra, pp. 20–21.

❾　Harry G. Henn, op. cit. supra, p. 23.

❿　高希均主編《現代美國行為及社會科學論文集》(62 年) 第 143 頁：楊崇森著〈有關工商企業之法律〉。

⓫　Harry G. Henn, op. cit. supra, p. 23.

第四、折衷法系

乃就上列法系，加以揉和折衷而成。日本於明治二十三年所公布之商法，帶有法國法系之色彩。迨至明治二十六年仿照德國新商法加以修訂公布，明治三十二年之新商法，則以德國舊商法揉和法國商法之規定而成。昭和十三年修正商法，並制定有限公司法，於昭和十五年實施。而在日本平成十四年五月二十九日第四十四號法律案中，修改商法，將商法分第一編總則（第一條至第五條）、第二編公司（第六條至第五百條）；第二編公司下分第一章總則、第二章無限公司、第三章兩合公司、第四章股份公司、第五章關於股份兩合公司之規定（刪除）、第六章外國公司、第七章罰則。另第四十四號法律亦將昭和四十九年四月二日第二十二號法律，修改為「關於股份有限公司監察的商法特別法」，以及將昭和十三年四月五日第七十四號法律，修改為「有限公司法」 ❷，參考以上所述，可知日本並無統一的公司法典。隨後於西元二〇〇二年九月日本立法諮詢機構法制審議委員會公司法分會長東京大學教授江頭憲治郎，對推進公司法制現代化進程下，於二〇〇三年十月整理出「關於公司法制現代化的綱要草案」，在聽取各方意見上，歷經一年的審視修改，於二〇〇四年十二月八日公布「公司法制現代化綱要」，並草擬「公司法草案」以及相關法律調整法，終於在二〇〇五年三月二十二日提交日本國會，五月十七日、六月二十九日分別經眾參兩院審議通過，同年七月二十六日第八十號法律正式公布，定於二〇〇六年五月施行。該法典與以前商法第二編「公司」有很大不同，即將公司分為股份有限公司與持分（份額）公司（即分為無限公司、兩合公司及合同公司）。該法計有第一編總則，設置適用所有公司的規定，而適用於股份公司與持分公司的特別事項，第二編股份公司、第三編持分（份額）公司 ❸、

---

❷ 吳建斌主編、副主編陳林淼、黃增華，《日本公司法規範》目錄第 1、2 頁及本文第 7、227、281 頁，法律出版社，2003 年 6 月第 1 版。

❸ 依日本公司法第 575 條第 1 項規定持分（份額）公司指無限公司、兩合公司或合同公司而言。

第四編公司債、第五編組織變更、合併、分立、股份交換和股份轉移、第六編外國公司、第七編雜則、第八編罰則等八編三十四章九百七十九條，比原商法典多一百五十八條，在形式收容方面均有巨大變化❶。該公司法典，整合日本公司法制的基本思路，將原來散布在商法典、有限公司法、商法特例法中公司法規範，統合成為一法典，避免矛盾混亂。此日本公司法典融合歐陸法系及英美法系成為日本之現代公司法，加強公司內部監督及公司治理，在股份有限公司內部的會計、出納外，聘請外部的會計專業人員參與公司財務會計工作，以實現公司內部財務會計工作的確實及外部會計專業人員監督的精細化❶。我國現行公司法雖有參酌日本商法及有限公司法二規定，但比日本早在五十年前即揉合德法法系及美國法系而有統一的、一部完整的公司法典，現行日本公司法之體制，大致與我國公司法典相似。我國公司法亦屬此法系，蓋我國早期採大陸法系，近年來兼採英美法系。

---

❶ 吳建斌、劉惠明、李濤合譯，周劍龍、張凝審校，《日本公司法典》第 11 頁，中國法制出版社出版，2006 年 3 月印刷。崔延花譯，《日本公司法典》，中國政法大學出版社出版，中央大學校長永井和之教授代序「日本公司法制的現代化」第 5 頁。

❶ 同❶，吳建斌等合譯《日本公司法典》第 14 頁。

第四章　公司法之法源

公司法之法源，乃構成公司法內容之來源，就廣義之公司而言，此種來源，有制定法與非制定法二種。茲分別述之於下：

第一、制定法

制定法者，又稱成文法，乃國家之意思，經立法機關遵循立法程序而制定，及由公布法律機關，依公布手續而公布，具有條文形式之法規❶。我國之公司法法典係民國十八年十二月二十六日國民政府公布，於民國二十年七月一日施行。其後屢經民國三十五年、五十五年、五十七年、五十八年、五十九年、六十九年、七十二年、七十九年、八十六年、八十九年、九十年、九十四年、九十五年、九十八年、一○○年、一○一年、一○二年、一○四年等次之修正，以民國一○七年八月一日總統令修正公布之公司法為現行公司法法典。公司法內容之主要來源，除現行公司法法典外，其他有關公司之制定法規，亦復不少。茲列舉如下：

一、公司法之普通法

此係指民法而言。我國公司法為民事特別法，凡公司法未明定，而不違反其意義及性質者，應適用民法。按我國民法第四十五條規定：「以營利為目的之社團，其取得法人資格，依特別法之規定。」本條之規定，僅提及其取得法人之資格，依特別法之規定，而不依民法之規定。至於取得法

---

❶ 李肇偉著《民法總則》（64 年）第 8 頁；姚淇清著《法學緒論》（65 年）第 40 頁至第 41 頁，及參考中央法規標準法第 4 條：「法律應經立法院通過，總統公布。」及第 8 條：「法規條文應分條書寫，冠以『第某條』字樣，並得分為項、款、目。項不冠數字，低二字書寫，款冠以一、二、三等數字，目冠以㈠、㈡、㈢等數字，並應加具標點符號。」

人資格以外之其他行為之法律關係，並未論及適用之標準，故應解釋為以特別法所未規定者，於適用民法之規定時，亦符合公司法之性質者，方可準用民法之規定。例如關於代表公司之關係，公司法無明文規定，準用民法關於「代理」之規定；關於公司對第三人或股東對公司或股東對股東之民事責任，公司法無明文規定者，準用民法「債編」之規定；關於股東會之決議及公司對第三人之意思表示，公司法無明文規定者，準用民法關於「法律行為」之規定。是故公司法並不排斥民法之準用，而民法並非當然全部可以準用於公司法。

二、公司法之特別法

茲詳述於下：

㈠關於公司之組織者

1. 保險法　民國一〇八年一月十六日總統令修正公布施行。

2. 銀行法　民國一〇八年四月十七日總統令修正公布施行。

3. 金融機構合併法　民國一〇四年十二月九日總統令公布施行。

4. 金融控股公司法　民國一〇八年一月十六日總統令修正公布施行。

5. 企業併購法　民國一〇四年七月八日總統令修正公布施行。

6. 票券金融管理法　民國一〇七年十二月五日總統令修正公布施行。

㈡關於公司之資金者

1. 華僑回國投資條例　民國八十六年十一月十九日總統令修正公布施行。

2. 外國人投資條例　民國八十六年十一月十九日總統令修正公布施行。

3. 產業創新條例　民國一〇八年七月二十四日總統令公布施行。

4. 獎勵民間參與交通建設條例　民國一〇四年六月十七日總統令修正公布施行。

5. 促進民間參與公共建設法　民國一〇七年十一月二十一日總統令修正公布施行。

㈢其　他

1. 商業登記法　民國一〇五年五月四日總統令修正公布。

2. 商業會計法　民國一〇三年六月十八日總統令修正公布施行。

3. 在臺公司大陸地區股東股權行使條例　民國八十一年七月二十七日
總統令修正公布施行。

4. 證券交易法　民國一〇八年六月二十一日總統令修正公布。

5. 期貨交易法　民國一〇八年一月十六日總統令修正公布。

6. 貿易法　民國一〇二年十二月十一日總統令修正公布。

7. 證券投資人及期貨交易人保護法　民國一〇四年二月四日總統令公
布施行。

8. 營業秘密法　民國一〇二年一月三十日總統令公布施行。

9. 信託業法　民國一〇七年一月三十一日總統令公布施行。

10. 金融消費者保護法　民國一〇五年十二月二十八日總統令公布施行。

11. 公營事業移轉民營條例　民國九十二年一月十五日總統令公布施行。

12. 民營公用事業監督條例　民國八十九年四月二十六日總統令公布施行。

第二、非制定法

　　非制定法者，又稱不成文法，凡不具備條文形式之法規屬之，縱具條
文形式，而未經立法機關依法制定及公布法律機關依法公布者，仍屬之❷。
於是非制定法，足為公司法之主要法源者，有習慣法、判例、命令、習慣
及法理。茲分述如下：

一、命　令

　　命令者，乃由發令機關自為制定及自為公布，而非由立法機關依法制
定，公布法律機關依法公布，故非制定法❸。命令雖非制定法，然對其所

---

❷　李肇偉著《民法總則》(64 年) 第 9 頁；姚淇清著《法學緒論》(65 年) 第 41
頁。

❸　李肇偉著《民法總則》認為命令屬於非制定法。姚淇清著《法學緒論》第 41 頁
認為行政命令為不成文法。惟多數學者雖主張命令為制定法，如梅仲協著《民
法要義》(59 年) 第 5 頁；史尚寬著《民法總論》(64 年) 第 5 頁；何孝元著
《民法總則》(66 年) 第 4 頁均是。然彼等對制定法與非制定法之意義，並未
詳加述明，故本書參酌中央法規標準法第 4 條、第 5 條及第 8 條之規定，而採
前者之論點。

指示之事項有拘束力，故亦為公司法之法源。惟命令有行政命令與法律命令之分。前者為行政機關對特定事項自為制定及公布。關於該事項，其所屬之機關因而受拘束。例如財政部曾發布公司發行股票及公司債券簽證規則、股份有限公司及有限公司最低資本額辦法、公司登記規費收費準則，以及經濟部或法務部所發布有關公司之其他命令，均屬之。政府各機關依其法定職權，或其基於法律授權訂定之命令，應視其性質分別下達或發布，並即送達立法院（中央法規標準法七）；後者如總統之緊急命令，須於法定期間提交立法院追認，若立法院不追認，即失其效力（憲四三）。至於依動員戡亂時期臨時條款在動員戡亂時期總統所為之緊急處分，立法院亦得依憲法規定程序予以變更或廢止（動員戡亂時期臨時條款一、二）。惟動員戡亂時期臨時條款於民國八十年五月一日總統令公布廢止。

二、習慣法與習慣

習慣法者，乃社會慣行之事實，經國家承認而有法律效力之不成文法。所謂國家承認者，由法官鑑定採用也。習慣法與習慣，互有區別。習慣僅具有習慣之事實，通常僅有補充法律之效力，尚未具有法律之效力。習慣法則不僅具有習慣之事實，且已具有法律之效力。前大理院二年上字第三號判決揭示習慣法成立之先決要件：㈠須人人有確定以為法之決心；㈡須於同一時間內，就同一事項反覆同一行為；㈢須為法令所未規定之事項；㈣須無背於公序良俗與利益。上列所述僅屬習慣之事項，為習慣之能成為習慣法之先決條件。具備上列條件之習慣，經法官鑑定採用後即成為習慣法，而為法律。我國之習慣法涉及公司者，亦為公司法之法源。至於商事習慣，在未有法律（包括習慣法）之情況下，又無判例可資適用時，於不違反公共秩序、善良風俗時，亦可補助法律之不備。是故商事習慣，亦得為公司法之法源。

三、判　例

判例者，乃法院對同一性質之事件，反覆為同一性質之判決先例。法院對於同一性質之事件，常援引本院或上級法院之判例為圭臬。在我國最高法院審理案件，關於法律上之見解，與本庭或他庭判決先例有異時，應

依法院組織法第五七條規定，最高法院之裁判，其所持法律見解，認有編為判例之必要者，應分別經由院長、庭長、法官組成之民事庭會議、刑事庭會議或民、刑事庭總會議決議後，報請司法院備查。最高法院審理案件，關於法律上之見解，認有變更判例之必要時，適用前項規定。故判例亦有拘束力。因之，凡涉及公司之判例，均得為公司法之法源。學者❹有認為商事習慣優先於判例而適用，本書不贊同之。蓋商事習慣者，僅有習慣之事實，尚未被法院所採用，一經法院採用，即成為習慣法。至於判例，乃判決之先例，有拘束後判決之效力，故習慣法及判例均優先於商事習慣而適用之。

四、法 理

法理者，乃通常立法之原理，亦即當時當地之人情道理。法理隨乎時間與空間而有不同，法律訂立時，須合乎當時當地之人情道理，故涉及公司之法理，亦為公司法之法源。

本法並未如日本商法第一條規定：「關於商事，本法無規定者，適用商事習慣法，無商事習慣法者，適用普通民法。」因此，根據前述公司法之法源，鑑於特別法優於普通法之原則及依民法第一條規定：「民事，法律所未規定者，依習慣；無習慣者，依法理。」在適用上，其次序如下：

公司法之特別法→公司法→民法→習慣法→判例→行政命令→習慣→法理。

---

❹ 鄭玉波著《公司法》第7頁載適用次序為「公司章程→其他有關公司之特別法規→公司法→民法→商事習慣→判例→法理」，與本書略有不同。

第五章　我國公司法之沿革

第一、清末公司律及草案

　　自古以來，我國重農輕商，迨至清末，歐風東漸，南通狀元張季直奏准奉辦通海墾牧公司。清光緒二十八年，始由法律館擬定民律草案與商律草案。惟為應付時需，於光緒二十九年先行頒布商人通例九條及公司律一百三十一條實施，是為我國公司法之始。宣統二年另擬定大清商律草案，經提付資政院，未及決議，清廷覆亡。

第二、民國初年「公司條例」

　　民國成立以後，法規未備，臨時大總統於元年一月十日通令全國，凡清律與國策未抵觸者，准予援用，故公司律亦然。民國三年農商部以大清商律草案中之公司律，略作修訂，定名為「公司條例」，呈經大總統於民國三年元月十三日公布，定於同年九月一日施行。共計二百五十一條，分公司為無限公司、兩合公司、股份有限公司及股份兩合公司等四種公司。除於民國十二年五月一度修正外，一直沿用至民國十八年。

第三、國民政府於南京時之「公司法」及「特種有限公司法」

　　國民政府定都南京後，立法院按中央政治會議，依瑞士立法例，採民商合一主義，將商事與民事有關部分併入民法法典。特殊者，則分別另訂單行法，於是制定公司法，共有二百三十三條，於民國十八年十二月三十日公布，民國二十年七月一日施行；其公司法施行法共三十三條於同年二月二十一日公布而與公司法同日施行。至於「公司條例」及其施行細則，一律廢止。該公司法分公司為無限公司、股份有限公司、兩合公司及股份

兩合公司等四種公司。民國二十年六月三十日，實業部復制定公司登記規則公布，同年七月一日施行。民國二十九年底，復公布「特種有限公司法」以資補充。

第四、民國三十五年修訂之「公司法」

民國三十三年，政府策劃復員建國偉業，為配合第一期經濟建設原則，強化公司制度，立法院乃改採英美法制為公司法之修訂，增列有限公司，並將登記及認許等程序納入公司法內，而於民國三十五年四月十二日公布。

第五、民國五十五年至民國五十九年等次修正之「公司法」

公司法自民國三十五年修正公布並施行以來，由於社會情況之變遷與工商企業之發展，急需外人及華僑之投資，俾以發展經濟，並促使公司股票上市，以達股票證券化，證券大眾化，加速國民經濟之成長，於是經濟部於民國四十八年七月成立修訂公司法研究小組，至民國四十九年六月完成修正草案，經行政院政務會議修正通過後，於民國五十年送立法院審議，迄五十五年七月五日修正通過，同年七月十九日由總統公布施行，共分九章二十節。其內容為：第一章總則；第二章無限公司；第三章有限公司；第四章兩合公司；第五章股份有限公司；第六章股份兩合公司；第七章外國公司；第八章公司之登記與認許；第九章附則；共計四百四十九條。其後經民國五十七年三月二十五日、五十八年九月十一日、五十九年九月四日等次修正。

第六、民國六十九年起至今修正之「公司法」

隨後政府為因應社會之變遷與國際之變化，分別於民國六十九年五月九日、民國七十二年十二月七日、民國七十九年十一月十日、民國八十六年六月二十五日、民國八十九年十一月十五日、民國九十年十一月十二日、民國九十四年六月二十二日、民國九十五年二月三日、民國九十八年一月二十一日、民國九十八年四月二十九日、民國九十八年五月二十七日、民

國一〇〇年六月二十九日、民國一〇〇年十一月九日、民國一〇〇年十二月二十八日、民國一〇一年一月四日、民國一〇一年八月八日、民國一〇二年一月十六日、民國一〇二年一月三十日、民國一〇四年五月二十日、民國一〇四年七月一日及民國一〇七年八月一日由總統令修正公布施行迄今。

本
論

第一章　公司總論

第一節　公司之概念

第一、公司之意義

公司一語，出自《莊子》，云：「積卑而為高，合小而為大，合並而為公之道，是謂公司。」其意為共同之事而無私。各國對公司之語源雖有不同，如英美兩國謂 Company 或 Corporation；日本謂會社；德國謂 Handelsgesellschaft；法國謂 Société Commerciale，然其意則同。依我國公司法（以下簡稱本法）第一條第一項規定公司之定義，「本法所稱公司，謂以營利為目的，依照本法組織、登記、成立之社團法人」❶。準此定義，分述如下：

一、公司為法人

法人者，指非自然人而具有人格之社會組織體，依法律規定享有權利能力者。關於法人之本質學說有三，即㈠否認說：根本否認法人之人格存在；㈡擬制說：認為法人之具有人格，乃為法律所擬制；㈢實在說：認為法人與自然人同有獨立之意思，在法律上應具有獨立之人格。本法第一條明定公司為法人，乃採實在說。是故公司一經依法登記成立，法律即賦予法人資格❷，與自然人同享有權利負擔義務。此外，美國少數法學者，對

---

❶　本法第一條第一項之參考立法例：

日本商法第 52 條規定：「本法所稱公司，謂以商行為營業之目的而設立之社團。以營利為目的，依本編之規定所設立之社團，雖非以商行為營業，亦視為公司。」

❷　最高法院 20 年上字第 2255 號判決：「公司既經合法登記，即成為法人。該公

於公司法人有主張象徵說 (Symbol theory) 者，謂公司係人之法律關係組成之企業總體之象徵❸。惟大多數學者，與我國相同，以實在說為通說❹。公司既為法人，則與公司之負責人個人，究屬不同人格。倘有訴訟應以公司名義為之❺。

二、公司在組織上為社團法人

法人依其組織基礎為標準，可分為人合組織體之社團法人與財產組織體之財團法人。前者以社員之結合為其成立基礎，如工會、農會、公司是；後者以財產之捐助為其成立基礎，如寺、廟、庵、院、慈善機關及祭祀公會等是。依照本法第二條之規定，除有限公司之股東，不論為自然人股東及法人股東，得為一人，以及股份有限公司得由政府或法人股東一人所組成外，其餘各種類之公司其組織必須有二人以上之股東始得成立。至於有限公司之股東一人及股份有限公司之政府或法人股東一人，係最低股東人數之要求，其後出資轉讓或股份轉讓而產生複數之股東，故此之一人公司，有其潛在之社團性。何況股份有限公司係將其資本分為股份數額，股東就所認之股份負責。因此股份有限公司之股份數額，可由股東一人或數人所有，縱僅由一人所有，仍可隨時轉讓一人以上之股東所有，故若屬一人所有時，為潛在性社團。至於形式上雖屬多人股東之公司，而實質上為一人公司者，即僅一人出資，其餘屬於名義上之股東，乃是人頭或傀儡股東，

司所負之債務，依法自應由該公司負償還之責。」

❸　IG, Hornstein: *Corporation Law and Practice*, §12 (1959).

❹　Harry G. Henn: *Law of Corporation*, p. 108, 2ed. (1970).

❺　參閱最高法院 70 年臺上字第 3157 號判決：「萬祥銀樓為有限公司組織，此有卷附公司執照及股東登記名冊可稽。被上訴人王燕鏗及陳月雲，雖為萬祥銀樓有限公司執行業務股東及總經理，但其個人與該公司究非同一人格。萬祥銀樓有限公司縱有向張樹人收購訟爭金飾，亦係該公司有惡意占有情事，上訴人僅得向該公司請求返還，要無對被上訴人為本件請求之餘地。」作者註：上述判決中所提「公司執照」一語，我國公司法自民國 90 年 11 月 12 日公司法修正公布後，依該法第 6 條規定，一經主管機關登記，公司即成立，主管機關不再發給執照。

是出資股東之受託人。對此本法未明文禁止，在未危及社會經濟並兼顧公司存續下，應容許其存在。

三、公司為營利之社團法人

凡以營利為目的之社團法人，為營利之社團法人。所謂以營利為目的者，乃其出資對外經營某項事業之目的，在於獲取利潤，並以之分配於其股東而言。至於合作社、福利社，並非以營利為目的，而是以營利為手段，本於互助之基礎，以共同經營方法，其目的在為社員謀福利，故非屬公司。至於公益之社團法人，或有營利行為，其營利所得，並不分配給社員，亦非公司。是故凡以營利為目的而設立之團體，並無營業種類之限制，倘所營事業非法令所禁止，即得請求登記為公司❻。

四、公司為依公司法組織登記成立之社團法人

我國民法第四十五條規定：「以營利為目的之社團，其取得法人資格，依特別法之規定。」公司法為民法之特別法，故凡稱為公司者，必須依照公司法之規定組織登記成立，其非依本法組織登記成立者，則不得謂為公司。商店雖集股開設名為公司，若其組織未履行法律上之程序，又未經主管官署註冊有案者，即應認為合夥，其股東對內對外關係，均應依合夥判斷❼。所謂「組織登記成立」，係指向中央主管機關登記後始得成立（公六）。公司之主管機關在中央為經濟部；在直轄市為直轄市政府（公五Ⅰ）。公司之設立、變更、解散之登記，或其他處理事項，原應歸中央主管機關辦理，但中央主管機關得委任所屬機關、委託或委辦其他機關辦理本法所規定事項（公五Ⅱ）。至於銀行為特種之公司，其依銀行法組織登記，經營銀行業務之機構（銀二），銀行經許可設立者，應依公司法規定設立公司（銀五四Ⅰ前）。

五、公司經營業務，應遵守法令及商業倫理規範，得採行增進公共利益之行為，以善盡其社會責任

按公司在法律設計上被賦予法人格後，除了能成為交易主體外，另一

---

❻　司法院 23 年院字第 1113 號解釋。

❼　最高法院 16 年上字第 1960 號判決。

層面之意義在於公司能永續經營。誕生於十七世紀初之公司，經過幾百年之發展，民眾樂於成立公司經營事業，迄今全世界之公司，不知凡幾，其經濟影響力亦日漸深遠，已是與民眾生活息息相關之商業經濟組織。尤其大型企業，可與國家平起平坐，其決策之影響力，常及於消費者、員工、股東、甚至一般民眾。例如企業所造成之環境污染、劣質黑心商品造成消費者身心受害等，不一而足。公司為社會之一分子，除從事營利行為外，大多數國家，均認為公司應負社會責任。公司社會責任之內涵包括：公司應遵守法令；應考量倫理因素，採取一般被認為係適當負責任之商業行為；得為公共福祉、人道主義及慈善之目的，捐獻合理數目之資源。又按證券交易法第三十六條第四項授權訂定之公開發行公司年報應行記載事項準則第十條第四款第五目已明定公開發行公司年報中之「公司治理報告」應記載履行社會責任情形。我國越來越多公開發行公司已將其年度內所善盡社會責任之活動，在其為股東會所準備之年報內詳細載明，實際已化為具體之行動。鑑於推動公司社會責任已為國際潮流及趨勢，爰予增訂，導入公司應善盡其社會責任之理念❽。

第二、公司與商號、合夥及合作社之區別

一、公司與商號之區別

㈠公司者，依公司法之規定，向中央主管機關申請設立登記（公六）；商號者，依商業登記法規定，向主管機關登記，其主管機關，在中央為經濟部；在直轄市為直轄市政府；在縣（市）為縣（市）政府（商登二Ⅰ）。

㈡公司一經登記即取得法人之資格，為權利義務之主體，得享受權利，負擔義務；商號一經登記並無取得法人資格，乃為無形之財產權，在防止別人使用相同或類似商號，為權利之客體。

㈢公司一經登記，其名稱專用權之範圍及於全國；商業在同一直轄市或縣（市），不得使用與已登記之商業相同之名稱。但有下列情形者，不在此限：1.原已合法登記之商業，因行政區域調整，致與其他商業之名稱相

---

❽　民國 107 年 7 月 6 日立法院通過條文第 1 條第 2 項說明。

同。2.增設分支機構於他直轄市或縣（市），附記足以表示其為分支機構之明確字樣（商登二八 I），乃基於此兩者略有不同。

㈣公司成立後，除因合併、分割之概括承受外（詳見本章第十一節「公司之合併」），公司本身不得轉讓，惟股東能將其出資或股份轉讓；商號專用權為無形財產權，故商號所有人得自由轉讓。

二、公司與合夥之區別

㈠公司具有法人人格，而為權利義務之主體；合夥不具法人人格，僅屬一種契約（民六六七），其權利義務之主體為合夥人，而非合夥。

㈡公司成立必須登記；合夥組織者，合夥人之姓名、住、居所、身分證明文件字號、出資種類、數額及合夥契約副本，於開業前應辦理申請登記（商登九 I 7）。

㈢公司之財產為公司單獨所有，公司之股東僅對公司之資產有其股份或投資額之比例而已。股東僅得於公司解散清算時，請求分派賸餘財產；合夥之財產，為合夥全體公同共有（民六六八）。

㈣公司之目的在於營利；合夥事業之目的，營利與否，在所不問。

㈤公司業務之執行，依各種公司之規定而有不同，並非任何股東均得為之；惟合夥事務，除契約另有訂定外，由合夥人共同執行之（民六七一）。

㈥公司經營之事業有長久性；合夥事業，無論久暫，皆可成立。

三、公司與合作社之區別

㈠公司為依公司法組織登記而設立之法人；合作社須依合作社法登記而成立之法人。

㈡公司之成立應向中央主管機關或直轄市政府，申請設立登記（公五 I）；合作社之成立，係向地方主管機關為成立之登記（合作社法九 I）。

㈢公司以營利為目的，但公司經營業務，應遵守法令及商業倫理規範，得採行增進公共利益之行為，以善盡其社會責任（公一）；合作社雖亦營利，惟其營利，係基於平等互助之基礎，其最終目的在改善社員之生活（合作社法一）。

第二節　公司之分類

第一、法律上之分類

本法第二條規定❾，依股東責任為分類之標準，共分四種。茲分述如下：

一、無限公司

無限公司（Unlimited Company; offense Handelsgesellschaft; Sociétéen nom Collectifo'; 合名會社）者，乃指二人以上之股東組織，對公司債務負連帶無限清償責任之公司（公二Ⅰ1）。

二、有限公司

有限公司（Limited Company; Gesellschaft mit beschränkter Haftung; Sociétéá responsabilité Iimitée; 有限會社）者，由一人以上之股東所組織，就其出資額為限，對公司負其責任之公司（公二Ⅰ2）。

三、兩合公司

兩合公司❿（Kommanditgesellschaft; Société en Commandite; 合資會社）者，乃指一人以上之無限責任股東，與一人以上之有限責任股東所組織，其無限責任股東，對公司債務負連帶無限清償責任；有限責任股東，就其出資額為限，對公司負其責任之公司（公二Ⅰ3）。

---

❾　本法第 2 條之參考立法例，如日本商法第 53 條規定：「公司分為無限公司、兩合公司及股份有限公司三種。」昔日日本除商法外，尚有有限公司法，規定有限公司之組織。至於美國各州之公司法，乃類似我國之股份有限公司，並無兩合公司、無限公司、股份兩合公司等類。

❿　我國學者如鄭玉波著《公司法》第 11 頁，將兩合公司譯為 Limited Partnership。惟 Limited Partnership 譯成中文為有限合夥，與我國民法上之隱名合夥大致相同。依美國統一有限合夥法 (Uniform Limited Partnership Act) 之規定，有限合夥並未具有法人之資格；故與兩合公司尚屬有別。

四、股份有限公司

股份有限公司（Company Limited by Shares, Stock or Business Corporation; Aktiengesellschaft; Société Anonyme, Société paractions; 株式會社）者，指二人以上股東或政府、法人股東一人所組織，全部資本分為股份，股東就其所認股份，對公司負其責任之公司（公二Ⅰ4）。由此觀之，若自然人欲申請設立股份有限公司須至少二人以上，但政府或公司法人欲成立股份有限公司，則一人即可。

至於股份兩合公司 （Kommanditgesellschaft auf Aktien; Société en Commandite par actions; 株式合資會社）者，依舊公司法第二條第一項第五款之規定，乃指一人以上之無限責任股東，與五人以上之有限責任股東所組織，其無限責任股東，對公司債務負連帶無限清償責任。有限責任股東就其所認股份，對公司負其責任之公司。現行公司法早已刪除該款規定。

第二、信用上之分類

學者**⓫**有依公司信用，作為學理上分類之標準。將公司分為人合公司、資合公司及人合兼資合等三種，茲述之於下：

一、人合公司

日本稱之為「人的會社」。凡公司之經濟活動，以股東個人信用為基礎，稱為人合公司，例如本法之無限公司。人合公司之經營原則，係採企業所有與企業經營合一。

二、資合公司

日本稱之為「株式會社」。凡公司之經濟活動，以公司之資本數額為基礎者，稱為資合公司，其股份原則上可自由轉讓，經營方式採企業所有與企業經營分開，故董事、監察人縱非股東亦可當任之。例如本法之股份有限公司。

⓫ 梅仲協著《商事法要義》（50 年）第 19 頁；張國鍵著《商事法論》（66 年）第 5 頁及第 6 頁。

三、人合兼資合公司

俗稱中間公司或折衷公司，日本稱之為「合資會社及株式合資會社」。凡公司之活動兼取個人信用與公司資本者，稱之為人合兼資合公司，例如本法之兩合公司。

第三、國籍上之分類

公司依其國籍[12]為分類之標準，可分為本國公司 (Domestic corporation)、外國公司 (Foreign corporation) 與多國籍公司 (Multinational corporation)。茲分述如下：

一、本國公司

總公司之國籍設隸於本國，並依本國之公司法組織登記成立之公司，稱為本國公司。

二、外國公司

本法第四條規定：「本法所稱外國公司，謂以營利為目的，依照外國法律組織登記之公司。外國公司，於法令限制內，與中華民國公司有同一之權利能力。」惟與美國不同。美國所謂外國公司者，係指在他州或他國登記設立而營業之公司而言。因為美國多數州公司法規定，凡公司在一州設立，其存在不得超過該州之境界[13]。

三、多國籍公司

除上述本國公司及外國公司外，現在國際間流行所謂多國籍公司 (Multinational Corporation)。此名詞，其意義、理論及法制，均尚未定型。多國籍公司一詞，最早出現於一九六〇年李廉瑟 (David E. Lilienthal) 在卡奈基大學「一九八五年管理與公司」(Management and Corporation, 1985) 研討會所提出之論文。李廉瑟認為一個企業必須在一個國土進行行銷或製造之「作業」(Operation)[14]。通常多國籍公司有二特點：㈠由於其在國外作有

---

[12] 詳閱本書本論第七章外國公司。

[13] Harry G. Henn: *Law of Corporation*, pp. 148–150 2ed. (1970).

[14] 陳定國著《多國性企業經營》(64 年) 第 10 頁。

相當數額之營業行為，以致其財務地位 (financial status) 如何，須視其在其他國家之營業情形而定。因此多國籍公司之判定，需視其在國外之資產、交易、生產及僱用所占之比例，以及分支機構與權益分配之國籍情形。㈡多國籍公司之企業管理決策，是以多國性選擇為基礎。因此其管理之方針，乃係以國外工廠作資源供應地，把零件在國外分支機構與母公司間作移動，使其全球性的生產與銷售得以配合一致 ❶❺。另外亦有認為多國籍公司，其所有權 (Ownership)，必須係屬於多國籍性的，例如蜆殼石油公司 (Shell Corporation)，是由美國、英國、荷蘭及法國等國人民所擁有。正因如此，美國通用汽車公司 (General Motor Corporation)，乃多方鼓勵地主國之居民購買美國母公司之股票，並無股東國籍之限制。從而多國籍公司之母公司股票在國外證券市場上市之趨勢，愈來愈多 ❶❻。由於各國各有其國內法，因此所謂多國籍公司者，係指依本國法律組織登記成立並在本國營業後，其股權可由外國人持有，甚至該公司之股票在國外證券市場上市，或本公司在國外設立分公司，或在國外依當地國之法律投資設立子公司之公司屬之。因此所謂多國籍公司，其實是大型之本國公司，其資本、股票、公司業務等涉及多國，故必須遵守各當地國之法律，常隨當地國之法律變化而變化。其次，亦應注意及國際公法與國際間之條約協定，諸如專利、商標、郵政、勞動、關稅等協定。

第四、組織管轄系統上之分類

公司依其組織管轄系統為分類之標準，可分為本公司與分公司。茲分述於下：

一、本公司

本公司者，又稱總公司，係公司依法首先設立以管轄全部組織之總機

---

❶❺　Yitzhak Hadori: "The Structure of the Private Multinational Enterprise", p. 742, *Michigan Law Review* vol. 71. No. 4.

❶❻　Ullman: *Euro-Commercial Paper and Its Legal Problem Worldwide P & I Planning*, Jan–Feb.

構（公三II前）。換言之，為公司機構之中心，關於公司經營指揮監督、資金之調度，均由本公司支配之。公司（分公司）主事務所之所在地，自應以一處為限，惟因公司於同一地址使用不同樓層之情形頗為普遍或同一棟大樓相互毗鄰分屬不同地址，如公司認為皆為公司之主事務所所在地而申請登記者，於法自屬可 ❼ 。

二、分公司

(一)**分公司之意義** 分公司者，係受本公司管轄之分支機構 （公三II後）。

(二)**分公司之設立** 分公司在公司設立時或成立後，均得設立。本法規定除有限公司外（公一〇一），分公司為章程之必要記載事項（公四一I7、一一六、一三〇I1）。因此除有限公司外，公司設立時，同時成立分公司者，應載明於公司章程，向主管機關辦理分公司設立登記後，始得營業，成為公司「分支機構」之合法地位。至於公司成立後，設立分公司者，必須變更章程，欲變更章程，須經股東之決議同意，故我國對於設立分公司除有限公司外採股東決議制。本法在股份有限公司之公司章程未規定得設分公司時，應先召開股東會經代表已發行股份總數三分之二以上之股東出席，以出席股東表決權過半數之同意變更章程後，方得設立分公司（公二七七II）。在無限公司，因設立分公司為公司章程規定必要記載事項（公四一I7），倘公司章程未規定，則須變更章程，而變更章程須經全體股東之同意（公四〇II前），故得解釋為分公司之設立須經全體股東之同意。在兩合公司須經有限責任股東及無限責任股東全體同意設立之（公一一五）。

按公司之所在地係為法律關係之中心地域，舉凡債務之清償、訴訟之管轄及訴狀之送達均以所在地為依據，尚非為營業行為之發生地。又分公司係指其會計及盈虧繫於會計年度終結後歸併總機構彙算，並有主要帳簿之設置者應辦分公司或分商號登記，如其交易係逐筆轉報總機構列帳不予劃分獨立設置主要帳冊者，自無庸辦理登記。而旅行業管理規則，如其有特別規定，自從其規定 ❽ 。

❼ 經濟部 92.5.15 經商字第 09202094140 號。

綜上所述，本法對股份有限公司設立分公司之規定，過於僵化，似嫌過苛，不利公司業務之執行。其次關於分公司設立之數額，我公司法並無限制，故一公司可設立數分公司。惟分公司之下不得再設分支機構❿。分公司在與本公司不同地址設立門市部，如組織健全，對外經營業務，而屬分公司之組織者，應依本法之規定，辦理分公司設立登記❷。倘公司之分支機構設立於同一縣市，其會計財務未獨立，如其公司並不將其設立分公司者，毋庸辦理分公司之登記，例如汽車貨運或客運公司所設代辦站、招呼站、售票站、營業站及中國石油公司各地之儲運所、加油站等服務單位，組織極小且不具備設立公司之條件，故免辦分公司之登記❷。分公司與本公司設在同一地址，公司法並無禁止規定❷。

　　總公司設在大陸，而在臺灣設立分公司者，大陸淪陷後，行政院於民國三十九年，依國家總動員法第十八條之規定❷，以經字第五二一八號令頒布「淪陷區工商企業總機構在臺灣原設分支機構管理辦法」❷，規定在

---

❽　經濟部 94.10.18 經商字第 09402156840 號。

❾　經濟部 39.6.3 商字第 3162 號。

⓴　經濟部 40.1.8 商字第 00232 號。

㉑　經濟部 55.2.26 商字第 04210 號。

㉒　經濟部 66.8.20 商字第 24543 號。

㉓　國家總動員法第 18 條規定：「本法實施後，政府於必要時，得對銀行、公司、工廠及其他團體行號之設立、合併、增加資本、變更目的、募集債款、分配紅利、履行債務及其資金運用，加以限制。」

㉔　本辦法於民國 47 年、52 年及 53 年行政院修正公布，共計 12 條。茲將其重要規定述之於下：本辦法所稱分支機構，包括公司組織之分公司，非公司之組織之分廠、分房、分行與其具有分支機構之性質者或事實者（第 3 條）。分支機構一律改為獨立機構，取銷分支字號，冠以「臺灣」二字，依照本辦法之規定呈請主管官署核准登記（第 4 條）。分支機構中原負責人或經理人就該分支機構在臺之資產及本身負債負責清理撤銷原登記。並造具清理表冊三份，連同原領執照向主管官署（臺灣省建設廳）重行登記。前項在臺之資產，得依法辦理資產重估，其資產增值部分限於轉作增加資本，並比照公司法第 310 條辦理更正資本額登記，不得作其他用途（第 6 條）。

臺灣之分支機構，一律改為獨立機構，取消「分支」字樣，冠以「臺灣」二字。若本公司在臺灣，其股東在大陸地區者，則應適用八十一年七月二十七日修正公布施行之「在臺公司大陸地區股東股權行使條例」❷❺之規定。

(三)分公司之地位

1.分公司雖無權利能力但在民事訴訟上有當事人能力　分公司或設有經理或分行經理，其職權，除章程規定外，並得依契約之訂定（公三一 I）。經理人在公司章程或契約規定授權範圍內，有為公司管理事務及簽名之權（公三一 II）。是故經理人在性質上乃屬經「執行業務股東」或「董事會」之授權而代之執行業務之「授權執行人」，得在其授權範圍內執行業務，並代表公司以分公司之地位為訴訟行為，其訴訟之裁判力當然及於總公司❷❻。惟依本法第三條第二項規定：「……所稱分公司，為受本公司管轄之分支機構。」故在實體法上分公司實係公司之構成部分，並非獨立存在之法人，

---

❷❺　本條例共計 6 條，茲述之如下：

第 1 條（在臺公司之定義）　本條例所稱在臺公司，係指左列公司：一、政府遷臺前，在臺設立本公司之股份有限公司。二、原在大陸地區設立本公司並在臺設分支機構，經政府核准改為獨立機構之股份有限公司。三、原在大陸地區設立本公司，於政府遷臺後，在臺復業之股份有限公司。

第 2 條（大陸地區股東之定義）　本條例所稱大陸地區股東，係指政府遷臺時，留居大陸地區而持有在臺公司股份之股東。

第 3 條（保留股及暫緩轉讓之受理等）　大陸地區股東之股份，在國家統一前，均為各該在臺公司之保留股；其有繼承或轉讓者，亦同。

在臺公司對於大陸地區股東所為繼承、轉讓或其他股東名簿記載變更之請求，在國家統一前，暫緩受理。

第 4 條（保留股無表決權）　在臺公司之股東會，保留股無表決權，其股份數不算入已發行之股份總數。

第 5 條（保留股股利等之專戶存儲）　保留股之股利或其他收益，在國家統一前，以保留股專戶存儲於各該公司。

國家統一前，在臺公司以現金增資發行新股，大陸地區股東無新股認購權利。

第 6 條（施行日）　本條例自公布日施行。

❷❻　最高法院 52 年臺上字第 2866 號判決。

並無權利能力，不能為權利義務主體，故不得以其名義申辦不動產抵押權設定及塗銷登記❷。此乃指實體上之權利能力而言，與判例❷所示，分公司為總公司所設立之獨立機關，在訴訟上有當事人能力不同。依民事訴訟法第四十條第三項之規定，有當事人能力者，未必有權利能力，故分公司起訴請求法院判決以該分公司為抵押權人而為抵押權設定登記時，應認為無權利能力而以判決駁回其訴。如由分公司經理人起訴請求法院判決以該公司（非分公司）為權利主體而為抵押權登記，於法尚無不合。民法第五五五條規定：「經理人，就所任之事務，視為有代理商號為原告或被告或其他一切訴訟上行為之權。」因之分公司經理人就分公司業務範圍內之事項，有代理該公司為一切訴訟行為之權，按分公司為受本公司管轄之分支機構，並無獨立之財產，為謀訴訟上便利，現判例雖從寬認分公司就其業務範圍內之事項涉訟，有當事人能力，但不能執此而謂關於分公司業務範圍內之事項，不得以總公司之名義起訴（六六年臺上字第三四七〇號）。

2.分公司在行政訴訟上有當事人能力　凡以營利為目的之公司，其分支機構在獨立經營之業務範圍內發生之事項，而為行政爭訟時，自應認有當事人訴訟主體之能力，不得以其非法人無訴訟權能，而謂當事人不適格❷。

3.分公司在刑事訴訟上應以本公司名義告訴或自訴　刑事訴訟法第二

---

❷　經濟部 57.1.10 商字第 00954 號：「查公司為依照公司法組織登記成立之社團法人，依民法第二十六條規定除專屬於自然人之權利義務外，於法令限制內有享受權利負擔義務之能力。分公司為本公司之分支機構，本身並不具獨立之主體，分公司經理為代表以該分公司名義申辦具不動產抵押權設定及塗銷登記之名義，自非適法。」

❷　參閱下列所述：
　1.最高法院 40 年臺上字第 39 號判例：「分公司係由總公司分設之獨立機構，就其業務範圍內之事項涉訟時，有當事人能力。」
　2.最高法院 40 年臺上字第 105 號判例：「分公司係總公司分設之獨立機構，就其業務範圍內之事項涉訟時，自有當事人能力。又原告對分公司起訴後於訴訟進行中，將被告更正為總公司，應認為訴之變更。」

❷　行政法院 65 年判字第 847 號判決。

三二條規定,犯罪之被害人得為告訴;及同法第三一九條第一項前段規定,犯罪之被害人得提起自訴。犯罪之被害人,包括自然人及法人,故法人為被害人時,自亦得為告訴或提起自訴。在刑事訴訟上,分公司無獨立之人格,應以本公司為被害人,以本公司名義告訴或自訴。法人之告訴或自訴,應由其代表人為之。經理人並非公司之代表人,其代表公司提出刑事自訴或告訴,自非適法,故公司經理人對於公司被害事件,非受有代表權之董事委任,不得提起自訴❸。倘公司之經理人受有代表權之董事委任,亦得為公司提起刑事告訴。公司之經理人受董事長之委任,向法院提起自訴,仍屬代理人性質,判決當事人欄仍應記載董事長為代表人,經理人為自訴代理人❸。

第五、股本構成上之分類

公司依其股本構成為分類標準,可分為公營公司與民營公司。茲分述如下:

---

❸　參閱下列所述:

1. 司法院 20 年院字第 533 號解釋:「自訴人以自然人或法人為限,未經依法註冊之外國公司,既未取得法人資格,其以公司名義委任代理人提起自訴者,應不受理。」

2. 司法院 25 年院字第 1394 號解釋:「法人為被害人時,得由其代表人提起自訴。」

3. 司法院 25 年院字第 1480 號解釋:「法人固得提起自訴,惟自訴狀內未記載其代表人姓名,自屬不合程式。但受訴法院得命其補正。」

4. 司法院 28 年院字第 1844 號解釋:「公司經理人對於公司被害事件,非受有代表權之董事委任,不得代表公司提起自訴。」

5. 最高法院 27 年上字第 946 號判例:「股份有限公司為被害人時,僅得由其代表人提起自訴,公司之股東、董事等如未取得代表資格,自無以公司名義提起自訴之權。」

6. 最高法院 30 年 9 月 3 日刑庭庭長決議㈢:「經理人所經理之商號被害,非侵害管理權,經理人自不得提起自訴。」

❸　臺灣高院 57 年第一次法律座談會第二九號提案。

一、公營公司

凡公司之事業由政府經營，或政府與人民合資經營，而政府之股本超過百分之五十者，稱為公營公司（公營事業移轉民營條例第三條第三款）。至於英美公司法稱公公司 (Public Company) 者，基於公益目的而成立，由政府投資並控制之公司❸❷。

二、民營公司

凡公司業務由人民經營，或政府與人民合資經營，而民股超過百分之五十以上者，該事業方得視為民營公司❸❸。英美公司法上有類似我國民營公司的私公司 (Private Company)，其並非純以公益目的而成立，乃基於私人之目的而成立之公司。縱其受政府之資助，仍不失為私公司❸❹。

第六、股份分散程度上之分類

公司依其股份分散之程度為分類之標準，可分為家族公司與大眾公司。茲分述如下：

一、家族公司

公司之股份為一家族所有者，謂家族公司。因其股份為極少數股東所有，故屬閉鎖式公司，通常依發起設立方法而成立。

二、大眾公司

公開吸收社會大眾資金，人人得投資成為股東之公司，是謂大眾公司，例如公開發行股票之股份有限公司，是為開放式公司，可採發起設立及募集設立。

---

❸❷　*American Jurisprudence* vol. 18, p. 533 2ed. (1965).

❸❸　司法院釋字第 73 號解釋：「依公司法組織之公營事業，縱於移轉民營時，已確定其盈虧及一切權利義務之移轉日期，仍應俟移轉後之民股超過百分之五十以上時，該事業方得視為民營。惟在尚未實行交接之前，原有依法令服務之人員，仍係刑法上之公務員。」

❸❹　*American Jurisprudence* vol. 18, pp. 554–555 2ed. (1965).

第七、公司彼此間之關係而分類

公司依其彼此間之關係為分類之標準，有如下之情形：

一、從屬公司與關係公司

公司持有他公司有表決權之股份或出資額，超過他公司已發行有表決權之股份總數或資本總額半數者為控制公司，該他公司為從屬公司（公三六九之二 I）。

除前項外，公司直接或間接控制他公司之人事、財務或業務經營者亦為控制公司，該他公司為從屬公司（公三六九之二 II）。

有下列情形之一者，推定為有控制與從屬關係（公三六九之三）：

㈠公司與他公司之執行業務股東或董事有半數以上相同者。

㈡公司與他公司之已發行有表決權之股份總數或資本總額有半數以上為相同之股東持有或出資者。

二、相互投資公司

公司與他公司相互投資各達對方有表決權之股份總數或資本總額三分之一以上者，為相互投資公司（公三六九之九 I）。

相互投資公司各持有對方已發行有表決權之股份總數或資本總額超過半數者，或互可直接或間接控制對方之人事、財務或業務經營者，互為控制公司與從屬公司（公三六九之九 II）。

第八、公司合法成立與否而分類

公司依合法成立與否而分類，可分為法律上公司與事實上公司。茲述之於下：

一、法律上公司

法律上公司 (De Jure Corporation) 者，係指依據法律之規定組織而成立，其成立之過程及公司之人格，並無瑕疵之公司而言。

二、事實上公司

事實上公司 (De Facto Corporation) 者，公司成立之過程中，手續有所

瑕疵，致未完成公司登記。此之瑕疵並非法律規定絕對必要之要件，且發起人係以善意組織公司而經營業務，其組織尚屬完備之公司。是故此公司由國家主管機關決定其應否存在與其將來之業務之公司，是為事實公司。本法對於未依法登記成立之公司，不予任何之法律地位，對設立中之公司不視其為事實公司，此與昔日英美法制不同。現在美國各州之公司法紛紛採登記制度，因此事實上公司之名詞，已成為歷史遺跡。

公司之分類，除上述八類外，在學理上尚有㈠以經營關係而區分之個人公司及集體公司之分類，前者指無限公司；後者指股份有限公司。㈡以法律之性質而區分之一般法上之公司與特別法上之公司。前者指受公司法支配之公司；後者指受公司法及特別法支配者，如保險公司（受保險法）及銀行（受銀行法）是。

第三節　公司之名稱及住所

第一、公司之名稱

一、公司名稱之意義

公司之名稱，即公司之商號，得由當事人於公司申請設立時，自由選用，可準用商業登記法關於商號名稱之規定，得以股東姓名或其他名稱作為公司之名稱。但各種公司之名稱，應標明公司之種類（公二Ⅱ），例如為無限公司，應標明為「某某無限公司」，不可稱為「某某公司」，此乃基於公司法之具有交易法之性質，為保護社會交易之安全，使與公司來往之人，就公司之名稱，對公司性質一目了然，而設此規定。至於外國公司之名稱，應譯成中文，除標明其種類外，並應將其國籍標明（公三七〇），例如英商德記洋行有限公司。又公司名稱及業務，於公司登記前應先申請核准，並保留一定期間；其審核準則，由中央主管機關定之（公一八Ⅴ），俾便利人民申請公司之設立，故經濟部依此規定頒布「公司名稱及業務預查審核準則」❸❺（以下簡稱公司名稱準則）。

依「公司名稱及業務預查審核準則」第二條規定，公司名稱及業務，於公司設立或變更登記前，應由申請人備具申請表，向經濟部申請預查（以下簡稱預查申請案）。

前項預查申請案之申請人如下：

1.設立登記：以將來設立登記時股份有限公司之發起人，有限公司之股東或兩合公司、無限公司之無限責任股東為限；其以法人為申請人時，應加列代表人或將來指派至新公司行使股東權利之代表人姓名。

2.變更登記：以現任代表公司之負責人為限。

3.外國公司：為其在中華民國境內指定之訴訟及非訴訟代理人或將來分公司之經理人。

4.前三款之申請案委託代理人者，以會計師、律師為限。

減少所營事業登記而無本準則第八條第二項規定之情事或依本法規定變更組織者，無須申請預查。

預查申請案之書表須使用經濟部規定之格式繕打，每次申請不得超過五個名稱。

二、公司名稱及業務之申請預查準則

㈠公司名稱是否相同之審查

1.二公司名稱是否相同，應就其特取名稱採通體觀察方式審查；特取名稱不相同，其公司名稱為不相同（公司名稱準則七Ⅰ）。

二公司名稱中標明不同業務種類或可資區別之文字者，縱其特取名稱相同，其公司名稱視為不相同（公司名稱準則七Ⅱ）。

前項所稱可資區別之文字，不含下列之文字（公司名稱準則七Ⅲ）：

⑴公司名稱中所標明之組織種類、地區名、新、好、老、大、小、真、正、原、純、真正、純正、正港、正統、堂、記、行、號或社之文字。

⑵二公司標明之特取名稱及業務種類相同者，於業務種類之後，所標明之企業、實業、展業、興業或工業、商事等表明營業組織通用或事業性質之文字。

---

❸❺ 經濟部 104.11.30 經商字第 10402428320 號令修正。

2.公司名稱除應由特取名稱及組織種類組成外，並得標明下列文字（公司名稱準則六 I）：

(1)地區名。

(2)表明業務種類之文字。

(3)堂、記、行、企業、實業、展業、興業或工業、商事等表明營業組織通用或事業性質之文字。

公司名稱標明前項第二款或第三款之文字者，其排列順序依其款次，並置於特取名稱之後，組織種類之前（公司名稱準則六 II）。

外國公司名稱應標明國籍，並置於地區名或特取名稱之前（公司名稱準則六 III）。

3.公司名稱至多得標明二種業務種類（公司名稱準則八 I）。公司名稱中標明本法第十七條第一項規定之許可業務，其所營事業應登記該項許可業務；如其所營事業未登記該項許可業務，或該項許可業務經撤銷或廢止登記者，應辦理公司名稱變更（公司名稱準則八 II）。

4.(1)公司之特取名稱不得使用下列文字（公司名稱準則九 I）：

①我國國名。

②第六條第一項第二款、第三款之文字。

(2)公司之名稱不得使用下列文字（公司名稱準則九 II）：

①管理處、服務中心、福利中心、活動中心、發展中心、研究中心、農會、漁會、公會、工會、機構、聯社、福利社、合作社、研習班、研習會、產銷班、研究所、事務所、聯誼社、聯誼會、互助會、服務站、大學、學院、文物館、社區、寺廟、基金會、協會、慈善、志工、義工、社團、財團法人或其他易於使人誤認為與政府機關及其職權範圍、公益團體有關之名稱。

②有限合夥或其他類似有限合夥組織之文字。

③關係企業、企業關係、關係、集團、聯盟、連鎖或其他表明企業結合之文字。

④易使人誤認為與專門職業技術人員執業範圍有關之文字。

⑤易使人誤認為性質上非屬營利事業之文字。

⑥經目的事業主管機關認為不宜使用之文字。

⑦妨害公共秩序或善良風俗之文字。

5.外國公司之名稱,由其本公司外文名稱譯成中文者,不受第六條第一項至第三項、第八條第一項及第九條第一項第二款規定之限制(公司名稱準則十I)。前項規定主管機關認為必要時,得要求檢附法人資格證明文件(公司名稱準則十II)。

㈡**預查名稱保留期間**

1.預查申請案經核准者,自核准之日起算,其保留期間為六個月。但於期間屆滿前,得申請延展保留,期間為一個月,且以一次為限(公司名稱準則三I)。

前項保留期間,如公司業務依法令或其性質須有較長之籌備期間或於公司完成登記前依法令尚須踐行他種程序或登記者,其保留期間,由經濟部公告之(公司名稱準則三II)。

未於前二項保留期間內申請公司登記者,預查之核准失其效力(公司名稱準則三III)。

2.預查申請案經核准者,於保留期限內,不得更換申請人。但有正當理由經主管機關核准者,不在此限(公司名稱準則四)。

三、公司名稱之法律效力

公司之名稱,除表示公司與他公司之區別外,在法律上發生兩種效力:

㈠**公司名稱之排他效力** 本法規定,公司名稱,應使用我國文字,且不得與他公司或有限合夥名稱相同(公一八I前),以免混淆。蓋公司之商譽,非一朝一夕所能成就,故不容他人仿冒影射,謀取不法利益,以保公司之名稱權。本法復規定,二公司或公司與有限合夥名稱中標明不同業務種類或可資區別之文字者,視為不相同(公一八I後)。例如大明機械股份有限公司、大明紡織股份有限公司是也。公司名稱之限制,較商號專用權更廣。前者以全國為範圍,後者以直轄市或縣(市)為範圍,至於同類業務之公司,不得使用相同之名稱,固無疑問。至於類似之名稱,不在本法

禁止之列，此與舊公司法之規定有所不同。又本法為配合公司多角化經營之趨勢，公司名稱如標明業務種類字樣，除依法律或基於法律授權所定之命令，須經政府許可者，於領得許可文件後，方得申請公司登記（公一七 I），而作專業經營者外（如銀行法等），其所經營之事業應不以其標明之業務種類為限。此外，本法第十八條第四項復規定：「公司不得使用易於使人誤認其與政府機關、公益團體有關或妨害公共秩序或善良風俗之名稱。」按申請登記之公司名稱如有使人誤認為政府機關有關者，如「國立徵信有限公司」之「國立」❸❻一詞即是。所謂「公益團體有關」者，如以「奧林匹克運動器材股份有限公司」為公司名稱者，易認為與奧林匹克委員會有關❸❼。再者，有「妨害公共秩序或善良風俗之名稱」者，如屬有破壞維繫國家社會之優良秩序或違背國民一般道德標準者，如以「納粹」、「清國奴」、「美帝」等為公司之名者，自不宜准許登記。公司名稱之登記，應以我國文字為限（公司名稱準則五）。至於舊法所規定「不得使用外語譯音」為名稱之限制，現行法業已將之刪除。蓋外語種類繁多，致引起公司名稱皆可能與某種外語譯音相近，實務上頗為困擾。禁止公司使用外語譯音，有違我國的國際化、自由化之政策。再者，在臺灣申請組織公司之名稱如查覺與大陸原登記名稱相同或類似而經營業務又相同者，准加冠「臺灣」字樣❸❽。

---

❸❻　查「國立」二字含義係指由中央政府所設置之機構如國立大學或國立博物院等，一般公司名稱標明「國立」，非僅名實不符且顯係有欺罔公眾之虞，參照行政法院 23 年判字第 36 號判例應飭改正後再行核辦　（經濟部 55.4.14 商字第 08524 號）。

❸❼　參閱下列所述：

　1.高楠加工區服務中心有限公司以「加工區服務中心」為專業名稱申請設立登記，易使人誤認為本部所屬之有關機關，應即勸導改名再予登記（經濟部 59.6.6 商字第 40368 號令）。

　2.查該公司以「奧林匹克」為公司名稱，在交易上易滋誤認為公益團體，參照商業登記法第 28 條規定不得使用，應予改名　（經濟部 61.10.9 商字第 28181 號）。

倘有使用相同公司名稱者，公司之負責人、代理人、受僱人或其他從業人員以犯刑法偽造文書印文罪章之罪辦理設立或其他登記，經法院判決有罪確定後，由中央主管機關依職權或依利害關係人之申請撤銷或廢止其登記（公九IV）。在未經法院裁判前，利害關係人無逕請中央主管機關撤銷或廢止其設立登記之權利。又公司既經核准登記，申請人如主張公司名稱有被侵害而請求侵害人停止使用相同公司名稱，亦應向普通法院訴請裁判，不得請求行政機關為任何處分❸❾。惟該項登記，既係有瑕疵之行政處分，

---

❸❽ 查公司法第十八條規定同類業務之公司不問是否同一種類，是否在同一省市區域內不得使用相同或類似之名稱，關於陷區公司名稱之保護本部為兼顧法理及當前實際需要擬定為凡在臺灣申請組織公司之名稱如經查覺與大陸原登記公司之名稱相同或類似而經營業務又相同者准加冠「臺灣」字樣，並由申請人承諾光復大陸後無條件改名即予登記，俾利執行，上項意見經呈奉行政院 58 年 6 月 3 日臺⑸⑻經 4505 號令核定准予照辦在案（經濟部 58.6.23 商字第 21706 號）。

❸❾ 參閱下列各例：

1.甲乙兩公司經營同類業務，先後均在經濟部設立登記，甲公司登記在前，乙公司登記在後，甲公司以乙公司使用其類似之名稱有使人混同誤認之虞，請求法院判決乙公司不得使用類似之名稱，經三審判決甲公司勝訴確定，如此情形，應由該管第一審法院通知經濟部辦理撤銷登記事宜(最高法院 49.10.31 民刑庭會議決議)。

2.按同類業務之公司，不問是否同一種類，是否同在一省市區域以內，不得使用相同或類似之名稱，為公司法（舊）第二十六條所規定，申請設立之公司所營業務，如與他人呈准登記給照之公司同類而又使用相同或類似之名稱者，依同法第三〇七條規定，固非經令其改正合法後，不應予登記（參看司法院解字第 4041 號解釋）。但如主管官署一時失察，已為設立登記，則依同法（舊）第十五條規定，應經法院裁判後，通知中央主管官署撤銷其登記。在未經法院裁判前，利害關係人要無逕請中央主管官署撤銷其設立登記之權利(行政法院 47 年判字第 48 號)。

3.查兩公司既經核准登記，申請人如主張商號權有被侵害而請求侵害人停止使用與其相同或類似之商號名稱，應向普通法院訴請裁判，不得請求行政機關如何處分（行政法院 47 年判字第 48 號參照），前經本部 56 年 6 月 1 日發文經臺

並影響他人之權益，得由行政機關自行撤銷或廢止為宜。再者，公司為法人，法人之名稱與自然人之姓名相同，姓名權受侵害時，得請求法院除去其侵害，並得請求損害賠償，乃民法第十九條所明定，故公司之名稱如有被侵害時，自亦得提起民事訴訟，以資救濟。再者，公司名稱變更既經核准登記，變更前之公司名稱已不受公司法第十八條規定之「名稱專用權」保護，自不得以變更前之公司名稱對外為法律行為，至訂立契約之效力，係屬私權事宜，如有爭議，宜循司法途徑解決❹。

　　㈡**禁止冒用公司名稱之效力**　凡未經設立登記，不得以公司名義經營業務，或為其他法律行為（公一九 I）。違反前述規定者，行為人各處一年以下有期徒刑、拘役或科或併科新臺幣十五萬元以下罰金，並自負民事責任，行為人有二人以上者，連帶負民事責任，並由主管機關禁止其使用公司之名稱（名義）（公一九 II）。上述所謂公司名稱，指無限公司、有限公司、兩合公司及股份有限公司等名稱。

四、仿冒行為之禁止、損害賠償及處罰

　　㈠**不得為之行為**　公司就其營業所提供之商品或服務，不得有下列行為（公平二二 I）：

---

　　(56)商字第 13825 號令解釋有案。希依上開解釋辦理，檢具法院終局判決正本再行核辦（經濟部 60.1.20 商字第 02281 號）。

　　4.查商號權係私權，申請人如發現其商號權有被侵害請求主管機關飭知登記在後之公司更名時，主管機關基於行政監督權自可通知登記在後之公司辦理更名變更登記，但如該公司拒絕更名時，可依本部 56 年 6 月 1 日發文經臺(56)商字第 13825 號令解釋由登記在先之公司向法院主張商號權被侵害，請求判決侵害人停止使用與其相同或類似之商號名稱(行政法院 47 年度判字第 48 號判決參照)。該項商號權被侵害尚難謂與公益有關：未便引用行政法院 59 年度判字第 141 號判決辦理（經濟部 60.2.9 商字第 04469 號）。

　　作者註：現行公司法第 18 條第 1 項僅規定，公司名稱，不得與他公司名稱相同。至於與他公司名稱類似，為現行公司法所不禁止，因此上述之判決或命令，隨公司法之修訂應除去公司名稱類似之適用。

❹　經濟部 92.6.9 經商字第 09202118940 號。

1.以著名之他人姓名、商號或公司名稱、商標、商品容器、包裝、外觀或其他顯示他人商品之表徵，於同一或類似之商品，為相同或類似之使用，致與他人商品混淆，或販賣、運送、輸出或輸入使用該項表徵之商品。

2.以著名之他人姓名、商號或公司名稱、標章或其他表示他人營業、服務之表徵，於同一或類似之服務為相同或近似之使用，致與他人營業或服務之設施或活動混淆者。

㈡**違反之處理**

1.**除去侵害請求權**　公司違反上述之規定，致侵害他人權益者，被害人得請求除去之；有侵害之虞者，並得請求防止之（公平二九）。

2.**侵權行為責任**　公司違反本法之規定，致侵害他人權益者，應負損害賠償責任（公平三〇）。

3.**損害賠償及其計算**　公司違反上述規定，致侵害他人權益者，應負損害賠償責任（公平三〇）。法院因前述被害人之請求，如為公司之故意行為，得依侵害情節，酌定損害額以上之賠償。但不得超過已證明損害額之三倍。侵害人如因侵害行為受有利益者，被害人得請求專依該項利益計算損害額（公平三一II）。

五、以他人註冊商標中之文字作為自己公司名稱之侵害救濟

㈠**視為侵害商標權**　未得商標權人同意，有下列情形之一者，視為侵害商標權（商標七〇）：

未得商標權人同意，有下列情形之一，視為侵害商標權：

1.明知為他人著名之註冊商標，而使用相同或近似之商標，有致減損該商標之識別性或信譽之虞者。

2.明知為他人著名之註冊商標，而以該著名商標中之文字作為自己公司、商號、團體、網域或其他表彰營業主體之名稱，有致相關消費者混淆誤認之虞或減損該商標之識別性或信譽之虞者。

3.明知有第六十八條侵害商標權之虞，而製造、持有、陳列、販賣、輸出或輸入尚未與商品或服務結合之標籤、吊牌、包裝容器或與服務有關之物品。

㈡損害賠償之計算

1.商標權人請求損害賠償時，得就下列各款擇一計算其損害（商標七一I）：

⑴依民法第二一六條規定。但不能提供證據方法以證明其損害時，商標權人得就其使用註冊商標通常所可獲得之利益，減除受侵害後使用同一商標所得之利益，以其差額為所受損害（商標七一I1）。

⑵依侵害商標權行為所得之利益；於侵害商標權者不能就其成本或必要費用舉證時，以銷售該項商品全部收入為所得利益（商標七一I2）。

⑶就查獲侵害商標權商品之零售單價一千五百倍以下之金額。但所查獲商品超過一千五百件時，以其總價定賠償金額（商標七一I3）。

⑷以相當於商標權人授權他人使用所得收取之權利金數額為其損害（商標七一I4）

前項賠償金額顯不相當者，法院得予酌減之（商標七一II）。

第二、公司之住所

一、公司住所之意義

即本公司之所在地（公三）。換言之，本公司依照本法首先設立，管理統轄全部機構之總事務處所所在地。公司為法人，與自然人同具有人格，有一定之住所，以享受權利、履行義務。本法所規定之公司住所，乃為法定住所。惟自然人之住所可分為法定住所及意定住所，倘自然人無住所者，以居所視為住所之規定，與公司僅有法定住所，有所不同。

二、公司住所之效果

其效果如下：㈠決定主管機關監督權之行使（公五）。㈡管理統轄全部機構之總事務所。㈢確定其法院審判籍（民訴二、九）。㈣收受文書送達之處所（民訴一、一三六）。㈤確定債務清償地之處所（民三一四）。㈥行使或保全票據權利處所之標準（票二〇）。㈦國際私法上應適用何國法律之標準（涉外三）。㈧政府徵稅之依據❹。

---

❹　Harry G. Henn: *Law of Corporation*, p. 113 2ed. (1970).

第四節 公司之設立

第一、公司設立之意義

公司設立者，係指為取得公司資格而完成法律要件之一切行為。此一切行為，概括稱為設立行為。公司法於條文中有時以「成立」稱之，如公司法第六條之規定；有時以「設立」稱之，如公司法第九、十、十二條等條。二者並無大差異，僅設立係就設立人方面觀之，而成立係就公司本身觀之，故設立為成立之前提，成立為設立之結果，僅時間先後略有差異而已。

第二、公司設立行為之性質

公司之設立必須訂立章程，而章程之訂立，必須有一定書面款式，故為要式行為。然此要式行為之性質，究為如何？學說不一。約有下列四說：

一、契約說

認為公司之設立行為，係屬合夥契約。此說將合夥與公司混而為一，於法理不合。況且公司章程之訂立，乃創立會之決議，並非契約行為，故此說不足採也。

二、單獨行為說

此說認為公司之設立，乃股東以組織公司為目的之個別單獨行為，聯合或偶合而成立。此說於一人公司之設立，固無疑問。倘股東有二人以上者，僅能謂其為聯合或偶合而成立。觀乎公司章程之訂立，乃取決於創立會之多數決議，並非多數個別單獨行為之聯合或偶合，故此說亦屬不當。

三、共同行為說

此說認為公司之設立，係二人以上之意思，基於同一目的所為之共同行為。徵諸公司章程之訂立、創立會之決議，自以此說為當，故已成為今日之通說。我國學者均贊同此說❷。

四、合併行為說

此說認為設立行為，係共同行為與契約行為之合併行為。按公司之設立行為，既非契約行為，自無合併行為之可言。

第三、設立之方式

關於設立之方式有二：

一、發起設立

又稱單純設立。即由發起人認足資本總額而設立之謂。本法各種公司，均得採此種方式設立。

二、募集設立

又稱募股設立、漸次設立，或複雜設立。即發起人不認足第一次應發行之股份，對外公開募集而設立公司之謂也。本法各種公司中，僅股份有限公司，得採此種方式而設立。

第四、公司設立之立法主義

公司設立之立法主義迭經變更，約有下列四種[43]：

一、放任主義

即公司之設立，全任當事人之自由，法律不加干涉之謂。歐洲中世紀自由貿易時代頗為盛行。其弊在於任意濫設有害社會，故近世各國，鮮有採之。

---

[42] 梅仲協著《商事法要義》（50 年）第 21 頁；王效先著《新公司法論》第 5 頁；黃棟培著《新公司法論》（59 年）第 18 頁；張國鍵著《商事法論》（64 年）第 18 頁；林咏榮著《商事法新詮（上冊）》（65 年）第 34 頁。惟鄭玉波著《公司法》（66 年）第 31 頁以「公同行為說」為「合同行為說」。按契約在我國俗稱為「合同」。鄭大法官之意思乃指公同行為說。惟其以「合同」二字稱之，易生混淆。

[43] 張國鍵著《商事法論》（66 年）第 18 頁；林咏榮著《商事法新詮（上冊）》（65 年）第 37 頁。

二、特許主義

凡欲設立公司以取得法人資格者，須由元首之命令或國家特許法規之規定，再經特許，始可設立。此種主義之適用，政治作用濃厚，如英國以前之東印度公司。此主義可分為二：即㈠由元首之特許而設立者，謂之元首特許主義；㈡由於法律特許之規定而予以設立者，謂之法律特許主義。

三、核准主義

又可稱認可主義，乃指公司之設立，除具備一般法規所定之條件外，並須經行政官署之核准，始得設立之謂。此主義既流於嚴苛，且礙公司之發展，故世界各國僅俄國、荷蘭採此主義。核准主義與特許主義，似同實異。前者為行政上特權，後者為立法上之特權。前者基於存在之法律，而由行政官署核准之，後者每一公司之設立，須制定一定之法律或由元首命令成立之。

四、準則主義

即法律預定設立公司之一定要件以為準則。凡公司之設立合於要件者，主管機關即須准其登記而設立，取得法人之資格。主管機關不得以政策上之理由不予登記，此即準則主義與核准主義不同之處。此種主義，對一定之要件，與設立之責任，若非詳密釐訂，則易滋流弊，故近代各國均採嚴格規定其要件並加重發起人之責任，可謂嚴格準則主義，與以前之單純準則主義略有不同，本法亦採嚴格準則主義。

第五、公司設立之撤銷或廢止其登記

公司之負責人、代理人、受僱人或其他從業人員以犯刑法偽造文書印文罪章之罪辦理設立或其他登記，經法院判決有罪確定後，由中央主管機關依職權或依利害關係人之申請撤銷或廢止其登記（公九IV）。

第五節　公司之登記

第一、公司登記之意義

公司登記者，乃公司將應行公示之事項，向其主管機關登記，以備公眾閱覽抄錄也。蓋公司為法人，其是否存在，組織如何，為保護社會交易之安全，自應登記以之公示於一般人，使其知悉。申請本法各項登記之期限、應檢附之文件與書表及其他相關事項之辦法，由中央主管機關定之（公三八七 I）。前項登記之申請，得以電子方式為之；其實施辦法，由中央主管機關定之（公三八七 II）。前二項之申請，得委任代理人，代理人以會計師、律師為限（公三八七 III）。

第二、登記之種類

公司登記之種類，概括言之，約可分下列五種：

一、設立登記

公司非在中央主管機關登記後，不得成立（公六），故公司之設立，除訂立章程外，尚須經登記方能成立。既已成立，自得經營業務。銀行、保險公司經由行政院金融監督管理委員會許可（銀五三、保一二）；礦業公司經由經濟部許可等是。因此公司之成立，依法令如須經政府許可之業務，應即申請許可，經核准領到許可證件後，應於申請設立登記時，附繳許可證件，主管機關方得辦理公司設立登記。所謂許可證件，應以法律有明文規定者為限 ❹ 。

二、撤銷登記

依本法第十七條第一項規定而取得業務之許可者，倘該業務之許可經目的事業主管機關撤銷或廢止確定者，應由各該目的事業主管機關通知中央主管機關，撤銷或廢止其公司登記或部分登記事項（公一七 II）。蓋許可

❹　民國55年8月16日經濟部頒令「執行修正公司法應注意事項三」。

事業經目的事業主管機關撤銷或廢止許可後,如不賦予主管機關撤銷或廢止登記之權,將影響管理工作至鉅,故本法第十七條第二項規定撤銷或廢止登記。

三、廢止登記

依本法第十七條所規定之廢止登記,請閱上述「二、撤銷登記」所述。又公司法第三九七條規定,公司之解散,不向主管機關申請解散登記者,主管機關得依職權或據利害關係人申請,廢止其登記(公三九七 I)。

主管機關對於前項之廢止,除命令解散或裁定解散外,應定三十日之期間,催告公司負責人聲明異議;逾期不為聲明或聲明理由不充分者,即廢止其登記(公三九七 II)。

四、變更登記

公司為設立登記後,其已登記之事項有變更者,應為變更登記,否則不得以其事項,對抗第三人(公一二後),例如公司事務所之遷移、經理人之退休、其他因素離職等是。倘經理人解任,在尚未正式派任經理前,其職務暫由副理代理,無需辦理變更登記❹。

代表公司之負責人或外國公司在中華民國境內之負責人申請登記,違反依第一項所定辦法規定之申請期限者,處新臺幣一萬元以上五萬元以下罰鍰(公三八七 IV)。代表公司之負責人或外國公司在中華民國境內之負責人不依第一項所定辦法規定之申請期限辦理登記者,除由主管機關責令限期改正外,處新臺幣一萬元以上五萬元以下罰鍰;屆期未改正者,繼續責令其限期改正,並按次連續處新臺幣二萬元以上十萬元以下罰鍰,至改正為止(公三八七 V)。其期間之計算,以依法應申請之日起算,至提出申請之日為準。申請日不明者,以郵戳為憑。公司向登記機關所在地直接申請者,以收文日期為準,公司在登記機關所在地以外者,應參酌訴訟當事人扣除在途期間之規定辦理。

五、解散登記

公司解散,應辦理解散登記(詳閱無限公司、有限公司、兩合公司、

---

❹ 經濟部 91.1.17 經商字第 09102003570 號。

股份有限公司登記應送書表一覽表所載）。

第三、登記之機關與業務許可

一、公司登記之機關

公司非在中央主管機關登記後，不得成立❹（公六）。公司申請設立、變更登記之資本額，應先經會計師查核簽證；公司應於申請設立登記時或設立登記後三十日內，檢送經會計師查核簽證之文件（公七 I）；公司聲請變更登記之資本額，應先經會計師查核簽證（公七 II）。俾便利公司登記主管機關為查核公司登記資本之確實性；上述查核簽證之辦法，由中央主管機關定之（公七 III），以符合行政程序法之規定。又公司之登記主管機關：在中央為經濟部；在直轄市為直轄市政府（公五 I）。本法規定中央主管機關得委任所屬機關、委託或委辦其他機關辦理本法所規定之事項（公五 II）。至於外國公司之認許及其他一切登記，均以經濟部為決定機關。

二、設立登記與業務許可

公司之業務，依法律或基於法律授權訂定之命令，須經政府許可者，於領得許可證件後，方得申請公司登記（公一七 I）。所稱「法律」係指針對特定行業別而制定且具有全國性者而言，如銀行法、保險法等。其立法意旨，係對涉及與公共利益有重大關係，或事涉公共安全之管理，業務之主管機關，俾便控管經營此項目之公司，以維其正常營運，故本法規定，公司業務須經政府許可者，有二：㈠法律有規定之業務；㈡基於法律授權所定命令之業務。所謂法律規定者，例如運輸業（公路法三七，民用航空

---

❹　參閱下例所述：

1.公司須經依法呈請註冊方為成立，若僅與人共同受抵房屋假設公司，自不能為公司之存在（最高法院 17 年上字第 394 號）。

2.公司既經合法登記，即成為法人，該公司所負之債務，依法自應由該公司負償還之責（最高法院 20 年上字第 2255 號判決）。

3.依法向前北京政府註冊之股份有限公司，未遵新章呈驗執照，或更新註冊程序，僅應受處罰，不能謂因而喪失法人資格（司法院 20 年院字第 553 號解釋）。

法四八 I），須先經交通部之許可；金融業（銀五三）、保險業（保一三七 I）、證券商（證交四四 I）等之設立須財政部金融監督管理委員會之許可；醫療機構須經衛生福利部之許可登記（醫療法一五）；藥商應依藥事法第二十七條規定依衛生福利部所定之登記事項，凡申請為藥商者，應申請直轄市或縣（市）衛生主管機關核准登記，領得許可執照後，方准營業（藥事法二七）；經營旅館業者（發展觀光條例二一）須經交通部觀光局之許可，及廣播電視節目業者（廣播電視法十）須經國家通訊傳播委員會之許可等。所謂「基於法律授權所定之命令」，如營造業者由內政部依建築法第十五條第二項規定之授權頒布「營造業管理規則」之命令，須經內政部之許可❹；報關行設置，由財政部依關稅法第二十二條第三項之授權頒布「報關行設置管理辦法」，須經財政部許可。上述業務，於領得許可證後，方得向經濟部申請設立公司。至於公司業務，依一般行政命令之規定，須經由該主管機關許可者，不受本法第十七條之規範。上述業務之許可，經目的事業主管機關撤銷或廢止確定者，應由各該目的事業主管機關通知中央主管機關撤銷或廢止其公司登記或其部分登記事項。公司之經營有違反法令受勒令歇業處分確定者，應由處分機關通知中央主管機關，廢止其公司登記或部分登記事項（公一七之一）。至於直轄市政府依「地方制度法」制定特定行業管理自治條例，規定該等行業之業務及場所於登記前應先經許可者，屬因地制宜之法規；依行政院九十年十二月二十五日臺九十經字第○七一一五八號函對「臺北市資訊休閒服務業管理自治條例」審核意見一指出「『臺北市資訊休閒服務業管理自治條例』（以下簡稱自治條例）第六條：『電腦遊戲業者為公司組織者，於申請公司設立或遷址登記時，應檢附其營業場所設置地點合於都市計畫土地使用分區管制及……符合建築法令規定之證明文件……』一節。按公司登記係採準則主義，依現行公司法第十七條明定，公司營業項目除許可業務必須載明於公司章程外，餘皆毋須登記，查自治條例所規範業務尚非許可業務，自治條例第六條似與現行公司法規定有違，宜配合修正」。故毋庸依公司法第十七條第一項或商業登記法第六條

---

❹　營造業管理規則第 6 條第 1 項。

第一項之規定辦理❹。

　　現行法僅對登記機關加以如上之規定，並如本章第七節所述對公司加以監督。現行本法雖乏明文對公司檔案加以建立制度，以供利害關係人查閱，俾維護社會交易之安全。惟在實務上，經濟部商業司已有此項之建制。按公司既經登記，即有法人之人格，然一般人對其法人之情形無從得悉，因此經濟部商業司建立全國公司檔案，並已登載於網路上供公眾查閱，俾減少假藉公司名義犯罪之事宜，維護社會之經濟秩序。

第四、公司設立登記之性質

　　公司設立登記之性質，有下列兩種主義：

一、登記設立要件主義

　　又稱登記設立生效主義，即以登記為公司設立之生效要件。依此主義，公司非經登記，不得設立。

二、登記對抗主義

　　即公司之設立登記，僅為公司成立後，對抗第三人之效力。依此主義，公司縱未登記，亦得成立。惟未經登記，不得以之對抗第三人主張其公司之設立。

　　我國規定　本法之設立登記採用前述「一、登記設立要件主義」，於第六條明定：「公司非在中央主管機關登記後，不得成立。」因此登記後，公司即成立。據此廢止公司執照之核發。但可核發「公司登記證明文件」。又公司執照廢止後，得透過電腦連線查詢公司基本登記資料。至於設立登記以外之其他登記，採對抗要件主義（公一二）。為貫徹公司登記之設立要件主義，本法復採強制政策，即凡規定有申請期限者，其代表公司之負責人或外國公司在中華民國境內之負責人，若不依限申請辦理登記者，則須受罰鍰之制裁，如本法第三八七條第五項之規定是。

---

❹　經濟部 91.1.21 經商字第 09100001720 號。

第五、設立登記之期限

關於申請設立登記之期限，各種公司皆定為十五日，惟其起算日則各異。無限、兩合及有限公司應於章程訂立後十五日內，向主管機關申請為設立之登記。股份有限公司代表公司之負責人應於就任後十五日內，向主管機關申請為設立之登記。但經目的事業主管機關核准應於特定基準日核准設立登記者，不在此限（公登二）。代表公司之負責人或外國公司在中華民國境內之負責人不依第一項所定辦法規定之申請期限辦理登記者，除由主管機關令其限期改正外，處新臺幣一萬元以上五萬元以下罰鍰；屆期未改正者，繼續令其限期改正，並按次處新臺幣二萬元以上十萬元以下罰鍰，至改正為止（公三八七Ⅴ）。

第六、公司設立登記之效力

一、取得法人人格之效力

公司經設立登記後，始取得法人之人格（公六）。換言之，公司登記後，其權利能力與行為能力及公司之內外法律關係因而確定，是為確定效力。倘公司未經核准登記，其對第三人所負之債務，應由各發起人依合夥之例，連帶負清償之責❹。本法復明定，股份有限公司不能成立時，發起人關於

---

❹ 參閱下列各例：

1. 非法人組織之合夥，不得準用公司條例（已失效）（5 年上字第 641 號）。

2. 公司確曾依法註冊，成為股份有限公司，則所負債務除用公司存貨變賣抵償外，其股東及經理人不負要以私產償債之責任。如果並未依法註冊，則雖名為股份公司，仍難認為有獨立之人格者，其償還債務之責任，即應比照合夥之例判斷（5 年上字第 295 號）。因現行法第 150 條之規定，本判例仍可補其不足。

3. 公司條例第六條（已失效）規定公司之設立，非在本店該管官廳註冊後，不得對抗第三者，故商店雖由招股組成名為公司，而其實未履行法律上之程序者，自應認為合夥。其股東依一般合夥習慣，自係分擔，（非連帶）無限責任（7 年統字第 823 號）。

4. 既為錢店，如查照公司條例（已失效），尚未合法成為公司，不得認為法人，

公司設立所為之行為，及設立所需之費用，均應負連帶清償責任，其因冒濫經裁減者亦同（公一五〇）。

二、使用公司名義之效力

公司經設立登記，始得使用公司之名稱（名義）。凡未經設立登記，不得以公司名義經營業務，或為其他法律行為（公一九 I）。違反前項規定者，行為人各處一年以下有期徒刑、拘役或科或併科新臺幣十五萬元以下罰金，並自負民事責任；行為人 **➎** 有二人以上者，連帶負民事責任；並由主管機關禁止其使用公司名稱（公一九 II），以免濫用公司名稱矇混營業。所謂行為人者，不以公司成立後之股東為限，凡參與經營業務或其他法律行為者，均屬之 **➎** 。

三、對抗他人之效力

依本法第十二條規定：「公司設立登記後，有應登記之事項而不登記，或已登記之事項有變更而不為變更之登記者，不得以其事項對抗第三人。」

應由行為人負責（9 年統字第 1265 號）。

5.商店雖集股開設，名為公司，若其組織未履行法律上之程序，又未經主管官署註冊有案者，即應認為合夥。其股東對內對外關係，均應依合夥法律判斷（16 年上字第 1960 號）。

6.公司未經核准登記，即不能認為有獨立之人格，其所負債務，各股東應依合夥之例擔負償還責任（19 年上字第 1403 號判例）。

7.公司未經合法註冊，則雖名為有限公司，仍難認有獨立之人格，即應以合夥論（20 年上字第 2014 號）。

8.歷來判例所謂公司未依法註冊，雖名為股份有限公司，仍難認有獨立之人格。其償還債務之責任，應比照合夥之例判斷，係屬公司能否對抗第三人問題，如係發起人與認股人之間內部關係，與該判例情形迥不相同（22 年上字第 854 號）。作者註：現行公司法第 150 條前段對股份有限公司之情形，有明文規定，惟本判例仍可補其不足。

➎ 請詳閱本書第 62 至 64 頁所述。

➎ 最高法院 62 年臺上字第 1286 號判決：「依公司法第十九條規定，就公司未辦設立登記前之法律行為負其責任者，並不以公司股東為限，凡以公司名稱經營業務或為其他法律行為之行為人均在其列。」

所謂不得以其事項對抗第三人者,參照民法第三十一條規定:「法人登記後,有應登記之事項而不登記,或已登記之事項有變更而不為變更之登記者,不得以其事項對抗第三人」,均無善意字樣,而民法第二十七條第三項規定:「對於董事代表權所加之限制,不得對抗善意第三人」,與上述規定不同。就本法第十二條與民法第三十一條規定相同而言,本法第十二條所謂不得對抗第三人,未有「善意」二字,似非立法上之疏誤,而係有意省略,參照前大理院判例❷所示,所謂第三人,並無善意惡意之別。此與商業登記法第二〇條及合作社法第九條第三項則均明定限於對抗善意第三人之情形不同。本法第十二條所謂不得對抗第三人,乃為絕對的不得對抗,不問第三人對其事項知與不知,亦即其行為究為善意,抑為惡意,在所不問。其立法意旨,在使法律關係劃一確定,藉以促使公司辦理登記,貫徹公司登記之效力故也。惟惡意亦受保護,在法理上實非允當,且與本法第三十六條、第八十六條、第一二一條等規定亦不能配合,故學者❸有主張限於相對的不得對抗,即不得對抗善意第三人。蓋惡意亦受保護,有違民商法之基本法理,故在具體訴訟事件,應從其他法律之基本原則,如誠信原則(民一四八Ⅱ)、權利禁止濫用原則(民一四八Ⅰ),加以解釋適用。因此對於採絕對的不得對抗者,吾人認為在裁判上似可斟酌具體情形,適用民法上誠信原則或權利禁止濫用原則,使故意以損害公司為目的之惡意第三人,不受法律上之保護。所謂應登記之事項而不登記,不得以其事項對抗第三人者,例如已停業在未辦理解散登記前,不得以解散對抗第三人❹。再者,本法第十二條之規定,為對抗要件,而非生效要件。改選董事及董事長,並非以經登記為生效要件,因此選舉董事之決議未被撤銷以前,仍屬有效,故應以新當選董事長為公司法定代理人❺。如以公司名義聲請強制執行,

---

❷ 大理院 14 年上字第 3562 號判例:「所謂第三人者,並無善意惡意之別,公司之債權人,應解為第三者。」;經濟部 93.6.21 商字第 09302090350 號。

❸ 梅仲協著《商事法要義》(50 年)第 23 頁。

❹ 經濟部 60.4.22 商字第 15844 號。

❺ 參閱下列 61 年民 18 號提案:

亦應以新當選董事長為公司法定代理人，如仍以原董事長為法定代理人，應令其補正為新當選之董事長為法定代理人，若不補正者，應駁回其執行之聲請❺❻。在法院為訴訟上和解，亦應以新當選之董事長為該公司之法定

某股份有限公司，召開股東會，改選董事，當天由新董事會互選某甲為董事長。某股東以股東會選舉董事之方法違背法令為理由，以公司為被告，請求法院撤銷其決議。原董事長以改選董事有糾紛為詞，拒絕移交。主管官署亦藉詞不准為董事長名義變更登記。此種情形，本件訴訟被告公司之法定代理人，究為原任董事長或新當選董事長？將來法院判決結果，對其訴訟程序有無影響？

甲說：某甲雖當選為新董事長，但該項股東會選舉董事之決議既在訟爭中，是否有效，尚屬未定，且亦未依法為董事長姓名變更登記，依公司法第十二條之規定，不得對抗第三人，故本件訴訟，應以原董事長為公司法定代理人，如將來法院判決其決議為有效，以原董事長為法定代理人所為之訴訟行為之效力，不生影響。

乙說：公司法第十二條規定，為對抗要件，而非生效要件，改選董事及董事長，並非以經登記為生效要件，某甲既已當選為董事長，其選舉董事之決議未被撤銷以前，仍屬有效，故應以新當選董事長為公司法定代理人進行訴訟，俾能盡力防禦。如將來法院撤銷其決議，與訴訟程序之效力，不生影響。

決議：（最高法院六〇年臺上字第三三四三號判決）被上訴人股份有限公司之法定代理人翁全崑係五十八年股東常會於五十八年六月八日選舉為董事，同年二十二日經董監事聯席推舉為董事長，有議事錄可稽。雖上訴人另案曾提起宣告無效及撤銷之訴，但在未就勝訴之確定判決前，究難謂上項決議為當然無效。翁全崑之為董事及董事長縱尚未向主管機關登記，亦僅不得對抗善意之第三人，究不能謂其未經登記，即不生效。以乙說為當。

❺❻ 參閱下列 65 年民執 1 號提案：

子股份有限公司（以下簡稱子公司）改選甲為董事長，原董事長乙將全部股權轉讓他人，但子公司並未向主管機關變更登記甲為董事長，茲子公司當原告仍以乙為原告法定代理人對丙起訴請求交還土地，獲勝訴判決，子公司仍列乙為該公司法定代理人聲請對丙強制執行交還土地，經執行法院命其補正法定代理人，逾期不補正，是否應駁回其執行之聲請？又丁對子公司取得執行名義，列子公司為債務人，乙為子公司之法定代理人，聲請執行，經命其補正而不補正，應如何處理？

甲說：子公司雖然改選甲為董事長，但並未聲請變更登記，自得以原董事長乙

代理人 ❺ 。然則公司之負責人，經主管機關核准，變更登記時，公司法人

為法定代理人聲請對丙強制執行。丁對子公司執行，亦無庸補正甲為子公司法
定代理人。

乙說：公司法第十二條所規定之變更登記是對抗要件，並非生效要件，甲既被
選為董事長，乙又失去股東資格，甲才是子公司之法定代理人，乙以子公司之
法定代理人自居，並以子公司名義聲請對丙執行，經命其補正又不補正，因其
欠缺法定代理權，自應駁回其執行之聲請。又債權人丁對子公司執行，仍列乙
為子公司法定代理人，命其補正而不補正，亦應駁回其執行之聲請。

丙說：甲被選為子公司董事長時，即生效力，未聲請變更登記僅是不得對抗善
意第三人而已，今乙以子公司名義聲請執行並列乙為法定代理人，又不遵命補
正，自應駁回其對丙之聲請執行。又債權人丁對子公司執行，雖仍列乙為子公
司法定代理人，又不遵命補正，自應駁回其對丙之聲請執行。又債權人丁對子
公司執行雖仍列乙為子公司法定代理人，而未補正，但執行法院可逕行改列甲
為子公司之法定代理人，嗣後查封、拍賣，分配表之通知等均以甲為子公司之
法定代理人而送達，以求便民。

決議：採乙說。

❺　參閱下列 65 年民 26 號提案：

某股份有限公司經股東會議決議改選董事，並由董事會改選某甲為董事長，該
公司原董事長某乙將其所有股權全部出讓他人，惟該公司並未聲請變更登記，
債權人某丙對該公司起訴，仍列某乙為該公司法定代理人，並在法院成立訴訟
上和解。該公司董事長某甲以和解有無效之原因，請求繼續審判，是否有理？
甲說：按公司法第十二條規定公司設立登記後，……已登記之事項有變更而不
為變更之登記者，不得以其事項對抗第三人，該公司董事長變更既未為變更之
登記，即不得對抗債權人丙，而主張和解無效，應駁回繼續審判之請求。

乙說：查某甲之被選為董事及董事長，雖尚未向主管機關登記，亦僅不得對抗
善意之第三人，究不能謂其未經登記即不生效（參照最高法院六〇年臺上字第
三三四三號判決），即公司法第十二條規定之變更登記是對抗要件，並非生效
要件，債權人某丙如在外與某乙訂立和解契約，而某乙以該公司法定代理人自
居，雖不能謂該和解契約無效，惟本件在法院成立訴訟上和解，訴訟上之和解，
有訴訟行為同時並有私法上之法律行為之性質，如訴訟上之和解，係因無合法
代理權人所為，依民事訴訟法之規定應認該行為不生效力，其和解之全部應為
無效（參照石志泉先生著《民事訴訟法釋義》第三七一頁）。本件某公司之法

人格並不受影響。法律對公司本身原有之處分，仍應依法予以執行❸。

四、禁止他人使用相同公司名稱之效力

公司名稱，應使用我國文字，且不得與他公司或有限合夥名稱相同（公一八 I），此稱之為排他效力。此效力，乃由登記而生，為防止他人仿冒影射，謀取不法利益。

除上述外，在股份有限公司股票之發行，非經設立登記或發行新股變更登記後，不得發行股票。但公開發行股票之公司，證券主管機關另有規定者，不在此限（公一六一 I）。違反此規定發行股票者，其股票無效；但股票持有人得對發行股票人請求損害賠償（公一六一 II）。公開發行股票之公司，應於設立登記或發行新股變更登記後三個月內發行股票（公一六一 I）。

公司負責人違反前項規定，不發行股票者，除由證券主管機關令其限期發行外，各處新臺幣二十四萬元以上二百四十萬元以下罰鍰；屆期仍未發行者，得繼續令其限期發行，並按次處罰至發行股票為止（公一六一之一 II）。在股份有限公司股份之轉讓，除本法另有規定外，不得以章程禁止或限制之。但非於公司設立登記後，不得轉讓。凡此於第五章股份有限公司再詳述之。

定代理人有無法定代理權，是法院應依職權調查之事項，某公司既改選某甲為董事長，依首開說明該公司之法定代理人應為某甲，今原告既列某乙（已失股東資格）為被告公司之法定代理人，而與之成立訴訟上和解，因被告公司未由合法法定代理人合法代理，其訴訟行為無效（參照民事訴訟法第三百四十九條第一項第四款）。即和解有無效之原因，得請求繼續審判。

決議：採乙說。

❸　經濟部 63.4.3 商字第 29523 號：「查公司負責人變更，經主管機關核准變更登記時，該新登記之負責人在法律上即生對抗第三人之效力。但公司之法人人格並不因內部負責人之變更而有所影響，如本於法律對公司本身原有之處分，仍應依法予以執行。」

第七、未經登記設立公司之地位及責任

　　本法就公司之設立，採登記設立要件主義，非經登記不得成立。未經合法成立之公司，無法人資格，自無權利能力（民二六）。依民事訴訟法第四十條第一項之反面解釋，無權利能力者，應無當事人能力。但依判例所示❺，未經核准設立登記之公司，應以合夥論。且最高法院二〇年上字第一九二四號判例❻，認為公司未經登記，雖不得認為法人，然仍不失為訴訟當事人之團體。民國五十八年八月二十五日最高法院民刑庭總會決議❻，認為以某某股份有限公司籌備處名義進行籌備工作，雖未辦理公司之設立登記，應視為合夥。其就籌備期間所為之法律行為涉訟，無論起訴或應訴，應認為有當事人能力。實務上既認合夥有當事人能力，故未經設立登記之公司，應認為有當事人能力。因此實務上對未經設立登記之公司有關私法上事項，均係依合夥之法則處理，依民法第六八一條規定，合夥財產不足清償合夥債務時，各合夥人對於不足之額，負連帶責任，不以有無執行合夥業務或是否行為人為其負責要件。惟依現行公司法第十九條規定，未經

---

❺　詳閱❹所列之判解。

❻　20 年上字第 1924 號判例：「公司未經登記，雖不得認為法人，然仍不失為訴訟當事人之團體。」

❻　最高法院 58 年 8 月 20 日民刑庭總會決議：「按公司依法未經登記雖不得認為法人，然仍不失為訴訟當事人之團體，業經本院著為判例（二〇年上字第一九二四號）而其與合夥團體相當，亦有本院十九年上字第一四〇三號判例可按。至合夥團體有相當當事人能力，復迭經本院著為判決（四一年臺上字第一〇四〇號、四二年臺上字第一二號、四三年臺上字第六〇一號、四四年臺上字第二七一號）且合夥團體非至解散清算完結，不能謂已經消滅，則又經本院十八年上字第二五三六號判決為判例，華僑回國投資，經主管機關核准其投資後，既經以某某股份有限公司籌備處名義進行籌備工作，雖未辦理公司之設立登記，依上開判例意旨，即應視為合夥團體，嗣後主管機關撤銷其投資案後，即飭其限期清理，則在清算完結前，其合夥團體，不得謂已消滅，縱而其就籌備期間所為之法律行為涉訟，無論起訴或應訴，均應認為有當事人能力，以保護交易安全。」

設立登記，不得以公司名義經營業務或為其他法律行為（公一九 I）。違反前述規定者，行為人處一年以下有期徒刑、拘役或科或併科新臺幣十五萬元以下罰金，並自負民事責任；行為人有二人以上者，連帶負民事責任，並由主管機關禁止其使用公司名稱（公一九 II）。其立法意旨，僅由有行為之人負責，因之與上述實務上見解，形式上有所不同。惟本法第十九條之規定，原係加重行為人之責任，不能認為係排斥民法規定之適用，僅係兩者之連帶責任要件不同。又公司法第一五〇條前段規定，公司不能成立時，發起人關於公司設立所為之行為，及設立所需費用，均應負連帶責任。所謂發起人，依公司法第一二九條規定，凡簽名於公司章程者屬之。惟公司法第一二九條及第一五〇條之規定僅適用股份有限公司，未及於其他之公司。茲分別述之於下：

㈠行為人依公司法之規定，不論該設立中公司（合夥）財產是否足以清償債務，均應負連帶清償責任。

㈡非行為人而實係該設立中之公司（合夥）之籌備人者，則依民法合夥人之規定，在公司財產不足清償合夥債務時，始負連帶責任。

未經設立登記之公司，既非權利主體，其取得之權利，亦應依合夥之法則，認係全體籌備人（合夥人）公同共有（民六六八）。

按公司於設立登記前，由發起人為設立中之公司所為之行為，發生發起人之權利義務，由公司繼受❷。此之繼受，係以法律上或經濟上屬於公司設立所必要之行為，並非所有之費用，均屬於成立後之公司承擔。

第六節　公司之能力

第一、權利能力

公司為法人，應享有權利能力，但法人之權利能力，始於登記成立，

---

❷　最高法院 72 年臺上字第 2127 號判決；最高法院 72 年臺上字第 2246 號判決；最高法院 73 年臺上字第 2554 號判決。

終於解散後清算終結時，公司亦是如此。惟公司之權利能力與一般法人及自然人不同，故應受性質上之限制及法令上之限制。茲分述如下：

一、性質上之限制

自然人有生命、身體，公司無之，故以自然人之生命、身體為前提之權利義務，公司不得享受或負擔之，例如專屬於自然人之生命權、身體權、自由權、貞操權、家長權、親權、扶養請求權、退休金享受權等是。其次，依民法第一一三八條遺產繼承人順序規定之限制，公司不得享受有繼承權。至於接受遺贈之權，既非以自然人之性質為前提，而法律上又乏明文限制，故公司得享此權。公司既享有人格權，可為他公司之發起人、有限責任股東（公一三），或充任他公司之董事或監察人（公二七）。至於名譽權、名稱權、資格權等，公司皆得享有之。本法對公司名稱特設有保護之規定（公一八 I），因之公司對於他公司，得依一般姓名權之規定請求法院除去其侵害，而禁止其使用，如其受有損害者，並得請求損害賠償（民一九）。

二、法令上之限制

自然人權利能力之限制以法律為限，而法律之限制，復不能違背憲法之規定，故我國對自然人權利能力之限制，採取嚴謹之態度。惟對公司之限制，因其為法人，故在法令限制內，有享受權利負擔義務之能力（民二六前）。因此公司必須受到法律及命令之限制，俾主管機關得隨時予以監督。茲將公司法上之限制，述之於下：

㈠轉投資之限制

1. **轉投資之意義及限制**　所謂「轉投資」者，係指公司出資、認股、或受讓出資額、受讓股份成為他公司之股東。依本法第十三條第一項規定：「公司不得為他公司無限責任股東或合夥事業之合夥人」；此項規定，不因民營或公營而有不同。蓋公司之無限責任股東對於公司債務或合夥事業之合夥人對於合夥事業之債務，均應負連帶無限清償責任，倘一旦他公司或合夥事業經營失敗，投資公司勢必受到牽連，故加以限制。至於投資有限責任股東，責任既屬有限，僅就投資額數加以限制，非若投資為無限責任股東悉予禁止。另考量公開發行股票之公司為多角化而轉投資，屬公司重

大財務業務行為，涉及投資人之權益，為健全公開發行股票公司之財務業務管理，避免因不當投資而使公司承擔過高之風險，致影響公司業務經營及損及股東權益，針對公開發行股票之公司，仍有加以規範之必要❻。故，本條第二至六項規定：「公開發行股票之公司為他公司有限責任股東時，其所有投資總額，除以投資為專業或公司章程另有規定或經代表已發行股份總數三分之二以上股東出席，以出席股東表決權過半數同意之股東會決議者外，不得超過本公司實收股本百分之四十（公一三II）。出席股東之股份總數不足前項定額者，得以有代表已發行股份總數過半數股東之出席，出席股東表決權三分之二以上之同意行之（公一三III）。前二項出席股東股份總數及表決權數，章程有較高之規定者，從其規定（公一三IV）。公司因接受被投資公司以盈餘或公積增資配股所得之股份，不計入第二項投資總額（公一三V）。公司負責人違反第一項或第二項規定時，應賠償公司因此所受之損害（公一三VI）。」

　　本條對於所謂「以投資為專業」者，係指公司之所營事業限於專業經營有關投資之業務，例如對各種生產事業之投資，對證券公司、銀行、保險公司、貿易公司、文化事業公司之投資，對興建商業大樓及國民住宅事業之投資等，且其公司名稱應標明「投資」字樣❻。因此投資即為其公司之事業，自不應加以限制。至於一般公司以其資金購買他公司之上市股票，亦應受本法第十三條投資總額之限制。本條第二項既明定以投資為專業者外，則以投資為兼業者，亦應受本規定之限制，為貫徹本條之立法意旨，以求公司資本之鞏固。所謂「以投資為專業」，其所營事業限於專業經營有關投資之業務，不得載明投資專業以外之營業項目；非投資專業之公司，其轉投資允屬公司之理財行為，不必增列投資公司之營業項目，即可進行轉投資；又理財行為並非營業項目，故不必登記，尚非「禁止」人民行使轉投資之權利❻。

❻　民國 107 年 7 月 6 日立法院通過公司法第 13 條修正說明。

❻　經濟部 81.1.10 商字第 227681 號。

❻　經濟部 92.10.20 經商字第 09202212160 號。

前開所稱的決議或以章程免除投資數額的限制應於轉投資行為前為之，並不得於事後追認❻。轉投資的對象，不限於公司的法人股東❼。

再者，本法第十三條第五項規定：「公司因接受被投資公司以盈餘或公積增資配股所得之股份，不計入第一項投資總額。」此乃本法為適應工商界事實上之需要，對因被投資公司以盈餘或公積增資配股所得之股份，公司並未繳納股款，故不受限制之例外規定。至於商號、合夥原無權利能力，自不得投資於公司為股東❽。

2.**違反轉投資限制規定之效力**　本法第十三條為公司權利能力之限制，而公司為法人，依民法第二十六條規定，法人於法令限制內，始有享受權利負擔義務之能力。因此公司負責人違反本法第十三條第一、二項規定之效力如下：

⑴違反第十三條第一項規定，公司不得為他公司無限責任股東或合夥事業之合夥人。公司負責人違反本項之行為，對公司應屬無效，若對公司有損害，並由負責人賠償公司因此所受損害（公一三Ⅵ）。

⑵違反本法第十三條第二項規定，不得超過實收股本百分之四十，是否有效，有三說：①主張全部無效說者認為本法第十三條第二項為禁止規定，違反之依民法第二十六、七十一條應認為無效。②超過部分無效說。③有效說。此三說應以③有效說為妥。蓋公司轉投資，是否超過本公司實收股本百分之四十，純屬公司內部之財務管理，非他公司所知悉❾，為維契約自由及社會交易安全，對於本公司應屬有效。

⑶公司負責人違反第一項或第二項規定時應賠償公司因此所受之損害（公一三Ⅵ）。

㈡**公司得經營任何業務，但依法須經許可或禁止之業務，不在此限**　依公司法規定，公司所營事業除許可業務應載明於章程外，其餘不受

---

❻　經濟部 80.2.2 商字第 201613 號。

❼　經濟部 78.1.9 商字第 000410 號。

❽　經濟部 65.2.9 商字第 03358 號。

❾　梁宇賢著《公司法實例解說》（96 年版）第 23 頁至第 25 頁。

限制（公一八II）。因此公司經登記後，均得經營任何業務，並無種類之限制。惟本法規定，公司章程應記載所營事業（公四一Ⅰ2、一〇一Ⅰ2、一〇六、一二九2），政府為簡政便民，自民國八十七年一月一日起實施公司營業項目代碼化作業，新設立或新增所營事業者，其所營事業應依「公司行號營業項目代碼表」規定辦理。惟之前已設立登記之公司，其所營事業多為文字敘述，範圍未臻明確，致公司或招標單位需反覆詢問其對應之新代碼。為提升行政效率並全面推動代碼化措施，以利業務運作❼，故本法規定，公司所營事業應依中央主管機關所定營業項目代碼表登記。已設立登記之公司，其所營事業為文字敘述者，應於變更所營事業時，依代碼表規定辦理（公一八III）。

其次，公司業務，依法律或基於法律授權所定之命令，須經政府許可者，於領得許可文件後，方得申請公司登記（公一七Ⅰ）。前項業務之許可，經目的事業主管機關撤銷或廢止確定者，應由各該目的事業主管機關，通知中央主管機關，撤銷或廢止其公司登記或部分登記事項（公一七II）。

㈢**公司貸與之限制**　公司之資金，除有下列各項情形外，不得貸與股東或任何他人（公一五Ⅰ）：

1.**公司間或與行號間有業務往來者**　此款之要件有二：即⑴須公司間或公司與行號間；⑵須有業務往來。具備此二要件者，對貸與款項數額及時間並無限制，其貸與資金不受本條項第二款有關不得超過貸與企業淨值百分之四十之限制❼，因此貸與之金額甚至超過貸與公司之資本額。蓋本法對公司之借款未作限制，故借款後再貸與，常有所聞，惟公司負責人應依公司法第二十三條第一項規定負責。

2.**公司間或與行號間有短期融通資金之必要者，融資金額不得超過貸與企業淨值的百分之四十**　此款之要件有三：即⑴須公司間或公司與行號間；⑵有短期融通資金之必要；⑶融資金額不得超過貸與企業淨值的百分之四十。

---

❼　民國 94 年本法第 18 條第 3 項修正說明。

❼　經濟部 93.6.1 經商字第 09302087680 號。

上述規定，與公司登記之營業項目無涉❼。所謂「貸與」，僅指貸放而已。所謂「股東」，包括自然人股東及法人股東二者。所謂「他人」，包括自然人及法人均屬之。公司得貸與資金之對象，限於公司間或與行號間有業務往來即可。按資金是企業經營的命脈，企業要擴張與發展，資金靈活通暢調度更不可或缺。臺灣除金融機構外並無類似國外財務融資之公司，使資金調度暢通無阻，故本法第十五條第一項適度開放資金融通管道。如為公司或行號間正常營運之需，只要彼此有業務往來，不必受限於有無交易行為；即使無業務往來，在必要時仍應給予融通，惟需受限於貸與企業淨值百分之四十之內。所謂短期融通資金之「短期」，參照修正前商業會計處理準則第十五條第一項與《財務會計準則公報》第一號「一般公認會計原則彙編」第十九條及第三十條規定，係指一年或一營業週期（以較長者為準）之期間；而所稱「淨值」，係指貸與企業為貸與行為時，資產總額減去負債總額之餘額，即股東權益❼；至百分之四十之計算，應以融資金額累計計算之，倘貸款中有已清償完畢者，不予計入❼。惟本法第十五條第一項第一款與第二款，二者有其一即可，並非二者兼備，俾使公司資金取得更多元化。企業有充裕資金，將有利於整體經濟發展。本條第一項第二款之規定，間接承認公司得兼營融資之業務之規定，使得地下錢莊公司之融資行為合法化。至於公司融資之對象，限於公司或行號，其是否為本國法律設立之公司或行號，尚非所問❼，若自然人股東或非股東之自然人個人，均不是行號者，則在禁止融通資金之列。

公司員工預借薪津❼，或衛星工廠（獨資或合夥）向公司調度資金，均應認為與營業有關，殊難與一般單純貸與同視，故應認為不受本條項規

---

❼ 經濟部 92.11.26 經商字第 09202242030 號。

❼ 經濟部 91.11.11 經商字第 09102252820 號。

❼ 經濟部 95.12.27 經商字第 09500191240 號。

❼ 經濟部 91.10.7 經商字第 09002270580 號。

❼ 經濟部 57.6.6 商字第 20228 號：「公司法（舊）第十五條所謂『公司資金不得借貸與其股東或其他個人』，如本公司員工借支，係屬預付薪金性質，不受限制。」

定之限制 ❼。又公司依稅務法令規定，代股東墊付扣繳其未分派盈餘轉增資股份之稅款，與借貸情形有別，故不受本項之限制。至於公開發行公司依公司法第十五條及證券交易法第三十六條之一規定 ❼❽ 辦理資金貸與，行政院金融監督管理委員會依所修訂之「公開發行公司資金貸與及背書保證處理準則」 ❼❾ 辦理。該準則對於資金貸與他人處理程序、資金貸與他人個案之評估、資金貸與他人之資訊公開等均作有詳細規定。就資金貸與他人處理程序言，該準則第八條規定：「公開發行公司擬將公司資金貸與他人者，應依本準則規定訂定資金貸與他人作業程序，經董事會通過後，送各監察人並提報股東會同意，如有董事表示異議且有紀錄或書面聲明者，公司應將其異議併送各監察人及提報股東會討論，修正時亦同。

公開發行公司已設置獨立董事者，依前項規定將資金貸與他人作業程序提報董事會討論時，應充分考量各獨立董事之意見，並將其同意或反對之明確意見及反對之理由列入董事會紀錄。

公開發行公司不擬將資金貸與他人者，得提報董事會通過後，免予訂定資金貸與他人作業程序。嗣後如欲將資金貸與他人，仍應依前二項辦理。」該準則第十條又規定：「公開發行公司之子公司擬將資金貸與他人者，公開發行公司應命子公司依本準則規定訂定資金貸與他人作業程序，並應依所定作業程序辦理。」

公司負責人違反本法第十五條第一項之規定，應與借用人連帶負返還

---

❼❼　經濟部 57.1.10 商字第 00956 號：「查公司法（舊）第十五條第二項規定，僅限制公司之資金，不得借貸與其股東或其他個人，倘因業務需要，將資金借貸與其有業務往來之衛星工廠，自可不受限制。」經濟部 59.6.5 商字第 26254 號：「……倘因業務需要，將其資金借與有業務往來之廠商或公司，並不受上述條文之拘束……。」

❼❽　證券交易法第 36 條之 1 規定：「公開發行公司取得或處分資產、從事衍生性商品交易、資金貸與他人、為他人背書或提供保證及揭露財務預測資訊等重大財務業務行為，其適用範圍、作業程序、應公告、申報及其他應遵行事項之處理準則，由主管機關定之。」

❼❾　民國 101 年 7 月 6 日金融監督管理委員會證審字第 1010029874 號令。

責任；如公司受有損害者，亦應由其負損害賠償責任（公一五II）。所謂負損害賠償責任，係指民事賠償責任而言。至於公司之借貸行為是否違反上開規定，屬於法院認事用法範疇，如有爭議，宜循司法途徑解決 ❽。然而公司負責人違反本條項規定，所為違法貸與款項時，其貸與行為是否有效？倘認為本條款係效力規定，應屬無效。倘認為本條項為訓示規定，應屬有效。二者應以無效說為妥，否則本法第十五條第二項規定，公司負責人應與借用人連帶負返還之責任，形同虛設。

　　又公司固然不得將其資金，貸與股東或任何他人，然亦不得將其部分資產贈與股東（全部或部分）或他人 ❽，其理由在於維護股東平等，資本充實原則，並為兼顧債權人之合法權益。

　　㈣**保證之限制**　公司除依其他法律或公司章程規定得為保證者外，不得為任何保證人（公一六I）。所謂不得為任何保證人者，非特僅指公司本身與他人訂立保證契約為保證人，即承受他人之保證契約，而為保證人之情形，亦包括在內 ❽。公司欲對外保證者，應於章程中訂明「得對外保證」字樣，不得將「得對外保證」字樣，記載於公司之營業項目 ❽。蓋保證並非公司營業項目，故不得將保證列入公司所營事業 ❽。按公司原則上不得為任何保證人，旨在穩定公司財務，杜絕公司負責人以公司名義為他人作保而生流弊 ❽。本條之規定，係以穩定公司財務為主要目的，公司提供不

---

❽　經濟部 95.5.16 經商字第 09502071430 號。

❽　參閱經濟部 72.6.27 商字第 24836 號，及 92.10.20 經商字第 09200600580 號。

❽　參閱最高法院 69 年臺上字第 1676 號判決：「公司除依其他法律或公司章程規定以保證為業務者外，不得為任何保證人，為公司法第十六條第一項所明定。本件被上訴人公司係以《聯合報》之出版發行等為業務，而非以保證為業務，有經濟部公司登記案卷可稽，自有上開禁止規定之適用。且所謂不得為任何保證人，非特僅指公司本身與他人訂立保證契約為保證人，即承受他人之保證契約，而為保證人之情形，亦包括在內。」

❽　經濟部 74.4.12 商字第 14156 號。

❽　經濟部 81.7.2 商字第 027909 號。

❽　最高法院 74 年臺上字第 703 號判決。

動產為他人借款之擔保設定抵押，雖與公司為他人保證人之情形未盡相同，
惟就其對於公司財務之影響言，與為他人保證人之情形並無不同，依法宜
予限制 ❽ 。然則最高法院判決認為本法第十六條第一項雖限制公司不得為
任何保證人，但無禁止公司承擔他人債務之規定。按債務承擔與保證本質
上完全不同。承擔人所以承擔債務，通常乃因與債務人間有某種原因關係
存在，譬如為清償自己對於債務人所負之債務，未必對於公司之財務及公
益有不利影響 ❾ ，故得為之。又倘公司章程若無規定得為保證，自亦不得
以經全體股東同意為對外保證。至於未經登記之公司，以合夥論之。其所
為之保證，原則上應認為對合夥人有效 ❽ 。

　　本法第十六條規定僅係禁止公司為保證行為，與票據背書無關。所謂
背書，係票據權利轉讓之票據行為。票據為文義證券，在票據上簽名者，
應依票上所載文義負責，故公司在本票、匯票或支票上背書，原則上應負
背書之責任。票據之背書，與民法所稱保證契約之保證人，於主債務人不
履行債務時，由其代負履行責任之情形有間，故公司在票據之背書，並非

---

❽　1.經濟部 65.6.30 商字第 17410 號。

　　2.最高法院 74 年臺上字第 703 號：公司法第十六條第一項規定公司除依其他
法律或公司章程規定以保證為業務者外，不得為任何保證人，旨在穩定公司財
務，用杜公司負責人以公司名義為人作保流弊之發生，倘公司提供財產為他人
設定擔保物權，就公司財務之影響而言，與為他人保證人之情形無殊，仍應在
上開規定禁止之列。

❾　經濟部 81.10.30 商字第 229491 號。

❽　參閱下列所述：

　　1.合夥商號為人保證，在民法上並無如公司法（舊）第二十三條（現行法第十
六條）設有禁止之規定，故合夥商號業務執行人以合夥商號名義為人作保之行
為，倘經合夥人全體事先同意或事後追認者，原應認其保證為合法生效（最高
法院 49 年臺上字第 1522 號）。

　　2.合夥商號為人保證，在民法上並無如公司法（舊）第二十三條設有禁止之規
定，故合夥商號業務執行人以合夥商號名義為人作保之行為，倘係在其依委任
本旨執行該商號事務之權限範圍內者，即應認其保證為合法生效（最高法院 50
年臺上字第 2852 號）。

公司法第十六條禁止之範圍❽。況依票據法第一四四條之規定關於保證，並不準用於支票，則在支票之背書，更不牽涉保證問題，故以公司名義在支票上背書，並無違反本法第十六條規定之可言。惟若以公司名義在支票上為民法上之保證，該公司又非依法律或章程規定為保證者，雖不發生票據法上保證之效力，仍生民法上保證之效力，自有違反本法第十六條之規定❾。

　　至於公開發行公司所為之票據背書或提供保證，依行政院金融監督管理委員會所修訂之「公開發行公司資金貸與及背書保證處理準則」❾遵循。該準則第十一條規定，公開發行公司擬為他人背書或提供保證者，應依本準則規定訂定背書保證作業程序，經董事會通過後，送各監察人並提報股東會同意，如有董事表示異議且有紀錄或書面聲明者，公司應將其異議併送各監察人及提報股東會討論，修正時亦同。公開發行公司已設置獨立董事者，依前項規定將背書保證作業程序提報董事會討論時，應充分考量各獨立董事之意見，並將其同意或反對之明確意見及反對之理由列入董事會紀錄。公開發行公司不擬為他人背書或提供保證者，得提報董事會通過後，

❽　最高法院 77 年臺上字第 2286 號判決。

❾　參閱下列所述：

　1.最高法院 43 年臺上字第 83 號判決謂：「公司法（舊）第二十三條（現行法第十六條）除外之規定，係以依其他法律或公司章程規定以保證為業務者為要件。被上訴人既無依其他法律或公司章程規定以保證為業務之情形，殊無因票據法第五十五條第二項有不問何人均得為保證之規定，而排斥其適用之餘地。至公司法（舊）第二十四條，乃關於公司負責人違反第二十二條（現行法第十五條）或第二十三條（現行法第十六條）之規定時之處罰，並賠償公司因此所受損害之規定，不能因此可謂違反同法第二十三條（現行法第十六條）之保證應屬有效，上訴人執此為不服原判決之論據，不能認為有理由。」

　2.司法行政部 64.1.13 臺 64 參字第 00348 號函：「查公司在票據上背書係屬票據行為，與民法上之保證行為有別，票據行為係不要因行為，其法律上之效力應依票據法之規定。公司法第十六條第一項所稱之保證，係指民法上之保證行為而言，與票據之背書行為有間。」

❾　民國 101 年 7 月 6 日金融監督管理委員會證審字第 1010029874 號令。

免予訂定背書保證作業程序。嗣後如欲辦理背書保證，仍應依前二項辦理。

公司負責人違反上述保證之規定時，應自負保證責任，如公司受有損害時，亦應負賠償責任（公一六Ⅱ）。公司負責人就其保證行為，對於相對人，不論善意或惡意，均應負保證責任。此外公司負責人，對於善意相對人所加之損害，善意相對人仍可依民法上無權代理人（民一一〇）主張行為人負擔賠償責任❷。倘構成民法第一八四條規定：「因故意或過失，不法侵害他人之權利者，負損害賠償責任。故意以背於善良風俗之方法，加損害於他人者亦同。違反保護他人之法律，致生損害於他人者，負損害賠償責任。但能證明其行為無過失者，不在此限。」之情形時，並須負侵權行為之責任。上述情形同時或擇一主張之。至於惡意相對人，其不得主張公司負責人需負無權代理人或侵權行為人之責任。本法對公司保證加以限制之目的，在於保護股東權益，避免公司財產因保證致被查封拍賣抵償而遭受損失，故公司負責人如以公司名義為人保證，既不能認為公司之行為，對公司自不生效力❸。換言之，本條為效力規定，以公司名義所為之保證行為，對公司當然無效，而由公司負責人對他當事人自負保證責任❹。

---

❷ 參閱下列所述：

被上訴人公司非以保證為業務（舊法「業務」一詞，現行法修訂為「公司章程規定」），其負責人違反公司法（舊）第二十三條之規定以公司名義為保證，依司法院釋字第五十九號解釋其保證行為對於公司不生效力，則上訴人除因該負責人無權代理所為之法律行為而受損害時，得依民法第一百一十條之規定請求賠償外，並無依原契約主張應由被上訴人負其保證責任之餘地（最高法院48年臺上字第1919號判決）。

❸ 司法院45年釋字第59號解釋：「公司除依其法律或章程以保證為業務外，不得為任何保證，公司負責人如違本條規定，既非公司行為，對公司自不生效。」

❹ 參閱下列所述：

1. 司法院45年釋字第59號解釋。

2. 被上訴人公司，非以保證為業務，其負責人違反公司法（舊）第二十三條（現行法第十六條）之規定，以公司名義為保證，依司法院釋字第五十九號解釋，其保證行為對於公司不生效力。則上訴人除因該負責人無權代理所為之法律行為而受損害時，得依民法第一百一十條之規定請求賠償外，並無仍依原契約主

第二、意思能力及行為能力

公司有無意思能力及行為能力,在法人本質上,學說頗不一致。茲分述於下:

一、採否定說者,認為公司無法人人格,故無意思能力及行為能力。

二、採擬制說者,認為公司之人格,乃法律所擬制,故其有意思能力及行為能力,乃法律所假設。

三、採實在說者,認為公司有法人人格,故有意思能力及行為能力,此為通說。

我國公司法採法人實在說,認公司有意思能力及行為能力。惟公司之行為能力,非如自然人之分為無行為能力人、限制行為能力人及有行為能力人三種。

公司為法人,其意思之決定與否,乃表現於機關之活動,公司之負責人如董事或代表公司之股東,乃為公司之機關。該董事或代表公司之股東於執行業務所為之行為,乃非董事或代表公司之股東個人之行為,而是公司之行為。

再者,董事或代表公司之股東對內有處理公司一切事務之權,故其行為屬於代表權限,而非代理性質,與代理人不同。公司負責人代表公司與第三人所為之行為,在法律上視為公司本身之行為,其效果當然歸屬於公司。惟代表之範圍以關於公司營業一切事務為限,包括法律行為及事實行為,而代理之範圍僅限於法律行為而已。民法僅對代理有規定,但無代表之特別規定,故有關代表之事項,欲發生法律上之效力,應類推適用民法代理之規定。

第三、公司之違法行為

一、公司侵權行為能力之概述

公司是否有侵權行為能力,我國公司法並未作明確之規定。惟我國學

張應由被上訴人負其保證責任之餘地(最高法院 48 年臺上字第 1919 號判決)。

者對於法人之性質，多採法人實在說，認為法人與自然人一樣，具有權利能力、行為能力、當事人能力及侵權行為能力。惟法人與自然人不同，法人未能自己行動，必賴其機關為意思表示，或受意思表示，故有代表機關之設置，以代表機關所為之行為視為法人之行為。法人之代表機關，為法人執行業務，發生侵權行為時，法人亦應負損害賠償之責。惟為加重法人代表機關之責任心，避免其推諉卸責，故民法第二十八條規定：「法人對於其董事或其他有代表權之人因執行職務所加於他人之損害，與該行為人連帶負賠償之責任。」公司法第二十三條第二項亦規定：「公司負責人對於公司業務之執行，如有違反法令致他人受有損害時，對他人應與公司負連帶賠償之責。」就公司法第二十三條第二項規定觀之，公司機關之侵權行為，即為公司之侵權行為，故通說認為公司有侵權行為能力。然為加重公司負責人之責任，使其與公司連帶負賠償責任❾❺。

二、公司負責人業務上侵權行為之構成要件

其要件有五，茲分述於下：

㈠**須屬公司機關之行為** 公司負責人基於公司機關地位所發生之侵權行為，即為公司之侵權行為。倘僅為單純個人之行為或與公司機關無關之行為，則非公司法第二十三條所規範之行為。至於所謂公司負責人，依公司法之規定，在無限公司及兩合公司為執行業務或代表公司之股東；在有限公司及股份有限公司則為董事（公八 I）。公司之經理人、清算人、股

---

❾❺ 參閱下列所述：

1. 公司業務人，加於他人之損害，公司負賠償責任（6年上字第613號）。

2. 上訴人既為某國某股份有限公司臺灣分公司之經理人，而又不能證明該分公司在中國境內另有指定之代表人，自難謂非該分公司之負責人。其在該分公司對於被上訴人所負給付價金之債務，未履行完畢之前，遽以該公司無意在中國境內繼續營業，向主管官署聲請撤回認許，致被上訴人之前開價金無從受償，顯屬違反公司法（舊）第三百條但書（現行法第三百七十八條）之規定，依同法第二百九十九條（現行法第三百七十七條）準用第三十條（現行法第二十三條）之結果，被上訴人因此所受之損害，自應由上訴人連帶負賠償責任（最高法院43年臺上字第634號）。

份有限公司之發起人、監察人、檢查人、重整人或重整監督人,在執行職務範圍內,亦為公司負責人(公八II)。上述公司負責人以外之其他公司受僱人,因不具有公司負責人之身分,其侵權行為縱使與執行公司職務有關,亦非屬公司機關即公司本身之侵權行為,僅能依民法受僱人之侵權行為(民一八八)處理❾❻。又公司依本條規定所負侵權行為人之責任,有別於民法受僱人之侵權行為(民一八八),故公司不得主張其對公司負責人之選任及監督其職務之執行,已盡相當之注意或縱加以相當之注意,仍不免於損害而免除其損害賠償責任(民一八八I但)。

　　㈡**必需公司機關因執行公司業務所為之行為**　　所謂「執行業務」者,係指公司負責人處理有關公司之事務而言❾❼,應作廣義之解釋,包括積極的作為與消極的不作為。凡行為之外觀,足以認為係執行公司業務之行為者固屬之。即使與公司業務之執行有關連之行為,甚至逾越公司目的事業範圍之行為,亦均屬之。且其所執行公司業務之行為不以法律行為為限,

---

❾❻　參閱梁宇賢著《公司法實例解說》(96年版)第108頁。

❾❼　某股份有限公司欠陳天貨款十餘萬元,經決議解散公司,該公司董事長李地不依法辦理清償程序,竟將公司全部資產變賣,分配於各股東,致陳天遭受貨款不獲清償之損害。陳天可否依公司法第二十三條規定,訴請李地賠償損害。有甲、乙二說:

甲說:「公司法第二十三條所謂公司業務之執行,係指處理公司業務者。解散之公司,既祇有依法進行清算程序之問題,無復所謂公司業務之存在。縱上訴人(李地)於某公司解散後,不依法進行清算程序,致被上訴人(陳天)受有損害。被上訴人似亦無依公司法第二十三條請求上訴人賠償損害之餘地」(64年臺上字第2462號判決)。

乙說:公司法第二十三條所謂公司業務之執行,係指公司負責人處理有關公司之事務而言。此觀本院四三年臺上字第六三四號判例所載分公司之負責人向主管官署聲請撤回認許,亦係「公司業務之執行」,該分公司之負責人,就「被上訴人因此所受(價金)之損害,自應由上訴人(分公司之負責人)連帶負賠償之責任」云云,極為顯然。甲說見解,似與判例意旨有違。

以何說為當,提請公決。

決議:採乙說(最高法院65年6月8日民庭庭推總會議決議)。

事實行為亦屬之 ❾。然則公司負責人為公司執行承銷房屋之業務，縱有積欠房屋債款情形，屬單純之債務不履行，尚非違背法令之行為 ❾。至於公司負責人以外之職員，因公執行業務致他人受損害時，自應依民法第一八八條之規定處理 ❿。公司解散中，公司負責人不依法辦理清算，致他人受損害，是否屬於本法第二十三條規定屬於執行業務致他人受有損害，而得請求賠償？最高法院之判決前後不同，可分為二，茲述之於下：

1.**否定說**　公司法第二十三條所謂公司業務之執行，係指處理公司業務而言。解散之公司既只有依法進行清算程序之問題，無復所謂公司業務之存在，故乙不得依第二十三條請求甲損害賠償 ❿。

2.**肯定說**　公司法第二十三條所謂公司業務之執行，指公司負責人處理有關公司之事務而言。解散之公司進行清算，亦屬公司負責人執行業務之範圍 ❿。

上述二說，本書認為應採肯定說，認為解散之公司進行清算，亦屬公司負責人執行業務之範圍，違反法令，致他人受有損害，應有本法第二十三條規定之適用 ❿。惟現行法第九十五條於無限公司亦有類似之規定：「清

---

❾　參閱梁宇賢著《公司法實例解說》（96 年版）第 115 頁。

❾　最高法院 77 年臺上字第 1995 號判決。

❿　民法第 188 條規定：「受僱人因執行職務，不法侵害他人之權利者，由僱用人與行為人連帶負損害賠償責任。但選任受僱人及監督其職務之執行，已盡相當之注意或縱加以相當之注意而仍不免發生損害者，僱用人不負賠償責任。

如被害人依前項但書之規定，不能受損害賠償時，法院因其聲請，得斟酌僱用人與被害人之經濟狀況，令僱用人為全部或一部之損害賠償。

僱用人賠償損害時，對於為侵權行為之受僱人，有求償權。」

❿　參閱最高法院 64 年臺上字第 2462 號判決。

❿　參閱最高法院 65 年臺上字第 3031 號判決及最高法院 66.12.13 民庭總會第 10 次會議決議：「股份有限公司解散後，董事以清算人之地位，執行清算之事務，亦應認為公司負責人執行公司之業務，如於執行清算業務時，違反法令，致他人受有損害，應有公司法第二十三條之適用。」

❿　最高法院 65 年臺上字第 3031 號判決。

算人應以善良管理人之注意處理職務，倘有怠忽而致公司發生損害時，應對公司負連帶賠償之責任，其有故意或重大過失時，並應對第三人負連帶賠償責任。」又有限公司及兩合公司之清算，準用無限公司之規定（公一一三、一一五），故可逕行適用本法第九十五條。至於股份有限公司未有準用本法第九十五條之規定（公三三四），故可逕用本法第二十三條之規定。

　　㈢**必需公司機關執行業務所為之行為，違反法令，具備普通侵權行為之要件**　我國最高法院對於本條是否尚須具備民法一般侵權行為之要件（民一八四），即是否須有故意或過失為要件，判決不一。可分為二：㈠有認為應屬特別侵權行為，即需有故意或過失為要件者❹，此說認為公司法第二十三條第二項及民法第二十八條之規定，均屬特別之侵權行為，須具備一般侵權行為之要件始得請求。換言之，必須公司負責人具有故意或過失之要件。㈡有認為應屬法定特別責任，即不以故意或過失為要件者，詳言之，無須具備一般侵權行為之要件亦得請求，否則，不足以保障第三人實現該條之立法意旨❺。上述二者，就本條而言，應以特別侵權行為說為是，即須有普通侵權行為所具備之故意或過失為要件，當屬確論❻，否則公司負責人須負無過失之責任，對於任何執行業務上之行為均應負責，其責任形同無限責任，孰敢當任公司負責人。即公司機關之行為因故意或過失違反法令侵害他人之權利，或以背於善良風俗之方法加損害於他人，且損害之發生與行為之間，須有相當因果關係存在始可。條文用字所謂不法侵害他人之權利，亦即違反法令致他人受有損害。換言之，公司機關之行為，須具備民法所規定一般侵權行為之要件（民一八四），而公司須負損害賠償之責任者，公司負責人始依公司法第二十三條第二項之規定，負連

---

❹　最高法院 43 年臺上字第 634 號判例；62 年臺上字第 2 號判例；65 年臺上字第 303 號判例。

❺　參閱最高法院 73 年臺上字第 4345 號判決：「公司法第二十三條第二項所定董事對於第三人之責任，乃基於法律之特別規定，異於一般侵權行為，就其侵害第三人之責任，原不以該董事有故意或過失為成立要件。」

❻　參閱梁宇賢著《公司法實例解說》（93 年）第 115 頁至第 116 頁。

帶賠償之責❼。倘不以故意或過失為要件，則公司負責人須負無過失責任，責任太重且不合理，將無人敢當任公司負責人。

　　㈣**必需侵害之內容，屬於私權之損害**　侵權行為所侵害之內容，以私權為範圍，若是公權受有損害，則不得以此為請求賠償之依據，故最高法院之判決，認為公司法第二十三條第二項，係以違反法令，致他人私權受有損害為責任發生要件，亦即指私法上之損害賠償責任而言，且既係與公司連帶賠償，必該公司有賠償責任，始有連帶可言。倘公司繳納罰鍰或罰金之公法上責任，並非私法上賠償責任，自無從依據本條規定訴請公司負責人負連帶賠償責任之餘地❽。惟解散公司於清算中，清算人執行清算事務時，依稅捐稽徵法第十三條規定：「法人、合夥或非法人團體解散清算時，清算人於分配賸餘財產前，應依按稅捐受償之順序，繳清稅捐；清算人違反前項規定者，應就未繳之稅捐負繳納義務」辦理。因此清算人執行清算事務，違反法令，致他人（稅捐機關）受損害，應有本法第二十三條

❼　參閱梁宇賢著《公司法實例解說》（96 年）第 109 頁、第 115 頁至第 119 頁。
❽　參閱下列所述：
　1.最高法院 56 年臺上字第 627 號判決，認為公司負責人誤貼印花被處罰鍰，非應負賠償之民事責任，公司負責人自無與公司負連帶責任之可言。及六二年臺上字第二號判決所示，認為本法第二十三條，係以違反法令致他人私權受有損害，為責任發生要件，若公權受有損害，則不得以此為請求賠償之依據。
　2.稅款固係公法上權利，而非私權，惟破產人於破產宣告前所欠之稅款依司法院院解字第 3578 號及第 4023 號解釋，即亦為破產債權，則依公司法第二一一條第二項之規定，為本件某有限公司之負責人之董事即被上訴人，於公司資產顯有不足抵償其所負稅款之債務時，即有聲請宣告公司破產之義務，其違反此項義務致上訴人蒙受稅款不能受償之損害。依公司法第二十三條之規定，應負連帶賠償責任（最高法院 63 年臺上字第 500 號）。
　3.經濟部 54.5.3 商字第 8767 號：「公司法第二十三條規定，公司負責人對於公司業務之執行，如有違反法令致他人受有損害時，對他人應與公司負連帶賠償之責。其大前提，必須為公司業務之執行，至公司依法應納各種稅捐，係根據稅法之規定直接發生，倘有違章滯納等情事，以難認為公司業務……尚難適用上開法條，命公司負責人負賠償義務。」其結論固屬正確。

規定之適用❿。再者，公司董事長代表公司簽發支票不能兌現，執票人仍不能依本條規定請求董事長連帶賠償損害。蓋公司董事長代表公司簽發支票，固係公司業務執行有關之行為。惟本法第二十三條規定公司負責人之負連帶損害賠償責任，必須公司先有賠償責任，公司負責人方有連帶賠償責任。查票據不獲兌現，除有其他侵權行為併存外，僅生票據追索權問題。執票人並不當然有損害賠償請求權，故如僅係票據不能兌現，尚不生本法第二十三條第二項公司負責人連帶賠償問題⓫。

---

❿ 最高法院 65 年臺上字第 3031 號判決。

⓫ 參閱 64 年民第 53 號提案：

某甲為 A 公司之法定代理人，以公司之名義簽發新臺幣十萬元支票乙張，為該公司向某乙購買貨物，屆期提示，因無存款未獲兌現，某乙起訴依據公司法第二十三條規定，請求判令某甲與該公司連帶賠償新臺幣十萬元，是否有理由？

甲說：按公司法第二十三條規定：「公司負責人對於公司業務之執行，如有違反法令致他人受有損害時，對他人應與公司負連帶賠償之責。」某甲為 A 公司之法定代理人，其簽發支票為公司購貨，自係為公司處理事務，又明知無存款而對之簽發支票，經提示不獲付款，依票據法第一百四十一條第一項規定某甲應負刑事責任（作者註：該條現已刪除），其屬違反法令致他人受有損害，殊無疑問，某甲自應與該公司負連帶賠償責任，某乙之請求，並無不合。

乙說：按公司法第二十三條所謂公司負責人對於公司業務之執行，如有違反法令致他人受有損害時，對他人應與公司連帶負賠償之責，係以他人因公司負責人違反法令之業務執行行為而受有損害者為要件，如他人是否受有損害，尚未確定之狀態，自不得依據該法條請求為違法業務執行行為之公司負責人負賠償責任。本件上訴人某對公司強制執行而無效果前，即不能謂受有如票載金額之損害，其依據該法條請甲與 A 公司連帶賠償，即難認為有理由（參閱最高法院 60 年臺上字第 3971 號裁定）。

丙說：按公司法第二十三條所謂，公司負責人將於公司業務之執行，違反法令致他人受有損害，係指公司負責人於執行公司業務時，有故意或過失不法侵害他人之權利，或故意以背於善良風俗之方法，加損害於他人之權利者，始屬相當。本件某甲簽支票為 A 公司購貨，純屬正當交易行為，無侵害他人權利之可言，某乙提示支票未獲付款，只能追索票款或依買賣之法律關係請求貨款，其依公司法第二十三條請求某甲與 A 公司連帶賠償票面金額之損害，殊難認

㈤必需公司機關執行業務所為之行為與私權的損害間，有相當因
果關係 即公司機關（負責人）執行業務所為之加害行為，與私權之損害
間，有相當因果關係。倘無任何關連，則不負連帶賠償之責。

三、公司負責人侵權行為之時效

關於本法第二十三條第二項公司負責人之侵權行為之時效事宜有兩
說，茲述之於下：

㈠**應適用消滅時效** 此說基於最高法院七十三年臺上字第四三四五
號判決認為本法第二十三條第二項所定連帶賠償，係基於法律之特別規定，
並非侵權行為人責任，故為消滅時效，應適用民法第一二五條規定：「請求
權，因十五年間不行使而消滅。但法律所定期間較短者，依其規定。」 ⓫

㈡**應適用侵權行為之時效** 此說認為本法第二十三條之規定，屬於
特別的侵權行為，公司負責人便具有故意或過失為要件。因此依民法第一
九七條規定：「因侵權行為所生之損害賠償請求權，自請求權人知有損害及
賠償義務人時起，二年間不行使而消滅。自有侵權行為時起，逾十年者亦
同。損害賠償之義務人，因侵權行為受利益，致被害人受損害者，於前項
時效完成後，仍應依關於不當得利之規定，返還其所受之利益於被害人。」
及民法第一九八條規定：「因侵權行為對於被害人取得債權者，被害人對該
債權之廢止請求權，雖因時效而消滅，仍得拒絕履行。」

上述二說，以㈡應適用侵權行為之時效為妥。惟判決採適用消滅時效
者亦不少 ⓬ 。

美國多數州之公司法，認為公司如同自然人一樣，有侵權行為能力，
故對於其職員、代理人、僱傭人，在公司職務範圍內所為之侵權行為，公
司應負侵權行為責任 ⓭ 。

為有理。

決議：採丙說。

⓫ 最高法院 76 年臺上字第 247 號判決、96 年臺上字第 2517 號判決。

⓬ 同前註之判決。

⓭ A. Lincoln Lavine: *Modern Business Law*, p. 441 2ed. (1965).

四、公司之犯罪行為能力

公司是否有犯罪行為能力，向有肯定與否定兩說。我刑法尚無明文，但判例上採取否定說❶❹，認為罰金似可執行，但如公司無力繳納，因無法易服勞役，故無犯罪行為能力。至於採肯定說認為有之。雖然我國特別刑法中亦有處罰公司之規定，但僅限於財產刑而已。可見公司在我國刑法上雖無犯罪行為能力，然在特別刑法中，則有明文規定。美國多數州之公司法，認為公司與自然人同，有犯罪行為能力。惟僅限於性質上公司所能為之犯罪行為，如政治競選之非法獻金、回扣，及違反勞工法或反托辣斯法等是。至於殺人罪、竊盜罪者，僅屬於自然人而已，公司對此當無犯罪行為能力❶❺。

第四、公法上之能力

公司享有公權與否？各國立法例不一致，但大多數國家，皆認為公司得享有特定公權，並負擔公法上特定之義務。前者如訴願權、行政訴訟權、商、工會理事選舉等是；後者如納稅。我國法律規定，認為公司有公法上之能力，約可分下列七點：

一、公司有訴願能力（訴願法一八）。

二、公司有行政訴訟能力（行政訴訟法二二）。

三、公司在民事訴訟法上有當事人能力及訴訟能力（民訴四〇、四五）。

四、公司有刑事訴訟法上當事人能力（刑訴三）❶❻。

---

❶❹ 最高法院 54 年臺上字第 1894 號判決：「法人為刑事被告除有明文規定外，在實體法上不認其有犯罪能力。在程序上，不認其有當事人能力，故以法人為被告而起訴其程序即屬違背規定，應依刑事訴訟法第二百九十五條第一款（現行法第三〇三條第一款）為不受理之判決。此屬以法人為刑事被告當事人不適格問題，與案件不得提起自訴而提起之情形迥異，不容相混。」

❶❺ A. Lincoln Lavine: *Modern Business Law*, p. 441 2ed. (1965).

❶❻ 參閱下列各例：

1.法人為被害人時，得由其代表人提起自訴（院 1394）。

2.法人固得提起自訴，惟自訴狀內未記載其代表人姓名，自屬不合程式。但受

五、公司有刑事訴訟法上告發人或告訴人之能力(刑訴二二八、二三二)。

六、公司有納稅義務（憲一九、各種稅法）。

七、商會、工會及聯合會代表之選舉權（商、工會法）。

第七節　公司之監督

公司之監督者，對公司之設立、業務執行、公司管理、股東及投資大眾利益維護等所施之監察督導。監督就公司登記之前後不同，可分為設立登記前之監督與設立登記後之監督、清算監督及特別監督等。按清算監督，其監督權屬於法院，詳容於公司清算時再述。至於特別監督，則散見於各種公司中。其次，就監督機關之不同，可分為㈠外部監督，又稱外部監控或公權監督（監控），係指由國家之行政機關或司法機關所為之監督。㈡內部監督，又稱自治監督或內部監控或內部治理。在現代企業自治與公司自體原則下，以公司內部監督（自治監督）為主，外部監督（公權監督）為輔，故公司之治理成為公司經營與管理之重要課題。所謂公司治理一詞，通常是指公司內部治理或自律，係指廣義公司之內部管理或管控。詳言之，係指公司機關執行其職務之合理運作，與落實公司經營者責任之過程，並在兼顧其他利害關係人之利益下，藉由加強公司營運之績效，以保障股東及投資大眾利益之機制。其內涵，通常指建立完備之股東會議事規則、運作過程與決議方法、建立完備之董事會議事規則與決策程序、落實董事會對公司業務之經營與監控機制、強化董事義務與責任、發揮監察人之監察，

訴法院得命其補正（司法院 25 年院字第 1480 號解釋）。

3.自訴人以自然人或法人為限，未經依法註冊之外國公司既無法律資格，以公司名義委任代理人提起自訴，應不受理（司法院 20 年院字第 533 號解釋）。

4.股份有限公司為被害人時，僅得由其代表人提起自訴，公司之股東、董事等如未取得代表資格，自無以公司名義提起自訴之權(最高法院 27 年上字第 946 號判決)。

5.公司經理人對於公司被告事件，非受有代表權之董事委任，不得代表公司提起自訴（司法院院字第 1844 號解釋）。

如有監察人會者，其議事規則及決議程序、董監事間之互動與監控、代位訴訟、公司財務與會計之處理、強化資訊之揭露，如何選擇優良之經理人會計師律師、董事候選人與監事候選人之提名、董監事及經理人報酬之決定等，此有規定於公司法等法規者（如公司法第一七○條至第二二七條等），亦有未規定於法規者，而屬實務操作層面之事務處理規則 ❼。

現僅將本法所規定公司外部監督中，設立登記前之監督，及設立登記後之監督，分述如下：

第一、設立登記前之監督

一、未設立登記，禁止使用公司名稱

公司非在中央主管機關登記後，不得成立（公六）。凡未經設立登記，不得以公司名義經營業務，或為其他法律行為。違反前項規定者，行為人處一年以下有期徒刑、拘役或科或併科新臺幣十五萬元以下罰金，並自負民事責任；行為人有二人以上者，連帶負民事責任，並由主管機關禁止其使用公司名稱（公一九），俾維護交易之安全。因此公司於籌設中，以某某公司籌備處為相關之法律行為，則不在本法第十九條規範範疇，又如設立登記前，發起人應繳之股款，以送存該公司籌備處名義開立之金融機構帳戶，並無不可 ❽。

二、登記聲請之改正

主管機關對於各項登記之申請，認為有違反法令或不合法定程式者，應令其改正，非俟改正合法後，不予登記（公三八八）。

第二、設立登記後之監督

本法對於已經設立登記之公司，設有下列規定，作事後之監督：

---

❼ 梁宇賢著〈股份有限公司機關之內部治理〉，《月旦法學雜誌》91 期（2002 年 12 月）第 133 頁。

❽ 經濟部 96.2.8 經商字第 09602015420 號。

一、公司應收股款，股東未實際繳納，或已繳納發還股東之責任

㈠**刑事責任**　公司應收之股款，股東並未實際繳納，而以申請文件表明收足，或股東雖已繳納而於登記後將股款發還股東，或任由股東收回者，公司負責人各處五年以下有期徒刑、拘役或科或併科新臺幣五十萬元以上二百五十萬元以下罰金（公九 I）。本項之立法意旨在貫徹資本確實原則及保護債權人之利益。其次，公司負責人依刑法規定，明知為不實之事項，而使公務員登載於職務上所掌之公文書，足以生損害於公眾或他人者，處三年以下有期徒刑、拘役或五百元以下罰金（刑二一四）。從事業務之人（公司負責人），明知為不實之事項，而登載於其業務上作成之文書，足以生損害於公眾或他人者，處三年以下有期徒刑、拘役或五百元以下罰金（刑二一五）。

㈡**民事責任**　有前項情事時，公司負責人應與各該股東連帶賠償公司或第三人因此所受之損害（公九 II）。

㈢**行政責任**　本法第九條第一項經法院判決有罪後，由中央主管機關撤銷或廢止其登記。但判決確定前，已為補正者，不在此限（公九III）。此項對公司與負責人之行為加以區隔，為考量公司已持續經營狀態，如驟以撤銷或廢止，對社會交易相對人及債權人之保障欠周，故在判決確定前，給予公司補正資本之程序 ⑲。所謂「判決確定前」，係指判決尚未確定時。倘補足股款日期與法院判決確定日期同一日者，與本法第九條第一項規定未合 ⑫。所謂「廢止」者，依行政程序法第一二五條規定，合法行政處分經廢止後，自廢止時或自廢止機關所指定較後之日時起，失其效力。但受益人未履行負擔致行政處分受廢止者，得溯及既往失其效力。

二、公司設立或其他登記事項有偽造、變造文書經法院判決有罪確定後之撤銷或廢止登記

公司之設立或其他登記事項有偽造、變造文書，經法院判決有罪確定後，由中央主管機關撤銷或廢止其登記（公九IV）。撤銷設立登記者，應解散而行清算程序。撤銷設立登記之效果，有主張自始無效，即認為公司根

---

⑲　民國 90 年本法第 9 條修正理由。

⑫　經濟部 92.2.14 經商字第 09202025460 號。

本未經成立；另有本於公益上之理由及確保交易之安全，而主張嗣後無效。

撤銷公司登記應以法院認定違法事實有關之登記予以撤銷，與法院認定事實無關之其他登記，如無法定撤銷理由，不宜援用無關違法事由予以撤銷❶。

三、主管機關命令解散

依本法第十條之規定，公司設立登記後，如有下列情形之一者，主管機關得依職權或利害關係人之申請，命令解散之。此為行政監督中最嚴厲之監督，剝奪公司之人格。公司經命令解散確定後，即應進入清算程序（公二四）：

(一)**設立登記後六個月尚未開始營業者**　公司設立登記後滿六個月尚未開始營業者。但已辦妥延展登記者，不在此限（公一○1）。其立法意旨，在於防止虛設公司，招搖撞騙，以維護交易安全。倘公司僅為開始營業之準備，如公司處所之裝潢，尚不得為開始營業。

(二)**開始營業後自行停止營業六個月以上者**　公司開始營業後自行停止營業六個月以上者。但已辦妥停業登記者，不在此限。倘公司在六個月間所申報營業額為零，尚難認定構成自行停止營業六個月以上之情形，故應就實際情形論定之❷。至於勒令停業，並非自行停止營業，故無本法第十條之適用❸。

至於公司辦理營利事業登記與否，營業稅法中已有規範，故本法不必

---

❶　經濟部 88.10.29 經商字第 88223955 號。

❷　公司在一年間所申報營業額均為零，是否有逃漏稅捐之行為既尚待調查，從而不可單憑所報營業額為零，即認為已構成公司法第十條第一項第一款「自行停止營業一年以上」（作者註：一年現已修正為六個月）之情形，而應更就有無營業之情形從實認定（經濟部 63.9.3 商字第 23071 號）。

❸　關於公司因欠稅被勒令停業已逾一年以上可否依公司法第十條命令解散一案，經查公司法第十條第一款後段係規定被命令解散之公司「開始營業後自行停止營業一年以上」（作者註：一年現已修正為六個月），公司如係因欠稅被處停業核與上述法條所訂自行停止營業之情形不合，自無公司法第十條之適用（經濟部 56.3.7 商字第 05300 號）。

再規定之。基於「登記與管理分離」原則，經濟部主管機關僅負登記業務。至於登記之准否，與營業場所之設施及營利事業登記無關。因此公司依本法辦理公司登記後，再依《稅籍登記規則》辦理。

四、業務之許可、撤銷或廢止登記

公司業務，須經政府許可者（公一七I），若該業務之許可，經目的事業主管機關撤銷或廢止確定者，應由各該目的事業主管機關，通知中央主管機關撤銷或廢止其公司登記或部分登記事項（公一七II）。

公司之經營有違反法令受勒令歇業處分者，應由處分機關通知中央主管機關，撤銷其公司登記或部分登記事項（公一七之一）。本條之規定，在使公司之登記與公司之管理，能互相配合，不致脫軌。

五、決算表冊之查核

㈠**查核時間與違反之制裁**　公司每屆會計年度終了，應將營業報告書、財務報表及盈餘分配或虧損撥補之議案，提請股東同意或股東常會承認（公二〇I）。上述書表，主管機關得隨時派員查核或令其限時申報；其辦法，由中央主管機關定之（公二〇IV）。又公司資本額達一定數額以上或未達一定數額而達一定規模者，其財務報表，應先經會計師查核簽證；其數額、規模及簽證之規則，由中央主管機關定之。但公開發行股票之公司，證券管理機關另有規定者，不適用之（公二〇II）。其立法意旨，在加強公司管理，促進商業會計步上軌道，以期正確。所謂中央主管機關所定一定數額以上者，係指新臺幣三千萬元以上❶❷❹。經濟部依此項之授權發布「會計師查核簽證財務報表規則」。又本項本文之規定，只適用於非公開發行股票之公司。前述會計師之委任、解任及報酬，準用第二十九條第一項規定（公二〇III），俾富彈性。公司負責人違反第一項、第二項規定時，各處新臺幣一萬元以上五萬元以下罰鍰；規避、妨礙或拒絕前述查核或屆期不申報時，各處新臺幣二萬元以上十萬元以下罰鍰（公二〇V）；對於表冊為虛偽記載者，依刑法或特別刑法有關規定處罰。至會計師對不實之表冊予以簽證者，除應受會計師法第三十九條、第四十條之處分外，本法似應比照

---

❶❷❹　經濟部 80.6.21 商字第 215396 號。

證券交易法第三十二條之規定，增訂會計師之損害賠償責任為妥。

再者，為防止刁頑，抗命玩法，故於本法規定，對本法所定之罰鍰，拒不繳納者，移送法院強制執行（公四四八）。

㈡**提出證明文件單據表冊及有關資料** 主管機關查核第二十條所定各項書表，或依第二十一條檢查公司業務及財務狀況時，得令公司提出證明文件、單據、表冊及有關資料，除法律另有規定外，應保守秘密，並於收受後十五日內，查閱發還（公二二 I）。公司負責人違反前述規定，拒絕提出時，各處新臺幣二萬元以上十萬元以下罰鍰。連續拒絕者，並按次連續各處新臺幣四萬元以上二十萬元以下罰鍰（公二二 II），以達成審核監督之任務。公司提出之證明文件、單據、表冊及有關資料有虛偽記載者，依刑法規定處罰。

六、平時業務之檢查與糾正

主管機關得會同目的事業主管機關，隨時派員檢查公司業務及財務狀況，公司負責人不得妨礙、拒絕或規避（公二一 I）。所謂目的事業主管機關，如公司所營事業屬本法第十七條所定應經政府許可之業務者，則以該許可法令之主管機關為其目的事業主管機關。如非前述許可業務，惟業務之經營，另有專業管理法令者，則以該專業管理法令之主管機關，為其目的事業主管機關❿。公司負責人妨礙、拒絕或規避前述檢查者，各處新臺幣二萬元以上十萬元以下罰鍰；連續妨礙、拒絕或規避者，並按次連續各處新臺幣四萬元以上二十萬元以下罰鍰（公二一 II）。主管機關依前述之規定派員檢查時，常涉及會計或法律專業知識，為貫徹前述管理之目的及達到防制經濟犯罪，得視需要選任會計師或律師協助辦理（公二一 III），以保障股東與債權人之權益。

七、對公司為他公司無限責任股東，或合夥事業合夥人，及超過法定投資額之制裁

關於此詳閱前述第六節，「第一、權利能力，二、法令上之限制，㈠轉投資之限制」。

---

❿　經濟部 79.9.26 商字第 216925 號。

八、任意將資金貸放之制裁

關於此詳閱前述第六節,「第一、權利能力,二、法令上之限制,㈢公司貸與之限制」。

九、對公司為保證人之制裁

關於此詳閱前述第六節,「第一、權利能力,二、法令上之限制,㈣保證之限制」。

第八節　政府或法人之股東

第一、政府或法人之股東之涵義

公司之股東者,即公司之出資人,其為公司社團法人之構成分子也。凡得為權利義務之主體之資格者,均得為股東,故自然人得為股東,殊無疑問。惟政府或法人,除法令另有特別規定外,得為公司之股東。

一、政　府

政府,依憲法規定,分為中央政府及地方政府(憲法第十章),均屬公法人。㈠中央政府僅有一個,故在公司登記實務上,僅由一個中央主管機關代表中央政府為公司發起人 ❿。㈡地方政府,依憲法規定,僅列有省(直轄市)及縣市政府二級(憲法第十一章)。惟依憲法及其增修條文所制頒之地方制度法 ❼,規定地方自治團體,係指依地方制度法實施地方自治,具公法人地位之團體。省政府為行政院派出機關,省為非地方自治團體,而不具公法人地位(地制二 1)。直轄市、縣(市)、鄉(鎮、市)為地方自治團體(地制一四前),故均具有公法人之資格。

二、法　人

依成立之法律性質而分類,茲分述於下:

---

❿ 經濟部 88.5.21 商字第 88209723 號。

❼ 依憲法第 118 條及憲法增修條文第 9 條第 1 項規定於民國 88 年 1 月 25 日總統令公布「地方制度法」。

㈠**公法人** 凡依公法規定組織之團體，基於國家統治權作用，而以行使及分擔公權力，實現國家利益及公共利益為主要目的者，為公法人。例如政府機關、公立學校、地方自治團體及農田水利會等是。按農田水利會係依水利法之規定，主管機關得視地方區域之需要核准設立之公法人，秉承政府推行農田灌溉事業（水利法一二）。

㈡**私法人** 依私法而成立，目的在行使私權，實現私法上利益的社會組織體。本法第二十七條所稱之法人，論者有認為是指私法人而言❿。私法人依其設立之基礎為分類，又可分為社團法人及財團法人。茲述之於下：

1.**社團法人** 凡以社員為組織基礎而成立之法人屬之。又可分為二：⑴公益社團 以多數之社員為組織基礎，目的在謀取社員公益（非經濟利益）之社會組織體。如商會、工會、農會、漁會等，是為公益法人。⑵營利社團 以多數人之社員為組織基礎，目的在謀取可分配於社員經濟利益之社會組織體。如公司、銀行、合作社等，是為營利法人。

2.**財團法人** 以捐助多數之財產為組織基礎，無須社員之法人屬之。其目的在實現特定的公益事業，例如慈善團體、醫院、教會、寺廟、私立學校等，是為公益法人。因此財團法人，不得經營商業。

第二、政府或法人為董事、監察人之規定

一、政府或法人當選為董事

政府或法人為股東時，得當選為董事或監察人，但須指定自然人代表其行使職務（公二七Ⅰ）。此乃以政府或法人之股東為對象，而當選為董事或監察人，故須由政府或法人指定自然人為其代表。為代表之自然人，不以具有股東身分為要件❿，但須具有行為能力❿，且不得有本法第三十條規定之情事，如有自可依本法第二十七條第三項規定，改派之❿。又法人

---

❿ 柯芳枝著《公司法論》（2002 年 11 月版）第 53 頁。

❿ 經濟部 56.9.8 商字第 2348 號；經濟部 87.8.18 商字第 87024077 號。

❿ 經濟部 87.8.18 商字第 87024077 號。

❿ 經濟部 94.6.6 經商字第 09400090780 號。

股東之代表人不宜同時以法人代表人及股東身分分別當選董事❶。再者依本法第一九二條第一項前段規定：「公司董事會，設置董事不得少於三人」，係以董事之「人」數計算，以便集合與決議，如法人股東之代表人同時以法人代表人及股東身分當選為董事，應自行選擇其一，即一自然人不宜充任兩個董事❶。

二、政府或法人之代表人分別當選為董事、監察人

政府或法人為股東時，亦得由其代表人當選為董事或監察人，代表人有數人時得分別當選但不得同時當選或擔任董事及監察人（公二七II）。此係指政府或法人股東之代表為對象，而當選為董事或監察人，因此即以其代表人行使職務，不必另行指定。此之代表人不以其須具有股東身分，始得當選為董事或監察人，但須為有行為能力人。惟其持有股份，仍應以政府或法人所有之股份總數為準。因此與公司法第一九二條第一項規定：「……由股東會就有行為能力之人選任之」無違，董事經選任後，應向主管機關申報，其選任當時所持有之公司股份數額；公開發行股票之公司董事在任期中轉讓超過選任當時所持有之公司股份數額二分之一時，其董事當然解任。又此之「指定」，其程序屬於公司內部自治事項，由公司自行決定；其資格為何，公司法尚無限制❶。公司法第二十七條第一項及第二項規定運作方式不同，僅能擇一行使❶。本條第二項後段規定：「……代表人有數人時，得分別當選。但不得同時當選或擔任董事及監察人。」觀之，如一法人股東，指派代表二人以上分別當選為董事及監察人，雖有違公司制衡監督之精神，為本條項所不許❶。政府或法人股東所指派之代表人，

---

❶　經濟部 66.3.18 商字第 01758 號。

❶　經濟部 97.1.21 經商字第 09700502400 號。

❶　經濟部 88.5.25 商字第 88209690 號。

❶　經濟部 87.9.29 商字第 87223431 號函。

❶　民國 101 年 1 月 4 日立法院修正理由：「政府或法人股東指派數代表人，如可同時職司董事及監察人之職務，亦導致監察人無法發揮其獨立功能，公司監控制度無法建立，爰參照證券交易法第二十六條之三第二項規定，於第二項增訂但書，明定不得同時分別當選為董事及監察人。」

當選為董事或監察人，則除與指派之公司具有委任關係外，又與其當選為董事或監察人之公司，成立委任關係❸。因此本法第二十七條第二項之規定，有違股東平等原則。蓋自然人股東者，僅得當選一席為董事，而法人以其分身之代表人數名卻可當選多席，與法理不符，正本清源，應修法解決。

三、改派代表之規定

本法第二十七條第一、二兩項代表，均得依其本身在政府或法人之內部職務關係，由政府或法人隨時改派或補足原任期（公二七）。蓋以其行使公司職務，乃係代表政府或法人為之，並非基於個人關係，故不發生董事、監察人變更之問題，避免公司須召集股東會改選董事、監察人之困擾。又改派人員之到職生效日期，自應依政府或法人意思表示到達公司時，即生效力❸。政府或法人股東改派之代表人，乃補足其董事、監察人之原任期，如欲繼續擔任原代表人之董事長、副董事長或常務董事職務，仍應由董事會或常務董事會另行推選（公二〇八Ⅰ、Ⅱ）❸。

四、代表權所加之限制

政府或法人對於代表權所加之限制（例如限制其代表，應如何行使表決權），不得對抗善意第三人（公二七Ⅳ）。所謂「第三人」，指非有股東相互間或公司股東間之關係之人而言，如公司之債權人，自應解為第三人❸。所謂善意，係指不知情而言。關於政府或法人為公司股東時，其本人及代表人得分別被選為董事、監察人，並應於申請登記時，提出指定代表人之指派證件❸。倘法人之代表，當選為公開發行股票之股份有限公司董事、監察人時，依證券交易法第二十六條規定，凡依證券交易法公開募集又發

---

❸　高靜遠〈公司法上法人股東代表人人數之規範探討〉，《月旦法學雜誌》79 期（2001 年 12 月）第 176 頁。

❸　經濟部 82.3.12 商字第 205706 號。

❸　經濟部 94.5.20 商字第 09402061430 號。

❸　大理院 14 年上字第 3562 號。

❸　經濟部 63.6.26 商字第 16247 號。

行有價證券之公司，其全體董事及監察人二者所持有記名股票之股份總額，各不得少於公司已發行股份總額一定之成數。前項董事、監察人股權成數及查核實施規則，由主管機關以命令定之。又依證券交易法第二十五條第一項規定：「公開發行股票之公司於登記後，應即將其董事、監察人、經理人及持有股份超過股份總額百分之十之股東，所持有之本公司股票種類及股數，向主管機關申報並公告之。」故代表法人之董事、監察人其個人持有股份達股份總數百分之十以上者，其股份之買賣應受證券交易法第一五七條規定之約束（對公司之上市股票，於取得後六個月內，再賣出，或賣出後六個月內再行買進，因而獲得利益者，公司應請求將其利益歸於公司），由公司申報其個人持有股數變動之情形，如需公告並應遵辦，如持有之股份未達股份總數百分之十以上者，其股份之買賣，自不受前述法條之約束❷。非公開發行股票公司之政府或法人股東，依本法條規定，當選之董事或監察人，因公司之持股全數轉讓，其所依附股東之條件已不復存在，是以所當選之董事或監察人即當然解任❸。公司因合併而消滅，消滅公司原依公司法第二十七條規定當選為他公司董事、監察人者，得由合併後存續或另立的公司以變更董事、監察人名稱方式接續原職務❹。

五、代表人之複委託

　　公司法為民法之特別法，公司法未規定者，自應適用民法之規定，故公司法第一七七條第一項及第一八一條規定觀之，政府或法人為股東時，應指派代表人出席股東會行使其股東權，如代表人因故不能出席時，自可由政府或法人股東另行改派其他代表人出席。惟如政府或法人股東未另行指派他人出席時，其代表人可否另行出具委託書複委任他人出席股東會，公司法並無禁止之規定，自有民法第五三七條規定之適用，得由其代表人複委託他人代理出席股東會❺。

---

❷　經濟部 58.4.15 商字第 12453 號。

❸　經濟部 91.4.18 商字第 09102075010 號。

❹　經濟部 88.11.19 商字第 88222810 號。

❺　最高法院 91 年臺上字第 2496 號。

第九節　公司之負責人與經理人

第一、公司負責人

一、公司負責人之種類

為保障公司股東與債權人之利益，並避免糾紛起見，本法第八條特別明確規定公司之負責人如下：

㈠**當然負責人**　本法所稱公司負責人，在無限公司、兩合公司為執行業務或代表公司之股東；在有限公司、股份有限公司為董事（公八 I）。

㈡**職務範圍內之負責人**　公司之經理人、清算人或臨時管理人，股份有限公司之發起人、監察人、檢查人、重整人或重整監督人，在執行其職務之範圍內，亦為公司之負責人（公八 II）。

㈢**實質董事即事實上董事及影子董事**　公司之非董事，而實質上執行董事業務或實質控制公司之人事、財務或業務經營而實質指揮董事執行業務者，與本法董事同負民事、刑事及行政罰之責任。但政府為發展經濟、促進社會安定或其他增進公共利益等情形，對政府指派之董事所為之指揮，不適用之（公八 III）。

再者，依本法之規定，未成年人是否得為公司負責人？因公司種類不同而有異，茲述之於下：

㈠**股份有限公司**　依公司法第三十條第六款、第一二八條第二項、第一九二條第一項及第二項、第二一六條第四項，及非訟事件法第一七六條等，均規定未成年人不得為發起人、董事、監察人、經理人及清算人等，故未成年人不得為股份有限公司之負責人。至於未成年人得否為檢查人、重整人在法律上雖無限制，但事實上亦不致由未成年人充任。

㈡**有限公司**　有限公司所選任董事，應就有行為能力之股東中選任之（公一○八 I）。因此未成年人不得選為有限公司之負責人。

㈢**無限公司及兩合公司**　此類公司，因公司法並無限制，實務上以未

成年人得為各該公司之執行業務股東，而為公司之負責人，但登記時須附其法定代理人允許營業之同意書。

　　本法第八條規定公司之當然負責人及職務範圍內之負責人，在股份有限公司以董事長為公司負責人。在無限公司可推定執行業務股東時，固無問題，如未推定時，則各股東均得代表公司。此時公司負責人之意思表示是否有所欠缺、錯誤、被詐欺、被脅迫、善意、惡意，究應依何人之意思表示決定之，實值研究。按公司負責人與公司間之法律關係，屬於代表關係之性質。民法關於代表未設一般規定，通說均認為類推適用代理之規定。惟民法上之代理，有共同代理與單獨代理二種情形。前者於數人共同為代理行為，若其中一代理人之意思欠缺時，整個法律行為即受影響；後者各代理人均得單獨為法律行為，倘其中一人之意思有所瑕疵，他代理人之法律行為並不受影響。本法規定股份有限公司由董事長代表公司（公二○八III），其餘他類公司除章程另有訂定外，各負責人均得單獨代表公司而非為共同代理。各負責人既均得代表公司為法律行為，故意思表示是否有所欠缺、錯誤、被詐欺、被脅迫、善意、惡意或有其他之情形，應類推適用民法第一○五條規定，並依具體事實，就有行為之負責人決定之。再者，政府或法人為公司股東，其指派之代表人當選為董事或監察人（公二七II），該公司之負責人自以代表當選之董事或監察人為限❿。

二、公司負責人之義務

　　我國公司法規定，公司負責人應忠實執行業務並盡善良管理人之注意義務，如有違反致公司受有損害者，負損害賠償責任。立法旨趣，係為明確規定公司負責人對於公司應踐行之忠實義務及注意義務，並對公司負責人違反致公司受有損害，應負損害賠償責任❿（公二三 I），此之賠償責任為民事責任。若情況嚴重者，並得解除其職務（公八二）。凡此散見於本法各條規定。現僅就忠實執行業務義務及善良管理人之注意義務，分述於下：

　　㈠**忠實執行業務義務**　忠實執行業務義務，簡稱忠實義務 (fiduciary

---

❿　經濟部 92.9.29 經商字第 09202200490 號。

❿　民國 90 年本法第 23 條修正理由。

duty of loyalty) 源自英美法，認為董事與公司間之關係為信任關係，為不使董事違反其信任關係，遂課董事忠實義務，以求董事執行公司事務時，應對公司盡最大之誠實，以公正之立場，追求公司最大的利益為目的，防止其偏頗，謀求自己或他人不當之利益。公司負責人如有違反致公司受有損害，負賠償責任。

(二)**善良管理人之注意義務** 所謂善良管理人之注意，係指社會一般的誠實、勤勉而有相當經驗之人，所應具備之注意❶。若有違反，即屬抽象輕過失，與處理自己事務所應注意的具體輕過失，有所不同。

本法第二十三條第一項明定，公司負責人應盡善良管理人之注意義務，故不論其與公司間之關係是否有委任，是否受報酬，於執行職務時均應盡善良管理人之注意義務，如有違反，致公司受有損害者，負損害賠償責任，以提高公司負責人之注意義務，而維護公司之權益。惟該條項並未規定公司負責人負連帶賠償責任，不無缺漏。然則本條項規定與民法上之委任，在無償委任，不必盡善良管理人之注意義務，僅須與自己事務為同一之注意即可，而有償委任須盡善良管理人之注意義務（民五三五），有所不同。惟公司法為民法之特別法，故應優先適用上述公司法之規定。又本法既於總則設本條項之規定，則本法第九十五條及第三一三條第一項有關善良管理人義務之規定，似應予刪除，以免重複❷。

三、公司負責人之處罰

本法對公司負責人之處罰，有徒刑、拘役、罰金之刑罰制裁，亦有狹義行政罰性質之罰鍰。刑罰之制裁，依有關條文規定，均係以為公司負責人之自然人為其處罰主體，而非以法人為對象。公司負責人依本法第八條之規定，並不止一人，且又有當然負責人與職務範圍內負責人之別，故本法各該處罰條文大致規定：「違反……規定，公司負責人各處……。」例如公司法第九條第一項後段即是，既為「各處」，當非處罰其代表人一人。然則我國刑法第一條規定：「行為之處罰，以行為時之法律有明文規定者為

---

❶　孫森焱著《民法債編總論（上）》（90 年 9 月修訂版）第 122 頁。

❷　柯芳枝著前揭書第 53 頁至第 54 頁。

限。」顯採罪刑法定主義 ⑮。刑法第十一條規定：「本法總則於其他法令有刑罰之規定者，亦適用之。但其他法令有特別規定者，不在此限。」故本法有關刑罰之規定，適用刑法總則，而刑法總則之規定，均以有行為之負責人為其處罰主體，故本法規定負責人之刑罰制裁，應解為僅處罰有行為之負責人。至於何人為有行為之負責人，應就具體情事與本法有關規定分別定之。至狹義行政罰之罰鍰，因無刑法總則之適用，則應由主管機關視各該法條規定之具體情形，處罰各該違反行政法上規定之負責人，不以有行為之負責人為限。

倘未成年人為公司負責人，而公司事務由其法定代理人代為處理時，其應受刑罰制裁者，是否為其法定代理人抑是未成年人，約有下列二種見解：

㈠未成年人為公司負責人，故處罰未成年人。

㈡行為人為法定代理人，故處罰法定代理人。

未成年人雖為公司負責人，但非行為人。因無行為不成立犯罪之原則，自不能處罰非行為人，故第一種見解不可採之。至法定代理人，其本身非公司負責人，而本法上有關刑罰制裁，均以「公司負責人……」為其處罰主體，故必須有負責人之特定身分，始能加以處罰。因此，倘對法定代理人加以處罰，似有違罪刑法定主義之原則，但依本法第八條第三項規定觀之，此法定代理人即屬實質董事身分，應可依本條項負刑事責任。又本條項不限於公開發行股票之公司始有適用。再者，論者有以未成年人有責任能力時，其本身有違反公司法規定之行為者，應受刑罰之制裁。倘法定代理人亦有共同行為者，不論為共同實施或教唆幫助，則仍得依刑法第三十一條第一項之規定，以共犯論 ⑯。

⑮　韓忠謨著《刑法原理》（65 年）第 62 頁；蔡墩銘著《刑法總論》（66 年）第 14 頁。

⑯　參閱楊建華編《司法官訓練所公司法講義》（66 年）。

第二、公司之經理人

一、經理人之意義

稱經理人者，調由商號之授權，為其管理事務及簽名之人（民五五三I）。現行公司法在各種公司均得依章程之規定設置經理人，故本法規定經理人於總則，以明其權義職責。日本商法亦規定於總則，而納入商業使用人中。按公司是否設經理人，屬於任意規定，如欲設經理人，則公司章程必須規定之。經理人有二人以上時，基於私法自治之精神，經理人之職稱應由公司自行決定之，本法並無強制規定。公司董事長兼任總經理，本法並無限制，又董事長如經撤換，本法亦無禁止不得擔任公司總經理職務❷。至於經理人人數多寡，可按公司業務與規模而設定。經理人並非必要，惟章程有規定時，各種公司均得設置，故為公司之任意機關，但實務上經理人為各類公司之常設輔助業務執行機關，以輔助法定之業務執行機關，如有限公司之董事或股份有限公司之董事會等，執行公司之業務。經理人在其執行職務之範圍內，亦為公司之負責人（公八II）。

二、經理人之任免及報酬

經理人之委任、解任及報酬，依下列規定定之。但章程有較高規定者，從其規定（公二九I後）：

㈠無限公司、兩合公司，須有全體無限責任股東過半數同意。

㈡有限公司須有全體股東過半數同意。

㈢股份有限公司應由董事會以董事過半數之出席，及出席董事過半數同意之決議行之　此乃股份有限公司董事會係屬合議制，故其委任、解任及報酬宜由董事會決議定之。

上述㈢股份有限公司經理人之委任、解任及報酬，須經董事會決議，惟不包括經理人職務調動，故原即為經理人，職務調動，則毋庸經董事會決議❸。又經理人之委任，在程序上，係經董事會決議後，始生委任關係，

---

❷　經濟部 57.2.6 經商字第 06201 號。

❸　經濟部 91.1.16 經商字第 09002274230 號。

尚無追認之問題❶。公司法尚無董事長特助一詞,若其職務調整為業務經理,如符合公司法第三十一條規定,自仍應依公司法第二十九條第一項第三款決議辦理❶。

經理人與公司之間,係屬委任契約關係,故除本法另有規定外,適用民法上關於委任之規定。因此當事人之任何一方得隨時終止委任契約(民五四九 I)。但公司對經理人終止委任契約,應依上述公司法第二十九條之程序辦理。惟當事人之一方,於不利於他方之時期終止契約者,應負損害賠償責任。但因非可歸責於該當事人之事由,致不得不終止契約者,不在此限(民五四九 II)。又委任關係,亦因經理人死亡、破產或喪失行為能力、公司破產而消滅(民五五〇本文)。本法第二十九條第一項所稱「較高規定」,是指同意或決議的表決成數而言,而非指報酬之高低。

三、經理人之資格

㈠**積極資格** 公司經理人之積極資格,法無限制,股東或董事亦可兼任經理,俾廣攬人才,促進公司之發展。此外經理人不須在國內有住所或居所。縱令僑資公司,其投資人擔任經理人,亦不受國內居所之限制。

㈡**消極資格** 經理人對公司之信譽影響至鉅,故公司法對於經理人之資格設消極限制,以昭慎重。有下列情形之一者,不得充任經理人,其已充任者,當然解任(公三〇):

1. 曾犯組織犯罪防制條例規定之罪,經有罪判決確定,尚未執行、尚未執行完畢或執行完畢、緩刑期滿或赦免後未逾五年 本款為限制黑道擔任公司負責人,影響公司正常營運及人民權利而規定,俗稱「反黑條款」❶。本款的罪刑以經法院裁判確定者為限❶。

2. 曾犯詐欺、背信、侵占罪經受有期徒刑一年以上之刑確定,尚未執行完畢,或執行完畢、緩刑期滿或赦免後未逾二年 刑法上之詐欺、背信、

---

❶ 經濟部 94.4.28 經商字第 0940205630 號。

❶ 經濟部 94.4.1 經商字第 09402040120 號。

❶ 民國 90 年本法修正理由。

❶ 經濟部 58.9.3 商字第 30346 號函。

侵占等均侵害財產法益，常與商業有關，以此等人充任公司經理，易生不測之損害，故限制之。

3.曾犯貪污治罪條例之罪，經判決有罪確定，尚未執行、尚未執行完畢，或執行完畢、緩刑期滿或赦免後未逾二年 有上述情形之人，不宜管理公司，故不得為經理人。

4.受破產之宣告或經法院裁定開始清算程序，尚未復權者 經法院宣告破產或經法院裁定開始清算程序之人，其信用業已喪失，故在未復權（破一五〇）以前，不宜使其充任經理人。

5.使用票據經拒絕往來尚未期滿 此種情形，為重大喪失債信之具體情事，符合行政程序法之明確原則❶⃝，故不宜使其擔任經理人，以杜爭議。

6.無行為能力或限制行為能力 無行為能力人，指未滿七歲之未成年人（民一三 I）及受監護宣告之人（民一五）；限制行為能力人，指七歲以上，未滿二十歲之未成年人（民一三 II）而言。無行為能力人及限制行為能力人其本身尚不能獨立為法律行為，而享受權利負擔義務，故不宜當公司之經理人。惟限制行為能力人已結婚者，依民法第十三條第三項之規定有行為能力，故得為經理人。又民法第八十五條規定：「法定代理人允許限制行為能力人獨立營業者，限制行為能力人，關於其營業，有行為能力。」上述規定是否適用於本法之經理人不無疑義。蓋公司之經營，影響股東及債權人之利益甚鉅。限制行為能力人不得為經理人之立法意旨，在保護公司，故民法第八十五條之規定，不適用於本法較妥。

7.受輔助宣告尚未撤銷 按民法第十五條之一第一項規定，受輔助宣告之人係因精神障礙或其他心智缺陷，致其意思表示或受意思表示，或辨識其意思表示效果之能力，顯有不足。同法第十五條之二第一項序文及第一款規定，受輔助宣告之人為獨資、合夥營業或為法人之負責人，應經輔助人同意；同條第二項及第三項規定，受輔助宣告之人，未經輔助人同意之行為及經輔助人同意為第一項第一款之行為，其效力分別準用第七十八條至第八十三條及第八十五條有關限制行為能力人之相關規定，顯見受輔

---

❶⃝ 民國 90 年本法修正理由。

助宣告尚未撤銷之人，並不具備完全行為能力。按經理人設置之目的在輔助公司業務之執行，若其無法獨立為有效之意思表示及為有效之法律行為，顯然無法輔助公司業務之執行，亦無法承擔身為經理人對於公司應盡之忠實義務及善良管理人之注意義務，援增訂第七款❺❾。

　　除上述情形外，其他如本法規定監察人不得兼任經理人（公二二二）、監察委員不得兼任民營公司之經理人❻⓪、立法委員、監察委員均不得兼任公營事業機關之總經理❻❶等，在於貫徹公司之監督制度，俾免濫用職權，危害公司之健全發展。

　　公司經理人有無上列消極資格，事實上極難考查。目前係於登記時出具保證書保證無該項情事。如登記後發現有該項情事者，「當然解任」，即公司應依「公司之登記及認許辦法」第九條規定辦理解任登記，俾臻明確，以符合行政程序法之規定❻❷。股份有限公司董事之解任，須經股東會之決議（公一九九）。然則，董事有消極資格（公三〇）而解任，不必經股東會決議而當然解任。至於公司與經理人間之契約關係並非當然消滅。經理人如有本法消極資格之情形時，縱令辦妥解任登記，而公司卻繼續委任其為經理人時，僅能視其有無影響公司正常經營，適用本法第十一條第一項規定裁定公司解散外，在法律甚難補救，故本法對於違反本條之規定者，似應增訂行政罰，俾貫徹本條之立法意旨。至於利害關係人得以公司及經理人為被告提起民事訴訟，解任經理人。因解任經理人應為形成之訴，本法既已規定之，應可提起之。其次，公司之經理人，在執行職務之範圍內，亦為公司之負責人（公八Ⅱ），如依相對人公司之章程或契約，提起訴訟，可認為在總經理執行其職務之範圍內，某甲以相對人公司法定代理人身分起訴，即無法定代理權欠缺之可言❻❸。

---

❺❾　民國 107 年 7 月 6 日立法院通過公司法修正理由。

❻⓪　大法官會議釋字第 81 號。

❻❶　大法官會議釋字第 24 號。

❻❷　民國 90 年本法修正理由。

❻❸　最高法院 72 年臺抗字第 459 號。

四、經理人之職權

(一)**依章程及契約訂定之職權** 依本法第三十一條第一項規定：「經理人之職權，除章程規定外，並得依契約之訂定。」觀之，經理人之職權得於章程加以規定，若未規定或規定不完全時，並得以契約訂之，是故章程或契約得明定其職權之範圍。所謂契約，並不以書面為限。本條項，係針對公司與經理人間之授權關係而已。換言之，在經理人之職權範圍，公司是否授與全部，抑或僅限於一部，以及公司將何種職稱列為經理人，均得以契約或章程定之。因此本法第三十一條第二項規定，經理人在公司章程或契約規定授權範圍內，有為公司管理事務及簽名之權（公三一Ⅱ）。此項規定，係民國九十年修正公司法時所增訂，其立法理由在明確規定經理人有為公司管理事務及簽名之權限。由此觀之，其係在肯定公司授權經理人職權之內涵，而非排除民法上所規定經理人之固有權限。況本法第三十六條規定，公司不得以其所加於經理人職權之限制，對抗善意第三人。換言之，公司以章程或契約對經理人職權所加之限制，不得對抗善意第三人。

(二)**公司法未規定者，適用民法之規定** 本法第三十一條第一項規定：「經理人之職權，除章程規定外，並得依契約之訂定。」就其用語觀之，經理人之職權，並非公司章程絕對應記載之事項，縱公司章程未記載，契約亦未訂定，仍不影響公司之聘僱經理人的權限。此時經理人之職權，應準用民法之規定。蓋民法為公司法之普通法，故公司法所未規定者，適用民法之規定。其次，縱公司章程或契約有訂定經理人之職權，亦不可以章程或契約排除民法第五五四條第一項及第五五五條所規定之固有經理權，否則將失其所以為經理人之意義，有害社會交易之安全。此觀之民法第五五七條規定關於經理權之限制，對民法第五五四條第一項、第五五五條之規定加以排除，以及公司法第三十六條規定，公司不得以其所加於經理人職權之限制，對抗善意第三人，即為明證。又最高法院四二年臺上字第五五四號判決，亦採同樣見解 ❶⓺④ 。因此，本法第三十一條僅能視為對民法之

---

❶⓺④ 最高法院 42 年臺上字第 554 號判決：「經理人對於第三人之關係就商號或其分號或其事務之一部視為其有管理上一切必要行為之權，經理人就所任之事務，

補充規定，而非民法第五五四條第一項及第五五五條之特別規定。從而若以章程或契約訂定關於經理人之職權，自不能與民法上開有關規定相牴觸❶❻❺。亦即得在民法所規定之職權範圍內加以限制，而不得全部加以排斥，

視為有代表商號為原告或被告或其他一切訴訟上行為之權，民法第五百五十四條第一項、第五百五十五條定有明文，公司得依章程規定設置總經理或經理，亦為公司法（舊）第二百十四條所明定，故公司設置之經理人法律上既未另設限制，自不能因其為法人而有所差異。」

❶❻❺ 參閱行政院 49.9.27 臺⑷⑼經字第 5408 號：案經交據司法行政部暨經濟部複核，司法行政部意見以：「按董事長代表公司之涵義及範圍，在公司法（舊）第一百九十三條第一項及第四項準用第五十一條中，已有規定，當無疑義。至經理人之職權，公司法（舊）第二百一十七條雖定為：『總經理或經理之職權，除章程規定外，並得依契約之訂定』。然此係指得以章程或契約明定其職權之範圍。易言之，即在經理人之各種職權範圍內是否授與全部抑僅限於一部，均得以章程或契約定之，並非可以章程或契約根本排斥民法第五百五十四條第一項及第五百五十五條固有職權規定之適用。否則，將失其所以為經理人之意義，此觀之民法第五百五十七條關於經理權之限制亦將第五百五十四條第一項及第五百五十五條規定不在其列，可為佐證，最高法院四十二年臺上字第五百五十四號判例亦即同此見解，可知公司法（舊）第二百一十七條只能謂為民法之補充規定，要非民法第五百五十四條第一項及第五百五十五條之特別規定，從而若以章程或契約訂定關於經理人之職權，當不能與民法上開有關規定相牴觸。復查本件原呈請轉司法院解釋一節，核與司法院大法官會議法第七條規定不合，依同法第八條規定不得為之，轉請似應依職權予以解決。」經濟部意見以：「一、查公司法（舊）第九條規定公司負責人在股份有限公司為董事，公司之經理人在執行其職務之範圍內亦為公司之負責人，董事長依公司法（舊）第一百八十四條及一百九十三條之規定係經股東選出董事，由董事互推一人為之，有代表公司及辦理有關事務之權。經理人依公司法（舊）第二百一十四條第二百一十五條係依章程之規定，由過半數之董事同意後任命之者，其職權依公司法（舊）第二百一十七條除章程規定外，並得依契約而定，又依民法第五百五十四條及第五百五十五條之規定，亦有代表公司及辦理有關事務之權。是故董事長及經理人均有代表公司為一切行為之權，再就公司法（舊）第二百十七條之文義觀之，經理人之職權可由章程規定，唯其所加於經理人職權之限制，不得以之對抗善意第三人，為公司法（舊）第二百二十四條所明定，其立法旨

故經理人對於第三人之關係，就公司事務，有為管理一切必要行為之權（民五五四 I）。 倘經理人僅為公司一部事務或一分公司或數分公司有經理權者，則僅就該一部事務或一分公司或數分公司有管理上一切必要行為之權（民五五三 I），例如分公司之經理，則僅就該分公司之事務有經理權。其次，經理人對外借款是否包括於上開權限內之行為，學者間有主張我民法既未限制經理人向外借款行為，自應認為經理人得代理為之⑯；或認為借款行為客觀上得為商號之營業為之，商號不得免其責任⑰；或認為借貸係管理上一切必要行為⑱；或認為客觀上維持營業有關之行為可以借款⑲。惟實務上認為依業務之性質，或其他情事可認經理人有對外借款之權限者，僅限於銀錢業或合會分公司之經理人而已 ，其他一般之經理人則無此權限⑳，按經理人既有為公司簽名之權利，並視為有為公司管理上一切必要

意原在確定公司之內部關係，即對內仍有拘束。復就公司法（舊）第二百十五條經理人之任免，由董事會為之，及同法第二百十九條規定，不得變更董事決議或逾越其規定權限觀之 ， 經理人之職權應在董事會決議範圍及規定權限之內，是故經理人之代表公司行使職權，似應解為不違反董事會之決議或董事長依照董事會決議所為之指示。二、本案正辦理之際，復准司法行政部七月二十八日臺（四九）函參字第三五九二號呈鈞院副本，經查所呈意見，與本部意見尚無不同之處」等語。

⑯ 戴修瓚著《債篇各論（下冊）》（60 年）第 47 頁。

⑰ 史尚寬著《債篇各論》（66 年）第 406 頁。

⑱ 鄭玉波著《債篇各論》（62 年）第 466 頁。

⑲ 薛祀光著《債篇各論》（57 年）第 198 頁。

⑳ 參閱下列判決：

1.經理人擅借之款，債權人不得逕向店東主張債權（9 年上字第 1157 號判決）。

2.銀錢業商店經理人，本其營業性質，有向人借貸款項之權，不問其借貸行為如何，均應由店東直接負責（17 年上字第 814 號判決）。

3.經理人收受存款，或向人借款之行為，除依營業之性質，或其他情事，可認其有此權限者外，並非當然，對於本人發生效力（19 年上字第 276 號判決）。

4.經理人於營業或所為之借貸行為，除經主人特別委任或特別習慣外，難認其有直接及於主人之效力。所謂特別委任云者，例如就各個借貸行為，予以允許，

行為之權，除不動產之買賣或設定負擔，非經公司書面授權，不得為之外（民五五四 II、III），經理人逾越法定職權所為行為，係屬無權經理，非經公司（事前）特別委任或（事後）追認，對於公司不生效力。善意相對人得依民法規定類推適用無權代理（民一一〇），對經理人請求損害賠償。其次因執行業務之需要，對外融通資金，以貫徹經理人管理公司之權限，兼顧維持社會交易之安全，原則上宜解為經理人有對外借款之權限較妥。分公司之經理人，在該分公司執行業務範圍內，自亦應有此權限，惜目前尚無判解可據。

　　㈢**經理人為公司之簽名權及其方式**　經理人既有為公司簽名之權利，則僅由其簽名為「某公司張三」而未加蓋公司印章，對於公司應即發生法律之效力，故公司之經理以公司之名義與他人訂立書面契約、簽發支票或為公司背書票據❶，除其自己簽名或蓋章並表明以公司名義外，縱未加蓋公司印章，仍然有效。惟經理人與他人訂立書面契約、簽發支票或票據背書，是否必須表明其公司之職銜（如某公司經理張三），約有二說，茲述之於下：

　　1.**公司負責人代理公司為法律行為時，應表明其職銜**　蓋依已廢止失效前商人通例第三十四條規定：「凡經理人署名時，應於自己姓名上標明某商號經理人字樣。」之規定。依我國公司法第八條之規定，公司負責人可分為當然負責人與職務範圍內負責人兩種。前者對公司一般業務當然的為代表機關（公八 I），而後者僅限於執行職務範圍內為公司之代表（公八 II）。二者在職務上既有不同，倘其簽章時，無須記明自己的職銜，則易生糾紛，

　　或另以契約付與以一切借款權之類（20 年上字第 2459 號判決）。

　　5.銀錢業商號經理人為商號借貸款項，係其權限內之行為，此項行為直接對於商號所有人發生效力（22 年上字第 1901 號判決）。

❶　最高法院 70 年臺上字第 3816 號判決：「經理人有為公司管理事務之權限（公司法第八條第二項、民法第五百五十三條第一項），而公司背書票據，法律既未設有禁止之規定，且為社會上所常見，除有特別情形外，難謂經理人為公司背書，不在其管理事務之內。」

導致危害社會交易之安全。

2.**公司負責人簽章時，無須記明其職銜**　依民國五十三年八月十八日最高法院民刑庭總會議決議：「經理人有為管理事務及為其簽名之權利，而簽名得以蓋章代之，民法第五五三條、票據法第六條定有明文，蓋章不過為簽名之代用，其經理自書『某某工廠某某某』依法應屬有效，其自刻圖章以代之，當然亦同樣有效。」復依最高法院六九年臺上字第三九四一號判決：「公司之經理人，在執行職務之範圍內，亦為公司之負責人，公司法第八條第二項定有明文。而公司之負責人代表（作者註：應指代理而言）公司發行票據，縱未載有代表人字樣，而由票據全體記載之旨趣觀之，如依社會觀念足認有為公司之代表關係存在者，仍難謂非已有為公司代表之旨之載明。」

上述二說，實務上及學者意見❼均採後說，而認為，為使交易簡捷便利，如依社會觀念足認其係代理公司關係為之，縱未表明職銜或記明代表（理）人字樣，亦應認為有效。此不因其是否為公司當然負責人或為職務範圍內負責人而有不同。蓋因其形式上已足辨認係代理公司之關係存在者，已無再顧慮其危害社會交易之安全。

㈣**經理人在其職務範圍內，原則上有代理公司為原告或被告之一切訴訟行為之權**　公司對經理人之職權，若未加以限制，則經理人不獨有代理公司為一切法律行為之權，且就其所任事務與責任對公司有代為處理及代理公司為原告或被告及一切訴訟行為之權❽。惟經理人得代理公司所為之訴訟行為，僅限於公司與第三人間之訴訟。至於公司與執行業務股東或董事、監察人或股東間之訴訟，依其性質，則非經理人所得代理。經理人逾越其權限範圍起訴或應訴時，就該訴訟行為即非公司合法之法定代理人，該訴訟為不合法，審判長應依民事訴訟法第二四九條第一項但書之規定，定期間先命補正，若不補正，應依民事訴訟法第二四九條第一項第四款之規定以裁定駁回原告之訴。又公司對於經理人之職權，得以章程或契

---

❼　史尚寬著《債法各論（上冊）》（66 年）第 402 頁。

❽　民法第 555 條之規定及❹所載最高法院 42 年臺上字第 554 號判決。

約予以限制，此之限制，除法律別有規定外，公司不得以其所加於經理人職權之限制，對抗善意第三人（公三六）。所謂善意，即不知情。

五、經理人之權利

經理人與公司間有民法上之委任契約關係，因此經理人對公司有下列請求之權利：

㈠**報酬請求權**　經理人有報酬請求權。其報酬之多寡依本法第二十九條之規定辦理之。

㈡**預付費用請求權**　公司因經理人之請求，應預付處理委任事務之必要費用（民五四五）。

㈢**償還費用請求權**　經理人因處理公司事務，支出之必要費用，公司應償還之。並付自支出時起之利息（民五四六 I）。

㈣**代償債務請求權**　經理人因處理公司事務，負擔必要債務者，得請求公司代其清償，未至清償期者，得請求公司提出相當擔保（民五四六 II）。

㈤**損害賠償請求權**　經理人處理公司事務，因非可歸責於自己之事由，致受損害者，得向公司請求賠償（民五四六 III）。前述損害之發生，如別有應負責任之人時，公司對於該應負責者，有求償權（民五四六 IV）。

六、經理人之義務

㈠**忠實義務及善良管理人之注意義務**　依本法規定，經理人在執行職務之範圍內，亦屬公司負責人（公八 II），故經理人應忠實執行業務並盡善良管理人之注意義務（公二三 I）。

㈡**競業禁止之義務**　經理人不得兼任其他營利事業之經理人，並不得自營或為他人經營同類之業務（公三二本文）。蓋經理人應盡忠職守，心無旁騖，以發展公司業務，否則難免顧此失彼，公私不分，百弊滋生。所謂其他營利事業，包括公司、合夥及獨資商號在內。本條但書之設，乃鑑於營利事業範圍擴大，組織關係企業，而兼任附屬公司之經理人，於公司反而有利，故設例外以便靈活運用。其經原事業機構董事或執行業務股東過半數同意解除限制者，應於申請登記時附繳同意書。所稱經理人，應以依民法規定有經理權之人為限。至於不同類之業者，不受競業禁止之限制❿。但依下列

方式同意者，不在此限：1.無限公司、兩合公司須有全體無限責任股東過半數同意。2.有限公司須有全體股東過半數同意。3.股份有限公司應由董事會以董事過半數之出席，及出席董事過半數同意之決議行之。

上述情形，公司章程有較高規定者，從其規定（公三二但）。股份有限公司的董事長欲兼任另一同類業務的股份有限公司經理時，應分別經原公司股東會及所兼任經理公司的董事會的同意（公三二、二〇九 I）**⑮**。

公司經理人違反本法競業禁止之規定（公三二），其所為之競業行為，本法未規定其效力，應認為經理人所為之行為仍然有效 **⑯**。僅公司得依民法規定行使介入權，請求經理人將因其競業行為所得之利益，作為損害賠償（民五六三 I）。前項請求權，自公司知有違反行為時起經過二個月，或自行為時起經過一年不行使而消滅（民五六三 II）。

再者，經理人與公司間係屬委任關係，並不以登記為生效之要件，仍應受競業禁止之限制 **⑰**。依據本法第十二條規定，應登記事項而不登記者，亦僅不得以其事項對抗第三人，而非不生效力，故經理人雖未登記，仍應受本法第三十二條規定之限制 **⑱**。

---

⑭ 參閱司法行政部（現稱為法務部）44.7.28 臺㈣公參字第 41113 號函：「㈡前開法條關於彼此間經營業務之限制，既以同類為限，來函所述民航公司領有民用航空運輸許可證，而亞航公司則未發給許可證，且亞航公司僅給民航公司飛機人員以及其他設備，自非直接經營民用航空運輸之業務，是則性質上雖同屬民用航空事業之範圍，然其實際業務一則經營運輸，一則供給設備似尚未可認為同類，即亦不受上開法條之限制。復查該法條關於禁止經營同類業務之規定，其立法意旨重在防止彼此營業競爭，免使任何一方有所偏枯，今該兩公司既各有本身業務，互不抵觸，且訂有合作契約相輔相成，理論上似亦無適用此項防止競爭之保障規定之必要。」

⑮ 經濟部 66.8.29 商字第 25392 號。

⑯ 最高法院 81 年臺上字第 1453 號判例。

⑰ 經濟部 63.5.10 商字第 11890 號。

⑱ 參閱經濟部 63.5.10 商字第 11890 號：「經理人與公司間係屬委任關係，並不以登記為生效之要件。依據本法第十二條規定，應登記事項而不登記者，亦僅不得以其事項對抗第三人，而非不生效力，已甚顯明。是戶籍機關職業記載不以

㈢**遵守法令、章程及決議之義務**　公司經理人執行其職務時，應遵守法令、章程之規定（公三四）；並不得變更股東或執行業務股東之決定，或股東會或董事會之決議，或逾越其規定之權限（公三三）。

㈣**為公司計算之義務**　經理人與公司間基於委任關係，有為公司下列計算之義務：

　1.經理人應將委任事務進行之狀況，報告公司，委任關係終止時，應明確報告其顛末（民五四〇）。經理人為報告得造具營業報告書及財務報表（商會六六I）。

　2.經理人因處理委任事務，所收取之金錢、物品及孳息，應交付於公司（民五四一I）。經理人以自己之名義，為公司取得之權利，應移轉於公司（民五四一II）。

　3.經理人為自己之利益，使用應交付於公司之金錢或使用應為公司利益而使用之金錢者，應自使用之日起，支付利息，如有損害，並應賠償（民五四二）。

㈤**公開發行股票公司之經理人須申報持有股份數額並公告之義務**　依證券交易法規定，公開發行股票之公司於登記後，應即將其董事、監察人、經理人及持有股份超過股份總額百分之十之股東所持有之本公司股票種類及股數，向主管機關申報並公告之（證交二五I）。經理人應於每月五日以前將上月份股數變動之情形，向公司申報；公司應於每月十五日以前，彙總向主管機關申報，必要時主管機關得命令其公告之（證交二五II）。上述股票經設定質權者，出質人應即通知公司；公司應於其質權設定後五日內，將其出質情形，向主管機關申報並公告之（證交二五IV）。藉以保護公司股東與利害關係人。此僅適用於股份有限公司而已。至於無限公司、

主管機關登記文件為憑，即採此一原則。本法第三十二條係屬防止競業之規定，經理人無論登記與否，既經公司委任，此種競業之情形即已存在，自為法所不許。本案中公司申請經理人登記，所附經理人戶籍謄本職業欄記載兼任乙公司業務經理，雖乙公司業務經理並無登記，仍應附送公司法第三十二條規定之同意書。」

有限公司及兩合公司並無股份可言，故無可適用。

七、經理人之責任

㈠**對公司之責任** 經理人應忠實執行業務並盡善良管理人之注意義務，倘違反之，致公司受損害者，負損害賠償責任（公八II、二三I）。經理人因違反法令、章程之規定，或變更董事或執行業務股東之決定或股東會或董事會之決議，或逾越其規定之權限，致公司受損害時，對於公司負賠償之責（公三四、三三）。此項賠償之責任，不論出於善意或惡意，均應負責，藉以保護公司之利益。如違反競業禁止之義務者，公司得請求因其行為所得利益，作為損害賠償（民五六三I）。惟此項請求權，自公司知悉時起，經過二個月或自行為時起，經過一年不行使而消滅（民五六三II）。

㈡**對於第三人之責任** 公司之經理人在執行職務範圍內，亦為公司負責人（公八II）。對業務之執行，如有違反法令，致第三人受有損害時，自應與公司負連帶賠償之責任（公二三）。公司於賠償後，對經理人有求償權（公三四）。

八、經理人之登記

公司經理人之委任、解任，應於到職或離職後十五日內，將下列事項，向主管機關申請登記（公登九）：

㈠經理人之姓名、住所或居所、身分證統一編號或其他經政府核發之身分證明文件字號。

㈡經理人到職或離職年、月、日。按經理人之委任、解任，依本法第二十九條規定，應先獲得股東或董事會過半數之同意，但同意時間與實際到職或離職時間每有相當距離，自應以到職或離職時間為準，以符實際。

九、經理人有無勞動基準法之適用

適用勞動基準法的公司，與其委任的經理間，是否適用勞動基準法之規定，對此實務見解不一，茲分述於下❶79：

㈠**肯定說** 認為應適用勞動基準法之規定。其理由：

1.公司負責人對經理就事務之處理，具有使用從屬與指揮命令之性質，

---

❶79 曾淑瑜著《公司法實例研習》（2003年3月）第79至80頁。

有勞雇之相對性。

2.勞動基準法第二條第一款所謂勞工，稱受雇主「僱用」從事工作獲致工資者，並非對僱傭契約之受僱人以供給勞務本身為目的。

3.勞動基準法第二條第六款規定勞雇間之契約為勞動契約，並未以僱傭契約為限。

4.勞動基準法係規定勞務條件之最低標準，於民法有關委任之規定，亦無任何衝突，故公司經理人屬勞動基準法所規定之勞工，應適用勞動基準法之規定。

㈡**否定說**　認為不適用勞動基準法之規定。蓋勞動基準法所規定的勞動契約，是指當事人之一方，在從屬於他方的關係下，提供職業上的勞動力，而由他方給付報酬的契約，與委任契約之受僱人，以處理一定目的之事務，具有獨立的裁量權者有別（八三年臺上字第七二號判決），故依公司法「委任」之經理、總經理不屬勞動基準法所稱的勞工，故其退休及其他勞動條件等權利義務事項，由其與事業單位自行約定❿。

㈢**折衷說**　公司負責人對經理，就事務的處理，若具有使用從屬與指揮命令之性質，且經理實際參與生產業務，即屬於勞動契約的範疇，該經理與公司間，即有勞動基準法的適用。反之，則否。因此，經理與公司間有無勞動基準法的適用，應視具體狀況認定之❿。

上述三說，以折衷說較為妥當合理。

第十節　公司及主管機關之公告

一、公司之公告

公司之公告應登載於新聞紙或新聞電子報（公二八 I）。前項情形，中央主管機關得建置或指定網站供公司公告（公二八 II）。前二項規定，公開發行股票之公司，證券主管機關另有規定者，從其規定（公二八 III）。依本

---

❿　行政院勞工委員會 80.5.30 臺(80)勞動一字第 12352 號函。

❿　司法院 83.6.16 (83)院臺廳民一字第 11005 號函復臺灣高等法院。

法規定，公司應公告之情形，例如第七十三條第二項有關無限公司為合併決議後，應即向各債權人分別通知及公告；第二百八十一條有關股份有限公司減資應向債權人公告；第一百零七條第一項有關有限公司變更組織應向債權人公告；第一百七十二條之一第二項有關受理股東提案之公告；第一百九十二條之一第二項有關股份有限公司應於股東會召開前之停止股票過戶日前，公告受理董事候選人提名之期間等事項；第二百十六條之一有關受理監察人候選人提名之公告等，均應依本條規定辦理❿。本法對一般公司與公開發行股票公司作不同之規定，在降低一般公司資訊揭露之成本，俾作彈性之處理。公告與登記不符者，以何者為準，本法並未規定，參酌商業登記法第十九條第二項之規定，應以登記為準。

二、主管機關之公告

主管機關依法應送達於公司之公文書，得以電子方式為之（公二八之一 I）。主管機關依法應送達於公司之公文書無從送達者，改向代表公司之負責人送達之；仍無從送達者，得以公告代之（公二八之一 II）。電子方式送達之實施辦法，由中央主管機關定之（公二八之一 III）。

所謂公司之公告，如募集公司債（公二五二）、發行新股（公二七三 II）、合併（公七三）、重整（公三〇〇 III、三一九）、解散清算人、催告債權人及報明債權（公八八、三二七）等之公告是。再者，在有限公司、股份有限公司，關於公司公告之方法，不是公司章程絕對必要記載事項（公一〇一、一二九）。倘公司特公告列為章程必要記載事項，若有違反本法第二十八條或章程規定時，則不生公告之效力。其效果應視公告事項在本法各該規定如何而定，如股東會召集公告，違反上述規定時，則股東可依本法第一八九條規定，自決議之日起三十日內訴請法院撤銷其決議。

---

❿ 民國 107 年 7 月 6 日立法院通過修正條文說明。

第十一節 公司之合併

第一、公司合併之意義及其立法理由

公司合併之意義為何？我國公司法並未規定，惟依企業併購法規定，係指依企業併購法或其他法律規定參與之公司全部消滅，由新成立之公司概括承受消滅公司之全部權利義務；或參與之其中一公司存續，由存續公司概括承受消滅公司之全部權利義務，並以存續或新設公司之股份、或其他公司之股份、現金或其他財產作為對價之行為（企併四 3）。然則，企業併購法所稱公司，係指依公司法設立之股份有限公司（企併四 1）。至於本法所稱公司除股份有限公司外，尚有有限公司、無限公司及兩合公司。因此本法所稱公司之合併者，指兩個或兩個以上之公司，訂立合併契約，依本法之法定程序，免經清算歸併成為一個公司之法律行為，而消滅公司之權利義務，概括由合併後存續或另立之公司承受者屬之。其性質屬於團體法上之契約行為。因合併之當事人為公司本身，而非公司之股東，故非屬於公司組織者，不得合併❽。蓋現代之企業競爭劇烈，唯有擴大經營，增強生產效率，節省營業費用，俾降低成本，避免市場競爭，因而有企業集中，合併經營之趨勢，例如卡特爾 (Cartel)、托辣斯 (Trust) 等之組織。按公司合併其優點，無須經由解散、清算等程序，而使財產及股東關係，概括的移轉於存續或新設之公司，手續比較簡便。同時公司之營業及其他法律關係，不致停頓，而遭受不利。反而更為強大，弊少利多，為企業所樂於採用。我國為鼓勵公司之合併，對於金融機構之合併，於民國八十九年十二月十三日總統令公布「金融機構合併法」（以下簡稱金併），並於民國九十一年二月六日總統令公布「企業併購法」。「企業併購法」為本法之特別法，因此對股份有限公司之合併，除本法有規定外，如「企業併購法」亦有規定，應優先適用「企業併購法」。其次金融機構合併，依金融機構合併

---

❽ 參閱經濟部 61.5.24 商字第 1414 號令。

法辦理（金併二 I）。非屬公司組織金融機構之合併，除依金融機構合併法規定外，並準用企業併購法有關股份有限公司合併之規定（金併二 II）。惟漫無限制之合併，則易生獨占壟斷之情況，而影響社會經濟，致違反公平競爭，對公司合併作適當之限制。因此我國亦早在民國八十年公布實施公平交易法，並分別於八十八年、八十九年、九十一年、九十九年及一〇〇年修正公布實施。本書於總則篇中，述及公司之合併通論，至於有關股份有限公司之特有者，即股東會對於合併之決議應有代表已發行股份總數三分之二以上股東之出席，以出席股東表決權過半數之同意行之（公三一六 I）。公開發行股票之公司，出席股東之股份總數不足前項定額者，得以有代表已發行股份總數過半數股東之出席，出席股東表決權三分之二以上之同意行之（公三一六 II）。前二項出席股東股份總數及表決權數，章程有較高之規定者，從其規定（公三一六 III）。特別決議通過後，不同意合併之股東有請求收買股份權（公三一七），於股份有限公司章中再詳述之。

第二、合併之方式

公司合併必須有兩個或兩個以上之公司，否則無所謂合併。其合併方式如下：

一、創設合併 (Merger)

又稱為新設合併。凡有兩個或兩個以上之公司合併後，其原有公司均消滅，而另成立新公司之謂❿。

二、吸收合併 (Consolidation)

又稱併吞合併或存續合併。凡一個以上公司合併入他公司，合併後僅一個公司存續，其餘公司均消滅之謂❿。

---

❿ Williams A. Ruther: *Corporations*, p. 150 (1976).

❿ Williams A. Ruther, op. cit. supra, p. 150; 及最高法院 71 年臺上字第 3907 號判決：「法人合併於另一法人，而另一法人仍然存續者，學者謂之吸收合併，被吸收之法人因合併而消滅，其合併前之權利義務，應由合併後存續之法人包括的承受之（公司法第七十五條參照）。此與法人因合併以外之事由而解散須經

　　我國公司法對於公司合併，僅於無限公司（公七二、七三、七四）與股份有限公司（公三一六、三一六之一、三一六之二、三一七之一、三一七之二、三一八、三一九）設有詳細規定。至於他種公司，則準用之（公一一三、一一五、三一九），故不論何種公司，均可採上列之合併方式。

第三、公司合併之程序

一、股東同意或股東會之決議

　　公司之合併，應先經股東之決議，其決議方法，在無限公司、兩合公司及有限公司，應得全體股東之同意（公七二、一一三、一一五）。在股份有限公司，應經股東會特別決議（公三一六），即股東會對於公司解散、合併或分割之決議，應有代表已發行股份總數三分之二以上股東之出席，以出席股東表決權過半數之同意行之（公三一六Ⅰ）。公開發行股票之公司，出席股東之股份總數不足前項定額者，得以有代表已發行股份總數過半數股東之出席，出席股東表決權三分之二以上之同意行之（公三一六Ⅱ）。前二項出席股東股份總數及表決權數，章程有較高之規定者，從其規定（公三一六Ⅲ）。又控制公司持有從屬公司百分之九十以上已發行股份者，得經控制公司及從屬公司之董事會以董事三分之二以上出席，及出席董事過半數之決議，與其從屬公司合併。其合併之決議，不適用第三一六條第一項至第三項有關股東會決議之規定（公三一六之二Ⅰ）。

二、訂立合併契約

　　公司之合併，應由兩個以上之公司間訂立合併契約。各公司應以自己之股東所決議之合併條件，為訂立合併契約之基礎。倘公司負責人未依前述一、股東同意或股東會之決議，而先行訂立公司合併契約時，該合併契約須以全體股東或股東會之合併決議通過，為合併契約之停止條件，並於該停止條件成就而生效。如決議之內容與契約內容不同，決議仍能有效成立，但須由當事公司再協議，修改合併契約。

　　　清算程序之情形有間，不生清算法人之問題。合作社法第二條規定合作社為法人，當然有上開法則之適用。」

三、編造資產負債表及財產目錄

公司決議合併時，凡欲參與合併之公司，均應即編造資產負債表及財產目錄（公七三Ⅰ、一一三、一一五、三一九），俾明瞭各公司合併時之財務狀況，以利合併之進行。

四、對債權人之通知或公告，並作保護措施

公司決議合併時，應即編造資產負債表及財產目錄。公司為合併之決議後，應即向各債權人分別通知及公告，並指定三十日以上期限，聲明債權人得於期限內提出異議，否則視為承認（公七三、一一三、一一五、三一九）。當今資訊發達，交通便利，為利合併時程之簡化，故債權人聲明異議之期限不宜過長。公司負責人違反上述規定而與其他公司合併時，如有損害債權人者，自應依法負民事責任；另資產負債表或財產目錄，為虛偽之記載者，依刑法規定處罰。公司不為本法第七十三條之通知或公告，或對於在指定期限內提出異議之債權人不為清償，或不提出相當擔保者，不得以其合併對抗債權人（公七四、一一三、一一五）。公司負責人違反之，而與其他公司合併時，如有損害債權人者，自應依法負民事責任。

其次，股份有限公司特別程序之規定，請閱股份有限公司章中關於公司合併之規定，於此不再述及。

五、申請為合併之登記

公司為合併時，應於實行後十五日內，向主管機關分別依下列各款申請登記。但經目的事業主管機關核准應於合併基準日核准合併登記者，不在此限（公登五）：

㈠存續之公司，為變更之登記。

㈡消滅之公司，為解散之登記。

㈢另立之公司，為設立之登記。

所謂實行，是指完成合併程序之行為而言。

第四、公司種類不同是否可合併

一、公司合併之立法例

公司種類不同，是否可以合併？對於此，我國公司法並無明文規定，然在各國立法上有二種不同之主義，茲分述於下❶：

(一)**公司種類不加限制主義**　即種類不同的公司，可以隨意合併，不受限制。

(二)**公司種類限制主義**　種類不同的公司，是否可以合併，公司法訂有明文加以限制之。

二、我國公司法之規定

我國公司法對於合併之公司，及合併後存續或另立之公司，於公司法第三一六條之一第一項規定，股份有限公司相互間合併，或股份有限公司與有限公司合併者，其存續或新設公司以股份有限公司為限。至於有限公司與無限公司、兩合公司是否得合併，合併後之公司是否有所限制，學者見解不一。茲分述於下：

(一)採肯定說者，認為我國公司法既未將合併之規定設於總則，而僅分列於各該公司章中，則可知本法上不獨限於同種類公司始得合併，且合併後之公司仍須為同種類公司始可。學者鄭玉波氏即主張此說❶。

(二)採否定說者，認為公司不受種類及性質相同之限制，可隨意合併。

結語：按公司法之合併，不須經過清算程序，因此若以不同種類或性質之公司相互合併，則將導致複雜的法律關係，極易引起紛爭，並產生不公平的現象，故對於合併之公司及合併後存續或另立之公司，實有加以限制為以同種類或性質相近之公司為必要。所謂同種類者，係指同種類公司例如無限公司相互間、有限公司相互間及兩合公司相互間即是。此類公司合併後，存續或另立公司，亦應限於原該種類之公司。所謂性質相近者，例如以無限責任為主者，在無限公司與兩合公司相互間得為公司之合併，

---

❶　參閱梁宇賢著《公司法實例解說》(87 年版) 第 154 頁。

❶　參閱鄭玉波著《公司法》第 37 頁。

而合併後之存續或另立之公司，亦應以無限公司或兩合公司為限。至於在
有限責任方面，有限公司或股份有限公司相互間得為公司之合併，而合併
後存續或另立之公司，為該種類之公司，固無疑問。惟為加強公司大眾化，
並限制有限公司之設立，故有限公司與股份有限公司相互間之合併，其存
續或另立之公司，本法明文規定應以股份有限公司為限（公三一六之一 I）。
又有限公司與有限公司相互間之合併為有限公司外，基於公司大眾化之理
由，亦應解釋得合併為股份有限公司為妥。

第五、公司合併之效力

一、公司之消滅

創設合併時，則合併前之公司，不經清算程序而全歸消滅。吸收合併
時，則除一個公司存續外，其餘之公司不經清算程序，其公司法人之人格
均歸消滅；故本法規定合併為公司解散事由之一種（公七一 I 5、一一三、
一一五、三一五 I 5），但卻異於通常之解散。蓋通常之解散，須辦理清算，
俟清算完結，公司法人之人格始消滅。

二、公司之變更或新生

在吸收合併而存續之公司，其章程自應隨之而變更。在新設合併時，
則新公司因之而產生。至於因合併而消滅之公司，其股東當然加入新設或
存續之公司，此異於收買他公司之全部營業而不收納其股東之合併。

三、權利義務之概括承受

因合併而消滅之公司，其權利義務，應由合併後存續或另立之公司承
受（公七五）。此乃指合併適法而言，倘合併未成立，其權利義務，自無移
轉之理 ⑱。

概括承受在性質上與自然人之繼承同論 ⑲。惟權利之移轉，乃應依法

---

⑱ 參閱大理院 5 年上字第 5 號判決：「因合併而消滅之公司，其權利義務雖應歸
合併後存續或另立之公司承受。但法律所許其承受者，自指前公司已經適法合
併而消滅者而言，若其合併且非適法，則其合併未成立，其權利義務自無移轉
之理。」

定程序辦理，例如消滅公司所有不動產所有權之移轉，乃應作成書面，並經登記，其移轉行為，方為有效（民七五八）。

第六、公司合併與其他法律關係

請詳閱本書本論第五章「股份有限公司」第十節第二、股份有限公司之合併；四、合併之效果㈢給予租稅優惠及虧損扣除所述。

第十二節　公司之變更組織

第一、公司變更組織之意義及立法理由

公司變更組織者，乃公司經全體股東之同意，不中斷其法人之資格，而變更其章程及股東所負之責任，成為他類法定形態公司之行為。例如有限公司變為股份有限公司、兩合公司變為無限公司。

按現行公司法第七十一條規定觀之，並未將公司變更組織列為公司解散之事由。因此公司變更組織原不構成解散，自毋庸辦理清算，俾免除清算程序之繁雜手續，及重新設立之麻煩。是故公司變更組織乃簡化程序，僅辦理變更登記即可，使瀕臨解散之公司，經由變更組織而存續。因之企業家就其實際情況，配合國家經濟建設之政策及社會環境，對公司之組織作適度之調整，以應社會之需要，實有利國計民生。

第二、公司變更組織之要件

茲將公司變更組織之要件，分述如下：

一、須經一定比例股東之同意

公司組織變更，對股東利益及公司業務影響甚鉅，故須一定比例股東

---

⑱　參閱司法院 30 年院字第 221 號解釋：「甲乙兩公司均因合併而消滅，丙公司係因合併而另立之公司，原屬甲公司之商標專用權始依本條移轉於丙公司，關於商標法第十八條第三款之適用，應與自然人之繼承同。」

之同意（公七六之一、一〇六Ⅲ、一二六Ⅳ）。

二、不中斷法人之資格

在法人人格繼續之情況下，變更組織而成為他公司。

三、限於變為本法他種法定形態之公司

所謂法定形態，即變為本法所規定四種公司組織形態之一，而與原公司不同種類。由於公司種類變更，其組織亦隨之變更，股東所負之責任，亦因而變更。

四、以變更章程為必要

依本法第二條第二項之規定，公司之名稱，應標明其種類。惟公司名稱，又為公司章程絕對必要記載事項（公四一Ⅰ、一〇一Ⅰ、一一六、一二九）。因此，變更組織當然變更章程。本法明定無限公司股東不足法定最低人數，經加入新股東繼續經營，變更其組織為兩合公司者（公七一），或無限公司以一部分股東改為有限責任，或加入有限責任股東，變更組織為兩合公司（公七六）。無限公司得經股東三分之二以上同意變更章程，將其組織變更為有限公司或股份有限公司，不同意之股東得以書面向公司聲明退股（公七六之一）；有限公司得經股東表決權過半數同意變更其組織為股份有限公司（公一〇六Ⅲ）；兩合公司得經三分之二以上之同意變更章程，將其組織變更為有限公司或股份有限公司（公一二六Ⅳ），前項情形，不同意股東得以書面向公司聲明退股（公一二六Ⅴ）。

五、應分別向債權人通知及公告

（一）**無限公司或兩合公司之變更組織**　無限公司或兩合公司為變更組織之決議後，應即編造資產負債表及財產目錄（公七七、七三Ⅰ、一一五），向各債權人分別通知及公告，並指定三十日以上之期限，聲明債權人得於期限內提出異議。公司不為前述之通知及公告，或對於在指定期限內提出異議之債權人不為清償，或不提供相當之擔保者，不得以其組織變更對抗債權人（公七七、七三Ⅱ、七四、一一五）。

（二）**有限公司變更組織為股份有限公司**　有限公司變更組織為股份有限公司時，股東對公司之責任並不因變更組織而有所不同，故有限公司為

變更組織之決議後，應即向各債權人分別通知及公告（公一○七 I），即足矣。

六、辦理變更登記

公司之變更組織，依本法第二十四條規定：「解散之公司除因合併、分割或破產而解散外，應行清算。」之反面觀之，不必經清算程序，殊無疑問。惟變更組織應否解散？就法理而言，公司變更組織之目的，在省去清算、解散及再設立之麻煩，自無解散之必要。公司有下列情事完成後十五日內，向主管機關申請為變更之登記。但經目的事業主管機關核准應於特定日期登記者，不在此限。無限、兩合及有限公司：章程訂立。股份有限公司：代表公司之負責人就任（公登二）。申請本法各項登記之期限，應檢附之文件與書表及其他相關事項之辦法，由中央主管機關定之（公三八七 I）。代表公司之負責人或外國公司在中華民國境內之負責人不依第一項所訂辦法規定之申請期限辦理登記者，除由中央主管機關令其限期改正外，處新臺幣一萬元以上五萬元以下罰鍰；屆期未改正者，繼續令其限期改正，並按次處新臺幣二萬元以上十萬元以下罰鍰，至改正為止（公三八七 V）。

再者，本法第七十七條規定：「公司依前二條變更組織時，準用第七十三條至第七十五條之規定。」觀之，並非準用有關合併之規定。因此公司變更組織，不必準用合併規定之解散登記，而僅以變更組織之登記即可❿

第三、公司變更組織之類別

所謂公司之變更組織，依本法之規定，任何公司均可變為其他任何公司，不以股東所負責任相同之公司，始可互變。茲將本法規定公司之變更組織，述之如下：

一、無限公司變為其他公司

其情形有三，茲分述於下：

㈠公司得經全體股東之同意，以一部分股東改為有限責任或另加入有限責任股東，變更其組織為兩合公司（公七六 I）。

❿　民國 69 年本法第 107 條修正理由。

㈡股東經變動而不足無限公司最低人數二人時，得加入有限責任之新股東繼續經營而變更為兩合公司（公七六II準公七一III）。

㈢公司得經股東三分之二以上同意變更章程，將其組織變更為有限公司或股份有限公司（公七六之一I）。前項情形，不同意之股東得以書面聲明退股（公七六之一II）。

二、兩合公司變為無限公司

兩合公司變為無限公司之情形，依本法第一二六條第二項及第三項之規定，可分二種，茲述之於下：

㈠有限責任股東全體退股時，無限責任股東在二人以上者，得以一致之同意變更其組織為無限公司（公一二六II）。

㈡無限責任股東與有限責任股東，以全體之同意，變更其組織為無限公司（公一二六III）。

三、有限公司變為股份有限公司

有限公司因增加資本，得經股東表決權過半數同意，變更其組織為股份有限公司（公一〇六III）。因此有限公司之股東僅有法人股東一人時，可變更組織為股份有限公司，以符政府或法人股東一人即可成立股份有限公司（公二I4）。如屬自然人，須有二人以上之股東（公二I4）經全體股東之同意，變更組織為股份有限公司。

依現行公司法之規定及立法意旨言，在加強公司大眾化，故股份有限公司不得變更組織為有限公司。其實在法理上，有限公司股東人數少，組織單純，適合中小企業。至股份有限公司股東人數眾多，組織複雜，適合於大企業，倘股份有限公司許變更組織為有限公司，則形同鼓勵人民違法，以人頭股東充之，產生閉鎖性之股份有限公司，扭曲股份有限公司之基本原理，實非允當 ⓭。

至於股份有限公司重整改組，應訂明於重整計畫（公三〇四I6），改組為何種公司，法無限制，故公司改組之重整計畫，經關係人會議可決，並經法院裁定認可，則可變更為任何種類之公司。

⓭ 參閱梁宇賢著《公司法實例解說》（87年版）第170頁。

第四、公司變更組織之效力

一、公司法人人格存續不受影響

公司法人之人格不中斷，繼續存在不受影響，無權利義務概括承受之事宜，變更組織前公司之權利或義務，由變更組織後之公司繼續享受或負擔之[192]。

二、改變公司組織形態

由原有公司之組織形態變更為他種法定形態之公司，請詳閱「第三、公司變更組織之類別」。倘無限公司以一部股東改為有限責任或另加入有限責任股東而變更組織為兩合公司（公七六Ⅰ）時，或公司得經股東三分之二以上同意變更章程，將其組織變更為有限公司或股分有限公司（公七六之一Ⅱ）則該股東對於公司在變更組織前公司之債務，於公司變更登記後二年內，仍負連帶無限責任（公七八），俾保護債權人之利益。至於其他種類之變更組織，則對債權人權利並無不利。

第十三節　公司之解散

第一、公司解散之意義

公司解散者，乃指已成立之公司，因章程或法律規定之事由發生，致公司之法人人格消滅之程序。公司之解散，非公司法人人格之消滅，乃為公司法人人格消滅之原因。其人格在清算中繼續存在，俾使清算人就公司之對內對外關係加以處理，至清算完結，法人人格始歸消滅。學者有認為解散為公司法人人格之消滅，並非確論。

---

[192] 司法院大法官會議釋字第 167 號：「有限公司依公司法規定變更其組織為股份有限公司，其法人人格之存續不受影響，就該公司不動產權利變更為股份有限公司之名義時，無契稅條例第二條第一項之適用，依租稅法律主義，自不應課徵契稅。但非依法變更組織者，其不動產權利之移轉，不在此限。」

第二、解散後存續公司之法律性質

解散後存續之公司，通常稱為「清算中之公司」，其法律性質，約有四說，茲分述於下❶：

一、人格消滅說

謂公司因解散而失其人格，公司之財產應歸股東所有。舊日德法學者主張之。此說實際上恐不能達到清算之目的，故近時各國學者及立法例，均不採之。

二、清算公司說

謂解散之公司，係以清算為目的之公司，然公司既因解散而變為清算公司，則清算公司，似亦可變更其目的，而復為以前之公司，此說似與解散為消滅原因之法理不合。

三、擬制說

謂公司雖因解散而失其人格，但因法律之擬制，於清算目的之範圍，仍視為存在。此說以清算公司，亦即存續公司之同一公司，顯與現行法律不符。

四、視為存續說

謂公司雖經解散，其法人人格至清算終結以前，視為繼續存在。

上述四說，以四、視為存續說為通說。學者及判例多採之。我國公司法亦採此說。此觀之本法第二十四條規定：「解散之公司除因合併、分割或破產而解散外，應行清算。」及第二十五條規定：「解散之公司，於清算範圍內，視為尚未解散。」即可得知。

第三、公司解散之事由

公司解散之事由，可分為一、任意解散事由；二、法定解散事由；三、裁令解散事由。茲分述如下：

---

❶ 最高法院 85 年臺上字第 2255 號判決。

一、任意解散事由

乃基於公司之意思而解散。此又可分為㈠章程所定事由發生而解散（公七一Ⅰ1）及㈡股東會特別決議或股東全體同意而解散兩種。茲詳述如下：

㈠**章程所定事由發生而解散**　例如公司章程定有公司存續期限者，則於期限屆滿，即予解散，或附以解除條件者，則於解除條件成就時，即予解散（公四一Ⅰ10、一〇一Ⅰ8、一一五、三一五Ⅰ1）。惟無限公司得經全體或一部分股東之同意繼續經營，但應變更公司之章程；其不同意者，視為退股（公七一Ⅰ、Ⅱ、四七）。有限公司變更章程、合併及解散，應經股東表決權三分之二以上之同意（公一一三Ⅰ）。除前項規定外，公司變更章程、合併、解散及清算準用無限公司之規定（公一一三Ⅱ）。再者，股份有限公司得經股東會變更章程後，繼續經營（公三一五Ⅱ）。

㈡**股東會特別決議或股東全體同意而解散**　股份有限公司應經股東會代表已發行股份總數三分之二以上股東之出席，以出席股東表決權過半數之同意行之（公三一六Ⅰ）。公開發行股票之公司，出席股東之股份總數不足前項定額者，得以有代表已發行股份總數過半數股東之出席，出席股東表決權三分之二以上之同意行之（公三一六Ⅱ）。前二項出席股東股份總數及表決權數，章程有較高之規定者，從其規定（公三一六Ⅲ）。至於無限公司及兩合公司應經股東三分之二以上同意（公七一Ⅰ3、七五）。有限公司變更章程、合併、解散，應經股東表決權三分之二以上同意（公一一三Ⅰ）。

二、法定解散事由

基於本法或其他法律規定公司解散之事由而解散者，此可分為五種情形。茲分述如下：

㈠**公司所營事業已成就或不能成就者**　公司所營事業已成就者，公司之目的已達成，自應解散（公七一Ⅰ2、三一五Ⅰ2）。倘所營事業因客觀之變化不能成就者，此可分為法律上不能與事實上不能。前者如私人鐵路公司收歸國有；後者如所經營之礦業公司，因地震礦山陷落等。至於所謂不能，是指絕對不能抑兼及相對不能，尚無定論。惟多數學者為求法律關係確定，均主張限於絕對不能。

(二)**股東所餘人數不足法定人數者** 無限公司或兩合公司，其股東變動不足法定最低人數而僅餘一人者；在兩合公司無限責任股東之全體退股者、或兩合公司有限責任股東之全體退股者，或有限公司之股東不滿一人者，或在股份有限公司之記名股票之股東不滿二人，但政府或法人股東一人者，不在此限等，均應解散（公七一Ⅰ4、一一三、一一五、一二六Ⅰ前、三一五Ⅰ4）。

(三)**公司與他公司合併者** 此乃本法第二十四條之規定，請詳閱本章第十一節「公司之合併」，茲不贅述。

(四)**公司被消滅分割** 此乃本法第二十四條之規定，指被分割公司於分割後，其法人人格因分割而解散（公三一五Ⅰ6）。請詳閱本章第十二節「公司之分割」，茲不贅述。

(五)**破產** 公司被宣告破產，則不能繼續經營其事業，自應解散（公二四）。惟股東之破產，僅為該股東退股原因之一而已，對公司不生影響（公六六Ⅰ3）。縱令兩合公司之無限責任股東破產亦然（公一一五）。

三、裁定解散事由

基於法院之裁判確定而解散者，此事由可分為二種，乃屬各種公司共通之事由，茲述之於下：

(一)**公司應收之股款有虛偽情事，經法院判決有罪確定後，由中央主管機關撤銷或廢止登記。但判決確定前，已為補正者，不在此限** 此之撤銷或廢止登記，係指設立登記之撤銷或廢止而言。其情形如下：

　　1.公司應收之股款，股東並未實際繳納，而以申請文件表明收足，或股東雖已繳納而於登記後將股款發還股東，或任由股東收回者，公司負責人各處五年以下有期徒刑、拘役或科或併科新臺幣五十萬元以上二百五十萬元以下罰金（公九Ⅰ）。

　　2.有前項情事時，公司負責人應與各該股東連帶賠償公司或第三人因此所受之損害（公九Ⅱ）。

　　3.第一項裁判確定後，由檢察機關通知中央主管機關撤銷或廢止其登記。但裁判確定前，已為補正或經主管機關限期補正已補正者，不在此限

（公九III）。

　　4.公司負責人、代理人、受僱人或其他從業人員以犯刑法偽造文書印文罪章之罪辦理設立或其他登記，經法院判決有罪確定後，由中央主管機關依職權或依利害關係人之申請撤銷或廢止其登記（公九IV）。

　　公司之設立登記一經撤銷或廢止，則公司自然隨之而解散，故撤銷或廢止登記為公司解散之原因。

　　㈡**公司之經營，有顯著困難或重大損害，經法院裁定解散**　依本法規定，公司之經營，有顯著之困難或重大損害時，法院得依股東之聲請，於徵詢主管機關及目的事業中央主管機關意見，並通知公司提出答辯後，裁定解散（公一一I）。前述聲請，在股份有限公司，應有繼續六個月以上持有已發行股份總數百分之十以上股份之股東提出之（公一一II）。由上觀之，其要件如下：

　　1.**公司經營須有顯著困難或重大損害**　公司因股東意見不合無法繼續營業，而其餘股東又不同意解散時，股東得聲請法院裁定解散。所謂「有顯著困難」，是指公司於設立登記後，開始營業，在經營中有業務不能開展的原因，如再繼續經營，必導致不能彌補之虧損的情形而言。

　　2.**須經股東之聲請**　若股東未聲請，則法院不得依職權裁定公司解散。

　　此之股東聲請，在股份有限公司須繼續六個月以上持有已發行股份總數百分之十以上股份的股東始得提出聲請（公一一II），俾免少數股東，利用本條妨害公司之正常經營，圖利個人。惟其他種類的公司無此人數及出資多寡之限制，任何股東縱僅一人，亦得聲請。

　　3.**本法所定由法院處理之公司事件，由本公司所在地之法院管轄**（非訟一七一）。因此股東應以書面向本公司所在地的法院聲請　俾便利法院之審理。

　　4.**選派檢查人**　公司裁定解散事件，有限責任股東聲請法院准其檢查公司帳目、業務及財產事件，股東聲請法院准其退股及選派檢查人事件，其聲請應以書面為之（非訟一七二I）。上述之裁定應附理由（非訟一七二III）。檢查人之報告，應以書面為之（非訟一七三I）。法院就檢查事項認為

必要時，得訊問檢查人（非訟一七三II）。檢查人之報酬，由公司負擔；其金額由法院徵詢董事及監察人意見後酌定之（非訟一七四）。對於法院選派或解任公司清算人、檢查人之裁定，不得聲明不服。但法院依公司法第二四五條第一項規定選派檢查人之裁定，不在此限（非訟一七五I）。前項但書之裁定，抗告中應停止執行（非訟一七五II）。第一項事件之聲請為有理由時，程序費用由公司負擔（非訟一七五III）。

5.**法院應徵詢主管機關及目的事業中央主管機關的意見** 上述機關，對公司有監督權，對公司業務自較法院熟悉，可供法院正確判斷之參考。法院裁定前，應訊問利害關係人（非訟一七二II）。

6.**應通知公司提出答辯** 為保護公司之權益，須通知公司提出答辯，以防止股東濫行聲請。

7.**法院須以裁定為之** 法院根據上述要件，加以裁量，認為公司之經營，有顯著困難或重大損害時，得裁定解散公司。否則，應駁回股東之聲請。

四、主管機關依職權命令解散

公司有下列情事之一者，主管機關得依職權，或利害關係人之申請，命令解散之（公一○）：

1.公司設立登記後滿六個月，尚未開始營業者。但已辦妥延展登記者，不在此限。

2.開始營業後自行停止營業六個月以上者。但已辦妥停業登記者，不在此限。至於勒令停業並非自行停業，故無本款之適用❾❹。

3.公司名稱經法院判決確定不得使用，公司於判決確定後六個月內尚未辦妥名稱變更登記，並經主管機關令其限期辦理仍未辦妥。

4.未於第七條第一項所定期限內，檢送經會計師查核簽證之文件者。但於主管機關命令解散前已檢送者，不在此限。

關於公司是否辦理營利事業登記，屬於營業稅法所規範，不宜於本法規定之。

上述之命令解散，係指對本公司而言，分公司無命令解散的適用❾❺。

---

❾❹ 經濟部 56.3.7 商字第 05300 號。

又公司經主管機關命令解散者，毋須再經股東會決議解散❶❾❻。命令解散後不當然發生解散登記的效力，仍應向主管機關申請解散登記❶❾❼。

第四、公司之解散登記

依公司登記辦法第五條第一項規定：「本法所規定之各項登記事項及其應檢附之文件、書表，詳如附表一至附表七。」代表公司之負責人或外國公司在中華民國境內之負責人不依第一項所定辦法之申請期限辦理登記者，除由主管機關責令限期改正外，處新臺幣一萬元以上五萬元以下罰鍰；期滿未改正者，繼續責令限期改正，並按次連續處新臺幣二萬元以上十萬元以下罰鍰，至改正為止（公三八七Ⅶ）。公司之解散，不向主管機關申請解散登記者，主管機關得依職權或據利害關係人申請，廢止其登記（公三九七Ⅰ）。主管機關對於前項之廢止，除命令解散或裁定解散外，應定三十日之期間，催告公司負責人聲明異議，逾期不為聲明或聲明理由不充分者，即廢止其登記（公三九七Ⅱ），此乃兼顧維護公司之權益所致。

第五、公司解散之效力

一、應行清算得暫時經營業務

清算者，為公司解散後，處分財產以了結法律關係之方法。關於解散之公司，除因合併、分割或破產而解散外，應行清算（公二四）。因此清算公司與未解散前之公司互為一體，故在未解散前所存在之法律關係，原則上不因解散而有所變更，對於未解散前公司所可適用之法律規定，在不違反清算目的之範圍，當然可以適用於清算公司。因此，清算公司在清算時期中得為了結現務，及便利清算之目的，得暫時經營業務（公二六）。因此解散登記後股東會的職權限於清算的範圍，且准予辦理改派監察人登記❶❾❽。

---

❶❾❺　經濟部 86.12.4 商字第 225244 號。

❶❾❻　經濟部 56.12.4 商字第 34028 號。

❶❾❼　經濟部 66.3.21 商字第 07029 號。

❶❾❽　經濟部 68.5.17 商字第 13713 號。

二、更易公司負責人

公司解散後清算中，清算人在公司清算程序取代原執行業務股東或董事之地位，而為公司之負責人。清算人有代表公司在清算範圍內，為訴訟上及訴訟外一切行為之權[199]。法人清算完結之登記，由清算人以書面聲報之（非訟一七九、一八○）。

三、清算中視為尚未解散，人格仍未消滅

本法規定，解散之公司，於清算範圍內，視為尚未解散（公二五）。換言之，其法人人格並未即時消滅，必須俟清算完結，其法人之人格始行消滅。又公司經主管機關撤銷登記後，仍須進行清算，於清算中，為處理債權債務及公司財產，以了結與第三人間之權利義務關係，其法人人格於清算必要範圍內，仍視為存續，並得辦理不動產過戶登記；須俟清算完結其公司人格始歸消滅[200]。因此法院准予公司清算完結備查時，應通知經濟部，俾利瞭解公司之人格是否消滅及維護公司登記資料之正確性[201]。

四、清算程序中，由法院監督

公司之一般監督由主管機關為之，而公司解散後之清算監督，則由法院為之（公八三、三三五），故法院得隨時為監督上必要之檢查及處分（公八七IV）。此之法院，係由本公司所在地之法院管轄（非訟一七一）。

五、公司合併、分割或破產而解散，不須依本法規定清算之

本法規定，解散之公司，除因合併、分割或破產而解散外，應行清算（公二四）。從反面解釋，公司合併、分割或破產而解散，不須依本法規定而清算，其法人人格即歸消滅。蓋公司合併或分割之結果，權利義務概括承受，故只有結算而無清算。又，公司如因破產而解散者，則不經本法清算程序，因此其人格即時消滅。惟解散之公司經破產調協者，其人格可否繼續存在，見解不一。論者有謂破產調協之目的，即在避免以分配方式終結破產程序。因此破產調協計畫，如係以公司繼續經營為內容，經法院認

---

[199] 最高法院 81 年第二次民事庭會議決議。

[200] 參閱經濟部 80.1.10 商字第 225320 號。

[201] 經濟部 91.8.29 經商字第 09102190470 號。

可成立，應認為公司法人人格可繼續存在。否則在公司破產將使調協成立之機會減少。惟我國實務上 **⑳**，認為公司破產當然解散者，不因調協認可而回復存在。查公司解散後，其權利能力原應消滅，僅在清算範圍內，視為存續，其權利能力受到限制。法人因解散而組織已不復存在，事實上已無從恢復其權利能力，此與自然人之情形不同。就法人之權利能力性質言，法人一經解散，除清算事項外，其權利能力已告消滅。雖經調協確定，亦僅發生終結破產程序之效力，並不因此回復破產前之原狀，即不能認其得恢復權利能力，使已消滅之公司復活。再者，公司設立登記之撤銷，係因其自始不當，雖與本法一般之解散有別，但此事實上存在之公司，在未撤銷登記前，已與第三人為交易行為，其與第三人之權利義務關係必須了結，如不經清算程序，則有害交易安全，將無法保護善意第三人，故在其性質許可範圍內，應類推適用公司之清算程序辦理。

六、解散後之責任

　　無限公司及兩合公司之無限責任股東，其連帶無限責任，自解散登記後五年而消滅（公九六、一一五）。

第六、公司解散之防止

　　公司之解散，對股東、債權人及公司之員工影響甚鉅。若產生連鎖骨牌效應，則危及國計民生，故如何避免公司步上解散之途，殊為重要。茲述之於下：

---

⑳　參閱經濟部 56.11.24 商字第 32864 號：「按公司宣告破產而當然解散後，其法人人格即歸消滅，雖然於破產程序中進行調協，經法院裁定確定認可，亦僅生終結破產程序之效力，並不因此回復破產前之原狀，故公司因破產而當然解散者，不能因調協認可而回復存在，其已消滅之人格亦不因而復活。如調協計畫之履行屬於清算範圍者，依公司法（舊）第三十一條規定『解散之公司於清算範圍內視為尚未解散』其對外關係得為權利義務之主體，自可仍由公司履行之。唯公司之增資改組，不能認為在清算範圍內，從而關於公司增資改組事項，不能視為公司尚未解散，自不得就該已解散之公司復增資改組，而申請變更登記。」及最高法院 60 年臺上字第 3635 號判決。

一、辦妥延展或停業登記

公司設立登記後六個月尚未開始營業者，主管機關得依職權或利害關係人之申請，命令解散。但已辦妥延展登記者，不在此限（公一○1）。又開始營業後自行停止營業六個月以上者，主管機關得依職權或利害關係人之申請，命令解散。但已辦妥停業登記者，不在此限（公一○2）。

二、變更章程之解散事由

公司因章程所定解散事由須解散時，在無限公司或兩合公司，得經全體或一部股東之同意，繼續經營，不同意之股東，視為退股（公七一II、IV、一一五）；在有限公司得經全體股東之同意，變更章程（公一一三）；在股份有限公司得經股東會特別決議變更章程後，繼續經營，無須解散（公一一、三一五II前）。

三、經股東或股東會同意繼續經營

公司因所營事業已成就或不能成就而解散時，在無限公司或兩合公司，得經全體或一部股東之同意繼續經營，不同意之股東，視為退股。在有限公司得經全體股東之同意，變更章程，繼續經營（公一一五準公七一I2、II、IV、一一三）。至於股份有限公司本法未設規定，實有缺漏，宜增訂之。惟類推適用上述規定，得經股東會之特別決議，繼續經營❷⁰³。

四、股東不足法定最低人數得增加股東

在無限公司、有限公司及兩合公司，股東不足法定最低人數時，得加入新股東，經全體股東同意，變更章程繼續經營（公七一I4、III、IV、四七、一一三II、一一五、一二六I但）。在股份有限公司於有記名股票而非法人或政府之股東不滿二人而須解散時，得增加有記名股東繼續經營（公三一五I4、II後）。

五、公司之變更組織

詳閱本論第一章第十二節所述。

六、公司重整

詳閱本論第五章第九節所述。

---

❷⁰³ 柯芳枝著《公司法論》（91 年版）第 73 頁。

第二章 無限公司

第一節 無限公司之概述

第一、無限公司之意義

無限公司者，乃二人以上之股東所組織，對公司債務負連帶無限清償責任之公司（公二 I）。茲將其意義，分述如下：

一、無限公司乃營利之社團法人

何謂營利之社團法人，詳閱前章第一節所述，茲不再贅述。

二、無限公司須有二人以上之股東所組織

無限公司之股東，至少應有二人以上，故股東僅一人時，公司即因之而解散（公七一 I 4）。至於股東人數之最高額，本法並未限制，僅規定其中半數，應在國內有住所（公四○ I）。又無限公司之股東須為自然人，公司不得為之（公一三 I 前）。自然人，不限於成年人，縱未成年人，亦得充任之。惟於設立登記時，股東為限制行為能力人，應加送法定代理人同意書一份（無限公司登記應附送書表一覽表備註3）。本法對股東之國籍，未作限制，縱為外國人，仍得為中華民國公司之股東。

三、無限公司股東，對公司之債務應負無限責任

公司資產不足清償公司之債務時，各股東對公司債權人應負無限責任，此係無限公司之特徵。所謂「無限責任」，即不以出資額為限，亦不以特定財產為限，各股東對公司之債務，須負完全清償之責任。此責任必須以公司債務之存在為前提，倘公司無債務時，股東自不必負責。因此股東對公司之債務，就公司債權人而言，僅居於從債務人之地位而負責任，公司得

抗辯債權人之事由，股東均得主張之。股東之無限清償責任，自公司解散登記後，滿五年始歸消滅（公九六）。

四、無限公司全體股東應負連帶責任

所謂「連帶」者，係指股東與股東間而言，並非公司與股東間之連帶。公司之各股東就公司之債務，對於公司之債權人各負全部給付之責任（民二七二），而公司之債權人，如遇公司之資產不足清償其債務時，債權人得對於股東之一人或數人或全體，同時或先後請求全部或一部之清償，在連帶債務未全部履行前，全體債務人仍負連帶責任（民二七三）。例如股東有甲乙二人，公司不足清償之債務總額為新臺幣二百萬元，則公司債權人丙，均可向甲乙二人全體，或僅向甲，或僅向乙，請求清償全額二百萬元或低於二百萬元之金額。股東之連帶責任，自公司解散登記後，滿五年始歸消滅（公九六）。

第二、無限公司之沿革

無限公司起源於中世紀義大利都市之家族團體，即商人之繼承人有數人時，共同繼承被繼承人之商業組織團體，各繼承人對該商業負無限責任。中世紀後期，漸次推行於歐洲各國，一六七三年法國路易十四頒行商事條例 (Ordonrance Sur le Commerce)，該條例上有普通公司 (Société générale) 之規定，是為無限公司在成文法上取得地位之嚆矢。法國學者 Pothier 認為無限公司全體股東得各以姓名，列入於商號之上。迨一八〇七年法國制定商法法典，改稱為合名公司 (Société en nom Collectif)，此一用語，遂為歐洲大陸各國，如比利時、瑞士、義大利、西班牙等國之商法群起仿效。日本則直譯為合名會社，德國則特稱為開明公司 (Offene Handelsgesells-chaft)，以表示該公司股東姓名公開之意❶。此制度初行於親族之間，漸及於親族之外。降及近代，遂成為無限公司之組織，故今日之無限公司尚帶

---

❶ 參閱梅仲協著《商事法要義》(50 年) 第 119 頁；張國鍵著《商事法論》(66 年) 第 37 頁；劉甲一著《公司法要論》(66 年) 第 71 頁；鄭玉波著《公司法》(66 年) 第 43 頁及林咏榮著《商事法新詮》(65 年) 第 62 頁。

有家族之意味。我國在清光緒二十九年十二月公布之公司律,規定有合資公司一種。其股東負無限責任,與各國之無限公司相當。民國三年公布公司條例改稱為無限公司。民國十八年公布之公司法,一仍舊稱,現行公司法從之。

第三、無限公司之優劣

無限公司有其優點,亦有其缺點。茲分述如下:

一、無限公司之優點

㈠**組織簡便** 無限公司之最低人數為二人,故僅有二人以上至親好友或志同道合者,即可組成。

㈡**經營努力** 組織成員多為至親好友,關係密切,業務共同執行,損益均分,故通常股東努力經營業務。

㈢**資勞合作** 無限公司除金錢為出資外,並得以勞務或其他權利為出資,則可使資本與勞力或其他權利互相調劑,雙方合作,彼此相互為用。

㈣**信用良好** 無限公司之股東,均負連帶無限清償之責任,故其信用良好。

㈤**一般人樂與交易** 無限公司信用良好,債權人易受保障,故一般人樂與無限公司交易。

二、無限公司之缺點

㈠**股東責任過重** 無限公司股東既負無限連帶之責任,若公司虧損,影響股東個人財產,故股東之責任過重。

㈡**籌設不易** 無限公司為人合公司,責任甚重,非至親好友者,不願結合,股東不易得,故籌設無限公司頗為不易。

㈢**出資轉讓困難** 無限公司以股東之信用為基礎,因而股東出資之轉讓,依法須經其他全體股東之同意(公五五),故出資轉讓困難。

㈣**未具才能者亦得執行業務** 無限公司之經營以企業所有與企業經營合而為一為原則,有資本而無經營才能者,亦能參與公司業務之執行,故阻礙公司經營之效率。

第四、無限公司與民法上合夥之不同

一、設立行為性質之不同

無限公司設立行為屬於共同行為，必須以書面訂立章程，而民法上合夥屬於契約行為，不以書面訂立章程為必要。

二、組織依據之不同

無限公司依公司法組織而成，為營利之社團法人，具有人格，得為權利義務之主體；合夥乃依民法上合夥之規定而成，非法人並無獨立之人格，故其權利義務之主體者，為全體合夥人，在訴訟法上視為非法人團體。

三、登記之不同

無限公司必須依公司法為設立登記。合夥依商業登記法為創設登記。

四、能力限制之不同

公司之資金，除有法定情形外不得貸與股東或任何他人（公一五 I）。公司除依其他法律或公司章程規定得為保證者外，不得為任何保證人（公一六 I），無限公司之股東有投資及競業禁止之限制（公五四）；民法上之合夥，則無明文規定。

五、財產歸屬之不同

無限公司之股東得以勞務或其他權利為出資（公四三）。出資之後，即屬於公司所有，為公司之財產，非股東全體之公同共有；合夥人之出資，得為金錢或他物或以勞務代之（民六六七）。合夥財產為合夥人全體之公同共有。

六、經理人資格之限制

無限公司之經理人，有消極資格之限制（公三〇）；民法上之合夥則無此規定。

七、損益分配之不同

無限公司之章程，應記載虧損分派之比例或標準（公四一 I 6）。各股東有以現金以外之財產為出資者，其種類、數量、價格或估價之標準，亦應記載於章程（公四一 I 5）。民法上合夥之分配，損益之成數，未經約定

者，按照各合夥人出資額之比例定之。僅就利益或僅就損失所定之分配成數，視為損益共通之分配成數。以勞務為出資之合夥人，除契約另有訂定外，不受損失之分配（民六七七）。無限公司非彌補虧損後，不得分派盈餘。公司負責人違反者，各處一年以下有期徒刑、拘役或科或併科新臺幣六萬元以下罰金（公六三）。民法上合夥，則無此規定。

八、聲請破產之不同

　　無限公司之財產不足清償其債務時，清算人應即聲請宣告破產（公八九Ⅰ）。民法上之合夥財產不足清償合夥之債務時，各合夥人對於不足之額，連帶負其責任（民六八二），並無聲請破產之規定。

第二節　無限公司之設立

第一、設立之方式

　　無限公司之設立，以發起設立為限，不得為募集設立。

第二、設立之程序

一、訂立章程

　　設立無限公司須先訂立章程。章程乃股東共同之合約，股東應以全體之同意，訂立章程，簽名或蓋章，置於本公司，並每人各執一份（公四〇Ⅱ）。其章程應記載之事項，可分為絕對法定必要記載事項、相對法定必要記載事項與任意記載事項等三種。茲分述之於下：

　　(一)**絕對法定必要記載事項**　此為章程要素，缺一記載於章程，則其章程全部無效。茲將本法第四十一條所規定絕對法定必要記載事項，分述如下：

　　1.**公司名稱（公四一Ⅰ1）**　公司章程，首須記載公司名稱外，其次並應標明無限公司之字樣（公二）。公司名稱以某股東之姓名代表，亦無不可。

　　2.**所營事業（公四一Ⅰ2）**　公司經營目的事業之範圍，須具體載明，

不得僅以工業、商業或加工業等字樣概括之。

3.**股東姓名、住所或居所（公四一Ⅰ3）** 股東之姓名須用本名（姓名條例三）。其住所包括法定住所。倘僅住所漏列時，解釋上不影響章程之效力。蓋股東住所可從股東姓名查明之，並可以居所代替之。

4.**資本總額及股東出資額（公四一Ⅰ4）** 無限公司股東其責任雖為無限，但出資額不必彼此相等。惟其總和為該公司之資本總額。

5.**盈餘及虧損分派比例或標準（公四一Ⅰ6）** 盈餘及虧損之分派，以出資多寡之比例或另定標準，均在章程中載明之。

6.**本公司所在地（公四Ⅰ7前）** 即總公司之處所，須載明所在地之行政區域及其街巷門牌。

7.**訂立章程之年月日（公四一Ⅰ11）** 此乃為法律行為成立之時期，自應記載，以為日後之依據。例如依「公司之登記及認許辦法」第三條規定，無限公司應於章程訂立後十五日內，向主管機關申請為設立之登記。因此即以此作為對公司負責人逾期申請登記之標準。

(二)**相對法定必要記載事項** 即章程之常素。本法雖有明文規定，惟有無記載悉聽自由。縱未記載，亦不影響章程之效力。一經記載於章程，即有法律上之效力。茲將相對法定必要記載事項，分述於下：

1.**各股東有以現金以外之財產為出資者，其種類、數量、價值或估價之標準（公四一Ⅰ5）** 所謂現金以外之財產，可分為二：(1)在有形財產方面，如土地、房屋、機器、貨物等是。(2)在無形財產方面，如勞務、專利權、商標權等是。股東以勞務為出資者，應於章程內載明估價標準。換言之，即應以股東全體之同意訂定，而載明於章程❷，以免未來發生爭執。倘法律、契約或章程中未定有標準者，自應予以估定❸。

---

❷ 司法院 35 年院解字第 3229 號解釋：「無限公司股東有以信用為出資者，其估價之標準依本法（舊）第三十二條第二項、第三十三條第一項第五款應以股東全體之同意訂定而載明於章程。」

❸ 司法院 36 年院解字第 3547 號解釋：「院字第二六八九號解釋所謂其他之物指金錢以外之動產或不動產而言，至以勞務或信用充資本時其計算方法法律或契

2.**分公司所在地** 公司設有分公司者,其分公司及其所在地,均應記載於章程內(公四一Ⅰ7後)。

3.**定有代表公司之股東者,其姓名(公四一Ⅰ8)** 無限公司得以章程特定代表公司之股東,其未經特定者,各股東均得代表公司(公五六)。其經特定者,須將其姓名記載於章程。無限公司各股東,均有執行業務之權利與義務。但得由章程中訂定股東中之一人或數人執行業務者(公四五Ⅰ),其執行業務股東之姓名,自應記載於章程(公四一Ⅰ9)。

4.**定有解散事由者,其事由(公四一Ⅰ10)** 公司預定有解散事由者,例如工程完成之解散,或訂定經營年限屆滿之解散等,均應載於章程。

㈢**任意記載事項** 即章程之偶素。除上述法定必要記載事項外,其他如不違反法律所強制禁止規定之事項,或不違背公序良俗者,經股東全體之同意,均得記載於章程,此之謂任意記載事項。例如公司之存續期限(公六五Ⅰ),或退股事由(公六六Ⅰ),均得記載於章程內。任意事項一經記載於章程,即生效力。倘予以變更,亦須履行變更章程之程序,方為合法。

代表公司之股東,不備置章程於本公司者,處新臺幣一萬元以上五萬元以下罰鍰。連續拒不備置者,並按次連續處新臺幣二萬元以上十萬元以下罰鍰(公四一Ⅱ)。公司負責人所備章程有虛偽之記載時,依刑法有關規定處罰,俾維護社會交易安全,保障公司之信用。

二、繳納股款

股東之出資,如以信用或勞務出資者,固不發生繳納股款情事。如以現金或其他財產為出資者,於章程訂立後,即應繳納股款或移交財產。我國公司法對於無限公司股東繳納股款一項,並無強制規定,故繳納股款祇須不違反公司法令及全體股東決議即可,得以一次繳納或分期繳納。詳閱後述本章第三節「第二、股東出資」。

三、聲請登記

申請本法(含無限公司)各項登記之期限、應檢附之文件與書表及其他相關事項之辦法,由中央主管機關定之(公三八七Ⅰ)。前項登記之申請,
約定有標準者從其所定,其未定有標準者自應予以估定。」

得以電子方式為之;其實施辦法,由中央主管機關定之(公三八七Ⅱ)。前二項之申請,得委任代理人,代理人以會計師、律師為限(公三八七Ⅲ)。代表公司之負責人或外國公司在中華民國境內之負責人申請登記,違反依第一項所定辦法規定之申請期限者,處新臺幣一萬元以上五萬元以下罰鍰(公三八七Ⅳ)。代表公司之負責人或外國公司在中華民國境內之負責人不依第一項所定辦法規定之申請期限辦理登記者,除由主管機關令其限期改正外,處新臺幣一萬元以上五萬元以下罰鍰;屆期未改正者,繼續令其限期改正,並按次處新臺幣二萬元以上十萬元以下罰鍰,至改正為止(公三八七Ⅴ)。公司申請設立登記之資本額,應先經會計師依公司登記資本額查核辦法之規定查核簽證(公七Ⅰ前)。

第三、設立之無效與撤銷或廢止

一、設立無效

公司之設立行為,乃屬法律行為。本法無明文規定設立行為之無效。依民法之規定及外國法例,茲將無限公司設立之無效,述之於下:

㈠**設立無效之原因** 通常學者❹將設立無效之原因,分為主觀原因及客觀原因。茲分述於下:

1. **主觀原因** 即意思無效者而言,乃設立人中有設立之意思欠缺者。依民法第一一一條規定法律行為一部無效全部皆無效之原則,故公司之設立無效。雖然我民法第一一一條但書規定:「但除去該部分亦可成立者,則其他部分,仍為有效。」鑑於無限公司之設立,影響社會甚鉅,故應從嚴

---

❹ 梅仲協著《商事法要義》(50年)第122頁:「就設立行為以觀察,設立之無效,有由於主觀原因者,有由于客觀原因者。所謂主觀原因,即意思之無效是。設立行為人中,即使僅有一人,欠缺設立之意思者,則依法律行為之一部無效,全部皆為無效之原則(民法第一一一條),足使設立行為之本身,罹于無效之結果。唯在心中保留之情形(民法第八六條),並不影響于設立之效力也。所謂客觀原因,即表示之無效是。例如章程中,欠缺絕對必要事項之記載,或記載之事項,係屬違法,或有背無限公司之本質者。」

解釋，不得準用民法第一一一條但書之規定。關於主觀原因之情形有下列數端：

⑴無行為能力人及無意識或精神錯亂之人，所為設立行為無效　依民法第七十五條規定：「無行為能力人之意思表示，無效。雖非無行為能力人，而其意思表示係在無意識或精神錯亂中所為者，亦同。」適用於無限公司之設立人，有此情形而為設立行為之意思表示者，其設立無效。俾保護無行為能力人及無意識或精神錯亂之人，並維護社會交易之安全。

⑵限制行為能力人所為之設立行為，未經法定代理人同意者無效　依民法第七十八條規定：「限制行為能力人未得法定代理人之允許，所為之單獨行為，無效。」及民法第七十九條規定：「限制行為能力人未得法定代理人之允許，所訂立之契約，須經法定代理人之承認，始生效力。」因設立行為，既非單獨行為，亦非契約行為，而是共同行為，在法理上並無當然適用。惟舊本法第四○六條第二項規定：「股東中有未成年者，應附送法定代理人同意證明書。」該條雖已刪除，但本法未禁止限制行為能力人為無限公司之股東。因此限制行為能力人之設立行為，經法定代理人之同意者有效，倘未經法定代理人同意者無效。按無限公司之股東，有執行業務之權利及義務。倘以限制行為能力人為無限公司之股東，則其一切行為均須該法定代理人之同意，實有窒礙難行之嫌。同時，無限公司之股東，須負連帶無限責任。以此責任加諸於未成年人，未免過苛，故本法未明文規定限制行為能力人不得為無限公司之股東，實有欠當。

⑶通謀而為虛偽意思表示之設立者，其設立無效　依民法第八十七條第一項前段規定：「表意人與相對人通謀而為虛偽意思表示者，其意思表示無效。」學者❺有主張因共同行為無相對人，無法與之為通謀之虛偽表示，故民法第八十七條第一項之規定，不適用於無限公司。但亦有學者❻主張共同行為之各表意人，雖非互為相對人，但因有二人以上，亦得通謀而為虛偽之共同行為。為維護社會交易安全，從嚴禁止無限公司之虛設，本書

❺　田中誠二著《社會法研究》（昭和 34 年）第 399 頁。

❻　洪遜欣著《中國民法總則》第 275 頁及第 371 頁。

從後者,認為通謀而為虛偽意思表示之設立者,其設立無效。至於真意保留之情形,不影響設立之效力。蓋民法第八十六條但書所規定,真意保留「為相對人所明知者,不在此限」。設立行為為共同行為,在性質上無相對人之行為可言。

 2. **客觀原因** 即表示無效者而言。乃以設立人中有設立之表示欠缺或記載事項違背公序良俗或強制禁止規定,致公司設立無效也。茲分述如下:

 ⑴章程欠缺絕對必要記載事項者 依公司法第四十一條規定,章程應記載絕對必要事項。倘欠缺記載時,章程無效,則設立行為亦歸於無效。

 ⑵違反強制禁止規定之設立行為無效 依民法第七十一條規定:「法律行為違反強制或禁止之規定者,無效。但其規定並不以之為無效者,不在此限。」當然適用於公司法。

 ⑶違背公序良俗之設立行為無效 依民法第七十二條規定 :「法律行為,有背於公共秩序或善良風俗者,無效。」亦當然適用於公司法,毫無疑義。

 ㈡**設立無效之效果** 指公司於登記後,即為成立(公六),故在公司設立登記前主張公司設立無效時,因該公司自始不存在,曾與該公司交易之善意第三人不能請求其履行義務,僅得依民法第一一〇條規定對於代表該公司之負責人,請求其履行無權代理人之責任,同時任何人❼得依民法之原則提起確認無效之訴,請求裁判確定公司之設立無效。至於公司設立登記後,主張無效者,因公司設立無效之訴為形成之訴。形成之訴以法有明文規定,或有法理可循者始得提起,故依民事訴訟法之觀點言之,本法既無明文規定得提起此項訴訟,而僅於本法第九條規定撤銷登記,故應解為不得提起設立無效之訴,而以訴請撤銷登記代之。

---

❼ 陳顧遠著《商事法(中冊)》(57 年)第 83 頁及鄭玉波著《公司法》(66 年)第 48 頁,均認為任何人得依民法之原則主張設立無效;惟張國鍵著《商事法論》(66 年)第 43 頁認為利害關係人始得提起。劉甲一著《公司法要論》(66 年)第 78 頁對於設立無效,不分設立登記之前後,主張任何人均得提起。本書從陳顧遠及鄭玉波之主張。

二、設立之撤銷或廢止

㈠撤銷或廢止之原因

1.公司設立登記後，如發現公司應收之股款，股東並未實際繳納，而以申請文件表明收足，或股東雖已繳納而於登記後將股款發還股東，或任由股東收回者，公司負責人各處五年以下有期徒刑、拘役或科或併科新臺幣五十萬元以上二百五十萬元以下罰金（公九 I）。上述刑事經法院判決有罪確定後由中央主管機關撤銷或廢止其登記。但判決確定前，已為補正者，不在此限（公九III）。至於公司之負責人、代理人、受僱人或其他從業人員以犯刑法偽造文書印文罪章之罪辦理設立登記或其他登記，經法院判決有罪確定後，由中央主管機關依職權或利害關係人之申請撤銷或廢止其登記（公九IV）。

2.設立行為之意思表示，由於錯誤（民八八）、誤傳（民八九）、被詐欺或被脅迫（民九二），本法雖無明文規定，然就法理言，自可適用民法之規定，經該表意人以意思表示撤銷之，非必經法院之判決。至於我民法第二四四條所規定之詐害行為之撤銷，於設立行為有詐害債權人之事實，為設立人所明知時，是否可適用於無限公司之設立行為，學者間見解紛歧 ❽。惟我國公司法雖無明文規定，然就法理言，自可適用民法第二四四條規定：「債務人所為之無償行為，有害及債權者，債權人得聲請法院撤銷之。」及同條第二項規定：「債務人所為之有償行為，於行為時明知有損害於債權

---

❽　梅仲協著《商事法要義》（50 年）第 123 頁所述：「依吾現行民法第二四四條第二項之規定，詐害行為之撤銷，是否亦可使設立行為，同罹于撤銷之效果，學者間見解紛歧。或謂公司之設立行為與股東之出資約定，應有區別，此際僅出資之約定可為撤銷。或謂出資義務所由發生之設立行為，固不得撤銷，但其履行出資之行為，則可得撤銷。按出資義務，原由設立行為之本身而發生，兩者實不能有所區別。抑設立行為，既不能撤銷，則公司仍必享有出資請求權，是債權人之撤銷權，依然不能達其目的。至若僅認履行行為可以撤銷，而其原因行為既屬不能撤銷，則債權人之撤銷權，亦仍不能達到目的。愚以為詐害行為，可否撤銷，應視詐害債權人之事實，是否為受益之公司所明知以為斷，如設立人知其情形者則即為公司所明知，應認為可得撤銷。」

人之權利者，以受益人於受益時亦知其情事者為限，債權人得聲請法院撤銷之。」觀之，而訴請法院撤銷之。日本商法第一四一條更明文規定：「股東明知有害於其債權人，而為公司之設立時，債權人得對於該股東及公司提起訴訟，請求撤銷公司之設立。」其規定與我民法第二四四條之意旨相同。

(二)**撤銷或廢止之效果**　依民法第一一四條第一項規定，法律行為經撤銷者，視為自始無效，即其效力溯及既往。惟多數學者認為為保護交易之安全，無限公司設立登記後經撤銷者，以不生溯及效力為宜，且應準用解散之情形，經過解散而為清算。本書從陳顧遠氏主張❾，認為無限公司經撤銷其設立行為後，當視其為合夥組織，適用合夥之清算程序。此種見解既不違反民法關於撤銷之原則，而公司之債權人等又不因設立撤銷而受影響，乃兩全其美之辦法。倘若不適合以撤銷為之者，依本法第九條之規定，亦得由中央主管機關廢止其登記。所謂廢止者，即自廢止時起無效，並無溯及既往之效力。

第三節　無限公司之內部關係

第一、概　說

無限公司之法律關係，可分為內部關係與外部關係。所謂內部關係，係公司與股東及股東相互間之關係而言。關於內部關係適用法律之準則，各國立法例之規定如下：

一、商法為主，章程為輔

倘章程與商法相違背時，則適用商法之規定，如法國是。

二、章程為主，商法為輔

公司之內部關係，悉聽當事人之契約而定，如德國是。

三、法律明定補充章程及商法之不足，如日本。

---

❾　陳顧遠著《商事法（中冊）》(57 年) 第 84 頁。

上述三種立法例，以第三種為優。蓋其以法律補充私約之不逮，而非以法律限制章程之事項，則符合保護公司股東之權利，又合於契約自由之原則。惟我國公司法第四十二條規定：「公司之內部關係，除法律有規定者外，得以章程定之。」係採前述第一種立法例。

第二、股東出資

一、股東出資之意義

　　股東出資者，乃股東為達到其營利之目的，對於公司所為之一定給付。凡無限公司之股東均負有出資之義務，此種義務為法律所規定，不得以公司章程免除之。至於出資義務之範圍，應依章程之規定為限，除非變更章程，修改出資範圍，否則不另負其他出資之義務。股東出資義務，如經催繳，仍不履行時，公司除得依民法上債務不履行之規定辦理外，並依本法第六十七條第一項第一款予以除名。

二、股東出資之種類

　　本法第四十三條規定：「股東得以勞務或其他權利為出資，但須依照第四十一條第一項第五款之規定辦理。」故出資依其給付物之不同，可分為下列三種：

　　㈠**財產出資**　乃指以現金及其他財產為標的之出資。所謂其他財產，包括動產、不動產、物權、債權及無體財產權。因此有價證券、商標權、特許權、專利權及著作權等均屬之。各股東有以現金以外之財產為出資者，其種類、數量、價格或估價之標準，均應記載於章程（公四一Ⅰ5）。至於本法第四十三條中所謂「其他權利」一語，應解為指財產權而言，屬於財產出資之一種。以現金或動產出資者，須履行交付行為。以不動產所有權出資者，應為移轉之登記。以無體財產權或權利出資者，應交付證券或權利讓與書。惟股東以債權抵作股本時，應通知債務人。同時其債權到期不得受清償者，應由該股東補繳，如公司因之受有損害，並應負賠償之責（公四四）。

　　㈡**勞務出資**　指股東以精神上、身體上之勞務，提供於公司之謂。此

之勞務，不以普通勞力為限，具有特殊之經驗或專門技術之出資亦屬之。例如菜館之烹飪技術、西服店之裁縫技術、營造廠之建築技術、醫院之醫療技術、運輸公司之駕駛技術等。勞務出資，須由章程訂立，且載明估價之標準（公四三、四一Ⅰ5）。至於人力股（勞務出資），原為執行業務之酬報，與出資股不同，除有特別約定外，至其人死亡或不能執行業務之時，自得由全體股東決議，予以停止❿。

其次，「信用」界定不易，迄今公司之登記，並無以信用為出資者，所以現行公司法對於無限公司之出資刪除信用之出資⓫。

第三、執行業務

一、執行業務之概念

執行業務者，乃處理公司之業務。其行為包括法律行為及事實行為。前者如訂立契約；後者如指揮受僱人。關於無限公司之股東執行業務之立法例，約可分為二種，茲述之於下：

㈠**德國立法例** 以股東之執行業務，屬於公司內部關係，而代表公司，屬於公司之外部關係。

㈡**法國立法例** 執行業務包括代表公司在內。即代表公司為執行業務方法之一。英、美兩國從之。

我國採德國立法例，在公司法內將執行業務與代表公司分別規定，前者於本法第二章第二節以「公司之內部關係」稱之；後者於本法第二章第三節以「公司之對外關係」稱之，兩者範疇不同。蓋執行業務如涉及對外關係，固屬代表公司。惟執行業務，如純屬於內部關係，則與代表公司無涉，故無限公司之股東有業務之執行權者，不必具有公司之代表權。

二、執行業務之機關與方法

㈠**執行業務之機關** 無限公司之各股東，均有執行業務之權利，而負其義務。但章程中訂定由股東中之一人或數人執行業務者，從其訂定（公

---

❿ 最高法院 15 年上字第 1478 號判例。

⓫ 民國 107 年 7 月 6 日立法院通過修正條文。

四五 I）。

　　㈡**執行業務之方法**　執行業務之股東如有數人或全體執行業務時，關於業務之執行，取決於過半數之同意（公四六 I），以免糾紛。惟對於通常業務，多屬例外，為爭取時效，免於麻煩，執行業務之股東，各得單獨執行，但其餘執行業務之股東，有一人提出異議時，應即停止執行（公四六 II），以免發生差錯。此時如仍欲執行，須取決於執行業務股東過半數之同意，再執行之。

三、執行業務股東之權利與義務

　　㈠**執行業務股東之權利**

　　1.**報酬請求權**　執行業務之股東，非有特約，不得向公司請求報酬（公四九）。蓋執行業務多為股東之權利，亦為其義務，故以不領報酬為原則，除非有特約外，僅將來分配盈餘而已。所謂「特約」，乃指全體股東同意特別約定，可在章程內規定，亦可另外簽訂契約或簽立同意書。

　　2.**償還墊款請求權**　股東因執行業務所代墊之款項，得向公司請求償還，並支付墊款之利息（公五○ I 前）。

　　3.**債務擔保請求權**　股東因執行業務負擔債務，而其債務尚未到期者，得請求公司提供相當之擔保（公五○ I 後），以減輕負擔。

　　4.**損害賠償請求權**　股東因執行業務，受有損害，如其損害非由於自己之過失所致者，得向公司請求賠償（公五○ II）。

　　㈡**執行業務股東之義務**

　　1.**出資之義務**　詳閱前述「第二、股東出資」。

　　2.**遵守法令規章之義務**　股東執行業務時，應依照法令、章程及股東之決定。違反上述規定，致公司受有損害者，對於公司應負賠償之責（公五二）。倘非因處理公司業務所欠債務，其他股東不負責❷。

───────────────

❷　參閱大理院 4 年上字第 168 號判決：「就股東與股東內部關係而言，眾股東對於共同股東之一人，用公司名義所欠之債務，是否負分償之責，應以其所欠之債是否因經理公司業務所生為前提，若股東中之一人顯背忠實之義務，即應欠缺妥慎處理業務之注意，而為自己或其私人利益起見，使公司為無益之擔負者，

　　3.**代收款項交還之義務**　股東代收公司款項，不於相當期間照繳，或挪用公司款項者，應加算利息，一併償還。如公司受有損害，並應賠償（公五三），以免公司受損。至於股東之行為是否構成「侵占」或「竊盜」，屬司法機關認事用之範疇。

　　4.**競業不作為之業務**　詳閱下列「五、競業行為之禁止」。

　　5.**報告之義務**　執行業務之股東，應將執行業務之情形，隨時向公司報告。

　　6.**不得隨意辭職之義務**　公司章程訂明專由股東中之一人或數人執行業務時，該股東不得無故辭職，他股東亦不得無故使其退職（公五一），以免公司業務停滯。

　　7.**不得隨意轉讓出資之義務**　詳閱後述「六、出資之轉讓與設質」。

四、不執行業務股東之權利及義務

　　㈠**不執行業務股東之權利**　不執行業務之股東，得隨時向執行業務之股東質詢公司營業情形，查詢財產文件、帳簿、表冊（公四八），學者稱之為監視權或監察權。蓋無限公司不執行業務之股東，乃應負連帶責任。公司之盈虧，利害攸關，故本法賦予此項權利，以資保護。此項監察權係硬性規定，不得以章程或其他任何方法加以限制或剝奪之。至於此項監察權之行使，能否委託律師、會計師行之，本法無明文規定。惟無限公司不執行業務股東之地位，與股份有限公司之監察人類似，故本法第二一八條規定，股份有限公司監察人行使監察權時，得代表公司委託律師、會計師審核之，可以類推適用之。蓋以不執行業務之股東，未必皆具有審核查閱帳簿表冊之知識能力，若不許其委託律師、會計師為其輔助人，顯難達監察之目的。此種監察權，既為不執行業務股東之權利，如被拒絕時，自可提起給付之訴。

　　㈡**不執行業務股東之義務**　可分為四：

　　1.**有出資之義務**　詳閱前述「第二、股東出資」。

眾股東當然不應負責。此項違背義務之處置，無論是否經其他股東個人之同意，斷無可以對抗未經同意之眾股東之理。」

2.**不得為他公司之無限責任股東及合夥事業之合夥人之義務**　其理由與前述第一章第六節「公司之能力」，「第一、權利能力，二、法令上之限制，㈠轉投資之限制」所述相同，茲不復贅。

3.**不得隨意轉讓出資之義務**　詳閱後述「六、出資之轉讓與設質」。

4.**負連帶無限責任❸**。

五、競業行為之禁止

競業行為之禁止者，無限公司股東或依其執行業務，或依其監察公司業務之執行，而知悉公司之機密，倘加以濫用，則易侵害公司之利益，故予以禁止。其與民法第五六二條關於經理人及代辦商之規定理由相同。依本法第五十四條對競業行為之禁止規定分為二類：

㈠股東非經其他股東全體之同意，不得為他公司之無限責任股東，或合夥事業之合夥人（公五四 I）。股東違反者，得經其他全體股東之同意議決除名（公六七 2）。蓋以避免公司受到牽連，其立法理由與前述第一章第六節「公司之能力」，「第一、權利能力，二、法令上之限制，㈠轉投資之限制」所述相同，茲不再贅。

㈡對執行業務之股東，不得為自己或他人為與公司同類營業之行為（公五四II）。此之同類營業者，指營業種類屬於同類，並具有營利行為之性質而言。為保持公司營業上之秘密，避免利益之衝突，倘違反之而為自己或他人為經營公司同類營業之行為者，不影響公司登記之效力❹。但發生三種效果：

1.依一般侵權行為，認為違反保護他人之法律，請求賠償損害責任（民

---

❸　參閱大理院 3 年上字第 106 號判例：「無限責任股東，即令實際上不經理業務，對於外部，仍負連帶無限之責。」

❹　經濟部 59.8.3 商字第 36631 號：「查公司法第五十四條第二項規定執行業務之股東，不得為自己或他人為公司同類營業之行為，倘有違反其他股東得依照同條第三項規定請求將其為自己或他人所為之所得，作為公司之所得，乃法律訓示規定，並非強制禁止之規定，不影響公司或營利事業登記之效力，如無其他不准登記之情形可予以登記。」

一八四II）。

2.屬於對於公司不盡重要之義務者，得經其他股東全體同意議決除名（公六七4）。

3.公司行使歸入權（或稱介入權），即依本法第五十四條第三項規定，執行業務之股東違反競業禁止之規定時，其他股東得以過半數之決議，將其為自己或他人所為之所得，作為公司之所得，但自所得產生後逾一年者，不在此限，俾保護公司利益兼顧交易安全。此一年期間，為權利存續之除斥期間，不適用民法上消滅時效之規定。無限公司行使歸入權後，競業股東負移轉其依競業行為取得之利益於公司之義務。此乃公司之內部關係，不能以歸入權對外對抗第三人。無限公司對競業股東之損害賠償請求權與歸入權，發生請求權之競合時，僅能選擇一種行使之。

六、出資之轉讓與設質

股東非經其他股東全體之同意，不得以自己出資之全部或一部，轉讓於他人（公五五）。蓋無限公司為典型人合公司，以股東之信用為基礎，倘股東可任意轉讓其出資，對公司其他股東及債權人均失保障。然則，股東與受讓人所訂立之出資轉讓契約，雖未經其他全體股東之同意，其契約仍然成立，僅不得以之對抗公司及其他第三人。惟受讓人得依民法上債務不履行之規定，行使其權利。出資之轉讓，可為全部轉讓與一部轉讓。在全部轉讓時，讓與之股東則完全喪失其股東權。因此轉讓登記前，公司之債務，於轉讓登記後二年內，仍負連帶無限責任（公七〇I）。在一部轉讓時，依其轉讓之數額，分割其出資，而讓與其一部。此時讓與股東，僅就其剩餘部分，仍有股東權。因此毋庸適用上述本法第七十條之規定。

再者，依民法第九〇〇條規定：「稱權利質權者，謂以可讓與之債權或其他權利為標的物之質權。」及本法第六十六條第六款規定無限公司之出資，亦得為強制執行之標的觀之，無限公司之股東之出資，應得為質權之標的。仍應作同樣之解釋。因此合夥人以自己之股份為合夥人以外之人設定質權，依民法第九〇二條、第六八三條之規定，須經他合夥人全體之同意❶。是故無限公司之股東以其出資為質權之標的時，因出資之讓與，均

應得其他股東同意觀之，雖得為質權之標的，但依民法第九〇二條之規定：「權利質權之設定，除依本節（權利質權）規定外，應依關於其權利讓與之規定為之。」則其設定質權之初，自亦應先得其他股東全體之同意始可。

七、經理人之任免

無限公司得設經理人，有為管理公司一切行為之權，與公司股東利害關係重大，故經理人之委任、解任，須經全體股東過半數之同意（公二九 I 1）。

八、分派盈餘

盈虧者，盈餘虧損之謂。蓋公司以營利為目的，故公司每屆會計年度終了，應作成營業報告書、財務報表及盈餘分派或虧損撥補之議案，提請股東同意（公二〇 I 前）。在財務報表上，倘公司之財產少於資本額者，即為虧損，多於資本額為盈餘。有所盈餘，應分派於股東，以滿足其加入公司之目的，此為股東之自益權。盈餘之分派，依公司章程之規定，公司非彌補虧損後，不得分派盈餘。公司負責人違反之，各處一年以下有期徒刑、拘役或科或併科新臺幣六萬元以下罰金（公六三）。蓋公司之財產為公司債務之主要擔保，為求資本之充實，防虛偽之分派，以保護債權人之利益，並鞏固公司，倘無限公司歷年皆虧損，縱令本屆營業獲利，亦應儘先彌補以前之虧損，非有淨額，不得分派。違反此限制，而分派盈餘者，其分派無效，利害關係人得請求返還分派。

九、變更之章程

無限公司因全體股東之同意，而訂立公司之章程（公四〇 II 前），故公司變更章程，亦應得全體股東之同意（公四七）。所謂變更，不論為增加或刪減其內容，變更實質抑或修正辭句，均屬之。惟章程變更之範圍，法無限制，應敘明變更事項，申請為變更之登記（公一二）。

⓯　參閱最高法院 22 年上字第 235 號判決。

第四節　無限公司之對外關係

第一、概　說

　　無限公司之對外關係有二：一、為公司與第三人之關係；二、為股東與第三人之關係。前者屬於公司代表關係；後者屬於股東責任關係。二者之關係，影響社會交易及第三人之利益甚鉅，故其規定多屬強行性質，不容股東以章程為相反之規定。代表與代理不同，代表人所為之行為，即為被代表人之行為，而代理人所為之行為，仍為代理人之行為，非被代理人（本人）之行為，不過其效果歸屬於被代理人（本人）（民一〇三）。代表有侵權行為之責任，代理則否。代表者，事實行為及法律行為均可為之。代理者，僅限於法律行為。我國民法及公司法並無關於代表之特別規定，故關於代表情事，應類推適用「代理」之規定。

第二、公司之代表

一、代表機關之代表行為

　　無限公司為法人，其本身不會活動，必賴於自然人為其機關而代表之。依本法第五十六條第一項後段之規定：「各股東均得代表公司。」因此，無限公司之代表權，並非選任而取得，乃附屬於股東之資格。原則上各股東均得單獨代表公司，是為當然代表。依本法第五十六條第一項前段規定：「公司得以章程特定代表公司之股東」，是為例外（公五六Ⅰ前）。此時無代表權之股東，其代表行為之效力，準用表見代理之規定（民一六九）。本法第五十六條第一項前段，並未規定單獨代表，抑共同代表，解釋上自應參酌本法第四十六條之規定處理。惟依本法第五十六條第一項規定，無限公司股東原則上各得對外代表公司，然其代表公司之行為相互衝突時，應如何解決？茲將解決之原則，述之於下❶：

❶　參閱楊建華編《司法官訓練所公司法講義》(67年)。

㈠**法律行為相互衝突時**　本法第五十六條第一項規定，無限公司未以章程特定代表公司之股東時，各股東均得單獨代表公司，故原則上各股東均有單獨代表公司之權。惟公司為法人，有其同一性，僅為單一權利主體。代表人雖有數人，權利主體則為一，故各股東代表公司所為之行為相互衝突時，亦得依自然人所為之法律行為相互衝突時之解決法則，以資解決如下：

1.相衝突之單獨行為，非同時成立，則視其後行為是否能變更前行為之效力，而有不同之效果：

⑴後行為在法律上，足以變更前行為之效力者，則以後行為為有效　例如甲股東在先代表公司與丁訂立某特定房屋價款八百萬元之買賣契約，乙股東在後代表公司與丁訂立同一特定房屋九百萬元價款之買賣契約，則可認為公司與丁間之買賣契約，已同意變更為九百萬元。設乙股東在後代表與丁訂立之契約價款為六百萬元，則可認為已與丁協議將價款減少為六百萬元。

⑵後行為在法律上，不足以變更前行為者，則以前行為為有效　例如甲股東在先代表公司為免除債務之表示，乙股東後來又代表公司就同一債務為抵銷之表示，則因在先之免除的意思表示已發生法律上免除之效果，致債之關係消滅，乙股東已無從代表公司行使抵銷權。

2.相衝突之行為同時成立時，就同一權利主體而言，則其意思表示矛盾，當然不發生法律上之效力。

㈡**訴訟行為相互衝突時**　依照司法院三四年院解字第二九三六號解釋❶之意旨，法人之代表有數人時，若依實體法規定，均得單獨代表法人

---

❶　司法院 34 年院解字第 2936 號解釋：「法人之代表人，在民法上固非所謂法定代理人，在民事訴訟法上，則視作法定代理人，適用關於法定代理人之規定，故法人之代表人有數人時，在訴訟上是否均得單獨代表法人，按諸民事訴訟法第四十七條，應依民法及其他法令定之。民法第二十七條第二項所定代表法人之董事有數人時均得單獨代表法人，公司法（舊）第三十條所定代表無限公司之股東有數人時亦均得單獨代表公司，若依實體法法人之代表人必須共同代表

時，在訴訟上可準用民事訴訟法第七十一條之規定，使之單獨代表法人。因此無限公司股東在訴訟上，亦均得單獨代表法人為訴訟行為，如其所為之訴訟行為互相衝突時，法院應依下列方法處理：

1.僅有一股東代表公司起訴或被訴時　此時僅該代表起訴或應訴股東所為之訴訟行為有效，其他股東既未在訴訟上為公司之法定代理人，自不生訴訟法上之效力。

2.數股東代表公司起訴或被訴時　此時數股東其所為之訴訟行為互不一致，依當事人處分及辯論主義之精神，宜認為最不利於公司之行為為有效，其他與此相衝突之行為均無從發生訴訟法上之效力，藉符合均得單獨代表之旨。

㈢**法律行為與訴訟行為相衝突時**　此種情形，應以訴訟行為為有效。例如甲公司之股東張三，代表甲公司（出賣人）與乙公司（買賣人）之代表股東王五就某標的物成立買賣契約，言明價款為五十萬元。其後甲公司股東李四，復與乙公司之股東趙六，就該同一標的物成立買賣契約，締訂價款為三十萬元，此種情形依前述「㈠法律行為相互衝突時」之原則應以後契約為有效，前契約變為無效。惟如張三代表甲公司以王五、趙六為乙公司之代表為被告，而訴請給付價款五十萬元時，趙六雖爭執應依後行為為給付價款三十萬元，然王五對於前行為應給付價款五十萬元為認諾時，因民事訴訟法採言詞辯論主義之結果，法院仍應以最不利於乙公司之認諾，判決乙公司應給付價款五十萬元，如王五非認諾，而係自認，則應斟酌民事訴訟法第二七九條第二項及第三項之規定，定其自認之效力。

二、代表機關之代表範圍

代表機關之股東，關於公司營業上一切事務，有辦理之權（公五七）。是故，凡關於公司事務之訴訟上，及訴訟外一切行為，代表公司之股東，均得為之。公司對於股東代表權，雖得以章程或股東全體之同意，加以限制，但不得對抗善意第三人（公五八）。所謂善意或惡意第三人，係指對於該限制事項，是否知情而言。其不知情者，為善意。知情者，為惡意。惟

者，在訴訟上即不得準用民事訴訟法第七十一條規定，使之單獨代表。」

公司代表對外所為之行為，如非公司營業上之事務，本不在代表權範圍之內，自無所謂代表權之限制。此項無權限之行為，不論第三人是否善意，非經公司承認，不能對公司發生效力 ⓲。至於代表公司之股東，如為自己或他人與股東為買賣、借貸或其他法律行為時，不得同時為公司之代表。但向公司清償債務時，不在此限（公五九），此為雙方代表之禁止。蓋偏袒之心，在所難免，故禁止雙方代表，以免發生偏頗。至於向公司清償債務，乃屬對於已存在之法律行為，予以了結，並非為新法律關係，故容許之。

第三、股東之責任

一、一般責任

公司資產不足清償債務時，由股東負連帶清償之責（公六〇）。此為股東相互間之連帶，不因其是否代表公司，或執行業務，或出資多寡而有不同。是故，無限責任股東對外應負連帶無限清償之責任。縱令實際上公司業務不由其經理，亦不因之減輕其責任 ⓳。無限公司股東所負的連帶無限責任，依本法第六十條規定，必須在公司資產不足清償債務時，始能主張。所謂不足清償債務之意為何？學者見解紛紜，約可分為四：

㈠認為公司財產在計算上較少於公司債務，股東就其不足額即應負連帶清償責任 ⓴。債權人能舉證證明有計算上債務超過積極財產，則可向股東行使連帶無限責任之請求權。惟股東亦可舉證證明積極財產不超過，作為抗辯之理由。此見解又可分為二：

1.就請求之債權人之債權額計算公司財產是否不足清償。

2.就公司債務總額不超過公司所有財產總額 ㉑。

㈡認為公司債權人必須實際就公司之財產請求清償，而依強制執行實行或破產之結果，仍不能為全部清償時，即得對股東主張連帶無限責任 ㉒。

⓲　參閱最高法院 21 年上字第 1486 號判例。

⓳　大理院 3 年上字第 206 號。

⓴　梅仲協著《商事法要義》（50 年）第 136 頁。

㉑　張國鍵著《商事法論》（66 年）第 56 頁。

㊂經向公司請求而未受清償者，即可向無限公司股東求償。

以上三種見解，就第一種見解言，股東對公司債務所負之連帶無限責任，僅為補償性，而非從屬性之保證責任，不能僅因債權人之舉證證明計算上債務超過積極財產，即可逕行執行。同時將由股東負舉證責任，以抗辯債權人之請求，實有礙於公司法人之獨立人格，故第㊀種見解不足採。第㊂種見解對於債權人保護過於優厚。依前述第㊀種見解已不足採矣，遑論第㊂種見解乎？故以第㊁種見解為當。蓋在強制執行或破產之結果，未能全部清償時，即足以證明公司資產不足清償公司債務，較諸由公司債權人之舉證及股東之答辯妥當，更減少紛擾。況本法第二條第一項第一款已標明無限公司股東「對公司債務負連帶無限清償責任」而有「清償」兩字，即說明其為補償性，自應在強制執行或破產之結果後，而實現其責任為當。本法第六十條規定股東負無限連帶責任，及同法第八十九條第一項所規定：「公司財產不足清償其債務時，清算人應即聲請宣告破產。」二者並不衝突。蓋無限公司股東對公司債務，係居於保證人地位，依破產法第一四九條規定之「請求權視為消滅」，則僅指公司債權人依破產法受分配後，對破產人之請求權消滅，其未受償部分，仍可向股東請求 ㉓。再者，無限公司之解散既以破產為其原因之一，苟不經破產結果，除強制執行之特殊情況外，即令股東負連帶無限責任，則破產之規定，形同具文。況依本法第二一一條第二項規定股份有限公司之「公司資產顯有不足抵償其所負債務時，除得依第二百八十二條辦理者外，董事會應即聲請宣告破產」，故無論人合公司、資合公司皆同為公司，同具有法人資格，自不能對於無限公司除強制執行的特殊情形外，不經過破產，而即課股東以連帶無限責任。股東於清償公司全部債務後，對其他股東有求償權。此係屬於連帶債務人之內部關係，而與公司間不發生關係，應依民法第二八一條規定：「連帶債務人中之一人，因清償、代物清償、提存、抵銷或混同，致他債務人同免責任者，得向他債務人請求償還各自分擔之部分，並自免責時起之利息。前項情形，

㉒　參閱陳顧遠著《商事法（中冊）》（57 年）第 105 頁。

㉓　花蓮地院 46 年 8 月份司法座談會。

求償權人於求償範圍內，承受債權人之權利，但不得有害於債權人之利益。」及民法第二八二條之規定適用之。股東之責任，不論一般責任或特殊責任，均不能以公司之章程預先免除之，但得事後經股東與債權人之契約免除。

二、特殊責任

㈠**新入股東之責任**　加入公司為股東者，對於未加入前公司已發生之債務，亦應負責（公六一），俾保障公司之債權人與鞏固公司之信用。

㈡**退股或轉讓出資股東之責任**　退股股東應向主管機關申請登記，對於登記前公司之債務，於登記後二年內，仍負連帶無限責任（公七○Ⅰ）。股東轉讓其出資者，準用之（公七○Ⅱ）。蓋無限公司為人合公司，第三人與公司為交易時，往往信賴特定股東之信用，故為保障債權人之利益，有此規定。

㈢**解散後股東之責任**　股東之連帶無限責任，自解散登記後滿五年而消滅（公九六）。蓋公司解散後，法人已不存在，股東仍負無限期之責任，實非公平，故須解散登記後滿五年而消滅，則兼顧債權人之利益及股東之情況。

三、類似股東之責任

類似股東又稱為表見股東，乃指非股東而有可以令人信其為股東之行為者，對於善意第三人，應負與股東同一之責任（公六二）。所謂令人信其為股東者，例如股東之親友，代為股東之行為而不表明其非股東身分，致令人誤認其為股東，而與之為法律行為，亦應負擔連帶之責任。立法意旨，乃在保障不知情之第三人，而維護交易之安全。

第四、資本之維持

本法為保護債權人之利益，維護交易之安全，對無限公司乃採資本維持原則。其規定有二，茲述之如下：

一、虧損必先彌補

公司非彌補虧損後，不得分派盈餘（公六三Ⅰ）。即本年度有盈餘，仍應彌補往年之虧損後，若有剩餘，方能分派。公司負責人違反此項規定，

各處一年以下有期徒刑、拘役或科或併科新臺幣六萬元以下罰金（公六三II）。至於已分派之盈餘是否可退還公司，本法未規定，惟參照股份有限公司之規定，解釋上公司債權人有請求退還公司之權（公二三三）。

二、債務不得抵銷

公司之債務人，不得以其債務與其對於股東之債權抵銷（公六四）。蓋公司為法人，有獨立之人格，其為權利義務之主體，與自然人之股東，並非一體，故他人對公司所欠之款項，不得與股東之欠款，互相抵銷，以求公司資本之穩定。

第五節　無限公司之入股及退股

第一、概　說

無限公司股東資格之取得及喪失原因，固多由入股或退股，但除入股及退股外，尚有其他之原因。詳述於下：

一、股東資格之取得

可分為原始取得及繼受取得。前者基於設立行為而取得及設立後之入股；後者基於出資之受讓。至於繼承，並非股東資格繼受取得之原因。蓋無限公司股東死亡，即發生法定退股之效果（公六六 I 2），因此繼承人無從繼承股東資格。

二、股東資格之喪失

可分為絕對喪失與相對喪失。絕對喪失之原因，有退股及公司人格之消滅二種。公司人格之消滅，有因公司合併而消滅者；有因公司解散後，清算完畢而消滅者；亦有因破產程序終結而消滅者。至於相對喪失者，乃股東將出資全部讓與是也。

關於入股及退股者，本為無限公司之內部關係，因其關係較為繁複，故特於本節專論之。再者，入股人於股東資格取得之後，方可享受權利負擔義務，故股東權乃股東資格取得後，在法律上對公司得主張之權利，其

與股東資格有所不同，但互為依存。

第二、入　股

一、入股之意義

入股者，本法無明文規定，學者解釋不一，然謂其加入公司而構成公司之股東者，殊無疑問。公司成立前，無所謂入股。入股乃專指公司成立後而言。其情形有二：㈠公司成立後，新加入資本，而原始取得股東之資格；㈡公司成立後，由原股東讓與出資之全部或一部而繼受取得股東之資格。前者㈠即本節之入股。後者㈡即前述第三節「無限公司之內部關係」，「六、出資之轉讓與設質」。

二、入股之程序

可分為下列三步驟：

㈠**訂立入股契約**　由入股人與公司訂立入股契約。入股人之意思表示與公司之意思表示一致，即為成立。此之契約非債權契約，而是取得股東資格之契約。因此契約，而負出資義務。

㈡**變更章程**　欲使入股契約發生效力，非變更章程不可。為達此目的，入股契約應以變更章程為停止條件。蓋股東姓名及出資額為章程必要記載事項之一，故入股勢必變更章程。變更章程，須經全體股東之同意。所以解釋上，可謂入股必經全體股東之同意。

㈢**變更章程之登記**　公司設立後，已登記之事項有變更者，應為變更登記，否則不得以其事項對抗第三人（公一二）。

三、入股之效果

入股人於入股後，取得公司股東之資格，因之得享受股東權，亦應負擔股東之責任。對於未加入前公司已發生之債務，亦應負責（公六一）。

第三、退　股

退股者，即股東於公司存續中，因其個人之意思或法定原因而絕對喪失其股東資格之謂也。茲將退股之原因與效力，分述於下：

一、退股之原因

(一)**聲明退股** 可分為二種情形：

1.章程未定公司存續期限者，除關於退股另有訂定外，股東得於每會計年度終了退股；但應於六個月前，以書面向公司聲明（公六五Ⅰ），故聲明退股之行為，為有相對人之要式行為。因之，股東之聲明退股，必須具備四要件：(1)章程未定期限；(2)退股無特別訂定者；(3)須於會計年度終了退股；(4)六個月前，以書面向公司聲明，使公司有所準備。

2.股東有非可歸責於自己之重大事由時，不問公司定有期限與否，均得隨時退股（公六五Ⅱ）。所謂重大事由者，例如被任為官吏或服兵役派往外島，或出使國外或因精神耗弱，但未臻於禁治產之程度皆是。至於是否屬於重大事由，其標準應以該股東之客觀情形定之，如有爭執，惟有訴請法院裁判決定之。

(二)**法定退股** 股東有下列各款情事之一者退股（公六六）：

1.**章程所預定退股事由** 例如訂股東最高年齡，而屆滿該最高年齡者，應即退股。

2.**死亡** 所謂死亡，包括真實死亡與宣告死亡之推定死亡。因股東死亡，權利能力亦歸消滅，無法再負無限責任。雖然股東死亡，其權利由繼承人繼承，但無限公司為人合公司，以信用為主，繼承人之信用未必為其他股東及債權人所信賴，為保護交易之安全，死亡為退股之原因。

3.**破產** 指經法院宣告破產而言。一般債務人不能清償債務，而私自清理者，不在此限。蓋股東破產其信用業已喪失，故本法明定為退股之原因。

4.**受監護之宣告** 股東受監護之宣告，即無行為能力（民一五），已不能處理自己之事務（民一四），當然不能參與公司業務之執行，故為退股之原因（公六六Ⅰ4）。

5.**除名** 股東有下列各款情事之一者，得經其他股東全體之同意議決除名，但非通知後不得對抗該股東（公六七）：

(1)應出之資本不能照繳或屢催不繳者。

⑵違反第五十四條第一項之規定者　係指違反「不得為他公司之無限責任股東，或合夥事業之合夥人」之規定。

⑶有不正當行為妨害公司之利益者　何項行為為不正當行為，應依客觀之情勢定之，例如違反競業禁止之規定是。

⑷對於公司不盡重要之義務者　例如執行業務股東，不執行業務者是。

關於無限公司股東因除名，而生有爭執，本法第六十七條就此僅規定得議決除名，並未規定得提起形成之訴，自不得提起除名之訴。惟因除名生有爭執時，無限公司係屬社團法人，故民法第五十六條規定：「總會之召集程序或決議方法，違反法令或章程時，社員得於決議後三個月內請求法院撤銷其決議。但出席社員，對召集程序或決議方法，未當場表示異議者，不在此限。總會決議之內容違反法令或章程者，無效。」亦有適用。

6.**股東之出資，經法院強制執行者**　股東因出資而取得股東資格，其出資既被法院強制執行，自應退股。惟執行法院應於二個月前通知公司及其他股東（公六六Ⅱ）。債權人對於股東之出資，實施強制執行時，法院應先依強制執行法規定，禁止債務人處分其出資，並通知公司及其他股東依公司法之規定為退股。公司接到法院通知之日起兩個月內，應依公司法第六十九條規定，退股之股東與公司之結算，應以退股時公司財產狀況為準。法院就其結算所得，依其性質分別適用強制執行法第一一五條、第一一六條、第一一七條規定而執行。例如依本法第六十九條第二項規定，退股股東之出資，不問其種類，均得以現金抵還。因此，如以現金抵還時，自可依強制執行法第一一五條之規定為執行。倘獲其他股東全體之同意時，亦得依強制執行法第一一七條之規定讓與某特定人，而以讓與之價金清償債權人。

二、退股之效果

退股之效果，乃使股東之資格，因而喪失。同時退股股東之股東權，因退股而消滅，其基於股東資格所有之權利義務，不再發生。本法明文規定退股之效果如下：

㈠**姓名使用之停止**　公司名稱中，列有股東之姓或姓名者，該股東退

股時，得請求停止使用（公六八）。倘該退股股東不請求停止使用其名稱，則對善意第三人仍應負本法第六十二條所規定表示股東之責任。

㈡出資之返還

1. **以退股時為準** 退股之股東與公司之結算，應以退股時，公司財產之狀況為準（公六九Ⅰ）。股東退股時，公司事務未了結者，於了結後，計算其損益，分派其盈虧（公六九Ⅲ）。

2. **以現金抵還為原則** 退股股東之出資，不問其種類，係以現金、其他財產權或勞務，均得以現金抵還（公六九Ⅱ）。蓋股東出資時，於章程業已核定估價之標準，自得均以現金抵還。

三、退股股東之登記及責任

本法第七十條第一項規定：「退股股東應向主管機關申請登記，對於登記前公司之債務，於登記後二年內，仍負連帶無限責任。」其目的在於保護債務人之利益。退股股東如不為變更登記，不得以其事項對抗他人（公一二）。至於發生在退股登記後之債務，自不負責。無限公司退股之股東，對於在登記前成立附期限或附條件之債務，是否亦僅在登記後兩年內負責？按解除條件之法律行為，於條件成就時，失其效力（民九九Ⅱ）。附終期之法律行為，於期限屆滿時，失其效力（民一〇二Ⅱ），故退股股東不必負任何責任。至於附停止條件之法律行為，於條件成就時，發生效力（民九九Ⅰ）。附始期之法律行為，於期限屆至時，發生效力（民一〇二Ⅰ）。按附停止條件或始期之法律行為，係在登記前成立，僅其效力受有限制，如附停止條件之成就，或始期之到來，係在退股股東登記後二年內，該股東自應負責。惟若其停止條件之成就或始期之到來，在退股股東登記二年後者，依本法第七十條第一項規定，該股東則不負責。本法第七十條所規定之兩年期間，應解為消滅時效而非除斥期間。蓋消滅時效期間，在於變更現存之法律效果，而除斥期間在於維持現存之法律秩序。無限公司股東本負有無限清償之義務，因兩年期間之經過，而變動其原有之權利義務，故為消滅時效期間。況且除斥期間為形成權之存續期間，消滅期間為請求權之行使期間，上述兩年期間，既為債權人對無限公司股東請求權之行使期間，

故為消滅時效期間。因此亦可適用民法上之消滅時效中斷，及消滅時效不完成之規定。

四、出資未承受之減資登記

依本法第六十六條股東退股及第六十七條股東被除名時，如其出資額未經其他股東承受者，公司應辦理減資登記。

第六節　無限公司之解散

第一、解散之意義

公司解散在本論第一章第十三節中業已述及，無限公司之解散意義亦與之相同。惟後者限於專指無限公司，而前者泛指一切公司。是故關於無限公司之解散除本節規定外，請參閱本論第一章第十三節所述。

第二、無限公司解散之事由

無限公司有下列各款情事之一者解散（公七一）：

一、章程所定解散事由

即公司解散之條件，業已發生之謂。例如訂明公司設立登記後滿十年解散是。

二、公司所營事業已成就或不能成就

例如開採某處之金礦為公司之事業，探明無礦可採是為不能成就。又如開建某海港而成立公司，如今海港業已完工，是為成就。

三、三分之二股東之同意

無限公司雖因全體同意組織而成，但可由三分之二股東之同意而解散，以應事實之需要，避免內部紛爭，危害公司正常經營。

四、股東經變動而不足本法所定之最低人數

無限公司之股東，至少須二人以上，如股東僅剩一人時，公司當然解散。

五、與他公司合併

詳閱前述本論第一章第十一節「公司之合併」,及本章第七節「無限公司之合併」。

六、破　產

公司經宣告破產,信用喪失殆盡,已不能繼續營業,自應解散。

七、解散之命令或裁判

其原因有三:

㈠**設立之瑕疵**　公司之負責人、代理人、受僱人或其他從業人員以犯刑法偽造文書印文罪章之罪辦理設立登記或其他登記,經法院判決有罪確定後,由中央主管機關依職權或利害關係人之申請撤銷或廢止其登記(公九IV)。

㈡**開業遲延**　公司設立後滿六個月尚未開始營業者,或開始營業後自行停止營業六個月以上者,但已辦妥延展登記或停業登記者,不在此限(公一○ I)。

㈢**股東聲請法院裁定解散**　公司之經營有顯著困難或重大損害時,法院得據股東之聲請,於徵詢主管機關及目的事業中央主管機關意見,並通知公司提出答辯後,裁定解散(公一一 I)。

前述一、二、之解散事由,得經全體或一部分股東之同意繼續經營,其不同意者視為退股(公七一 II)。有前述四、之解散原因時,得加入新股東繼續經營(公七一 III),或變更組織為兩合公司(公七六 II)。因上述情形繼續經營時,應變更章程(公七一 IV)。

第三、解散之效果

解散之公司,於清算範圍內,視為尚未解散(公二五)。解散之公司,除因合併、分割或破產而解散者外,應行清算(公二四)。在清算時期中,得為了結現務及便利清算之目的,暫時經營業務(公二六)。解散後,以清算人為公司負責人(公八 III)。公司在清算程序中,由法院監督之(公八二、八三、八九、九三)。

公司既經解散，為避免第三人誤會，自應藉登記公示於眾，故無限公司之解散，除破產外，命令解散或裁定解散應於處分或裁定後十五日內，其他情形之解散應於開始後十五日內，敘明解散事由，向主管機關申請為解散之登記（公登四）。申請解散登記時，應以申請書敘明解散事由，並繳股東同意書（無限公司登記應附送書表一覽表）。股東之連帶無限責任，自解散登記後滿五年而消滅（公九六）。

第七節　無限公司之合併

關於公司合併之概念，於本論第一章第十一節業已說明。現就本法關於無限公司合併之規定，共計四條，即第七十二條至第七十五條，分述於下：

第一、合併之程序

一、合併之決議

公司之合併，無論新設合併或存續合併，均應得全體股東之同意（公七二）。蓋公司因合併而消滅或因合併而變更，對於股東之利害關係，影響甚鉅，故應經全體股東同意。惟合併決議之前，通常由兩或兩以上公司之代表機關預先訂立合併草約，再提經股東會全體股東之同意。

二、資產負債表及財產目錄之編造

公司決議合併時，應即編造資產負債表及財產目錄（公七三I），以供債權人查閱，明瞭公司財產之狀況。公司負責人對於資產負債表、財產目錄為虛偽記載時，依刑法或特別刑法有關規定處罰，以資制裁。

三、合併之通知及公告

公司為合併之決議後，應即向各債權人分別通知及公告，並指定三十日以上之期限，聲明債權人得於期限內提出異議（公七三II）。所謂三十日以上之期限，其三十日係指最短期限而言。公司債權人不於上述期限內提出異議者，應視為承認其合併；如在期限內提出異議，公司應即為清償或

提出相當擔保。公司不為上述通知及公告,或對於指定期限提出異議之債權人不為清償,或不提供相當擔保者,不得以其合併對抗債權人(公七四)。

四、為合併之登記

申請本法合併登記之期限、應檢附之文件與書表及其他相關事項之辦法,由中央主管機關定之(公三八七 I)。前項登記之申請,得 以電子方式為之;其實施辦法,由中央主管機關定之(公三八七 II)。前二項之申請,得委任代理人,代理人以會計師、律師為限(公三八七 III)。代表公司之負責人或外國公司在中華民國境內之負責人申請登記,違反依第一項所定辦法規定之申請期限者,處新臺幣一萬元以上五萬元以下罰鍰(公三八七 IV)。代表公司之負責人或外國公司在中華民國境內之負責人不依第一項所定辦法規定之申請期限辦理登記者,除由主管機關令其限期改正外,處新臺幣一萬元以上五萬元以下罰鍰;屆期未改正者,繼續令其限期改正,並按次處新臺幣二萬元以上十萬元以下罰鍰,至改正為止(公三八七 V)。

第二、合併之效力

公司合併之效力如下:

一、公司之消滅

公司合併,無論為新設合併或存續合併,必有一以上之公司消滅。本法以合併為公司解散原因之一(公七一 I 5、三一五 I 5),惟依本法第七十五條之法意解釋,因合併而消滅之公司,無庸經過清算程序,自與通常之解散意義有別。蓋通常所謂解散,乃公司法人人格消滅之原因,此則直接發生人格消滅之效果。

二、公司之變更或創設

公司合併,在吸收合併,因合併而存續之公司,其章程必有變更;在新設合併,因合併而另成立之新公司,因而創設。

三、權利義務之概括移轉

因合併而消滅之公司,其權利義務應由合併後存續或另立之公司承受(公七五)。此乃指適法合併者,始得移轉❷。至於其權利義務之移轉,不

得以特約將其部分除外。商標權亦屬於權利，當可移轉❷❺。

四、合併之無效

本法並無如日本商法規定：「對無限公司合併無效，僅得以訴主張之。」及合併無效之訴之程序與判決等之規定。自不能作相同之解釋。惟有學者❷❻主張公司合併，係團體法上之行為，如具有無效之原因，應認其無效，係屬絕對性。其合併行為無效，應援引本法上關於增資無效或設立無效之規定，類推適用。惟本書對此認為應依本法第九條之規定處理為妥，關於此詳閱本論第一章第四節「第五、公司設立之無效」所述。

第八節　無限公司之變更組織

公司變更組織之意義及立法理由，於第一章第十二節業已述及。至於無限公司變更組織之意義及立法理由，除專指無限公司一類外，餘者均與第一章第十二節相同，茲不贅述。本法在本章內，對於無限公司之變更組織明文規定者，有第七十一條第三項、第七十六條至第七十八條，共計四條。第七十一條第三項及第七十六條述及變更組織之種類。第七十七條規

---

❷❹　因合併而消滅之公司，其權利義務，雖應歸合併後存續或另立之公司承受，但法律所許其承受者，自指前公司已經適法合併而消滅者而言（大理院 5 年上字第 5 號）。

❷❺　司法院 30 年院字第 221 號解釋：「甲公司擴充營業，更改其名稱為丙公司，自不過為公司名稱之變更。該公司如僅受讓乙公司之營業，而非與之合併，原屬甲公司之商標專用權，固未變更其主體，即使乙公司之營業與股東一併移轉於甲公司，與之合併，甲公司既係合併後存續之公司，其改稱丙公司又僅為公司名稱之變更，原屬甲公司之商標專用權，其主體亦未嘗有所變更，必甲乙兩公司均因合併而消滅，丙公司係因合併而另立之公司，原屬甲公司之商標專用權，始依公司法第五十一條（現行法第七十五條）之規定，移轉於丙公司。商標專用權依該條之規定移轉時，關於商標法第十八條第一項第三款之適用，應與自然人之繼承同論。」

❷❻　張國鍵著《商事法論》（66 年）第 69 頁。

定：「公司依前條變更組織時，準用第七十三條至第七十五條之規定。」至於第七十八條之規定，係指變更組織之效果而言。茲述之於下：

第一、無限公司變更組織之種類及方法

無限公司變更組織之種類及方法，可分為下列二種情形：

一、無限公司變為兩合公司

㈠公司得經全體股東之同意，以一部股東改為有限責任或另加入有限責任股東，變更其組織為兩合公司（公七六I）。

㈡不足法定最低股東人數時，依本法第七十一條第三項所規定得加入新股東繼續經營之（公七六II）。詳言之，即在股東經變動而不足本法所定之最低人數時，公司得經全體股東（包括新加入之股東）之同意，以一部股東改為有限責任或另加入有限責任股東，變更其組織為兩合公司。

二、無限公司變為有限公司或股份有限公司

公司得經股東三分之二以上之同意變更章程，將其組織變更為有限公司或股份有限公司。不同意之股東得以書面向公司聲明退股（公七六之一）。

第二、無限公司變更組織之效果

一、連帶無限責任不變

股東依第七十六條第一項或七十六條之一第一項規定之規定，改為有限責任時，其在公司變更組織前，公司之債務，於公司變更登記後二年內，仍負連帶無限責任（公七八）。

二、準用之規定

無限公司變更組織時，準用本法第七十三條至第七十五條之規定（公七七）。換言之，無限公司變更組織時，須編造資產負債表及財產目錄，並應分別向各債權人通知及公告，並指定三十日以上期限，聲明債權人得於期限內提出異議（公七七準公七三）。公司負責人於變更組織時對資產負債表或財產目錄，為虛偽記載時，依刑法偽造文書及商業會計法有關規定處罰。公司不為前述之通知及公告，或對於在指定期限內提出異議之債權人

不為清償，或不提供相當擔保者，不得以其變更組織對抗債權人（公七七準公七四）。因變更組織而消滅之公司，其權利義務，應由變更組織後之公司承受（公七七準公七五）。無限公司因變更組織為兩合公司申請登記者，依「公司登記辦法」第四條規定，應於變更後十五日內，向主管機關申請為變更之登記。

第九節　無限公司之清算

第一、清算之意義

　　清算者，解散之公司，除因合併、分割或破產之宣告而解散者外（公二四），為處分其賸餘財產，以了結公司法律關係之程序。處理公司財產清算事宜之人，是為清算人。結算中之公司，謂之清算公司。清算公司之人格視為存續，股東之出資及責任，仍然不變。惟公司能力受到相當的限制而已。各國立法例對於無限公司之清算，可分為法定清算與任意清算二種。前者即依法律規定，定其清算程序之清算。後者乃依章程或股東全體之同意，議定清算方法及其執行，而處分公司財產之程序。惟我國公司法對於無限公司之清算，僅採法定清算而已。有關無限公司清算之規定，除許得由章程或經股東決議選任清算人外，其他事項均由法律規定之。股東不得自訂清算方法。惟公司解散前，倘有清理帳目之情形，並非公司解散後之法定清算，自不適用本節之清算規定❷❼。

第二、清算之程序

一、清算人之選任與解任

　㈠**清算人之選任**　清算人之產生，可分為下列三種：

　　1.**法定清算人**　公司之清算，以全體股東為清算人，但本法或章程另有規定或經股東決議，另選清算人者，不在此限（公七九）。其由無限公司

---

❷❼　司法院 24 年院字第 1209 號解釋：「公司解散前，不適用清算之規定。」

之股東全體，原則上當然為清算人者，謂之法定清算人。在全體股東清算期間，股東中有死亡者，清算事務由其繼承人行之。繼承人有數人時，應由繼承人中互推一人行之（公八〇）。按本法第六十六條規定，死亡為退股原因，繼承人不能繼承股東資格。按公司既經決議解散，清算為股東之義務，其目的在結束公司之業務，不須負信用關係，所以由繼承人繼承其清算事務，如繼承人均為未成年人，當然由其法定代理人為之。

2.**選任清算人** 章程另有規定或股東決議，另選任清算人（公七九但），謂之選任清算人。被選為清算人之人不限於股東，即使第三人如律師、會計師或其他之人亦可。惟此項選任之決議，本法未作規定，斟酌本法第八十二條但書規定「股東選任之清算人，亦得由股東過半數之同意，將其解任。」及第一二七條但書規定兩合公司之「無限責任股東得以過半數之同意另行選任清算人，其解任時亦同」。二者之立法意旨，當可為過半數之決議，不須全體同意。選任之清算人與公司間，係基於委任關係，應適用民法上關於委任之規定。

3.**選派清算人** 不能依第七十九條規定定其清算人時，法院得因利害關係人之聲請，選派清算人（公八一）。此之選派清算人，係法院依據利害關係人之聲請，倘無利害關係人聲請，法院不得自動選派。所謂利害關係人，指債權人、債務人或其他與公司結束有密切關係之人，甚至股東年老或殘廢無法勝任清算事務，亦屬之。所謂不能依第七十九條規定定清算人時，例如因股東僅剩一人，或因股東全部死亡、破產或受監護宣告尚未復權者，或公司倒閉股東全體逃亡等情形而言。依非訟事件法第一七一條及第一七五條規定清算人之選派，係由本公司所在地之地方法院管轄；並依同法第六十一條規定向法院為聲請時，應附具證明資格及法定事由之文件。復依同法第一七六條規定凡未成年人、受監護或輔助宣告之人、褫奪公權尚未復權之人、受破產宣告尚未復權之人、曾任清算人而被法院解任之人，均不得選任為清算人。同法第一七七條規定法院選任之清算人，應酌給報酬，其報酬由公司負擔，其數額由法院徵詢股東之意見後決定。

㈡**清算人之解任** 前述三種清算人，法院因利害關係人之聲請，認為

必要時，得將清算人解任；但股東選任之清算人，亦得由股東過半數之同意將其解任（公八二）。所謂認為必要時，應由法院就事實判定，如怠忽職務，不利於關係人是。所謂股東過半數者，係指股東人數而言，並非指股東出資。

二、清算人之聲報

清算人應於就任後十五日內，將其姓名、住所或居所及就任日期，向法院聲報（公八三 I）。清算人之解任，應由股東於十五日內向法院聲報（公八三 II）。清算人由法院選任時，應公告之；解任時亦同（公八三 III）。違反前述聲報期限之規定者，各處新臺幣三千元以上一萬五千元以下罰鍰（公八三 IV）。本法第八十三條第三項僅規定「應公告之」而非「並應公告之」，就條文用語上言，似不包括選派清算人在第八十三條第一項、第二項之內。本書認為是條文用語上之疏忽，仍以包括在內為宜❷ 。

三、清算人之職務

(一)**清算人之主要職務**　本法第八十四條規定甚詳。茲述之於下：

1.**了結現務（公八四 I 1）**　凡公司於解散時，未了結之事務，無論其為對內或對外關係之事務，均應於清算中了結。為了結現務之目的，清算人得為新法律行為。至於公司決議解散後，股權轉讓之變更登記，非屬清算人之職務範圍❷ 。

2.**收取債權，清償債務（公八四 I 2）**　清算人原則上應於六個月內完結清算，故已到期之債權，應收回。尚未至清償期之債權或為附條件之債權，因清算之必要得扣除期前之利益或轉讓方法，請債務人履行。其尚未

---

❷　陳顧遠著《商事法（中冊）》（57 年）第 132 頁。

❷　參閱最高法院 52 年臺上字第 1238 號判決：「上訴人申請辦理股權轉讓變更登記，係在被上訴人公司決議解散之後，此項事務既非決議解散當時已經申請有案而未辦完之事務，不在公司法（舊）第七十七條第一項第一款所謂了結現務之範圍，又與同條項第二三四款之規定不合，自難認為在清算人職務範圍之內，依同法（舊）第三十一條反面之解釋，被上訴人公司就本件申請登記非得視為解散，上訴人對被上訴人為此項請求即無准許之餘地。」

至清償期之債務得拋棄其期限利益，以利清算之完結。

3.**分派盈餘或虧損（公八四Ⅰ3）** 收取債權，清償債務後，倘有剩餘，則分配給股東，有所虧損，則由各股東分擔。

4.**分派剩餘財產（公八四Ⅰ4）** 公司將財產清償債務後，如有剩餘時，則分派於各股東。清算人違反上述規定，分派公司財產時，各處一年以下有期徒刑，拘役或科或併科新臺幣六萬元以下罰金（公九〇）。公司解散後，其所有他公司股權者，該股權屬於剩餘財產❸。至剩餘財產分配之標準，除章程另有訂定外，依各股東分派盈餘或虧損後淨餘出資之比例定之（公九一）。

清算人執行上述職務，有代表公司為訴訟上或訴訟外一切行為之權；但將公司營業包括資產負債讓與於他人時，應得全體股東之同意（公八四Ⅱ）。

㈡**清算人之附隨職務** 清算人為便於行使其主要職務，附隨下列之職務：

1.**意思之決定** 清算人有數人時，關於清算事務之執行，取決於過半數之同意（公八五Ⅰ後）。

2.**檢查公司財產及造表送股東查閱** 清算人就任後，應即檢查公司財產情形，造具資產負債表及財產目錄，送交各股東查閱（公八七Ⅰ）。對前述所為之檢查有妨礙、拒絕或規避行為者，各科新臺幣二萬元以上十萬元以下罰鍰（公八七Ⅱ）。

3.**公告催報債權** 清算人就任後，應以公告方法，催告債權人報明債權。對於明知之債權人，並應分別通知（公八八）。以保護債權人，免清算時，有所遺漏。倘清算人對於明知之債權人，不通知其報明債權者，縱已辦申報完結手續，亦不生清算完結之效果❸。

---

❸ 參閱司法行政部54.6.10臺54函民字第3684號函。
❸ 最高法院70年臺抗字第433號判決：「再抗告人之清算人就任後，明知而不通知相對人報明債權，有違公司法第八十八條之規定，縱已辦申報完結手續，亦不生清算完結之效果，再抗告人公司人格仍然存續。」

4.答覆股東詢問　清算人遇有股東詢問時，應將清算情形，隨時答覆（公八七V）。

5.請求結算表冊之承認　清算人於清算完結後十五日內，造具結算表冊，送交各股東，請求其承認。如股東不於一個月內提出異議，即視為承認。但清算人有不法行為時，不在此限（公九二）。

6.聲請清算展期　清算人應於六個月內完結清算，不能於六個月內完結清算時，清算人得申敘理由，聲請法院展期（公八七III）。按公司之清算，須清算人將本法第八十四條第一項所定清算職務執行完畢後，始為完結。本法第八十七條第三項前段規定：「清算人應於六個月內完結清算」，但此仍規定清算人應完結清算之期限，並非規定該期限屆滿，清算即當然完結。因此自清算開始起已逾六個月，但清算人未將清算職務執行完畢以前，無論其曾否依同條項但書規定聲請法院展期，似難謂清算已完結❸❷。按清算程序以迅速完結為宜，清算人如有任意拖延情事，對清算公司、股東及利害關係人，均屬不利，故本法第八十七條第四項規定：「清算人不於前項規定期限內清算完結者，各處新臺幣一萬元以上五萬元以下罰鍰。」俾清算人有所警惕。此項裁處罰鍰，係屬法院職權，法院得隨時為監督上之檢查及處分，故宜由公理公司清算人呈報清算事件之法院查處辦理❸❸。

7.聲請宣告破產　公司財產不足清償其債務時，清算人應即聲請宣告破產。清算人移交其事務於破產管理人時，其職務即為終了。清算人違反前述規定，不即聲請宣告破產者，各科新臺幣二萬元以上十萬元以下罰鍰（公八九）。

四、清算人之權利

清算人之權利，約言之，有下列三種：

㈠**執行清算事務權**　清算人對內有執行清算事務之權。所謂清算事務，即前述清算人之主要職務，茲不贅述。清算人有數人時，關於清算事務之執行，取決於過半數之同意（公八五I後），但清算人將公司營業包括

---

❸❷　參閱司法行政部 61.6.7 臺⑹民決字第 4458 號函。

❸❸　經濟部 91.12.12 經商字第 09102281450 號。

資產負債轉讓於他人時，應得全體股東之同意（公八四II但）。

(二)公司代表權

1.**代表人數** 清算人因執行清算職務，有代表公司在訴訟上或訴訟外一切行為之權（公八四II）。清算人有一人時，由該人代表之，固無問題。倘清算人有數人時，得推定一人或數人代表公司，如未推定時，各有對於第三人代表公司之權（公八五I）。推定代表公司之清算人，應準用第八十三條第一項之規定，應於就任後十五日內，將其姓名、住所及就任日期向法院聲報。

2.**代表權之限制** 對於清算人代表權所加之限制，不得對抗善意第三人（公八六）。所謂善意，係指不知情而言。知情即為惡意，不受本法保護。

(三)請求報酬權

清算人與公司之關係，除本法規定外，依民法關於委任之規定（公九七）。準此委任規定，清算人之報酬，由公司負擔。其由選任者，依約定。其由選派者，由法院酌定。法院為酌定其數額時，應徵詢董事及監察人意見酌定之（非訟一七七準非訟一七四）。

五、清算人之責任

清算人應以善良管理人之注意處理職務，倘有怠忽而致公司發生損害時，應對公司負連帶賠償之責任，其有故意或重大過失時，並應對第三人負連帶賠償責任（公九五）。此之所謂職務，係指清算人之職務而言。又清算人在清算中，亦為公司負責人，依本法第二十三條第一項規定，亦應負忠實執行業務之責任。

六、清算之完結

(一)完結之期間

清算事務應於六個月內完結，不能於六個月內完結時，清算人得申敘理由，聲請法院展期（公八七III）。蓋清算宜於速結，拖延過久，對清算公司股東、債權人及利害關係人，均屬不利。

(二)清算之承認

清算人應於清算完結後十五日內，造具結算表冊，送交各股東，請求其承認。如股東不於一個月內提出異議，即視為承認；但清算人有不法行為時，不在此限（公九二）。

(三)完結之聲報

清算人應於清算完結經送請股東承認後十五日內，向

法院聲報。違反聲報期限之規定時，各處新臺幣三千元以上一萬五千元以下罰鍰（公九三）。依民法第四十條及本法第二十五條規定，公司在清算範圍內，視為尚未解散。然一般公司於解散清算後，多未向法院為清算完結之聲報，以致多年前已解散之公司，因其清算手續尚未辦竣，在法律上仍視為存續。本法第八十七條第四項之規定，乃在加強法院之監督權，以防止前述之弊端。

　　㈣**文件之保存**　公司之帳簿、表冊及關於營業與清算事務之文件，應自清算完結向法院聲報之日起，保存十年，其保存人，以股東過半數之同意定之（公九四），以便發生事變時，有所查考。倘保存人違反保存之期限時，因本法既無處罰規定，解釋上不得引用商業會計法規定加以處罰 ❸❹ 。

第三、清算後股東之責任

　　股東之連帶無限清償責任，自解散登記後滿五年而消滅（公九六）。蓋無限公司係人合公司，股東應負連帶無限責任。為保護債權人，並兼顧股東之利益，不使股東於解散後永遠負責，故明文規定自解散登記後滿五年而消滅。此之五年乃屬消滅時效，即民法第一二五條但書所規定「但法律所定期間較短者，依其規定。」惟債權人於五年內，有民法第一二九條規定時效中斷之事由者，股東之責任仍不消滅。

---

❸❹　參閱經濟部 59.3.14 商字第 10373 號：「查商業會計法第六十六條第一項第二款規定對於故意使應保存之會計憑證、帳簿報表滅失、毀損者之處罰，似以商業負責人、主辦及經辦會計人員為對象。本案關於公司清算後之帳表文件其保存人違反公司法第九十四條規定期限，同法既無處罰規定，似不得引用上開商業會計法規定加以處罰。」

第三章　有限公司

第一節　有限公司之概念

第一、有限公司之意義

有限公司者，指由一人以上之股東所組織，就其出資額為限，對公司負其責任之公司（公二 I 2、九八 I）。茲將其意義分述如下：

一、有限公司為公司之一種

有限公司為公司之一種，故當然為社團法人。關於公司總則之規定，有限公司均得適用之。因此公司之意義，於本論第一章第一節「公司之概念」，業已述及，不再贅述。

二、有限公司之人數須一人以上

本法第九十八條第一項規定，對有限公司股東人數設有最低人數為一人以上之限制。然則本法第二條第一項第二款業已規定及人數之限制，現復規定之，實多此一舉。本法就有限公司股東人數之限制，均以奇數為主，乃在避免股東表決時，反對人數與贊成人數相同，而造成紛爭。又本法為因應公司經營之國際化、自由化，有關有限公司股東國籍、住所及出資額均不加限制，以符世界潮流。有限公司之股東之資格，不限於自然人，政府或法人，均得充任之（公二七）。

三、有限公司各股東原則上負有限責任

有限公司各股東對於公司之責任，除第二項規定外，以其出資額為限（公九九 I）。即原則上各股東對於該公司債權人只負間接責任，而不負直接責任。詳言之，倘公司財產不足清償債務時，股東並無再另行出資償還

之義務。縱使公司宣告破產，公司債權人亦不得要求股東以個人之私產清償之。但同條第二項規定，股東濫用公司之法人地位，致公司負擔特定債務且清償顯有困難，其情節重大而有必要者，該股東應負清償之責（公九九II）。 其立法理由此乃與股份有限公司所採用 「揭穿公司面紗原則」 (Piercing the Corporate Veil) 之目的相同，及在防免股東利用公司之獨立人格及股東有限責任而規避其應負之責任。考量與股份有限公司股東同屬負有限責任之有限公司，亦有利用公司為獨立人格及股東有限責任而規避其應負責任之可能，故一併納入規範，以資周延❶。

第二、有限公司之沿革

有限公司之制度發生較晚，德國於一八八四年，代議士歐沃士 (Oechelhauser) 在聯邦會議時曾提出此公司之形態，但遭否決，惟其有限公司之理論基礎頗受重視❷，終於一八九二年德國始通過有限公司法 (Reichsgesetz, Betreffend Die Gesellschafter mit Beschränkter Hafting)，其目的在使人合與資合兩種公司之特徵，冶於一爐，以便利中小企業之經營。自該法實施以來，歐陸各國間相繼效法，如葡萄牙於一九〇一年、奧國於一九〇六年、波蘭於一九一九年、捷克於一九二〇年相繼制定有限公司法。法國於第一次世界大戰後，收回阿爾薩斯、洛林兩省，致與德國之有限責任公司，發生直接之接觸，經法國政府及學者之努力研究，乃於一九二五年頒布 「有限責任公司法」 (Loi du 7 mars 1925, tendant à instituer des sociétésà responsabilité limitée)，而使此一新制度，獲有重要之進展。英國之私公司 (Private Company) 一詞，雖遠在一八八一年 British Seamles Paper Box Co. 判例中，已被援用，但見之於法典者，則始於一九〇七年公司法❸，並經一九二九年及一九四八年修正之公司法，均有關於私公司之規定，其中股份責任分為有限或無限，屬於有限責任者，則與大陸法之有限公司相

---

❶ 民國 107 年 7 月 6 日立法院三讀通過第 99 條條文。

❷ 林咏榮著《商事法新詮（上冊）》（65 年）第 231 頁。

❸ 參閱梅仲協著《商事法要義》（50 年）第 149 頁。

類似。日本在一九三八年（昭和十三年）公布有限公司法，而於一九四〇年施行之。其內容係採法國之立法例，並吸收英國「私公司」之精神。一九五〇年（昭和二十五年）修正後，改以公司之信用為基礎，並先後於一九六一年（昭和三十七年）及一九六七年（昭和四十一年）、一九七五年（昭和四十九年）修正❹。我國在民國十八年以前，頒訂之公司法，從未採有限公司之制度。在抗戰期間，因軍事上之需要，乃於民國二十九年三月十二日頒布「特種股份有限公司條例」，以資適用。此特種股份有限公司條例，起初乃政府與民資、外資合組而設立之股份有限公司，其發起人不受舊公司法第八十七條之限制，即僅有二人亦得發起設立。公司之股份總額過半數應為中華民國人民所有，及公司董事過半數，應為中華民國人民。此條例於民國三十五年修正公司法時，參酌日本有限公司法，規定人民得單獨組織，遂蛻變為有限公司，而為公司法中之一部分。按我國立法原意，謂「有限公司之設置規定，有國家政策上之動機與經濟環境上之需要，其用意在便利政府或法人或富有資力者，組織有限公司」❺，乃是以大資本企業為其對象，實有背於設立有限公司之原來目的。因此學者主張對公司法之修正，應重視於中小企業之經營，使國民得依其財力與能力，有充分投資於生產之機會，而從事各種中小企業❻。民國六十九年修正公司法時，將有限公司之組織改採「董事」單軌制，廢除「執行業務股東」制。

第三、有限公司之性質

有限公司之組織，雖屬資合公司，然在實際上介乎於無限公司與股份有限公司之間，故其性質為折衷於人合公司與資合公司之特性而別具一格之資合公司，依公司章程訂定，而決定其傾向。茲將本法之有限公司，其人合公司性質與資合公司性質，分別述之於下：

---

❹　參閱三省堂編《模範六法》第 727 頁。

❺　參閱張肇元著《新公司法解釋》第 301 頁至第 309 頁。

❻　張國鍵著《商事法論》（66 年）第 77 頁。

一、依本法規定具有人合公司之性質者

㈠公司資本總額，應由各股東全部繳足，不得分期繳納或向外招募（公一〇〇）。

㈡股東非得其他全體股東過半數之同意，而董事非得其他全體股東之同意，不得以其出資額之全部或一部轉讓與他人（公一一一Ⅰ、Ⅱ）。

㈢設立程序僅有發起設立，無募集設立，故不公開發行。

㈣本法第三十條、第四十六條、第四十九條至第五十三條、第五十四條第三項、第五十七條至第五十九條等有關無限公司之規定，於有限公司之董事準用之（公一〇八Ⅳ）。

㈤不得募集公司債。

㈥原則上每一股東不問出資多寡，均有一表決權（公一〇二Ⅰ前），以人為計算之單位。

㈦不適用公司重整之規定。

㈧公司變更章程、合併及解散，應經股東表決權三分之二以上同意（公一一三Ⅰ）。除前項規定外，公司變更章程、合併、解散及清算，準用無限公司有關之規定（公一一三Ⅱ）。

二、依本法規定具有資合公司之性質者

㈠各股東對於公司之責任，以其出資額為限（公九九Ⅰ）。股東個人對債權人不負責任。股東濫用公司之法人地位，致公司負擔特定債務且清償顯有困難，其情節重大而有必要者，該股東應負清償之責（公九九Ⅱ）。

㈡股東之出資除現金外，得以對公司所有之貨幣債權、公司事業所需之財產或技術抵充之（公九九之一）。但不得以信用及勞務為出資。

㈢公司於彌補虧損完納一切稅捐後，分派盈餘時，應先提出百分之十為法定盈餘公積（公一一二Ⅰ前），俾維持及充實公司資本。

㈣公司資本額必須確定，故公司資本總額及各股東之出資額，均須記載於章程（公一〇一Ⅰ4）。公司設立時，應提交會計師資本額查核報告書暨其附件。公司得經股東表決權過半數之同意減資或變更組織為股份有限公司（公一〇六Ⅲ）。

㈤公司得以章程訂定股東出資多寡比例分配表決權（公一○二Ⅰ但）。

㈥公司應至少設置董事一人執行業務，並代表公司，最多設置董事三人，應經股東表決權三分之二以上之同意，就有行為能力之股東中選任之。董事有數人時，得以章程置董事長一人，對外代表公司；董事長應經董事過半數之同意互選之（公一○八Ⅰ）。

㈦股東出資，僅得轉讓，但並未如無限公司有退股除名之規定，亦無如股份有限公司，在特定情形下，例外許公司收回或收買股東出資之規定。就有限公司之出資轉讓言，故係屬資合性質，卻略帶人合色彩。

第四、有限公司之優劣

一、有限公司之優點

有限公司之優點，約有下列五點：

㈠有限公司股東人數最少一人以上，通常人數不多，彼此易於認識。

㈡有限公司只有發起設立，無募集設立，故設立程序簡單。

㈢有限公司之內部組織，較為單純。

㈣有限公司具資合公司之特色但略有人合之性質，適合中小規模企業之需要。

㈤有限公司股東若其以股東身分濫用公司之法人地位，致公司負擔特定債務且清償顯有困難，其情節重大而有必要者，該股東應負清償之責，否則僅以其出資額為限對公司負責任（公九九Ⅰ、Ⅱ），個人私產不受公司虧損之影響。

二、有限公司之缺點

有限公司之缺點，約有下列五點：

㈠有限公司之股東往往從事投機事業，虧則以負有限責任，對付公司之債權人。甚至利用有限之名，行詐欺之實。

㈡股東出資之轉讓，不若股份有限公司之自由❼。

---

❼　有限公司出資之轉讓依本法第 111 條第 1 項至第 3 項規定：「股東非得其他股東表決權過半數之同意，不得以其出資之全部或一部，轉讓於他人（公一一一

㈢有限公司股東之責任，若無濫權均屬有限責任，股東個人財產，原則上對公司債務不負責任。倘公司負債過鉅，影響債權人之利益。

㈣有限公司之設立，限於發起設立，往往因發起人之資金有限，無法經營大規模之企業，故不若股份有限公司兼採募集設立，得向社會大眾募集鉅大資金。

㈤有限公司資本總額，應由各股東全部繳足，不若股份有限公司兼採資本授權制，可依公司業務之進展，分期發行新股，較具彈性。

第二節　有限公司之設立

第一、設立方式

依本法第一〇〇條規定：「公司資本總額，應由各股東全部繳足，不得分期繳款或向外招募。」觀之，有限公司以發起設立為限，不得採募集設立。

第二、設立程序

一、訂立章程

㈠**訂立章程方式**　本法第九十八條第二項規定：「股東應以全體之同意訂立章程，簽名或蓋章，置於本公司，每人各執一份」，是故章程須以書面為之。簽名或蓋章僅有其一即可成立。

㈡**章程記載之內容**　有限公司章程應載明下列各款事項　（公一〇一
I）：

I）。董事非得其他股東表決權三分之二以上之同意，不得以其出資之全部或一部，轉讓於他人（公一一一II）。前二項轉讓，不同意之股東有優先受讓權；如不承受，視為同意轉讓，並同意修改章程有關股東及其出資額事項（公一一一III）。」至於股份有限公司其無記名股票之持有人，因股票之交付而轉讓之。記名股票，由股票持有人以背書轉讓之（公一六四），不必其他股東一定人數之同意。

1.公司名稱。

2.所營事業。

3.股東姓名或名稱。

4.資本總額及各股東之出資額。

5.盈餘及虧損分派比例或標準。

6.本公司所在地。

7.董事人數。

8.定有解散事由者，其事由。

9.訂立章程之年、月、日。

前述除 5.公司章程應載明盈餘及虧損分派比例或標準，是以有限公司減資以彌補虧損者，應依章程規定辦理❽；及 8.定有解散事由者，其事由，為相對必要記載事項外，其餘皆為絕對必要記載事項。除上述必要記載事項外，凡不違反法律所強制或禁止之規定，及不違背公共秩序善良風俗者，亦得自由記載之，是謂章程任意記載事項。

㈢**不備置章程或章程有虛偽記載之處罰**　代表公司之董事不備置前述章程於本公司者，處新臺幣一萬元以上五萬元以下罰鍰。連續拒不備置者，並按次連續處新臺幣二萬元以上十萬元以下罰鍰（公一○一II）。按公司法第一○一條第一項係規範公司章程應載明事項，包括公司名稱、所營事業、股東姓名或名稱、住所或居所、資本總額及各股東出資額等，旨在便於查考，以維護交易安全。而經濟部九十三年二月六日經商字第○九三○二○一四五○○號函釋，係鑑於公司法第一○八條第四項準用同法第二一一條之規定，公司虧損達實收資本額二分之一時，董事應即向股東報告，惟如係一人組成之有限公司，因無報告之實益，自得排除準用公司法第二一一條第一項規定。以上兩者立意不同，尚不得參照辦理。有限公司代表公司董事不備置章程於公司者，仍應依公司法第一○一條第二項規定處罰❾。公司負責人所備章程有虛偽記載時，依刑法有關規定處罰，例如

---

❽　經濟部 91.10.28 經商字第 09102247030 號。

❾　經濟部 97.2.12 經商字第 09702014360 號。

刑法業務登載不實罪（刑二一五）。

二、繳納出資

(一)**出資之類別**　有限公司各股東之出資額，為章程之絕對必要記載事項之一。其出資額之類別，不以現金為限。現金以外之財產抵繳股款亦可。民國九十八年四月二十九日修正後之現行公司法刪除舊法第一○○條第二項有關最低資本額限制之規定，其修正理由如下：「1.按公司最低資本額之規定，係要求公司於設立登記時，最低資本須達一定數額，方得設立。惟資本僅為一計算上不變之數額，與公司之現實財產並無必然等同之關係；同時資本額為公示資訊，交易相對人可透過登記主管機關之資訊網站得知該項資訊，作為交易時之判斷；再者，公司申請設立登記時，其資本額仍應先經會計師查核簽證，如資本額不敷設立成本，造成資產不足抵償負債時，董事會應即聲請宣告破產，公司登記機關依本法第三百八十八條規定將不予登記。爰此，資本額如足敷公司設立時之開辦成本即准予設立，有助於公司迅速成立，亦無閒置資金之弊，該數額宜由個別公司因應其開辦成本而自行決定，尚不宜由主管機關統一訂定最低資本額。2.又依據世界銀行公元二○○八年九月發布『二○○九全球經商環境報告』中有關『最低資本額』之調查指出，我國『最低資本額』占國人平均所得百分之一百以上，於世界排名為第一五七名。為改善我國經商環境，促進企業開辦，公司資本額應以經會計師查核簽證認定資本額足敷設立成本即可，爰刪除第二項。」惟公司申請設立時，依公司法第七條規定，其資本額仍應先經會計師查核簽證；又依「會計師查核簽證公司登記資本額辦法」第六條第一項規定，會計師出具資本繳足之查核報告書……，屬設立資本之查核者，應另載明其資本是否足設立查核簽證日止之直接費用，是以，實務上尚不發生新臺幣一元申請設立公司之情形❿。

(二)**繳納之方法**　公司之資本總額，應由各股東全部繳足，不得分期繳納，或向外招募（公一○○）。

---

❿　經濟部 98.12.10 經商字第 09802163450 號。

三、申請設立之登記

申請本法各項登記之期限、應檢附之文件與書表及其他相關事項之辦法，由中央主管機關定之（公三八七 I）。前項登記之申請，得以電子方式為之；其實施辦法，由中央主管機關定之（公三八七 II）。前二項之申請，得委任代理人，代理人以會計師、律師為限（公三八七 III）。代表公司之負責人或外國公司在中華民國境內之負責人不依第一項所定辦法規定之申請期限辦理登記者，除由主管機關令其限期改正外，處新臺幣一萬元以上五萬元以下罰鍰（公三八七 IV）。有限公司應於章程訂立後十五日內，向主管機關申請為設立登記（公登二）。

申請設立登記時，應以申請書附送公司設立登記預查名稱申請表、公司章程、股東同意書（股東需親自簽名）、董事願任同意書、股東身分證明文件、董事資格或其他負責人身分證明文件、會計師資本額查核報告暨其附件、委託會計師簽證之委託書等影本，又如公司之設立，依法應先經主管機關許可者，應檢附許可文件影本，無者免送（公登五 I，附表三）。代表公司之負責人或外國公司在中華民國境內負責人不依上述規定之申請期限辦理登記者，除由主管機關責令限期改正外，處新臺幣一萬元以上五萬元以下罰鍰；屆期未改正者，繼續責令限期改正，並按次連續處新臺幣二萬元以上十萬元以下罰鍰，至改正為止（公三八七 V）。

第三節　有限公司之對內關係

第一、股東之出資

一、繳足股款

股東有繳足其出資額之義務，倘未繳足其出資額，本法未設失權之規定，實有不周，似應增訂之。股東繳納股款規定，詳閱前節「第二、設立程序，二、繳納出資」，茲不贅述。

二、股東名簿之備置

1. **記載事項** 公司應在本公司備置股東名簿，記載下列各款事項（公一〇三 I）：

⑴各股東出資額。

⑵各股東之姓名或名稱、住所或居所。

⑶繳納股款之年、月、日。

2. **不備置股東名簿之處罰** 代表公司之董事，不備置股東名簿於公司者，處新臺幣一萬元以上五萬元以下之罰鍰，再次拒不備置者，並按次處新臺幣二萬元以上十萬元以下罰鍰（公一〇三 II）。至於公司負責人所備股東名簿有虛偽記載者，依刑法有關規定處罰，如刑法業務登載不實罪（刑二一五）。

三、出資之轉讓

本法第一一一條規定出資之轉讓，分成下列三種方式：

㈠**一般股東之轉讓** 股東非得其他股東表決權過半數之同意，不得以其出資之全部或一部，轉讓於他人（公一一一 I）。然則股東姓名及出資額係有限公司章程必載之事項（公一〇一 I）。因此出資轉讓於他人時，股東必須變更章程，變更章程應經股東表決權三分之二以上之同意（公一一三 I）。為避免糾紛，對不同意轉讓之股東有優先受讓之權，如其不承受，視為同意轉讓，並同意修改章程有關股東及其出資額事項（公一一一 III），以資解決，俾維持公司股東之和諧。

㈡**特殊股東之轉讓** 董事非得其他股東表決權三分之二以上之同意，不得以其出資之全部或一部，轉讓於他人（公一一一 II）。

㈢**法院之強制轉讓** 法院依強制執行程序，將股東之出資轉讓於他人時，應通知公司及其他全體股東，於二十日內，依前述「㈠一般股東之轉讓」或「㈡特殊股東之轉讓」之方式，指定受讓人；逾期未指定或指定之受讓人不依同一條件受讓時，視為同意轉讓，並同意修改章程有關股東及其出資額事項（公一一一 IV）。

四、出資之設質

惟有限公司之出質，具有財產權之性質，依民法第九〇〇條規定：「稱權利質權者，謂以可讓與之債權或其他權利為標的物之質權。」，故得為質權之標的。復依民法第九〇二條規定：「權利質權之設定，除依本節規定外，並應依關於其權利讓與之規定為之。」關於有限公司之出資轉讓，依本法第一一一條第一項規定：「股東非得其他股東表決權過半數之同意，不得以其出資之全部或一部，轉讓於他人。」同條第二項規定：「董事非得其他股東表決權三分之二以上之同意，不得以其出資之全部或一部，轉讓於他人」，故以股東出資為設定質權之標的時，須得其他股東之同意為之。

第二、有限公司之機關

可分為執行機關、意思機關及監察機關三種，茲分述如下：

一、執行機關

有限公司之執行機關，有採單軌制者，即董事制，有限公司應設置董事一人或數人。有採雙軌制者，即執行業務股東制或董事制，如我國舊公司法第一〇八條第一項規定公司章程訂明專由股東中之一人或數人執行業務，及舊法同條第二項規定公司股東選任董事執行業務者，準用股份有限公司董事之規定二種。採單軌制則較單純，採雙軌制者，較為複雜，易生糾紛。現行我國公司法為簡化有限公司之組織，並強化其執行機關之功能，將舊法之「執行業務股東」及「董監事」雙軌制予以廢除，而採「董事」單軌制，以「董事」取代「執行業務股東」之地位 ❶。該第一〇八條第一項規定：「公司應至少置董事一人執行業務，並代表公司，最多置董事三人，應經三分之二以上股東之同意，就有行為能力之股東中選任之。董事有數人時，得以章程置董事長一人，對外代表公司；董事長經董事過半數之同意互選之。」因此有限公司至少設董事一人，最多設三人。至於董事長並非必設之機關，得依章程之規定而定之，同時亦無董事會之設置。又非董

---

❶　參閱 68.3.12 臺⑻經字第 2298 號函所附公司法部分條文修正草案條文對照表第 19 頁第 108 條說明。

事之股東，均得行使監察權，故無監察人之設置❷。再者第一〇八條第四
項規定：「第三十條、第四十六條、第四十九條至第五十三條、第五十四條
第三項、第五十七條至第五十九條、第二百零八條第三項、第二百零八條
之一及第二百十一條第一項及第三項之規定，於董事準用之。」上述除第
三十條規定屬於總則及第二〇八條第三項、第二〇八條之一與第二一一條
之規定屬於股份有限公司外，其餘均係無限公司執行業務股東之執行業務
之規定。因之論者批評本法第一〇八條之規定，對有限公司在組織上採類
似股份有限公司之董事單軌制，在執行業務上卻採無限公司制，實有不倫
不類之感。茲依本法第一〇八條之規定，詳述於下：

(一)**董事之資格** 董事之資格限於股東，公司或其他法人為股東時，亦
可為董事，但須指定自然人為其代表（公二七Ⅰ但）。其由自然人為股東時，
以有行為能力之股東中選任之（公一〇八Ⅰ前），故限制行為能力之股東，
即使經其法定代理人允許其獨立從事有限公司之事業，仍不得為董事。依
本法第一〇八條第四項之規定，本法第三十條於董事準用之，此乃屬董事
消極資格之限制。換言之，有下列情形之一者，不得充任董事，其已任者，
當然解任之：

1. 曾犯組織犯罪防制條例規定之罪，經有罪判決確定，尚未執行、尚
未執行完畢，或執行完畢、緩刑期滿或赦免後未逾五年。

2. 曾犯詐欺、背信、侵占罪經宣告有期徒刑一年以上之刑確定，尚未
執行、尚未執行完畢，或執行完畢、緩刑期滿或赦免後未逾二年。

3. 曾犯貪污治罪條例之罪，經判決有罪確定，尚未執行、尚未執行完
畢，或執行完畢、緩刑期滿或赦免後未逾二年。

4. 受破產之宣告或經法院裁定開始清算程序，尚未復權。

5. 使用票據經拒絕往來尚未期滿。

6. 無行為能力或限制行為能力。

7. 受輔助宣告尚未撤銷。

再者，為因應公司經營之國際化、自由化，董事之國籍、住所已無限

---

❷ 同❶所提對照表第 20 頁。

制之必要，縱非中華民國國籍者，亦得被選為董事。

　　㈡**董事之人數**　股份有限公司得依章程規定不設董事會，置董事一人或二人。置董事一人者，以其為董事長，董事會之職權並由該董事行使，不適用本法有關董事會之規定；置董事二人者，準用本法有關董事會之規定（公一九二 II）。但有限公司之董事人數至少一人，最多得設置董事三人（公一〇八 I 前）。其理由有二：

　　1.有限公司董事之資格限於股東，而僅有股東一人，即可設立有限公司。由此董事人數不宜太多，故本法規定最多設置董事三人。

　　2.就外國法制言，股份有限公司董事人數雖規定為三人以上，但關於有限公司之董事，則往往規定其人數為一人或數人，如日本有限公司法第二十五條、法國一八九七年之公司法第二十四條、德國有限公司法第六條、英國一九二〇年之公司法第一三九條均是，以配合有限公司股東之最低人數。

　　㈢**董事之職權**　依本法第一〇八條第四項規定：「第三十條、第四十六條、第四十九條至第五十三條、第五十四條第三項、第五十七條至第五十九條、第二百零八條第三項、第二百零八條之一及第二百十一條第一項及第二項之規定，於董事準用之。」關於第三十條者，於前「㈠董事之資格」業已述及，茲不復贅。至於其他準用之情形，分述於下：

　　1.準用本法第四十六條者，指關於執行意思，應取決於過半數之同意。通常事項，各董事皆得單獨執行，但其餘董事，有人提出異議時，應即停止執行。

　　2.準用第四十九條者，係指非有特約，不得向公司請求報酬。

　　3.準用第五十條者，係說明董事因執行業務所代墊之款項，得向公司請求償還，並支付墊款的利息；如係負擔債務，而其債務尚未到期者，得請求提供相當之擔保；如因執行業務，受有損害，而自己無過失者，得向公司請求賠償。

　　4.準用第五十一條者，係說明董事不得無故辭職，他董事亦不得無故使其退職。

5.準用第五十二條者，係說明董事應依照法令、章程及股東之決定，故倘章程規定「本公司對於有關不動產之出售，授權由董事裁決處分。」一節，尚無不合❸，董事如有違反法令、章程及股東共同之決定，致公司受有損害者，對於公司應負賠償責任。

6.準用第五十三條者，係說明董事代收款項，不於相當期間照繳，或有挪用公司款項情形，應加算利息，一併償還，如公司受有損害，並應賠償。

7.董事為自己或他人為與公司同類業務之行為，應對全體股東說明其行為之重要內容，並經股東表決權三分之二以上股東之同意(公一○八III)。否則董事不得為自己或他人為與公司同類營業之行為，即董事之競業禁止。又準用第五十四條第三項者，乃屬介入權，即董事違反競業禁止時，其他股東得以過半數之決議，將其為自己或他人所為行為之所得，作為公司之所得；但自所得產生後逾一年者，不在此限。

8.至於準用第五十七條至第五十九條之結果，係說明有限公司對外代表的事項，因本法對於有限公司一章的規定，未採取無限公司方面「內部關係」及「對外關係」分節之規定，而公司對外代表乃屬廣義的業務執行，故作為同法第一○八條第四項準用之條文。準用第五十七條之規定者，係指代表公司之董事，關於公司營業上一切事務，有辦理之權。

9.準用第五十八條之規定者，係指公司對董事代表權所加之限制，不得對抗善意第三人。

10.準用第五十九條之規定者，係指代表公司之董事，如為自己或他人與公司為買賣借貸或其他法律行為時，不得同時為公司之代表；但向公司清償債務時，不在此限。是以，有限公司代表公司之董事或董事長，如為自己或他人與公司為不動產所有權移轉登記時，既不得同時為公司之代表，自應依下列情形，另定代表公司之人：「㈠僅置董事一人者，由全體股東之同意另推選有行為能力之股東代表公司，㈡置董事二人以上，並特定一董事為董事長者，由其餘之董事代表公司」❹。縱然有限公司以全體股東同

---

❸　參閱經濟部 64.2.7 商字第 02989 號。

意授權該公司董事長與其本人訂立買賣契約，申請所有權移轉登記，應受公司法第五十九條規定限制。惟法務部七十九年八月十三日法參九七三六號函略以：「查有限公司之董事長，依公司法第一百零八條第三項準用同法第五十九條之規定，除向公司清償債務時外，如為自己或他人與公司為買賣、借貸或其他法律行為時，不得同時為公司之代表。公司法第五十九條之規定，其性質上屬於禁止之規定，如有違反者其法律行為應屬無效（民七一前段參照）。因此，有限公司之董事長若非向公司清償債務，縱經全體股東事前授權，似仍不得為公司之代表與其本人訂立買賣契約。」❶⑤

11.準用第二〇八條第三項者，係指董事長對內為全體股東會議之主席，對外代表公司。董事長請假或因故不能行使職權時，由副董事長代理之；無副董事長或副董事長亦請假或因故不能行使職權時，指定董事一人代理之；董事長未指定代理人者，由董事互推一人代理之。

12.準用第二〇八條之一者，係指董事長不為或不能行使職權，致公司有受損害之虞時，法院因利害關係人或檢察官之聲請，得選任一人以上之臨時管理人，代行董事長之職權。但不得為不利於公司之行為。前項臨時管理人，法院應囑託主管機關為之登記。臨時管理人解任時，法院應囑託主管機關註銷登記。

13.準用第二一一條第一項及第二項之規定者，係指公司虧損資本達總額二分之一時，董事會應於最近一次股東會報告。公司資產顯有不足抵償其所負債務時，除得依第二八二條辦理外，董事應即宣告破產。倘董事違反前述規定時，處新臺幣二萬元以上十萬元以下罰鍰。

二、意思機關

有限公司之意思機關，在於全體股東。按舊公司法採雙軌制，得準用股份有限公司之有關規定，故其意思機關，可分為得設股東會與不設股東會二種。現行公司法採董事單軌制，不再準用股份有限公司之有關規定，故有限公司股東會之組織予以廢除。其意思之決定準用無限公司之規定，

---

⑭　經濟部 75.10.28 經商字第 47488 號。

⑮　經濟部 75.9.9 經商字第 39986 號。

即在於全體股東。至於有限公司變更章程、合併、解散及清算,應經股東表決權三分之二以上之同意(公一一三 I)。除前項規定外公司變更章程、合併、解散及清算準用無限公司有關之規定(公一一三)。

再者,股東之表決權,依本法第一〇二條第一項規定:「每一股東不問出資多寡,均有一表決權。但得以章程訂定按出資多寡比例分配表決權。」觀之,原則上每一股東有一表決權之規定,傾向於人合公司之性質。惟例外得以章程訂定按出資多寡比例分配表決權之規定,傾向於資合公司之性質。政府或法人為股東時,其代表人不限於一人,但表決權之行使,仍以其出資額綜合計算。代表人有二人以上時,其代表人行使表決權應共同為之(公一〇二 II 準公一八一)。

三、監察機關

有限公司行使監察權之機關,因現行法不再準用股份有限公司之有關規定,故廢除有限公司之監察人制度規定。現行法明訂,不執行業務之股東,均得行使監察權;其監察權之行使,準用第四十八條之規定(公一〇九 I)。不執行業務之股東辦理前項事務,得代表公司委託律師、會計師審核之(公一〇九 II)。規避、妨礙或拒絕不執行業務股東行使監察權者,代表公司之董事各處新臺幣二萬元以上十萬元以下罰鍰(公一〇九 III)。

四、經理人之設置

有限公司於董事執行業務時,得依章程訂定設置經理人。關於經理人之設置,須有全體股東過半數之同意(公二九 I 2)。又經理人有二人以上時,其職稱應由公司自行決定,本法無強制規定,以符私法人自治原則。為因應公司經營之國際化、自由化,經理人住、居所已無限制必要❶。

第三、公司之會計

一、會計表冊之造送與承認

㈠有限公司之董事,應於每屆會計年度終了,造具下列三種表冊,分送各股東,請其承認;其承認應經股東表決權過半數之同意(公一一〇 I

---

❶　民國 107 年 7 月 6 日立法院通過公司法修正條文第 29 條修正說明。

準公二二八）：

　　1.營業報告書。

　　2.財務報表。

　　3.盈餘分派或虧損彌補之議案。

　　上述表冊，至遲應於每會計年度終了六個月內分送，分送逾一個月未提出異議者，視為承認（公一一〇II），此乃發信主義。各項表冊，經全體股東承認後，視為公司已解除董事之責任。但董事有不法行為者，不在此限（公一一〇III準公二三一）。

　　㈡有限公司之會計表冊不須公告，此係因有限公司具有不公開性質使然。

二、業務帳目之檢查

　　依本法第一一〇條第四項之規定，準用本法第二四五條第一項股份有限公司檢查人之規定。因此繼續六個月以上持有出資額佔資本總額百分之一以上之股東，得檢附理由、事證及說明其必要性，聲請法院選派檢查人，於必要範圍內檢查公司業務帳目、財產情形、特定事項、特定文件及記錄（公二四五I），聲請法院選派檢查人之檢查，有規避、妨礙或拒絕行為者，處新臺幣二萬元以上十萬元以下之罰鍰（公一一〇IV）。

三、盈餘公積之提存

　　㈠**法定盈餘公積**　公司於彌補虧損完納一切稅捐後，分派盈餘時，應先提出百分之十為法定盈餘公積；但法定盈餘公積已達資本總額時，不在此限（公一一二I）。所謂公積，不以現金為限，動產、不動產均可為之。至於公司分派盈餘前，應先彌補虧損，其目的在於健全公司之財務結構。倘公司負責人違反此項規定，不提出法定盈餘公積時，各處新臺幣二萬元以上十萬元以下罰鍰（公一一二IV）。又本法明定準用第二百三十九條、第二百四十一條第一項第二款及第三項之規定（公一一二III）。準用之情形如下：有限公司之法定盈餘公積及資本公積，除填補公司虧損外，不得使用之；但第二百四十一條第一項第二款之情形，或法律另有規定者，不在此限。又有限公司非於盈餘公積填補資本虧損，仍有不足時，不得以資本公

積補充之。另有限公司無虧損者，得經股東表決權三分之二以上之同意，將法定盈餘公積及資本公積（受領贈與之所得）之全部或一部，按股東出資額之比例發給出資額或現金。以法定盈餘公積發給出資額或現金，以該項公積超過資本總額百分之二十五之部分為限❼。

㈡**特別盈餘公積**　除前述法定盈餘公積外，公司得以章程訂定或經股東表決權三分之二以上之同意，另提特別盈餘公積（公一一二II）。前述法定盈餘公積之比例，限於盈餘百分之十，而特別盈餘公積不受此限制。

四、股息及紅利之分派

㈠**盈餘股息及紅利之分派**　有限公司有盈餘時，其盈餘之分派，準用股份有限公司之規定。質言之，得每季或每半會計年度盈餘分派或虧損撥補（公一一〇III準公二二八之一）；非彌補虧損、完納稅捐及依規定提出法定盈餘公積後，不得分派股息及紅利。公司無盈餘時，不得分派股息及紅利。公司負責人違反前述規定分派股息及紅利時，各處一年以下有期徒刑、拘役或科或併科新臺幣六萬元以下罰金（公一一〇III準公二三二）。公司違反上述規定分派股息及紅利時，公司債權人得請求退還，並得請求賠償因此所受之損害（公一一〇III準公二三三）。

㈡**股息及紅利分派之標準**　股息及紅利之分派，除本法另有規定外，以各股東出資額之比例為準（公一一〇III準公二三五）。

公司應於章程訂明以當年度獲利狀況之定額或比率，分派員工酬勞。但公司尚有累積虧損時，應予彌補（公一一〇III準公二三五之一 I）。公營事業除經該公營事業之主管機關專案核定於章程訂明分派員工酬勞之定額或比率外，不適用前項之規定（公一一〇III準公二三五之一II）。前二項員工酬勞以股票或現金為之，應由董事會以董事三分之二以上之出席及出席董事過半數同意之決議行之，並報告股東會（公一一〇III準公二三五之一III）。公司經前項董事會決議以股票之方式發給員工酬勞者，得同次決議以發行新股或收買自己之股份為之（公一一〇III準公二三五之一IV）。章程得訂明依第一項至第三項發給股票或現金之對象包括符合一定條件之控制或

❼　民國 107 年 7 月 6 日立法院公司法修正條文第 112 條第 3 項修正說明。

從屬公司員工（公一一〇Ⅲ準公二三五之一Ⅴ）。股份有限公司得以股息、紅利發行新股之規定，於有限公司準用之（公一一〇Ⅲ準公二四〇Ⅰ）。

第四節　有限公司之對外關係

第一、公司之代表

　　有限公司應至少設置董事一人執行業務，並代表公司，最多設置董事三人，應經股東表決權三分之二以上之同意，就有行為能力之股東選任之。董事有數人時，得以章程置董事長一人，對外代表公司；董事長應經董事過半數之同意互選之（公一〇八Ⅰ）。代表公司之董事或董事長，關於公司營業上一切事務，有辦理之權。公司對於董事代表權所加之限制，不得對抗善意第三人。代表公司之董事，如為自己或他人與公司為買賣、借貸或其他法律行為時，不得同時為公司之代表，但向公司清償債務時，不在此限（公一〇八Ⅲ準公五七、五八、五九）。有限公司代表公司之董事或董事長，如為自己或他人與公司為買賣、借貸或其他法律行為，既不得同時為公司之代表，自應依下列情形，另定代表公司之人（公一〇八Ⅳ準公五九）：

㈠僅置董事一人者，由全體股東之同意另推選有行為能力之股東代表公司。

㈡置董事二人以上，並特定一董事為董事長者，由其餘之董事代表公司❶⑧。

第二、股東之責任

　　各股東對於公司之責任，除第二項規定外，以其出資額為限（公九九Ⅰ）。換言之，原則上即僅負有限責任，各股東對公司在其出資總額範圍內，僅負繳足該出資額之責任，對外不再負任何責任。惟股東濫用公司之法人地位，致公司負擔特定債務且清償顯有困難，其情節重大而有必要者，該股東應負清償之責（公九九Ⅱ）。此乃「揭穿公司面紗原則」，明定於本法第一百五十四條第二項，僅適用於股份有限公司。其目的在防免股東利用

---

⑱　經濟部 92.9.15 經商字第 09202193120 號。

公司之獨立人格及股東有限責任而規避其應負之責任。考量與股份有限公司股東同屬負有限責任之有限公司股東，亦有利用公司之獨立人格及股東有限責任而規避其應負責任之可能，爰一併納入規範，以資周延 ❶ 。

第五節　有限公司之增加資本、減少資本及變更組織

第一、增加資本

　　依本法第一〇六條第一項規定：「公司增資，應經股東過表決權半數之同意。但股東雖同意增資，仍無按原出資數比例出資之義務。」是故有限公司得增加資本。倘增加資本，須經全體股東表決權過半數之同意。股東表決權過半數同意後，不生任何義務，僅有按其出資額比例出資之優先權，但無出資之義務。公司增資雖依本法第一〇六條第一項規定，經全體股東表決權三分之二之同意即可，但增資必須變更章程。變更章程時，依本法第一一三條規定，須全體股東同意，則與本法第一〇六條第一項增資之規定，無法配合，故本法第一〇六條第二項規定：「有前項但書情形時，得經股東表決權過半數之同意，由新股東參加。」又同條第三項規定「公司得經股東表決權過半數之同意減資或變更其組織為股份有限公司。」本法規定前三項不同意增資之股東，對章程因增資修正部分，視為同意（公一〇六Ⅳ）。以資解決增資後無法修正章程之難題。因此本法第一一三條規定：「公司變更章程、合併及解散，應經股東表決權三分之二以上之同意。除前項規定外，公司變更章程、合併、解散及清算準用無限公司有關之規定。」

第二、減少資本

　　現行公司法規定，有限公司得經股東表決權過半數之同意減資（公一〇六Ⅲ前）。蓋隨著經濟之發展，且公司經營規模大小，允屬公司自治事項，

❶　民國 107 年 7 月 6 日立法院公司法修正條文理由。

而債權人之徵信，亦有其他方式，有關限制減資之規定已無必要，應予刪除❷。現行本法更規定降低減資之同意門檻，惟股東表決權過半數之同意即可。有限公司擬以減資方式彌補公司虧損，公司法尚無明文限制，惟應屬可行❷。

第三、變更組織

依現行法之規定有限公司得變更組織為股份有限公司，但股份有限公司不得變更組織為有限公司。茲將有限公司變更組織為股份有限公司之要件、立法理由及變更組織之登記，述之於下：

㈠**變更為股份有限公司之要件**　有限公司得經股東表決權過半數同意，變更其組織為股份有限公司（公一〇六III）。變更組織，其要件有三，茲分述於下：

1.須經股東表決權過半數之同意，但不同意之股東，對章程修訂部分，視為同意（公一〇六IV）。

2.如自然人股東須增加至二人以上，但政府或法人股東一人即可。

3.辦理變更登記。

公司為變更組織之決議後，應即向各債權人分別通知及公告（公一〇七 I）。變更組織後之公司，應承擔變更組織前公司之債務（公一〇七II），以便維護債權人之利益。再者，從本法第一〇六條第四項後段之立法意旨觀之，有限公司增資、減資可與變更組織併案辦理❷，惟應為變更登記。

㈡**變更組織之立法理由**　有限公司變更為股份有限公司，除與一般

---

❷　民國 90 年公司法第 106 條修正理由。

❷　經濟部 91.10.18 經商字第 09102220740 號。

❷　參閱經濟部 61.9.30 商字第 27358 號令：「查有限公司變更組織為股份有限公司，就公司法（舊）第一〇六條第二項後段立法意旨，其股東在七人以上而具備股份有限公司要件者，即得為之，如因增加資本金額而增加股東人數欲變更組織為股份有限公司時，為簡化程序便民計可准將增資部分及原有淨值合為股份有限公司之資本額併於設立登記案辦理。」惟現行法應以變更登記辦理，並非以設立登記為之，故上述經濟部之解釋，不得適用之。

公司變更組織之目的，在避免複雜之清算程序外，並為促進社會經濟之發展及吸收大量資金，故鼓勵有限公司改組為股份有限公司以達資本大眾化（社會化），勞資合一，以應時代之需要，俾達到均富之境地。

第六節　有限公司之變更章程、合併、解散及清算

有限公司變更章程、合併、解散應經股東表決權三分之二以上之同意（公一一三 I）。除前項規定外，公司變更章程、合併、解散及清算，準用無限公司有關之規定（公一一三 II）。按現行法有限公司採董事單軌制，對此僅準用無限公司之有關規定。

第七節　有限公司與無限公司之異同

第一、有限公司與無限公司之相異點

一、公司性質

有限公司具資合公司，但略帶人合公司之性質；無限公司單純為人合公司。

二、股東人數

有限公司之股東一人以上，最高人數不作限制；無限公司最低人數為二人，最高人數不作限制。

三、股東資格

有限公司之股東得為政府或法人；無限公司之股東一般以自然人為限。

四、出資繳款

有限公司股東之出資以一次全部繳足不得分期繳納；無限公司無此規定。

五、出資種類

有限公司股東之出資除現金外，得以對公司所有之貨幣債權、公司事業所需之財產或技術抵充之（公九九之一）；無限公司除現金及財產外，勞務或其他權利均可出資（公四三）。

六、股東責任

股東濫用公司之法人地位，致公司負擔特定債務且清償顯有困難，其情節重大而有必要者，該股東應負清償之責（公九九II）；無限公司股東對債權人負連帶清償之責。

七、股東名簿

有限公司須依法作成股東名簿備置於本公司；無限公司無此規定。

八、出資轉讓

有限公司股東非得其他股東表決權過半數之同意，不得以其出資之全部或一部，轉讓於他人（公一一一I）。董事非得其他股東表決權三分之二以上之同意，不得以其出資之全部或一部，轉讓於他人（公一一一II）。前二項轉讓，不同意之股東有優先受讓權；如不承受，視為同意轉讓，並同意修改章程有關股東及其出資額事項（公一一一III）。法院依強制執行程序，將股東之出資轉讓於他人時，應通知公司及其他股東，於二十日內，依第一項或第二項之方式，指定受讓人；逾期未指定或指定之受讓人不依同一條件受讓時，視為同意轉讓，並同意修改章程有關股東及其出資額事項（公一一一IV）；無限公司股東出資轉讓，須經全體股東同意。

九、股東變動

有限公司新股東之加入，僅限於增資及出資轉讓；無限公司得增加新股東（公七一III），並有類似（表見）股東的規定（公六二）。

十、對外代表

有限公司設董事代表公司；無限公司所有股東或其中一人或數人得對外代表公司。

十一、業務執行

有限公司採用董事制，執行公司業務；無限公司則由全體股東或選有

執行業務股東執行業務。

十二、表決權數

有限公司每一股東有一表決權，但得以章程規定按出資多寡分配其表決權；無限公司無明文規定，本於人合公司之性質，應以每一股東有一表決權為準。

十三、公司資本

有限公司得增資或減資；無限公司無此規定。

十四、提出公積

有限公司須提出法定盈餘公積，並得依章程規定提出特別盈餘公積；無限公司無此強制規定。

十五、股東退股

有限公司股東之退股條件，本法並未規定；本法對無限公司股東有退股之規定。

十六、變更組織

本法明文規定有限公司得變更為股份有限公司（公一〇六III）；本法明文規定無限公司得經股東三分之二以上之同意變更章程，將其組織變更為有限公司或股份有限公司（公七六之一 I）。前項情形，不同意之股東得以書面向公司聲明退股（公七六之一 II）。

第二、有限公司與無限公司之相同點

一、章程訂立

二者均須經全體股東的同意，在法律規定上其章訂內容之事項大同小異。

二、章程備置

二者均由每一股東各執一份，並須備置章程於本公司。無限公司代表公司之股東或有限公司代表公司之董事不備置章程於本公司者，處新臺幣一萬元以上五萬元以下罰鍰，再次拒不備置者，並按次處新臺幣二萬元以上十萬元以下罰鍰（公四一II、一〇一II）。

三、出資轉讓

二者均須依法取得其他股東的同意，否則不得自由轉讓。

四、組織形態

二者均採單軌制。

五、出資義務

二者均無在認定出資數額以外，對公司負繼續不斷出資義務。

六、債務抵銷

二者均不許公司債務人以其對公司之債務，對股東之債權抵銷。

七、業務監察

二者不執行業務之股東，均有監察權。

八、變更章程、合併、解散及清算

有限公司之變更章程、合併及解散，應經股東表決權三分之二以上之同意外，公司變更章程、合併、解散及清算準用無限公司有關之規定（公一一三），即均須取得全體股東之同意。

九、變更組織

二者均須經得全體股東之同意，並須變更章程及變更登記。

第四章　兩合公司

第一節　兩合公司之概念

第一、兩合公司之意義

兩合公司者，乃一人以上之無限責任股東，與一人以上之有限責任股東所組織而成。無限責任股東對公司債務負連帶無限清償責任；有限責任股東，就其出資額為限，負其責任之公司（公二、一一四）。茲將其意義分述如下：

一、兩合公司為公司之一種

兩合公司為公司之一種，因此本法通則規定，均得適用。關於公司之意義，詳閱本論第一章第一節所述，茲不復贅。其次，兩合公司為法人，而民法上之隱名合夥，僅屬契約，不具法人之人格，故二者不同。

二、兩合公司為一人以上之無限責任股東，與一人以上之有限責任股東組織而成

兩合公司至少須有二人以上之股東組織而成，其中至少須一人以上之無限責任股東，與一人以上之有限責任股東。不論有限責任股東或無限責任股東，其姓名為章程絕對必要記載之事項，並須登記之；而民法上之隱名合夥，其隱名合夥人之姓名不須向主管機關登記，故二者不容混淆。

三、兩合公司之有限責任股東負有限責任

兩合公司之有限責任股東，對於公司之債務，就其出資額為限，對於公司負其責任。換言之，即與有限公司股東之責任相同。

四、兩合公司之無限責任股東負無限責任

兩合公司之無限責任股東，對於公司之債務，負連帶無限之責任。換言之，即與無限公司股東之責任相同。無限公司之股東其所負責任重大，故公司業務之執行及對外之代表，均屬無限責任股東之權限。有限責任股東，不得為之。

第二、兩合公司之沿革

第十世紀及第十一世紀之地中海沿岸，盛行一種所謂康美達 (Commenda) 契約，而在北歐 Hensa 區域，則稱之為塞臺維 (Sendeve)，名異實同。按 Commenda 一詞，係拉丁民族所習用之方言，即含有信用及委託兩意在內之契約。初時僅適用於海外貿易，資本家常以商品及金錢委託航海之人，代為營業，獲有盈餘，則投資者可得四分之三，航海者得四分之一，久而久之，陸上商業，亦採此制。自十五世紀以降，義大利之資本家，相與聯合，共營企業❶，康美達契約大為盛行。法國一六七三年之商業條例，將無限公司與兩合公司，並予規定，而稱兩合公司為 Société en Commandite。至一八〇七年頒布商法法典，亦認許兩合公司，而與隱名合夥並列。德國商法雖不認兩合公司為法人，而其制度則與法國所定者相近。日本商法亦以法國之制為準，惟定名為合資會社，揆之法理，頗覺可訾。蓋此種公司之股東，乃以資本與勞務，而聯合以圖功，固非僅恃資本為團結之要件。因此我國於民國三年公布之公司條例，改稱為兩合公司。現行公司法因之亦取資本、勞務兩相結合之意義也❷。

第三、兩合公司之性質

一、組織二元化

兩合公司者，係由有限責任股東與無限責任股東組織而成。有限責任股東，對公司之業務無執行權，但有監察權。無限責任股東有執行業務及

---

❶　梅仲協著《商事法要義》(50 年) 第 158 頁。

❷　張國鍵著《商事法論》(66 年) 第 92 頁。

代表公司之權限。

二、人資折衷化

兩合公司者，係由二種不同責任之股東組織而成。是折衷人合公司及資合公司而成立之另一種公司，俾資才合作，經營企業。

三、準用無限公司之規定

依公司法第一一五條規定：「兩合公司除本章規定外，準用第二章（無限公司）之規定。」

蓋兩合公司之組織為無限公司之變相，除本章關於有限責任股東之特別規定外，均與無限公司同，故準用無限公司之規定或類推適用民法上之合夥。

第四、兩合公司之優點及缺點

一、兩合公司之優點

㈠兩合公司之一部分股東以出資為限，對公司負責任。因責任較輕，較願投資，故募集資本，較無限公司容易。

㈡擁有信用或能力者，與擁有資本者，可以合作。

㈢業務由無限責任股東執行，可收責任專一之效。

㈣有限責任股東雖無執行業務之權，但對公司業務之執行有監察權，促使公司營運走上正途。

二、兩合公司之缺點

㈠業務由無限責任股東主持，有限責任股東不得執行業務，難免為無限責任股東所操縱。

㈡公司財務基礎不如無限公司之穩固。

㈢股東轉讓出資，頗為困難。

㈣兩合公司之股東所負責任不同，他人不易辨清。

第二節 兩合公司之設立

第一、設立之方式

兩合公司之設立方式與無限公司同，僅得採取發起設立。

第二、設立之程序

一、訂立章程

㈠**章程記載事項** 兩合公司之章程，除記載本法第四十一條所列各款事項外，並應記明各股東之責任為無限或有限（公一一六）。公司之名稱，應標明其為兩合公司（公二II）。至兩合公司之股東，是否須半數以上在國內有住所，本法雖無明文規定，然準用無限公司之規定，應解釋為兩合公司之無限責任股東，須半數以上在國內有住所（公一一五準公四〇I），俾保護債權人之利益。

㈡**備置章程於公司** 訂立章程應以全體股東之同意，簽名或蓋章置於本公司，並每人各執一份（公一一五準公四〇II）。

二、繳納出資

詳閱本章第三節「第一、股東之出資」。

三、申請設立登記

兩合公司應自訂立章程後十五日內，以申請書將公司章程影本、股東同意書影本、股東及身分證明文件影本……等，及應繳規費，向主管機關申請設立登記（公登二1、五I及「兩合公司登記應附送書表一覽表」）。因此設立登記之申請，僅限於由全體無限責任股東為之，有限責任股東並不參與。

第三、設立之無效與撤銷

我國公司法未明文規定設立之無效。惟參照民法法理，亦應有之。至

於設立之撤銷，本法第九條有規定之。關於設立之無效及撤銷，詳閱本論第一章第四節及第二章第二節所述，茲不復贅。

第三節　兩合公司之對內關係

第一、股東之出資

一、出資之種類

兩合公司依其股東責任之不同，其出資有下列二種：

㈠**無限責任股東之出資**　本法並無限制，故除現金或其他財產外，尚得以勞務為出資，但不得以信用出資（公四三）。

㈡**有限責任股東之出資**　有限責任股東，不得以信用或勞務為出資（公一一七）。質言之，僅得以現金或其他財產為出資。

二、出資之轉讓

依其股東責任之不同，分為下列二種：

㈠**無限責任股東之轉讓**　準用無限公司之規定，須經全體股東之同意，即包括全體無限責任與有限責任股東之同意，始得轉讓。

㈡**有限責任股東之轉讓**　有限責任股東，非得無限責任股東過半數之同意，不得以其出資之全部或一部轉讓他人（公一一九 I）。蓋以有限責任股東之出資，對無限責任股東有利害關係，故不得任其自由轉讓，以致減少無限責任股東對業務之興趣也。惟股東姓名及出資額，係公司章程必載事項，修改章程依規定必須全體股東同意（公一一五），故與本法第一一九條第一項之同意人數互有出入，造成出資額轉讓後，因少數股東反對，致無法修改章程。因此本法第一一九條第二項規定：「第一百十一條第二項及第四項之規定，於前項準用之。」所謂準用第一一一條第二項，係指對轉讓不同意之股東有優先受讓之權，如不承受，視為同意轉讓，並同意修改章程有關股東及其出資額事項，以資配合。所謂準用本法第一一一條第四項，即關於強制出資轉讓之規定，於有限責任股東出資轉讓時，亦準用

之（公一一九 II）。換言之，法院依強制執行程序，將有限責任股東之出資轉讓於他人時，應通知公司及其他全體股東，於二十日內，得依無限責任股東過半數之同意方式指定受讓人；逾期未指定或指定之受讓人不依同一條件受讓時，視為同意轉讓，並同意修改章程有關股東及其出資額事項（公一一九 II 準公一一一 IV）。

第二、公司之機關

一、執行機關

(一)**業務執行機關**　兩合公司業務之執行，專屬於無限責任股東。有限責任股東，不得執行公司業務及對外代表公司（公一二二）。蓋有限責任股東所負責任，僅以出資為限，對公司利害較輕，責任心較弱，因此加以限制，依此規定，兩合公司業務之執行，專屬於無限責任股東之權限，故不得選任董事執行之。

(二)**執行業務之方法**　兩合公司業務之執行，由無限責任股東為之。倘無限責任之股東有二人以上時，各有執行業務之權利，但章程所訂明，由股東中一人或數人執行業務者，從其訂定（公一一五準公四五）。執行方法未有訂明時，取決於執行業務股東之過半數。

執行業務股東，關於通常事務各得單獨執行，但其他執行業務股東提出異議時，應即時停止執行（公一一五準公四六），而由全體執行業務股東決議之。

(三)**執行業務股東之權利**　執行業務之無限責任股東其權利有四。茲述之於下：

　1.報酬請求權。

　2.墊款償還請求權。

　3.損害賠償請求權。

　4.債務擔保請求權。

上列之權利與無限公司同。詳閱前述，茲不復贅。

(四)**執行業務股東之職務**　執行業務之無限責任股東之職務有四，茲

述之於下：

　　1.依法令、章程及決議執行之義務。

　　2.繳還代收墊款之義務。

　　3.報告業務之義務。

　　4.答覆質詢之義務。

　　㈤**經理人之任免**　兩合公司之業務，僅由無限責任之股東執行之，公司得依章程規定設置經理人，其委任、解任及報酬須由全體無限責任股東過半數之同意（公二九Ⅰ1），但公司章程有較高規定者，從其規定。有限責任股東得被委任為經理人而執行業務。經理人之資格及競業禁止之規定，詳閱本論第一章第九節所述，茲不復贅。

　二、監察機關

　　此乃指有限責任股東之監察權。

　　㈠有限責任股東得於每會計年度終了時，查閱公司帳目、業務及財產情形（公一一八Ⅰ）。

　　㈡有限責任股東平時不得查閱公司帳目、業務及財產情形，此與不執行業務之無限責任股東，得隨時查閱不同。惟遇有必要時，法院得因有限責任股東之聲請，許其隨時檢查公司帳目、業務及財產之情形（公一一八Ⅰ後），此為有限責任股東之臨時監察權。對於前述之檢查，有妨礙、拒絕或規避行為者，各處新臺幣二萬元以上十萬元以下罰鍰。連續妨礙、拒絕或規避者，並按次連續各處新臺幣四萬元以上二十萬元以下罰鍰（公一一八Ⅱ）。

　三、競業自由之禁止與例外

　　㈠**無限責任股東之競業禁止**　兩合公司之無限責任股東，既執行業務，自應準用無限公司有關競業禁止之規定（公一一五準公五四）。

　　㈡**有限責任股東之競業自由**　有限責任股東，得為自己或他人，為與本公司同類營業之行為，亦得為他公司之無限責任股東，或合夥事業之合夥人（公一二〇）。蓋有限責任股東，對內既不執行業務，對外又不代表公司，均無利害衝突之虞。惟有限責任股東，被委任為兩合公司之經理人

時，應受競業禁止之規定，自不待言。

四、盈餘分派

兩合公司盈餘之分派，本法並無特別規定，自應準用無限公司之規定，即公司非完納稅捐彌補虧損後，不得分派盈餘。公司負責人違反此項規定時，各處一年以下有期徒刑、拘役或科或併科新臺幣六萬元以下罰金（公一一五準公六三）。至盈餘及虧損分派之比率或標準，自應訂立於章程（公一一六準公四一 I 6）。有限責任股東，分擔虧損，僅以其出資額為限，自不待言。

五、股東之入股及退股

(一)**入股**　兩合公司股東之入股，本法並無特別規定，解釋上應與無限公司之入股情形相同。

(二)**退股**　依其股東之責任而不同，可分下列二種：

1.**無限責任股東之退股**　其退股之事由及效力，本法無特別規定，自應準用無限公司股東之退股（公六五、六六）。

2.**有限責任股東之退股**

(1)退股之事由　兩合公司之有限責任股東，其退股之事由，與無限責任股東之退股事由，略有不同，茲述之於下：

①受監護宣告，非當然退股　無限責任股東，受監護或輔助宣告即不能執行業務，故須退股；但依本法第一二三條第一項規定：「有限責任股東，不因受監護或輔助宣告而退股。」蓋有限責任股東受此宣告，於公司業務並無妨礙故也。

②死亡非當然退股　無限責任股東死亡即退股，但有限責任股東死亡時，其出資歸其繼承人（公一二三 II）。蓋有限責任股東之死亡，對公司並無影響，故本法明文規定由繼承人繼承。至於兩合公司無限責任股東之死亡，雖為退股之原因，然此並非強行規定（公一一五準公六六 I 2）。如公司章程訂明得由繼承人繼承其地位者，其繼承人仍得繼承之❸。

③兩合公司之有限責任股東退股，有下列二情形：

---

❸　參閱最高法院 69 年臺上字第 1340 號判決。

　　A.聲請退股　有限責任股東遇有非可歸責於自己之重大事由時，得經無限責任股東過半數之同意退股，或聲請法院准其退股（公一二四）。例如因貧病交加，非將股本抽出，無法支付醫療費用。其必須經無限責任股東過半數之同意。不同意時，得聲請法院，准其退股。

　　B.法定退股　乃基於法定原因而退股，與當事人意思無關，其原因如下：

　　㈠除名　有限責任股東有下列情事之一者，得經全體無限責任股東之同意，將其除名（公一二五Ⅰ）：⒜不履行出資義務者；⒝有不正當行為，妨害公司利益者。

　　上述除名，非通知該股東後，不得對抗之（公一二五Ⅱ）。一經除名，則當然退股（公一二五準公六六Ⅰ5）。

　　㈡章程所定退股事由之發生（公一一五準公六六Ⅰ1）。

　　㈢破產　有限責任股東破產，亦為退股之原因（公一一五準公六六Ⅰ3）。

　　㈣法院強制執行股東之出資　股東之出資經法院強制執行，自應退股，但執行法院應於二個月前通知公司及其他股東（公一一五準公六六Ⅰ6、Ⅱ）。

　　⑵退股之效力　有限責任股東退股與公司結算，應以退股時公司財產之狀況為準，以現金抵還其出資。倘公司事務有未了結時，於了結後，計算其損益，分派其盈餘（公一一五準公六九）。有限責任股東，並不於退股登記後二年內，負連帶無限責任。

六、變更章程

　　兩合公司之變更章程，準用無限公司有關規定，應得全體無限責任及有限責任股東之同意（公一一五準公四七）。

第四節　兩合公司之對外關係

第一、公司之代表

在兩合公司，其代表公司之權，專屬無限責任之股東，故有限責任股東，不得代表公司（公一二二）。因此，各無限責任股東，均有代表公司之權，但公司章程得特定代表公司之股東（公一一五準公五六）。代表公司之無限責任股東，有辦理公司營業上一切事務之權（公一一五準公五七），但代表權所加之限制，不得對抗善意第三人（公一一五準公五八），並禁止執行業務股東雙方代理之規定（公一一五準公五九）。

第二、股東之責任

一、無限責任之股東

其責任與無限公司之股東同，即直接對公司債權人負連帶無限之責任（公一一五準公六〇）。

二、有限責任之股東

㈠**以出資額為限**　有限責任股東，以出資額為限，對公司負其責任(公一一四II)。

㈡**類似無限責任股東之責任**　有限責任股東，如有可以令人信其為無限責任股東之行為者，對於善意第三人，負無限責任股東之責任（公一二一）。例如出示名片，自稱無限責任股東，而代表公司與人訂立借款契約，或洽定業務等行為。倘對方不知情，該股東應負無限責任股東之責任，不得以其係有限責任股東以為抗辯。倘所借之款，公司無法清償時，行為人應負無限清償責任，以資保護交易安全。立法旨趣與本法第六十二條相同。本法第一二一條既規定以「善意第三人」，則惡意第三人不受保護。

第五節　兩合公司之合併、變更組織、解散及清算

第一、兩合公司之合併

　　兩合公司經全體股東之同意，得與其他公司合併。至於合併之程序及效果，準用無限公司之規定（公一一五準公七二至七五）。詳閱前述，茲不復贅。

第二、兩合公司之變更組織

　　其情形有二，茲述之於下：

一、有限責任股東全體退股而變更為無限公司時

　　兩合公司之有限責任股東全體退股時，無限責任股東在二人以上者，得以一致之同意，變更其組織為無限公司（公一二六II）。其立法意旨在免解散後再設公司之麻煩，同時對債權人亦無不利。倘變更為有限公司，則非法所許。

二、全體股東同意變為無限公司時

　　無限責任股東與有限責任股東，以全體之同意，變更其組織為無限公司（公一二六III）。

三、公司得經股東三分之二以上同意，變更為有限公司或股份有限公司

第三、兩合公司之解散

　　兩合公司之解散，除下列二種情形與無限公司不同外，餘者相同，茲不復贅。

一、無限責任股東全體退股時

　　此時已失其兩合公司之本質，即應解散（公一二六I前）。蓋兩合公司

係由無限責任股東與有限責任股東組織而成，倘缺其一，不論所餘人數多寡，均須解散。

二、有限責任股東全體退股時

此時因已缺乏公司構成要件，公司即應解散（公一二六Ⅰ前）。

公司雖有上述情形，但其餘股東得以一致之同意，加入無限責任股東或有限責任股東，繼續經營（公一二六Ⅰ但），以資補救。

第四、兩合公司之清算

本法明文規定，清算由全體無限責任股東任之；但無限責任股東得以過半數之同意另行選任清算人，其解任時亦同（公一二七）。依此規定，無限責任股東為當然之清算人；有限責任股東，既無清算之權限，對於清算人之選任及解任，亦無權過問。惟無限責任股東，得以過半數之決議，另行選任清算人。此時，第三人或有限責任股東，亦得為之。

第五章　股份有限公司

第一節　股份有限公司之概念

第一、股份有限公司之意義

股份有限公司者，為二人以上股東或政府、法人股東一人所組織，全部資本分為股份，股東就其所認股份，對公司負其責任之公司（公二）。依此意義，分述如下：

一、股份有限公司乃公司之一種

依本法第二條之規定，公司分為四種。股份有限公司，即為其中之一種，屬於典型之資合公司，最具法人性質。關於公司之意義，詳閱本書本論第一章第一節所述，茲不復贅。

二、股東應有二人以上或政府、法人股東一人

依本法規定，須有二人以上為發起人（公一二八 I、III），此二人係指自然人二人而言。無行為能力人、限制行為能力人或輔助宣告尚未撤銷之人，不得為發起人（公一二八 II）。但並未規定不得為公司之股東，限制行為能力人為股東時，須檢具法定代理人之同意書；無行為能力人為股東時，依法應由法定代理人為意思表示（民七六、七七）❶。政府或法人得為發起人，但法人為發起人者，以下列情形為限（公一二八 III）：㈠公司或有限合夥。㈡以其自行研發之專門技術或智慧財產權作價投資之法人。此款所稱之「專門技術或智慧財產權」，應以「設立公司所需」者為必要。㈢經目的事業主管機關認屬與其創設目的相關而予核准之法人。惟政府或法人股

---

❶　經濟部 71.2.16 商字第 04495 號。

東一人所組織之股份有限公司，得以一人為發起人。該公司之股東會職權由董事會行使，不適用本法有關股東會之規定（公一二八之一 I）。

三、全部資本應平分為股份

資本者，乃各股東出資所集之一定總金額，即公司股份總數乘以每股金額，即為公司之資本。股份者，乃股東對資本所應承擔之單位金額。依本法之規定，股份有限公司之資本，應分為股份，股份有限公司之資本，應分為股份，擇一採行票面金額股或無票面金額股（公一五六 I）。公司採行票面金額股者，每股金額應歸一律；採行無票面金額股者，其所得之股款應全數撥充資本（公一五六 II）。公司股份之一部分得為特別股；其種類，由章程定之（公一五六 III）。

四、股東就所認股份對公司均負有限責任

股份有限公司股東之責任，以繳清其所認股份之金額為限，對公司負其責任。至於對公司債權人之債權，並不負直接責任，故與無限公司有所不同。因其所負之責任，係有限責任，與有限公司及兩合公司之有限責任股東相同。所不同者，前者以所認股份計算而出資一定之金額為限；後者以其出資額為限，資本並未劃分為股份。

第二、股份有限公司之性質（特質）

一、為典型之資合公司

股份有限公司由二人以上股東或政府、法人股東一人所組織，全部資本分為股份，股東就其所認股份，對公司負其責任之公司（公二 I 4）。同時公司章程採行票面金額股者，每股金額應歸一律；採行無票面金額股者，其所得之股款應全數撥充資本（公一二九 I 3）。所謂股東對公司之責任，除第二項規定外，以繳清其股份之金額為限（公一五四 I）。股東濫用公司之法人地位，致公司負擔特定債務且清償顯有困難，其情節重大而有必要者，該股東應負清償之責（公一五四 II）❷。至股東個人財產，並不對公

❷　民國 102 年 1 月 30 日修正理由：「增訂第二項。按揭穿公司面紗之原則，係源於英、美等國判例法，其目的在防免股東濫用公司之法人地位而脫免責任導致

司債權人負責。股東之出資除現金外，得以對公司所有之貨幣債權，或公司所需之財產或技術抵充之；其抵充之數額需經董事會通過，不受公司法第二七二條（出資種類規定以現金為限）（公一五六Ⅶ），發起人之出資，除現金外，得以公司事業所需之財產或技術抵充之（公一三一Ⅲ），然不得以信用或勞務出資，此與無限公司不同，故股份有限公司不重視個人聲望、地位，乃純粹之資合公司。股東既負有限責任，對公司債權人之保護，仍有未周，本法有鑑於此，為加強對債權人之保障，乃對公司之資本，予以「確定」，並加「維持」，使之「不變」，是為資本三大原則。同時股份有限公司採取公示主義，公開公布公司財產狀況，使社會人士根據所公布之資料，對公司有所了解，以維護交易之安全。關於公示之方法有二：

㈠登記　股份有限公司之設立、停業、復業、變更、解散、合併、分割、分公司之設立、發行新股及減資等均須登記（公登二、三、四、五及股份有限公司登記應附送書表一覽表），各項登記文件，公司負責人或利害關係人得聲敘理由，請求查閱、抄錄或複製（公三九三Ⅰ前），俾便了解公司之財產狀況。但主管機關認為必要時，得拒絕或限制其範圍（公三九三Ⅰ但）。公司下列登記事項，主管機關應予公開，任何人得向主管機關申請查閱、抄錄或複製（公三九三Ⅱ）：1.公司名稱；章程訂有外文名稱者，該名稱。 2.所營事業。 3.公司所在地；設有分公司者，其所在地。 4.執行業務或代表公司之股東。 5.董事、監察人姓名及持股。 6.經理人姓名。 7.資本總額或實收資本額。 8.有無複數表決權特別股、對於特定事項具否決權特別股。 9.有無第一百五十七條第一項第五款、第三百五十六條之七第一項第四款之特別股。 10.公司章程。前述第一款至第九款，任何人得至主管

債權人之權利落空，求償無門。為保障債權人權益，我國亦有引進揭穿公司面紗原則之必要。爰明定倘股東有濫用公司之法人地位之情形，導致公司負擔特定債務而清償有顯著困難，且其情節重大而有必要者，該股東仍應負擔清償債務之責任。法院適用揭穿公司面紗之原則時，其審酌之因素，例如審酌該公司之股東人數與股權集中程度；系爭債務是否係源於該股東之詐欺行偽；公司資本是否顯著不足承擔其所營事業可能生成之債務等情形。」

機關之資訊網站查閱；第十款，經公司同意者，亦同（公三九三III）。

㈡**公告** 關於特定事項，公司應自行公告，例如董事任期中，股份增減之公告（公一九七II）、募集公司債之公告（公二五二）、公司發行新股之公告（公二六七III）。

二、企業所有與企業經營分開原則

股份有限公司之股東，均為公司之所有人，其興趣在於利潤之分派。至於企業之經營，則由董事會及董事經營，故本法對股份有限公司之規定，乃減少股東會之權限，擴張董事會之權限。此與無限公司之股東，均有執行業務之權，而以企業所有與企業經營合而為一之情形，有所不同。目前我國現行公司法規定，股份有限公司之董事係由股東會就有行為能力之人中選任而來（公一九二 I），與美日公司法之董事得由非股東身分之人擔任同，故我國公司法採行相對的企業所有與企業經營分開之原則。換言之，董事、監察人得具有股東資格，亦得不具股東資格，完全由股東會之選舉而定。

三、股東平等原則

所謂股東平等原則者，並非股東人數之平等，而是股東依其所有之股數，依比例而受平等待遇，以享受權利負擔義務。此乃為保障小股東之利益，俾免大股東之壟斷。茲將本法上，具體規定股東平等原則者，述之於下：

㈠公司各股東，每股有一表決權（公一七九 I 前）。

㈡股息及紅利之分派，除本法另有規定外，以各股東持有股份之比例為準（公二三五）。

㈢公司發行新股時，除員工保留股外，應公告及通知原有股東，按照原有股份比例儘先分認，並聲明逾期不認購者，喪失其權利；原有股東持有股份按比例不足分認一新股者，得合併共同認購或歸併一人認購；原有股東未認購者，得公開發行或洽由特定人認購（公二六七III）。

㈣清償債務後，賸餘之財產，應按各股東比例分派（公三三〇前）。

至於股東平等原則之例外如下：

㈠公司依本法自己持有之股份，無表決權（公一七九Ⅱ）。

㈡公司得發行特別股（公一五六Ⅲ），特別股股東行使表決權之順序、限制或無表決權，應記載於章程中（公一五七Ⅰ3）。

四、股份轉讓自由

股份之轉讓，為股份有限公司基本性質之一，除本法另有規定外，不得以章程禁止或限制之（公一六三Ⅰ），否則該規定無效。

本法對於股份之轉讓，設有下列六種限制：

㈠公司股份之轉讓，非於公司設立登記後，不得轉讓（公一六三Ⅰ但）。

㈡股票之轉讓，必須依本法第一六五條規定，辦理過戶手續。

㈢公司除依第一五八條、第一六七條之一、第一八六條、第二三五條及第三一七條規定外，不得自將股份收回、收買或收為質物。但於股東清算或受破產之宣告時，得按市價收回其股份，抵償其於清算或破產宣告前結欠公司之債務（公一六七Ⅰ）。

㈣董事經選任後，應向主管機關申報，其選任當時所持有之公司股份數額，公開發行公司董事在任期中轉讓超過選任當時所持公司股份數額二分之一時，其董事當然解任（公一九七Ⅰ）。董事在任期中其股份有增減時，應向主管機關申報並公告之（公一九七Ⅱ）。公開發行股票之公司董事當選後，於就任前轉讓超過選任當時所持有之公司股份數額二分之一時，或於股東會召開前之停止股票過戶期間內，轉讓持股超過二分之一時，其當選失其效力（公一九七Ⅲ）。公司法第一九七條之規定，於監察人準用之，但第二一四條對監察人之請求應向董事會為之（公二二七）。

㈤公司發行新股所保留員工承購之股份，公司對員工得限制在一定期間內不得轉讓，但其期間最長不得超過二年（公二六七Ⅵ前）。

第三、股份有限公司之資本

大陸法系國家，對於股份有限公司之資本採三大原則，即資本確定、資本維持與資本不變之原則，俾穩定公司，保障權利人之利益。本法除採此三原則外，為應時需，兼採英美法之資本授權制。茲將上列原則，分述

於下：

一、資本確定原則及資本授權制

資本確定原則，亦稱法定資本制，指公司設立時，應在章程中確定公司資本總額，並應認足、募足。我國舊公司法曾採此資本確定原則，俾保障交易之安全。惟公司資本總額未募足或認足，則不得設立及開始營業，影響工商業之發展，同時新股發行困難，無法配合現代證券交易市場之需要，故我現行公司法兼採英美法之授權資本制。便可得知縱然章程為記載得分次發行，依本法上述規定，亦得分次發行。所謂授權資本制，及股份有限公司之資本總額，採行票面金額股者，股份總數及每股金額；採行無票面金額股者，其股份總數，僅記明於章程中即可（公一二九 3）。又公司章程所定股份總數，得分次發行（公一五六IV）。其餘未認足之股份，授權董事會視實際情形，隨時發行新股，以募集資本，但舊法規定如採分次發行，則第一次發行之股份，不得少於股份總數四分之一，故又稱為折衷授權資本制。現行本法於民國九十四年六月二十二日業已刪除「但第一次應發行之股份，不得少於股份總數四分之一。」其刪除之理由，係授權資本制之最大優點，在使公司易於迅速成立，公司資金之籌措趨於方便，公司亦無須閒置超過其營運所需之巨額資金，爰自舊法折衷式之授權資本制改採授權資本制。又實務上，為因應新金融商品之發行，避免企業計算股份總數四分之一之不便，爰刪除舊法第一五六條第二項但書之規定❸，仍保留第二項：「前項股份總數，得分次發行。」再者，資本授權制之優點，貴在簡速，無論公司規模之大小，可立即成立，又可隨公司營業之發展，逐漸增加資本，而無變更章程之煩。其缺點，在公司實際上股份未認足額，難免有詐欺之嫌。故舊公司法規定第一次發行之股份，不得少於股份總額四分之一（舊公一五六II但），以免僅認定少數股份，而假借成立公司之名，行詐財之實，惟現行本法為配合國際趨勢及鼓勵公司迅速成立，業已刪除。茲將本法上具有資本確定原則及資本授權制之具體規定，述之於下：

---

❸ 民國 94 年本法第 156 條第 2 項修正說明。

　　㈠**具有資本確定原則之規定者如下**

　　1.採行票面金額股者，股份總數及每股金額；採行無票面金額股者，股分總數，為公司章程絕對必要記載事項（公一二九3）。

　　2.發起人認足第一次發行之股份總數，應即按股繳足股款（公一三一Ⅰ前）。

　　3.發起人不認足第一次發行之股份者，應募足之（公一三二Ⅰ）。

　　4.未認足之第一次發行股份，及已認而未繳股款者，應由發起人連帶認繳，其已認而經撤回者亦同（公一四八）。

　　5.股東對於公司之責任，除第二項規定外，以繳清其股份之金額為限（公一五四Ⅰ）。

　　㈡**具有資本授權制之規定者如下**

　　1.除設立之發行股份數額須記載於章程外，其餘則視公司業務之進展，再決定發行，故股份總數得分次發行（公一五六Ⅳ）。公司因經營不善，宣告破產時，公司對外應負之責任，僅以已發行之股份為限，並不以股份總額為準。

　　2.公司發行新股時，應由董事會以董事三分之二以上之出席，及出席董事過半數同意之決議行之（公二六六Ⅱ）。如此不須再經股東會決議及變更登記等手續，由董事隨時決定其餘各次新股之發行，以應時宜。

二、資本維持原則

　　資本維持原則又稱資本充實原則，即公司必須維持相當於公司資本之財產。本法對資本維持原則之具體規定，述之如下：

　　㈠採行票面金額股之公司，其股票之發行價格，不得低於票面金額（公一四〇前）。

　　㈡認股人經發起人之催告，認股人不照繳者，即失其權利，所認股份另行募集（公一四二Ⅱ）。

　　㈢未認足第一次發行股份，及已認而未繳股款者，應由發起人連帶認繳；其已認而經撤回者亦同（公一四八）。

　　㈣公司除依本法有特別規定外，不得自將股份收回、收買或收為質物

（公一六七 I 前）。

㈤公司非彌補虧損及依本法規定，提出法定盈餘公積後，不得分派股息及紅利（公二三二 I）。

㈥公開發行股票公司之公司債總額，不得逾公司現有全部資產減去全部負債及無形資產後之餘額（公二四七 I）。

三、資本不變原則

所謂資本不變原則，即公司之資本總額，非依法定變更章程之程序，不得任意變動，以防公司資本總額之減少。按公司資本減少，固有害於債權人之利益。若資本增加，雖與債權人有益無害，然因資本過剩，則影響股東之利益，故現行本法規定減資或增資，必須經繁瑣程序。此原則與資本維持原則相配合，既可維持公司之實質財產，復可防止形式的資本總額之減少。將本法對資本不變原則之規定，即股份有限公司減少資本時，除經股東會決議外，尚須向各債權人分別通知及公告，對於提出異議之債權人，更須為清償或提供相當擔保（公二八一準公七三及七四）。

四、最低資本額原則

依舊公司法第一五六條第三項規定，股份有限公司之最低資本總額，由中央主管機關以命令定之。根據本條規定，經濟部曾頒有「有限公司及股份有限公司最低資本額標準」❹，現行公司法，為配合世界潮流，鼓勵設立股份有限公司及有限公司，業已刪除此項規定。

第四、股份有限公司之優點及缺點

一、股份有限公司之優點

㈠**便於經營大企業**　股份有限公司之資本分為股份，每一股份之金額很小，小資產者亦能投資，集少成多，便於募集鉅資，經營大規模企業，增加生產力。

---

❹ 民國 90.12.5 商字第 09002253490 號：依據公司法第 100 條第 2 項及第 156 條第 3 項規定，訂有限公司最低資本額為新臺幣五十萬元；訂定股份有限公司最低資本額為新臺幣一百萬元。

(二)**可減輕危險負擔** 股份有限公司之股東人數多，責任有限，危險由多數人共同分擔而減輕。

(三)**無企業才能者，亦能參加** 股份有限公司採「企業所有與企業經營分開」之原則，無企業才能者，亦能認股出資成為股東，坐享企業之利益。

(四)**股票之轉讓自由** 股份有限公司因資本證券化，股東得隨時將其股票自由轉讓，因此股東不易發生周轉不靈。

(五)**應公示營業狀況** 股份有限公司之營業狀況，採公示方法佈告於大眾，俾有意投資者得以選擇。

(六)**調和勞資之利益** 勞動者亦可積資入股，與大資本家立於同等地位為公司之股東，二者之利益相互調和。

(七)**企業得維持長久** 股份有限公司不因股東個人之死亡而受影響，企業可維持長久。

二、股份有限公司之缺點

(一)**對債權人有欠保障** 股東責任有限，且不對債權人直接負責，一旦公司經營失敗，債權人遭受損失。

(二)**易導致生產過剩** 由於公司募集鉅資容易，往往大肆擴張企業，超過必要程度，致公司生產過剩。

(三)**組織複雜** 股份有限公司組織複雜，有股東會、董事會、監察人等，執行業務時，費用多，而行動欠缺敏捷。

(四)**大股東操縱** 因企業所有與企業經營分離之結果，大股東易當選為董事，致公司業務為少數大股東所操縱，小股東之權益，常被忽視。

(五)**造成投機心理** 公司得發行股票，股票可以自由轉讓，股票市價隨時波動，易生投機僥倖之心理。

第二節　股份有限公司之設立

第一款　概　說

第一、設立之方式

股份有限公司之設立方式，通常分為下列二種，任由發起人斟酌情形採之：

一、發起設立

亦稱同時設立，則由發起人認足第一次發行之股份時並繳足股款，公司因而成立（公一三一 I）。倘公司章程未載明分次發行股份者，則發起人必須認足股份總數，並繳足股款，公司方能成立。發起設立，能使公司迅速成立。

二、募集設立

亦稱漸次設立，公司章程所定股份總額得載分次發行股份（公一五六 IV），發起人不認足第一次發行之股份時，應募足之（公一三二 I），公司因而成立。所謂應募足之，乃發起人未認足之部分，向社會公開招募，至募足為止，其成立之準備期間較長。

第二、發起人

一、發起人之意義及其行為之性質

凡籌備公司之設立並簽訂章程之人，是謂發起人 ❺。惟本法第一二九條第一項規定，通常簽名或蓋章於章程者，均為發起人。至其實際上是否參與公司設立之計畫，則可不問，此為多數學者之通說。此外，少數學者間，有認為凡事實上參與公司設立之事務，即應承認其為實質上之發起人。

---

❺ *American Jurisprudence* vol. 18 2ed.§106, p. 647(1970); A. Lincoln Lavine, *Modern Business Law*, p. 379 2ed.(1965).

昔日我國司法行政部（即現在之法務部）調查顯示，亦有上述兩種不同之習慣。惟依本法第一二九條之規定，於決定何者為發起人，仍以是否於章程上簽名或蓋章者為準，故承認實質上的發起人之習慣，與現行本法難以配合。又以簽名或蓋章於章程，作為區別發起人之標準，其法律關係較為明確。惟章程非第三人所能完全知悉，其非章程上之發起人，而實際參與公司設立事務者，善意第三人恆誤信其為發起人，若能使其對善意第三人負與發起人相同責任，以保護交易安全，則少數說之習慣精神，實值參考❻。再者，本法對於發起人之消極資格未設限制之規定，為維護社會交易安全，似應修正準用公司法第三十條之規定。

　　本法規定應有二人以上之發起人訂立章程（公一二八 I），始直接與社會交易。此之二人應指自然人而言，若是政府或法人股東則一人亦可（公一二八之一 I 前）。惟未經過登記尚無法人資格，是謂之設立中之公司，其性質與無權利能力社團相同（民訴四〇III）。

　　關於發起行為之性質，學說不一，茲將其重要者，述之於下：

　　㈠**契約行為說**　謂發起人之發起行為，乃屬於民法上之合夥契約。公司設立不成立時，由發起人依合夥之例負賠償責任。此說之立論欠妥。蓋本法規定公司不能設立時，發起人關於公司設立所為之行為，及設立所需之費用，均應負連帶責任，其因冒濫經裁減者亦同（公一五〇）。

　　然則英美法認為公司之籌設，至少有下列四類契約：1.發起人之契約；2.股東間之契約；3.團體間之契約；4.發起人與第三人之契約等。公司之成立或不成立，均依其契約而訂其權利義務❼，故與我國公司法第一五〇條之規定，有所不同。

　　㈡**共同行為說**　謂發起人之發起行為，由二人以上之發起人（公一二八 I），以組織公司之同一目的之平行一致之意思，而訂立章程，故其性質為共同行為，而非合夥契約行為。觀乎本法第一五〇條之規定，發起人之設立行為之性質，應以共同行為為當。

<hr />

❻　司法行政部編印《商事習慣調查研究》第 50 頁。

❼　Harry G. Henn: *Law of Corporation*, p. 179 2ed.(1970).

二、發起人資格之限制

(一)**須有行為能力人** 無行為能力人、限制行為能力人或受輔助宣告尚未撤銷之人,不得為發起人(公一二八II),是故,鑒於受輔助宣告尚未撤銷之人,並不是具備完全行為能力人,實不宜由其擔任發起人,故有此規定。公司申請設立登記時,應附繳發起人之戶籍謄本,以便審查。

(二)**法人為發起人** 政府或法人均得為發起人,但法人為發起人者,以下列情形為限:1.公司或有限合夥。 2.以其自行研發之專門技術或智慧財產權作價投資之法人。 3.經目的事業主管機關認屬與其創設目的相關而予核准之法人(公一二八III)。

上述規定法人為發起人者,除公司外,以其自行研發之專門技術或智慧財產權作價投資之法人或經目的事業主管機關核准之法人,亦可擔任公司發起人。其立法理由,使法人參與投資商業活動擔任發起人,以利技術移轉之需要❽。法人有公法人與私法人。此之法人,係指私法人。因此公司以外之社團法人或財團法人,若符合上述 2. 3.者均得為發起人,惟不符合上述 1. 2.者之法人仍得於公司成立後為股東。公司為發起人時,仍須受本法第十三條及第十五條之限制。詳閱前述,茲不復贅。至於公法人,僅以政府為限,得為發起人。本法規定政府或法人股東一人所組織之股份有限公司,不受公司法第一二八條第一項所規定二人以上為發起人之規定限制。該一人公司之股東會職權由董事會行使,不適用本法有關股東會之規定(公一二八之一I)。前項公司,得依章程規定不設董事會,置董事一人或二人;置董事一人者,以其為董事長,董事會之職權由該董事行使,不適用本法有關董事會之規定;置董事二人者,準用本法有關董事會之規定(公一二八之一II)。第一項公司,得依章程規定不置監察人;未置監察人者,不適用本法有關監察人之規定(公一二八之一III)。本法第一二八條之一規定之公司之董事、監察人,由政府或法人股東指派(公一二八之一IV)。公司股東股份轉讓後而成為一人股東時,原法人代表人所當選之董事、監察人雖全數無異動,仍依前開本法第一二八條之一規定辦理❾。

❽ 民國 94 年 8 月本法第 128 條第 3 項修正說明。

三、發起人之權利及責任（義務）

㈠**權利**　發起人所得受之特別利益之權利及受益人之姓名　（公一三〇、一四七）。至於其應受報酬之數，非記載於章程者無效❿。

㈡**責任（義務）**　發起人亦為公司之負責人（公二Ⅱ）。發起人應忠實執行業務並盡善良管理人之注意，如有違反致公司受有損害者，負損害賠償責任（公二三Ⅰ）。

1.公司成立時之責任

⑴**股款連帶認繳之責任**　未認足第一次發行股份，及已認而未繳股款者，應由發起人連帶認繳。其已認而經撤回者，亦同（公一四八）。以期充實公司資本，並防止發起人投機取巧。

⑵**對公司登記前之債務連帶責任**　發起人對公司在設立登記前所負債務，在登記後亦負連帶責任（公一五五Ⅱ）。蓋此等債務，一俟股款收足，應先將債務還清。此類債務，若不為成立後之公司所承認，發起人仍應負連帶責任。至於公司設立登記後所發生債務未清償，發起人不負連帶責任。

⑶**連帶負損害賠償之責任（義務）**

①**怠忽職務之賠償責任**　發起人對於公司設立之事項，如有怠忽其職務致公司受損害時，應對公司負連帶賠償責任（公一五五Ⅰ）。蓋怠忽職務，顯有虧職守，故加重發起人之責任，使慎重將事。又依本法規定，公司負責人對於公司業務之執行，如違反法令，致他人受損害時，對他人應與公司負連帶賠償之責（公二三Ⅱ）。因此發起人在執行職務範圍內，亦為公司負責人（公八Ⅱ），與設立中之公司即公司籌備處負連帶賠償責任。

②**裁減冒濫費用之賠償責任**　發起人所得受之報酬或特別利益及公司所負擔之設立費用有冒濫者，創立會均得裁減之。用以抵作股款之財產，如估價過高者，創立會得減少其所給股數或責令補足（公一四七）。因上述情形公司受有損害時，得向發起人請求賠償（公一四九）。

③**未認足、未繳納或撤回股份之損害賠償**　未認足第一次發行股份，

---

❾　經濟部 91.5.17 經商字第 09102093950 號。

❿　大理院 4 年上字第 1083 號。

及已認而未繳股款者，或已認而經撤回者，公司因此受有損害時，得向發起人請求賠償（公一四八、一四九）。

2. **公司不成立時之責任——籌備費用連帶清償** 公司不能成立時，發起人關於公司設立所為之行為，及設立所需之費用，均應負連帶責任。其因冒濫經裁減者亦同（公一五〇）。蓋發起人有募足股份總額之責，公司既不能成立，其籌備費用，自應由發起人連帶負責。

四、發起人之地位

發起人之地位，乃指發起人在籌組設立時與正籌備中的公司之關係，及在公司成立後與公司之關係而言。蓋發起人在公司未成立前之設立中，於執行職務之範圍內，亦為公司之負責人（公八Ⅱ）。對內執行設立行為之事務，對外代表設立中之公司。此後公司合法成立，發起人之行為即為公司機關之行為，其所生之權利義務，歸屬於公司享受及負擔。倘公司未成立，為顧及交易之安全，本法第一五〇條規定，各發起人就公司設立所為之行為，及設立所需之費用，均負連帶之責任。所謂設立所為之行為，諸如籌備處之租賃、申請電話及使用、設立事務人員之僱用、申請公司名稱預查、認股書及公開說明書之印刷、募股份之廣告等行為即是。基此行為所生之費用，即為設立所需之費用。至於開業之準備行為，例如工廠廠房、土地、機器、原料等之購買及營業人員與工人之僱用等，是否為設立所為之行為，實務上之見解不一，有採肯定說，認為發起人之行為及權限及於開業之準備行為[11]，有採否定說認為發起人之設立所為行為與權限不及於開業之準備行為[12]。至於學者之通說亦認為應不及於開業之準備行為，因此基於此等行為所生之債務，並非當然歸成立後公司負擔[13]。本書亦贊成否定說，即學者之通說。蓋採募集設立者，創立會得修改章程或為公司不設立之決議（公一五一Ⅰ）。倘發起人得為開業之準備行為，顯將甚難收拾殘局。若發起人得為開業之準備行為，顯然逾越設立所應為之行為，妨礙

---

[11] 最高法院 72 年臺上字第 2127 號判決及 72 年臺上字第 2246 號判決。

[12] 最高法院 71 年臺上字第 4315 號判決。

[13] 柯芳枝著《公司法論（上）》第 156 頁。

到公司成立後董事會職權之行為。

　　再者，發起人於公司設立中所取得之權利或負擔之義務，將來歸屬於因登記而成立之公司，究依何法理？學說不一。茲就主要者，述之於下：

　　㈠**無因管理說**　謂發起人與公司之關係，乃屬無因管理。公司成立後，其發起行為所生之權利義務，依無因管理之規定，移歸於公司。按民法上之無因管理，管理人不得請求報酬，而本法明定發起人得請求報酬（公一三〇II 4、II、一四七），故本說欠妥。

　　㈡**第三人利益契約說**　謂發起人為將來成立之公司利益（第三人利益）而與他人間所訂立之契約。依此說將無法解釋發起人對認股人所負之義務，於公司成立後，移轉於公司之理由，故本說亦有未當之處。

　　㈢**設立中公司之機關說**　謂發起人乃設立中公司之機關。質言之，在公司成立前，應屬於無權利能力之團體之機關。發起人所取得之權利或負擔之義務，在公司成立後移轉由公司享受或負擔。依此說倘公司不能成立，其設立行為所需之費用，應由無權利能力團體負責，但本法規定由發起人連帶負責（公一五〇）。

　　㈣**代理說**　謂發起人乃屬未經登記成立公司之代理人，故應將設立行為所生之權利、義務，移轉於公司。惟公司未經登記成立，尚無法人之資格，無從授權於代理人代理之，故此說亦屬欠妥。

　　㈤**繼承說**　謂發起人因發起行為所生之權利義務，依當事人之意思或法律之規定，當然由公司繼承。惟公司在成立前並無人格，自然無法繼承，故本說亦有未妥。

　　㈥**歸屬說**　謂發起人在設立時，因為必要行為而取得權利或負擔義務者，此權義在法律上當然歸屬於公司。此說過於武斷，未能解釋，何以法律上當然歸屬於公司之理由。

　　以上諸說，以設立中公司之機關說為通說。蓋我國現行民法及公司法，雖無明文規定，但我國民事訴訟法第四十條第三項規定：「非法人之團體，設有代表人或管理人者，有當事人能力。」所謂非法人之團體，包括無權利能力之社團在內。因此設立中之團體有當事人能力，則依設立中公司之

機關說，解釋發起人之發起行為，較為允當。

第三、訂立章程

股份有限公司之設立，應以發起人全體之同意訂立章程，記載一定之事項，簽名或蓋章（公一二九）。因此章程之訂立，須以書面為之，並記載一定事項，故屬於要式行為。僅經全體發起人同意簽名或蓋章，即生效力。

關於章程應記載事項，可分為絕對必要記載事項、相對必要記載事項及任意記載事項等三種。茲分述如下：

一、絕對必要記載事項

即有一事項未記載，則章程全部無效。此為章程之要素。依本法第一二九條規定，發起人應以全體之同意訂立章程，載明下列各款事項，簽名或蓋章：

(一)**公司之名稱** 其名稱雖得自由選用，但須標明為股份有限公司（公二II）。又公司名稱，應使用我國文字，且不得與他公司或有限合夥名稱相同。二公司或公司與有限合夥名稱中標明不同業務種類或可資區別之文字者，視為不相同（公一八I）。公司不得使用易於使人誤認其與政府機關、公益團體有關或妨害公共秩序或善良風俗之名稱（公一八IV）。

(二)**所營之事業** 依本法規定，公司所營事業除許可業務應載明於章程外，其餘不受限制（公一八II）。公司名稱及業務，於公司登記前應先申請核准，……其審核準則，由中央主管機關定之（公一八V）。經濟部據此發布「公司名稱及業務預查審核準則」❶❹。依該規則第十一條規定公司之所營事業，應依經濟部公告之公司行號營業項目代碼表所定細類之代碼及業務別填寫，但不得僅載明「除許可業務外，得經營法令非禁止或限制之業務」之細類代碼及業務別。

(三)**股份總數及每股金額** 所謂股份總數，係指股份有限公司預定發行之股份總數，即授權資本制之授權股份總數。至於股份有限公司之資本總額，係指每股金額乘以股份總數之積而言。

---

❶❹ 經濟部 91.1.30 經商字第 09102010170 號。

㈣**本公司所在地** 只須記明最小行政區域即可,不必記明街道名稱及門牌號碼,例如記明本公司設在臺北市。又本公司必須設置國內,但不得僅記載「國內」為其所在地。

㈤**董事及監察人之人數及任期** 本法僅規定公司董事會,設置董事不得少於三人 (公一九二 I),其任期不得逾三年,但連選得連任 (公一九五 I)。至於監察人除公開發行股票之公司須有二人以上外,其餘無人數之限制 (公二一六、二一七 I)。監察人之任期不得逾三年,但得連選連任 (公二一七 I)。

㈥**訂立章程之年月日** 例如民國九十二年八月十二日。

至於公司之公告方法,本法第二十八條前段明定公司之公告應登載於本公司所在之直轄市或縣(市)日報之顯著部分,故公司之公告方法,不必於章程中再明訂之。

二、相對必要記載事項

章程如未記載,僅該未記載事項,不生效力而已,對該章程並無影響。依本法第一三○條規定,下列各款事項,非經載明於章程者,不生效力:

㈠**分公司之設立。**

㈡**解散之事由** 例如章程記有公司存續期限,期限屆滿,公司即應解散。

㈢**特別股之種類及其權利義務** 特別股比普通股之權利優厚,其種類並不以優先股為限,故章程應標明特別股之種類及其權利義務。

㈣**發起人所得受之特別利益及受益者之姓名** 特別利益是指一般股東應得股利以外之利益。蓋發起人在籌備期間,比一般股東辛勞,故容許其有特別利益以酬謝其籌設公司之辛勞。惟必須將特別利益之範圍及其種類,以及受益人之姓名,記載於章程內。特別利益通常以盈餘分派優先權、新股認購權及賸餘財產分配優先權等為之。舊法第一三○條第二項規定:「發起人所得受之特別利益,無定期或無確數者,股東會得修改或撤銷之。但不得侵害發起人既得之利益。」此項規定,發起人所得受之特別利益,如有定期或確數者,則股東會不得修改之,對於發起人過分保護,易

造成對投資人不公平，故現行法刪除「無定期或無確數者」文字，即現行公司法第一三〇條第二項規定：「發起人所得受之特別利益，股東會得修改或撤銷之。但不得侵及發起人既得之利益。」因此發起人所得受之特別利益，如有冒濫，於公司設立時，主管機關及創立會得裁減之。公司設立後，章程載明發起人所得受之特別利益，不論有無定期或有無確數，股東會均得修改或撤銷。是故司法院三〇年院字第二二三五號解釋規定：「股份有限公司發起人所得受之特別利益，若載明章程業已確定，即為既得權，不得變更章程予以裁減。」已無適用之餘地。又所謂「不得侵及發起人既得之利益」，係指發起人現已得到之利益，不因股東會之修改或撤銷，而需退還。換言之，其效力自股東會修改章程之日起算，不溯及既往❺。發起人所得受之特別利益，與發起人之股份，本屬兩事，並不因股份之轉讓而影響於特別利益。其特別利益，亦係得以請求給付之財產權，無論連同股份一併轉讓，抑或單獨轉讓，及受讓人是否亦為發起人，在本法上，既無反對之規定，自不受任何限制，發起人之特別利益，自得單獨轉讓。法條上所謂受益者，係指原始取得之受益人而言，故受讓人只須證明其取得利益之權源，屬於發起人已足，毋庸更改姓名❻。再者，除公司章程有特別規定外，發起人死亡後，特別利益自應由繼承人繼承而享受之❼。

「公司債可轉換股份之數額」為舊公司法所列章程相對必要記載事項，現行公司法予以刪除。其刪除理由乃為活絡資金，以免徒增公司頻於召開股東會修正章程，俾彈性調整公司債可轉換股份之數額，使公司在授權資本範圍內視實際需要，靈活運用，以掌握時效，有利企業經營。

除上述之事項外，參諸本法各條之規定，尚得為相對必要記載事項者，述之如下：

㈠經理人之設置及其人數與職權之訂定（公二九、三一）。

㈡股票超過票面金額之發行（公一四一）。

---

❺　經濟部 61.1.14 商字第 01795 號。

❻　司法院 21 年院字第 821 號解釋。

❼　司法院 20 年院字第 451 號解釋。

㈢特別股之發行（公一三〇、一五七）。
㈣董事執行業務之方法（公一九三、二〇二）。
㈤董事或監察人之報酬（公一九六、二二七）。
㈥董事代理出席董事會之訂定（公二〇五）。
㈦副董事長選任之規定（公二〇八 I 後）。
㈧常務董事人數及選任方式之規定（公二〇八）。
㈨建業股息之分派（公二三四）。
㈩特別盈餘公積之提存（公二三七）。
(十一)清算人之規定（公三二二）。
(十二)清償債務後賸餘財產之分派（公三三〇）。

三、任意記載事項

凡不違背公序良俗及強行法規之一切事項，及不違背股份有限公司之性質者（例如章程訂明公司股東應負無限責任，則全部章程均屬無效），均得訂明於章程。除上述絕對及相對必要記載事項外，其他事項記載於章程者，概稱之為任意記載事項。例如關於股東會開會地點、股票之種類、股款繳納之方法、遲延利息、股東會主席之選任、股東停止過戶之期間及股東股票掛失手續等，均為任意事項。凡一經記載，即屬有效，非經股東會修改章程，則公司及股東等均受拘束。至於章程是否得記載不發行股票，因本法第一六一條之一第一項規定：「公開發行股票之公司，應於設立登記或發行新股變更登記後三個月內發行股票。」公司負責人違反前述規定，不發行股票者，除由證券主管機關令限期發行外，各處新臺幣二十四萬元以上二百四十萬元以下罰鍰；屆期仍未發行者，得繼續令其限期發行，並按次處罰至發行股票為止（公一六一之一II）。又依證券交易法第三十三條及第三十四條之規定觀之，發行人對認股人或應募人憑股款之繳納憑證交付股票，均足證明立法原意，有股份必有股票，故不得於章程內記載不發行股票之規定，此觀證券交易法第三十四條第一項規定：「發行人應於依公司法得發行股票或公司債券之日起三十日內，對認股人或應募人憑前條之繳納憑證，交付股票或公司債券，並應於交付前公告之。」觀之，甚明矣，

故必有股票之發行。

第二款　設立程序

股份有限公司之設立程序，除前述之發起人訂立章程為共通程序外，則因採取發起設立抑募集設立而有不同。茲分述於下：

第一、發起設立之程序

發起設立者，亦謂同時設立或單純設立，其情形有二：㈠公司章程僅載明股份總數及每股金額，而未載明分次發行股份者，則全體發起人必須認足股份總數，並繳足股額，選舉董事、監察人後，申請設立登記即可。㈡則發起人認足第一次應發行之股份，無須公開招募，其公司即行成立（公一三一 I）。發起人之認股行為，應以意思表示為之，乃屬共同行為，而非契約行為或單獨行為，其屬民法上之法律行為，故是否有無效或得撤銷之原因，應依民法之規定適用之。茲將採行分次發行之發起設立程序，述之於下：

一、認足第一次應發行之股份

發起人於發起設立時，祇須認足第一次發行之股份（公一三一 I 前），公司即成立。

發起人之認股，除經其他發起人之同意外，不得將其認股權轉讓。但於公司設立登記後即可自由轉讓，俾鼓勵發起人發起新創事業的意願。其理由為：

㈠發起設立，為發起人間之共同行為。

㈡設立中之公司，具合夥性質，特重人的個性，不得自由轉讓。

二、按股繳足股款

發起人認足第一次應發行之股份時，應即按股繳足股款（公一三一 I 前），但發起人得以公司事業所需之財產、技術抵充之（公一三一Ⅲ）。此之財產，如機器、工廠、土地及建物等，則須限於股東所有❶❽。現物所有

---

❶❽　經濟部 64.5.19 商字第 11066 號。

人除應於繳納日期將出資財產之所有權移轉占有外，如須辦理登記，則應以發起人公推之代表人名義申請登記，俟公司成立後，再申請變更登記 ❶。外國公司得以其臺灣分公司之全部資產及營業，以資產作價方式設立臺灣子公司 ❷。以財產出資者，可洽詢公正之有關機關團體或專家評定價格 ❸。又本法第一三一條既明訂「得以公司事業所需之財產、技術抵充股款」，而金融機構之不良債權，倘屬資產管理公司之事業所需之財產，自得以抵充資本。至不良債權之價值認定問題，為維持資本確實原則，應檢附公正客觀之鑑價報告書，並應由資本額查核簽證之會計師於資本額查核報告書中載明其價值之合理性。此於公司不公開發行新股之認購（公二七二後）亦然 ❹。

三、選任董事及監察人

發起人繳足第一次應發行之股份時，應從速選任董事及監察人（公一三一Ⅰ後），是故應先繳足股款，再予選舉董事、監察人 ❺。其選任方法準用本法第一九八條之規定（公一三一Ⅱ），除公司章程另有規定外，採用累積選舉法，以避免操縱。換言之，即每一股份有與應選出董事人數相同之選舉權，得集中選舉一人，或分配選舉數人，由所得選票代表選舉權最多者當選。發起人會議程雖已記載董事長就任日期，如經決議延後就任，於法尚無違背 ❻。

---

❶　經濟部 72.11.23 商字第 46755 號。

❷　經濟部 91.7.31 經商字第 09102152360 號。

❸　參閱經濟部 56.4.4 商字第 08180 號：「查關於財產出資如不易估定價格時得洽詢公正之有關機關團體或專家予以評定一節，所謂公正之有關機關團體具有對財產評價之專門人員，並能以客觀之立場作合理之鑑定者而言，原呈所稱土地估價以地政事務所，機器估價以省工業會或省機器工業會及建物估價以省營造業公會辦理估價，如該廳認為適當者，自無不可，又所稱專家係指具有某種專門學識之人，且其見解一般人均認為正確者而言，自不以建築技師一種為限。」

❹　經濟部 92.1.8 經商字第 09102286940 號。

❺　參閱經濟部 61.9.27 商字第 27049 號。

❻　經濟部 94.1.25 經商字第 09402401810 號。

四、董事長申請設立登記

股份有限公司發起設立者，代表公司之負責人即董事長，應於就任後十五日內，備具申請書及應備文件一份向主管機關申請為設立之登記。其由代理人申請者，應加具委託書（公三八七 I、公登二）。代理人，以會計師、律師為限（公三八七III）。

五、主管機關之審核

主管機關對於各項登記之申請，認為有違反本法或不合法定程式者，應令其改正，非俟改正合法後，不予登記（公三八八）。倘審查合法，應准予設立登記。

第二、募集設立之程序

募集設立者，亦謂募股設立、漸次設立或複雜設立，乃股份有限公司之發起人，依前述第一款概說第三、訂立章程所述，由全體發起人訂立公司章程外，因發起人不認足第一次應發行之股份時，應募足之（公一三二 I），並經召創立會，設立公司。現行我國公司法規定，發起人所認股份，不得少於第一次發行股份四分之一（公一三三 II），其餘向公眾募足。本法未明文禁止發起人認股權利之轉讓。

茲將募集設立之程序，述之於下：

一、訂立招股章程

招股章程應載明下列各款事項（公一三七）：

㈠公司法第一二九條及第一三○條所列各款事項：即公司章程中之絕對必要記載事項及相對必要記載事項，均應列入招股章程。

㈡各發起人所認之股數：其所認之股數合計不得少於第一次應發行股份之四分之一，否則無效。

㈢股票超過票面金額發行者，其金額。

㈣招募股份總額募足之期限，及逾期未募足時，得由認股人撤回所認股份之聲明。

㈤發行特別股者，其總額及第一五七條各款之規定：所謂第一五七條

各款之規定，係指發行特別股所應記載於章程之事項，詳於後另述之。

　　上述所謂股票超過票面金額發行、發行特別股者，乃指認股書中，註明將來填發此項股票而言，不可認為召集創立會時即有發行股票權❷。

二、申請審核

　　㈠**申請事項**　發起人公開招募股份時，應先備具下列事項，申請證券管理機關審核（公一三三Ⅰ）：

　　1.**營業計畫書**　包括業務之範圍、業務之方針及具體執行方法等，以便審核。

　　2.**發起人姓名、經歷、認股數目及出資種類。**

　　3.**招股章程。**

　　4.**代收股款之銀行或郵局名稱及地址。**

　　5.**有承銷或代銷機構者，其名稱及約定事項**　採募集設立者，由發起人委託證券承銷商（證交一六1），向社會大眾招募股份。所謂包銷者，證券承銷商包銷有價證券，於承銷契約所訂定之承銷期間屆滿後，對於約定包銷之有價證券，未能全數銷售者，其賸餘數額之有價證券，應自行認購之（證交七一Ⅰ）。所謂代銷者，證券承銷商代銷有價證券，於承銷契約所訂定之承銷期間屆滿後，對於約定代銷之有價證券，未能全數銷售者，其剩餘數額之有價證券，得退還發行人（證交七二）。

　　6.**有證券管理機關規定之其他事項**　所謂證券管理機關，係指證券暨期貨管理委員會。所謂證券管理機關規定之其他事項，例如應先向應募人交付公開說明書（證交三一Ⅰ）；應依照「發行人申請募集與發行有價證券審核標準」申請審核等事項❷。

　　㈡**核准之限制**　有下列情形之一者，證券管理機關得不予核准，或撤銷核准（公一三五）：

　　1.**申請事項有違反法令或虛偽者**　發起人有此情事時，除虛偽部分依刑法或特別刑法有關規定處罰外，各處一年以上七年以下有期徒刑，得併

❷　參閱司法院 24 年院字第 1217 號解釋。

❷　參閱財政部 73.3.19 臺財證㈠第 0664 號令。

科新臺幣二千萬元以下罰金（證交一七四Ⅰ1）。

2.**申請事項有變更，經限期補正而未補正者** 由證券管理機關各處新臺幣二萬元以上十萬元以下罰鍰（公一三五Ⅱ）。

3.撤銷核准時，如未招募者，停止招募；已招募者，應募人得依股份原發行金額，加算法定利息，請求發還（公一三六）。

三、招認股份

㈠**公告** 發起人應於證券管理機關通知到達之日起三十日內，加記核准文號及年、月、日公告召募之；但有承銷或代銷機構者，得免予公告（公一三三Ⅲ）。

㈡**備置認股書** 發起人應備認股書，載明招股章程中所列各款事項，並加記證券管理機關核准文號及年、月、日，由認股人填寫所認股數、金額，及其住所或居所，簽名或蓋章（公一三八Ⅰ）。以超過票面金額發行股票者，認股人應於認股書註明認繳之金額（公一三八Ⅱ）。發起人不備認股書者，由證券管理機關各處新臺幣一萬元以上五萬元以下罰鍰（公一三八Ⅲ），其所備認股書有虛偽之記載時，依刑法業務登載不實罪（刑二一五）處罰或證券交易法第一七四條規定虛偽記載處罰。

㈢**認股行為** 認股人應以其真實姓名認股，固無疑問。惟未得他人同意，冒用他人名義認股，其效果如何？應依民法上無權代理之法則，除非本人承認其行為外，冒用者應自負其責。

認股人以筆名或藝名認股，是否有效。按姓名為人之符號，依姓名條例規定，固應僅有一個本名，但如以藝名、筆名等為法律行為，並非不生效力。因此以非真實之姓名認股，如足認係某人所為者，此姓名即代表該認股之行為人，該行為人自應負認股人之責。

再者，本法並無明文規定認股行為之法律性質。惟依證券交易法第三十三條第一項規定：「認股人或應募人繳納股款或債款，應將款項連同認股書或應募書向代收款項之機構繳納之；代收機構收款後，應向各該繳款人交付經由發行人簽章之股款或債款之繳納憑證。」及證券交易法第六條第二項規定：「新股認購權利證書、新股權利證書及前項各種有價證券（指股

票、公司債券，及經政府核准之其他有價證券）之價款繳納憑證或表明其
權利之證書，視為有價證券。」等規定觀之，公開募股時，認股人因繳納
股款，所收受之股款繳納憑證，既視為有價證券，則認股行為，自應認為
認股人與設立中公司之有價證券買賣之契約行為，美國學者對此均認為屬
於契約行為❷。惟募集設立發起人自己所認之股份（公一三二 I）應仍認
為共同行為❷。認股行為得否附條件或附期限？本法無明文規定，然依認
股行為之性質觀之，在募集設立公開募股時或公開發行新股時，因認股書
或應募書均已定型化，無契約自由原則之適用，故事實上不可能附條件或
附期限。

（四）認股人認股之效力

1.**繳納股款**　認股人有照所填認股書，繳納股款之義務（公一三九）。
蓋認股人已為認股，自應受其拘束，繳清股款。倘公司對於股東之股款繳
納請求權，怠於行使者，該公司之債權人自得依民法第二四二條、第二四
四條之規定代位行使❷。認股人填寫認股書時，常有繳納認股保證金事，
倘認股後不繳納股款，則公司沒收其保證金，以充賠償。對此本法未設規
定，自應依當事人之意思決之。認股人繳納股款，得以現金及現金以外之
財產繳納，但不得以勞務或信用抵繳之。認股人應繳之股款，得否以其對
於公司之債權抵銷，學者間有採消極說者，認為本法對於股份有限公司採
資本維持之原則，應繳之股款，不得以認股人對公司之債權抵繳之。惟本
法於民國五十九年修正前之第一五四條第二項規定：「公司資本有虧損時，
股東不得以其對於公司之債權抵繳其已認未繳之股款。」嗣因本法已採授
權資本制，認股人不能分期繳納股款，乃於民國五十九年修正公司法時，
將第一五四條第二項刪除。現行本法解釋，既無排斥抵銷之規定，復明文
禁止認股人應繳之股款，得以對公司之債權抵銷之規定，解釋上認股時應

❷　*American Jurisprudence* vol. 18, pp. 816–817.

❷　美國學者之觀念，與我國本法不同，對此均認為屬於公司設立前發起人間之契
　　約行為。見 Harry G. Henn: *Law of Corporation*, p. 179 2ed. (1970).

❷　參閱最高法院 27 年上字第 2377 號。

繳之股款，如與債權之給付權類相同，符合民法抵銷之規定者，應無不得抵銷之理由。然則，公司設立之初的認股行為，因公司尚未成立，事實上鮮有供抵銷之債權。況公司募集設立時，依證券交易法第三十三條第一、二項規定：「認股人或應募人繳納股款或債款，應將款項連同認股書或應募書向代收款項之機構繳納之；代收機構收款後，應向各該繳款人交付經由發行人簽章之股款或債款之繳納憑證。前項繳納憑證及其存根，應由代收機構簽章，並將存根交還發行人。」辦理，亦不發生抵銷事宜。通常僅於公司發行新股，而由員工、股東、特定人認購時，方可能有抵銷之主張發生。上述債權抵銷之情形，自從本法第一五六條第五項規定：「股東之出資，除現金外，得以對公司所有之貨幣債權、公司事業所需之財產或技術抵充之；其抵充之數額需經董事會決議。」觀之，抵銷情形，迎刃而解。公司法第一五六條第五項，股東得以對公司所有之貨幣債權抵繳股款，旨在改善公司財務狀況，降低負債比例。上述「貨幣債權」，係指債權人對公司之債權而言。其種類公司法無限制規定，債權人自可以其對公司之債權作為股東之出資。至於具員工身分之股東，自得以對公司所有之薪資債權抵繳股款，惟抵充之數額均需經董事會通過❸⓿。又本法對「技術」乙詞，尚無明確界定範圍，惟股東如以技術為出資標的，公司即取得出資技術之所有、使用及收益權。該技術不會受限於技術股東離職、死亡或異動，而影響出資技術之取得。技術作價估價標準之合理性，應經會計師查核，並出具查核意見❸❶，並經董事會決議通過。至於商譽並非一種可以隨時充作現物之財產出資，僅係公司合併因支付成本高於其資金公平價值而產生會計處理之科目，不宜作為出資標的，故民國一〇〇年六月二十九日公司法修正時，刪除得以「商譽」之出資抵充之。

其次，認股人在認股書上所填認股數，如已超過招募股份總數時，在認股人間應如何分配，不無疑問。各國立法例向採股份分配自由之原則，即發起人對於某一特定人，是否同意其認股，以及同意其認受若干股，均

❸⓿　經濟部 91.10.7 經商字第 09102224760 號。

❸❶　經濟部 93.3.24 經商字第 09202046630 號。

有酌量決定之權。關於此點，本法未設明文，在認股人認股總數超過招募股份總數時，由發起人決定其分配之習慣，足為司法或立法之參考。惟其方式，似以依各認股人認股數之比例或先後次序，酌給股份❷或依抽籤方式決定，較為允妥。

再者，募股之認股人認股權利，依證券交易法第六條第二項規定新股認購權利證書，視為有價證券。依同法第二十三條規定：「新股認購權利證書之轉讓，應於原股東認購新股限期前為之。」觀之，認股權利，可以轉讓。惟發起人之認股權，不得轉讓，此前已述及。

　2.**認股之撤回**　第一次發行股份募足後，逾三個月而股款尚未認足，或已繳納而發起人不於二個月內召集創立會者，認股人得撤回其所認之股（公一五二），並索回已繳之款。蓋公司有上述情形時，成立公司顯有困難，故允許認股人撤回其認股。

　3.**認股無效或撤銷**　認股行為為民法上之法律行為，如有無效或得撤銷之原因，仍應適用我國民法上有關無效或得撤銷規定，但公司設立前之認股行為，有無效或得撤銷之原因，影響公司之設立，應依現行公司法第一四八條之規定，由發起人連帶認繳，其已認而經撤回者亦同。倘公司設立後發行新股之認股行為，有無效或得撤銷之原因時，依我國公司法規定有行為之董事，對公司應負連帶賠償責任（公二七六）。

四、募足第一次發行之股份

發起人不認足第一次發行之股份時，應募足之（公一三二 I）。

五、催繳所認股款

　㈠**催繳股款**　第一次發行股份總數募足時，發起人應即向各認股人催繳股款。以超過票面金額發行股票時，其溢額應與股款同時繳納（公一四一）。又代收股款之銀行或郵局，對於代收之股款，有證明其已收金額之義務，其證明之已收金額，即認為已收股款之金額（公一三四）。蓋為防止公司對繳納股款有虛偽情事，責成代收機關負責證明。

　㈡**遲交股款之責任**　遲交股款之責任，乃造成失權與損害賠償。依本

❷　參閱司法行政部編印《商事習慣調查研究》第54頁。

法第一四二條規定：「認股人延欠前條應繳之股款時，發起人應定一個月以上之期限催告該認股人照繳，並聲明逾期不繳失其權利。發起人已為前項之催告，認股人不照繳者，即失其權利，所認股份另行募集。前項情形，如有損害，仍得向認股人請求賠償。」按認股行為為法律行為，其因而發生之私法上權利義務關係，自非不得依訴訟請求，故本法第一四二條之規定，並不排斥公司訴訟請求給付之權利。在認股人延欠股款時，究以訴訟請求給付或依本法第一四二條規定使生失權之效果，公司得擇一為之。提起給付之訴，對公司而言，甚少實益。蓋依本法第一五二條規定，逾三個月股款尚未繳足者，他認股人得撤回其所認之股。倘他認股人撤回認股，則可能影響公司之設立。然則就本法其他規定觀之，本法根本不易發生延欠股款之情形，其理由如下：

1.發起設立時應於股款繳足後，始能辦理登記（公一三一），故僅於公司設立登記前，若有發起人欠繳股款之事。此時，宜解為由其他發起人得起訴請求繳足股款。

2.公開募股時，依證券交易法第三十三條第一項前段規定認股人繳納股款，應連同認股書或應募書向代收股款之機構繳納認股。因認股係與繳納股款同時為之，故不發生欠繳股款事宜。

六、發起人召開創立會

(一)**創立會之意義** 創立會者，謂由發起人召集認股人，使其參與關於公司設立事務之會議。蓋認股人繳足股款後，實有了解籌辦公司詳情之權利，藉以匡補發起人智慮之不備，而矯正發起人意見之偏頗。因此第一次發行股份之股款繳足後，發起人應於二個月內召開創立會（公一四三）。

(二)**創立會召集之程序** 創立會為公司設立中之唯一決議機關，係認股人大會，非股東會，其召集之程序，及決議方法準用股東會之規定（公一四四 I）。因之，創立會之召集，應於二十日前通知各認股人（公一四四準公一七二 I）。通知中，應載明召集事由（公一四四準公一七二IV），發起人違反上述通知期限之規定時，處新臺幣一萬元以上五萬元以下罰鍰（公一四四準公一七二VI）。

㈢**創立會之決議** 開創立會時，各認股人每股有一表決權（公一四四準公一七九 I）。認股人對會議之事項有自身利害關係，致有害於公司利益之虞時，不得加入表決，並不得代理他認股人行使表決權（公一四四準公一七八）。至政府或法人為認股人時，其代表不限於一人，但其表決權之行使，仍以其所認股份綜合計算。前述代表人有二人以上時，其代表人行使表決權應共同為之（公一四四準公一八一）。本法已廢除無記名股票制度，故無無記名股票之認股人事宜。

㈣**創立會之決議方法** 創立會通常事項之決議，應有已發行股份總數過半數認股人之出席，以出席認股人表決權過半數之同意行之（公一四四準公一七四）。本法對此決議，兼顧及人數與股數。以人數為準，在保護小股東；以股數為準，在保護大股東。若出席人數不足上述定額，而有代表已發行股份總數三分之一以上認股人出席時，得以出席認股人表決權過半數之同意為假決議，並將假決議通知各認股人，於一個月內再行召集創立會。再開創立會時，對於假決議如仍有已發行股份總數三分之一以上認股人出席，並經出席認股人表決權過半數之同意，視同本法第一七四條之決議（公一四四準公一七五）。但修改章程或公司不設立之決議，則應依本法第一五一條之特別規定辦理之。即修改章程之決議，應有代表已發行股份總數三分之二以上之認股人出席，以出席認股人表決權過半數之同意行之（公二七七 I）。公開發行股票之公司，出席股東之股份總數不足前項定額者，得以有代表已發行股份總數過半數股東之出席，出席股東表決權三分之二以上之同意行之（公二七七 II）。前二項出席股東股份總數及表決權數，章程有較高之規定者，從其規定（公二七七 III）。在公司不設立之決議，應有代表已發行股份總數三分之二以上認股人之出席，以出席認股人表決權過半數之同意行之（公一五一 II、公三一六 I）。認股人得委託代理人出席創立會，但須出具公司印發之委託書，載明授權範圍，除信託事業或經證券主管機關核准之股務代理機構外，一人同時受二人以上認股人委託時，其代理之表決權不得超過已發行認股份總數表決權之百分之三，超過時其超過之表決權不予計算。一認股人以出具委託書，並以委託一人為限，應

於開創立會日前送達公司，委託書有重複時，以最先送達者為準。但聲明撤銷前委託者，不在此限（公一四四準公一七七）。此在於防止以收買委託書方式，操縱公司之情事發生。本法對於創立會之召集程序或決議方法違法，可否準用股東會之有關規定，並無明文規定。惟就立法之精神觀之，創立會之決議方法，依本法第一四四條規定準用股東會之有關規定，因而其召集程序或決議方法違法，應類推適用本法第一八九條規定認股人得訴請法院撤銷其決議。

　　㈤**創立會之議事錄**　創立會之決議事項，應作成議事筆錄，由主席簽名或蓋章，並於會後二十日內，將議事錄分發各認股人。議事錄應記載會議之年、月、日及場所、主席之姓名、決議方法、議事經過之要領及結果，在公司存續期間，應永久保存。出席認股人之簽名簿及代理出席之委託書，其保存期限至少一年。但經認股人依第一八九條提起訴訟者，應保存至訴訟終結為止。發起人違反之，處新臺幣一萬元以上五萬元以下罰鍰（公一四四準公一八三II）。議事錄應與出席認股人之簽名簿及代理出席委託書，一併保存。

　　㈥**創立會之職權**　其職權如下所述：

　　1.**聽取設立經過之報告**　發起人應於設立之必要事項報告於創立會，俾認股人瞭解公司設立情形。發起人對於報告有虛偽情事時，各科新臺幣六萬元以下罰金（公一四五）。

　　2.**選任董事、監察人**　董事，乃代表公司執行業務之常設機關；監察人，則為公司設立之監督機關。創立會應從速選任董事、監察人（公一四六I前），以利公司業務之推展。

　　3.**董事、監察人及檢查人設立事項之調查及報告**　董事及監察人選任後，應即就⑴公司章程；⑵股東名簿；⑶已發行之股份總數；⑷以現金以外之財產、技術抵充股款者，其姓名及其財產、技術之種類、數量、價格或估價之標準及公司核給之股數；⑸應歸公司負擔之設立費用，及發起人得受報酬；⑹發行特別股者，其股份總額；⑺董事、監察人名單，並註明其住所或居所、國民身分證統一編號或其他經政府核發之身分證明文件字

號等設立事項，為切實之調查，並向創立會報告（公一四六 I、一四五 I）。董事、監察人如有由發起人當選，且與自身有利害關係者，上述調查，創立會得另選檢查人為之（公一四六 II）。上述所列(4)、(5)之調查，如有冒濫或虛偽，主管機關應通知其限期申復，經派員檢查後，由創立會裁減或責令補足（公一四六 III）。發起人如有妨礙調查之行為或董事、監察人、檢查人報告有虛偽者，各科新臺幣六萬元以下罰金（公一四六 IV）。前述之調查報告經董事、監察人或檢查人之請求延期提出時，由創立會決議，在五日內延期或續行集會，不須再公告或通知認股人（公一四六 V）。倘董事、監察人及檢查人怠忽調查及報告之義務，致他人受有損害時，對於該他人亦應與公司負連帶賠償責任（公二三、八 II）。

4.**裁減報酬費用**　發起人所得受之報酬或特別利益及公司所負擔之設立費用有冒濫者，創立會均得裁減之。用以抵作股款之財產，如估價過高者，創立會得減少其所給股數或責令補足（公一四七）。

5.**修改章程**　創立會得修改章程，其修改應有代表股份總數三分之二以上之認股人出席，以出席認股人表決權過半數之同意修改之（公一五一準公二七七 II）。但對擬公開發行股票之公司的創立會，出席認股人之股份總數不足前項定額者，得以有代表已發行股份總數過半數認股人之出席，出席認股人表決權三分之二以上同意行之（公一五一準公二七七 III）。上述出席認股人股份總數及表決權，章程有較高之規定者，從其規定（公一五一準公二七七 IV）。蓋發起人所訂之章程，若未臻完善，對公司前途影響至鉅，自得修改之。此項修改，須經特別決議，以示慎重。

6.**公司不設立之決議**　創立會得為公司不設立之決議，其決議方法，應有代表股份總數三分之二以上之認股人出席，以出席認股人表決權過半數之同意行之（公一五一準公三一六 I）。但對於擬公開發行股票之公司的創立會，出席認股人之股份總數不足前述定額者，得以有代表已發行股份總數過半數股東之出席，出席股東表決權三分之二以上之同意行之（公一五一準公三一六 II）。上述出席認股人股份總數及表決權數，章程有較高之規定者，從其規定（公一五一準公三一六 III）。蓋創設公司如因經濟情況變

遷，原定目的事業難期發展，自得為公司不設立之決議。此項決議，均須為特別決議，以示慎重。

七、申請設立登記

股份有限公司募集設立者，代表公司之負責人不於登記之期限檢附應檢附之文件與書表及其他相關事項依公司登記辦法之規定申請者，處新臺幣一萬元以上五萬元以下罰鍰（公三八七IV、V）。由代理人申請者，應加具委託書。其代理人，以會計師、律師為限（公三八七III）。

八、主管機關之審核

與發起設立同，請閱前述「第一、發起設立之程序，五、主管機關之審核」。

第三、設立登記之效力

股份有限公司無論係發起設立或募集設立，經設立登記後，除得對抗第三人外，尚可生下列之效力：

一、公司成立

股份有限公司因設立登記而成立，具有法人資格，得享受權利，負擔義務，此乃登記之主要效力。

二、公開發行股票之規範

本法第一六一條第一項前段規定：「公司非經設立登記……後，不得發行股票。」蓋股票乃係表彰股東權之設權證券及有價證券，在公司設立登記前，公司尚未成立，自無股東身分，當然無股東權可言，故由本法第一六一條第一項之消極規定，反面得知，須公司設立登記後，始得發行股票。違反上述規定發行股票者，其股票無效，但持有人得對於發行股票人請求損害賠償（公一六一II）。

再者，公司發行股票究在何時發行為當，本法有鑑於因公司設立登記後多年從未發行股票之情事，為保障股東之權益，特別增訂本法第一六一條之一規定：「公開發行股票之公司，應於設立登記或發行新股變更登記後三個月內發行股票。公司負責人違反前項規定，不發行股票者，除由證券

主管機關令其限期發行外，各處新臺幣二十四萬元以上二百四十萬元以下罰鍰；屆期仍未發行者，得繼續令其限期發行，並按次處罰至發行股票為止。」藉以強制大公司發行股票，促進證券之流通，俾達資本大眾化的目的。修訂前之舊公司法不論公開發行或非公開發行股票之公司，只要實收資本額達中央主管機關所定一定數額（新臺幣五億元）以上者，均應於設立登記或發行新股變更登記後三個月內發行股票。現行本法考量非公開發行股票之公司是否發行股票，宜由公司自行決定，並以公司有無公開發行，作為是否發行股票之判斷基準。

三、公司之股份得轉讓

公司股份之轉讓，除本法另有規定外，不得以章程禁止或限制之，但非於公司設立登記後，不得轉讓（公一六三 I）。其目的在於保護交易之安全，以免萬一公司不能設立，受讓人因而受到損害。因此公司設立登記前股份之轉讓，依民法第七十一條規定，應屬無效❸。惟依舊公司法第一六三條第二項規定：「發起人之股份非於公司設立登記一年後，不得轉讓。但公司因合併或分割後，新設公司發起人之股份得轉讓。」旨在防止發起人以發起組織公司為手段，而行詐欺圖利之行為。現行公司法業已刪除該項規定，其理由認為股份有限公司之特色為股份自由轉讓，限制發起人股份之轉讓，並不合理，又此限制將降低發起人新創事業之意願，另查本限制為外國法例所無，爰刪除之，以貫徹股份自由轉讓原則❸。

第三節　股份有限公司之股份、股票及股東

第一、股份有限公司之股份

一、股份之意義

股份一詞，並不包括股票在內。依英美法，認為股份係指所有人對公

---

❸　參閱最高法院 75 年臺上字第 431 號判決；82 年臺上字第 2205 號判決。
❸　民國 107 年 7 月 6 日立法院通過第 163 條之修正理由。

司管理、盈餘分派及當公司解散清償債務後之剩餘財產之利益而言**㉟**。惟本法規定股份之涵義有三：

㈠**股份係指資本之成分**　股份的第一意義，係指資本之成分。按股份有限公司之資本，應為股份（公二 I、一五六），故股份係指資本之成分，為股東之財產，而公司以資本屬於公司法人之財產**㊱**，二者程度上有所不同。股份雖然是無形，然其有抽象之合法期待權，屬於無體財產權之一，對公司盈餘、管理及資產有各種附屬財產權**㊲**。股份與其他財產一樣，可為繼承之客體，亦得為強制執行之標的物**㊳**。

㈡**股份係指股東之權利義務**　公司各股東每股有一表決權（公一七九 I），此即權利，亦即通稱股份的第二意義所指之股東權；同時股東按其所認股份繳納股款，此即義務（公一三九）。

㈢**股份係表彰股票之價值**　股份的第三意義，係指表彰股票之價值。按股票並非股份本身，僅為股份所有人之證明。惟股份所生之權利，以股票為憑證表明其價值，通常股票之轉讓，亦即股份之轉讓，故股份與股票實為一體之二面，股份藉著股票而流通於證券市場。

二、股份之性質

依本法之規定，關於股份之性質如下：

㈠**股份之金額性**　股份有限公司之資本，應分為股份，每股均表彰一定之金額（公一五六 I 前），故本法第一二九條稱「採行票面金額股者，股份總數及每股金額；採行無票面金額股者，股份總數。」、第一三八條第一項稱「所認股數、金額」及第一五六條第一項規定「擇一採行票面金額股或無票面金額股」**㊴**。又依商業會計處理準則第十二條規定「記帳以元為

㉟　*Corpus Juris Secundum 18*, Corporation§194, p. 619.

㊱　*Corpus Juris Secundum 18*, Corporation§194, p. 621.

㊲　*Corpus Juris Secundum 18*, Corporation§194, p. 622.

㊳　Mounce and Dawson:*Business Law*, p. 860.

㊴　民國 107 年 7 月 6 日立法院通過公司法第 156 條修正說明：本法於一百零四年七月一日修正時引進國外無票面金額股制度，允許閉鎖性股份有限公司得發

單位。但得依交易之性質延長元以下之位數」，故每股金額應以壹元、貳元、參元……等為單位❹。

（二）**股份之平等性**　每一股份均為構成資本之最小單位，公司採票面金額股者，每股金額應歸一律（公一五六 II 前）❹；同次發行之股份，其發行條件相同，價格應歸一律（公一五六 XI 前）。每一股份均有一平等之表決權（公一七九 I）。其理由有四：1.便利股東表決權之計算；2.繳納股款及登載帳簿等無煩雜之虞；3.分配股利及行使其他股東權手續簡易；4.證券市場上買賣便利。至於每股金額之最高或最低額，本法則不加限制。

（三）**股份之有限責任性**　股份有限公司之股東，僅就所認之股份，對公司負其責任（公二 I 4），故屬有限責任。

（四）**股份之轉讓性**　公司股份之轉讓，不得以章程禁止或限制之；但非於公司設立登記後，不得轉讓（公一六三）。

（五）**股份之證券性**　股份有限公司之股份，以股票表彰之。公司股票為有價證券，故股份具有價證券之性質（證交六）。

（六）**股份不可分性**　本法雖無明文規定股份之不可分性，但本法既認股份金額，應歸一律，倘許股份分割，則顯與此項原則相衝突，且本法第一六二條第一項規定，股票應載明股數及每股金額，顯屬否定就每股得再分幾分之幾股份，否則無法貫徹一股一權之原則（公一七九），故每一股份為構成資本之最小單位，不得再行分割❹。倘一股份為數人共有者，其共有人應推定一人行使股東之權利。股份共有人，對於公司負連帶繳納股款之

行無票面金額股。現擴大適用範圍讓所有股份有限公司均得發行無票面金額股。爰修正第一項，明定公司應選擇票面金額股或無票面金額股中一種制度發行之，惟不允許公司發行之股票有票面金額股與無票面金額股併存之情形。

❹　經濟部 92.12.1 經商字第 09202242000 號。

❹　大理院 6 年上字第 1389 號：「股份有限公司之股票，每股銀數應一律平等。」

❹　公司不得發行不足一股之股票。原判決命被告交還原告臺灣工礦公司股票三十一點二股，臺灣水泥公司股票六十七點三股，臺灣農林公司股票二十三點七股，其不足一股之股票，日後無從執行，應予注意（司法行政部 45.4.5 臺 45 民字第 1596 號函）。

義務（公一六〇）。公司所為股款繳納之催告，向其中任何一人為之，均生催告之效力。共有人之內部關係，從其約定。關於民法上共有規定，亦可準用之（民八三一）。

㈦**股份之權利性** 股份乃表彰股東之權利，如股東會參與權及表決權、參與公司表決權，及對董事與監察人之起訴權、要求分配盈餘權等是。

三、股份與其他類似概念之區別

㈠**股份總額與資本總額之區別** 英美法對於公司之資本，採授權資本制，因此資本一詞，有兩種意義：一指公司章程所確定之授權資本，故稱名義資本；一指已發行股份之實際資本之一部而已[43]。現行本法仿日本法兼採英美法即屬於授權資本制，故於本法第一五六條第四項前段規定：「公司章程所定股份總數，得分次發行。」該法條項規定「得分次發行」，倘一次為股份總數之發行，此「股份總數」即是名義上之資本總額，亦是實際之資本總額；若分次發行，公司之資本總額，在實質上即不等於章程所定之股份總數，僅為已發行股份而繳納股款總和之數目而已。然章程既有股份總數之訂定，如感實質意義上之資本不足，自可在第一次發行之股份以外，陸續發行新股，直至股份總數與其名義上之資本總額相同為止，以後如需增資，自應變更章程[44]。惟公司分次發行股份，仍需依本法規定保留一定之股份由員工承購（公二六七）。

㈡**股份與公司資本及公司財產之區別**

1.**股份與公司資本之區別** 股份屬於股東個人所有。股東有處分其股份之絕對權。資本屬於公司所有，法律禁止公司將其資本給予股東，但不禁止公司發行及分派股票給與其股東[45]，故股份與資本不同。

2.**公司資本與公司財產之區別** 公司資本，僅係公司章程所記載之確定數字，非經法定程序，不得變更之，故公司資本，應無現實價值，僅係

---

[43] 林榮耀著〈論股份有限公司之資本及股份〉，載《法律評論》第 29 卷第 3 期第 2 頁。

[44] 陳顧遠著《商事法（中冊）》第 231 頁。

[45] *Corpus Juris Secundum 18*, Corporation§194 p. 621.

觀念數字。至於公司財產，乃由股東之出資，及公司營業所取得財產權構成之總體，有其經濟上之價值。蓋股東之出資，無論為現金或財產，必具有特定金額或現實價值，而公司因經營所取得之財產權，亦有其價值。惟其財產之價值，隨時變動，故公司財產，乃公司於特定時期，現實財產之總體，可能高於公司資本，亦可能低於公司資本，但為一實在數字。二者於公司成立時，即難於一致，如發起人之現物出資之估價偏高或偏低即是❹❻。

　　3.**股份與公司財產之區別**　公司財產係因股東之出資而發生，但在法律上，股東並非公司財產之共有人。蓋股東所為之出資，不問其係金錢或其他財產，業已成為公司之獨立財產專屬於公司所有。至於擁有股份之股東，不過享有盈餘分派，或公司清算時請求剩餘財產分派之權。

四、股份之發行

　　㈠**股份發行之意義**　股份之發行者，係指發起設立之不公開認足全部股份或第一次發行之股份，及募集設立之向外招募認股，以達設立公司為目的，為公開或不公開的一次或分次發行，以籌集公司資本為目的之行為❹❼。舊本法雖採分次發行，但並非絕對採之，仍承認全部一次發行之情形，如舊本法第一三〇條第一項第二款規定「分次發行股份者，定於公司設立時之發行數額」僅為公司章程相對必要記載事項，而非絕對必要記載事項，及舊本法第一五六條第二項規定「前項股份總數，得分次發行」，故就股份總數全部一次發行亦可。現行本法第一三〇條規定，已刪除舊法第一三〇條第一項規定中之「左列各款事項，非菁仔明於章程者，不生效力……二、分次發行股份者，定於公司設立時之發行數額。」其說明「嗣後公司如進行增資，則設立時之發行數額，並無實益，爰予刪除。❹❽」然則，本法第一三一條規定：「發起人認足第一次應發行之股份時，應即按股繳足股款並選任董事及監察人。」因此民國一〇八年公布施行之現行公司法，

---

❹❻　同❹❸。

❹❼　武憶舟著《公司法論》第 296 頁。

❹❽　民國 107 年 7 月 6 日立法院通過第 130 條修正說明。

刪除就公司法第二款「前項股份總數，得分次發行。」並無實益，其實其存在並無妨。

(二)**股份交換** 公司設立後得發行新股作為受讓他公司股份之對價，需經董事會以三分之二以上董事出席，出席董事過半數決議行之，不受第二六七條第一項至第三項之限制（公一五六之三）。其立法意旨，在鼓勵公司間策略聯盟，而交叉持股，係參考美、日有關股份交換之規定，於股份交換時，受讓公司發行新股時造成原股東股權稀釋，股東權益減少之情形，故需經董事會特別決議並限制可交換發行新股之比例，以保障原股東之權益，又因股份交換取得新股東之有利資源，對公司整體之營運將有助益 [49]。所謂「他公司」，包括依我國公司法組織登記成立之公司及依外國法律組織登記之公司 [50]。所謂「他公司股份」，包括三種：1.他公司已發行股份；2.他公司新發行股份；3.他公司持有之長期投資。其中「他公司已發行股份」，究為他公司本身持有或股東持有，尚非所問 [51]。又他公司股份是否與公司業務有關，公司法亦無限制 [52]。所謂「不受第二六七條第一項至第三項之限制」，係指不受公司發行新股時，應保留發行股份總數之一定的比率供員工承購規定之限制；以及不受應按照原有股份比例由股東優先認購與通知、公告之規定的適用。其次，公司法第一五六條之三規定：「公司設立後得發行新股作為受讓他公司股份之對價⋯⋯」其股份交換自不包括受讓他公司已發行股份達百分之百之情形。蓋企業併購法第四條第五款規定：「股份轉換：指公司讓與全部已發行股份予他公司，而由他公司以股份、現金或其他財產支付公司股東作為對價之行為。」又同法第二條第一項規定：「公司之併購，依本法之規定；本法未規定者，依公司法⋯⋯之規定。」準此，讓與已發行股份達百分之百之情形，屬企業併購法之規範範疇 [53]，係一企

---

[49] 民國 90 年公司法第 156 條修正理由三。

[50] 經濟部 91.4.16 經商字第 09102073880 號。

[51] 經濟部 94.3.23 經商字第 09402405770 號。

[52] 經濟部 94.2.3 經商字第 09402014500 號。

[53] 經濟部 91.5.1 經商字第 09102077120 號。

業為取得他企業經營權及控制權而轉換股份，對雙方公司之股東及債權人之權益影響甚鉅。如金融控股公司法第二十六條之規定即是。

⢀**股份公開發行**　依本法規定，公司得依董事會之決議，向證券管理機關申請辦理公開發行程序；申請停止公開發行者，應有代表已發行股份總數三分之二以上股東出席之股東會，以出席股東表決權過半數之同意行之（公一五六之二 I）。此乃考量一旦停止公開發行公司財務狀況將回復至不公開之情形，對投資人權益影響甚鉅，故明定須經股東會特別決議。然考量公開發行股票之公司召開股東會時，股東出席率較難達到已發行股份總數三分之二，為避免因此無法作成決議，爰明定「出席股東之股份總數不足前項定額者，得以有代表已發行股份總數過半數之出席，出席股東表決權三分之二以上之同意行之。」（公一五六之二 II），較有彈性。又公司公開發行係自願，倘公開發行股票之公司已解散，他遷不明或因不可歸責於公司之事由，致無法履行證券交易法規定有關公開發行股票公司之義務時，證券主管機關得停止其公開發行（公一五六之二 IV），俾利證券主管機關之管理。其次，公營事業之申請公開發行及停止公開發行，應先由該公營事業主管機關專案核定（公一五六之二 V）。

⢁**發行新股轉讓於政府，接受紓困**　公司設立後，為改善財務結構或回復正常營運，而參與政府專案核定之紓困方案時，得發行新股轉讓於政府，作為接受政府財務上協助之對價；其發行程序不受本法有關發行新股規定之限制，其相關辦法由中央主管機關定之（公一五六之四 I）。前項紓困方案達新臺幣十億元以上者，應由專案核定之主管機關會同受紓困之公司，向立法院報告其自救計畫（公一五六之四 II）。

⢂**股份發行之效力**　公司應依章程所定之股份總數內發行股份，或依增資變更章程而發行新股。倘公司未依法變更章程，而超過章程所定股份總數之發行股份，依美國判例認為應屬絕對無效❺。縱使為善意之持有人

---

❺　MacLaren v. Wold, 215 N. W. 428, 172 Minn. 334, A. L. R. 321, modifying 210 N. W. 29, 169 Minn. 234, State v. Kahle, 19. Fed. 383, 162, Okl. 202, Taylor v. Lounshury Soule Co; 137. A. 159, 106 Conn. 41. Conninghan v. Commissioner of

依價取得者亦同❺。該未經授權股份之持有人，不能成為股東，亦無授權股份持有人之義務。凡與公司締訂發行超過章程所定股份之契約，全部無效。不得由當事人任何一方追認，或依此約定提起訴訟❺。對此本法規定發起人應以全體之同意訂立章程，載明採行票面金額股者，股份總數及每股金額；採行無票面金額股者，股份總數（公一二九3），然股份總數為公司章程絕對必要記載事項（公一二九3），超過章程所定股份總數所發行之股份，即屬違反章程絕對必要記載事項，應屬絕對無效，與美國判例不謀而合。第三百九十三條第二項第七款及第三項規定，任何人得至主管機關之資訊網站查閱公司之「資本總額或實收資本額」，是以，採行無票面金額股者，雖章程僅記載股份總數，仍可經由主管機關之資訊網站查知公司之實收資本額，維護投資人知的權利及保障交易之安全❺。其次，關於特別股之發行，詳閱後述「五、股份之種類，㈠普通股與特別股，2.特別股」。

五、股份之種類

㈠**普通股與特別股**　乃就股東權利為區分之標準：

1.**普通股**　普通股為公司所發行無特別權利之股份。此種股份之股東，其股東權一律平等，得享有分派盈餘權、行使表決權等❺。依本法規定特別股必須於章程記載之（公一三〇Ⅰ3），故凡未在章程明定為特別股之股份，均為普通股。

2.**特別股**

⑴**意義及種類**　凡較普通股對公司享有特別權利之股份，我國舊公司法稱為優先股，現行法以特別股不限於優先股一種，後配股及優先後配混合股亦可稱之，故改稱為特別股，以期概括。優先股者，股東得享受權利較普通股優先，其內容除股息、紅利、剩餘財產之分派外，兼及表決權之

Banks, 144 N. E. 447, 249 Mass. 401.

❺　Carroford v. Twin City Oil Co. 113 Lo. 61, 216 Ala.216, 14 C. T.,　p. 403 Note 60.

❺　*Corpus Juris Secundum 18*, Corporation, p. 194,§209.

❺　民國 107 年 7 月 6 日立法院通過公司法第 129 條第 3 款之修正說明。

❺　*American Juris*, p. 741,§212 Common Stock.

優先；後配股者，股東之權利，較普通股猶不如。公司發行特別股時，應就特別股權利、義務事項於章程中明定，本法第一五七條定有明文。惟章程中尚非可明定特別股得按一股換數股比例轉換為普通股，如以一股特別股轉換為三股普通股方式將特別股換成普通股 ❺❾。關於優先特別股可分為下列三種：

①優先表決權之特別股　即對特定事項，有優先行使表決權之特別股。就本法第一五七條第一項第三款規定：「特別股之股東行使表決權之順序限制……」觀之，本法承認優先表決權股東之地位。此制倘限於本國國民所獨有，則可防外資之侵奪國內企業，但有違企業國際化之潮流。惟易被濫用，作為操縱公司之手段。

②優先分派剩餘財產之特別股　即公司解散時，得優先分派公司剩餘財產之特別股。依本法第一五七條第一項第二款之規定「特別股分派公司賸餘財產之順序，定額或定率」觀之，本法承認此特別股之地位。又本條所稱定額、定率，尚非不得為零 ❻⓪。

③優先分派盈餘之特別股　即公司有盈餘時，於彌補損失及提存公積後，先分派特別股，尚有剩餘，再分派普通股。就本法第一五七條第一項第一款規定：「特別股分派股息及紅利之順序，定額或定率」觀之，本法承認此特別股之地位。此種特別股復可分為下述二類：

　A.累積優先分派盈餘特別股與非累積優先分派盈餘特別股

　㈠累積優先分派盈餘特別股　公司未能於本年度分派約定之全部股利時，則該未分派部分之股利，應由下年度或以後年度，於分派與普通股股利前，先行補足 ❻❶。例如某公司發行五分累積分派盈餘特別股，於民國六十七年度僅給付三分與該特別股，當然未分派股利與普通股，於民國六十八年依法分派股利與普通股前，必須先分派七分股利（六十七年未分派之二分股份，加上本年五分股利）與該特別股。

❺❾　經濟部 90.5.22 經商字第 09002095540 號。

❻⓪　經濟部 91.11.28 經商字第 09102272830 號。

❻❶　Mounce and Dawson:*Business Law*, p. 862(1969).

優先分派盈餘特別股如章程無明文規定為累積分派,依美國法例認為,除非有相反之規定外,解釋上應視為累積分派❻。本法對此無明文規定,解釋上似宜從美國法例。蓋優先分派盈餘之特別股,其分派盈餘優先於普通股,如未賦與累積分派權,則易受普通股股東會決議分派盈餘時,故意於有盈餘年度不分派盈餘,損害優先分派盈餘特別股之權利。況且優先分派盈餘特別股通常定有期間,甚而限制其表決權,倘於有盈餘年度不分派盈餘與此種優先股,又不給予累積分派權,則其期間屆至,公司即得收回之,則無法行使其盈餘之優先分派,易造成大股東以此詐欺特別股股東,故優先分派盈餘特別股,如無明文規定累積分派時,解釋上宜視累積分派之特別股,較為適當。

(B)非累積之優先分派盈餘特別股　公司於本年度未能分派約定之盈餘給與特別股,而該未分派之盈餘並不累積於以後年度有盈餘時,該特別股亦無請求分派該未分派盈餘之權利者屬之。倘公司於有盈餘年度足夠依法分派盈餘給與非累積之優先分派盈餘股,而股東會因某種理由,決議該年度不分派盈餘給與股東,則在以後年度依法分派盈餘給與普通股以前,是否應先補足之?依美國法例採肯定說❻。本法無明文規定,解釋上似宜從美國法例。蓋優先分派盈餘股,其分派盈餘之優先如章程所定,公司不得損害特別股股東按照章程應有之權利(公一五八但),如許公司於有盈餘年度而不分派股利給與非累積之優先分派盈餘特別股,即損害該特別股股東按照章程應有優先分派盈餘之權利,故解釋上宜解為於以後年度依法分派盈餘給與普通股之前,應先補足之,以保障非累積優先分派盈餘特別股之權益。

B.參加優先分派盈餘特別股與非參加優先分派盈餘特別股

(A)參加優先分派盈餘特別股　係指公司於已分派特別股所約定之股利於特別股及分派普通股所約定之股利於普通股後,如尚有盈餘可資分派與股東時,則特別股股東有與普通股股東同受分派之權利。

❻　Norman D. Lattin:*The Law of Corporations*, p. 437(1959).

❻　Mounce and Dawson:*Business Law*, p. 863(1969).

⒝非參加優先分派盈餘特別股　係指公司已分派與特別股所約定之股利於特別股及分派普通股所約定之股利於普通股後，如尚有盈餘，可再分派與普通股股東，但特別股股東則無權與普通股股東同受分派。倘特別股無明文約定得否參加分派，則該特別股是否得參加分派？有二說：

　　⒜可參加分派說　認為特別股具有普通股所有之權利，再加上其所約定之優先權利，因此如無明文約定，特別股有與普通股同受分派盈餘之權利；

　　⒝不可參加分派說　認為特別股已從公司獲得優先分派股利之權利，因此倘特別股無明文約定時，即默示特別股僅接受此種權利，以代替與普通股平分盈餘之權利，故無參加分派之權利❻❹。

　　上述二說，本法對此，無明文規定，解釋上似宜採前說為當。蓋特別股亦為股份之一種，除所約定優先權利之外，應與普通股具有相同之權利。

　　⑵特別股發行時期　股份有限公司得以股份之一部為特別股，在公司設立之初，固可發行（公一三〇、一五六Ⅰ後、一五七），即於公司設立後，公司依第一五六條第四項分次發行新股依本節規定（公二六六Ⅰ）。

　　⑶發行特別股之規定

　　①章程必須訂定　公司發行特別股時，應就下列之特別權利於章程中訂定之（公一五七）：

　　　A.特別股分派股息及紅利之順序、定額或定率；

　　　B.特別股分派公司剩餘財產之順序、定額或定率；

　　　C.特別股股東行使表決權之順序、限制或無表決權；

　　　D.複數表決權特別股或對於特定事項具否決權特別股。

　　　E.特別股股東被選舉為董事、監察人之禁止或限制，或當選一定名額董事之權利。

　　　F.特別股轉換成普通股之轉換股數、方法或轉換公式。

　　　G.特別股轉讓之限制。

　　　H.特別股權利、義務之其他事項。

---

❻❹　Mounce and Dawson, op. cit supra, p. 864.

上述 H.所謂「其他事項」，係指不得違反股份有限公司之本質及法律之強制或禁止規定，應不以該條第一款至第七款所定事項為限。

公司設立後，發行新股，如有特別股者，應將其種類、股數、每股金額及前述本法第一五七條第一項第一款至第三款、第六款及第八款事項，申請證券主管機關核准，公開發行（公二六八 I 6）。

②得以股款收回　本法規定公司發行之特別股，係股東平等原則之例外，倘長久存在，影響普通股之權益，故本法規定得以盈餘或發行新股所得之股款收回之；但不得損害特別股股東按照章程所應有之權利（公一五八）。論者有認為特別股之收回，必須以章程有規定者為限 ❻。惟本書細究公司法第一五八條規定認為公司所發行之特別股，得以盈餘或發行新股所得之股款收回之，不以章程有明訂收回為必要，但收回時不得損害特別股股東按照章程應有之權利。又公司發行特別股時，應就分派股息及紅利之順序、定額或定率等事項於章程中定之（公一五七 1），而累積特別股轉換為普通股或贖回時，其帳上特別股相關科目應一併沖銷，至於公司因無盈餘而積欠特別股股東之累積特別股股息部分，因其並未入帳，故無沖銷之問題，但其收回仍應依本法第一五八條規定辦理。準此，在特別股發行期滿全數轉換為相同股數之普通股時，其累積積欠之特別股股息，自不發生不論盈虧應於發行期滿一次以現金補足 ❻。但公司章程有特別規定者，依其規定辦理 ❻。

③發行特別股之限制　公司有下列情形之一者，不得公開發行具有優先權利之特別股（公二六九）：

A.最近三年或開業不及三年之開業年度課稅後之平均淨利，不足支

---

❻　公司對於特別股之收回，是否須在章程中規定？張龍文著《股份有限公司法論》第 58 頁援引英國 1929 年修正公司法之規定：「股份有限公司以章程有規定者，得任意償還優先股。但其償還之財源，須以盈餘或新股所得之股款」，以解釋我公司法，認為得以盈餘或發行新股所得之股款收回者，須規定於公司章程。

❻　經濟部 92.5.13 經商字第 09202081270 號。

❻　經濟部 92.8.15 經商字第 09202172430 號。

付已發行或擬發行之特別股股息者。

　　B.對於已發行之特別股約定利息，未能按期支付者。

　　再者，優先股股東自願放棄其享有之優先權，而聲請公司轉換其股票為普通股，對他股東之利益並無損害，自應准許。倘公司修改章程，規定優先股股東如自願放棄優先權利時，得隨時向公司聲請改為普通股，則為法所許❻❽。

　　後配股較普通股處於不利地位，須待普通股受盈餘或剩餘財產分配後，始得接受分派，如得轉換為普通股，自有害於普通股股東之利益，故不得規定後配股股東得聲請轉換為普通股。本法第二六九條之規定，係對優先股發行之特別限制，後配股並不受限制。惟此時公司營運不佳，若發行後配股，亦將無人認股。

　　④變更章程之特別決議　公司已發行特別股者，其章程之變更如有損害特別股股東之權利時，除應有代表已發行股份總數三分之二以上股東出席股東會，以出席股東表決權過半數之決議外，並應經特別股股東會之決議（公一五九 I）。公開發行股票之公司，出席股東之股份總數不足前述定額者，得以有代表已發行股份總數過半數股東之出席，出席股東表決權三分之二以上之同意行之，並應經特別股股東會之決議（公一五九 II）。前二項出席股東股份總數及表決權數，章程有較高之規定者，從其規定（公一五九III）。特別股股東會準用關於股東會之規定（公一五九IV）。

　　㈡**記名股與無記名股**　依股份之股票是否記載股東姓名為標準：

　　記名股即將股東姓名記載於股票之股份。此種股份除所有人外，不得行使其權利。無記名股即於股票上不記載股東姓名之股份。凡持有股票之人，即為取得股東資格之人。本法已將無記名股票之制度廢除，並將記名股票之記名刪除，均稱股票❻❾。

　　㈢**舊股與新股**　依發行時期而為區分之標準：

　　1.**舊股**　即公司設立時所發行之股份。

---

❻❽　經濟部 57.4.25 商字第 14873 號。

❻❾　民國 107 年 7 月 6 日立法院通過第 164 條、第 172 條之修正說明。

2.**新股** 即公司存續中，因增加資本所發行之股份。本法對新股於本法第五章第八節「發行新股」提及。

㈣**面額股與無面額股** 本法第一五六條第一項規定：「股份有限公司之資本應分為股份，擇一採行票面金額股或無票面金額股。」依股份之股票，有無載明股份票面金額為區分之標準：

1.**面額股** 又稱為「金額股」，即股票票面載明一定金額之股份而言。現行本法採行票面金額股者，每股金額應歸一律（公一五六Ⅱ前）。除股份總數及每股金額必須於章程訂定外（公一二九3），在股票上應載明「發行股份總數及每股金額」（公一六二Ⅰ3）。

2.**無面額股** 亦稱比例股份額股或分數股，即股票票面不表示一定金額之股票，而僅在票面表示其占公司全部資產之比例或若干分之幾。美國於一九二一年首由紐約州實施❼，日本於昭和二十五年修正商法亦兼採無面額制度。依本法第一五六條第一項規定：「股份有限公司之資本，應分為股份，擇一採行……無票面金額股。」我國股份有限公司之股份得採無面額股。

無面額股之缺點如下：

⑴無面額之發行，與公司資本確定之原則有違，易產生公司債權人賴以擔保其債權之公司資本額較之發行股份金額為少之可能，對公司債權人殊為不利。

⑵無面額股以較原面額股份之市場價格為低之價額發行時，恐有損及原金額股份股東之虞。

⑶關於股份發行價額之如何決定，因其需專門知識，容易造成董事之不法行為。

⑷發行無面額股與面額股時，在發行上易引起困擾。蓋就投資人言，票面金額為均一之基準，但無面額股無均一之基準金額，每次發行時則異

---

❼ 自 1921 年紐約州公司法率先允許發行無面額股後，各州仿效之。高面額股不再維持，若干州公司法限制每股面額不低於一元為已足，甚而不予限制，造成低面額股之盛行，此乃無面額股之優點為低面額股所吸收。

其發行價額，致股份受讓人對投資價值之決定，頗為困難。如二者同時發行時，更生紛擾，易生弊端。

　　綜上所述，目前我國證券市場上發行公司股票之市價低於票面金額者，不計其數，因此主張採行無面額股之人士，不乏其人。本書認為應對其弊端之改善有配套之措施，方可兼採行無票面金額股之制度，否則貿然增加幾字「無票面金額股」，易生糾紛。惟民國一〇七年七月六日立法院修正通過之公司法第一二九條及第一五六條規定得採行無票面金額股。現行本法第一五六條第一項規定，擇一採行票面金額股或無票面金額股。

　　㈤**表決權股與無表決權股**　依股東有無表決權為區分之標準[71]：

　　1.**表決權股**　即股東有表決權之股份。通常可分為一般表決權股、多數表決權股、限制表決權股。本法第一七九條第一項規定「公司各股東，除本法另有規定外每股有一表決權」，是謂原則上一股一表決權股，即屬一股表決權。至於一股有多數表決權者，乃對特定股東，給予多數表決權之股份。所謂特定股東，如董事、監察人是，此有違股東平等原則，本法不採之。但本法規定，股份有限公司發行特別股時，應於章程中規定「複數表決權特別股或對於特定事項具否決權特別股」（公一五七Ⅰ4）。

　　2.**無表決權股**　即在章程中對於股東應有之表決權，予以剝奪或限制之股份。此制發生於美國[72]，對於無參與企業意思之投資者，給與優厚的

---

[71]　表決權為股東重要權利之一，股份既然表彰股東權，其權利內容上，當不能欠缺表決權，故股份不具表決權者，曾被認係違反股份制度之本質，應屬無效。然至第一次世界大戰後，公司企業頓趨大規模化，而致股東結構亦發生變動，出現所謂「投機股東」或所謂「投資股東」一類，其旨趣不在於參與公司之業務執行，卻在股票價格之高漲及盈餘分派額之增多，此類股東尤厭出席股東會，參加表決，而意欲參加公司經營之「企業股東」，即藉空白委任表決權向其蒐集所需數目之表決權，就此等「投資股東」而言，表決權幾無存在意義，遂致附以優先盈餘分派權，而欠缺表決權之新股份制，即所謂「無表決權股」於焉產生。

[72]　美國法例公司得以章程授權董事會發行無表決權股，通常係就特別股設無表決權制，但其就普通股設者亦有之。無表決權股在美國公司風行之理由有：㈠鼓

股息，但其股票無表決權。其後德國股份法亦採之，甚至明文規定盈餘得事後補發，以及其優先權被取消時，股票恢復表決權等。依現行本法第一五七條第三款規定：「三、特別股之股東行使表決權之順序、限制或無表決權」之後段觀之，本法承認無表決權股。至於本法第一七九條第一款規定：「公司依法持有自己之股份，無表決權。」並非此之無表決權股。我國學者❼大多主張本法得有無表決權股制，蓋通常就股東之心態言之，可分為企業股東、投資股東、投機股東。投資股東所關心，乃股息紅利及其他權利，對表決權並不感興趣，故其表決權之委託書常被野心分子所收購，致影響公司。基於企業所有與企業經營分開原則，致使公司經營趨於簡易，實應採無表決權股之制度。再就實際利害關係言之，本法第一五九條第一項規定：「公司已發行特別股者，其章程之變更，如有損害特別股股東之權利時，除……外，並應經特別股股東會之決議」，則特別股股東依章程之訂立，於股東會無表決權，或其表決權受有其他限制，並無重大實害可言，故現行本法第一五七條第三款規定：「三、特別股之股東行使表決權之順序、限制或無表決權。」實屬允當。至於普通股之股東，均有表決權，且一股一表決權。

㈥償還股與非償還股　以股份之發行，是否可以公司之收益予以收回，為區分之標準：

1.償還股　即得以公司之盈餘，或發行新股所得之股款，予以收回之股份。按公司發行之特別股，如無損害特別股股東按照章程應有之權利，公司得依公司法第一五八條規定，以盈餘或發行新股所得之股款收回，並

勵僅對於投資收益有興趣而厭煩行使表決權之股東，投資於公司企業；㈡使有表決權股東，以較少之投資達到掌握公司經營之目的。美國法例，既然承認無表決權股，而表決權股股東支配公司之結果，因此為防止公司支配權力被濫用，而侵害無表決權股股東之正當權益，故認為有表決權股股東與無表決權股之間互有「信賴關係」，而有表決權股股東，則基於此「信賴關係」，負有為公司股東全體利益而行使表決權之義務，不得擅自濫用其表決權。

❼　陳顧遠著《商事法（中冊）》第 257 頁；劉甲一著《公司法新論》第 166 頁。

辦理減資，無須依股東所持股份比例減少**❼❹**。惟現行公司法第一五八條規定：「公司發行之特別股，得收回之。但不得損害特別股股東按照章程應有之權利。」

　　2.**非償還股**　即不得以公司之資金或盈餘予以收回之股份。依本法規定，原則上普通股即為非償還股，不得自將股份收回、收買或收為質物（公一六七Ⅰ前），僅在特殊情形，始得例外收回股份如庫藏股（公一六七之一、證交二八之二）。

　　㈦**轉換股與非轉換股**　依股份之種類是否得轉換為區分之標準：

　　1.**轉換股**　某種股份得轉為他種股份**❼❺**。例如特別股可以轉換為普通股，此乃合於本法第一五七條第一項第六款：「六、特別股轉換成普通股之轉換股數、方法或轉換公式。」之規定。

　　2.**非轉換股**　即股份不可以轉換也。

六、股份之轉讓、設質及銷除

　　㈠**股份之轉讓**

　　1.**我國公司法對股份轉讓之自由與限制**　本法第一六三條規定：「公司股份之轉讓，除本法有規定外，不得以章程禁止或限制之。但非於公司設立登記後，不得轉讓。」此為原則的強制規定，許當事人自由轉讓**❼❻**。至於例外之情形不得轉讓有九，茲分述於下：

　　⑴公司股份之轉讓，非於公司設立登記後不得轉讓（公一六三但）。因此公司設立登記前，並無股份轉讓可言。舊公司法第一六三條第二項規定，發起人之股份，非於公司設立登記一年後，不得轉讓。此項規定限制發起人股份轉讓自由，降低發起人創新事業之意願，故刪除之。

---

❼❹　經濟部 91.10.4 經商字第 09102226190 號。

❼❺　*Am. Juris*, vol. 18 p. 746, §217 Convertile stock.

❼❻　股份有限公司股份之轉讓，固係包括股東應有權利義務之全體而為轉讓，與一般財產權之讓與有別，但股東之個性與公司之存續並無重大關係，故除公司法（舊）第一六〇條第一六一條但書規定外，股東自可將其股份自由轉讓於他人（最高法院 43 年臺上字第 771 號）。

(2)公司除依第一五八條、第一六七條之一、第一八六條及第三一七條規定外，不得自將股份收回、收買或收為質物。但於股東清算或受破產之宣告時，得按市價收回其股份，抵償其於清算或破產宣告前結欠公司之債務（公一六七 I），此項禁止取得自己股份之規定，為強制規定，違反此項規定之行為，應屬無效（七二臺上二八九），又本法第一六七條第一項但書為破產法上之特殊規定，查股份有限公司係以資本為中心之社團法人，公司成立後股東之出資構成公司資本，此項資本須保持一定不變，如有變更之必要，必須履行繁重之法定程序。股東基於其股東資格，對於公司雖享有股東權，惟此項股東權除公司法別有規定外，並不包括請求返還股款之權利在內，是股東之出資不得視為公司對股東之負債，自不待言。準此而論，股東因他種法律關係，結欠公司債務，而受破產宣告時，公司似不得援引破產法第一一三條規定行使抵銷權。惟公司法第一六七條第一項但書規定：「於股東受破產宣告時，得按市價收回其股份，抵償其於破產宣告前結欠公司之債務」係破產法之特別規定，似得逕行適用該條項之規定辦理。（經濟部五十八年經商字第一一九三六號函）。公司依本法第一六七條第一項但書或第一八六條規定，收回或收買之股份，應於六個月內，按市價將其出售，逾期未經出售者，視為公司未發行股份，並為變更登記（公一六七 II）。 被持有已發行有表決權之股份總數或資本總額超過半數之從屬公司，不得將控制公司之股份收買或收為質物（公一六七 III）。違反上述規定之收買行為應屬無效。惟如屬公開發行公司之股票，其證券市場買賣制度，涉及善意第三人，則該行為應屬有效為妥。

(3)交叉持股之限制：被持有已發行有表決權之股份總數或資本總額超過半數之從屬公司，不得將控制公司之股份收買或收為質物（公一六七 III）❼。前項控制公司及其從屬公司直接或間接持有他公司已發行有表決

---

❼ 經濟部 100.6.27 經商字第 10002416950 號：「按公司法第 156 條第 5 項規定所稱『股份交換』，即公司設立後得發行新股作為受讓他公司股份對價之行為，係因股份交換取得新股東之有利資源，對公司整體之營運將有助益，其目的乃在藉由公司間部分持股，形成企業間策略聯盟之效果，應包含公司發行新股受

權之股份總數或資本總額合計超過半數者，他公司亦不得將控制公司及其從屬公司之股份收買或收為質物（公一六七IV）。上述規定旨在避免控制公司經由其從屬公司，將控制公司股份收買或收為質物，故該條第三、四項規範對象係以出資關係形成之控制從屬公司類型為限（一○○臺上一一七八）。其次，可轉換公司債未行使轉換前，係屬債券性質，公司法未有禁止從屬公司持有控制公司所發行債券之規定，是以，從屬公司如於公司法修正後僅在交易市場買賣控制公司海外轉換公司債或持有國內轉換公司債等項，而不進行轉換，尚無違反公司法第一六七條第三項之規定；如行使轉換，自違反上開規定（經濟部九十一年經商字第二○七一七六○○號函）。從屬公司與他公司合併（他公司持有控制公司之股份），致存續之從屬公司因合併而持有控制公司之股份，與公司法第一六七條第三項規定「收買或收為質物」之情形，係屬二事。該從屬公司得為控制公司之董事、監察人之候選人，惟若符合同法第一七九條之規定，則無表決權。再者子公司持有母公司股票，母公司於認列投資損益及編製財務報表時，應將子公司持有母公司股票視同庫藏股票處理（經濟部九十五年經商字第二二○二九二○號函）。

(4)董事、監察人經選任後，應向主管機關申報其選任當時所持有之公司股份數額；公開發行公司董事、監察人在任期中轉讓超過二分之一時，其董事當然解任（公一九七Ⅰ、二二七）。董事、監察人在任期中其股份有增減時，應向主管機關申報並公告之（公一九七Ⅱ、二二七）。董事、監察人任期未屆滿提前改選者，當選之董事、監察人，於就任前轉讓超過選任

讓他公司股份的各種態樣。另同法第 167 條第 3 項規定，被持有已發行有表決權之股份總數或資本總額超過半數之從屬公司不得將控制公司之股份收買或收為質物，係在避免控制公司利用其從屬公司收買控制公司之股份，致衍生弊端。是以，倘認從屬公司得以股份交換方式取得控制公司股份，恐將使第 167 條第 3 項規定形同具文，其所稱『收買』自不限於民法之買賣關係，應擴及於『支付對價取得股份』行為。爰此，從屬公司不得以股份交換取得控制公司之股份，俾杜弊端之衍生。惟金融控股公司法另有規定者，依其規定。」

當時所持有之公司股份數額超過二分之一時，或於股東會召開前之停止股票過戶期間內，轉讓持股超過二分之一時，其當選失其效力（公一九七III、二二七）。

⑸公司發行新股時，對員工承購之股份，得限制在一定期間內不得轉讓。但其期間最長不得超過二年（公二六七VI）。

⑹依證券交易法規定公開募集及發行股票之公司，其全體董事及監察人二者所持有記名股票之股份總額，各不得少於公司股份總額一定之成數，其成數及查核實施規則，由主管機關以命令定之（證交二六）。

⑺公開發行公司之董事、監察人、經理人或持有公司百分之十以上股權之股東，其股票之轉讓以法定之方式為之（證交二二之二）；倘其對該公司之上市股票，於取得後六個月內再行賣出，或於賣出後六個月內再行買進，因而獲得利益者，公司得請求將其利益歸於公司（證交一五七）。

⑻公開發行公司之董事、監察人、經理人或持有公司股份超過百分之十之股東或基於職業或控制關係獲悉消息之人、或從上列之人獲悉消息者，於獲悉公司有重大影響其股票價格之消息時，在該消息未公開前，不得對於公司之上市或上櫃之股票買入或賣出（證交一五七之一）。

2.股份轉讓之方法（指公司設立登記後，股票發行前之轉讓） 股份轉讓，只須當事人之合意即可成立。此與無限公司股東出資之轉讓，須經其他股東全體之同意（公五五），有限公司股東出資之轉讓，須經其他股東表決權過半數之同意（公一一一I），均不相同。惟公司設立登記後，至股票發行前，股份轉讓之方法，本法無明文規定，解釋上有下列三種不同之見解：

⑴股份轉讓，依當事人間合意而成立。因未發行股票，雖無須經股票上背書，然仍以股東名簿上過戶（所謂過戶，即將受讓人之本名或名稱記載於股東名簿），為對抗要件。

⑵股份轉讓，雖依當事人間合意而成立，仍須履踐對抗要件，即先請求為股票之發行交付，然後辦理股票與股東名簿上之過戶。

⑶記名股份之移轉，非經股東名簿上過戶，不得對抗公司。蓋公司在

股票之未發行前股份移轉，不得謂為無條件的對抗公司。記名股份雖非純然之債權，然仍視同指名債權，故股票發行前之股份之移轉，非依民法第二九七條第一項規定之通知，不得對抗公司❼❽。

綜上所述，似應以⑶之見解為當，即股票發行前股份之轉讓，非經通知公司，對於公司不生效力。惟實務上，尚無判解可資參考。按日本商法第二〇四條第二項雖然規定股票發行前所為股份之轉讓，對公司不生效力。若欲生效，必須依同法第二〇六條所規定記名股份之移轉，必須將取得人之姓名及住所，記載於股東名簿，方得以之對抗公司，以及章程規定設置過戶代理人之規定，實是吾國借鏡。

再者，股份有限公司本應發行股票，但事實上在家族公司常有不發行股票情事，此際股份轉讓時，即不能依股票讓與之方式辦理，亦即無從憑股票，單獨向公司請求變更股東名簿。在此情形下，則須股份讓與人與受讓人協同辦理變更股東名簿手續。惟受讓人可否單獨憑契約通知公司請求公司變更股東名簿？經濟部曾解釋，買賣契約書與股票背書，有同一效力❼❾，此見解實有可議。按讓與契約，既不能視同股票，故不可單獨憑契約通知公司請求公司變更股東名簿，故應原股東協同受讓人及所有之背書人辦理，但公開發行股票之公司在未發行股票前，依證券交易法第三十三條、第三十四條而持有股款繳納憑證，依同法第六條第二項規定，該項憑證，係視同有價證券，因讓與而取得憑證之股份受讓人，則可單獨依該憑證請求變更股東名簿。

---

❼❽　張文龍著《股份有限公司法論》第 76 頁至第 77 頁。

❼❾　經濟部 58.10.16 商字第 35406 號：「查股份有限公司設立登記後何時發行股票公司法並未明文規定，本案光華電影戲劇院股份有限公司據稱尚未發行股票，關於股權之轉讓，自無從依照公司法第一百六十四條規定方式辦理，其以股權買賣契約書為股份之轉讓憑證，除有無效或得撤銷之原因外，自與記名股票背書轉讓具有同一效力，惟如未向公司申請更名過戶，僅不得與其轉讓對抗公司而已，並非否認其股東身分。至於該公司股東嚴淑珠等，申請自行召集股東會倘經查明符合，公司法第一百三十七條第一項、第二項規定要件，自可依法予以核准。」

3.**股票轉讓之方法** 股票轉讓之方法，述之於下：

現本法已刪除無記名股票之制度，毋庸再區別記名股票與無記名股票，所有股票均屬記名股票，所以不特別標註「記名」兩字。股票由股票持有人以背書轉讓之，並應將受讓人之姓名或名稱記載於股票（公一六四前），方為有效。此之所謂背書係指票據法所規定之記名背書轉讓之，即除將受讓人之姓名或名稱記載於股票外，尚須該記名股票持有人簽名或蓋章。背書所用之印章如為原股票或經其授權之人所蓋者，無庸限於必需使用預留公司之印鑑，以免妨害股票之流通。至於上市證券市場之記名股票❽之買

---

❽ 依證券交易法第 139 條規定：「依本法發行之有價證券，得由發行人向證券交易所申請上市。

股票已上市之公司，再發行新股者，其新股股票於向股東交付之日起上市買賣。但公司有第一百五十六條第一項各款情事之一時，主管機關得限制其上市買賣。

前項發行新股上市買賣之公司，應於新股上市後十日內，將有關文件送達證券交易所。」

第 140 條規定：「證券交易所應訂定有價證券上市審查準則及上市契約準則，申請主管機關核定之。」

第 156 條規定：「主管機關對於已在證券交易所上市之有價證券，發生下列各款情事之一，而有影響市場秩序或損害公益之虞者，得命令停止其一部或全部之買賣，或對證券自營商、證券經紀商之買賣數量加以限制：

一、發行該有價證券之公司遇有訴訟事件或非訟事件，其結果足使公司解散或變動其組織、資本、業務計畫、財務狀況或停頓生產。

二、發行該有價證券之公司，遇有重大災害，簽訂重要契約，發生特殊事故，改變業務計畫之重要內容或退票，其結果足使公司之財務狀況有顯著重大之變更。

三、發行該有價證券公司之行為，有虛偽不實或違法情事，足以影響其證券價格。

四、該有價證券之市場價格，發生連續暴漲或暴跌情事，並使他種有價證券隨同為非正常之漲跌。

五、發行該有價證券之公司發生重大公害或食品藥物安全事件。

六、其他重大情事。

已上市之有價證券，發生前項各款以外之情事，顯足影響市場秩序或損害公益

賣，透過證券交易所，以集中競價的方式在市場進行買賣，故稱為集中市場。一般投資人並不直接與證券交易所交易，而是透過證券商之營業員進行買賣。至於店頭市場，又稱櫃臺買賣市場，係指上櫃之股票不需經由交易所完成，而是由證券商之櫃臺直接交易即可。記名股票之買賣成交，須辦理交割。所謂交割，係股票買賣成交後，買方須繳交股款領取所買之股票，而賣方須交出股票，領取應得股款之程序（證交四三Ⅰ）。昔日證券交易市場，證券買賣後，證券交割時證券背面可附黏一「背書證明單」以替代原有之過戶申請書。惟不論是否為原記名人，讓出股票均應於股票背書及黏附之「背書證明單」內為同一之簽章，俾證明背書之連續而杜紛爭，並由證券交易所公司辦理交割時在「背書證明單」上加蓋交割章，予以證明，發行公司即可根據背書證明單及成交通知單辦理過戶，以資簡捷 ❽。惟現在證券交易所已建立股票集保劃撥制度，故可免上述之程序。詳請參閱後述「第二、股份有限公司之股票，五、股票之發行方式及應記載事項，㈢無實體交易與集保劃撥制度」。

　　按本法第一六五條第一項規定股份之轉讓，非將受讓人之姓名或名稱記載於公司股東名簿，不得以其轉讓對抗公司，此為通稱過戶手續。其目的在於證明受讓之合法與公司送達之憑據，乃為對抗要件而非效力要件，股票受讓人縱未辦理記名股票之過戶手續，並不影響受讓人對股票之權利，何況受讓人仍得隨時辦理過戶，成為記名股票之股東。惟在未辦理過戶前，公司仍以股票名簿上之記載為準，並非將記名股票變為無記名股票。記名股票之轉讓以過戶為對抗公司之要件，其意義在於股東對公司之資格可賴以確定，即公司應以何人為股東，悉依股東名簿之記載以為斷。在過戶以前，受讓人不得對於公司主張自己係股東。因此記名股票在未過戶以前，雖可由股票持有人更為背書轉讓他人，惟不得向公司主張因背書受讓而享有開會及分派股息或紅利等股東權利（六〇年臺上字第八一七號判例）。故在將受讓人之本名或名稱及住所或居所依本法第一六九條之規定記載於股

者，主管機關經報請財政部核准後，準用前項之規定辦理。」

❽　經濟部 56.4.15 商字第 12297 號。

東名簿前，不得謂已完成過戶登記❽。惟一旦過戶，則受讓人即為股東，且公司應將其列為股東。蓋股份有限公司係由經常變動之多數股東所組成，若不以股東名簿之記載為準，則股東與公司間之法律關係將趨於複雜，無從確認而為圓滿之處理。於股東名簿登記為股東者，縱未持有公司股票，除被證明該過戶登記出於偽造或不實者外，該股東仍得主張其有股東資格而行使股東之權利❽。

再者，股票之記名受讓人，是否得主張善意取得？例如股票記名之股東張三，不慎遺失股票，為李四拾得，李四乃偽造張三印章，背書讓與王五，王五再背書與趙六，趙六持向公司辦理變更股東名簿之手續，公司以張三已向公司掛失，且張三印章與公司所留存之印鑑不符，乃拒絕辦理，趙六是否可主張善意取得？有肯定與否定說❽。茲分述於下：

⑴否定說　認為趙六不可主張善意取得，其理由有四：

①善意取得限於動產。所謂動產，依民法第六十七條之規定，係指不動產以外之物，固包括有價證券在內。惟一般學者認為此有價證券，僅指無記名證券而已。至指示證券及記名證券，不包括在內，故趙六所取得之股票記名，即不合善意取得之要件。

②股票為證權證券，並非設權證券，故張三遺失股票，不影響其股東權，張三可向公司申請掛失，趙六不可主張善意取得。

③我國最高法院五九年臺上字第二七八七號判決謂：「（記名）股票，為證明股東權之有價證券而非動產，無民法第九四八條（即善意取得）之適用。」

④票據為流通證券及設權證券，為一典型之有價證券。至記名股票，因非設權證券，故為不完全之有價證券。況且股票記名之移轉，須向公司辦妥變更登記，始能對抗公司，與票據之性質，迥然不同。因此不宜類推適用票據法上，有關善意取得之規定。

---

❽　最高法院 91 年臺聲字第 262 號裁定。

❽　最高法院 91 年臺上字第 802 號判決。

❽　參閱楊建華編《司法官訓練所公司法講義》（66 年）。

⑵肯定說　認為趙六可主張善意取得，其理由如下：

①現行公司法第一六四條前段規定：「記名股票，由股票持有人以背書轉讓之。」此為民國五十九年修正前之公司法所未規定。現行公司法所以有此規定，主要在於便利股票之流通，促進經濟發展，所以採行背書制度。由於公司之股票記名可以背書轉讓，且僅以背書之連續，證明其取得股票之權利為適法。況法院目前對於記名股票之執行，須依動產執行之方式執行，認股票為動產而為執行，故應認趙六得主張善意取得。

②依本法第一六四條前段規定股票以背書轉讓之。復於民國五十九年修正公司法時，將舊公司法第一六五條第一項「……不得對抗公司及第三人」改為本法第一六五條第一項：「……不得……對抗公司」。其立法意旨，係為促進股票流通，活潑證券交易市場。倘不保護善意取得人，則受讓股票時，應先查明其前手權利是否正當，則將阻礙股票之流通，致上項修正，形同具文，自非立法之本意。

③我國民法第一條規定：「民事，法律所未規定者，依習慣；無習慣者，依法理。」為貫徹背書制度與保護交易安全，應可類推適用票據法有關善意取得之法理，否則即與一般權利讓與相同，何必有此背書制度。

綜上二說，以肯定說為當，股票非屬土地或定著物，然其為動產，故可適用動產之善意取得，俾保障交易之安全。惟遺失之股票於公示催告程序進行中，仍有善意取得之適用。因此王五為善意取得，趙六繼受王五之權利，自亦可主張善意取得，李四之惡意已為王五之善意隔斷，張三不得以對抗李四之事由對抗趙六。

再者，倘股票經法院公示催告程序及除權判決，則不再適用善意取得之規定。惟宣告股票無效之除權判決經撤銷後，原股票應回復其效力。但發行公司如已補發新股票，並經善意受讓人依法取得股東權時，原股票之效力，即難回復。其因上述各情形喪失權利而受損害者，得依法請求損害賠償，或為不當得利之返還❽❺。

5.股票過戶之期間　股票之過戶，其股東名簿記載之變更，於股東常

---

❽❺　司法院大法官會議釋字第 186 號。

會開會前三十日內，股東臨時會開會前十五日內，或公司決定分派股息及紅利或其他利益之基準日前五日內，不得為之（公一六五II）。公開發行股票之公司辦理第一項股東名簿記載之變更，於股東常會開會前六十日內，股東臨時會開會前三十日內，不得為之（公一六五III）。前二項期間，自開會日或基準日起算（公一六五IV）。上述規定，僅有政府或法人股東一人之股份有限公司，倘股東無變更者，自不適用之（公一二八之一I）。

按公司法第一六五條第二項規定：「前項股東名簿記載之變更，於股東常會開會前三十日內，股東臨時會開會前十五日內，……不得為之」，此項期日之計算，觀乎條文主要在於「日內」，應包括開會本日在內，同條第三項規定亦然。

6.股票轉讓之效力

(1)股東權利與義務移轉之效力　股票轉讓，發生股東權利與義務移轉之效力。在公司股票發行前之轉讓，當事人必須通知公司，方生轉讓之效力。至於股票發行後之轉讓效力，因其為無記名股票抑或為記名股票而有不同。在無記名股票之股份轉讓，因股票交付而生轉讓之效力。至於記名股票之轉讓，依本法第一六四條規定，由股票持有人背書轉讓，並應將受讓人之姓名或名稱及住所或居所記載於股票後，將股票交付於受讓人，當事人間即生移轉效力。惟依本法第一六五條第一項規定，受讓人在股東名簿上之股東姓名或名稱及住所或居所之記載未變更前，對公司尚不生轉讓之效力。倘受讓人申請股東名簿之過戶時，因原讓與股東對之有爭執，而被公司拒絕時，受讓人應就其合法取得股東權之行為，得對原讓與股東提起確認股東權存在之訴，以求解決。公司對於持有股票人請求變更股東名簿，僅得對背書之連續作形式上之審查，不得以原讓與股東之爭執為理由，任意拒絕變更股東名簿，故股票持有人亦得對公司提起給付之訴，請求變更股東名簿。惟判決之既判力，原則上不及於當事人以外之人，受讓人為徹底解決，可合併對前述原讓與人提起確認股東權存在之訴。

在訴訟中未判決確定前，持有記名股票人雖依本法第一六四條規定，由原股東背書即生移轉效力，然依本法第一六五條第一項規定，股份之轉

讓，非將受讓人之姓名或名稱記載於股票，並將受讓人之姓名或名稱及住所或居所記載於股東名簿，不得就其轉讓對抗公司。股票轉讓既未登載於股東名簿，自不能對抗公司，亦不能對公司行使股東權利。

⑵附帶之效果　股份之轉讓，除可生上述股東權利與義務移轉之效力外，尚可附帶發生下列三種效果：

①股份之轉讓，僅向公司辦理過戶即可，毋庸向主管機關辦理登記。倘因股份之移轉而發生董事解任達三分之一之情形，則應依本法第二〇一條之規定召集股東臨時會補選，並依法向主管機關辦理變更登記 ❽⑥ 。

②股東於股份轉讓後，除上市股票另有規定外，應將盈餘尚未領取者，依民法第二九五條規定，讓與債權時，該債權之擔保及其他從屬之權利，隨同移轉於受讓股東。未支付之利息，推定其隨同原本移轉於受讓股東 ❽⑦ 。

③股票之買賣於發行公司規定發放股息，或分配其他權利之基準日以前辦理交割者，係屬連息或連權買賣，所有以前應得之股息或其他權利均歸受讓人享有（民二九五）；如股票之買賣於發行公司規定發放股息，或分配其他權利之基準日以後辦理交割者，除息時，股票之參考價格係以除息日前一日之收盤價減除現金股利而得。除權時，股票之參考價格係以除權前一日之收盤價減除權利價值而得。除買賣雙方有連息或連權之特約並經申報者外，應為除息或除權交易，所有以前應得之股息或其他權利，如當事人未經特約申報者，應歸讓與人享有 ❽⑧ 。

㈡**股份之設定質權（簡稱股份設質）**　本法第一六七條第一項前段規定，公司除依第一五八條、第一六七條之一、第一八六條、第二三五條之一及三百十七條規定外，不得自行將股份收為質物。惟本法並未規定股東不得將其所有股份設定質權，參酌日本商法對此設有明文規定可以設質，故解釋上，本法應採肯定說為是。依我國民法第九〇〇條規定：「可讓與之債權及其他權利，均得為質權之標的物。」觀之，股份係可讓與之財產權，

---

❽⑥　經濟部 60.1.5 商字第 00243 號。

❽⑦　經濟部 57.4.25 商字第 14876 號。

❽⑧　經濟部 55.7.2 商字第 15103 號。

當可作為質權之標的物。況法律既保障股份轉讓之自由，自應亦保障股份設質之自由。

1.**股份設質之方法** 可分為兩種情形說明之：

(1)公司設立登記後不必發行股票，或須發行股票，於至股票發行前，股份設質之方法 公司設立登記後，舊公司法第一六一條之規定未達中央主管機關所定一定數額者，得不發行股票。所謂一定數額，依經濟部所發布之授權命令，以實收資本額新臺幣五億元以上者屬之。至於達一定數額以上，應發行股票，但在未發行股票前，應解為得以設質。惟民國一〇七年八月一日修正公布之現行公司法第一六一條之一第一項規定：「公司非經設立登記或發行新股變更登記後，不得發行股票。但公開發行股票之公司，證券主管機關另有規定者，不在此限。」至於未公開發行股票之公司是否發行股票由公司決定❽。此之設質，依民法第九〇二條準用民法第二九七條之規定，應解為非經通知公司，對公司不生效力。

(2)股票設質之方法 公司設立登記後，公司發行股票，其股票之設質方法如下：

①股票未在集中保管事業保管者

本法規定記名股票得依記名背書方法而為轉讓，其質權之設定，且亦應適用民法第九〇八條之規定依記名背書方法為之，即將設質情形記明於證券上，而將證券交付與質權人❾。因此記名股票之設質，應有設質之合意，將質權人之姓名記載於股票，而將股票交與質權人。惟本法第一六五條第一項規定，股份之轉讓，非將受讓人之姓名或名稱及住所或居所記載於股東名簿，不得對抗公司，故有學者認為股票之設質，應解為非將質權人之姓名或名稱及住所或居所記載於股東名簿，不得對抗公司❾；然另有

❽ 民國 107 年 7 月 6 日立法院通過公司法第 161 條之 1 修正說明。

❾ 股票為有價證券得為質權之標的，其以無記名式股票設定質權者，因股票之交付而生質權之效力，其以記名式股票設定質權者，除交付股票外並應依背書方法為之（最高法院 56 年臺抗字第 444 號）。

❾ 張龍文著《股份有限公司論》第 81 頁。

學者認為，股票設質與股份轉讓有別，並非讓與所有權，故並無將質權人之姓名住所記載之必要❾。本書從前說。蓋股票設質，若不將質權人之姓名或名稱及住所或居所記載於股東名簿，則公司不知該股票設質之情事，如將盈餘分派與出質之股東，質權人不得提出異議而請求公司負責，即不得對抗不知情之公司。

　　②股票在集中保管事業保管者　以證券集中保管事業保管之股票為設質標的者，其設質之交付，得以帳簿劃撥方式為之，並不適用民法第九○八條之規定（證交四三Ⅲ），此適用本法第一六二條之二所規定新股票合併印製與保管，及本法第一六二條之二所規定股份免製股票與登錄之情形，請詳閱後述無實體股票所述。

　　2.股份設質之效力

　　⑴優先受償權　股份設質，屬於權利質權，故準用民法上權利質權之規定，即股份質權人占有股票時，對於此股份，得優先受清償（民九○一、八八四）。

　　⑵盈餘分派收取權　除當事人間另有特約外，股份質權人得收取股份所生之孳息。換言之，質權人對於公司得請求利益之分配（民九○一、八八九），但應以公司已受質權設定之通知者為限。

　　⑶股份質權人無表決權　股份之質權人，並非該股份之股東，故不得行使股東權中之表決權❾。

　　⑷股份（物）之代位權利　先師梅仲協主張我民法物上代位之原則，於股份質權，亦可適用（民九○一、八九九）。在股份銷除時，股東之補償金請求權；在公司清算時，股東對於剩餘財產之分派請求權；在股份合併時，其不適於合併之股份之賣得金額等，質權人均得就此行使其權利❾。

　　㈢**股份之銷除**　股份之銷除者，即使公司股份之一部分，予以消滅之謂。其是否違反股東之意思而分為強制銷除與任意銷除；而股份銷除時股

---

❾　武憶舟著《公司法論》第 311 頁。

❾　梅仲協著《商事法要義》第 64 頁。

❾　同 ❾。

東是否得有對價,分為有償銷除與無償銷除。至於其銷除之方法有二:即股份收回與股份合併是。前者由公司備價收回;後者以二股或三股併成一股。二者均將使公司資本減少。

股份有限公司基於資本不變及資本維持原則,公司非依減少資本之程序規定,不得銷除其股份,減少資本除本法規定外,應依股東所持股份比例減少之。但本法或其他法律另有規定者,不在此限。公司負責人違反之,銷除股份時,各處新臺幣二萬元以上十萬元以下罰鍰(公一六八)。所謂依本法股份銷除者,係使股份絕對消滅。換言之,即股份所有人失其為股東之地位。此與股份之轉讓,僅為主體之移轉而已,股份並未消滅,有所不同。股份銷除將使公司資本減少,茲將本法得減少資本之規定,述之如下:

1.**經股東會之決議,變更章程** 此項決議,應有代表已發行股份總數三分之二以上之股東出席,以出席股東表決權過半數之同意行之(公二七七II)。公開發行股票之公司,出席股東之股份總數不足前項定額者,得以有代表已發行股份總數過半數股東之出席,出席股東表決權三分之二以上之同意行之(公二七七III)。前二項出席股東股份總數及表決權數,章程有較高之規定者,從其規定(公二七七IV)。

2.**編造表冊、目錄及對債權人通知與公告** 公司為減資之決議時,應即編造資產負債表及財產目錄(公二八一準公七三 I)。公司為減資之決議後,應即向各債權人分別通知及公告,並指定三個月以上之期限,聲明債權人得於期限內提出異議(公二八一準公七三II)。公司負責人違反前述規定為減資而損害債權人者,自應依其他法律規定(如民法)負民事責任,另資產負債表或財產目錄為虛偽記載者,應依刑法規定處罰。

3.**對異議之債權人清償或提供相當擔保** 公司不為本法第七十三條之通知及公告,或對於在指定期限內提出異議之債權人不為清償,或不提供相當擔保者,不得以其減資對抗債權人(公二八一準公七四)。公司負責人違反前述規定而減資致損害債權人者,自得依其他法律規定負民事責任。

4.**減少資本,依股東所持股份比減少** 基於股東平等原則,本法規定,減少資本,應依股東所持有之股份比例減少(公一六八 I 後),並非專指某

種類股款之減少。因此不論減少股份總額或每股金額或二者兼有之均可。

七、公司自行收回、收買或設質之禁止與例外

(一)**禁止之原則及其立法理由**　股份有限公司非依法律規定，不得自將股份收回、收買或收為質物，且其依法所收回、收買或收為質物之股份，在法律規定之期間內應再出售，否則公司應辦理減資，以維股東及債權人之權益，俾符公司資本不變原則。因此本法第一六七條第一項前段規定，公司除依本法第一五八條、第一六七條之一、第一八六條、第二三五條之一及第三一七條規定得以收回股份外，不得自將股份收回、收買或收為質物。此項規定為強制規定，違反此項規定之行為，應屬無效（七二臺上二八九）。所謂「收回」，係公司以單方意思表示，給付代價，向股東取回股份；「收買」則係公司與股東雙方合意，由公司給付股東代價，股東交付股份與公司，兩者公司均須支付代價，足以減少公司之資本，與股東將持有之股份無條件拋棄，公司因而無償取得所有權不同。公司不得自將股份收回、收買或收為質物之立法理由如下：

1.公司如收回、收買自己之股份，則權利義務集於一身，其股份應因混同而消滅。

2.公司將自己之股份收回、收買或收為質物等行為，則股票價格，得自行任意維持，擾亂證券市場，足以釀成投機之弊。

3.股份即成本，如得自由收回、收買等，則導致公司資本減少，損害債權人之權益，有違公司資本不變原則。

(二)**禁止之例外**

1.**依本法規定之情形**　可分為六，茲述之於下：

(1)**特別股之收回**　特別股得由公司以盈餘或發行新股所得之股款收回之（公一五八前）。詳閱本節前述特別股之規定。

(2)**少數股東請求收買**　少數股東對於特定事項，在股東會決議前已提出反對，並以書面通知公司反對該項行為之意思表示，且於股東會已為反對者，得請求公司以當時公平價格，收買其所有之股份，但股東會為讓與全部或主要部分之營業或財產之決議（公一八五Ⅰ2），同時決議解散時，

不在此限（公一八六）。

(3)對公司分割或與他公司合併異議股東股份之收買　公司分割或與他公司合併時，董事會應就分割、合併有關事項，作成分割計畫、合併契約，提出於股東會，股東會在集會前或集會中，以書面表示異議或以口頭表示異議經記錄者，得放棄表決權，而請求公司按當時公平價格收買其持有之股份（公三一七I）。

(4)交叉持股之限制　被持有已發行有表決權之股份總數或資本總額超過半數之從屬公司，不得將控制公司之股份收買或收為質物(公一六七III)。前項控制公司及其從屬公司直接或間接持有他公司已發行有表決權之股份總數或資本總額合計超過半數者，他公司亦不得將控制公司及其從屬公司之股份收買或收為質物（公一六七IV）。上述之規定，不分本公司或國外之子公司均有適用❾❺。上述規定，在民國九十年十一月十二日實施前，從屬公司已持有控制公司股份，而於該規定施行後控制公司為現金發行新股，從屬公司自不得認購之。至於以股息、紅利或資本公積轉作資本者，係屬無償配股，仍得依法受配之❾❻。其次該項規定施行前之行為，則尚無前揭規定之適用，自得行使表決權。惟自該項規定施行後，自能依該條項適用禁止規定。另參照最高法院七二年臺上字第二八九號判決，禁止取得自己股份，如有違反規定行為，應屬無效，而同條第三、四項係指從屬公司不得將控制公司股份收買情事，其屬本法第一六七條規定不得收買事項，如有違反禁止規定，宜視為其行為無效，故從屬公司違法收買控制公司之股份不應算入出席股數❾❼。又可轉換公司債未行使轉換前，係屬債券性質，本法未有禁止從屬公司持有控制公司所發行債券之規定，是以，從屬公司如僅在交易市場買賣控制公司海外轉換公司債或持有國內轉換公司債等項，而不進行轉換，尚無違反公司法第一六七條第三項之規定；如行使轉換，自違反上開規定❾❽。

---

❾❺　經濟部 91.1.8 經商字第 09002280660 號。

❾❻　經濟部 91.3.5 經商字第 09102037220 號。

❾❼　經濟部 94.1.26 經商字第 09462010650 號。

公司負責人違反上述⑴至⑷規定，將股份收回、收買或收為質物，或抬高價格抵償債務或抑低價格出售時，應負賠償責任（公一六七Ｖ），俾符合社會正義原則。上述規定公司法廢除刑事責任，給予企業在經營管理上較大的空間。惟有關交叉持股之限制將使企業多角化擴展受到抑制，至於其可能所生之弊端，除主管機關加強財報之查核，尚有相關法令之處罰。若因故而違反刑法背信罪或侵占罪，依刑法之規定業務侵占罪處六個月以上五年以下有期徒刑；背信罪處五年以下有期徒刑，其最高刑期均較舊公司法所規定自由刑一年以下之處罰為重，故不必再於本法中另科以刑罰❾❾。

⑸依本法收回股份作為員工庫藏股　庫藏股者，係指公司取得自己公司所發行之股份，作為供認股權人行使認股權之用或轉換公司債債權人行使轉換權，或員工行使認股權等情形。目前我國公司法僅規定，轉讓股份予優秀員工，作獎勵之用，俾工者有其股，增強其對公司之向心力，用意頗佳，惟過於狹隘，應再放寬為妥。依本法規定，公司除法律另有規定者外，得經董事會以董事三分之二以上之出席及出席董事過半數同意之決議，於不超過該公司已發行股份總數百分之五之範圍內，收買其股份；收買股份之總金額，不得逾保留盈餘加已實現之資本公積之金額（公一六七之一Ⅰ）。上述額度內收買股份，無收買次數之限制，亦不須待所收買之股份經員工全數認購後，始得再次對外收買。上述所稱之「公司」，係指未上市、上櫃之公開發行股票公司及非公開發行股票公司二者而言，未上市、上櫃之公開發行股票公司自得依上述規定收買其所發行之股份❿。所謂除法律另有規定外，如證券交易法第二十八條之二之規定的庫藏股即是。所稱「保留盈餘」係指包括法定盈餘公積、特別盈餘公積及未分配盈餘；而「已實現之資本公積」係指「超過票面金額發行股票所得之溢額」及「受領贈與之所得」資本公積，但受領本公司股票於未再出售前非屬已實現資本公積。另商業會計處理準則第二十五條第一項規定:「資本公積指公司因股本交易

---

❾❽　經濟部 91.4.16 經商字第 09102071760 號。

❾❾　民國 90 年公司法修正理由。

❿　經濟部 91.8.9 經商字第 09102166860 號。

所產生之權益。前項所列資本公積,應按其性質分別列示。」 ❶ 。公司收買股份之總金額,是否逾保留盈餘加已實現之資本公積之金額,應以董事會為特別決議之日,公司財務報表上所載之金額為斷 ❷ 。又其買回股份轉讓員工,其轉讓價格,本法尚無限制之規定,由公司自行決定,屬公司自治事項,本法尚無應向主管機關申報之規定。至於已公開發行股票之公司而未上市、上櫃者,則屬證券管理機關主管業務之範疇。另股份之轉讓應依本法第一六四條規定辦理 ❸ 。前項公司收買之股份,應於三年內轉讓於員工,屆期未轉讓者,視為公司未發行股份,並為變更登記(公一六七之一II)。公司依第一項規定收買之股份,不得享有股東權利(公一六七之一III)。本條之立法理由係現代企業為延攬及培植優秀管理及領導人才,莫若使員工成為股東為最有效之方法。現行公司法關於員工入股固規定公司發行新股時,應提撥一定比例由員工認購(公二六七),惟公司並不經常辦理發行新股,爰參考外國立法例,於第一項規定公司得以未分配之累積盈餘收買一定比例之股份為庫藏股,用以激勵優秀員工,使其經由取得股份,對公司產生向心力,促進公司之發展 ❹ 。

(6)公司於股東清算,或受破產之宣告時,按市價收回其股份 公司於股東清算或受破產之宣告時,得按市價收回其股份,抵償其於清算或受破產宣告前結欠公司之債務(公一六七I但)。所謂股東受破產之宣告時,乃以法院之裁定為準(破五七、六三),作為公司收回股份之依據;至於本法規定股東清算,得按市價收回其股份者,於實行時,何種情形始構成「股東清算」,缺乏根據。我國民法僅規定法人解散後清算之程序(民三七、四四),但自然人之清算,則付之闕如。破產法第一條,亦僅云債務人不能清償債務者,依破產法所規定和解或破產程序「清理」其債務,而不謂「清

---

❶ 經濟部 91.3.20 經商字第 09102055950 號。

❷ 經濟部 91.12.23 經商字第 09102298480 號。

❸ 經濟部 91.1.8 經商字第 09002285260 號及經濟部 91.1.9 經商字第 09002287120 號。

❹ 民國 90 年公司法修正理由。

算」，從而處於如何情況，始得成為「股東清算時」，於實務上頗有問題。因此學者主張，僅發生股東「不能清償」或「停止支付」等破產原因而未至受破產宣告者，不足以構成收回股份之要件[105]，另有學者主張，應解為股東不能清償債務時，或股東停止支付時，得許公司按市價收回其股份[106]。本書以前者為確論。

　　按本法第一六七條第一項但書規定，須俟股東清算或受破產宣告時，公司始得適法取得自己股份之條件，過於嚴格，實不足以保護公司之利益，似宜仿日本商法第二一〇條第三款之規定，修改為「為達到實行公司權利之目的，有必要者」，以資概括為宜[107]。蓋若改為此種規定，則除能包括此一規定之情形外，當公司實行其權利而為強制執行或訴訟上之和解，如發現債務上除公司之股份外，別無其他財產時，即得收回該股份以為代物清償，或將之收為質物，以為債權之擔保，如此更能維護公司之權益。

　　股東在破產宣告前，結欠公司之債務，依破產法之規定，為破產債權（破九八），公司對此債權，如無別除權之存在，原應依一般破產程序行使權利，且股東之出資不得視為公司對股東之負債，因此股東因他種法律關係，結欠公司債務，而受破產宣告時，公司亦不得援引破產法第一一三條之規定，行使抵銷權。但我國現行公司法第一六七條第一項但書規定：「於股東清算或受破產之宣告時，得按市價收回其股份，抵償其於清算或破產宣告前結欠公司之債務。」與上述破產法之規定，固有牴觸。惟上述破產法之規定，係就一般債權而為規定，在本法特別規定時，應解為係破產法之特別規定而優先適用，否則本法此項規定，將毫無意義[108]。

　　又公司依本法第一六七條以市價收回股份，應適用何項程序，法無明文規定，亦無習慣可循。惟就法理言之，原則上可由公司與破產管理人協議為之，若不能達成協議，則可由公司自行酌定相當價格，並向破產管理

[105]　劉甲一著《公司法新論》第 189 頁。
[106]　武憶舟著《公司法論》第 306 頁至第 307 頁。
[107]　柯芳枝著《公司法專題研究》第 66 頁。
[108]　經濟部 58.4.10 商字第 11936 號。

人為抵銷之表示,仍有爭執時,即由公司提起確認其股東權不存在之訴,其訴之原因,則為公司已以相當價格購置其股份,而與以前結欠公司之債務相抵銷,其股東權已因收買抵銷而不存在,以解決其實體上之爭執。倘由破產管理人起訴時,則為確認股東權存在之訴。

公司依本法第一六七條第一項但書或第一八六條規定,收回或收買之股份,應於六個月內按市價將其售出,逾期未經出售者,視為公司未發行股份,並為變更登記(公一六七II)。倘公司取得股東拋棄之股份,且不擬出售該股份者,自可逕行辦理減資變更登記[109]。

公司違反本法第一六七條第一項之禁止規定,而自將股份收回、收買或收為質物時,該行為是否有效?換言之,該項之禁止規定,究竟為命令規定或效力規定,學者梅仲協主張有效說,認為該項係命令規定,其行為仍屬有效,惟對於董事之違法行為,應使其負賠償之責(民一九三II)。其理由乃為公司法關於強行規定,頗有種種,其中之重要者,係效力規定,設有違反,其行為本身,應罷無效;就中之次要者,則為命令規定,即為違反,亦僅公司負責人負擔責任,而行為本身,仍屬有效,此種區別,應探討各該規定之立法意旨,以判定在某範圍內之利害關係人,使其感受制裁之不利益。要之,公司法兼具團體法與交易法之性質,重視其劃一性及交易的安全,除若干特殊重要之情形外,凡屬強行法規,應認為大半均係命令規定,似較允當[110]。另有學者陳顧遠主張無效說,認為本法既明文規定在原則上不得有各該行為,在例外上得為各該行為(指公司法第一六七條第一項),則違反強行規定而為股份之收回、收買或收為質物,顯然非僅以命令規定所能解釋,仍應本於民法第七十一條之規定,解釋其為無效;況各該行為,均係破壞公司之團體精神,影響經濟之正常發展,若僅對公司負責人課以刑責,而仍使該行為有效,則重利所在,群所趨赴,豈能消滅各該行為之發生[111]。按公司之所以不能取得自己之股份,其主要理由,

---

[109] 經濟部 92.5.15 經商字第 09202100410 號。

[110] 梅仲協著《商事法要義》第 65 頁。

[111] 陳顧遠著《商事法(中冊)》第 242 頁。

在於維持資本及防止投機，而上述之無效說除著重於維持資本外，並兼顧社會大眾交易之安全，而有效說則僅維護當事人交易之安全而已，故本書從無效說。實務上，亦採無效說(112)。

⑺證券交易法上所規定之庫藏股　本法第一六七條之一第一項前段所稱「公司除法律另有規定者外」，係指證券交易法第二十八條之二規定。按股票已在證券交易所上市或於證券商營業處所買賣之公司，有下列情事之一者，得經董事會三分之二以上董事之出席及出席董事超過二分之一同意，於有價證券集中交易市場或證券商營業處所或依第四十三條之一第二項規定買回其股份，不受公司法第一六七條第一項規定之限制（證交二八之二I）：

①轉讓股份予員工。

②配合附認股權公司債、附認股權特別股、可轉換公司債、可轉換特別股或認股權憑證之發行，作為股權轉換之用。

③為維護公司信用及股東權益所必要而買回，並辦理銷除股份者。

前項公司買回股份之數量比率，不得超過該公司已發行股份總數百分之十；收買股份之總金額，不得逾保留盈餘加發行股份溢價及已實現之資本公積之金額（證交二八之二II）。

公司依第一項規定買回其股份之程序、價格、數量、方式、轉讓方法、及應申報公告事項，由主管機關之命令定之（證交二八之二III）。

公司依第一項規定買回之股份，除第三款部分應於買回之日起六個月內辦理變更登記外，應於買回之日起三年內將其轉讓：逾期未轉讓者，視為公司未發行股份，並應辦理變更登記（證交二八之二IV）。

---

(112) 參閱最高法院71年臺上字第1912號判決：「公司除依公司法第一百五十八條、第一百八十六條、及第三百十七條規定，或於股東清算或受破產之宣告時，得按市價收回其股份抵償其於清算或破產宣告前，結欠公司之債務外，不得自將股份收回，觀諸公司法第一百六十七條第一項規定甚明，此為禁止規定，不得違反，是上訴人有金公司之上開臨時股東會關於股東資格喪失之決議，其內容顯然違法，依同法第一百九十一條規定，應屬無效。」

公司依第一項規定買回之股份,不得質押;於未轉讓前,不得享有股東權利(證交二八之二Ⅴ)。公司於有價證券集中交易市場或證券商營業處所買回其股份者,該公司其依公司法第三六九條之一規定之關係企業或董事、監察人、經理人之本人及其配偶、未成年子女或利用他人名義所持有之股份,於該公司買回之期間內不得賣出(證交二八之二Ⅵ)。

第一項董事之決議及執行情形,應於最近一次之股東會報告;其因故未買回股份者亦同(證交二八之二Ⅶ)。

依證券交易法第二十八條之二規定買回之庫藏股,因未於三年內轉讓予員工,應辦理減資之變更登記,係屬法定減資之事由,無須召開股東會決議通過,亦毋庸向債權人通知及公告❽。

 2.**基於法理准許公司取得股份** 除上述七種禁止之例外,下列三種情形❾,依法理,仍應許公司取得自己公司之股份:

⑴公司因受贈與或遺贈而無償取得自己股份 此種情形,非但不影響公司之資本,且對公司有利無弊,故容許之。

⑵減少資本而銷除 依減少資本之規定,為銷除股份而取得公司自己之股份,其持有乃屬暫時,終必銷除。

⑶以公司之名義為他人之計算而取得 此又可分為下列三種情形:

①信託取得 此乃信託公司,基於受託關係,而取得公司自己之股份。其取得係為委託者之計算而為。因此,雖以公司之名義為之,並不影響公司之資產,故應認許。

②代購取得 此指證券公司受顧客之委託,基於行紀關係,代購自己公司之股份而取得自己股份之情形。此際證券公司雖係以自己名義為之,然係依委託者之計算而取得,對公司資產並不生影響,故此種取得亦許之。

③因增購或出售散股而代購取得 當公司增資分配新股於股東時,股東中持有未滿交易單位之散股者,往往委託公司代為增購或出售,公司基於此種委託,即需暫時取得自己股份。此種暫時取得,亦應認許,俾便利

---

❽　經濟部 92.6.16 經商字第 09202120760 號。

❾　柯芳枝著《公司法專題研究》第 67 頁至第 69 頁。

股東。此種行為雖以公司名義為之，然係為他人之計算而為，並不影響公司之資產，自無不許之理❶❶❺。

第二、股份有限公司之股票

一、股票之意義與性質

股票者，顯示股份表彰股東權之要式的有價證券。茲將其性質分述如下：

㈠**股票為證權證券** 股票係一種表彰已經發生股東權之憑證。因此股東權並非由股票所創設，而是有股份就有股東權，是故股票非若票據之為設權證券，而僅是表彰股東權利之證權證券❶❶❻。

㈡**股票為要式證券** 發行之公司印製股票者，股票應編號，載明下列事項，由代表公司之董事簽名或蓋章，並經依法得擔任股票發行簽證人之銀行簽證後發行之（公一六二 I），故為要式證券。

㈢**股票為有價證券** 所謂有價證券，即證券上表明其價值而得以金錢估計之證券。股票不論有無面額之記載，均有其一定之價值。本法第一四〇條規定採行票面金額股之公司，其股票之發行價格，不得低於票面金額。但公開發行股票之公司，證券主管機關另有規定者，不在此限（公一四〇 I）。採行無票面金額股之公司，其股票之發行價格不受限制（公一四〇 II）。

㈣**股票為流通證券** 公司股份之轉讓，除本法另有規定外，不得以章程禁止或限制之（公一六三前）。股份之轉讓與股票之占有不可分離。

二、股票之分類

㈠**記名股票與無記名股票** 記名股票者，記載股東姓名之股票。無記名股票者，不記載股東姓名之股票。現行公司法於民國一〇七年八月一日起刪除公司法第一六六條規定。廢止無記名股票制度。自本次修正條文施行日起，不得再發行無記名股票，惟已發行之無記名股票仍存在，為邁步走向全面記名股票制度，就本次修正前已發行之無記名股票，公司應依修

---

❶❶❺ 同前註第 69 頁至第 70 頁。

❶❶❻ *Am. Jurisprudence*, vol. 18, p. 753, §269.

正條文第四四七條之一第二項規定變更為記名股票 ❶⓲ 。

㈡**單一股票與複數股票** 單一股票者,每張表彰一股份之股票。複數股票者,每張表彰數股份之股票。如十股股票、百股股票、千股股票。

㈢**普通股票和特別股票** 普通股票者,乃表彰普通股權之股票。特別股票者,乃表彰特別股權之股票。

三、股票發行時期

依本法第一六一條規定,公司非經設立登記或發行新股變更登記後,不得發行股票。但公開發行股票之公司,證券管理機關另有規定者,不在此限(公一六一 I)。違反之而發行股票者,其股票無效;但持有人得對發行股票人請求損害賠償(公一六一 II)。所謂損害,係指因股票之違法發行所受之損害而言,其損害之發生與股票之違法發行並無相當因果關係者,不得據此規定請求賠償 ❶⓲ 。按前述本法第一六一條第一項對於股票發行之時期,僅屬消極禁止之規定。至於公司究於何日發行股票,本法為考量閉鎖性公司與一般公司發行股票之實益,而作區隔性之規定,公開發行股票之公司,應於設立登記或發行新股變更登記後三個月內發行股票(公一六一之一 I)。公司負責人違反前項規定,不發行股票者,除由證券主管機關令其限期發行外,各處新臺幣二十四萬元以上二百四十萬元以下罰鍰;屆期仍未發行者,得繼續令其限期發行,並按次處罰至發行股票為止(公一六一之一 II)。

倘公司擬公開發行股票,得依董事會之決議,向證券管理機關申請辦理公開發行程序。但公營事業之公開發行,應由該公營事業之主管機關專案核定之(公一五六之二 IV)。至於所謂公開發行股票公司者,顧名思義,係指有公開發行股票行為之公司。惟其真正之意義,並非如此,而是指依證券交易法辦理公開發行程序,受證券交易法規範之「公開發行公司」而言。質言之,公司對非特定人公開招募有價證券(如股份、公司債)之行為,即屬於證券交易法所稱之「募集」(證交七 I),公司公開募集及發行

---

❶⓲ 民國 107 年 7 月 6 日立法院通過公司法第 166 條之修正說明。

❶⓲ 最高法院 22 年上字第 1886 號。

有價證券，依公司法之規定，得經董事會決議（公一五六之二 I），而依證券交易法規定，應先向行政院金融監督管理委員會證券期貨局申報生效（證交二二），非經核准或申報生效後，不得為之。經此程序，該有公開發行股份、公司債行為之公司，即為證券交易法所規範之公司，亦即本法所稱之「公開發行公司」。又「公開發行公司」申請上市須符合「臺灣證券交易所股份有限公司有價證券上市審查準則」之規定，並經核准後始得上市公開買賣❶❶❾。

四、股票之發行方式及應記載事項

(一)**股票之發行方式**　依本法第二○二條規定，公司業務之執行，除本法或章程規定應由股東會決議之事項外，均應由董事會決議行之。本法未明訂股東會有發行股票之權限，故股票之發行應由董事會行之。按公司發行股票之方式述之於下：

發行股票之公司印製股票者，股票應編號，載明下列事項，由代表公司之董事簽名或蓋章，並經依法得擔任股票發行簽證人之銀行簽證後發行之（公一六二 I）❶❷⓿：

❶❶❾　公開發行，與公開上市不同。前者，通常申請「公開發行」之公司，先由會計師簽證並公告，經財政部證券管理委員會核准，將其財務業務公開，是股票上市前必經之一種審核程序。至申請公開上市與否再由各公司另自行決定。其能准予上市者，並須符合上市必備之條件。公司經核准「公開發行」，其股份募集仍由公司自行負責任處理，並不透過證券市場為之公開募集。至於後者，乃對已核准公開發行之公司，其資本額、獲利能力、資本結構、償債能力、股權分散等條件，均合「臺灣證券交易所股份有限公司有價證券上市審查準則」之規定，其股票得於適當時期提出一定比率之股票辦理承銷後申請上市公開買賣（參閱《立法院公報》第 68 卷第 93 期第 3 頁至第 4 頁）。

❶❷⓿　民國 107 年 7 月 6 日立法院通過公司法第 162 條修正說明：「現行實務上，主管機關已不自辦股票簽證事務，且公開發行公司發行股票及公司債券簽證規則第二條第一項規定，股票之簽證，係由依法得擔任股票發行簽證人之銀行或信託投資公司為之。惟依信託業法第六十條規定，信託投資公司應自 89 年 7 月 21 日起五年內改制為銀行或信託業，實務上已無信託投資公司在營業，爰僅以銀行為股票發行簽證人，並增加『發行股票之公司印製股票者』之文字及放

1. 公司名稱。

2. 設立登記或發行新股變更登記之年、月、日。

3. 採行票面金額股者，股份總數及每股金額；採行無票面金額股者，股份總數。

4. 本次發行股數。

5. 發起人股票應標明發起人股票之字樣。

6. 特別股票應標明其特別種類之字樣。

7. 股票發行之年、月、日。

股票應用股東姓名 ❶，其為同一人所有者，應記載同一姓名；股票為政府或法人所有者，應記載政府或法人之名稱，不得另立戶名或僅載代表人姓名（公一六二II）。第一項股票之簽證規則，由中央主管機關定之。但公開發行股票之公司，證券主管機關另有規定者，不適用之（公一六三III）。

上列七款，除第六款為相對必要記載事項外，其餘均為絕對必要記載事項，如有欠缺，該股票即屬無效 ❷。又股票之發行價格，不得低於票面金額。但公開發行股票之公司，證券管理機關另有規定者，不在此限（公一四〇）。所謂另有規定者，如證券交易法第四十三條之六第六項第一款規定依證券交易法私募股票時，「價格訂定之依據及合理性」得低於票面金額發行。至於記名股票，應有股東姓名，其為同一人所有者，應記載同一姓名，股票為政府或法人所有者，應記載政府或法人之名稱，不得另立戶名或僅載代表人姓名（公一六二II）。惟僅記載法人之名稱為已足，附載代理人姓名，亦非法所不許 ❸。上述股票之簽證規則，由中央主管機關定之。

寬股票原需董事三人以上簽名或蓋章之規定為僅需由代表公司之董事簽名或蓋章即可。另配合法制作業用語，序文「左列」修正為「下列」。」

❶ 民國 107 年 7 月 6 日立法院通過公司法第 162 條修正說明：「修法已刪除無記名股票之規定，自毋庸再區別記名股票與無記名股票，爰刪除第二項『記名股票』刪除『記名』二字。」

❷ 參閱最高法院 69 年臺上字第 2548 號判決。

❸ 經濟部 57.6.20 商字第 22036 號。

但公開發行股票之公司，證券管理機關另有規定者，不適用（公一六二III）。至於簽證之目的，在防止冒濫。經濟部並已制定「公司發行股票及公司債簽證規則」公布施行。記名股票限用姓名，係指戶籍登記之姓名而言（姓名條例一），俾免發生爭執。至於未簽證之股票是否當然無效，約有兩說：

1.**有效說**　認為簽證，係屬行政上管理規定事項，未簽證之股票仍為有效。

2.**無效說**　認為本法第一六二條第一項規定:「發行股票之公司印製股票者，股票應編號，載明下列事項，由代表公司之董事簽名或蓋章，並經依法得擔任股票發行簽證人之銀行簽證後發行之：……」董事簽名與銀行簽證並舉，故簽證為要式行為之一部分，未簽證之股票，當然無效。

上列二說，以無效說為當，俾符本法第一六二條第一項之規定。

其次公司法第一六二條第一項規定股票之簽證，並未區分公開發行與未公開發行，亦未區分發行股票之公司，係公營抑或民營，均應依法辦理簽證手續❿。

㈡**無實體交易與集保劃撥制度**　無實體股票制度須配合有價證券集中保管帳簿存摺劃撥制度（簡稱集保劃撥制度），始能運作。

昔日在上市、上櫃市場上股票之買賣，每一千股印製一張實體股票，須藉背書及交付，以達實體股票之交易。因此交易過程中，須以大量之人力清點、辨識，致費時費力，不符時代潮流。隨後採行單張大面額股票係為降低公開發行股票公司股票發行之成本，其股票須洽證券集中保管事業機構保管，為我國在上市、上櫃及興櫃公司有價證券全面無實體化前之過渡階段而設，配合有價證券集中保管實務，依此規定發行者均為上市、上櫃及興櫃公司。而我國現行上市、上櫃及興櫃公司股票業已全面無實體，證券集中保管事業機構就上市、上櫃及興櫃有價證券，將全面採無實體登錄方式保管，故刪除本法第一六二條之一及第一六二條之二的規定。

我國現行之集保劃撥制度，係依證券交易法規定，證券集中保管事業之有價證券，其買賣之交割，得以帳簿劃撥方式為之；其作業辦法，由主

❿　經濟部 57.12.23 商字第 44957 號。

管機關訂之（證交四三 II）。證券集中保管事業以混合保管方式保管之有價證券，由所有人按其送存之種類、數量分別共有；並得以同種類、同數量之有價證券返還之（證交四三 IV）。依上規定，我國採行「兩階段保管」方式，即證券所有人與證券商訂立民法上之寄託契約，將其證券寄存於其開戶之證券商，再由證券商以自己之名義在證券集中保管事業開設保管劃撥帳戶（證交四三 II），成為證券集中保管事業之「參加人」。參加人（即證券商）將其客戶，即有價證券所有人寄存之有價證券，寄存於該證券商在證券集中保管事業之參加人帳戶中。在各參加人帳戶下，設有參加人自有帳、客戶所有帳等分項，證券集中保管事業所混合保管之有價證券，其權利歸屬即以參加人帳簿之記載認定之。於此制度下，在公開市場上交易之有價證券，其買賣之交割，無須再有實體有價證券之交付，透過參加人帳簿記載之劃撥方式 ❷，就可完成證券買賣與交付。

民國一〇七年八月一日公布實施之公司法廢除無記名股票制度，公司自本次修正條文施行日起不得再發行無記名股票，惟已發行之無記名股票仍存在，為逐步走向全面記名股票制度，就本次修正施行前已發行之無記名股票，公司應依修正條文第四百四十七條之一第二項規定變更為記名股票，併予敘明。

五、股票之強制執行、遺失、換發及繼承

㈠股票之強制執行

1. 設立登記前　公司股份之轉讓，除本法另有規定外，不得以章程禁止或限制之。但非於公司設立登記後，不得轉讓。若公司尚未設立登記，自無發行股票可言，當無轉讓可言。至於舊公司法第一六三條第二項規定：「發起人之股份非於公司設立登記一年後，不得轉讓。但公司因合併或分割後，新設公司發起人之股份得轉讓。」業已刪除，此乃避免降低發起人新創事業之意願，是外國立法所無 ❷。

---

❷　林國全著〈股票之發行〉，《台灣本土法學雜誌》，41 期（2002 年 12 月）第 56 頁。

❷　民國 107 年 7 月 6 日立法院通過公司法第 163 條之修正說明。

2.**公司設立登記後**　公司設立登記後，股票發行前之股份，雖得轉讓，然其轉讓方法與已經發行股票之股份轉讓，有所不同。從而執行方法，亦有差異。茲分述如下：

⑴在股票發行前股份之強制執行，應依強制執行法第一一七條所規定之財產權執行方法，即債權人就債務人對公司持有之股票交付請求權，獲得查封命令，並獲得命令公司將股票交與執行處之命令，如認為適當得命公司向執行法院交付股票轉給債權人，或由債權人向公司領取（強一一七準強一一五II）。

⑵無論記名股票或無記名股票，均係有價證券之一種，股票或債券之占有，與其所表彰之權利，有不可分離之關係，應依強制執行法第六十條之一規定，查封之有價證券，執行法院認為適當時，得不經拍賣程序，準用強制執行法第一一五條至第一一七條之一處理之。又依「辦理強制執行事件應行注意事項」第三十四點「關於第六十條、第六十一條之一部分」㈢之規定，上市有價證券，宜委託證券經紀商變賣之。

對於股息及紅利分派請求權之執行，應依強制執行法第一一五條之規定辦理。對事實上未發行股票之公司之股份執行，因無股票表彰其股東權，應依強制執行法第一一七條規定，對於其他財產權之執行程序辦理之。惟如公司已公開發行股票，由認股人向代收機構繳款，取得繳納憑證，雖未交付股票，但依證券交易法第六條第二項之規定，此種繳納憑證，視為有價證券，此時應就該繳納憑證，依對於動產之強制執行程序辦理之。

㈡**股票之遺失**

1.**已在證券交易所上市❷的股票之遺失**

⑴昔日未採證券集中保管制度前，股票遺失，應向發行公司辦理申請掛失手續（股票買進後即抄下股票號碼以其號碼申請掛失），再由發行公司函知臺灣證券交易所轉告各證券經紀商，注意是否有此種股票賣出，以便追查。同時須向法院申請公示催告，並於辦理後通知交易所停止買賣。現在證券市場上採行證券集中保管制度之無實體交易，則不致發生股票遺失

---

❷　參閱證券交易法第 139 條之規定。

事宜。

(2)依本法第一六四條前段規定：「股票由股票持有人以背書轉讓之，並應將受讓人之姓名或名稱記載於股票。」故記名股票之承購人，於買進後未向發行公司辦理過戶前遺失者，依同法第一六五條第一項之規定，雖不得以其轉讓對抗公司，但此項買賣行為，依民法第三四五條及第七六一條規定，已有效成立，並發生權利義務移轉之效力，故該股票承購人即當然為能繼受股票主張權利之人。關於股票之喪失，依民事訴訟法第五五八條第二項規定，自得為公示催告之聲請，俟除權判決確定後，再依法申請發行公司補發股票。至於無記名股票亦然。

2.**未在證券交易所上市股票之遺失** 未在證券交易所上市股票之遺失，依前述 1. 之(2)辦理之。

(三)**股票之換發** 公司依法銷除股份而減資，即將原有之股票註銷，則不發生換發事宜。倘因合併股份而減資，或採取減少每股金額之方式，則發生股票之換取。茲分述如下：

1.**換取股票之通告** 本法第二七九條第一項規定：「因減少資本換發新股票時，公司應於減資登記後，定六個月以上之期限，通知各股東換取，並聲明逾期不換取者，喪失其股東之權利。」是為減資股票換取之通告。惟如在公司重整方面之減資，依同法第三〇九條第一項第二款之規定，對於通知公告期間，得另作適當之處理。

2.**不換股票之效果** 依本法第二七九條第二項規定：「股東於前項期限內不換取者，即喪失其股東之權利，公司得將其股份拍賣，以賣得之金額，給付該股東。」即股東之權利，雖經喪失，仍得領回其股款，而減少金額之股份，並不註銷，僅公司拍賣其股份，並負有就所賣得之金額，給付該股東之義務。公司負責人違反第二七九條通知或公告期限之規定時，各處新臺幣三千元以上一萬五千元以下罰鍰（公二七九III）。又因減少資本而合併股份時，其不適於合併之股份之處理，準用本法第二七九條第二項之規定（公二八〇）。

又公司增加資本時，本法雖無規定應換發股票，但一般情形，公司亦

有換發股票之情事，解釋上似宜準用本法第二七九條之規定。

㈣**股票之繼承**　現行公司法業已刪除無記名股票制度之規定，自無無記名股票之繼承事宜。至於記名股票之股東死亡，何人為該股票之繼承人，易生爭執。本法第一六五條僅係就股票之轉讓而為規定。該條所謂轉讓，係指法律行為之轉讓而言。繼承為法律事實，非為法律行為，是否應將繼承人之姓名，記載於股東名簿，始得對抗公司？理論上仍以類推適用轉讓之規定為宜，以免增加困擾，而妨害其他股東權益。倘繼承人有數人時，在分割遺產前，依民法規定，股票為各繼承人公同共有（民一一五一），應由全體繼承人檢具繼承文件向公司請求過戶，並依本法規定，推定一人行使股東之權利（公一六○I）。惟基於繼承人之財產繼承登記須經較長之程序方為確定，為利公司及死亡股東之繼承人辦理出資額變更登記事宜，有關股東死亡之出資額變更登記事項可於取得遺產稅證明書起十五日內向公司登記主管機關申請為變更登記，逾期則有公司法第三八七條第四項規定情事，處一萬以上五萬元以下罰鍰。至死亡股東如另擔任董事（長）者，其董事（長）之解任登記應於其死亡之次日起十五日內向公司登記主管機關申請之❿。

第三、股份有限公司之股東

一、概　說

股份有限公司之股東，即為股份之所有人。基於其股份，對於公司得享有權利，負擔義務。關於股東之權義，其重要原則有二。茲分述如下：

㈠**股東有限責任之原則**　即股東對公司僅負出資義務，而照其所認股份繳足，對公司負責。對於公司債權人，則不負任何責任。公司章程或股東會之決議，違反此原則者，均屬無效。

㈡**股東平等原則**　即基於股東之資格，對公司享受權利負擔義務，概屬平等。所謂平等，係指按照股份數額依比例而受待遇，非謂按股東人數而受均一平等。蓋股份有限公司股東人數既多，又不重視個人之信用關係。

---

❿　經濟部 91.1.24 經商字第 09002284740 號。

凡業務之進行，均以多數取決之原則，為防止董事、監察人或少數股東之專橫，故不得不採股東平等之原則。惟股東平等之原則，亦有例外，如特別股之發行（公一五七）。

二、股東之權利與義務

(一)**股東權之概念**　股份之第二意義，係指股東權。關於股東權之意義，學者間之意見，頗不一致，約之有下列五說：

1. **權義併合說**　股東權者，係一般私法上社員權之一種，乃基於股東之身分所享之權利與負擔之義務，兩相併合而成之權利，此為德國有力之學說。

2. **權義集體說**　謂股東權者，係基於股東之身分而獲取之多數權利與義務之集體，而非單一之權利，此亦為德國權威之學說。

3. **法律地位說**　謂股東權乃屬一種可以發生權利義務之法律地位或資格，此項權利乃股東權之結果，而非股東權之內容。

4. **股東地位說**　謂股份係股東之地位，非股東之權利，股東與公司間，賴此地位相維繫。股東之共益權，乃股東應有之權限。自益權，乃股東基於社員之地位，所應有之權利與義務。

5. **新債權說**　謂股份係以請求分配利益為目的之附條件債權。因之，共益權乃屬人格權，不包括於股份之中。

前述 1. 2. 3.說均肯定股東權，乃屬肯定說，而 4. 5.兩說均否認股東權，故又曰否認說。我國學者，有認為股東權以否認說為當者。按共益權專為公司之利益而行使，與自益權有顯著之區別，斯乃否認說之獨到之處 ❿。然學者亦認為共益權，係股東為自己利益，同時又為公司利益而行使之權利 ❿。共益權並非專為公司之利益而行使，乃多數學者所共認之觀點 ❿，故股東權應包括共益權為是。至於主張新債權說之學者，謂股份有限公司

❿　梅仲協著《商事法要義》第 51 頁。

❿　同❿所揭第 53 頁。

❿　張國鍵著《商事法論》第 139 頁；陳顧遠著《商事法（中冊）》第 206 頁；武憶舟著《公司法論》第 331 頁；鄭玉波著《公司法》第 108 頁。

為資合性質，隨著產業發達，企業所有與企業經營兩者趨於分離，股東權係以股份為請求分配利益為目的之附條件債權，因此股東權不包括共益權，此為新債權說之缺點。本書認為股東權，係基於股東資格而取得多種權利之團體財產權。

㈡**股東權之分類**　依其區分之標準不同，可分為四種。茲述之於下：

1.**固有權與非固有權**　依權利之性質為標準而區分：

⑴固有權者，係依公司法之規定，不得以章程或股東會決議，予以剝奪或限制之股東權利者如表決權是，故亦稱不可剝奪之權利，如共益權屬之。普通股股東之表決權為共益權之一。至於特別股股東行使表決權得以章程加以限制或剝奪（公一五七Ⅰ3），乃屬例外。

⑵非固有權者，係指得依公司章程或股東會決議，加以剝奪或限制之權利，如自益權屬之。

2.**普通股股東權與特別股股東權**　依權利歸屬之主體為標準而區分：

⑴普通股股東權者，係指一般股東所得享之權利。

⑵特別股股東權者，係指專屬於特別股股東之權利。其權利之範圍、行使之順序、數額及定率、優待、限制或無表決權，均須於章程中訂定之（公一五七）。

3.**自益權與共益權**　依權利行使之目的為標準而區分：

⑴自益權者，係指股東專為自己利益所行使之權利，例如股東過戶請求權（公一六五）、股息及紅利分派請求權（公二三二Ⅰ）、賸餘財產分派請求權（公三三○）、新股認購權（公二六七）、建業股息請求權（公二三四）等是。

⑵共益權者，係指股東為自己利益，同時兼為公司利益，而行使之權利。例如持有已發行股份總數百分之一以上股份之股東，得向公司提出股東常會議案（公一七二之一Ⅰ前）、請求召集股東臨時會或自行召集權（公一七三）、出席股東會表決權（公一七九）、請求法院撤銷股東會之決議權（公一八九）、對公開發行公司董事、監察人候選人之提名權（公一九二之一、二一六之一）、公司章程及簿冊隨時請求查閱或抄錄權（公二一○Ⅱ、

二二九)、對董事、監察人起訴權（公二一三、二一四）、聲請法院檢查公司業務及財產狀況權（公二四五 I）、聲請法院對清算人之解任權（公三二三）等是。

4.**單獨股東權與少數股東權** 依行使權利之股數為標準而區分：

⑴單獨股東權者，係指股東一人得單獨行使之權利。例如股東會議表決權（公一七九）、訴請法院撤銷股東會決議權（公一八九）、分派股息及紅利請求權（公二三二 I）等是。

⑵少數股東權者，係指非達一定之股份數額，則不得行使之權利。例如持有已發行股份總數百分之一以上股份之股東，得向公司提出股東常會議案（公一七二之一 I 前）、股東臨時會召集請求權及自行召集權，須繼續一年以上持有已發行股份總數百分之三以上股份之股東，始得行使（公一七三 I 前）。持有已發行股份總數百分之一以上股份之股東，得以書面向公司提出董事、監察人之候選人名單（公一九二之一 III、二一六之一）。對董事或監察人提起訴訟，則非繼續六個月以上持有已發行股份總數百分之一以上股份之股東，不得為之（公二一四 I、二二七）。檢查人選派請求權（公二四五），又公司重整之聲請，須繼續六個月以上持有已發行股份總數百分之十以上股份之股東始得為之（公二八二 I 1）。

三、股東權之內容

㈠**股份轉讓權** 依本法第一六三條第一項前段規定，公司股份之轉讓，不得以章程禁止或限制之，故股東有股份轉讓自由權。

㈡**請求發給股票權** 股票為證明股東所有權之證券，股東有要求公司發給股票之權。非公開發行股票之公司是否發行股票宜由公司自行決定❶，至於公開發行股票之公司，應於設立登記或發行新股變更登記後，三個月內發行股票（公一六一之一 I）。公開發行公司之股票（證交六 I），依證券交易法第三十四條第一項規定：「發行人應於依公司法得發行股票或公司債券之日起三十日內，對認股人或應募人憑前條之繳納憑證，交付股票或公司債券，並應於交付前公告之。」一語，應解釋為申請公司於收到核准公

---

❶ 民國 107 年 7 月 6 日立法院通過公司法第 161 條之 1 修正說明。

司設立或變更登記之日起三十日內，為交付股票之期限❸。證券交易法第三十四條第一項所規定之期限，未能與本法第一六一條之一第一項規定之期限配合，在立法上，不無缺失。惟證券交易法為公司法之特別法，對公開發行股票之公司應優先適用，故仍應以三十日內為準。

　　㈢**對公開發行公司董事、監察人候選人之提名權**　公開發行股票之公司董事、監察人選舉，採候選人提名制度者，應載明於章程，股東應就董事、監察人候選人名單中選任之（公一九二之一Ⅰ、二一六之一）。公司應於股東會召開前之停止股票過戶日前，公告受理董事、監察人候選人提名之期間、董事、監察人應選名額、其受理處所及其他必要事項，受理期間不得少於十日（公一九二之一Ⅱ、二一六之一）。持有已發行股份總數百分之一以上股份之股東，得以書面向公司提出董事、監察人候選人名單，提名人數不得超過董事、監察人應選名額；董事會提名董事、監察人候選人之人數，亦同（公一九二之一Ⅲ、二一六之一）。

　　㈣**分派股利權**　公司為營利之法人，故分派股利，乃股東投資之主要目的。依本法第二三二條規定，公司於彌補虧損及依本法提出法定盈餘公積後，如有盈餘，依法必須分派股利。依本法第二三五條規定，股東對股息及紅利之分派，除本法另有規定外，以各股東持有比例為準。

　　㈤**參與公司管理權**　股東平時對公司之業務不能親自參與，均委託其選任之董事、監察人負責執行，故股東僅能於股東會時，行使其對公司之管理權。依本法之規定，有關公司重要管理權，應由公司股東會多數決議或特別決議行之者有十二。茲分述於下：

　　1.任免董監權（公一九二、一九九、二一六、二二七）、決定其報酬（公一九六、二二七）、補選董事（公二〇一）、選任檢查人（公一八四Ⅱ、一七三Ⅲ、三三一Ⅱ）。

　　2.決定分派股利權及查核表冊、報告權（公一八四Ⅰ）。

　　3.行使同意權，即承認董事會或清算人所造送之各項表冊（公二三〇Ⅰ、三二六Ⅰ、三三一Ⅰ）。

---

❸　經濟部 57.8.5 商字第 27207 號。

4.行使歸入權（公二〇九 V）。

5.許可董事為自己或他人為屬於公司營業範圍內之行為 （公二〇九 II）。

6.股東名簿及重要文件之查閱權（公二一〇 II、二二九）、業務帳目及財產之情形、特定事項、特定交易文件及紀錄檢查權（公二四五 I）。

7.股東會聽取報告權（公二一九 I、二一一 I、二四六 I 但）。

8.對董事起訴權（公二一二）及選代表公司訴訟之人（公二一三）、對監察人起訴權（公二二五）。

9.以公積撥充增資，比例發給新股（公二四〇、二四一），或以股利發行新股（公二四〇 I）。

10.變更章程（公二七七）。

11.公司之存續、消滅及解散有關事項，如公司解散或合併之決議（公三一五、三一七），公司讓與或出租全部或主要之營業資產，或受讓他人全部營業或財產等對公司營運有重大影響之事項（公一八五）。

12.於股東會聽取董事報告權（公二一一 I、二四六 I 但），及聽取監察人之報告（公二一九 I）。

㈥檢查權

1.**股東名簿及重要文件之查閱權** 除證券主管機關另有規定外，董事會應將章程及歷屆股東會議事錄、財務報表備置於公司，並將股東名簿及公司債存根簿，備置於本公司或股務代理人營業所（公二一〇 I）。上述章程及簿冊，股東及公司之債權人得檢具利害關係證明文件，指定範圍，隨時請求查閱、抄錄或複製；其備置於股務代理機構者，公司應令股務代理機構提供（公二一〇 II）。代表公司之董事，違反第一項不備置章程、簿冊者，或違反前項規定無正當理由而拒絕查閱或抄錄者，處新臺幣一萬元以上五萬元以下罰鍰（公二一〇 III）；公司負責人所備置章程、簿冊，有虛偽之記載時，依刑法或特別刑法有關規定處罰。又董事會所造具之各項表冊與監察人之報告書，應於股東常會開會十日前，備置於本公司，股東得隨時查閱，並偕同其所委託之律師或會計師查閱（公二二九）。

2.**業務帳目及財產之檢查權**　公司董事執行業務，如不盡職或處理不當，無論是故意或疏忽，對股東權益均有影響，故雖有監察人負責監察，但如監察人不盡責或與公司董事串通舞弊，則對股東影響更大。因此本法第二四五條第一、二項規定：「繼續六個月以上，持有已發行股份總數百分之一以上之股東，得檢附理由、事證及說明其必要性，聲請法院選派檢查人，於必要範圍內，檢查公司業務帳目、財產情形、特定事項、特定交易文件及紀錄。法院對於檢查人之報告認為必要時，得命監察人召集股東會。」

㈦**優先認購新股權**　本法第二六七條規定：「公司發行新股時，除經目的事業中央主管機關專案核定者外，應保留發行新股總數百分之十至十五之股份由公司員工承購（公二六七Ⅰ）。公營事業經該公營事業之主管機關專案核定者，得保留發行新股由員工承購；其保留股份，不得超過發行新股總數百分之十（公二六七Ⅱ）。公司發行新股時，除依前二項保留者外，應公告及通知原有股東，按照原有股份比例儘先分認，並聲明逾期不認購者，喪失其權利；原有股東持有股份按比例不足分認一新股者，得合併共同認購或歸併一人認購；原有股東未認購者，得公開發行或洽由特定人認購（公二六七Ⅲ）。」如屬公開發行，公司並應依照「發行人申請募集與發行有價證券審核標準」之規定，提出不低於百分之二十證券委託證券承銷商承銷，其餘部分，方由原股東按照持有股份比例分認。如原股東不願認購新股，可將認購新股之權利予以單獨轉讓。惟此項新股權利證書之轉讓，應於原股東認購新股限期前為之，故新股認購權為原股東之權利，而非義務，原股東不負認購之義務。

㈧**剩餘財產分配權**　公司清償債務後，賸餘之財產應按各股東股份比例分派。但公司發行特別股，而章程中另有訂定者，從其訂定（公三三〇），是為「公司剩餘財產分配權」。

㈨**權利損害救濟權**　股東對公司應享之權益，如因公司不當行為，致股東受有損害之虞，或因而受有損害者，股東均可依法請求排除或制止，或請求恢復原狀或損害賠償之權利，以資救濟，而實現保障股東之權益。因此股東自益權受到侵害時，股東固得依本法向公司要求救濟，亦得依民

事訴訟法向法院提起訴訟。至於共益權，受到侵害時，倘實際上已經發生損害，股東有損害賠償請求權。倘損害尚未發生，而有損害之虞時，股東亦有請求制止其發生之權利，例如本法第一九四條之違法制止權及第二一四條之對公司提起訴訟權。依本法第一九四條規定：「董事會決議為違反法令或章程之行為時，繼續一年以上持有股份之股東，得請求董事會停止其行為。」本條僅規定繼續一年以上之股東即可，至於其持有股份數額多寡，則不受限制。同時制止權之行使，可逕行為之，不必向法院請求，故易造成股東濫用，妨礙公司業務之進行，似應修正之。至於本法第二一四條第一項規定：「繼續六個月以上，持有已發行股份總數百分之一以上之股東，得以書面請求監察人為公司對董事提起訴訟。」則限於六個月以上，尚須持有已發行股份總數百分之一以上之股份。

　　㈩**股東對公司股東會提議案權**　依本法規定，持有已發行股份總數百分之一以上股份之股東，得向公司提出股東常會議案。但以一項為限，提案超過一項者，均不列入議案（公一七二之一 I）。公司應於股東常會召開前之停止股票過戶日前公告受理股東之提案、書面或電子受理方式、受理處所及受理期間；其受理期間不得少於十日（公一七二之一 II）。股東所提議案以三百字為限；提案股東應親自或委託他人出席股東常會，並參與該項議案討論（公一七二之一 III）。除有下列情事之一者外，股東所提議案，董事會應列為議案（公一七二之一 IV）：

　　1. 該議案非股東會所得決議者。

　　2. 提案股東於公司依第一六五條第二項或第三項停止股票過戶時，持股未達百分之一者。

　　3. 該議案於公告受理期間外提出者。

　　4. 該議案超過三百字或有第一項但書提案超過一項之情事。

　　第一項股東提案係為敦促公司增進公共利益或善盡社會責任之建議，董事會仍得列入議案（公一七二之一 V）。此乃為呼應本法第一條增訂公司善盡其社會責任之規定，例如公司注意環保議題、汙染問題等，股東提案如係為促使公司增進公共利益或善盡社會責任之建議，董事會仍得列入議

案（公一七二之一Ⅳ）❸。公司應於股東會召集通知日前，將處理結果通知提案股東，並將合於本條規定之議案列於開會通知。對於未列入議案之股東提案，董事會應於股東會說明未列入之理由（公一七二之一Ⅵ）。公司負責人違反第二項、第四項或前項規定者，處新臺幣一萬元以上五萬元以下罰鍰，但公開發行股票之公司，由證券主管機關各處公司負責人新臺幣二十四萬元以上二百四十萬元以下罰鍰（公一七二之一Ⅶ）。

四、股東之義務

股份有限公司之股東，僅負出資之義務，即應照所填之認股書繳納股款（公一三九）。倘股份為數人共有者，則共有人對公司負連帶繳納股款之義務（公一六〇Ⅱ）。所謂出資，本法規定，除現金外得以對公司所有之貨幣債權、公司事業所需之財產或技術抵充之，惟抵充之數額需經董事會決議，不受第二七二條之限制（公一五六Ⅶ）。按以貨幣債權抵充股款，屬財產出資之範疇。所謂貨幣債權，係指債權人對公司之債權❸。按債權人以債作股，可以改善公司財務狀況，降低負債比例❸。此之對公司之貨幣債權，其種類不受限制，如公司對員工所欠之薪資、公司對他人所借之款項，均得以債作股投資公司。但他公司所有之貨幣債權，不得抵充之。至於商譽，係經營者就其提供之商品或服務，於市場中經年累月努力所建立之聲譽，屬無形資產（商會五〇Ⅰ）。舊公司法認為以商譽抵充股款，藉以提高營運效能，快速擴展業務，有利於公司之未來發展❸，而將之列為得抵充股款，惟民國一〇〇年六月二十九日修訂之公司法將「商譽」刪除，其理由「鑑於商譽並非一種可以隨時充作現物之財產出資，僅係公司合併因支付成本高於其資產公平價值而產生會計處理之科目，不宜作為出資標的，爰刪除『商譽』二字」。至於以公司所需之技術抵充股款，此項技術，若以具有智慧財產權之技術，如專利權、著作權為公司所需之技術抵充股款，

---

❸　民國 107 年 7 月 6 日立法院通過公司法第 172 條之 1 修正說明。

❸　經濟部 91.4.2 經商字第 09102052990 號。

❸　民國 90 年公司法第 156 條修正理由。

❸　同 ❸。

並無爭議。惟若以專業知識之技術抵充股款，形同勞務出資，較有爭議。本條僅明文規定「公司所需之技術」，似應包括二者較妥，以符立法意旨。蓋公司引進技術之輸入更能增強企業之競爭力，有利於公司之未來發展。上述以貨幣債權或技術換股之作業，均限制在發行新股一定的比例數額內，以免影響股東權益及公司之正常營運，故尚需經董事會普通決議通過，但不受公司法第二七二條之限制 ❸。按本法第二七二條規定：「公司公開發行新股時，應以現金為股款。但由原有股東認購或由特定人協議認購，而不公開發行者，得以公司事業所需之財產為出資。」觀之，此之所謂「財產」，係指現金以外之其他財產，如動產、不動產等。股票為有價證券，亦屬財產之一種。以公司事業所需之財產為出資，稱為現物出資。由第一五六條第五項末段明定股東之出資，除現金外，得以對公司所有之貨幣債權、公司事業所需之財產或技術抵充之，以資明確；其抵充之數額需經董事會「通過」。又依第一三一條第三項之規定：「發起人之出資，除現金外，得以公司事業所需之財產、技術抵充之。」觀之，發起人亦得為現物出資，而第一五六條之二第四項並未併予除外，即仍應受第一三一條第三項之限制，是故本法對股東出資放寬之規定，在體例上，須檢討修訂之。

五、股東名簿

(一)**意義**　股東名簿者，公司因記載關於股東及股份之事項，而設置之簿冊。股東名簿備置之效用有三：

1.記名股票之轉讓，非將受讓人之姓名或名稱及住所或居所，記載於公司股東名簿，不得以其轉讓對抗公司（公一六五Ⅰ）。

2.股東名簿應備置於本公司或股務代理人機構，以使股東及公司之債權人，得檢具利害關係證明文件，指定範圍，隨時請求查閱或抄錄（公二一〇Ⅰ後）。前項章程及簿冊，股東及公司之債權人得檢具利害關係證明文件，指定範圍，隨時請求查閱、抄錄或複製；其備置於股務代理機構者，公司應令股務代理機構提供（公二一〇Ⅱ）❸。

---

❸　同 ❸。

❸　民國 107 年 7 月 6 日立法院通過公司法第 210 條修正說明。

3.召開股東會時，對股東名簿上之股東應分別予以通知。

㈡**股東名簿應記載之事項**　股東名簿應編號記載下列各款事項： 1.各股東之姓名或名稱、住所或居所。 2.各股票之股數；發行股票者，其他股票號碼。 3.發給股票之年、月、日。 4.發行無記名股票者，應記載其股數、號碼及發行之年、月、日。 5.發行特別股者，並應註明特別種類字樣（公一六九 I）。按資本大眾化的結果，股權日益分散，股東人數及事務，迅速增加，人工操作，往往不足適應，採用機器處理，乃屬必然之勢。因此本法復規定採電腦作業或機器處理者，前項資料得以附表補充之（公一六九 II）。

㈢**不備置股東名簿之處罰**　代表公司之董事，應將股東名簿備置於本公司或其指定之股務代理機構；違反者，處新臺幣一萬元以上五萬元以下罰鍰，連續拒不備置者，並按次連續處新臺幣二萬元以上十萬元以下罰鍰（公一六九 III）。公司負責人所備股東名簿有虛偽之記載時，依刑法第二一五條業務登載不實罪之規定處罰。按證券市場日益發達，股務代理制度興起，因此現行本法特別規定此制度，同時在本法第一六九條第三項作上述之規定，以解決股東名簿無法置於本公司之困擾。

㈣**股東名簿記載之變更**　股東名簿記載之變更，於股東常會開會前三十日內，股東臨時會前十五日內，或公司決定分派股息及紅利或其他利益之基準日前五日內，不得為之（公一六五 II）。公開發行股票之公司辦理第一項股東名簿記載之變更，於股東常會開會前六十日內，股東臨時會開會前三十日內，不得為之（公一六五 III）。前二項期間，自開會日或基準日起算（公一六五 IV）。

第四節　股份有限公司之機關

第一款　概　說

公司為社團法人，雖得為權利義務之主體，惟本身不能活動，必賴其

機關為之。況股份有限公司乃純粹之資合公司，多數股東並不經營公司業務，有賴專門之機關處理之。此專門機關大致可分為三：㈠股東會，為公司之意思機關。㈡董事及董事會，為執行公司業務及代表公司之機關。㈢監察人或檢查人，為公司經常或臨時監督之機關。

近代股份有限公司，在經濟上占有相當重要之地位。惟此種公司股東人數頗多，股票隨時可以自由轉讓，形成企業所有與企業經營分開之結果。因此一般股東對公司業務不熟悉，往往少數大股東操縱股東會之大權。各國有鑑於此，乃提倡「企業自體」之原則，即重視公司自身之獨立存在，縮小股東會之職權，並由利害關係人參與，及採用授權資本制，健全公司之組織，增進其營業效率，而努力謀求股東及利害關係人如員工、債權人等之利益。

現將企業自體與利害團體參與理論，及股份有限公司機關分立之理論分述於下：

一、企業自體與利害團體參與理論

㈠**企業自體理論** 所謂企業自體 (Unternehmen an sich) 理論，係一九一八年德國學者 Walther Rathenau 所提出❿。其後經德、日學者加以討論，修飾充實而成❹。其內容，係指結合企業內各類股東（如投資股東及投機股東等）之利益而成為一統合體，具有獨立性、社會性及公共性，俾調整企業內部利益之衝突或緊張之關係，而成為公司自體利益，故經營者擁有必要之行動自由及決定權。因此企業自體理論，乃將企業自企業所有人控

---

❿ 王志誠，〈論公司員工參與經營之制度——以股份有限公司經營機關改造為中心〉，政治大學法律研究所博士論文（1998 年 10 月）第 25 頁，註 37：「Walther Rathenau, Vom Aktienwesen, Eine geschäftliche Betrachtung, Berlin, 1918. 惟應注意者，Walther Rathenau 在該書並未以企業自體 (Unternehmen an sich) 理論之文字來表達，而是由 Fritz Haussmann 最早率先使用。Fritz Haussmann, Vom Aktienwesen und Aktienrecht, Mannheim/Berlin/Leipzig, 1928. 參閱正井章，西ドイツ企業法の基本問題，成文堂，1989 年，121 頁。」

❹ 德國學者 Erich Potthoff、日本學者大隅健一郎、田中耕太郎、松田二郎及西原寬一等人。

管中解放，而改由經營者控管。亦即摒除以股東財產權為中心之思考模式，轉而為以公司之固有利益為基礎之思考模式。據此貫徹企業所有與企業經營分開之原則。

　　㈡**利害團體參與理論**　利害團體參與理論 (Interests group)，係由美國學者 Scott Buchanan 所提出，其認為美國各州，應制定規範企業民主之公司法，因此董事會不應僅由股東中選出，尚應由員工及社會大眾人士中選出，以達企業組織之民主化 [142]。換言之，企業除股東外，尚有經營者、員工、供應商、債權人及消費者等其他團體。因此企業於決策時，亦必須兼顧其他利害關係人之利益 [143]。按公司經營之成敗，不僅攸關股東之利益，更影響與公司有利害關係團體之利益，故公司業務執行之決定，應由各利害關係團體積極參與，以調和各利害關係人之利益。是故董事會之成員，應由各利害關係團體之代表任之。利害團體參與理論之弊病，在所謂利害團體究何所指？其種類繁多，如何選出代表？若漫無限制，將整合不易，曠日費時，效率不彰。德國一九七六年制定員工共同決定法，以強制立法之方式規定大規模之公司，必須採行員工監事及員工董事，為傳統公司法學之一大變革。

　　㈢**結語**　企業自體理論與利害團體參與理論，各有存在之價值，各有其利弊。惟如何去弊存利，乃各國制定及修正公司法時重要之課題。在企業自體之理論中，如何使企業所有者之股東會，與經營者之董事會，在權責方面，各司其職，取得均衡，而非漫無限度之企業自體的擴權。至於利害團體參與理論，其所謂利害團體，亦非漫無限制，應以直接利害關係團體為限如公司之員工，始得有權推派代表參與 [144]。

　　按現代大型公司之經營，與社會發生相當大的連帶關係。其經營良好，不僅公司股東及員工蒙受其利，債權人亦有保障，其產品則充實社會大眾

---

[142]　王志誠，前揭文，第 32 頁之註 76。

[143]　劉連煜，《公司監控與公司責任》，五南（1995 年）第 130 頁。

[144]　梁宇賢，〈股份有限公司機關之內部治理〉，《月旦法學雜誌》91 期（2002 年 12 月）第 134 頁。

人民之物質生活。若經營不善，不僅員工生計發生問題，投資人及債權人將蒙受其害，甚至發生骨牌效應，引起金融風暴，是故大公司之經營，有社會性及公共性。因此若僅以公司內部組織之管控，有時難以達成。各國有鑑於此，乃賴以外部管控，而由政府制頒各種法規如我國環境保護法、公平交易法、勞動基準法及消費者保護法等，以維護股東、員工、債權人及消費者之社會大眾之利益與社會之公共利益**⑭**。

二、股份有限公司機關權力分立之理論

公司之機關，猶如國家之機關，其權力之理論，有採洛克之政府二元論，即國家權力區分為二：立法權 (Legislative Power) 與執行權 (Executive Power)。有採孟德斯鳩之三權分立理論，即國家之權力有三：立法權、執行權及司法權。上述之理論，在二元論，用之於股份有限公司之機關，則分為股東會與董事會等二者。採三權分立論者，則將股份有限公司之機關分為股東會、董事會及監察人會等三者。茲分述於下：

㈠**股東會與董事會二元論** 採洛克之「政府二元論」，即國家權力區分為立法權與執行權。立法權在制定法律，規定刑罰，俾保護生命、自由及財產等所有權的權力，以及指揮國家權力之運用，俾維護共同社會及成員之權力。執行權是根據法律，有效執行的權力。洛克未於立法權及執行權外，分出司法權。此為各國公司法制普遍採用「企業所有者與企業經營者分離」制度之由來。採二元論者，股份有限公司之機關有股東會及董事會。董事會下得設各種委員會。美國公司法制即採此**⑭**。

㈡**股東會、董事會及監察人會三元論** 按孟德斯鳩在「英國憲法論」中，認為國家之權力有三，即立法權、執行權及司法權，各權力完全分離，獨立成立，達到權力均衡。因此採三權分立者，認為股份有限公司之機關，有股東會、董事會及監察人會（或稱監事會）。如德國、日本商法及我國之公司法屬之**⑭**。

---

⑭ 梁宇賢，前揭文，第 134 頁。

⑭ 參閱 Revised Model Business Corporation Act Chapter 7. Shareholder; Chapter 8. Director and Officer.

茲將上述二者，列圖如下：

二元論　　　　　　三元論

股東會　董事會　　股東會　董事會　監察人

㊂**結語**　採二元論者，規劃股份有限公司之機關有二，即股東會與董事會二者。股東會為意思機關，董事會為執行機關兼監察機關。因此董事會中之董事，分成執行業務之董事，及監督業務之董事。監督公司業務執行之董事，即俗稱之獨立董事或外部董事。美制公司法採之。至於採三權分立者，股份有限公司之機關分為股東會、董事會及監察人會（監事會或監察人），各有其職責。我國公司法採之。

我國現行公司法對股份有限公司之組織，採三權分立（即三元論），分為股東會、董事會、監察人等三機關。至於公開發行股票公司之組織，除股東會、董事會外，依證券交易法規定❿，應擇一設置審計委員會或監察

---

❿ 日本商法第三節第一款股東會（第 230 條之 10 至第 252 條）；第二款董事及董事會（第 254 條至第 272 條）；第三款監察人（第 273 條至第 280 條）；德國股份有限公司法第四章公司之組成，第一節董事會（第 76 條至第 94 條）、第二節監事會（第 95 條至第 116 條）、第四節股東大會（第 118 條至第 147 條）；我國公司法第三節股東會（第 170 條至第 191 條）、第四節董事及董事會（第 192 條至第 215 條）及第五節監察人（第 216 條至第 227 條）。

❿ 證券交易法第 14 條之 4 規定：「已依本法發行股票之公司，應擇一設置審計委員會或監察人。但主管機關得視公司規模、業務性質及其他必要情況，命令設置審計委員會替代監察人；其辦法由主管機關定之。
審計委員會應由合體獨立董事組成，其人數不得少於三人，其中一人為召集人，且至少一人應具備會計或財務專長。
公司設置審計委員會者，本法、公司法及其他法律對於監察人之規定，於審計委員會準用之。
公司法第二百條、第二百十三條至第二百十五條、第二百十六條第一項、第三項、第四項、第二百十八條第一項、第二項、第二百十八條之一、第二百十八

人。但行政院金融管理委員會得視公司規模、業務性質及必要情況，命令設置審計委員會替代監察人。現僅就我國公司法之規定分述於下各款。

第二款　股東會

第一、股東會之概述

一、股東會之意義

股東會者，乃全體股東組織而成，為決定公司意思之最高機關。股份有限公司之事務，雖由董事會執行，但董事會之執行業務，應依照法令及股東會之決議（公一九三 I）。其次，政府或法人股東一人所組織之股份有限公司，該公司之股東會職權由董事會行使，不適用本法有關股東會之規定（公一二八之一）。因此原屬股東會決議事項，均改由董事會決議，又其決議方法除章程另有規定外，應有過半數董事之出席，出席董事過半數之同意行之（公二○六 I）❶。至於董事會召開時，對於行使股東會職權事項，在該事項下表明「代行股東會職權」一語即可，此為企業自治事項，由公司自行決定❶。

二、股東會之種類

(一)**因召集時間之不同**　股東會通常分為下列二種（公一七○）：

1.**股東常會**　股東常會，每年至少召集一次（公一七○ I1），應於每會計年度終結後六個月內召開（公一七○ II1）。所謂召開，指召集及開會。

條之二第二項、第二百二十條、第二百二十三條至第二百二十六條、第二百二十七條但書及第二百四十五條第二項規定，對審計委員會之獨立董事成員準用之。

審計委員會及其獨立董事成員對前二項所定職權之行使及相關事項之辦法，由主管機關定之。

審計委員會之決議，應有審計委員會全體成員二分之一以上之同意。」

❶ 經濟部 91.5.20 經商字第 09102091680 號及經濟部 91.5.24 經商字第 09100130680 號。

❶ 經濟部 92.3.17 經商字第 09202051360 號。

但有正當理由經報請主管機關核准者，不在此限（公一七〇II但）。惟此之「核准」召開，僅限於核准延期召開，不得准予免開股東常會。代表公司之董事違反上述召集期間之規定時，處新臺幣一萬元以上五萬元以下罰鍰（公一七〇III）。倘董事會已於法定期間內依法定程序召開股東會，因出席股東不足決議之定額而流會，尚無違反前揭規定。上市公司遇此情形，除證券交易法另有特別規定外，得由董事會擇期另行集會，無須報請主管機關核准❺。

　　2.**股東臨時會**　於必要時召集之（公一七〇I2）。所謂必要時，應依據事實由利害關係人認定之。

　㈡**股東會之股東成員之廣狹不同**

　　1.**股東會**　係由普通股股東及特別股股東在內之全體股東所組成。

　　2.**特別股股東會**　係由特別股股東全體所組成。

　　股東會究為常設機關，抑或為臨時機關，論者不一。主張其為常設機關者，認為其既係法定必備之決定公司意思機關，就其機關地位而言，係屬經常存在而得隨時應召而開會之機關，故應屬常設機關❻。反對說者，認為其屬於臨時機關，在行使權限時，始召開之。本書認為股東會為股份有限公司法定必備之常設機關，但其職權之行使（會議之召開），必經法定程序，始能運作。

三、股東會之召集

　㈠**召集人**

　　1.**原則規定由董事會召集**　股東會不論為股東常會或股東臨時會，除本法另有規定外，由董事會召集之（公一七一）。通常股東常會每年必須召開，故原則上由董事會召開。至於股東臨時會，固得由董事會自動召開，如公司法第二〇一條、第二一一條規定，亦得經少數股東之請求，而由董事會被動召開，如公司法第一七三條規定。因此無召集權人召集之股東會所為之決議，固屬當然無效。但有召集權人召集時，經無召集權人參與者，

❺　經濟部 91.7.15 經商字第 09102141900 號。

❻　柯芳枝著《公司法論（上）》第 240 頁。

不得謂其決議當然無效 ❸ 。又有召集權人如董事長未得董事會之決議，而逕行召開股東會時，其決議例外得撤銷之。倘股東會之召集既屬非法，則其決議自不能承認其效力 ❹ 。又公司章程規定股東會之召集，須經公司董監事會議決定，始得召集，有違本法第一七一條由董事會召集之規定 ❺ 。

2.例外規定　即本法第一七一條規定上所謂本法另有規定者而言。約有下列三項：

⑴監察人之召集　監察人除董事會不為召集或不能召集股東會外，得為公司利益，於必要時，召集股東會（公二二○）。法院對於檢查人之報告認為必要時，得命監察人召集股東會（公二四五II）。

---

❸　參閱最高法院 28 年上字第 1911 號判決：「㈠無召集權人召集之股東會所為之決議，固屬當然無效，不適用公司法（舊）第一百三十七條（新法第一九八條）之規定，但有召集權人召集時，經無召集權人參與者，不得謂其決議當然無效。㈡臨時股東會召集之通知距開會期日不滿十五日，其召集程序固屬違反公司法（舊）第一百三十四條第二項（新法第一七二條）之規定，但股東未依公司法（舊）第一百三十七條（新法第一八九條）之規定聲請法院宣告其決議為無效者，其決議仍有效力。」

❹　參閱行政法院 52 年判字第 361 號：「參加人之召集該項股東會，既非合法，則其由此非法召集會議所為董事長選任之決議，自亦屬非法，不能承認其效力，若謂該次召集程序非法而應補正，另依公司法（舊）第一七九條規定，由參加人請求董事召集股東臨時會，董事於十五日內不為召集時，由參加人呈經地方主管官署許可，自行召集，則依此召集，必須另行舉行股東會議，由此會議另行為選任董事長之決議，不能將前次非法召集之股東會所為決議選任，全部保留，僅將召集程序補正，即可使該項非法會議所為非法決議，發生效力。再訴願決定認為參加人祇須補正關於董事長之選任之股東會召集程序，即可聲請為董事長變更之登記而主管官署即應予照准，其法律上之見解，非無可議。」

❺　最高法院 70 年臺上字第 2516 號判決：「關於股份有限公司股東臨時會之召開，公司法第一百七十一條，第二百二十條，第一百七十三條均有規定，以董事及監察人之職權各別，並無應由該公司董監事會議決定召開之規定，上訴人公司章程內亦同，原判決竟認定上訴人公司召開股東臨時會應由該公司董監事會議決定後始得召集，殊嫌乏據，亦與公司法上開規定有違。」

　⑵少數股東之召集　繼續一年以上，持有已發行股份總數百分之三以上股份之股東，得以書面記明提議事項及其理由，請求董事會召集股東臨時會（公一七三Ⅰ）。所謂繼續一年，係指一年均未轉讓情事❶。上述請求提出後十五日內，董事會不為召集之通知時，股東得報經主管機關許可，自行召集（公一七三Ⅱ）。依前述規定召集之股東臨時會，為調查公司之業務及財產狀況，得選任檢查人（公一七三Ⅲ）。至於清算公司清算人怠於召集股東會尚不得依本法第一七三條第二項規定由股東自行召集❶。又持有已發行股份總數過半數股份之股東，得自行召集股東臨時會，毋庸向主管機關申請許可（公一七三之一）。

　本法第一七三條第一項所規定「持有已發行股份總數百分之三以上股份之股東」，是否以股東名簿上所記載之股東為限？有正反兩說，茲分述於下：

　①不以股東名簿上所記載之股東為限：記名股票股東未向公司申請更名過戶，僅不得以其轉讓對抗公司而已，並非否認其股東身分，故不以股東名簿上所記載之股東為限❶。

---

❶　經濟部 80.11.11 商字第 227250 號。

❶　經濟部 93.12.28 經商字第 09302217950 號：「一、按公司之清算，乃為了結已解散公司之一切法律關係。清算公司之業務執行機關已不存在，董事會之業務執行權及董事長之公司代表權亦消滅，而代之以清算人，清算人於執行清算相關事務，有與董事相同之權利義務，故清算人自得召集股東會，以利清算事務進行。而公司法第 173 條之立法理由，乃因股東會以董事會召集為原則，但如董事會應召集股東會而不召集時，允予股東應有請求召集或自行召集之權。上開股東會之召集，以股東請求董事會召集股東臨時會，董事會不為召集之通知為前提（請求提出後 15 天內），其與清算公司之董事會職權不存在，由清算人執行清算事務之情形不同。基此，清算公司如清算人怠於召集股東會時，尚不得由股東依公司法第 173 條第 2 項規定自行召集。二、復按公司為社團法人，依民法第 42 條第 1 項規定：『法人之清算，屬於法院監督，法院得隨時為監督上必要之檢查及處分』。又清算人於執行職務範圍內，亦為公司負責人，應忠實執行業務並盡善良管理人之注意義務，如有違反致公司受有損害者，負損害賠償之責。」

　　②以股東名簿上所記載之股東為限：公司法第一六五條第一項規定，及最高法院四八年臺上字第五號判例意旨，公司股票為記名股票者，於轉讓時必須辦理過戶登記，將受讓人之姓名或名稱，及住所或居所，記載於公司股東名簿，否則受讓人似無取得公司之股東權，自不得以該公司之股東身分，依公司法第一七三條第四項規定自行召集股東會 ❶。

---

❶ 經濟部 72.2.26 商字第 07556 號函：「股份有限公司董事長個人經法院宣告破產，由第三人向法院標購其持有之全部股份，如公司遷址不明致第三人無法向公司辦理過戶手續，公司之董事、監察人亦行蹤不明，該第三人得否以該公司之股東身分，依公司法第一七三條第四項規定自行召集股東會疑義乙案，經洽准法務部七十二年二月二十二日法⑺律一八四四號函：『參照公司法第一六五條第一項規定及最高法院四八年臺上字第五號判例意旨，公司股票為記名股票者，於轉讓時必須辦理過戶登記，將受讓人之本名或名稱，及住所或居所記載於公司股東名簿，否則受讓人似無法取得公司之股東權，自不得以該公司之股東身分，依公司法第一七三條第四項規定自行召集股東會。』」

❶ 經濟部 74.1.21 商字第 02877 號函：「㈠關於第三人取得股份有限公司之股份，而未向公司辦理過戶手續，是否取得股東權乙節，前經本部以五十八年十月十六日商字第三五四〇六號函釋：『……惟如未向公司申請更名過戶，僅不得以其轉讓對抗公司而已，並非否認其股東身分……』，復經本部另以六十一年八月四日商字第二一五七七號函釋：『依據呈附高雄地方法院判決確定證明書及六十一年訴字第三四一〇號判決書影本記載，歐〇〇與戴〇〇二人所持有〇〇大戲院股份有限公司之股份，既達百分之三以上，案經法院判決確定應予登記更名過戶，其依公司法第一七三條第一項規定，申請公司董事會召開臨時股東會，自非無據』。上開函釋雖係針對公司法第一七三條第一項所為之解釋，然其解釋對本案而言，仍有其適用，職是，本案自得准許該第三人依公司法第一七三條第四項規定自行召集股東會。

㈡至於最高法院四八年臺上字第五號判例及法務部七十二年二月二十二日法⑺律一八四四號函載明：『公司股票為記名股票者，於轉讓時必須辦理過戶登記，將受讓人之本名或名稱，及住所或居所記載於公司股東名簿，否則受讓人似無法取得公司之股東權，自不得以該公司之股東身分，依公司法第一七三條第四項規定自行召集』。上開判例及函釋所稱『於轉讓時』似指一般之債權轉讓，核與因法院之拍賣而轉讓尚有不同。

上述二說，應以①不以股東名簿上所記載之股東為限。蓋記名股份之轉讓，非將受讓人之姓名或名稱及住所或居所，記載於公司之股東名簿，否則不得以其轉讓對抗公司而已（公一六五I）。因此縱未辦理過戶，亦不影響股票持有人為公司股東之權利。只要能證明其為公司之股東即足矣，股東名簿上記載，僅係證明股東資格方法之一，如有其方法證明其持有股票為股東亦足矣。

　　其次，全體董事及監察人，因其股份全數轉讓或其他事由，致無法依本法第一七一條或第二二○條召集股東會時，為保護少數股東之利益，故現行本法規定，董事因股份轉讓或其他事由，致董事會不為召集或不能召集股東會時，得由持有已發行股份總數百分之三以上股份之股東，報經主管機關之許可，自行召集（公一七三IV）。所謂「不為召集」者，係指董事會依法應召集股東會，而消極不作為。所謂主管機關，在臺灣省政府功能業務與組織調整後，在臺灣省部分由經濟部辦理，故本法第五條第一項規定，所謂主管機關，在中央為經濟部，在直轄市為直轄市政府❶。公司法第一七三條之立法意旨，從少數股東召集股東會之程序，原則上係依第一項向董事會請求，經拒絕後，才能依第二項向主管機關申請許可。至於該條第四項之規定，允屬第一、二項規定以外之其他情形，係從董事發生特殊重大事由之考量，以「董事因股份轉讓或其他事由」為前提要件，其意指全體董事將其持有股份全數轉讓而解任之特殊重大事由，至所稱「其他事由」亦須與本句前段「董事因股份轉讓」情形相當之事由，如董事全體辭職、全體董事經法院假處分裁定不得行使董事職權、僅剩餘一名董事無法召開董事會等情形，始有適用（經濟部九十九年一月十九日經商字第○九八○二一七四一四○號函參照）。準此，公司原設有五名董事，後來其中一名辭任董事職務，並無董事會無法召開之情形。股東以董事會出席董事

　　㈢本部七十二年二月二十六日商字第○七五五六號函釋：『……公司股票為記名股票者，於轉讓時必須辦理過戶登記，將受讓人之本名或名稱及住所或居所，記載於公司股東名簿，否則受讓人似無法取得公司之股東權……』不再援用。」

❶　民國 90 年公司法第 173 條修正理由一。

人數不足而無法召開，致不能召集股東會為由，依公司法第一七三條第四項規定申請自行召集股東會，與公司法第一七三條第四項規定不符❶。又有關經主管機關許可自行召集股東會，該次股東會決議之事項應以許可召集之提議事項為限，對於許可召集之提議事項以外之事項為決議，為無效之決議。按少數股東之召集權，因設有以經主管機關許可之條件，以便主管機關審酌其提議事項及理由，俾憑以決定有無由少數股東召集之必要。準此，少數股東報請主管機關許可召集股東會時，提議事項及理由為應備之要件，故其決議之事項應以許可召集之提議事項為限，對於許可召集之提議事項以外之事項為決議，為無效之決議❷。

(3)臨時管理人之召集　董事會不為或不能行使職權，致公司有受損害之虞時，法院因利害關係人或檢察官之聲請，得選任一人以上之臨時管理人，代行董事長及董事會之職權。但不得為不利於公司之行為（公二〇八之一Ⅰ）。前項臨時管理人，法院應囑託主管機關為之登記（公二〇八之一Ⅱ）。臨時管理人解任時，法院應囑託主管機關註銷登記(公二〇八之一Ⅲ)。臨時管理人既得行使董事會之職權，故亦得依法召集股東會。

(4)重整人之召集　公司重整人，應於重整計畫所定期限內完成重整工作；重整完成時，應聲請法院為重整完成之裁定，並於裁定確定後，召集重整後之股東會選任董事、監察人（公三一〇Ⅰ）。

(5)清算人之召集　清算人在執行清算事務之範圍內，認為有必要時，亦得召集之（公三二六Ⅰ、三三一Ⅰ）。

(二)**召集程序**

1.**股東常會之召集程序**　本法第一七二條第一項規定:「股東常會之召集，應於二十日前通知各股東。」按本法第一六五條第二項規定股東常會開會前三十日內，股東須停止過戶。現本條復規定須於二十日前通知各股東。換言之，本法第一七二條第一項之召集時間，略後於第一六五條第二項之召集通知及公告時間。其目的，在於避免如通知過早，與股東實際持

---

❶　經濟部 100.5.5 經商字第 10002335540 號。

❷　經濟部 98.8.24 經商字第 09802420550 號。

有股票之情形恐有不符，如通知太遲，又逢停止過戶前之過戶高潮，工作繁重，難以支應，故本法第一七二條第一項所規定之期限後於第一六五條第二項之期限，俾公司有充分時間，分發通知與公告。至於通知如何計算時間，本法未規定，自應適用民法第一一九條、第一二〇條第二項開會之始日不算入，以其前一日為起算日，逆算至二十日期間末日午前零時為期間之終止（八四年臺上字第九七二號決議）。此之召集通知，係採發信主義，即將召集之通知書交付郵局寄出之日，即發生通知之效力。於民國八十一年四月七日將召開上述會議之通知付郵寄出，算至八十一年四月二十七日開會之前一日，其間共有二十日，自已符合公司法第一七二條第一項之規定（八二年臺上字第二一四號決議）。其次，公開發行股票之公司股東常會之召集，應於三十日前通知各股東（公一七二III前），此乃鑑於公開發行公司之股東眾多且結構複雜，為建立委託書徵求資訊之公開制度，以導引委託書之正面功能，由公司隨同開會通知附寄委託書徵求資料予股東，考量實務上股務作業期間，故將股東會通知時間酌予調整如上所示❸。又公司發行新股而使認股人與公司發生股東關係之效力，應於認股人繳足股款時發生。是以，股東於股東名簿停止過戶日前，已繳足股款並記載於股東名簿者，自為開會通知寄發之對象，並得出席股東會及參與表決，尚非以開會通知寄發與否，為得否出席股東會之判斷依據❹。再者，股東會之召集，未依規定期間通知者，其決議並非當然無效。惟該公司股東自作成決議之日起三十日內，得訴請法院撤銷其決議（公一八九）。學者通說認為通知只須依股東名簿之住所，及在法定期限前以書面發出，即生效力。受通知人是否收到，在所不問，且亦不限定使用掛號郵件，即所謂發信主義是。惟關於發出之事實，如有爭執，仍須證明。通知因須載明召集事由，故須以書面為之。習慣上以口頭或電話通知，應解為其召集程序違反法令，除召集權人應受罰鍰處分外，其決議事項為有撤銷之原因，在未撤銷前，其決議仍有效力❺。

---

❸　民國 90 年公司法第 172 條修正理由三。

❹　經濟部 91.4.4 經商字第 09102056540 號。

　　記名股東之股票，以股東名簿為準，故記名之股票僅被查封，尚未拍賣及變更股東名簿前，應仍由原股東名簿所記載之股東出席股東會，公司仍應依股東名簿通知該股東出席股東會。蓋因查封之股票，僅對於債務人之股東的處分對債權人不生效力之效果 **⑯**。其股東權利並未因而當然喪失，自仍得出席股東會。

　　股東經宣告破產並為破產之登記，對應屬破產財團之財產，依法喪失管理權及處分權，而由破產管理人管理之，故公司應通知破產管理人，俾出席股東會。

　　股票為有價證券，以股票設定質權，則依其權利讓與之方法為之，即須交付其股票與質權人，並應依背書記明質權之設定，及由出質人簽名，始生設定質權之效力。無記名股票之股東於設定質權時，必須交付股票於質權人，故股東無從再將股票交存公司，自不得出席股東會。至於記名股票為質權標的，應將質權人之姓名、住所通知公司，並登記於股東名簿。但設定質權與轉讓股份有別，質權人非股東，不得出席股東會，故在拍賣質物前，公司應通知股東出席股東會。

　　通知應載明召集事由，其通知經相對人同意者，得以電子方式為之（公一七二Ⅳ）。蓋現代電子科技之進步，節省現行公司以書面進行通知事務之成本，本法明文規定，股東會召集之通知，得依電子簽章法規定，經相對人同意，以電子方式為之。茲慎重起見，選任或解任董事、監察人、變更章程、減資、申請停止公開發行、董事競業許可、盈餘轉增資、公積轉增資、公司解散、合併、分割或第一百八十五條第一項各款之事項，應在召集事由中列舉並說明其主要內容，不得以臨時動議提出；其主要內容得置於證券主管機關或公司指定之網站，並應將其網址載明於通知（公一七二Ⅴ），以資周延。蓋董事、監察人，乃股份有限公司必要之執行業務或監察機關，在企業所有與企業經營逐漸分離之今日，選任之董事或監察人是否得人，與公司之經營關係至鉅。章程乃公司之基本準則，公司之一切行為，

---

⑯　司法行政部編印《商事習慣調查研究》第 60 頁。

⑯　最高法院 51 年臺上字第 156 號判決。

均不能違背章程之規定，故變更章程，依本法第二七七條規定須經特別決議。至於選任或解任董事、監察人、變更章程、減資、申請停止公開發行、董事競業許可、盈餘轉增資、公積轉增資、公司之解散、合併、分割或公司法第一八五條第一項各款之公司重大行為，關係公司之存續，較之變更章程更為嚴重，故本法第三一六條亦規定須經特別決議之通過。因上述事項關係重大，故本法第一七二條第五項規定不得以臨時動議提出，以防少數人操縱公司。至於減少資本、增加資本不在上述第一七二條第五項列舉事由之內，故自得以臨時動議提出於股東會。若違反本法第一七二條之規定，而以臨時動議提出，倘其決議之內容違反法令或章程者，該決議依本法之規定當然無效（公一九一）。倘其內容並不違法，僅係程序上有上述不得以臨時動議提出之事項，而以臨時動議提出者，乃為程序違法，依本法之規定股東得自決議之日起三十日內，訴請法院撤銷該決議（公一八九），仍非當然無效。

　　上述股東常會或股東臨時會之召集，對無表決權股，仍應通知或公告。蓋無表決權股僅無表決權，而非喪失出席權，其出席股東會參與討論及詢問乃基本「知」的權利，故公司乃應通知之**❿**。又法人股東一人所組織之股份有限公司發行無表決權特別股後，而特別股股東為非該法人股東者，即非一人股東之公司，自無公司法第一二八條之一規定之適用。因董事會於召集股東會時，對特別股股東，自應依同法第一七二條規定寄發召集通知**❿**。又代表公司之董事，違反第一項至第三項或前項規定者，處新臺幣一萬元以上五萬元以下罰鍰。但公開發行股票之公司，由證券主管機關處代表公司之董事新臺幣二十四萬元以上二百四十萬元以下罰鍰（公一七二Ⅵ）。再者，股東會決議在五日內延期或續行集會，不適用前述通知之規定（公一八二）。

　2.**股東臨時會之召集程序**

　(1)**董事會召集股東臨時會**　股東臨時會之召集，應於十日前通知各股

---

❿　民國 90 年公司法第 172 條修正理由六。

❿　經濟部 91.10.31 經商字第 09102249600 號。

東（公一七二II）。惟公開發行股票之公司股東臨時會之召集，應於十五日前通知各股東（公一七二III後）。蓋公開發行公司之股東眾多且結構複雜，為建立委託書徵求資訊之公開制度，故酌予調整股東會通知時間。其餘參照股東常會之規定，茲不復贅。又上述召集股東會通知之規定，係採發信主義，於意思表示離開表意人，倘發信一經付郵時，即已發生其通知之效力，至股東實際有無收受該通知在所不問。是上開股東會之召集，凡在該條項所規定之期限前，依股東名簿所載各股東之住址為發送開會之通知，自生合法通知之效力 **❾** 。

(2)少數股東請求董事會召集股東臨時會　繼續一年以上，持有已發行股份總數百分之三以上股份之股東，得以書面記明提議事項及其理由，請求董事會召集臨時會（公一七三I）。前項請求提出後十五日內，董事會不為召集之通知時，股東得報經主管機關許可，自行召集（公一七三II）。此項自行召集，不適用於清算公司 **❿** 。此時所應具備之文件為：

①持有股份證件。

②書面通知董事會之證件。

③召集事項及理由。

其次，對於董事會不為召集之通知，並應負舉證責任，以昭慎重，並防杜糾紛 **⓫** 。關於書面通知到達董事長即生效力，公司董事長是否拒收，不影響其效力 **⓬** 。依前述規定召集之股東臨時會，為調查公司之業務及財

---

❾ 91 年臺上字第 156 號判決。

❿ 經濟部 93.12.28 經商字第 09302217950 號。

⓫ 經濟部 65.3.8 商字第 05891 號。

⓬ 經濟部 63.11.18 商字第 29525 號：「本案因事涉民法第九十五條適用問題經洽准司法行政部六三、一〇、三一臺六三函民〇九三九二號函復略以：『一、少數股東依公司法第一七三條第一項規定有請求召集股東臨時會之權利，此項請求權依同條項規定確以書面記明提議事項及其理由向董事會提出之。惟董事會係所謂合法的機關，故解釋上應向為董事會主席之董事長提出。二、少數股東以書面（例如郵政存證信函）向董事長請求召集股東臨時會，只須該項書面到達董事長時，即發生提出之效力。公司董事長是否拒收，對於上述效力之發生

產狀況，得選任檢查人（公一七三III）。繼續三個月以上持有已發行股份總數過半數股份之股東，得自行召集股東臨時會（公一七三之一I）。前項股東持股期間及持股數之計算，以第一百六十五條第二項或第三項停止股票過戶時之持股為準（公一七三之一II）。

再者，董事因股份轉讓或其他理由，致董事會不為召集或不能召集股東會時，為保護少數股東之利益，本法規定得由持有已發行股份總數百分之三以上股份之股東，報經主管機關許可，自行召集（公一七三IV）。

㈢**股東提出議案權**　鑑於現代公司法架構下，公司之經營權及決策權多賦予董事會，本法已明文規定，公司業務之執行，除本法或章程規定應由股東會決議者外，均應由董事會決議行之。若股東無提案權，則許多不得以臨時動議提出之議案，除非由董事會於開會通知列入，否則股東難有置喙之餘地，為使股東得積極參與公司之經營，故本法賦予股東提案權❸。因此本法明訂如下：

1.持有已發行股份總數百分之一以上股份之股東，得以書面向公司提出股東常會議案。但以一項為限，提案超過一項者，均不列入議案（公一七二之一I）。按公司處理股東提案需花費相當時間，為免造成股東臨時會召開過於費時，本法僅先就股東常會部分賦予股東提案權，又為避免提案過於浮濫，並參酌美國證券交易法之規定，於本項但書明定股東所提議案，以一項為限。若提二項以上議案者，所提全部議案均不列入議案❹。其次，第一項股東提案係為敦促公司增進公共利益或善盡社會責任之建議，董事會仍得列入議案（公一七二之一V）。

2.為使公司有充分時間處理股東提案，本法明訂公司應於股東常會召開前之停止股票過戶日前公告受理股東之提案、受理處所及受理期間；其

　　不生影響。三、少數股東向董事長提出召集股東臨時會之請求為十五日內，董事會不為召集之通知時，股東自得依公司法第一七三條第二項規定報經地方主管機關許可，自行召集。』本件請照前項司法行政部意見辦理。」

❸　民國 94 年本法第 172 條之 1 增訂說明。

❹　民國 94 年本法第 172 條之 1 第 1 項增訂說明。

受理期間不得少於十日（公一七二之一II）。

3.股東所提議案以三百字為限；提案股東應親自或委託他人出席股東常會，並參與該項議案討論（公一七二之一III）。其立法理由，係為防止提案過於冗長，且鑑於我國文字三百字已足表達一項議案之內容，特於第三項就提案之字數限制在三百字以內。所稱三百字，包括理由及標點符號。如所提議案字數超過三百字者，該項議案不予列入。另，為使該股東提案有充分說明之機會，爰明定提案股東應親自或委託他人出席股東會，並參與該項議案討論❿。

4.本法明訂有下列情事之一，股東所提議案，董事會得不列為議案（公一七二之一IV）：

⑴該議案非股東會所得決議者。

⑵提案股東於公司依第一六五條第二項或第三項停止股票過戶時，持股未達百分之一者。

⑶該議案於公告受理期間外提出者。

⑷該議案超過三百字或有第一項但書提案超過一項之情事。

5.公司收到股東提出之議案後，公司應於股東會召集通知日前，將處理結果通知提案股東，並將合於本條規定之議案列於開會通知。對於未列入議案之股東提案，董事會應於股東會說明未列入之理由（公一七二之一VI）。至於董事會之說明，需否於議事錄表達及表達時需否全部或部分記載股東提案，允屬公司內部自治事項。又對董事被提名人之審查權，因法條明定董事會，自專屬於董事會，尚不得授權常務董事會為之❿。

6.公司負責人違反第二項、第四項或前項規定者，各處新臺幣一萬元以上五萬元以下罰鍰。但公開發行股票之公司，由證券主管機關各處公司負責人新臺幣二十四萬元以上二百四十萬元以下罰鍰（公一七二之一VII）。

㈣**股東會之召集處所** 關於召集處所，本法並無明文規定，解釋上，認為如章程有規定，自應從其所定，如章程無規定時，應於本公司所在地

---

❿ 民國 94 年本法第 172 條之 1 第 3 項增訂說明。

❿ 經濟部 95.1.11 經商字第 09402204660 號。

為之。倘未在本公司所在地舉行，是否得認為召集程序違法，而得訴請法院撤銷其決議，此有正反兩主張：

　　1.**認為召集程序違法者**　本公司所在地，為公司之住所地，亦為公司營業之中心點，因此除章程有特別規定外，股東會之召開，以在本公司所在地舉行為宜。否則由董事會自由決定開會地點，若有意選擇交通不便，來往花費很大之地點，致使股東無法或不易參加之情形，應解為係召集程序違法。

　　2.**認為召集程序不違法者**　本法並不限制應在本公司所在地舉行，苟於章程無特別規定者，應認公司得自由選擇適當地點舉行股東會，故縱在其他地點舉行，亦不生召集程序違法之問題❼。

　　上述二種主張，應以前者為當，惟經濟部之指示，採用後者，實有欠妥。

四、公司應訂定議事規則及編製股東會議事手冊

　　依本法規定，公司應訂定議事規則（公一八二之一 II 前）。至於議事規則之內容如何，本法未規定，但為使公開發行股票公司之股東瞭解股東會議事程序、內容及會議相關資料，本法規定公開發行股票之公司召開股東會，應編製股東會議事手冊，並應於股東會開會前將議事手冊及其他會議相關資料公告（公一七七之三 I）。前項公告之時間、方式、議事手冊應記載之主要事項及其他應遵行事項之辦法，由證券管理機關定之（公一七七之三 II）。至於不公開發行股票公司或不發行股票公司，本法並未明訂應編製股東會議事手冊。但依本法應訂議事規則。上述議事手冊，依公司法第二三〇條第一項前段規定：「董事會應將其所造具之各項表冊，提出於股東常會請求承認，……。」至於未公開發行公司可參酌證券暨期貨委員會所頒行之行政指導，而非行政命令的「公開發行公司股東會議議事規範」❽，而自行訂定議事規則。

---

❼　經濟部 57 年商字第 31763 號。

❽　財政部證期會 86.8.4 臺財證⑶字第 04109 號函。

五、股東會之開會主席

依本法規定，股東會由董事會召集者，其主席依第二○八條第三項規定辦理；由董事會以外之其他召集權人召集者，主席由該召集權人擔任之，召集權人有二人以上時，應互推一人擔任之（公一八二之一 I）。所謂依第二○八條第三項規定者，係指「董事長對內為股東會之主席，……董事長請假或因故不能行使職權時，由副董事長代理之；無副董事長或副董事長亦請假或因故不能行使職權時，由董事長指定常務董事一人代理之；其未設常務董事者，指定董事一人代理之；董事長未指定代理人者，由常務董事或董事互推一人代理之。」至於公司董事會以外所召集之股東會，其主席人選為何，常滋生疑義，如少數股東申請許可自行召集之股東會或監察人認為有必要時召集之股東會，則本法定股東會之主席由該召集權人擔任之，以杜紛爭。又本法現行條文就股東會之散會程序並無規定，易流為主席之恣意行為，無法保障股東之權益，尤其股東會開會時，主席違反公司所定之議事規則任意宣布散會，置大多數股東之權益而不顧，則股東會再擇期開會，不但耗費諸多社會成本，亦影響國內經濟秩序，為避免此情形發生，本法特別規定，公司應訂定議事規則。股東會開會時，主席違反議事規則，宣布散會者，得以出席股東表決權過半數之同意推選一人擔任主席，繼續開會（公一八二之一 II）。股東臨時會之主席，可由原申請召集股東臨時會之股東自行推選一人擔任⑱。

六、股東會之開會時間

公司股東會開會之時間，本法未明文規定。惟參照一般公務機關集會或商業營業時間，均為白天內之一定時間。白天集會，乃社會一般習慣，倘若以一般人休息時間開會，如早晨五時或晚間八時，顯係違反誠信原則，應構成公司法第一八九條所規定之程序違法，得為訴請法院撤銷其決議之原因。惟法院對於該撤銷決議之訴，認為其違反之事實非屬重大且於決議無影響者，得駁回其請求（公一八九之一），俾兼顧大多數股東之權益。

---

⑲ 民國 90 年公司法第 182 條之 1 修正理由三。

⑱ 經濟部 69.6.23 商字第 20074 號。

公司原定下午二時為開會時間，縱於下午一時已足法定人數，仍應準時於二時開會，故若於一時即行開會，即損害其他尚未出席股東參與開會之權利，應認為程序違法得訴請撤銷。通常情形，僅延誤半小時左右，雖於準時開會之規定有所違背，但仍不違背一般習慣，不構成程序違法之問題。倘延至下午三時即已延誤一小時而無正當理由，依誠信原則應認為有撤銷之原因。

　　再者，股東會決議在五日內延期或續行集會，不適用本法第一七二條之規定（公一八二）。換言之，即毋庸再通知及公告。

　　公司若有不得已之情形，臨時變更開會地點，並經盡力通知全體股東，則依誠信原則，不得訴請撤銷。惟若無正當理由或未盡通知之能事，則認為有本法第一八九條之程序違法，得訴請撤銷。

第二、股東會之職權

　　股東會為公司之最高意思機關，一切之事務，除股東之固有權外，凡不違背效力規定之強行法規及公序良俗與股份有限公司資本之範圍外，公司一切事務，股東會均得決議，是謂股東會中心制，對內有拘束全體股東、董事及監察人之效力。然本法為避免股東會職權之擴大與複雜，故規定其專屬事項。又近來立法上對股東會之職權逐漸縮小，以達到「企業自體」原則，俾企業經營與企業所有分離。因此我國公司法規定，除本法或章程規定應由股東會決議之事項外，均應由董事會決議行之（公二〇二）。所謂「公司業務之執行……均應由董事會決議行之」，即指我國現行之公司法規定或章程訂定，須由股東會決議之事項外，其餘均屬董事會決議之事項，此乃採限縮規定，而作股東會與董事會權能劃分之規定，逐漸步上「董事會中心制」[181]。

　　依現行公司法規定，股東會有下列之職權：

---

[181]　梁宇賢著〈股份有限公司機關之內部治理〉，《月旦法學雜誌》，91 期（2002 年 12 月）第 136 頁。

一、查核董事會造具之表冊及監察人之報告

監察人對於董事會編造提出於股東會之各種表冊,應予查核,並報告意見於股東會(公二一九 I)。董事會應將其所造具之各項表冊,提出於股東常會(公二三〇 I 前)。各種表冊經股東會決議承認後,視為公司已解除董事及監察人之責任(公二三一前)。股東會就董事會造具之表冊及監察人之報告有查核之權;執行此項查核時,股東會得選任檢查人。至於查核範圍,自以上開資料為限。對於查核有妨礙、拒絕或規避之行為者,各處新臺幣二萬元以上十萬元以下罰鍰(公一八四)。

二、聽取報告

依本法規定之報告事項,分述如下:

(一)聽取董事會之報告

1.公司虧損達實收資本額二分之一時,董事會應於最近一次股東會報告(公二一一 I)。

2.董事會決議募集公司債後,應將募集公司債之原因及有關事項報告股東會(公二四六 I)。

(二)聽取監察人或檢查人之報告

1.監察人對董事會所造具之各種表冊,經核對簿據調查實況,報告意見於股東會(公一八四 I、II、二一九 I)。

2.清算完結時,監察人或檢查人應行檢查簿冊並報告於股東會(公三三一 I、II)。

三、決議事項

股份有限公司之股東會,為公司意思決定之最高機關,其所為有關公同經營方針及股東權利義務之決議,除違反法令或章程者,依公司法第一九一條應屬無效外,要無不能拘束各股東之理 ⑱ 。至於股東會決議事項,可分普通決議事項及特別決議事項。茲分述於下:

(一)普通決議事項

1.董事之選任、解任及其報酬(公一九二、一九六、一九八)。

---

⑱ 最高法院 69 年臺上字第 1051 號判決。

2.決議分派盈餘及股息、紅利（公一八四Ⅰ、二三〇）。

3.檢查人之選任（公一七三Ⅲ、一八四Ⅱ、三三一Ⅱ）。

4.董事之補選（公二〇一）。

5.董事違反競業禁止所得由公司行使歸入權（公二〇九Ⅴ）。

6.監察人之選任及其報酬（公二一六Ⅱ、二二七）。

7.對董事、監察人提起訴訟，另選代表公司為訴訟之人（公二一三、二二五）。

8.決議承認董事會所造具之各項表冊（公二三〇）。

9.清算人之選任、解任及其報酬（公三二二Ⅰ、三二三Ⅰ、三二五Ⅰ）。

10.承認清算人所提請之各項表冊（公三三一Ⅰ）。

㈡特別決議事項

1.公司轉投資，其投資總額超過本公司實收股本百分之四十（公一三）。換言之，其投資總額不受限制，可超過百分之百以上。

2.為彌補虧損年終前之增、減資（公一六八之一、二七七）。

3.締結、變更或終止關於出租全部營業，委託經營或與他人經常共同經營之契約（公一八五Ⅰ1）。

4.讓與全部或主要部分之營業或財產（公一八五Ⅰ2）。

5.受讓他人全部營業或財產，對公司營運有重大影響（公一八五Ⅰ3）。

6.董事、監察人之解任（公一九九、二二七）。

7.董事競業禁止之許可（公二〇九Ⅰ、Ⅱ、Ⅲ）。

8.以應分派之股息及紅利之全部或一部發行新股（公二四〇）。

9.公司無虧損者，得將法定盈餘公積及下列資本公積的全部或一部，按股東原有股份之比例發給新股之決議（公二四一Ⅰ）。所謂下列資本公積係指，⑴超過票面金額發行股票所得之溢額。⑵受領贈與之所得。至於以法定盈餘公積撥充資本者，以該項公積已達實收資本百分之二十五之部分為限（公二四一Ⅲ）。

10.公司之變更章程與增、減資本（公二七七）。

11.公司之解散、合併及分割之決議（公三一六Ⅰ、Ⅱ、Ⅲ）。

第三、股東會之表決權與決議方法

一、股東會之表決權

㈠表決權之計算

1.表決權者,為股東就公司事務表示其意思之權利,屬於共益權之一。表決權除法律另有規定外,不得依章程或決議限制或剝奪之 **❽**。公司各股東,除本法另有規定外,每一股有一表決權(公一七九 I)。又本法為避免股東會被公司負責人或大股東所操縱,故有本法第一七九條第二項規定:「有下列情形之一者,其股份無表決權:

一、公司依法持有自己之股份。

二、被持有已發行有表決權之股份總數或資本總額超過半數之從屬公司,所持有控制公司之股份。

三、控制公司及其從屬公司直接或間接持有他公司已發行有表決權之股份總數或資本總額合計超過半數之他公司,所持有控制公司及其從屬公司之股份。」

上述第一款公司依法持有自己之股份,所謂「依法」,除本法外,尚涵蓋公司依證券交易法自己持有之股份。

其次,本法於九十年十一月十二日修正時,於第一六七條第三項及第四項增訂禁止控制公司持股過半之從屬公司,將控制公司之股份收買或收為質物之規定,控制公司及其從屬公司再轉投資之其他公司,亦同受規範,

---

❽ 司法院院字第 2286 號解釋:「公司各股東每股有一表決權,公司法(舊)第一百二十九條定有明文,此為股東應有之權利,不問其為普通股東,抑為優先股東,均不得以公司章程剝奪之。公司發行優先股者,依公司法(舊)第一百八十八條但書之規定,雖於公司章程中訂明優先股應有權利之種類,但所謂優先股應有權利之種類,係指優先股所享優先權之種類而言,非謂優先股東出席股東會而為表決之權,得以公司章程剝奪之。至公司法(舊)第一百八十九條第一項,亦僅規定公司章程之變更,如有損優先股東之權利時,除經股東會之決議外,更應經優先股東之決議,並不含有禁止優先股東出席股東會,行使表決權之意義,優先股東自非不得出席股東常會或股東臨時會,行使其表決權。」

以防止公司利用建立從屬公司之控股結構以持有公司自己之股份而生流弊。惟對於修法前既已存在交叉持股情形，本法為避免影響層面太大，並未強制其賣出，採取「祇能賣，不能買」之彈性作法。鑑於從屬公司就其對控制公司之持股，在控制公司之股東會中行使表決權時，實際上與控制公司本身就自己之股份行使表決權無異，此與公司治理之原則有所違背。是以，有限制其行使表決權之必要。又控制公司及其從屬公司再轉投資之其他公司持有控制公司及其從屬公司之股份，亦應納入規範，故本法第一七九條第二項規定分為三款。上述應限制表決權之股份，列為第二款及第三款。另第二款及第三款股份表決權受限制之情形，除因收買而持有者外，因合併、收購等事由而持有之情形，亦包含在內❿。準此，第一七九條第二項第三款與第一六七條第四項規定，應作相同之解釋，始符合立法規範目的。第一六七條之規定旨在避免控制公司經由其從屬公司，將控制公司股份收買或收為質物，故該條第三、四項規範對象係以出資關係形成之控制從屬公司類型為限（一〇〇年臺上字第一一七八號判決）。又信託法第一條規定：「稱信託者，謂委託人將財產權移轉或為其他處分，使受託人依信託本旨，為受益人之利益或為特定之目的，管理或處分信託財產之關係。」及第九條第一項規定：「受託人因信託行為取得之財產權為信託財產。」準此，如委託人所持有之股份係屬「無表決權」股份，則其移轉給受託人之股份，當亦屬「無表決權」股份。所詢請依上開規定辦理❿。

　　2. 政府或法人為股東之表決權，當政府或法人為股東時，其代表人不限於一人；但其表決權之行使，仍以其所持有之股份綜合計算（公一八一Ⅰ）。

　　3. 法人之代表人有二人以上時，如不限制其應共同行使股東權，實務上易滋紛擾，尤其各代表人所代表行使股權之計算，極為繁瑣，故現行本法第一八一條第二項規定：「前項（政府或法人股東）之代表人有二人以上時，其代表人行使表決權應共同為之」，以符合新、速、實、簡之要求。

　　4. 股東會之決議，對無表決權股東之股份數，不算入已發行股份之總

---

❿　民國94年本法第179條第2項修正說明。

❿　經濟部95.8.25經商字第09502110340號。

數。對依公司法第一七八條規定不得行使表決權之股份，不算入已出席股東之表決權數（公一八〇）。

(二)**表決權之代理** 股東得於每次股東會，出具公司印發之委託書，載明授權範圍，委託代理人出席股東會但公開發行股票之公司，證券主管機關另有規定者，從其規定（公一七七 I）。此項代理人，如公司章程規定「但代理人必須是本公司股東」，顯與本法不合❶❽❻。倘委託書不記明委託事項，則對於授權範圍未加限制，除法令另有規定外，該受委託人於當次股東會，似得就委託之股東依法得行使表決權之一切事項代理行使表決權❶❽❼。其次除信託事業或經證券主管機關核准之股務代理機關外，一人同時受二人以上股東委託時，其代理之表決權，不得超過已發行股份總數表決權之百分之三，超過時其超過之表決權，不予計算（公一七七 II），惟仍應計入已出席股份總數❶❽❽。僅受一人委託，代理之表決權不受百分之三限制❶❽❾。一股東以出具一委託書，並以委託一人為限，應於股東會開會五日前送達公司。委託書有重複時，以最先送達者為準。但聲明撤銷前委託者，不在此限（公一七七 III）。藉糾正收買弊端，防止操縱。所謂公司印發之委託書，依最高法院之判決，認為乃便利股東委託他人出席而設，並非強制規定，公司雖未印發，股東仍可自行書寫此項委託書，委託他人代理出席❶❾〇，不得據為訴請撤銷股東會決議之理由❶❾❶。最高法院上述之意見，係指未公開發行股票之公司而言。再者，委託書若未載明授權範圍，則(1)開會通知若具體列舉召集事由，則代理人於該召集事由範圍內有代理股東為一切行為之權限；(2)若開會通知未列舉召集事由，則代理人至少享有股東在股東會所能享有

---

❶❽❻ 經濟部 72.3.30 經商字第 11957 號。

❶❽❼ 經濟部 55.12.21 商字第 2922 號。

❶❽❽ 經濟部 92.4.11 經商字第 09200059580 號。

❶❽❾ 經濟部 71.12.20 商字第 47593 號。

❶❾〇 參閱最高法院 69 年臺上字第 3879 號判決：「公司法第一百七十七條第一項所定公司印發之委託書乃為便利股東委託他人出席而設，並非強制規定，公司雖未印發，股東仍可自行書寫此項委託書，委託他人代理出席。」

❶❾❶ 最高法院 65 年臺上字第 1410 號判例。

之同一權利。據此，委託書若載明行使董監事之選舉權，縱然股東未明確授權選任之對象，代理人亦得依委託書授權之旨行使表決權 ❿。所謂已發行股份總數表決權，乃指實際得行使表決權之股份而言 ❿。至於股東親自出席股東會，而將已領取之選票囑人代填被選人姓名並將其投入票櫃，與上述委託代理人之情形有別，無本法第一七七條規定之適用，乃應認為有效 ❿。按本法第一七七條之立法意旨，係為便利事務繁忙或路途遙遠不便參加股東會之投資人而設。目前社會上有公開登報專門收購委託書者，其以收購委託書為手段，當選為大公司之董事或監察人，而本人卻持有股份極少之情形，實有不當。為杜絕此流弊，證券交易法第二十五條之一規定，公開發行股票公司出席股東會，使用委託書，應予限制、取締或管理；其徵求人、受託代理人與代為處理徵求事務者之資格條件、委託書之格式、取得、徵求與受託方式、代理之股數、統計驗證、使用委託書代理表決權不予計算之情事、應申報與備置之文件、資料提供及其他應遵行事項規則由主管機關定之（證交二五之一）。因此證券暨期貨管理委員會公布「公開

---

❿　參閱王泰銓著《公司法爭議問題》（86 年 9 月）第 192 頁。

❿　經濟部 56.1.26 商字第 02007 號：「公司法第一七七條第二項所謂『已發行股份總數表決權』係指實際得行使其表決權之股份，故同法第一七九條第一項『限制其表決權部分』及第二項『公司依本法自己持有股份』依法既無表決權，自不包括在總表決權數之內。」

❿　參閱下列所述：

1. 股東委託他人出席股東會應出具委託書，固為公司法（舊）第一七五條第一項所明定，但此規定僅於股東委託代理人出席股東會時始有其適用，若股東親自出席股東會而將已領取之選舉票囑人代為填寫被選人姓名並將其投入票櫃，尚無上開法條之適用（最高法院 54 年臺上字第 1687 號判決）。

2. 股東委託他人出席股東會，應出具委託書，為公司法（舊）第一七五條第一項所明定，但此項規定，僅於股東委託代理人出席股東會時，始有其適用，若股東親自出席股東會，而將已領取之選舉票囑人代為填寫被選人姓名，並將其投入票櫃，要係利用他人為傳送意見之機關，或係民法上代理權之授與，究與公司法出席股東會之代理有所不同，除有特別約定外，無上開法條之適用，此種選票認為有效（最高法院 55.3.28 民刑庭會議）。

發行公司出席股東會使用委託書規則」以供遵循。

實務上，有股東已交付委託書委託代理人出席股東會，於股東會召開當日，受託人已報到並將出席證及選票取走後，股東方親自出席股東會要求當場撤銷委託，造成股務作業之困擾與爭議，亦使得委託書徵求人徵得股數具有不確定性，為避免股務作業之不便與爭議❺，故本法明訂股東之委託書送達公司後，股東欲親自出席股東會或欲以書面或電子方式行使表決權者，至遲應於股東會開會前二日，以書面向公司為撤銷委託之通知；逾期撤銷者，以委託代理人出席行使之表決權為準（公一七七IV）。因此股東不得於股東會召開當日撤銷委託，以利公司實務之運作。

(三)以書面或電子方式行使表決權

1. 股東出席股東會之方式，有親自出席及委託出席兩種。為鼓勵股東參與股東會之議決，公司得允許股東以書面或依電子簽章法規定之電子方式行使其表決權，故本法明訂公司召開股東會時，得採行以書面或電子方式行使其表決權；其以書面或電子方式行使表決權時，其行使方法應載明於股東會召集通知。但證券主管機關應視公司規模、股東人數與結構及其他必要情形，命其將電子方式為表決權行使管道之一（公一七七之一 I），以資明確。上述規定之立法意旨，係為解決上市櫃公司同日召開股東會造成大部分小股東喪失自身權益問題，我國應透過落實電子化通訊投票制度來保障投資人權益，進而健全市場發展。

2. 股東以書面或電子方式行使表決權時，究發生何種效力，本法予明定，故擬制其效力為親自出席股東會（公一七七之一 II前），以資明確，又以書面或電子方式行使表決權之股東，因未當場參與股東會，為使議事順利，本法明定該股東就該次股東會之臨時動議及原議案之修正，視為棄權（公一七七之一 II但）。

3. 股東以書面或電子方式行使表決權者，其意思表示應於股東會開會二日前送達公司，意思表示有重複時，以最先送達者為準。但聲明撤銷前意思表示者，不在此限（公一七七之二 I）。其立法理由如次：「股東如以書

---

❺ 民國 94 年本法第 177 條第 4 項修正說明。

面或依電子簽章法規定之電子方式行使股東表決權，宜明定其意思表示送達公司之時間，俾資明確。意思表示重複時，如何處理，宜有規範，以杜爭議，爰明定以先到達公司者為準，但聲明撤銷前意思表示者，則排除原則規定。」 ⑲

4.股東以書面或電子方式行使表決權後，欲親自出席股東會者，至遲應於股東會開會前二日以與行使表決權相同之方式撤銷前項行使表決權之意思表示；逾期撤銷者，以書面或電子方式行使之表決權為準（公一七七之二 II），俾避免股務作業之不便與爭議。準此，股東會以書面或電子方式行使表決權後，欲親自出席股東會者，應於股東會開會二日前撤銷其意思表示，如未於二日前撤銷，則以書面或電子方式行使之表決權為準。

若股東已於股東會開會二日前，以電子方式行使表決權，且未撤銷意思表示者，股東會當日該股東仍可出席股東會，且可於股東會現場提出臨時動議(臨時動議仍應受公一七二VI規範)。該股東就現場提出之臨時動議，得行使表決權 ⑰ 。

上開所稱得提出臨時動議及得對臨時動議行使表決權，乃因臨時動議係開會時臨時提出，係該股東原已行使過表決權以外之議案，該股東事先並未行使過表決權，自可在現場行使表決權。又該股東既已於股東會開會前，以電子方式行使表決權，且未撤銷意思表示，則就原議案自不得提修正案亦不可再行使表決權 ⑱ 。

5.股東以書面或電子方式行使表決權並以委託書委託代理人出席股東會時，以何者為準，宜予明定，鑑於股東已委託代理人出席，且亦可能涉及委託書徵求人徵得股數之計算，故以委託代理人出席行使之表決權為準 ⑲，故本法第一七七條之二第三項規定：「股東以書面或電子方式行使表決權並以委託書委託代理人出席股東會者，以委託代理人出席行使之表決

---

⑲　民國 94 年本法第 177 條之 2 第 1 項修正說明。

⑰　經濟部 101.2.24 經商字第 10102404740 號。

⑱　經濟部 101.5.3 經商字第 10102414350 號。

⑲　民國 94 年本法第 177 條之 2 第 3 項修正說明。

權為準。」

㈣**表決權行使之迴避** 股東對於會議之事項，有自身利害關係，致有害於公司利益之虞時，不得加入表決，並不得代理他股東行使其表決權（公一七八），蓋避免不利公司。所謂利害關係，乃因其事項之決議，該股東特別取得權利或負擔義務，抑或喪失權利或免除負擔義務之謂。凡股東充當職員得受獎金之分配者，自為有特別利害關係，即不得加入議決或為他人之代理[200]。

㈤**表決權之撤銷** 股東所為表決權之行使，得否以意思表示有瑕疵或錯誤為原因，依民法之規定而撤銷之。關於此可分為下列二說：

1.**得依民法規定撤銷之** 認為表決為一種意思表示，應適用關於意思表示之規定，得以意思表示有瑕疵或錯誤為原因，依民法規定撤銷之。然表決雖錯誤或因詐欺脅迫而撤銷，其結果對於決議之多數仍不生影響。亦即其餘有效之表決，仍達於構成多數決之定額時，其決議仍為有效[201]。是故本法規定，法院對於撤銷股東會決議之訴，認為其違反之事實非屬重大且於決議無影響者，得駁回其請求（公一八九之一），以兼顧大多數股東之權益。

2.**不得依民法規定撤銷之** 認為不得以意思表示有瑕疵或錯誤為原因，而依民法之規定撤銷。此因股東會之決議，為集合之合同行為，各個表決之意思表示，已因集合而失其獨立性，而成為獨立單一之全體意思，此與結合合同行為，各意思表示不失其獨立性者不同[202]，表決權之意思表示，既集合而失其獨立性，自不得由股東中之一人或數人，以其意思表示有瑕疵或錯誤為原因，依民法之規定撤銷，祇能於股東會之召集程序或其決議方法，違反法令或章程時，自決議之日起三十日內，訴請法院撤銷其決議（公一八九）。且民法第九十條、第九十三條等規定之撤銷權，其除斥期間最長可達一年，如在此期間內，股東得以表決權行使之意思表示有瑕

---

[200] 參閱大理院 11 年統字第 1766 號判及大理院 11 年統字第 1779 號判。

[201] 史尚寬著《民法總論》第 194 頁。

[202] 李宜琛著《民法總則》第 211 頁。

疵或錯誤為原因而撤銷，將使股東會所成立之決議，陷於不確定之狀態，自非所宜。

　　上述二說，以前者為當，故應解為可以撤銷。惟須依本法第一八九條之規定，自決議之日起三十日內，訴請法院撤銷其決議，並受本法第一八九條之一規定駁回撤銷之訴的規範。

二、股東會決議之方法

　　股東會決議之方法，本法明定可分為下列三種：

　　㈠**普通決議**　即股東會決議公司普通決議事項，除法律另有規定外，應有代表已發行股份總數過半數股東之出席，以出席股東表決權過半數之同意行之（公一七四）。所謂已發行股份總數，係指已發行普通股股份總數加上已發行特別股股份總數之和，減去無表決權之股份總數即是。又所謂出席股東表決權過半數之同意，非指在場出席股東表決權過半數之同意，倘股東於簽到出席後，又行退席，並不影響已出席股東之額數❷⓿❸。又表決權之行使者，即所謂股東權利之一，而出席股東會者，當屬股東基於股東之身分參與公司之治理，尚非有權利主張，故遭禁止行使股東權（假處分）之股東及股數，仍得出席股東會，僅不得行使股東權利（如行使表決權者）而已❷⓿❹。

---

❷⓿❸　最高法院 71 年臺上字第 2763 號判決：

「㈠公司股東人數眾多，為便於股東會之進行，先由公司印發記載有股東姓名及股權之簽到卡，彙集整理編製成冊，其實質意義，與公司法第一百八十三條第三項所定簽名簿，並無不同。

㈡查股東會，股東於簽到（或提出出席簽到卡）出席後，又行退席，固不影響已出席股東之額數（代表已發行股份總數幾分之幾股東之出席數），但其表決通過議案，是否已有出席股東表決權（非謂在場出席股東表決權）過半數之同意，仍應就其同意者之股東表決權核定計算，方符法意。」

❷⓿❹　最高法院 95 年臺上字第 984 號判決：「股東權，乃股東基於其股東之身分得對公司主張權利之地位，如表決權之行使者即所謂股東權利之一。而出席股東會者，當屬股東基於股東之身分而參與公司之治理而言，尚非有權利主張。故遭禁止行使股東權之股東及股數，仍得出席股東會，僅不得行使股東權利（如行

㈡**假決議**　指普通決議事項,出席股東所代表之股份,未超過已發行股份總數二分之一,而有代表已發行股份總數三分之一以上股東出席時,得以出席股東表決權過半數之同意為假決議,並將假決議通知各股東,於一個月內再行召集股東會。上述股東會對於假決議,如仍有已發行股份總數三分之一以上股東出席,並經出席股東表決過半數之同意,視同與普通議決發生同一效力(公一七五)。蓋股東人數眾多,召集不易,故設此救濟辦法以濟其窮。假決議制度,係權宜措施,僅適用於普通決議事項,對於特別決議之事項,並不適用。是故公司章程變更(公二七七)不得以假決議為之❷⓪❺。再者,倘公司章程如訂定不適用本法有關假決議規定是否有效,可分為二說,茲述之於下:

1.**無效說**　此說認為本法第一七五條有關假決議公司股東會流會問題,屬於一種強行規定。如在章程訂定提高其出席股東數,依司法院釋字第一〇〇號❷⓪❻解釋精意,似無不可。若章程規定全不適用假決議之規定,自屬無效。

2.**有效說**　此說認為本法第一七五條係屬補充規定,在具有該條情形

使表決權者)而已。又經假處分不得行使股東權者,在本案訴訟判決確定前,其股東身分依然存在,且股東會之股東,依股東名簿上之記載,在尚未確定股東身分不存在前,依股東名簿所載仍為具有公司股東身分之股東,當然得出席股東會。再者,經假處分禁止行使股東權之股數,如應算入『已發行股份總數』,即應認其得出席算入出席股份數,以維法律體系解釋之一貫。否則,既認經假處分禁止行使股東權之股數,應算入『已發行股份總數』,卻又認其不得出席股東會而不算入出席數,則股東會召集所需股份數之計算即明顯失衡,使少數股東得藉假處分之方式影響出席股份數,阻礙公司股東會之召集。又經假處分禁止行使股東權者若禁止其出席股東會,可能影響公司股東會決議機制無法及時發動,造成對於公司業務不當影響,有悖於公司法制所設股東會召開與決議之公益本旨。」

❷⓪❺　經濟部 97.6.19 經商字第 09702071430 號。

❷⓪❻　依司法院 52 年釋字第 100 號解釋:「本法第二四六條第二項及第二四六條(指五十五年修正前之條文)所謂股東會之出席股東人數與表決權數,均係指所需之最低額而言,如公司定立章程較法定所需之最低額為高時,自非法所不許。」

時，是否適用假決議程序，仍有斟酌餘地，此由該條第一項「……得以出席股東表決權過半數之同意，為假決議……」，而非「……應以出席股東……為假決議……」，可得當然解釋，故不能解為強制規定。章程訂定不適用假決議之規定，在使公司之決議，更為慎重，故應屬有效。

上述二說，應以有效說為當。

㈢**特別決議**　即本法第一七四條所稱「本法另有規定」是。茲將股東會應為之特別決議，分別列舉如下：

1.**輕度特別決議**　即依本法規定，應經代表已發行股數三分之二以上股東出席之股東會，以出席股東表決權過半數之同意行之。但公開發行股票之公司，出席股東之股份總數不足前述定額者，得以有代表已發行股份總數過半數股東之出席，出席股東表決權三分之二以上之同意行之。其情形有六，茲述之於下：

⑴公司轉投資，其投資總額超過本公司實收股本百分之四十（公一三）。

⑵停止公開發行：公司得依董事會之決議，向證券主管機關申請辦理公開發行程序；申請停止公開發行者，應有代表已發行股份總數三分之二以上股東出席之股東會，以出席股東表決權過半數之同意行之（公一五六之二 II）。

⑶為彌補虧損年終前之增、減資（公一六八之一、二七七）。

⑷更新設備、締結出租或受讓營業、財產者　公司為下列行為應有代表已發行股份總數三分之二以上股東之股東會，以出席股東表決權過半數之同意行之（公一八五 I）：

①締結、變更或終止關於出租全部營業，委託經營或與他人經常共同經營之契約。

②讓與全部或主要部分之營業或財產　因此公司董事會無讓與全部財產❷⁰⁷或營業之權限❷⁰⁸。倘僅讓與部分之營業或財產，則依本法第二○二條

---

❷⁰⁷　最高法院 60 年臺上字第 919 號：「系爭房屋係上訴人股份有限公司之財產，出租與訴外人李○○使用，未經股東會決議，由董事長出具承諾分配與上訴人使用收益六年，對公司應否生效，即非無疑，從而房屋之原承租人將租金交付與

規定由董事會決議行之 ❷ 。所謂「主要部分」者，須兼顧質及量為衡量之標準。又「讓與」與「贈與」不同，贈與為無償行為，有違資本充實原則，及侵害債權人之權益，故公司不得為之 ❷ 。

③受讓他人全部營業或財產，對公司營運有重大影響者。

公開發行股票之公司，出席股東之股份總數不足前項定額者，得以有代表已發行股份總數過半數股東之出席，出席股東表決權三分之二以上同意行之（公一八五Ⅱ）。前述出席股東股份總數及表決權數，章程有較高之

被上訴人，縱有與被上訴人改換租約情事，公司向被上訴人追還租金，能否謂無此權限，尤不無研究餘地。」

❷ 最高法院 64 年臺上字第 2727 號判決：「代表股份有限公司之董事僅關於公司營業上之事務有辦理之權，若其所代表者非公司營業上之事務而為讓與公司全部財產或營業，本不在代表權範圍之內，自無所謂代表權之限制，此項無權限之行為，不問第三人是否善意，非經公司承認不能對公司發生效力，本件被上訴人公司堅決否認有依公司法第一八五條規定為出售公司全部財產之決議，並謂上開讓售乃陳進龍私人行為，依法對被上訴人公司不生效力，則上訴人徒以該陳進龍及其家人所認股份達被上訴公司股份三分之二以上，即謂其代表公司與上訴人為讓與財產行為對於公司並非無效，要無足取。」

❷ 參閱下列各例：

1. 經濟部 60.12.13 商字第 52391 號：「查公司法第一百八十五條第一項第二款之規定，係指公司讓與全部或主要部分之營業或財產時，始應有代表已發行股份總數三分之二以上股東出席之股東會，以出席股東表決權過半數之決定行之而言。倘僅讓與部分之營業或財產，可依公司法第二百零二條之規定辦理。本案公司轉讓車輛，究應經股東會抑董事會議決，應視其轉讓之營業或財產之實際情形如何，予以論定。至公司以車輛為標的物，辦理動產抵押，並不移轉占有，尚不發生讓與之問題。」

2. 經濟部 62.10.21 商字第 34066 號：「依公司法第一八五條之規定，公司讓與全部或主要部分之營業或財產，應有代表已發行股份總數三分之二以上股東出席之股東會，以出席股東表決權過半數之決定行之。至公司出售員工住宅，如係全部或主要部分之財產，應依照上開規定程序辦理。倘僅屬讓與公司部分之財產，可依公司法第二○二條之規定辦理。」

❷ 法務部 72.6.16 法⑺律 7288 函及經濟部 92.10.20 經商字第 09200600580 號。

規定者，從其規定（公一八五III）。倘未有上述條項所列一定股東之同意，否則該行為不發生效力❷。

　　上述行為之要領，應記載於本法第一七二條所定之通知，並應由有三分之二以上董事出席之董事會，以出席董事過半數之決議提出之（公一八五IV）。上述所謂「三分之二以上」，在計算上係包括本數三分之二在內❷。

　　⑸董事、監察人之解任（公一九九、二二七）。

　　⑹董事競業之許可（公二○九）。

　　⑺以應分派股息及紅利之全部或一部發行新股，不滿一股之金額，以現金分派之（公二四○I）。

　　⑻將公積之全部或一部撥充資本，按股東原有股份之比例發給新股之決議（公二四一）。

　　⑼公司得由有代表已發行股份總數三分之二以上股東出席之股東會，以出席股東表決權過半數之決議，將應分派股息及紅利之全部或一部，以發行新股方式為之；不滿一股之金額，以現金分派之（公二四○I）。公開發行股票之公司，出席股東之股份總數不足前項定額者，得以有代表已發行股份總數過半數股東之出席，出席股東表決權三分之二以上之同意行之（公二四○II）。

　　⑽公司無虧損者，得依前條第一項至第三項定股東會決議之方法，將法定盈餘公積及下列資本公積之全部或一部，按股東原有股份之比例發給新股或現金：①超過票面金額發行股票所得之溢額。②受領贈與之所得（公二四一I）。

　　⑾變更章程或增、減資之決議（公一五九、二七七）。

　　⑿公司之解散及合併、分割之決議（公三一六）。

　　2.**重度特別決議**　即章程有較高之規定者，從其規定。換言之，除前述輕度之特別決議事項外，關於出席股東股份總數及表決權數，章程有較高於前述 1.、2.之規定者，從其規定（公一八五III、一五九III、二○九IV、

❷　　參閱最高法院 69 年臺上字第 3362 號判決。

❷　　經濟部 94.3.9 經商字第 09402027680 號。

二四〇III、二四一I、二七七III、三一六III)。惟遇章程訂定之出席股東股份總數及表決權數較本法所規定者為低時,其效力如何?依司法院五二年釋字第一〇〇號解釋:「本法第二四六條第二項及第二四六條(指五十五年修正前之條文)所謂股東會之出席股東人數與表決權數,均係指所需之最低額而言,如公司訂立章程較法定所需之最低額為高時,自非法所不許。」依上述解釋觀之,公司法上所規定之決議方法係為最低限度的強行規定,如章程有較高之規定者,應屬有效。至於章程訂定低於本法所規定人數者,應屬無效。

再者,章程訂定「公司決議事項,除依法定出席及同意之股份數外,更須記名股東人數過半數之通過」時,此項訂定,乃非純為提高法定股東出席人數及表決權數,而係另加須記名股東人數過半數,始得為決議,依下列三點理由,應認為無效 ❷⑬:

(1)違背股東平等原則 凡為股東,對公司享受權利負擔義務,均屬平等,此為股東平等之原則。章程特別加記須記名股東人數過半數,始得為決議,則在記名股東與無記名股東之間,顯有不同之權利,自屬違背股東平等原則。

(2)違反資合公司之表決方法 資合公司之表決方法,非以人為標準,而應以股份數為其計算單位,因此以記名股東之人數計算,顯然違反資合公司之本質。

(3)不能引用司法院釋字第一〇〇號解釋 依上述司法院五二年釋字第一〇〇號解釋,固認本法第一七四條之規定,乃為最低限度之強行規定,如提高此項出席與表決之股份數,亦應在平等原則下為之。倘僅以記名股東人數作為決議方法,自不能引用上述解釋。

公司章程之任意記載事項,訂定「公司所有之決議事項,應經已發行股份之股東全部同意」,此項記載,是否有效,約有下列兩說:

(1)有效說 依司法院五二年釋字第一〇〇號解釋之意旨觀之,現行公司法第一七四條所定出席股東會之人數與表決權數乃為最低額之強制規

---

❷⑬ 參閱楊建華編《司法官訓練所公司法講義》(66 年)。

定，故公司章程訂定公司所有之決議事項，應得已發行股份之股東同意，如低於公司法第一七四條之規定，其訂定為無效。如果章程訂定應得已發行股份之股東全部同意時，乃係較法定所需額之最低額為高，並非違反強制規定，應認其記載為有效。

⑵無效說　按股份有限公司為資合公司，公司有關事項，應取決於多數，此與人合公司有關事項，恆須股東全體同意之情形不同。倘章程記載公司所有決議事項，應得已發行股份之股東全部同意，則與股份有限公司為資合公司之本質有違。蓋以資合之股份有限公司之股東，僅負繳納股東之責，與人合之無限公司股東，就公司債務應負無限責任有異。無限公司之事項，須得全體股東同意，有其立法上理由。股份有限公司因屬資合公司，關於少數股東之保護，法律已另設明文（如本法第一六八、一七七、二○○條等），如章程訂定應得全體股東同意，則股份有限公司將為少數股東所控制，有違資合公司之本質。至於司法院五二年釋字第一○○號之解釋在理論上尚有研究餘地，且該號解釋僅係就「較法定所需額為高時」而為釋解，是否包括應得全部股份之股東同意在內，仍不無疑義。

綜上二說從理論上言之，此項記載應認為無效，故以無效說較妥，惜尚無判解可據。

第四、少數股東收買其股份之請求權

一、得請求收買之原因

㈠股東於股東會為下列三項決議即：①締結、變更或終止關於出租全部營業，委託經營或與他人經常共同經營之契約。②讓與全部或主要部分之營業或財產。③受讓他人全部營業或財產，對公司營運有重大影響者等，股東會之決議前，已以書面通知公司反對該項行為之意思表示，並於股東會已為反對者，得請求公司以當時公平價格，收買其所有之股份。但股東會為讓與全部或主要部分之營業或財產之決議，同時決議解散時，不在此限（公一八六）。

㈡公司分割或與他公司合併，董事會應就分割、合併有關事項，作成

分割計畫、合併契約,提出於股東會。股東在集會前或集會中,以書面表示異議或以口頭表示異議經紀錄者,得放棄表決權,而請求公司按當時公平價格,收買其持有之股份(公三一七 I)。

二、請求收買期間及收買價款之支付

股東以公平價格收買所有股份之請求,應自前述決議日起二十日內,以書面向公司提出記載股份種類及數額,否則喪失其請求權(公一八七 I、一八八 II)。股東與公司間協議決定收買股份價格者,倘達成協議,公司應自決議日起九十日內支付價款。倘自前述決議日起六十日內未達協議者,股東應於此期間經過三十日內,聲請法院為價格之裁定(公一八七 II)。公司對法院裁定之價格,自決議時算至九十日為期間屆滿日。自期間屆滿日起,應支付法定利息。股份價款之支付,應與股東之支付同時為之,股份之移轉,於價款支付時生效(公一八七 III)。此乃純為保護小股東而設,意在促使公司早日為價款之支付,非謂一經法院裁定價格,即發生股份移轉之效力[214]。再者,倘股東死亡,其繼承人已踐行上述第一八六條及第一八七條第一項規定之程序者,自得辦妥繼承登記後,請求公司買回其股份。公司依上開規定收回股份後,得依本法第一六七條第二項規定辦理[215]。

三、請求收買行為之失效

少數股東收買股份之請求權,係基於前述法定原因所生,如在收買之股份移轉及價款支付前,其原因已不存在時,則其請求自亦失所依據,故此項股東之請求,於公司取銷其前述收買原因行為時,即失其效力(公一八八 I)。

第五、股東會之議事錄

股東會之議決事項,應作成議事錄,由主席簽名或蓋章,並於會後二十日內,將議事錄分發各股東(公一八三 I)。前項議事錄之製作及分發,得以電子方式為之(公一八三 II),俾因應電子科技之進步,節省公司通知

---

[214] 參閱最高法院 69 年臺上字第 2613 號判決。

[215] 經濟部 92.7.1 經商字第 09202129190 號。

事務之成本，議事錄之製作及分發，得依電子簽章法規定之電子方式為之❿。第一項議事錄之分發，公開發行股票之公司，得以公告方式為之（公一八三Ⅲ）。其立法理由：「為節省公開發行股票公司辦理議事錄分發作業之成本及響應環保無紙化政策，並考量公開資訊觀測站之建置已臻完善，公開發行股票公司分發議事錄予股東時，不論股東持股多寡，均得以公告方式為之❿」。其公告方式得依本法第二十八條規定辦理。又議事錄應記載會議之年、月、日、場所、主席姓名、決議方法、議事經過之要領及其結果，應永久保存（公一八三Ⅳ）。出席股東之簽名簿及代理出席之委託書，其保存期限至少為一年。但經股東依第一八九條提起訴訟者，應保存至訴訟終結為止（公一八三Ⅴ）。代表公司之董事違背上述規定，不保存議事錄、股東出席簽名簿，及代表出席委託書者，處新臺幣一萬元以上五萬元以下罰鍰（公一八三Ⅵ）。又股東會選任董事、監察人就任後，並經董事會選任新任董事長。是以，股東會及董事會之議事錄分送，係由新任董事長應作為之義務。至原任董事長拒於議事錄簽名或蓋章一節，應由公司向法院提起請求主席（原任董事長）應於股東會董事會議事錄上簽名或蓋章之給付之訴❿。其次，公司負責人有虛偽記載時，除有依刑法第二一三條業務上製作文書不實罪及第二一五條公務員登載不實罪及其他之規定，係足以對公眾或他人造成損害為前提外，倘僅單純虛偽不實之記載，而尚未損害公眾或他人時，則不受處罰。

第六、股東會決議瑕疵之救濟

一、決議之程序違法時，得訴請撤銷

股東會之召集程序或其決議方法，違反法令或章程時，股東自決議之日起三十日內，訴請法院撤銷其決議（公一八九）。本條規定，提起撤銷決議之訴之原告，在起訴時，須具有股東身分，其當事人之適格，始無欠缺❿。

---

❿　民國 94 年本法第 183 條第 2 項增訂說明。

❿　民國 100 年 6 月 29 日修正理由。

❿　經濟部 92.11.21 經商字第 09202238630 號。

應受民法第五十六條第一項但書之限制，已出席股東會而其對於股東會之召集程序或決議方法未當場表示異議者，事後即不得再依公司法第一八九條規定，訴請法院撤銷該股東會決議，而不及於受通知未出席會議之股東❷。所謂召集程序違反法令，例如未為通知或通知未載明召集事由、或通知逾規定期限（公一七二）、無記名股票之股東不將股票交存公司而出席（公一七六）、或未具委託書代理人出席（公一七七）。所謂決議方法違反法令，例如利害關係股東加入表決（公一七八）、無記名股票股東不將股票交存公司，仍出席並加入表決（公一七六）、股東會由董事會合法召集者，其主席非依本法第二〇八條第三項規定辦理者亦是❷。本法對於股東會之表決方式固未加以限制，惟仍須合公司法第一七四條：「股東會之決議，除本法另有規定外，應有代表已發行股份總數過半數股東之出席，以出席股東表決權過半數之同意行之。」之規定。「反表決方式」，因未表示反對意見之股東，未必即為贊成議案之股東，或中途有人離席或棄權，均影響「贊成」表決權數之計算，此種「反表決方式」似不無違背股東每股有一表決權之原則，而有規避法律門檻之嫌，是否為法所不許，尚非無研求之餘地❷。股東會之請求經決議自行宣布散會之情形，自屬有違本法第一八九條之規定❷。至於最高法院判決認為「出席股東不足法定之額數或出席股東之股份額不足法令或章程所定代表已發行股份額數之情形」，屬於決議方法之違反❷。此種見解，似是而非，違反基本法理。請詳閱下述三、不存在股東會之決議。惟違反法令或章程之決議，並非當然無效，如未經法院裁判撤銷，仍屬有效，股東仍應受其拘束；但苟經撤銷確定，其效力溯及既往而無效❷，並及於該決議有利害關係之第三人❷。然則，法院對於前條撤銷

---

❷ 最高法院 57 年臺上字第 3381 號判例。

❷ 最高法院 77 年臺上字第 518 號判決。

❷ 經濟部 93.10.19 經商字第 09302400210 號。

❷ 最高法院 92 年臺上字第 595 號判決。

❷ 最高法院 93 年臺上字第 423 號判決。

❷ 最高法院 91 年臺上字第 2183 號判決。

決議之訴，認為其違反之事實非屬重大且於決議無影響者，得駁回其請求（公一八九之一），俾兼顧大多數股東之權益。

　　關於公司法第一八九條規定，股東得聲請法院撤銷股東會之決議，係屬形成之訴，且係類似之必要共同訴訟。因此法院就該訴訟為股東勝訴之本案判決確定時，除有確認原告形成權存在之既判力外，並有使股東會決議失效之形成力，依其性質當然及於其他股東，故其他股東不得提起相同之訴。然若股東受敗訴之本案判決確定時，僅有確認原告形成權不存在之既判力。此項既判力，不及於其他股東，其他股東以同一原因事實提起同一之訴時，仍應就其形成權之存在與否予以審判，惟其形成權存在者，應為撤銷股東會之判決❷❷❼。其他股東因仍應遵守三十日之不變期間，故事實上在股東甲敗訴時，股東乙恆已逾法定起訴期間。至於股東會選任董事之舞弊，自不受此三十日期限之拘束❷❷❽。此之「三十日」的法定期間為除斥期間，其期間自決議之日起算，於期間經過時，撤銷訴權即告消滅❷❷❾。決議事項已為登記者，經法院為撤銷決議之判決確定後，主管機關經法院之

---

❷❷❺　參閱最高法院 73 年臺上字第 2463 號判決：「公司股東會決議撤銷之訴提起後，在撤銷判決未確定前，該決議固非無效。惟決議撤銷之判決確定時，該決議即溯及決議時成為無效。」

❷❷❻　所謂聲請法院宣告股東會決議無效，係屬形成之訴，法院就該訴訟所為原告敗訴之本案判決確定時，僅有確認原告形成權不存在之既判力，此項既判力不及於未為原告之股東合法提起相同之訴時，仍應就形成權之存在與否予以審判，其形成權存在者，應為宣告股東會決議無效之判決，至法院就該訴訟所為原告勝訴之本案判決確定時，除有確認原告形成權存在之既判力外，並有使股東會決議失效之形成力，此項形成力依其性質當然對於一切第三人皆屬存在未為原告之股東雖曾有同一之形成權，亦因此項形成判決而消滅，如提起相同之訴自應以其訴為無理由而駁回之（最高法院 31.9.22 民刑庭會議決議）。

❷❷❼　同❷❷❻。

❷❷❽　司法院院字第 97 號解釋：「⑴本條所謂違背法令，僅指召集手續及決議方法而言，股東會選舉舞弊不受本條例期間之限制。
　　⑵舞弊之情形不同，應否屬刑事範圍，依刑法何條處斷，不能臆斷。」

❷❷❾　最高法院 96 年臺上字第 362 號裁定。

通知或利害關係人之申請時，應撤銷其登記（公一九〇）。提起撤銷股東會決議之訴之股東，關於撤銷訴權之規定，其於股東會決議時，雖尚未具有股東資格，然若其前手即出讓股份之股東，於股東會決議時，具有股東資格，且已依民法第五十六條規定取得撤銷訴權時，其訴權固不因股份之轉讓而消滅，但若其前手未取得撤銷訴權，則繼受該股份之股東，亦無撤銷訴權可得行使❷⓪。又股東是否亦應類推適用民法第五十六條但書規定，以對召集程序或決議方法當場表示異議者為限，始得擔起撤銷股東會決議之訴，本法雖未規定，但最高法院贊同此論點❷①。所謂「當場」，不以股東會開會時，須自始至終均在現場為必要，但其所提之異議，應係於股東會進行之現場所為者❷②。股東於開會當日到達會場後，未待股東會開始，即先行離去，縱其對股東會之決議方法有所爭議，亦非當場異議，不得提起本法第一八九條之撤銷之訴❷③。公司董事長代表公司秉承董事會之決議，通知召集股東臨時會，所發開會通知雖未記載由董事會名義之召集，與單純無召集權之人擅自召集之情形有別，尚不得指其召集程序為違法，據為撤銷決議之原因❷④。股東會決議事項經法院判決撤銷者，公司董事、監察人即應回復於改選前之狀態。惟此時原任董事、監察人之任期如已屆滿，可依公司法第一九五條及第二一七條之規定，延長其執行職務至改選就任時為止。但主管機關得依職權限期令公司改選；屆期仍不改選者，自限期屆時，當然解任❷⑤。

　　股東會選任董事、監察人之議決，經法院判決撤銷或確認無效後，該董事、監察人撤銷前所為之行為，則應依表見代理之法理處理，以保障所為行為之相對人。至於董事、監察人執行職務之行為，應依民法上無因管

---

❷⓪　最高法院 73 年臺上字第 595 號判例。

❷①　最高法院 72 年度第九次民事庭會議紀錄㈠。

❷②　最高法院 88 年臺上字第 152 號判決。

❷③　最高法院 89 年臺上字第 731 號判決。

❷④　最高法院 79 年臺上字第 1302 號判決。

❷⑤　經濟部 94.10.27 經商字第 09402162200 號。

理之規定解決。

二、決議之內容違法時，當然無效

　　依本法第一九一條規定：「股東會決議之內容，違反法令或章程者無效。」此之無效，為自始無效，其與本法第一八九條所規定之程序違法，必待法院判決確定之情形，有所不同❷❸❻。所謂決議之內容，違反法令者，例如違反關於股東固有權之規定，或違反股東平等原則，或違反股東有限責任原則，或有背公序良俗者是。股東會決議之內容，違反法令或章程者，既屬無效，則公司、股東不受其拘束。然股東、公司或第三人就此有爭執時，自得另行提起確認該決議事項之法律關係存在或不存在之訴❷❸❼。確認

❷❸❻　民國十八年十二月三十日公布，二十年七月一日施行之公司法第一三七條規定「股東會之召集或決議違反法令或章程時，股東得自決議之日起，一個月內，聲請法院宣告其決議為無效」，是以最高法院二六年渝上字第一一五三號判例文曰「股東會之決議違反公司法第一百三十一條之規定者（股東對於會議之事項，有特別利害關係者，不得加入表決，亦不得代理他股東行使其表決權），股東得依同法第一百三十七條聲請法院宣告其決議為無效」，然五十五年七月十九日及其以後修正公布之公司法第一八九條、第一九一條分別規定「股東會之召集程序或其決議方法，違反法令或章程時，股東得自決議之日起一個月內，訴請法院撤銷其決議」，「股東會決議之內容，違反法令或章程者無效」，前者規定股東會召集程序或其決議方法，違反法令或章程時，為得撤銷，後者規定股東會決議之內容，違反法令或章程時，始為無效，且係當然無效與上開之得撤銷，須待法院之確定判決者不同。惟於決議內容是否違法，利害關係人（公司與股東）間有爭執時，仍應提起確認之訴，確認某決議事項之法律關係存在或不存在（其起訴不受一個月不變期間之限制）。新法條既與舊法第一三七條規定異其內容，則此判例於適用上自不可不特予注意也。《法令月刊》第 25 卷第 10 期第 10 頁，劉鴻坤著〈公司法上幾則舊判解之研究〉）

❷❸❼　最高法院 71 年臺上字第 4013 號判決：「確認之訴，除確認證書真偽之訴外，必須以法律關係為其訴訟標的。公司法第一百九十一條雖規定股東會決議之內容違反法令或章程者無效，然此種決議之內容為法律關係發生之原因，要非法律關係之本身，當不能作為確認之訴之標的。倘其非有請求確認因該決議內容所生或受該決議危害影響之法律關係存在與否之真意，徒以該決議內容本身是否存在為其確認之標的，即非有當。」

某特定事項之法律關係不存在時，僅該特定決議事項無效而已，並非全部決議無效，但此種確認與本法第一八九條撤銷之訴不同，故不受三十日不變期間之限制。

三、不存在之股東會決議

又稱不成立之股東會決議，係指根本不構成股東會決議之要件者，或根本不屬於股東會之決議者，均屬之。例如虛構或偽造之股東會決議或無召集權人所召集股東會之決議、以及未達法定最低額之股東會決議屬之。

至於股東會開會時出席股東所代表之股份不足法定數額者，我國最高法院之判決，有認為本法第一七四、二七七、三一六條等之規定，乃屬於本法第一八九條之程序違法，得撤銷而已，非當然無效。倘未在決議之日起三十日內，訴請法院撤銷其決議❷❸❽，其結果致使該決議成為有效，實欠合理。按股東會之決議，乃多數當事人基於平行與協同之意思表示相互合致而成立法律行為，如法律規定其決議必須有一定數額以上股份之股東出席時，此一定數額以上股份之股東出席，即為該法律行為成立之要件。股東會決議欠缺此項要件，尚非單純之決議方法違法問題，如認為決議不成立，自始即不發生效力，無須再行訴請法院撤銷，尤以公司法上之特別決議為然❷❸❾。又我國公司法對股東會決議之規定，係採商法主義，而非德、日對於普通決議採章程主義。在採章程主義之國家，如其章程未予排除，仍需適用法律之規定，如有違反，因屬任意法之違反，不致成為無效之決議或不存在之決議，僅屬於得撤銷而已。惟採商法主義之我國，法定最低額之規定，乃屬強行規定，為決議之成立要件，如有欠缺，則屬於不存在

---

❷❸❽ 最高法院 63 年臺上字第 965 號判決：「公司為公司法第一百八十五條第一項所列之行為，而召開股東會為決定時，出席之股東，不足代表已發行股份總數三分之二以上，乃違反公司法第一百八十五條第一項之規定，而為股東會之決議方法之違法，依公司法第一百八十九條規定，僅股東得於決議之日起一個月內，訴請法院撤銷之，而不屬於同法（舊）第一百九十一條決議內容違法為無效之範圍。」

❷❸❾ 最高法院 65 年臺上字第 1734 號判決。

之決議。因此作者認為未達法定最低出席數額的股東出席股東會，不論普通決議或特別決議，不但根本不得為決議行為，如逕行為決議，除有依法可視為假決議之情形外，該決議自始不生效力。再者，不存在之股東會決議，任何人得隨時以任何方法主張之。倘有爭執時，得提起確認決議不存在之訴，以資救濟❷❹⓪。

四、撤銷股東會決議之訴得否為訴訟上之捨棄、認諾、和解

關於此，可分為否定說與肯定說❷❹①，茲述之於下：

㈠**否定說**　認為撤銷股東會決議之訴，不得為訴訟上之捨棄、認諾、和解，其理由如下：

1.股東提起撤銷股東會決議之訴，係基於股東共益權之行使，乃為股東全體之利益而提起，自不得由該股東任意處分其訴訟標的，而為捨棄、和解；被告之公司應訴，其代表人不得逕為認諾。

2.撤銷股東會決議之訴，係形成之訴，其判決有絕對之效力，故對於此等訴訟認諾之判決，及與判決有同一效力之和解，亦有絕對之效力。若因股東或董事一人之處分行為，而發生此絕對效力，影響於全體股東之利益，殊難謂當。況形成之訴，乃係以法院判決創設或變更法律關係，依其性質，亦不適於訴訟上和解。

3.法院基於原告在訴訟上捨棄所為原告敗訴之判決，為確認判決，雖不能認有絕對之效力，惟此種撤銷決議之訴，僅能於決議日起一個月內提起之。擬提起此項訴訟之其他股東，可能因已有訴訟繫屬而不再起訴，或參加訴訟或追加為原告。原告若於已逾此期限後，為捨棄而受敗訴之判決，則其他股東即無法再行起訴，如有企圖維護違法決議之股東，初則故意起訴，誘使其他股東不再起訴，繼在逾法定起訴期間後，予以捨棄，則影響全體股東及公司之利益。

㈡**肯定說**　認為撤銷股東會決議之訴，得為訴訟上之捨棄、認諾、和解，其理由如下：

---

❷❹⓪　參閱梁宇賢著《公司法實例解說》第372頁至第376頁（92年版）。

❷❹①　參閱楊建華編《司法官訓練所公司法講義》（66年）。

1.撤銷股東會決議之訴，亦係通常之民事訴訟，故民事訴訟法上關於捨棄、認諾、和解之規定，亦應有其適用。

2.股東提起撤銷決議之訴，是否為共益權之行使，學者間尚有爭論，誠如否定說，認係共益權之行使，則股東之起訴，係為全體股東為之，則其敗訴之判決，亦應及於其他全體股東，始能貫徹絕對效力之旨趣。

3.法律上對於股東是否提起訴訟，及提起後撤銷與否，均任其自由。是故股東自由提起訴訟後，對於該訴訟即有處分權，是否為捨棄、認諾、和解，均應自由行使。其他股東若認為亦有起訴之必要，先則不自行起訴，繼而不參加訴訟，因而喪失權利，則難辭其咎。時效既已完成，殊無過分保護之必要。

前述二說，以否定說較當。

第七、股東會與創立會之不同

一、組成分子不同

㈠**股東會** 由全體股東所組成。

㈡**創立會** 由發起人與認股人所組成，此時發起人與認股人尚未具有股東之資格，必須於公司成立之決議時，始成為股東。

二、人格不同

㈠**股東會** 股東會召集時，公司業已成立，亦已公司設立登記，有法人人格。股東會為公司之最高意思機關。

㈡**創立會** 創立會召集時，公司尚未設立，無法人人格，創立會自不可能為公司之機關。

三、召集條件不同

㈠**股東會** 股東常會每年至少召集一次，必要時並得召集股東臨時會（公一七○Ⅰ），或特別股股東會（公一五九Ⅰ）。

㈡**創立會** 無常會、臨時會或特別會之分。召集次數本法亦不復規定，乃屬公司未成立前之會議。

四、召集人不同

(一)**股東會**　原則由董事會召集（公一七一），例外亦得以監察人、清算人、少數股東召集（公二二〇、三二六 I、三三一 I、一七三之一）。

(二)**創立會**　由發起人召集（公一四三）。本法第一四四條規定創立會之程序，得準用股東會之規定。惟本法第一七三條不在準用之列，故認股人無召集創立會之權。

五、召集程序不同

(一)**股東會**　關於股東會之召集程序，本法有明文規定。

(二)**創立會**　關於創立會之召集程序，本法僅規定準用股東會之規定。

六、權限不同

(一)**股東會**　有聽取董事會報告，任免董事、監察人、修改章程、為公司合併、分割或解散之決議等權。

(二)**創立會**　有聽取發起人報告、任免董事、監察人、修改章程等權，但不可能有決議公司合併、分割或解散之權，但有為公司設立或不設立之權限。

第三款　董事及董事會

第一、董事會之組織與權限架構之立法例

董事會之組織與權限之架構，各國立法例不盡相同，約可分單軌制及雙軌制，茲分述於下❷：

一、單軌制

係指公司之經營與監督機關合而為一，僅設置董事會為唯一機關負責之，而不另設置監察人的獨立監察機關。採此制之國家，以英、美屬之。美國法制，董事會為達到執行公司業務及監督公司業務之經營，發展出內部董事 (inside director) 與外部董事 (outside director)，外部董事又稱為獨立

---

❷　梁宇賢著〈股份有限公司機關之內部治理〉，《月旦法學雜誌》91 期（2002 年 12 月）第 137 頁至第 138 頁。

董事。內部董事負責執行公司業務，外部董事即屬獨立董事 (independent director)，負責監督公司業務之經營。董事會下設置由董事兼任為最高職員所組成之各種委員會，負責執行各類職務。一般而言，常設之委員會，計有執行委員會 (Executive Committee)、財務委員會 (Finance Committee)、監察（或稱審計或稽核）委員會 (Audit Committee)、提名委員會 (NominativeCommittee)、薪酬委員會 (Compensation Committee)、公共問題委員會 (Public Issues Committee) 等，分工處理董事會之職務。關於委員會之職務，依董事會之授權或由章程或細則之規定。如執行委員會負責管理公司日常經營，而其成員之最高職員，由「內部董事」兼任之。至於監察委員會之成員，則由「外部董事」或「獨立董事」兼任之，俾強化公司內部監控之功能。監察委員會除選任會計師擔任公司之會計監察人，俾查核公司之會計帳簿並提出查核報告外，並應向董事會報告查核公司業務及財務報表並提出查核報告書。至於提名委員會提供適當之董事候選人的資料，向股東會推薦。再由股東會將之寄交股東。經股東會表決，是否通過提名委員會所提名之董事候選人成為董事。按提名委員會之成員，均由獨立董事任之，以維持客觀性及公正性。

二、雙軌制

係指公司之經營機關與監督機關各自獨立，互不隸屬為原則。董事會負責公司之經營，監察人會（或稱監事會或僅稱監察人）負責監督公司業務之經營。採此制之國家，有德國、日本及我國。雙軌制中董事會之董事，其選任方法，有由股東會中之股東表決選舉產生者，如日本商法及我國公司法；有由監事會中之監事表決產生者，如德國股份有限公司法之規定，惟該法復規定監事會遇有重大事由，得撤回股東之指定及董事長之任命，尤其是違反重大之義務者、無法依規定執行業務或經股東大會剝奪對其信任等情形。但信任之剝奪顯係出於不客觀之事由者，不在此限。監事會之撤銷決議，在被終局地確認為無效前，仍屬有效。

茲將上述二者，列圖如下：

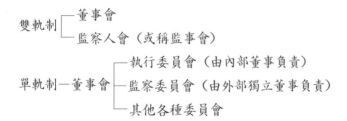

三、結　語

　　現代企業界經營自由化、國際化，影響所及各國公司組織之設計，亦相互模仿採行。當前美國為世界最大貿易國，在美國安隆、環球電機、世界通訊等股份有限公司之會計醜聞發生前，一般認為美國公司法制最為完善，因此競相採行於董事會中設立外部董事或獨立董事者，不乏其例。但弊端發生後，西元二〇〇二年道瓊指數一瀉千里，可見美制之外部董事或獨立董事之制度，亦有瑕疵。日本商法特例法規定二者並存，係採折衷制，由公司選擇之。若採雙軌制者，除股東會外，尚設有董事會及監察人會的三元論制度；若採單軌制者，除股東會外僅設有董事會的二元論制度，故無監察人或監察人會。但董事會下設置委員會等，如提名委員會、監察委員會、報酬委員會及執行人一人或數人。我國公司法對董事會之立法制，採行雙軌制，除股東會外，有董事會及監察人的三元論制度。謹就我國公司法董事及董事會之規定，述之於下。

第二、董　事

一、董事之意義

　　董事者，乃公司之必要而法定常設之執行機關。股東會之決議事項，必須交由董事或其組成之董事會執行之（公一九二 II）。按舊公司法股份有限公司務必設立董事會，但現行公司法回歸企業自治，關於非公開發行公司，得不設董事會，而僅設置董事一人或二人，惟應於章程明定之。

二、董事制度的類別

　　㈠**未設立董事會之董事，或準用董事會規定**　為回歸企業自治，開

放非公開發行股票之公司得依章程規定不設董事會，置董事一人或二人。置董事一人者，以其為董事長，董事會之職權並由該董事行使，不適用本法有關董事會之規定（公一九二II前）。置董事二人者，準用本法有關董事會之規定（公一九二II後）。

　　㈡董事會之人數、任期、報酬及保險

　　1.人數　公司董事會，設置董事不得少於三人，由股東會自有行為能力之人選任之（公一九二 I）。此為最低法定人數，係屬強制規定❽。惟最多人數並未限制，但以單數為宜，蓋便於決議。董事人數為公司章程絕對必要記載事項（公一二九 5），若無記載公司章程無效。公開發行股票之公司依公司法第一九二條第一項選任之董事，其全體董事合計持股比例，證券主管機關另有規定者，從其規定（公一九二III）。又董事缺額達三分之一時，董事會應於三十日內召開股東臨時會補選之。但公開發行股票之公司，董事會應於六十日內召開股東臨時會補選之（公二〇一）。惟公司董事缺額達三分之一時，究應依公司法第二〇一條規定補選或依第一九九條之一規定全面改選，允屬公司自治事項，由公司自行決定❾。

　　2.任期　本法規定，董事任期不得逾三年，但連選得連任（公一九五 I）。董事任期屆滿而不及改選時，延長其執行職務至改選董事就任時為止。但主管機關得依職權限期令公司改選；屆期仍不改選者，自限期屆滿時，當然解任（公一九五II）。此乃因董事任期制之優點有：⑴使股份多，利害深之他股東有被選舉機會；⑵防止董事日久倦勤，必有改選之機會，以便新陳代謝；⑶人事更易，以適應公司情況之變遷。

　　本法第一九五條第二項所稱「董事任期屆滿而不及改選時」，係指董事依照章程所定任期屆滿，因故未召集股東會依法改選之意。至於其原因為何，尚非所問❿。至於但書規定「主管機關得依職權限期令公司改選」，此項限期係主管機關之職權，視實際情形定之，尚無任何限制。又公司接獲

---

　　❽　經濟部 80.11.15 商字第 228118 號。

　　❾　經濟部 93.11.21 經商字第 09302191430 號。

　　❿　經濟部 94.2.8 經商字第 09402188600 號。

限期改選之命令仍不改選者，自限期屆滿時，當然解任。此之當然解任，尚無須俟主管機關為解任之處分始生解任之效力❷。按公司與董事間之關係，依民法關於委任之規定，委任契約期間屆滿，公司本應召集股東會改選之。然現行實務上，因公司經營權之爭致遲遲未為改選之事例，比比皆是，為保障股東之權益，促進公司業務正常經營，主管機關依職權限期令公司改選，期滿仍不改選者，自限期屆滿時，當然解任❷，以貫徹本條之立法目的。

再者，本法第一九五條第二項及第二一七條第二項規定，並未排除董事、監察人依同法第二十七條第二項當選之情形，是以，股份有限公司法人股東指派之代表人當選為董事、監察人，而其任期屆滿不及改選時，該法人股東得另改派代表人，延長執行職務至改選就任時為止。惟主管機關依同法第一九五條第二項但書或第二一七條第二項但書規定，得依職權限期令公司改選，屆期仍不改選者，自限期屆滿時，當然解任❷。

3.報酬　董事之報酬，未經章程訂明者，應由股東會議決定（公一九六），俾避免董事利用其經營者之地位與權利，恣意索取高額報酬。茲為貫徹此一立法原旨，最高法院判決，認為公司股東會固不得以決議將報酬額之決定委諸董事會定之，惟若僅將各個董事分配之報酬額委由董事會決之，並經公司股東會事後追認者，自非法所不許❷。蓋公司實務上，股東會往往在會議有限之時間內，礙難作充分之討論，故僅作原則性的決議事項，並對於細枝末節或技術性的事項，由股東會決議授權有關機關處理，而於下次股東會議時，再提出加以討論並決議確認之者，當無不可。此之董事會決之，究屬普通決議，抑或為特別決議，該判決並未敘明，本書認為普通決議即可。蓋不論為董事會之普通決議，抑或特別決議，均需再經股東會加以追認❷。次按股份有限公司與董事間之關係，除公司法另有規定外，

---

❷　經濟部 91.7.12 經商字第 09102139170 號。

❷　民國 90 年公司法第 195 條修正理由。

❷　經濟部 91.11.12 經商字第 09102257800 號。

❷　最高法院 93 年臺上字第 1224 號判決。

依民法關於委任之規定。而董事之報酬，未經章程訂明者，應由股東會議定。又委任契約報酬縱未約定，如依習慣，或依委任事務之性質，應給予報酬者，受任人得請求報酬。分別為公司法第一九六條及民法第五四七條定有明文。即董事與股份有限公司間之法律性質為委任關係，董事可否請求股份有限公司給付報酬，應先以公司章程中有無載明決之，若未載明，則以其股東會有無決議定之，若公司之股東會怠於議定董事之報酬，而依習慣或依委任事務之性質，該董事並非因無償而受委任者，董事即得請求相當之報酬。再者，董事乃經股東會就有行為能力之股東中選任，以經營公司業務之人，其應得之報酬，性質尚應屬處理委任事務之對價，為經常性之給付，無論公司是否有盈餘均應給付 ❷。所謂董事之報酬，係指董事為公司服務應得之酬金。車馬費為董事前往公司或為公司與他人洽商業務所應支領之交通費用，故與董事之報酬有別 ❷。至於酬勞，係公司盈餘之分派，分為股息及紅利，即登記實務上紅利又分為股東紅利、員工紅利、董監事酬勞。是以董監事酬勞，屬盈餘分派之範疇，如有爭議，允屬公司內部自治事項，如有爭議，宜循司法途徑解決 ❷。

---

❷ 梁宇賢著〈公司股東會委由董事會決定各個董事分配之報酬額是否有效──兼評最高法院九十三年臺上字第一二二四號判決〉，《月旦法學雜誌》201 期，（2005 年 6 月）第 222 頁至第 228 頁。

❷ 最高法院 94 年臺上字第 2350 號判決。

❷ 最高法院 69 年臺上字第 4049 號判決：「公司法第一百九十六條規定：『董事之報酬未經章程訂明者，應由股東會議定』，所謂『董事之報酬』，係指董事為公司服勞務應得之酬金而言。所謂『車馬費』，顧名思義，則指董事前往公司或為公司與他人洽商業務所應支領之交通費用而言，自與董事之報酬有別。且查上訴人公司章程第三十二條規定：『本公司董事、監察人及技術顧問，凡非每日到公司辦事者，得依實際情形，按月致送車馬費，其支給標準，授權董事長決定之』。縱認車馬費亦係董事報酬之一種，既經章程訂明，自無經股東會議定之必要。」

❷ 經濟部 94.12.26 經商字第 09402199670 號。

三、董事之資格

㈠**積極資格**　董事由股東會就有行為能力之人選任之　（公一九二Ⅰ後）。民法第八十五條第一項之規定：「法定代理人允許限制行為能力人獨立營業者，限制行為能力人，關於其營業，有行為能力」，對於前述董事之行為能力不適用之（公一九二Ⅳ），故積極資格須為有行為能力之人；至於其是否具有股東資格，在所不問。又公開發行股票之公司所選任之董事，其全體董事合計持股比例，證券主管機關另有規定者，從其規定（公一九二Ⅲ）。此乃配合證券交易法第二十六條規定對董事、監察人持股須達一定成數之規定所致。對不具有股東資格之董事，俗稱外部董事或獨立董事。

㈡**消極資格**　依本法第一九二條第六項之規定，本法第三十條對經理人消極資格之限制規定，對於有無設立董事會之董事，均準用之。因此董事確有不得當任經理人情事之一者，自不得擔任董事，故有下列情事之一者，不得被選任為董事，已當選者當然解任：

　　1.曾犯組織犯罪防制條例規定之罪，經有罪判決確定，尚未執行、尚未執行完畢，或執行完畢、緩刑期滿或赦免後未逾五年者。

　　2.曾犯詐欺、背信、侵占罪經宣告有期徒刑一年以上之刑確定，尚未執行、尚未執行完畢，或執行完畢、緩刑期滿或赦免後未逾二年。

　　3.曾犯貪污治罪條例之罪，經判決有罪確定，尚未執行、尚未執行完畢，或執行完畢、緩刑期滿或赦免後未逾二年❷⁵⁴。

　　4.受破產之宣告或經法院裁定開始清算程序，尚未復權者。

　　5.使用票據經拒絕往來尚未期滿者。

　　6.無行為能力或限制行為能力者。

　　7.受輔助宣告尚未撤銷。

---

❷⁵⁴　民國 107 年 7 月 6 日立法院通過公司法第 30 條修正理由：「第一款至第三款有關服刑期滿尚未逾一定年限之規定，揆諸其立法原意，應係包括判決確定後『尚未執行』、『尚未執行完畢』及『執行完畢未逾一定年限』等情形在內，另為杜爭議，亦參酌證券投資信託及顧問法第六十八條第一項規定，納入緩刑期滿及赦免後一定期間之情形，以資周延。」

董事之產生,在公司由發起設立者,由發起人選任(公一三一)。

在募股設立者,由創立會選任(公一四六);在公司成立以後,由股東會選任,因此股東常會或股東臨時會均可選任。

四、董事之選任

(一)**選任之方式** 在發起設立之公司,其董事由發起人互選之。在募集設立之公司,由創立會選任之(公一三一、一四六)。股東會選任董事時,每一股份有與應選出董事人數相同之選舉權,得集中選舉一人,或分配選舉數人,由所得選票代表選舉權較多者,當選為董事(公一九八 I)。所謂得集中選舉一人,乃指為累積選舉制而言,例如某公司有一百股股份總數之股東出席,應選出董事三人,如採用聯選制多數決方法,則能控制五十一股之多數集團,即可操縱全部董事之選任,但以累積選舉制,其結果則完全不同,此五十一股之多數集團僅有一五三之選舉權,最多僅能選出二人,另四十九股之少數集團亦有一四七之選舉權,至少可選出一人,所得票數比較多數集團為高。若上述多數集團將選票分散分投三人,每人僅得五十一票,少數集團集中選舉二人,則每人可得七三‧五票,少數集團可有兩人當選,多數集團反僅一人當選,故適用此項選舉方法之大股東將無從操縱全部董事選任❷⁵⁵。

再者,現行公司法第一七七條第二項後段所規定「其代理之表決權,不得超過已發行股份總數表決權之百分之三,超過時其超過之表決權,不予計算」之限制,係為防止大股東操縱股東會,保護少數股東之權益。本法第一七九條規定公司各股東,除本法另有規定外,每股有一表決權。公司依本法自己持有之股份,無表決權。上述本法第一七七條第二項及第一七九條雖非專就董事選舉而規定,但董事之選任,為股東會之職權,本法第一九八條第一項所謂選舉權,亦係表決權之行使。惟其於第二項明文排斥同法第一七八條規定:「股東對於會議之事項,有自身利害關係致有害於公司利益之虞時,不得加入表決,並不得代理他股東行使其表決權。」之適用。換言之,即股東得選舉自己為董事,並得代理他股東行使選舉權。

❷⁵⁵ 參閱經濟部 57.12.23 商字第 13035 號。

因本法第一九八條第二項僅排除第一七八條規定之適用，未排斥第一七七條及第一七九條之適用，故董事之選舉，亦應受本法第一七七條及第一七九條之限制，以免董事之選舉，為大股東所操縱。因此本法第一七七條第二項規定：「一人同時受二人以上股東委託時，其代理之表決權不得超過已發行股份總數表決權之百分之三，超過時其超過之表決權，不予計算。」於選舉董事計算選舉權時，亦應適用。同理，本法規定，相互投資公司知有相互投資之事實者，其得行使之表決權，不得超過被投資公司已發行有表決權股份總數三分之一。但以盈餘或公積配股所得之股份，仍得行使表決權（公三六九之一〇 I）。於選舉董事計算選舉權時，亦適用之。又股東間就表決權拘束契約，在我國之適用，就董事檢查人選舉之拘束，最高法院判決：「按所謂表決權拘束契約，係指股東與他股東約定，於一般的或特定的場合，就自己持有股份之表決權，為一定方向之行使所締結之契約而言。此項契約乃股東基於支配公司之目的，自忖僅以持有之表決權無濟於事，而以契約結合多數股東之表決權，冀能透過股東會之決議，以達成支配公司所運用之策略。此種表決權拘束契約，是否是法律所准許，在學說上雖有肯定與否認二說。惟選任董事表決權之行使，必須顧及全體股東之利益，如認選任董事之表決權，各股東得於事前訂立表決權拘束契約，則公司易為少數大股東所把持，對於小股東甚不公平。因此，公司法第一百九十八條第一項規定：『股東會選任董事時，每一股份有與應選出董事人數相同之選舉權，得集中選舉一人，或分配選舉數人，由所得選票代表選舉權較多者當選為董事』。此種選舉方式，謂之累積選舉法；其立法本旨，係補救舊法時代當選之董事均公司之大股東，祇須其持有股份總額過半數之選舉集團，即得以壓倒數使該集團支持之股東全部當選為董事，不僅大股東併吞小股東，抑且引起選舉集團收買股東或其委託書，組成集團，操縱全部董事選舉之流弊而設，並使小股東亦有當選董事之機會。如股東於董事選舉前，得訂立表決權拘束契約，其結果將使該條項之規定形同虛設，並導致選舉董事前有威脅，利誘不法情事之發生，更易使有野心之股東，以不正當手段締結此種契約，達其操縱公司之目的，不特與公司法公平選

舉之原意相左且與公序良俗有違,自應解為無效❷⁵⁶。」

選舉董事、監察人得以書面或電子方式投票代替股東會之選舉。蓋依我國公司法第一七七條之一規定:「公司召開股東會時,採行書面或電子方式行使表決權者,其行使方法應載明於股東會召集通知。但公開發行股票之公司,符合證券主管機關依公司規模、股東人數與結構及其他必要情況所定之條件者,應將電子方式列為表決權行使方式之一。前項以書面或電子方式行使表決權之股東,視為親自出席股東會。但就該次股東會之臨時動議及原議案之修正,視為棄權」❷⁵⁷觀之,得作如此解釋。

㈡董事候選人之提名

1. 發行股票之公司

(1)公司董事選舉,採候選人提名制度者,應載明於章程,股東應就董事候選人名單中選任之。但公開發行股票之公司,符合證券主管機關依公司規模、股東人數與結構及其他必要情況所定之條件者,應於章程載明採董事候選人提名制度(公一九二之一Ⅰ)。本條前段規定讓非公開發行股票之公司,亦得採行董事候選人提名制度。另訂但書授權證券主管機關就公開發行股票公司應採董事候選人提名制度者,訂定一定公司規模、股東人數與結構及其他必要情況之條件,以符合授權明確性原則❷⁵⁸。

(2)公司受理董事候選人之提名需有一定之作業程序及時間,並應踐行事前公告程序,故本法規定,公司應於股東會召開前之停止股票過戶日前,公告受理董事候選人提名之期間、董事應選名額、其受理處所及其他必要事項,受理期間不得少於十日(公一九二之一Ⅱ)。

(3)茲為防止提名過於浮濫,且考量董事選任須有一定持股數之支持始得當選,本法規定,持有已發行股份總數百分之一以上股份之股東,得以

---

❷⁵⁶ 最高法院 71 年臺上字第 4500 號判決。

❷⁵⁷ 本條之規定,係於民國 94 年 6 月 22 日總統令增訂公布實施,隨後於民國 101 年 1 月 4 日修正,增訂第 1 項但書規定,並在民國 107 年 7 月 6 日再次修正。

❷⁵⁸ 民國 107 年 7 月 6 日立法院通過第 192 條之 1 修正說明:「一、……惟非公開發行股票之公司亦有意願採行董事候選人提名制度……。」

書面向公司提出董事候選人名單，提名人數不得超過董事應選名額；董事會提名董事候選人之人數，亦同（公一九二之一III）。準此，持有已發行股份總數百分之一以上股份之股東，均得提出不超過董事應選名額之董事候選人名單，各名單中之候選人有重複者，並無不可。又選舉董事時，應以經審查完竣並公告之名單中之候選人為對象進行選舉，尚無依股東提出之名單為單位（組）進行包裹選舉之問題，此觀諸公司法第一九八條第一項：「……每一股份有與應選出董事人數相同之選舉權，得集中選舉一『人』，或分配選舉數『人』，由得選票代表選舉權較多者，當選為董事。」之規定自明。監察人之選舉亦同❷。上述所謂「發行股份總數百分之一以上股份之股東」，並無排除無表決權股份之股東，故論者有謂形成無參與董事、監察人選任權利之股東，卻得提名董事、監察人候選人之不合理現象，故本條第三項所謂「持有已發行股份總數百分之一以上股份之股東」，應限縮為「持有公司已發行股份總數百分之一以上之有表決權股份」為妥。又本條復規定，前項提名股東應敘明被提名人姓名、學歷、經歷❷、當選後願任董事之承諾書、無第三十條規定情事之聲明書及其他相關證明文件；被提名人為法人股東或其代表人者，並應檢附該法人股東登記基本資料及持有之股份數額證明文件（公一九二之一IV）。

(4)董事會或其他召集權人召集股東會者，對董事被提名人應予審查，除有下列情事之一者外，應將其列入董事候選人名單（公一九二之一V）：

①提名股東於公告受理期間外提出。

---

❷　經濟部 95.2.17 經商字第 09502018490 號。

❷　民國 107 年 7 月 6 日立法院通過第 192 條之 1 修正說明：「三、為簡化提名股東之提名作業程序，修正第四項之『檢附』為『敘明』，且僅需敘明被提名人姓名、學歷、經歷即可。至於『當選後願任董事之承諾書、無第三十條規定情事之聲明書』者，鑒於是否當選，尚屬未定，實無必要要求提前檢附，況被提名人一旦當選，公司至登記主管機關辦理變更登記時，即知是否願任，爰刪除該等文件；另『被提名人為法人股東或其代表人者，並應檢附該法人股東登記基本資料及持有之股份數額證明文件』者，基於法人股東登記基本資料及持有之股份數額證明文件，公司已有相關資料，亦無必要要求檢附，爰予刪除。」

②提名股東於公司依第一六五條第二項或第三項停止股票過戶時，持股未達百分之一。

③提名人數超過董事應選名額。

④提名股東未敘明被提名人姓名、學歷及經歷。

上述所謂「其他召集權人召集股東會」，如少數股東經主管機關許可依公司法第一七三條規定自行召集股東臨時會改選董事，則對董事候選人資格自有權責予以審查，不涉及董事會審查之問題。基此，少數股東經主管機關許可自行召集股東臨時會改選董事時，持有已發行股份總數百分之一以上股份之股東，如依公司法第一九二條之一第三項規定以書面向公司提出董事候選人名單，則該候選人名單自當由有權召集之少數股東審查董事被提名人資格，且有權召集之少數股東可自行提名董事候選人名單並進行審查，並無須向公司提出說明❷。

上述審查僅係形式之審查，俾供日後董事選舉產生爭訟時之參考，故本法規定公司應於股東常會開會二十五日前或股東臨時會開會十五日前，將董事候選人名單及其學歷、經歷公告。但公開發行股票之公司應於股東常會開會四十日前或股東臨時會開會二十五日前為之（公一九二之一Ⅵ）。公司負責人或其他召集權人違反本條第二項或前二項規定者，各處新臺幣一萬元以上五萬元以下罰鍰。但公開發行股票之公司，由證券主管機關各處公司負責人或其他召集權人新臺幣二十四萬元以上二百四十萬元以下罰鍰（公一九二之一Ⅶ）。乃配合簡化提名股東而作此規定。

2.**非公開發行股票之公司** 非公開發行股票之公司，亦得採行董事候選人提名制度。另訂但書授權證券主管機關就公開發行股票公司應採董事候選人提名制度者，訂定一定公司規模、股東人數與結構及其他必要情況之條件，以符合授權明確性原則。

㈢**當選決議之性質** 股東會為董事當選決議之效力，並不直接對當選人發生效力，必須由公司之代表機關如公司之監察人（公二二三），向決議之當選人為要約之意思表示，經當選人之承諾，即成立民法委任契約❷，

---

❷ 經濟部 100.7.18 經商字第 10002419710 號。

當選人即為董事。惟民法規定，有承受委託處理一定之事務之公然表示者，如對於該事務之委託，不即為拒絕之通知者，視為允受委託（民五三〇）。因此董事當選人於當選決議後，不即為拒絕之通知者，視為允受委託。

　　㈣**當選失其效力**　本法規定，董事任期未屆滿提前改選者，當選之董事，於就任前轉讓超過選任當時所持有之公司股份數額二分之一時，或於股東會召開前之停止股票過戶期間內，轉讓持股超過二分之一時，其當選失其效力（公一九七Ⅲ）。上述規定，僅限適用於公開發行股票之公司。又本項之立法意旨，係董事經選任後，若許其將持有股份隨意轉讓，必易使其無心於業，影響公司業務經營；惟實務上常有公司於董事任期屆滿前提前改選，則自選任時至就任此一期間轉讓股份，或於股東會召開前之過戶閉鎖期間轉讓持股之情形，乃設本條加以規範❷❻❸。

　　㈤**選任登記**　公司於章程訂立後十五日內申請為設立登記時，應附送董監事資格及身分證明文件及董監事願任同意書（公登三、表四 1. 2. 6. 8.）。公司於每次改選董事、補選董事後申請變更登記，應附具前揭文件（公登一五、表四 1. 2. 6. 8.）。

　　㈥**選任瑕疵之救濟**

　　1. 股東會選任董事之決議，如涉及召集程序或其決議方法，違反法令或章程時，股東自可依本法第一八九條規定以公司為被告，於決議之日起三十日內，訴請法院撤銷。此項訴訟，應由何人代表公司應訴，依最高法院五〇年臺抗字第二〇號裁定❷❻❹認為股東會此種違法決議，在未經撤銷前，其當選仍屬有效，故原則上仍應適用本法第二〇八條第四項規定，以董事長代表公司應訴，縱令董事長亦係由該次股東會決議所選任之董事，亦應由其代表公司應訴。股東會之選任決議，雖僅公司內部之意思，但在該決議未經終局確定判決前，當選人為公司與第三人間所為之交易行為，對公司有效。蓋公司至少應負表現代理授權人之責任（民一六九）。

---

❷❻❷　經濟部 60.9.30 商字第 27356 號；最高法院 62 年臺上字第 262 號判決。

❷❻❸　民國 90 年公司法第 193 條修正理由。

❷❻❹　50 年臺抗字第 20 號裁定，刊於《司法院公報》第 3 卷第 7 期。

2.股東會董事選任之決議，其內容違反法令或章程者，當然無效。例如股東會授權其他機關或第三人為選任董事決議，或選任超過章程所規定之董事等，均屬當然無效。當選人自始不是董事，其所為行為對公司不生效力。倘公司容許當選人以董事之身分執行公司之業務，則公司應負表現代理授權人之責任（民一六九），俾維護社會交易之安全[265]。

五、董事之解任

(一)解任之原因

1.**因股份轉讓而當然解任** 依本法規定，董事經選任後，應向主管機關申報，其選任當時所持有之公司股份數額；公開發行股票之公司董事在任期中轉讓超過選任當時所持有之公司股份數額二分之一時，其董事當然解任（公一九七 I）。因此非公開發行股票公司在任期中，董事轉讓超過二分之一時，尚無上開規定當然解任之適用。倘非公開發行股票公司嗣後成為公開發行股票公司時，鑑於此種情形，判斷是否適用前揭規定時，係以公司公開發行後，董事亦有轉讓持股之情事，併同公開發行前之轉讓股份數累計是否超過選任當時所持有之公司股份數額之二分之一為準，是以，轉讓股份超過法定數額之董事，如僅屬於非公開發行股票公司階段，亦無該規定之適用[266]。所謂「選任當時所持有之公司股份數額」，依經濟部之解釋[267]，係指選任當時停止過戶股東名簿所記載之股份數額為準，而閉鎖期內（公一六五 II、III），未辦理股東名簿過戶登記之股份，不在此限。因此董事所申報之數額是否與實際持股數額相符，常有不同。又新選任之董事、監察人於過戶閉鎖期內轉讓其持股逾二分之一時與本法第一九七條第一項條文中所稱「任期中不得轉讓」不符。蓋因股東於閉鎖期內股份之轉讓，其當選董事，尚未就任，不屬於任期中之轉讓，故不生解任事宜[268]，實有不妥。因此本法第一九七條第三項復規定，公開發行股票之公司董事當選

---

[265] 經濟部 91.9.9 經商字第 09102195340 號。

[266] 經濟部 92.5.6 經商字第 09202092230 號。

[267] 經濟部 82.4.19 商字第 207681 號。

[268] 經濟部 81.11.10 商字第 226226 號。

後於就任前轉讓超過「選任當時所持有之公司股份數額」二分之一時，或於股東會召開前之停止股票過戶期間內，轉讓持股超過二分之一時，其當選失其效力（公一九七Ⅲ）。所謂二分之一以上，並不包括本數在內❷❻❾。此項規定於董事實際轉讓其股份達於上開標準時，其職務即當然解除。至於股東名簿上股東姓名變更，僅屬股東對抗公司之要件❷❼⓪，並非股份轉讓生效要件。惟依本法第一六四條規定，在記名股票之轉讓，由股票持有人以背書轉讓，即生股票移轉之效力，故於背書移轉超過原持有股份二分之一時，即當然解任而生絕對之效力，而非對抗之效力。在無記名股票，一經交付即生移轉之效力，故於交付移轉超過其原持有股份數二分之一時，亦當然解任。法人股東轉讓股份逾二分之一時，其所選派之代表人當選為董事者，亦當然解任❷❼①。惟究於何時轉讓股份超過二分之一，本法明文規定，當選之董事，於就任前轉讓超過選任當時所持有之公司股份數額二分之一時，或於股東會召開前之停止股票過戶期間內，轉讓持股超過二分之一時。又證券暨期貨管理委員會特別依證券交易法第二十六條之規定訂定「公開發行公司董事、監察人股權成數及查核實施規則」，以資遵循。

　　董事在任期中其股份有增減時，應向主管機關申報並公告之（公一九七Ⅱ）。蓋為防止股東取得董事後大量將股份出讓，而猶保持董事席位，或董事知悉公司業務不振、財產狀況欠佳，預為拋出其股份，致他人遭受損害，故應由公司申報並公告之❷❼②。董事之股份設定或解除質權者，應即通

---

❷❻❾　查公司法第一九七條第一項規定，董事在任期中不得轉讓其選任當時所持有之公司股份二分之一以上，所稱「二分之一以上」是否包括本數在內，公司法並無明文規定，但構成董事當然解任者，參照同條項後段規定，自應超過二分之一時，始有其適用。如所轉讓之股份，恰為二分之一即尚未超過並不影響董事之職務，此項規定依照同法第二二七條所定於監察人亦準用之（經濟部56.4.21商字第10005號）。

❷❼⓪　經濟部56.5.29經商字第13465號。

❷❼①　經濟部82.2.16商字第001346號。

❷❼②　公司法第197條所規定之申報及公告義務，應由公司為之（經濟部65.3.30商字第07812號）。

知公司，公司應於質權設定或解除後十五日內，將其質權變動情形，向主管機關申報並公告之。但公開發行股票之公司，證券管理機關另有規定者，不在此限（公一九七之一 I）。據此，公開發行股票公司董事設質股數高過選任時持有股數的二分之一，應將其股票表決權授權證券主管機關訂定相關辦法限制之。藉此杜絕企業主炒作股票之動機與歪風，及防止董監事信用過度膨脹、避免多重授信。有鑑於發生財務困難之上市、上櫃公司，其董監事多將持股質押以求護盤，使持股質押比例往往較一般公司高；但股價下跌時，為免遭銀行催補擔保品，又再大肆借貸力守股價，惡性循環之結果導致公司財務急遽惡化，損害投資大眾權益。為健全資本市場與強化公司治理，實有必要對設質比重過高之董事、監察人加強控管，故本法復規定，公開發行股票之公司董事，以股份設定質權超過選任當時所持有之公司股份數額二分之一時，其超過之股份不得行使表決權，不算入已出席股東之表決權數（公一九七之一 II）。

2. **股東會決議解任**　董事得由股東會之決議，隨時解任，但有任期者，如無正當理由而於任滿前將其解任時，董事得向公司請求賠償因此所受之損害（公一九九 I）。股東會為前項解任之決議，應有代表已發行股份總數三分之二以上股東之出席，以出席股東表決權過半數之同意行之（公一九九 II）。公開發行股票之公司，出席股東之股份總數不足前項定額者，得以有代表已發行股份總數過半數股東之出席，出席股東表決權三分之二以上之同意行之（公一九九 III）。前二項出席股東股份總數及表決權數，章程有較高之規定者，從其規定（公一九九 IV）。又所謂有正當理由者，例如下列情形：

(1)在任期內將持有股份數額轉讓超過二分之一（公一九七）。

(2)執行業務不依法令、章程，或股東會之決議（公一九三）。

(3)不依章程或股東會決議支領報酬（公一九六）。

(4)董事執行業務，有重大損害公司之行為（公二〇〇）。

(5)董事為自己或為他人屬於公司營業範圍內之行為，未經股東會之許可（公二〇九）。

(6)董事會應召集股東會而不召集，由股東自行召集時（公一七三）。

(7)會計年度終了，董事會不編造各項表冊，或不在股東常會開會三十日前交監察人查核（公二二八）。

本法第一九二條第四項有關董事之解任，固準用本法第三十條經理人之規定，惟本法第三十條第一項規定：「有左列情事之一者，不得充經理人，其已充任者，當然解任」，所謂當然解任，自不須由公司之股東會依法定程序解任，亦不須向該董事為解任之表示。

惟股東會於董事任期未屆滿前，改選全體董事者，如未決議董事於任期屆滿始為解任，視為提前解任（公一九九之一 I）。前項改選，應有代表已發行股份總數過半數股東之出席（公一九九之一 II）❽。並依股東會於董事任期未屆滿前，提前改選全體董事者，只要有代表已發行股份總數過半數股東之出席，並依第一百九十八條規定辦理即可，無庸於改選前先經決議改選全體董事之程序❾。按本法規定，董事係採任期制（公一九五）。惟實務上公司於董事任期中提前改選者頗多，而依其所附會議紀錄及召集通知，均僅載明改選董監事議案；又依本法第一七二條規定改選案，係經

❽ 民國 101 年 1 月 4 日公司法第 199 條之 1 修正理由：「惟按『公司法第一百九十九條之一規定，股東會於董事任期未屆滿前，經決議改選全體董事者，如未決議董事於任期屆滿始為解任，視為提前解任。該條既曰「視為提前解任」，當不以改選全體董事前先行決議解任全體董事為必要，即改選全體董事前無須經決議解任全體董事之程序，是其解任性質應屬法律所定當然解任之一種，而非決議解任明灼，否則法即無須特別設定「視為提前解任」。從而改選全體董事、監察人與解任董事、監察人之意涵不同，當無須於改選前先經特別決議解任全體董事、監察人，僅須以選任全體董事、監察人之方式即以第一百七十四條所定應有代表已發行股份總數過半數之出席，並行一百九十八條累積投票方式選任之。至股東會於董事任期未屆滿前，任意決議改選全體董事、監察人，經視為提前解任之董事、監察人尚非不得依民法委任規定，請求損害賠償⋯⋯」最高法院 98 年度臺上字第 2261 號判決意旨顯採前揭甲說至明。是為使法律適用體系臻於完整，以避免適用法律發生疑慮及窒礙情事，茲特提出『公司法』第一百九十九條之一法律修正條文如上。」

❾ 民國 107 年 7 月 6 日立法院通過公司法第 199 條之 1 修正說明。

董事會議決通過，始行通知各股東開會，雖未同時於議程中就現任董事為決議解任，而實務上均於新任董事就任日視為提前解任，訂立本條，俾釐清董事與公司之權益關係❷⑦⑤。

本法第一九九條第一項前段規定，董事得由股東會之決議，隨時解任❷⑦⑥。股東會之決議，除公司法有特別規定外（如公司法第一八五、二〇九、二四〇、二七七、三一六條），均以通常決議方法為之。解任董事之決議，本法並無特別規定，因此祇能適用通常決議方法，予以解任。惟其缺點，乃為累積選舉制下少數股東所支持之董事，將為多數股東所把持之股東會，輕易以通常決議方法，將少數股東所支持之董事予以解任，如此將使累積選舉制之效果，因而減低。

又解任董事二人以上時，不可整批表決。因整批表決，不能表達表決人對各被解任之董事之個別意思，而發生不公平之現象。再本法第一七八條規定，股東對於會議之事項，有自身利害關係，致有害於公司利益之虞時，不得加入表決。倘解任甲乙兩人，僅表決甲時，甲固然不得加入表決，惟乙應有表決權。因此整批表決，將剝奪該股東之表決權益，顯非合法。依通說，解任二人以上之董事時，雖可一次表決，但應分別計算其表決票數，以各別定其解任與否，較為妥當。

3.**少數股東訴請法院判決解任**　董事執行業務，有重大損害公司之行為，或違反法令或章程之重大事項，股東會未為決議將其解任時，得由持有已發行股份總數百分之三以上股份之股東，於股東會後三十日內，訴請法院裁判之（公二〇〇）。俾強化少數股東權，保障股東利益。

依本法之規定，以股東之地位起訴者，有必須持有一定股份比例者，如本法第二〇〇條之規定。亦有無股份比例限制者，如本法第一八九條之規定。在必須一定股份比例始得起訴之情形，則持有一定股份，乃為股東起訴所必具之特別要件，亦即起訴之必備要件，在訴訟繫屬中，必須始終

---

❷⑦⑤　民國 90 年公司法第 199 條之 1 修正理由。

❷⑦⑥　股東會有認定董事監察人應行改選之權,惟其認定若無正當理由該董監得請求賠償損害（司法院 20 年院字第 450 號）。

具備，否則應依民事訴訟法第二四九條第一項第六款之規定駁回之。惟反對說者，認應以當事人不適格駁回。

倘股東於起訴後，將其股份全部移轉與第三人，或移轉一部分於第三人，而不足法定之起訴比例，應依民事訴訟法第二四九條第一項第六款認起訴不備其他要件而裁定駁回。

4.其他原因解任

⑴董事之解任，除上述三種原因外，尚有董事任期屆滿、自行辭職、死亡、破產、喪失行為能力，公司或董事破產，亦為董事解任之原因。蓋公司與董事間之關係，基於委任之關係，委任契約終止之事由（民五四九、五五〇），亦適用於董事之解任。

⑵董事之辭職，應向何人為之，有認為應向股東會為之；亦有認為應向董事長為之。以後者為通說。蓋以股東會為股份有限公司之內部組織機關，不能代表公司行為或受意思表示，而董事與公司之關係為民法上之委任關係（公一九二Ⅴ），依民法第五四九條規定，董事固可隨時終止委任關係❷，而其辭職之意思表示，則應向有權代表公司之董事長為之（公二〇八Ⅲ）。若董事長辭職，或董事長不能行使職權，則向副董事長為之；如無副董事長，或副董事長亦辭職或因故不能行使職權時，可向由董事長指定常務董事一人代理之人為之；董事長未指定代理人者，則向由常務董事或董事互推一人代理之人為之（公二〇八Ⅲ）。

按公司與董事間之關係，依公司法第一九二條第五項規定，除公司法另有規定外，依民法關於委任之規定。而民法第五四九條規定，當事人之

---

❷　參閱下列所述：

　1.查董事與公司之關係除公司法另有規定外，係屬委任關係，依照民法第五四九條第一項規定當事人之任何一方得隨時終止委任契約，是以董事辭職並不需經股東會或董事會之決議為生效要件（經濟部 55.8.31 商字第 19825 號）。

　2.查公司董事雖由股東會選任，依公司法第一九二條規定公司與董事間之關係，依民法關於委任之規定。而民法第五四九條規定當事人之一方得隨時終止委任，董事辭職並不以股東會之通過為要件（經濟部 58.8.31 商字第 22510 號）。

一方得隨時終止委任契約，故不論是否有任期，或其事由如何，得為一方之辭任，不以經股東會或董事會同意為生效要件。董事之辭職，向公司為辭任之意思表示，即生效力 ❷❼❽。至已辭職之董事須否負公司法上負責人之權利義務一節，允屬具體個案事實認定之範疇 ❷❼❾。

關於董事辭職生效之期間，應依民法上意思表示生效之規定為準，即：

(1)對話意思表示，以董事長或依本法第二〇八條有權代表人了解時，發生效力（民九四）。

(2)非對話意思表示，以通知達到董事長或依本法第二〇八條規定有權代表人時，發生效力（民九五前）。

㈡**解任董事登記** 董事在解任原因發生後，依本法第十二條規定：「公司設立登記後，……已登記之事項有變更而不為變更之登記者，不得以其事項對抗第三人。」公司即應就其解任為變更登記，否則董事仍代表公司為法律行為者，對公司雖屬無效，但不得對抗第三人。

六、董事之職權及對公司之責任

㈠**調查報告募集設立之情形於創立會** 董事應切實調查報告公司發起之情形於創立會（公一四六 I）。

㈡**出席董事會行使公司業務執行意思表決及執行**

1.**執行意思之決定** 公司業務之執行，均應由董事會決議行之（公二〇二）。董事會開會時，董事應親自出席（公二〇五 I 前），除因會議之事項有自身利害關係，致有害該公司利益之虞時，不得加入表決外，均有表決權（公二〇六 II、一七八）。

2.**依董事會決議而執行之責任**

(1)董事會執行業務，應依照法令、章程及股東會之決議（公一九三 I）。又董事應董事會之合法決議執行業務。倘董事違反董事會合法決議，而執行業務，則依民法第五四四條規定，受任人（董事）因處理委任事務有過失，或逾越權限之行為所生之損害，對公司應負賠償責任。

---

❷❼❽　經濟部 93.3.22 經商字第 09302039820 號。

❷❼❾　經濟部 92.3.19 經商字第 09202056680 號。

(2)董事會之違法決議，即違反法令、章程及股東會決議，致公司受損害時，參與決議之董事，對公司負賠償之責，但經表示異議之董事，有紀錄或書面聲明可證者，免其責任（公一九三II）。至於在董事會之決議中，參與贊同違反法令、章程及股東會決議之董事及執行該決議之董事間，對公司所受損害，固應對公司負賠償之責。然則董事間是否對公司負連帶責任。論者有以本法第一九三條並未規定董事間須負連帶責任，況依民法規定，連帶責任之發生，以當事人有明示或法律有明文規定者為限，故在解釋上董事間無連帶清償之可言。然則本法對董事會及董事之權限擴大而成為公司自體，並規定董事應忠實執行業務並盡善良管理人注意之職務，故應有連帶清償之責為妥。然則本法規定公司得於董事任期內就其執行業務範圍依法應負之賠償責任投保責任保險（公一九三之一I）。此乃降低並分散董事因錯誤或疏失行為而造成公司及股東重大損害之風險，參考外國立法例明定公司得為董事投保責任保險。又公司為董事投保責任保險或續保後，應將其責任保險之投保金額、承保範圍及保險費率等重要內容，提最近一次董事會報告（公一九三之一II），以資公開透明。

⑶**執行董事會未決議之通常事務**　公司之業務，並非均須董事會之決議後始能執行，一般通常之事務，董事應以善良管理人之注意，忠實執行業務（公二三I），不得違反法令或章程之規定。否則應依民法第五四四條規定，對公司負賠償之責。

⑷**對經理人之委任與解任之同意**　經理人之委任、解任及報酬，須有董事會以董事過半數之出席，及出席董事過半數之同意（公二九I3）。

⑸**股票發行之簽名蓋章**　發行股票之公司印製股票者，股票應編號，載明本項各款事項，由代表公司之董事簽名或蓋章，並經依法得擔任股票發行簽證人之銀行簽證後發行之（公一六二I）。

⑹**公司債之申請及公司債券發行之簽名蓋章**

1.公司申請發行公司債經核准者，發現申請事項有違法或虛偽情形者，主管機關得撤銷核准，公司負責人應對公司連帶負賠償責任（公二五一）。

2.公司債之債券應編號載明發行之年、月、日及第二百四十八條第一

項第一款至第四款、第十八款及第十九款之事項，有擔保、轉換或可認購股份者，載明擔保、轉換或可認購字樣，由代表公司之董事簽名或蓋章，並經依法得擔任債券發行簽證人之銀行簽證後發行之（公二五七 I）。

　　3.公司募集公司債款後，未經申請核准變更，而用於規定事項以外者，如公司因此受有損害，公司負責人應負損害賠償之責（公二五九）。

　　㈦**為公司對監察人起訴之代表**　公司對監察人提起訴訟時，原則上應由董事代表（公二二五II）。

　　㈧**參與董事會決議及執行發行新股董事**　公司發行新股超過股款繳納期限，而仍有未經認購或已認購而撤回或未繳納股款者，其已認購而繳款之股東，得定一個月以上之期限，催告公司使認購足額並繳足股款，逾期不能完成時，得撤回認股，由公司返回其股款，並加給法定利息（公二七六 I）。有行為之董事，對於因前項情事所致公司之損害，應負連帶賠償責任（公二七六II）。所謂「有行為之董事」，係指執行發行新股事宜之董事及參與發行新股之董事會決議而未有紀錄或書面聲明可證其經表示異議之董事而言。

　　㈨**其他董事之權責**　如公司轉投資公司負責人違反第一三條第一項或第二項，應賠償公司所受損害（公一三）、貸款限制（公一五）、保證限制（公一六）等，請詳閱本論第一章「公司總論」，第六節「公司之能力」所述，茲不贅述。

　　七、董事之義務

　　㈠**忠實義務及善良管理人之注意義務**　股份有限公司之董事為公司之負責人（公八 I），依本法第二十三條第一項規定，公司負責人應忠實執行業務並盡善良管理人之注意義務，如有違反致公司受有損害者，負損害賠償責任。按董事與公司間基於委任關係，依我國民法第五三五條之規定，有報酬之委任，自應以善良管理人之注意履行其執行職務之義務，即負抽象的輕過失責任。然如係無報酬者，則僅以與處理自己事務負同一注意之注意即可，亦即僅負具體之輕過失責任。然則本法規定，董事不問有償、無償行為，均應以善良管理人之注意為之（公二三 I）。又本法復規定，董

事應忠實執行業務之義務 (fiduciary duty of loyalty)，按忠實之義務，究竟係屬善良管理人義務 (duty of dur care and diligence) 之一種形態，抑另具有特別內容之義務？實值研究。在學說上有認為忠實義務，僅為委任關係善良管理人義務之一種形態，不承認其另具有特別意義❷⓪。惟多數學者主張忠實義務與善良管理人之注意義務，畢竟有所不同。蓋忠實義務係董事不得謀自己之利益及公司利益以外之其他利益之義務，乃是公司董事所應遵守之行為準則，對公司之全體董事均可一概適用。至於善良管理人義務，係董事對公司業務執行上負有相當之注意義務，故應視各該董事是否擔任公司之業務執行及業務之性質，而有重大之差異，不可一概而論❷①。按善良管理人之注意義務，係相互平等之私人間之原理，亦是受任人處理受任事務所應注意❷②。反之，忠實之義務，係顯示受任人（指董事）之利益在與委任人（指公司）之利益對立時，應有其決定之基準，因此不僅是受任人，直接履行其職務時，所應遵守之義務，而且亦是在二者之立場中，屬於與委任人之法律關係上所應適用之原理❷③。在忠實義務下，受任人應居於純為委任人服務之立場而有所為，不可利用其地位以謀私利為其一般內容之義務❷④。是故二者有所不同。美國法例對此亦有分別，多數之州法規定董事在執行職務時，應負有注意之義務 (duties of dur care)，其注意之程度以勤勉、小心謹慎之方法，以一般謹慎之人，在相同情況下處理事務之方法，負注意之義務❷⑤。同時基於信託之關係，對於公司及其他之股東應負受託之義務，此種義務必須依誠信原則及公正態度處理業務❷⑥，此與前述之忠實義務不謀而合。

---

❷⓪　大隅健一郎著《公司法概論》第 125 頁。

❷①　大森忠夫編《注釋會社法》「(4)株式會社之機關」第 440 頁。

❷②　同❷①第 439 頁。

❷③　同❷①。

❷④　大阪谷公雄著《取締役之責任》第 1116 頁。

❷⑤　Harry G. Henn:*Law of Corporation*, p. 455. 2ed.(1970)

❷⑥　Harry G. Henn:*Law of Corporation*, pp. 457–460. 2ed.(1970)

(二)董事競業禁止之義務

1.**意義及立法理由** 董事為自己或他人為屬於公司營業範圍內之行為，應對股東會說明其行為之重要內容，並取得其許可（公二〇九 I），在未經股東會許可前，不得為之，此即為董事競業禁止之義務。按董事為董事會的構成員，參與董事會對公司業務執行之決定，對公司業務之機密知之甚稔。若為自己或他人為屬於公司營業範圍內之行為，易生偏頗之嫌，故除非經股東會決議之許可，否則禁止為之。此之董事，不論是自然人董事，甚至法人代表人董事與法人（公二七 II），均應受董事競業禁止之限制 ❷⑧⑦。又董事兼任經營同類業務之他公司董事或經理人，而該二公司為百分之百母子關係，並不構成公司法第三十二條及第二〇九條競爭行為，蓋二公司在法律上雖為二獨立人格公司，但在經濟意義上實為一體，二者之間並無利益衝突可言，故應可兼充之 ❷⑧⑧。

2.**競業禁止之內容** 董事固不得為自己或他人為屬於公司營業範圍內之行為，惟是否得為他公司之董事，不無疑問。如該他公司非經營同類營業者，似應不在競業禁止之列 ❷⑧⑨。然亦有學者認為代表公司之董事責任繁重，為使其專一其業務，不致顧此失彼，縱非營同類之營業，亦應禁止 ❷⑨⓪。本書以為本法對股份有限公司代表董事之競業禁止，既未設有其他限制，自無再予擴充解釋之理由。所謂營業範圍，係指公司章程所載之所營事業（公一二九2），不論是否準備行為、現正在進行，或暫時停止之事業，而具有營利性或商業性之行為均屬之。所謂行為之重要內容，係以提供股東會為決議許可判斷所必要之資料，能預料該競爭行為之營業受影響程度之具體事實，俾維護公司之營業利益。若不充分或虛偽之說明，縱取得股東會之許可，該許可可能歸於無效，而無負於董事競業禁止義務之效力。該

---

❷⑧⑦ 經濟部 89.4.24 經商字第 89206938 號。

❷⑧⑧ 經濟部 101.10.11 經商字第 10102435880 號。

❷⑧⑨ 向志衡著〈論股份有限公司董事之權責〉，載《法令月刊》第 10 卷第 4 期第 7 頁。

❷⑨⓪ 張肇元著《新公司法解釋》第 189 頁。

項股東會許可係指董事應於「事前」、「個別」向股東會說明行為之重要內容，並取得許可，並不包括由股東會「事後」、「概括性」解除所有董事責任之情形**291**。

其次，董事為自己或他人與公司為票據行為，有無本法第二〇九條競業禁止規定之適用，不無爭論。按公司係營利之法人，須為金錢之支付及信用之使用，故自有以金錢往來為手段的票據行為之必要。然則票據行為不問公司之目的事業如何，恆為遂行其目的事業所必要，即應解為屬於公司目的範圍內之行為**292**。至於董事是否應受本法第二〇九條之限制，不得為自己或他人與公司為票據行為，約有二種不同之見解，茲述之於下：

⑴否定說　認為票據行為僅係金錢清償之手段行為，雖就其實質的關係而言，公司與董事之利害相反，因無股東會之許可而無效，但票據行為本身並無利害相反之關係，自無本法第二〇九條規定之適用**293**。

⑵肯定說　認為票據行為人因票據行為，而須負擔有別於票據原因關係的債務之另一種新債務，即票據債務。而票據債務因適用抗辯之中斷、舉證責任之轉換等結果，其清償責任較之原因關係債務，更為嚴格，則難謂票據行為本身無利害相反之關係，仍應認有本法第二〇九條之適用為當**294**。

以上二說，其相互間並不衝突，票據行為應否適用競業禁止之規定，應分別依情形而定，不可一概而論。

按本法第二〇九條所謂「營業範圍內之行為」，非泛指一切營業範圍內之行為，應解為僅指有致使公司蒙受不利益之營業範圍內之行為而言。因此公司與董事間之票據行為，如董事以公司為受款人而為發票行為或以公司為被背書人而為背書時，僅董事對公司負票據上之義務，公司並不因該

291　經濟部 86.9.20 經商字第 8621697 號。

292　陳世榮著《票據法總則詮解》第 208 頁。

293　同前註第 377 頁。

294　日本大判大正 9.12.22 民錄 6 輯第 1894 頁；大判大正 12.7.11 民集第 2 卷第 477 頁；大判昭和 4.12.9 新聞 312 號第 12 頁。

票據行為而蒙不利，故此等票據行為，並不受競業禁止之限制。反之，公司因票據行為而負票據上義務時，例如公司以董事為受款人而為發票行為，以董事為被背書人而為背書，對董事執有之匯票為承兌，則應適用本法第二〇九條之規定。

3.競業許可及介入權期限

(1)競業許可　董事為自己或他人為屬於公司營業範圍內之行為，應對股東會說明其行為之重要內容，並取得其許可（公二〇九 I）。股東會為前述許可之決議，應有代表已發行股份總數三分之二以上股東之出席，以出席的股東表決權過半數之同意行之（公二〇九 II）。公開發行股票之公司，出席股東之股份總數不足前項定額者，得以有代表已發行股份總數過半數股東之出席，出席股東表決權三分之二以上同意行之（公二〇九III）。前述出席股東股份總數及表決權數，章程有較高之規定者，從其規定（公二〇九IV）。此項許可，須事前為之，且應以具體行為個別為之❷，但同種類型之反覆行為得概括許可。

(2)介入權期限及效力（即違反競業禁止之效果）　董事違反前述之規定，為自己或他人為該行為時，股東會得以決議，將該行為之所得，視為公司之所得，但自所得產生後逾一年者，不在此限（公二〇九 V），是為公司之介入權或歸入權，俾保障公司與股東之權益。所謂「該行為之所得，視為公司之所得」，係指董事競業行為所得之報酬、財物屬於公司所有，因此董事應將該報酬、財物等移交公司。按競業行為之禁止，係屬命令規定，而非效力規定，故其違反行為之本身，仍屬有效。至於董事之競業行為行使介入權之期限，依本法第二〇九條第五項規定，應於行為後一年內為之。此一年期間，為權利存續之除斥期間。惟學者依德國股份法第七十九條規定，其請求權之期間，分為兩種，即自知情之時起，經一個月，罹於時效而消滅，如不知情者，則自行為完成之時起，經五年不行使而消滅，因而認為上述之介入權之期限，為消滅時效❷。再者，董事違反競業禁止之義

---

❷　經濟部 86.8.20 商字第 8621697 號。

❷　林咏榮著《商事法新詮》（公司篇）第 149 頁。

務，致公司受損害者，應否對公司負賠償責任？本法亦無明文規定，依日本商法第二六六條❷第一項第三款明定，違反第二六四條第一項競業禁止之規定時，對公司所受損害額，應負賠償責任，德國股份法第七十九條第一項亦同，故對本法自應作同一肯定之解釋。惟董事經股東會之許可而為之行為，縱令對公司發生損害，亦無賠償之責任。公司對於違反競業禁止之董事，就上開介入權與損害賠償請求權，擇一行使或同時行使，得由股東會斟酌具體之情事定之。惟以不獲雙重利益為當。

㈢其他重要義務

1.**委任關係之計算義務**　董事（受任人）因處理委任事務，所收取之金錢、物品及孳息，應交付於公司（委任人）（民五四一 I）。董事（受任人）以自己之名義，為公司（委任人）取得之權利，應移轉於公司（委任人）（民五四一 II）。董事（受任人）為自己之利益，使用應交付於公司（委任人）之金錢，或使用應為委任人利益而使用之金錢者，應自使用之日起，支付利息。如有損害，並應賠償（民五四二）。

2.**於公司股票及公司債務簽章之義務**　公司發行股票或公司債務由董事三人以上簽名或蓋章之規定改為僅需由代表公司之董事簽名或蓋章即可（公二五七 I），故董事有此義務。

3.**申報持股之義務**　董事經選任後，應向主管機關申報，其選任當時

---

❷　日本商法第 264 條：「董事為自己或第三人為屬於公司營業部類之交易時，應向董事會說明其交易的重要事實，取得董事會之許可。

已為前項交易之董事，應從速向董事會報告其交易之重要事實。

董事違反第一項規定，與自己為交易時，董事會得將該交易視為為公司所為。前項規定之權利，自交易時起經過一年時消滅。」

日本商法第 265 條：「董事受讓公司之產品或其他財產，向公司轉讓自己之產品或其他財產，自公司接受金錢借貸，及為自己或第三人與公司進行交易時，應取得董事會之許可。公司保證董事之債務、與董事以外之第三人為公司與董事利益相反之交易時，亦同。

有前項前段之許可時，不適用民法第一〇八條之規定。

前條第二項之規定，於為第一項交易之股東準用之。」

所持有之公司股份數額；公開發行股票之公司董事在任期中轉讓超過選任當時所持有之公司股份數額二分之一時，其董事當然解任（公一九七 I）。董事在任期中其股份有增減時，應向主管機關申報並公告之（公一九七II）。

4.**股份設定或解除質權通知、公告之義務不得行使表決權，不算入已出席股東之表決權數**　董事之股份設定或解除質權者，應即通知公司，公司應於質權設定或解除後十五日內，將其質權變動情形，向主管機關申報並公告之。但公開發行股票之公司，證券主管機關另有規定者，不在此限（公一九七之一 I）。又公開發行股票之公司董事以股份設定質權超過選任當時所持有之公司股份數額二分之一時，其超過之股份不得行使表決權，不算入已出席股東之表決權數（公一九七之一II）。

5.**公司受重大損害之虞時，向監察人報告之義務**　董事發現公司有受重大損害之虞時，應立即向監察人報告（公二一八之一）。

八、董事對第三人之責任

㈠**對第三人與公司負連帶賠償之責**　公司法規定公司負責人對於公司業務之執行，如有違反法令致他人受有損害時，對他人應與公司負連帶賠償之責（公二三II）。

㈡**與監察人連帶負責**　監察人對公司或第三人負損害賠償責任，而董事亦負其責任時，該監察人及董事為連帶債務人（公二二六）。

㈢**公開發行股票公司（依證券交易法之規定）對第三人之責任**

1.**違反誠實義務對他人之損害賠償責任**　有價證券之募集、發行、私募或買賣，不得有虛偽、詐欺或其他足致他人誤信之行為（證交二○ I）。發行人申報或公告之財務報告及其他有關業務文件，其內容不得有虛偽或隱匿之情事（證交二○II）。違反第一項規定者，對於該有價證券之善意取得人或出賣人因而所受之損害，應負賠償責任（證交二○III）。委託證券經紀商以行紀名義買入或賣出之人，視為前項之取得人或出賣人（證交二○IV）。本法規定之損害賠償請求權，自有請求權人知有得受賠償之原因時起二年間不行使而消滅；自募集、發行或買賣之日起逾五年者亦同（證交二一）。

2.**違反公開說明書交付之損害賠償（證交三一）**　募集有價證券，應

先向認股人或應募人交付公開說明書。違反前項之規定者，對於善意之相對人因而所受之損害，應負賠償責任。

　　3.公開說明書虛偽或隱匿之責任　前條之公開說明書，其應記載之主要內容有虛偽或隱匿之情事者，下列各款之人，對於善意之相對人，因而所受之損害，應就其所應負責部分與公司負連帶賠償責任（證交三二Ⅰ）：

　　⑴發行人及其負責人。

　　⑵發行人之職員，曾在公開說明書上簽章，以證實其所載內容之全部或一部者。

　　⑶該有價證券之證券承銷商。

　　⑷會計師、律師、工程師或其他專門職業或技術人員，曾在公開說明書上簽章，以證實其所載內容之全部或一部，或陳述意見者。

　　前項第一款至第三款之人，除發行人外，對於未經前項第四款之人簽證部分，如能證明已盡相當之注意，並有正當理由確信其主要內容無虛偽、隱匿情事或對於簽證之意見有正當理由確信其為真實者，免負賠償責任；前項第四款之人，如能證明已經合理調查，並有正當理由確信其簽證或意見為真實者，亦同（證交三二Ⅱ）。

九、對董事責任之追究及訴訟

　　對董事追究責任者，得對董事提起訴訟，不僅限於損害賠償之訴，他如請求董事為或不為一定行為，均應包括之。例如董事會決議，為違反法令或章程之行為時，繼續一年以上持有股份之股東，得請求董事會停止其行為（公一九四）。縱令董事之行為有觸及刑章者，倘合於得告訴或自訴之要件，亦應包括之。

　　㈠公司依股東會之決議對董事之訴訟　股東會決議對於董事提起訴訟時，公司應自決議之日起三十日內提起之（公二一二），以免拖延。所謂股東會決議對董事提起訴訟者，其原因不論向董事催討債款、貨款，或追究董事責任等均是。此時訴訟當事人為公司與董事二者處於利害相反之地位，董事會執行業務採合議制，自不宜仍由董事代表公司。因此公司與董事之訴訟，除法律另有規定外，由監察人代表公司，股東會亦得另選代表

公司為訴訟之人（公二一三）。此之股東會選任代表公司訴訟之人，以普通決議即可。惟其資格本法未限制，不以具有股東身分為限❷。但不宜選任董事充之。所謂「除法律另有規定外」，例如本法第二一四條第二項所規定少數股東對董事之訴訟，不須經股東會決議之情形。

(二)**少數股東請求監察人對董事之訴訟**　繼續六個月以上，持有已發行股份總數百分之一以上之股東，得以書面請求監察人為公司對董事提起訴訟（公二一四 I）。

(三)**代表訴訟**

1.監察人自有前項之請求日起，三十日內不提起訴訟時，前項之股東，得為公司提起訴訟；股東提起訴訟時，法院因被告之申請，得命起訴之股東，提供相當之擔保；如因敗訴，致公司受有損害，起訴之股東，對於公司負賠償之責（公二一四II）。股東提起前項訴訟，其裁判費超過新臺幣六十萬元部分暫免徵收（公二一四III）。第二項訴訟，法院得依聲請為原告選任律師為訴訟代理人（公二一四IV）。蓋避免股東與董事勾結，控制少數股東。此之法院，係指本公司所在地之地方法院管轄（民訴九 I）。提起訴訟所依據之事實，顯屬虛構，經終局判決確定時，提起訴訟之股東，對於被訴之董事因此訴訟所受之損害，負賠償之責。提起訴訟所依據之事實，顯屬實在，經終局判決確定時，被訴之董事，對於起訴之股東，因此訴訟所受之損害，除負擔訴訟費外，尚應負賠償責任（公二一五），本條規定係採過失責任主義。由上述觀之，繼續一年以上持有發行股份百分之三以上股東提起訴訟，並以其為代表訴訟之原告。而以公司及董事為共同被告。此詳閱後述。

2.董事執行業務，有重大損害公司之行為或違反法令或章程之重大事項，股東會未為決議將其解任時，得由持有已發行股份總數百分之三以上股份之股東，於股東會後三十日內，訴請法院裁判之（公二○○）。觀之，本條未規定，持有已發行股份總數百分之三以上之股東，必須已繼續持有一年以上。

　　董事會及董事為公司執行公司業務，為公司之機關，如董事全部被請求解任時，並對全部董事均為停止執行職務之假處分，則公司業務必陷於停頓。此時可依公司法第二○八條之一規定，董事會不為或不能行使職權，致公司有受損害之虞時，法院因利害關係人或檢察官之聲請，得選任一人以上之臨時管理人，代行董事長及董事會之職權。但不得為不利於公司之行為（公二○八之一I）。前項臨時管理人，法院應囑託主管機關為之登記（公二○八之一II）。臨時管理人解任時，法院應囑託主管機關註銷登記（公二○八之一III）。

第三、董事會與董事長，常務董事與常務董事會

一、董事會

　　依現行本法規定，股份有限公司必須設置董事會，所謂董事會 (board of directors) 者，係由股份有限公司全體董事所組成之決定公司執行業務之意思與集體業務執行之法定必備之常設機關。董事會權限之行使，應以會議為之，即為董事會會議 (meeting of the board of directors)。董事會僅屬公司業務執行之機關，並非公司之代表機關，無獨立之人格，故其決議對外不生效力，而應由董事長對外代表公司為之（公二○八III前）。

二、董事長之意義

　　董事長乃股份有限公司法定必要常設之業務執行及代表公司之機關。董事長由三分之二以上之董事或常務董事互選產生之（公二○八I前、II），但其為公司之代表，而非董事會之代表。董事長地位重要，對內對外，事務極為殷繁，因此大規模之公司，多設置有副董事長以為輔佐，故現行本法第二○八條第一項後段規定「並得依章程規定，以同一方式互選一人為副董事長。」以適應公司之需要，而資遵從。

三、董事長之任免、資格、任期

　　因其設有常務董事與否，而有不同：

(一)董事長之任免

　1.公司未設有常務董事者　公司董事會，應由三分之二以上董事之出

席；及出席董事過半數之同意，互選一人為董事長；副董事長之選任亦然（公二〇八 I）。因此若章程明定置副董事長二人，則違反本法上述規定，依本法第一九一條規定，決議內容違反法令，自屬無效。

2.**公司設有常務董事** 公司設有常務董事者，董事長或副董事長由三分之二以上之常務董事出席，以出席常務董事過半數之同意互選之；副董事長之選任亦然（公二〇八 II）。

(二)**董事長之資格** 董事長須具有董事之身分，但須以自然人為宜。董事之資格，即為董事長之資格，如公司法第三十條之消極資格，不得有之。至於因應公司經營之國際化、自由化，董事長不受國籍及住所之限制❷⑨⑨。

(三)**董事長之任期** 本法未設規定董事長之任期，惟董事之任期不得逾三年，但得連選連任（公一九五 I），以及董事任期屆滿而不及改選時，延長其執行職務至改選董事就任時為止（公一九五 II前）。觀之，董事長之任期不得逾三年，但連選得連任之。

四、董事長之職權

(一)**概述** 董事長對內為股東會、董事會及常務董事會主席，對外代表公司。董事長請假或因故不能行使職權時，由副董事長代理之，無副董事長或副董事長亦請假，或因故不能行使職權時，由董事長指定常務董事一人代理之；其未設常務董事者，指定董事一人代理之，董事長未指定代理人者，由常務董事或董事互推一人代理之（公二〇八 III）。又副董事長之任免、資格及任期等，均與董事長同。

(二)**對外代表公司** 所謂代表公司者，只須表明代表公司之意旨為已足，非以加蓋公司之印章為必要❸⑩⑩。所謂因故不能行使職權者，例如訴訟兩造公司之董事長同屬一人即屬之❸⑩①。至於董事長因案被押，未指定代理人時，又

---

❷⑨⑨ 民國 90 年公司法第 208 條之修正理由。

❸⑩⑩ 最高法院 71 年臺上字第 3416 號判決：「股份有限公司之董事長或其他有權代表公司之人與第三人訂立契約時，祇須表明代表公司之意旨為已足，非以加蓋公司之印章為必要，不得以契約未加蓋印章而否認其效力。」

❸⑩① 蔡〇〇係以金〇〇公司董事長名義為金〇〇公司借款，並自為連帶保證人，為

無副董事長之設置時，應由常務董事或董事互推一人代理行使職權❸ 。

㈢**董事長對內為股東會、董事會及常務董事會之主席，並有執行公司業務之權（公二○八）**　惟董事長不得委任非董事又非經理人之第三人，代表公司處理業務❸ 。代表公司之董事，有關於公司營業上一切事務辦理之權。對此權限之限制，不得對抗善意第三人（公二○八Ⅴ、五七、五八）。惟此項代表權僅限於營業事務，若非營業事務行為，董事無權限可言。此時不問第三人是否善意，非經公司承認，對公司不生效力❸ 。然則

原審認定之事實，是債權人即被上訴人向債務人金○○公司及其董事長蔡○○個人訴請清償債務，非被上訴人向其董事長蔡○○提起訴訟，與公司法第二一三條規定「公司與董事間訴訟」指公司與代表該公司董事間之訴訟而言者不同，即無該條之適用。設因蔡○○現仍為兩造公司之董事長，因利害衝突，事實上不能代表被上訴人向亦由自己代表之金○○公司及自己個人提起訴訟，則應屬公司法第二○八條第三項規定：「董事長……因故不能行使職權時」之情形，而應「由董事長指定常務董事一人代理之……董事長未指定代理人者，由常務董事或董事互推一人代理之」，設郭○○非由被上訴人董事長指定，又非由常務董事或董事互推為代理者，即無權代理被上訴人為訴訟（最高法院 62 年臺上字第 1295 號）。

❸ 參閱經濟部 64.3.26 商字第 06566 號：「查股份有限公司董事長請假或因故不能行使職權，而未指定代理人時，依公司法第二○八條第三項後段規定，係由常務董事或董事互推一人代理之。至於互推之方式，公司法並無明文規定，如由常務董事以集會方式推選自屬可行，其出席及決議方法，可準照同條第四項常務董事會之規定，以半數以上常務董事之出席，及出席過半數之決議行之。」

❸ 參閱澎湖地院暨地檢處 54 年 10 月份司法座談會：「股份有限公司之代表權係因公司法（法律）之規定而生，依公司法規定，惟有公司之執行機關，即代表公司為法律行為之權或為訴訟上法定代理人，本件股份有限公司之董事長，係公司之執行機關，其本身有代表公司為一切之權限，固無疑問。惟委任非董事又非經理人之第三人處理公司業務，依法要無代表公司為法律行為之權或為訴訟上之法定代理人。」

❸ 參閱最高法院 21 年上字第 1486 號：「公司對董事代表權所加之限制，固不得對抗善意第三人，然依公司法（舊）第一百四十五條第二項及第三十一條之規定，代表公司之董事僅關於公司營業上之事務有辦理之權，若其所代表者非公

董事長對票據之背書，乃屬其代表之權限內，惟須蓋有公司及董事長印章❸。董事長違反章程規定，未經董事會決議擅代表公司向善意第三人訂貨之買賣契約，仍屬有效❸。再者，公司之董事長既經法院假處分執行禁止執行職務，則在假處分之執行命令撤銷前，自不得行使董事長職務，其依公司法第二○八條第三項所定由董事長指定代理人行使其職務之指定權，亦不得行使。縱其指定代理人行使職務之指定權，係在法院假處分執行命令之前為之，則於受假處分執行命令之後，其受假處分之前所指定之代理人，即不得行使其職務，始能貫徹假處分執行之目的❸。

五、常務董事

董事會得設有常務董事。常務董事乃常務董事會之組成員，為股份有限公司章定得任意設置經常執行業務機關。常務董事者，由三分之二以上董事出席，以出席董事過半數之同意，在董事人數中互選之，名額至少三人，最多不得超過董事人數三分之一（公二○八 II 前）。關於選舉方式，究應採用單記法或連記法，本法並無明文規定，因此參照一般選舉法規之規定辦理，如採用連記法一選票推選三名時，仍以一票計算，若係單記法每

司營業上之事務，本不在代表權範圍之內，自無所謂代表權之限制，此項無權限之行為，不問第三人是否善意，非經公司承認不能對於公司發生效力。」

❸ 參閱最高法院 55 年臺上字第 1873 號：「票據為文義證券，票據上之權利義務悉應依票據記載之文字以為決定。股份有限公司之董事長，依公司法（舊）第一百九十三條之規定，本有代表公司之權限，其於背書系爭支票時除加蓋其個人私章外，既尚蓋有公司及董事長印章，即難謂非以公司名義為背書。」

❸ 參閱臺灣高等法院 65 年法律座談會結論：「某股份有限公司以章程訂明『公司為新臺幣五十萬元以上之交易行為時，應經董事會之決議』，該公司董事長某甲竟未經董事會決議，擅代表公司向不知情之某乙訂購一百萬元之貨物一批，致有損公司之利益，該買賣契約是否有效一案，經研討結果，認為依目前商場交易習慣，鮮有於交易時，先索閱相對人公司章程者，且董事長代表公司為買賣行為時，相對人恆信賴其有代表權，故為保護交易之安全，應認該買賣契約為有效。」

❸ 經濟部 93.11.19 經商字第 09302403140 號。

人只能發一張選票推選一人，由得票較多者當任❸❶❽。第一次董事會之召集，出席之董事未達選舉常務董事之最低出席人數（三分之二以上），原召集人復依同法第二○三條第三項中規定：「第一次董事會之召開，出席之董事未達選舉常務董事或董事長之最低出席人數時，原召集人應於十五日內繼續召開，並得適用第二百零六條之決議方法選舉之。」繼續召集董事會選舉常務董事時，有過半數董事之出席即可為之。又公司法第二○三條第三項規定之立法意旨，係為使常務董事順利產生，故降低董事出席人數為過半數即可，尚無由他人主張不採第二○六條決議方法選舉之餘地❸❶❾。按常務董事之設置旨在董事眾多，集會不易，故由常務董事會執行股東會及董事會決議事項。本法第二○八條第二項規定限制常務董事設置人數，當可杜絕目前有些公司其常務董事人數，與公司董事人數相同或相差一人，致使常務董事之設置失其意義。常務董事之任期，本法未規定，惟其須具有董事之身分，故其任期亦與董事同，即不得逾三年，但連選得連任。至於其解任之方式亦與選任同。

六、常務董事會

常務董事會，係由全體常務董事組成，為公司章定任意常設之機關。常務董事於董事會休會時，依法令、章程、股東會決議及董事會決議，以集會方式經常執行董事會職權，由董事長隨時召集。以半數以上常務董事之出席，及出席過半數之決議行之（公二○八IV）。公司設有常務董事者，其得否互為代理，法無明定，惟常務董事係由董事互選產生，並依同條第四項規定常務董事於董事會休會時，依法令……以集會方式經常執行董事會職權。準此，常務董事會係董事會休會時所為之設置，如公司章程訂定董事得由其他董事代理時，自得比照代理之❸❶❿。

本法第二○八條所規定之常務董事會，並無如本法第二○七條規定：「董事會之議事，應作成議事錄。前項議事錄準用第一百八十三條之規定。」

---

❸❶❽　參閱經濟部 61.8.9 商字第 22086 號。

❸❶❾　經濟部 91.7.25 經商字第 09102151170 號。

❸❶❿　經濟部 87.3.21 經商字第 87205438 號。

故是否得準用本法第一八三條不無可疑。至於董事列席常務董事會，本法並無限制，董事長如認為需要時，自可通知有關董事列席❸❶。

第四、董事會及常務董事會之召開，董事之出席及決議

一、召　集

　㈠**董事會之召集人及程序**　依本法規定，每屆第一次董事會，由所得選票代表選舉權最多之董事於改選後十五日內召開之。但董事係於上屆董事任滿前改選，並決議自任期屆滿時解任者，應於上屆董事任滿後十五日內召開之（公二〇三 I）。董事係於上屆董事任期屆滿前改選，並經決議自任期屆滿時解任者，其董事長、副董事長、常務董事之改選得於任期屆滿前為之，不受前項之限制（公二〇三 II）。第一次董事會之召開，出席之董事未達選舉常務董事或董事長之最低出席人數時，原召集人應於十五日內繼續召開，並得適用第二百零六條之決議方法選舉之（公二〇三 III）。得選票代表選舉權最多之董事，未在第一項或前項期限內召開董事會時，得由過半數當選之董事，自行召集之（公二〇三 IV）。董事會由董事長召集之（公二〇三之一 I）。過半數之董事得以書面記明提議事項及理由，請求董事長召集董事會（公二〇三之一 II）。前項請求提出後十五日內，董事長不為召開時，過半數之董事得自行召集（公二〇三之一 III）。董事會之召集，應於三日前通知各董事及監察人。但章程有較高之規定者，從其規定（公二〇四 I）。公開發行股票之公司董事會之召集，其通知各董事及監察人之期間，由證券主管機關定之，不適用前項規定（公二〇四 II）。有緊急情事時，董事會之召集，得隨時為之（公二〇四 III）。前三項召集之通知，經相對人同意者，得以電子方式為之（公二〇四 IV）。董事會之召集，應載明事由（公二〇四 V）。

　㈡**常務董事會之召集人及程序**　常務董事於董事會休會時，依法令、章程、股東會決議及董事會決議，以集會方式經常執行董事會職權，由董事長隨時召集之（公二〇八 IV）。

───────────────

❸❶　參閱經濟部 59.12.9 經商字第 56381 號。

二、開　會

董事會開會時，董事應親自出席，但公司章程訂定得由其他董事代理者，不在此限（公二〇五 I）。據此，章程未訂有董事出席董事會之代理者，則董事委託其他董事代理出席董事會對公司不生效力。至於董事會之決議是否有效，允屬司法機關認事用法範疇，如有爭議，可循司法途徑解決(312)。又董事會開會時，如以視訊會議為之，其董事以視訊參與會議者，視為親自出席（公二〇五 II）。所謂視訊參與會議者，係指電傳科技之視訊畫面會議方式觀察對方影像動態與交談從事會議，亦即以電傳視訊從事面對面會談情形，達到相互討論之會議效果，與親自出席無異。若僅以其他方式如電話或傳真方式為之，未能觀察對方畫面動態，故不屬於視訊參與會議。又法人董事已指派自然人充其代表者，若再委託非董事代表出席董事會，與法不符。此時可依本法第二十七條第三項規定，依其職務關係，隨時改派補足原任期；或另委託同公司內他法人董事，由該法人董事指派之自然人，行使該二法人董事之職權(313)。但不可委託非董事之自然人(314)。董事委託其他董事代理出席董事會時，應於每次出具委託書，並列舉召集事由之授權範圍（公二〇五 III）。代理人以受一人之委託為限（公二〇五 IV）。董事經常代理制度，容許居住國外之董事得以書面委託國內之其他股東，經常代理出席董事會，居住國外之董事，可經常性不親自出席董事會，有違應盡之義務，並不妥適，況董事會開會已開放得以視訊會議為之，爰刪除之。改以公司章程得訂明經全體董事同意，董事就當次董事會議案以書面方式行使其表決權，而不實際集會（公二〇五 V）。前項情形，視為已召開董事會；以書面方式行使表決權之董事，視為親自出席董事會（公二〇五 VI）。前二項規定，於公開發行股票之公司，不適用之（公二〇五 VII）。再者，董事會係採合議制，依最高法院六五年臺上字第一三七四號判例之意旨，會議決議應有二人以上當事人基於平行與協商之意思表示相互合致成

(312) 經濟部 92.8.19 經商字第 09202171850 號。

(313) 經濟部 98.2.18 經商字第 09802016080 號。

(314) 經濟部 98.10.7 經商字第 09802135490 號。

立之法律行為之基本形式要件。是以董事會如僅由董事一人親自出席，即使有其他董事委託代理出席，因實質上無從進行討論，未具會議之基本形式要件，與上開判例之要旨有違，係屬無效❸⑮。

三、決　議

㈠董事會之決議

1. **普通決議**　董事會之決議，除本法另有規定外，應有過半數董事之出席，出席董事過半數之同意行之（公二〇六Ⅰ），是謂普通決議方法。因此出席董事會之董事如已超過半數，即得進行表決，不因表決時有董事離席而受影響。至其表決是否通過，仍應視是否已超過出席董事之半數，而非以超過在場董事之半數為斷❸⑯。又除有特別決議事項外，其餘事項均屬普通決議之事項。董事對於會議之事項，有自身利害關係時，應於當次董事會說明其自身有害於公司利益之重要內容（公二〇六Ⅱ）。董事之配偶、二親等內血親，或與董事具有控制從屬關係之公司，就前項會議之事項有利害關係者，視為董事就該事項有自身利害關係（公二〇六Ⅲ）。董事對於會議之事項，有自身利害關係時，不得加入表決，並不得代理他董事行使表決權（公二〇六Ⅳ準公一七八），否則該部分之決議無效❸⑰。有董事會之召集權人，亦無享有不通知有利害關係之董事出席之權限❸⑱。董事會之決議對無表決權董事，不算入已出席董事之表決權數（公二〇六Ⅳ準公一八〇Ⅱ）。又本法規定公司資本額達中央主管機關所定數額以上者，查核簽證該公司財務報表之會計師的選任、解任及報酬之決定，與經理人之委任、解任及報酬之決定，應由該公司董事會以董事過半數之出席，及出席股東過半數同意之決議行之，但公司章程有較高規定者，從其規定（公二〇Ⅱ、Ⅲ、二九Ⅰ3）。

再者，法人股東之代表人當選為董事時，該代表人即有知悉公司營業

---

❸⑮　經濟部 93.5.7 商字第 09302073130 號。

❸⑯　最高法院 77 年臺上字第 400 號判決。

❸⑰　最高法院 99 年臺上字第 385 號判決。

❸⑱　最高法院 70 年臺上字第 3410 號判決。

秘密之機會。因此其與法人股東間有委任關係，依民法第五四〇條規定，受任人（代表人）應將委任事務進行之狀況報告委任人（法人股東），則法人股東亦有知悉公司營業秘密之機會。是以，法人股東之代表人於董事會行使董事職權時，就其代表之法人股東與公司締結買賣契約等相關議案，應以「有自身利害關係致有害於公司利益之虞」，依公司法第二〇六條第四項準用第一七八條規定，不得加入表決 ❸❶❾。倘公司有八位董事，召開董事會時，八位董事全部出席（符合法定開會門檻），如其中七席於決議事項有利害關係致有害於公司利益之虞，僅餘一人可就決議事項進行表決，該一人就決議事項如同意者，則以一比零之同意數通過（符合決議門檻）❸❷⓿。

　　2.**特別決議**　本法第二〇六條第一項所謂「本法另有規定」者，係指下列特別決議之規定，其應由三分之二以上之董事出席及出席董事過半數之同意行之：

　　⑴公司除法律或章程另有規定者外，得經董事會以董事三分之二以上之出席及出席董事過半數同意之決議，與員工簽訂認股權契約，約定於一定期間內，員工得依約定價格認購特定數量之公司股份，訂約後由公司發給員工認股權憑證（公一六七之二 I）。員工取得認股權憑證，不得轉讓。但因繼承者，不在此限（公一六七之二 II）。章程得訂明第一項員工認股權憑證發給對象包括符合一定條件之控制或從屬公司員工（公一六七之二 III）。

　　⑵決議向股東會提出締結、變更或終止關於出租全部營業等契約之議案（公一八五 I、IV）。

　　⑶互選董事長、副董事長及常務董事（公二〇八 I、II）。

　　⑷公開發行股票之公司，為以發行新股分派股息及紅利之決議（公二四〇 VI）。

　　⑸公開發行股票之公司，為法定公積撥充資本之決議（公二四一 II）。

　　⑹決議募集公司債（公二四六 II）。

　　⑺決議發行新股（公二六六 II）。

---

❸❶❾　經濟部 91.12.16 經商字第 09102287950 號。

❸❷⓿　經濟部 99.4.26 經商字第 09902408450 號。

⑻決議聲請公司重整（公二八二Ⅱ）。

⑼決議進行簡易合併（公三一六之二）。

㈡**常務董事會之決議**　以半數以上常務董事之出席，及出席過半數之決議行之（公二〇八Ⅳ後）。

㈢**決議之瑕疵**　董事會之決議有瑕疵時，不論是召集程序、決議方法或決議內容等違反法令或章程之規定，本法未如股東會決議瑕疵之不同而分為得撤銷（公一八九）或無效（公一九一），故學者通說認為利害關係人得隨時以任何方法主張其無效而抗辯之，不以訴之方法主張為必要。經濟部民國八十年六月十二日商字第二一四四九〇號謂：「查撤銷董事會決議之訴係形成之訴，以法律有明文規定者為限。公司法對董事會之召集程序或其決議方法違反法令或章程時，並無規定準用第一百八十九條規定得訴請法院撤銷，自難作同一解釋。依學者通說及最高法院判決，認董事會召集程序或決議方法違反法令或章程時，其決議應不生效力㉛。」

㉛　1.最高法院97年臺上字第925號判決：「惟董事會為公司之權力中樞，為充分確認權力之合法、合理運作，及其決定之內容最符合所有董事及股東之權益，應嚴格要求董事會之召集程序、決議內容均須符合法律之規定，如有違反，應認為當然無效。」

　2.最高法院100年臺上字第2104號判決：「按公司法第二百十八條之二規定賦予監察人得列席董事會陳述意見之權利，乃因監察人為公司業務之監督機關，須先明瞭公司之業務經營狀況，俾能妥善行使職權，同法第二百零四條因就董事會之召集明定應載明事由於七日前通知監察人，以資遵循。而董事會為公司權力中樞，為充分確認權力之合法運作，其決定之內容能符合所有董事及股東之利益，自應嚴格要求董事會之召集程序及決議方式符合上開規範及其他相關法律規定，如有違反，其所為決議，公司法雖未設特別規定，亦無準用同法第一百八十九條之明文，惟參諸董事會係全體董事於會議時經互換意見，詳加討論後決定公司業務執行之方針，依設立董事會制度之趣旨以觀，應屬無效。」

第五、董事會之權限與職務

一、董事會之權限

㈠**公司業務之執行有決定之權限**　本法規定，公司業務之執行，除本法或章程規定，應由股東會決議之事項外，均應由董事會決議行之（公二○二）。此為劃分董事會與股東會權限之概括規定。依此規定，公司業務之執行除本法或章程規定，專屬股東會決議之事項外，其餘事項均由董事會決議行之。因此本條擴大董事會之業務執行權。所謂依本法規定，應由股東會決議之事項，如分派盈餘或虧損撥補（公一八四 I）；締結、變更或終止關於出租全部營業、委託經營或與他人經常共同經營之契約；讓與全部或主要部分之營業或財產；受讓他人全部營業或財產，對公司營運有重大影響（公一八五 I 1、2、3）等事項均屬之，但董事會仍有提案權（公二二八 I 3、一七二 V）。至於本法未明訂或章程未規定應由股東會決議之事項，例如公司所在地變更（限同一縣市遷址）、分公司名稱變更、分公司所在地變更事項，公司法既無明定係專屬「股東會」之職權，依公司法第二○二條規定，上開事項均應由董事會決議，尚不得由股東會取代議決之❸❷❷。

㈡**公司業務之執行**　本法規定應由董事會決議之事項，經董事會對公司業務之意思決議後，具體之執行可交由董事長、副董事長、常務董事、董事或經理人執行之，並得指定其執行之方法。其次，本法為促使董事會之內部監查 (internal audit)，明訂董事會對董事長、副董事長及常務董事有選舉權，即由互選而產生（公二○八 I、II）；然是否可由董事會罷免而另行互選之，法無規定，理論上應認為可以，俾與互選之規定相呼應。況法亦無規定董事長、副董事長及常務董事有任期之保障。其次，一般事項須經董事會之普通決議，至於個別重要事項，須經董事會之特別決議。此詳閱前述「第四、」的「三、決議」。又法令、章程規定，或股東會決議之事項經股東會決議後，由董事會執行業務時，亦應遵照辦理（公一九三 I）。至於一般之日常事務之執行，董事會得委由董事長自行決定並執行之，不

---

❸❷❷　經濟部 91.9.3 經商字第 09102164470 號。

必召開董事會決議之。

董事會執行業務，應依照法令、章程及股東會之決議（公一九三 I）。董事長對公司營業上一切事務有辦理之權（公二〇八 V 準公五七），公司對董事長代表權所加之限制，不得對抗善意第三人（公二〇八 V 準公五八）。又董事會決議之內容，違反法令章程及股東會之決議，致公司受損害時，參與決議之董事，對於公司負賠償之責任。但經表示異議之董事，有記錄或書面可證者，免其責任（公一九三 II）。蓋董事會之權限至為廣泛，為加強董事之責任，以求業務健全妥善，特以行為董事為負責對象。凡是表示贊同參加違法之決議者，應負其責任。條文中「參與決議之董事」，所稱「參與決議」一詞，應解釋為「參與決議並為同意」之董事為妥。董事會決議之內容違反法令或章程時，可參照本法第一九一條股東會決議內容違法之規定，應屬當然無效。並視其決議內容可否為訴訟標的，如可為訴訟標的者，並可提起確認之訴。至董事會決議之程序違法，則不能認為當然無效，且亦不得訴請撤銷。因撤銷之訴，屬形成之訴，法律既無規定，自不得提起。惟內容違法或程序違法，均得依同法第一九三條第二項及第一九四條辦理，其決議事項，得為確認之訴之標的者，自得提起消極確認之訴，並可聲請為假處分，以定暫時狀態。

二、董事會之職務（義務）

㈠**召集股東會** 股東會除本法另有規定外，由董事會召集之（公一七一）。

㈡**作成並保存議事錄** 董事會之議事，應作成議事錄。

㈢**備置章程簿冊** 除證券主管機關另有規定外，董事會應將章程及歷屆股東會議事錄、財務報表備置於本公司，並將股東名簿及公司債存根簿備置於本公司或股務代理機構（公二一〇 I）。所謂財務報表，係指商業會計法第二十八、二十九條規定之文件 ❸。上述章程及簿冊，股東及公司之債權人得檢具利害關係證明文件，指定範圍，隨時請求查閱、抄錄或複製；其備置於股務代理機構者，公司應令股務代理機構提供（公二一〇 II）。所

---

❸　經濟部 92.4.23 經商字第 09202076190 號。

謂「利害關係證明文件」，係指表明自己身分並與公司有利害關係之證明文件而言❸❷❹。所謂「隨時」，係指無時間及次數之限制。所謂「指定範圍」，係指股東及公司之債權人指定與其有利害關係之範圍而言。至於「抄錄」，包括影印在內❸❷❺。代表公司之董事違反本法第二一〇條第一項規定，不備置章程簿冊者，或違反本法第二一〇條第三項規定無正當理由而拒絕查閱或抄錄者，處新臺幣一萬元以上五萬元以下罰鍰。公司負責人所備章程、簿冊有虛偽記載時，依刑法有關規定處罰。因此請求查閱或抄錄時，得檢具利害關係證明文件，指定範圍，以免股票集團，以不法藉口，利用抄錄股東名簿或向股東騷擾或作不法活動，增加公司之困擾。

　　㈣**報告公司有受重大損害之虞**　董事發現公司有受重大損害之虞時，應立即向監察人報告（公二一八之一）。監察人監察董事職務之執行，並得隨時調查公司業務及財務狀況，故董事有向監察人報告義務。

　　㈤**報告公司虧損**　公司虧損達實收資本額二分之一時，董事會應於最近一次股東會報告（公二一一Ⅰ）。蓋有此情節，公司資金周轉顯受阻滯，董事會不應隱諱掩飾。惟本法對股份之發行係兼採授權資本制，股份總額得分次發行，故本法第二一一條第一項中為「實收資本額」，並非股份總額之資本總額。又所稱「虧損」，為完成決算程序經股東會承認後之累積虧損，與公司年度進行中所發生之本期淨損之合計。又同法第二七〇條第一款「最近連續二年有虧損者」之「虧損」，係指最近連續二個會計年度有虧損者而言，二者不同❸❷❻。

　　㈥**聲請宣告破產**　公司資產顯有不足抵償其所負債務時，除公開發行股票或公司債之公司得依公司重整辦理外，非公開發行股票或公司債公司之董事會應即聲請宣告破產（公二一一Ⅱ）。代表公司之董事不報告虧損與聲請破產者，處新臺幣二萬元以上十萬元以下罰鍰（公二一一Ⅲ）。倘債權人受損害時，並應負民法上之責任❸❷❼。本法第二一一條第二項所規定者為

---

　　❸❷❹　經濟部 76.4.18 經商字第 17612 號。

　　❸❷❺　經濟部 85.3.4 經商字第 203563 號。

　　❸❷❻　經濟部 91.12.11 經商字第 09102280620 號。

「公司資產」，並非資本。按「資產」與「資本」有別，公司虧損雖已超過實收資本額，如尚未超過資產實際總額，董事會可不必聲請宣告破產，繼續經營[328]。即有過失之董事應負賠償責任，其有二人以上時應連帶負責。代表公司之董事對公司債權人之賠償金額應以「實際損害及董事過失之輕重為衡」[329]。換言之，公司債權人可能獲得之分配額較多，而因其不為聲請致獲償較少或全未獲償，二者之差額應由有過失之代表公司之董事賠償，但公司債權人負舉證證明之責[330]。

(七)**公司債募集之決議報告、申請及公司債款之催繳**　公司經董事會決議後，得募集公司債；但須將募集公司債之原因及有關事項報告股東會（公二四六 I）。董事會募集公司債時，應將特定事項，申請證券管理機關審核（公二四八），並應向應募人催繳其所認金額（公二五四）。公司於發行公司債時，得約定其受償順序次於公司其他債權（公二四六之一）。

(八)**新股發行之決議**　公司發行新股時，應由董事會以董事三分之二以上之出席，及出席董事過半數同意之決議行之（公二六六II）。

(九)**會計上之義務**　本法明文規定者有：1.編造會計表冊交監察人查核之義務（公二二八）；2.備置會計表冊及供股東查閱之義務（公二二九）；3.請求股東會承認會計表冊及將其分發公告等義務（公二三〇）。

(十)**公司解散之通知及公告**　公司解散時，除破產外，董事會應即將解散之要旨，通知各股東（公三一六IV）。

(十一)**公司分割或與合併契約之提出**　公司分割或與他公司合併時，董事會應就分割、合併有關事項，作成分割計畫、合併契約，提出於股東會

[327] 參閱最高法院23年上字第204號判例：「特別法無規定者應適用普通法，公司法（舊）第一百四十七條第二項，僅載公司財產顯有不足抵償債務時，董事應即聲請宣告破產，至不為此項聲請致公司之債權人受損害時，該董事對於債權人應否負責，在公司法既無規定，自應適用民法第三十五條第二項之一般規定。」

[328] 參閱經濟部64.4.23商字第08861號。

[329] 最高法院58年臺上字第790號判決。

[330] 最高法院62年臺上字第524號判例。

（公三一七前）。

　　㈥**財務困難有停業之虞時，得聲請重整**　公司財務困難，暫停營業或有停業之虞時，而有重整更生之可能者，得由公司或法定利害關係人之一向法院聲請，經法院裁定重整（公二八二Ⅰ）。

　　除上述之職務外，本法有明文以專條文規定，又依公司法第二〇二條規定，除本法或章程規定，應由股東會決議之事項外，均應由董事會決議行之。例如分派股息及紅利之基準日、股東會開會日期等，尚非股東會之職權，故應由董事會決議訂定。

第六、董事會違法之制止

一、繼續一年以上持有股份之股東的制止請求權（或停止請求權）

　　㈠本法規定，董事會決議，為違反法令或章程之行為時，繼續一年以上持有股份之股東，得請求董事會停止其行為（公一九四）。屬於一種單獨股東權。其目的在防範董事濫權於未然，故在董事會違法行為之前，採取事前防範措施，以免發生不能回復原狀之損害，並強化個別股東權。股東此項制止權，係在監督及糾正董事或董事會，故屬於共益權。我國最高法院判決，董事違法行為亦得適用本法第一九四條規定❸❸❶。

　　㈡股東為此項制止請求權在阻止董事會執行業務，而董事會置之不理時，自得以訴訟方式請求法院裁定暫時狀態之假處分，或提起消極不作為給付之訴（民訴五三八）。此項訴訟，應以股東個人為原告，而以公司為被告，由董事長為代表。因董事會僅公司內部機關，自不得為被告。至於命供擔保、勝訴股東之權利及敗訴股東之責任等，本法未設有明文。惟因請

---

❸❸❶　最高法院80年臺上字第1127號判決：「公司法第一百九十四條所規定之單獨股東權，旨在強化小股東之股權，使之為保護公司及股東之利益，得對董事會之違法行為，予以制止，藉以防範董事之濫用權限，而董事長或董事為董事會之成員，若董事長或董事恣意侵害公司及股東之利益，而為違法行為，是否仍應拘泥須為董事會之違法行為，始有上開規定之適用，而不得探求法律規定之目的，為法律的補充或類推適用，尚非無疑。」

求停止違法行為之訴，性質上可視為一種代位訴訟，故得類推適用代表訴訟之有關規定（公二一四至二一五）❸❸。

二、監察人之制止請求權（或停止請求權）

本法規定，監察人得列席董事會陳述意見（公二一八之二 I）。按監察人為公司業務之監督機關，而妥善行使監督職權之前提，須先明瞭公司之業務經營狀況，若使監察人得列席董事會，則往往較能及早發覺董事等之瀆職行為，故賦予監察人亦有參加董事會之權利❸❸。董事會或董事執行業務有違反法令、章程或股東會決議之行為者，監察人應即通知董事會或董事停止其行為（公二一八之二 II）。立法原意，旨在強化監察人權限，加強其職責，由監察人代表公司制止董事會或董事之違反法令、章程或股東會決議之行為，而減輕公司之損失。公司若有數監察人時，監察人各得單獨行使此一請求權（公二二一）。

此項停止請求權之行使方法，本法未規定，解釋上監察人得於訴訟外，對決議為違法行為之董事會或欲為違法行為之董事，通知其停止該行為。若該董事會或董事置之不理，而為該違反法令、章程或股東會決議之行為時，監察人自得以訴訟方式以公司為被告，請求法院判決制止之，此為消極不作為給付之訴，並得先以假處分之方式制止之（民訴五三八）。其情形，與前述股東之制止權同。

三、股東之制止請求權與監察人制止請求權二者互補

監察人之制止權與繼續一年以上持有股份股東之制止請求權，二者在行使上無先後次序之別，均屬於事前之防範措施，旨在爭取時間，於董事會或董事未為違法行為前，加以制止。監察人雖有制止請求權，惟其與董事相處甚久，易生包庇或疏忽，故賦予股東亦享有制止請求權，以補監察人監察權之不足。

---

❸❸ 參閱柯芳枝著《公司法論（下）》第 332 頁。

❸❸ 經濟部 94.9.27 經商字第 09402143110 號。

第四款　臨時管理人

第一、臨時管理人之意義及目的

公司之經理人、清算人或臨時管理人，股份有限公司之發起人、監察人、檢查人、重整人或重整監督人，在執行職務範圍內，亦為公司負責人❸❸。臨時管理人者，係依公司法之規定，董事會不為或不能行使職權，致公司有受損害之虞時，法院因利害關係人或檢察官之聲請得選任一人以上之臨時管理人，代行董事長及董事會之職權。但不得為不利於公司之行為（公二○八之一 I）。上述規定，係仿非訟事件法第六十四條第一項之規定而來，本法既有明定，故不再適用該法條項。按公司因董事死亡、辭職或當然解任，致董事會無法召開行使職權；或董事全體或大部分均遭法院假處分不能行使職權，甚或未遭假處分執行之剩餘董事消極地不行使職權，致公司業務停頓，影響股東權益及國內經濟秩序，故於本法特設臨時管理人之規定，俾符實際❸❸。

第二、臨時管理人選任之要件、人數及職權

一、選任要件

依本法規定，選任臨時管理人須具備下列要件，法院始得選任：㈠須董事會不為或不能行使職權。㈡須致公司有受損害之虞。㈢法院因利害關係人或檢察官之聲請。前述聲請，應以書面表明董事會不為或不能行使職權，致公司有受損害之虞之事由，並釋明之（非訟一八三 II）。法院為裁定

---

❸❸　按第 208 條之 1 第 1 項規定「董事會不為或不能行使職權，致公司有受損害之虞時，法院因利害關係人或檢察官之聲請，得選任一人以上之臨時管理人，代行董事長及董事會職權……」旨在因應公司董事會不為或不能行使職權時，藉臨時管理人之代行董事長及董事會職務，以維持公司運作。由於該臨時管理人係代行董事長及董事會職權，是以，在執行職務範圍內，亦為公司負責人……。

❸❸　民國 90 年公司法第 208 條之 1 修正理由。

前，得徵詢主管機關、檢察官或其他利害關係人之意見（非訟一八三III）。此項裁定，應附理由（非訟一八三IV）。按檢察官之聲請，乃代表公共利益而為之。至於所謂利害關係人，應視具體個案有無利害關係而定，如股東或債權人。又法院依聲請所得選任之臨時管理人，尚不以股東為限，法院得自行選任律師或會計師充之。至聲請人倘聲請選任原已經解任之董事為臨時管理人，是否適當一節，允屬具體個案審酌之範疇❸❸。

二、人　數

法院選任之人數在一人以上（公二○八之一I前）。

三、職　權

臨時管理人代行董事長及董事會之職權。但不得為不利於公司之行為（公二○八之一I後）。

第三、臨時管理人之登記

選任臨時管理人，法院應囑託主管機關為之登記（公二○八之一II、非訟一八三V）；解任時，法院應囑託主管機關註銷登記（公二○八之一III）。

第五款　監察人與檢查人

第一、監察人概述

一、意　義

監察人者，乃股份有限公司法定必要而常設之監察機關，負責公司業務執行之監督、公司會計之審核（公二一八I、二一九I）及董事責任追究及解除權。就常設而言，與董事之情形相同。惟與檢查人之為任意的臨時機關不同。監察人在企業自治之原則下，屬於公司內部之自治監督與控管。所謂監察，不僅對董事執行業務有監察之權，對於會計亦有審核之權，故監察人不得兼任經理人或董事。監察人與公司之關係，從民法關於委任之關係（公二一六III）。惟其職務之性質特殊，雖我國公司法未規定，監察人

❸❸　經濟部 92.4.4 經商字第 09202070730 號。

之職務不得委由他人代為行使，解釋上亦應作如此。同時為發揮監察之作用，本法允許監察人使用律師、會計師協助之。美國法制無監察人之制度，故董事會內另設有外部董事執行監察人之職務，此與我國公司法不同，請閱前述。我國各監察人獨立行使職權，並無監事會之設置。

二、資　格

公司監察人，由股東會選任之，監察人中至少須有一人在國內有住所（公二一六 I）。但不以具有中華民國國籍為必要。華僑回國投資或外國人投資者，不受此限制（華僑回國投資條例第十六條及外國人投資條例第十五條）。本法第三十條之規定及第一九二條第一項、第四項關於行為能力之規定，對監察人準用之（公二一六IV）。由此可知，監察人之資格如下：

㈠**積極資格**　監察人之積極資格須係有行為能力人。限制行為能力人雖經其法定代理人之允許，得獨立營業，關於其營業有行為能力（民八五），仍不得充任監察人。又公開發行股票之公司選任之監察人須有二人以上，其全體監察人合計持股比例，證券管理機關另有規定者，從其規定（公二一六II）。此係配合證券交易法第二十六條規定對董監持股須達一定成數之規定而設。對於未具有股東身分之監察人，一般稱為外部監察人或獨立監察人。

㈡**消極資格**

1. **經理人消極資格之準用**　準用本法第三十條經理人之規定，旨在保護社會公益。換言之，有下列情事之一者，不得充監察人，其已充任者，當然解任（公二一六IV準公三〇）：⑴曾犯組織犯罪防制條例規定之罪，經有罪判決確定，尚未執行、尚未執行完畢，或執行完畢、緩刑期滿或赦免後未逾五年。⑵曾犯詐欺、背信、侵占罪經宣告有期徒刑一年以上之刑確定，尚未執行、尚未執行完畢，或執行完畢、緩刑期滿或赦免後未逾二年。⑶曾犯貪污治罪條例之罪，經判決有罪確定，尚未執行、尚未執行完畢，或執行完畢、緩刑期滿或赦免後未逾二年。⑷受破產之宣告或經法院裁定開始清算程序，尚未復權。⑸使用票據經拒絕往來尚未期滿。⑹無行為能力或限制行為能力。⑺受輔助宣告尚未撤銷。

2. **公司董事、經理人或其他職員不得充任監察人**　此乃依公司法第二二二條規定，監察人不得兼任公司董事、經理人或其他職員之反面解釋。其目的在使監察人能以超然立場行使職權。至於本法第二十七條第二項規定，政府或法人股東指派代表二人以上分別當選為董事或監察人之規定，但不得同時當選或擔任董事及監察人。

三、人數及任期

(一)**人數**　本法並無明文規定，故最多人數不加限制，惟至少人數：

1. **非公開發行股票公司**　監察人至少須有一人在國內有住所（公二一六 I）。倘該非公開發行股票公司章程規定僅有一人，而該監察人僅持有中華民國僑外居留證者，與上述規定未合。惟如屬僑外投資公司者，自不在此限❸❸❼。

2. **公開發行股票公司**　本法規定公開發行股票之公司選任之監察人須有二人以上（公二一六 II 前）。此乃公開發行股票之公司，其股東人數眾多，公司業務繁雜，故監察人之監督功能需要二人以上較能兼顧並發揮❸❸❽。監察人人數為公司章程絕對必要記載事項（公一二九5），故不得不載明之。倘監察人僅餘一人，仍應進行補選。

3. **臨時管理人**　章程規定公司監察人僅有一人，或雖有數人，而此一人或數監察人不為或不能行使職權，致公司有受損害之虞時，法院因利害關係人或檢察官之聲請，得選任一人以上之臨時管理人，代行監察人之職權。但不得為不利於公司之行為（公二二七準公二〇八之一 I）。前項臨時管理人，法院應囑託主管機關為之登記（公二二七準公二〇八之一 II）。臨時管理人解任時，法院應囑託主管機關註銷登記（公二二七準公二〇八之一 III）。

(二)**任期**　監察人之任期，為公司章程絕對必要記載事項（公一二九5）。依本法規定，監察人任期不得逾三年。但得連選連任（公二一七 I）。監察人任期屆滿而不及改選時，延長其執行職務至改選監察人就任時為止。但

---

❸❸❼　經濟部 91.12.12 經商字第 09102280250 號。

❸❸❽　民國 90 年公司法第 216 條修正理由。

主管機關得依職權，限期令公司改選；屆期仍不改選者，自限期屆滿時，當然解任（公二一七II）。

四、選　任

㈠**公司設立時監察人之選任**　依本法規定，公司採發起設立者，監察人由發起人選任（公一三一I後）；倘採募集設立時，由創立會選任（公一四六I前）。惟由政府或法人股東一人所組織之股份有限公司，其監察人由政府或法人股東指派（公一二八之一IV）。

㈡**公司設立後監察人之選任**　公司之監察人由股東會選任之 （公二一六I前）。其選任方法與董事同，即除公司章程另有規定外，應採用累積投票法（公二二七準公一九八）。又公開發行股票之公司監察人選舉，依章程規定採候選人提名制度者，準用第一九二條之一規定（公二一六之一）。詳閱前述，茲不復贅。

五、解　任

監察人解任之原因如下：

㈠**任期之屆滿**　監察人任期屆滿，應須解任。惟不及改選時，延長其執行職務至改選監察人就任時為止。但主管機關得依職權，限期令公司改選；屆期仍不改選者，自限期屆滿時，當然解任（公二一七II）。

㈡**股份之轉讓**　監察人經選任後，應向主管機關申報，其選任當時所持有之公司股份數額；公開發行股票之公司董事在任期中轉讓超過選任當時所持有之公司股份數額二分之一時，其董事當然解任（公二二七準公一九七I）。監察人在任期中其股份有增減時，應向主管機關申報並公告之（公二二七準公一九七II）。董事任期未屆滿提前改選者，當選之董事，於就任前轉讓超過選任當時所持有之公司股份數額二分之一時，或於股東會召開前之停止股票過戶期間內，轉讓持股超過二分之一時，其當選失其效力（公二二七準公一九七III）。

㈢**股東會之決議**　監察人得由股東會之決議，隨時解任；如於任期中無正當理由將其解任時，監察人得向公司請求賠償因此所受之損害（公二二七準公一九九I）。股東會為前項解任之決議，應有代表已發行股份總數

三分之二以上股東之出席，以出席股東表決權過半數之同意行之（公二二七準公一九九II）。公開發行股票之公司，出席股東之股份總數不足前項定額者，得以有代表已發行股份總數過半數股東之出席，出席股東表決權三分之二以上之同意行之（公二二七準公一九九III）。前二項出席股東股份總數及表決權數，章程有較高之公司規定者，從其規定（公二二七準公一九九IV）。股東會於監察人任期未屆滿前，改選全體監察人者，如未決議監察人於任期屆滿始為解任，視為提前解任（公二二七準公一九九之一）。股東會決議解任監察人後，由公司董事長代表公司向決議被解任之監察人為解任之意思表示，方生解任之效力。

　　㈣**自行辭職**　監察人與公司既為委任關係，自得隨時辭職。

　　㈤**裁判解任**　監察人執行職務，有重大損害公司之行為，或違反法令或章程之重大事項，股東會未為決議將其解任時，得由繼續一年以上持有已發行股份總數百分之三以上股份之股東，於股東會後三十日內，訴請法院裁判之（公二二七準公二〇〇）。

　　㈥**其他事由**　例如由委任關係消滅而解任，如監察人死亡、破產或喪失行為能力而委任關係消滅而解任；又如監察人有公司法上之消極資格而解任。

六、報　酬

　　監察人之報酬，未經章程訂明者，應由股東會議決定之（公二二七準公一九六）。此項決議以普通決議即可。惟監察人因具有自己利害關係，故不得加入表決，亦不得代理他股東行使表決權（公一七八）。

第二、監察人之職權

　　監察人於監督公司業務執行之範圍內，監察人各得單獨行使監察權（公二二一），自不必徵得他監察人之同意，自無由數監察人共同代表公司或組監察人會之可言。此與董事執行業務以集體方式為之者有別。又監察人除本法第二一八條第二項及第二一九條第二項規定之審核業務外，尚不得委託他人。至於監察人是否有權保管公司印鑑章一節，事涉私權，非公司法

規範解釋之範疇❸❸❾。茲就監察人之職權，列舉如下：

一、監督業務之執行

監察人原則上係為監督業務而設，並不執行業務，故本法未設競業禁止之限制，惟監察人對公司業務及營業機密，甚為熟悉，況監察人得列席董事會對公司業務之執行瞭如指掌，故應有競業禁止之適用較妥。本法對於監察人監督業務之具體規定如下：

㈠**調查公司設立經過與報告創立會**　股份有限公司於募集設立時，監察人應就：1.公司章程；2.股東名簿；3.已發行之股份總數；4.以現金以外之財產抵繳股款者，其姓名及其財產之種類、數量、價格或估價之標準暨公司核給之股數；5.應歸公司負擔之設立費用，及發起人得受報酬或特別利益之數額；6.發行特別股者，其總額及每股金額，及其他關於設立之必要事項等，調查後報告於創立會（公一四六、一四五）。

㈡**調查公司業務及財務狀況**

1.監察人應監督公司業務之執行，得隨時調查公司業務及財產狀況，查核簿冊文件，並得請求董事會提出報告（公二一八Ⅰ）。監察人辦理前述事務，得代表公司委任律師、會計師審核之（公二一八Ⅱ）。律師、會計師可否將簿冊文件攜出審核，由公司自行決定❸❹❶。監察人基於職權之行使，須影印公司簿冊文件時，公司自應配合辦理。如有規避、妨礙、拒絕監察人檢查行為者，各處新臺幣二萬元以上十萬元以下罰鍰（公二一八Ⅲ）。但公開發行股票之公司可由證券主管機關處代表公司之董事新臺幣二十四萬元以上二百四十萬元以下之罰鍰（公二一八Ⅲ）。前項情形，主管機關或證券主管機關並應令其限期改正；屆期未改正者，繼續令其限期改正，並按次處罰至改正為止（公二一八Ⅳ）。

2.董事發現公司有受重大損害之虞時，應立即向監察人報告（公二一八之一）。

現行本法之規定採用「公司自體」擴充董事會職權，加強其對公司營

---

❸❸❾　經濟部 92.1.14 經商字第 09202004350 號。

❸❹❶　參閱經濟部 65.11.20 商字第 31741 號。

運權限之精神下，並同時擴充監察人上述之職權，則可能為董事長或常務董事或董事會發揮其營運權能時之掣肘。日本舊商法為貫徹加強董事與董事會權限之立法精神，乃相對的縮小監察人之職權，即原則上限定於公司會計之監查，至於公司業務及財務狀況之調查，則須監察人為執行其職務而有特別需要時，始得為之，以避免監察人之過分牽制董事會，造成公司內部之派系紛爭。惟現行日本商法，為避免董事權限過於龐大，危害公司，業已改絃易轍，於昭和四十九年修改之，而擴大監察之職權。我國部分學者有主張縮小監察人之職權，而修改本法者，實應以日本法例為戒。

　　㈢**列席董事會或常務董事會陳述意見**　本法規定監察人得列席董事會陳述意見（公二一八之二Ⅰ）。監察人為公司業務執行之監督機關，為明瞭公司之業務經營，故有列席董事會之權限，並得陳述意見。又常務董事於董事會休會時，以集會方式經常執行董事會職權（公二〇八Ⅳ）。是以常務董事會召開時，自宜通知監察人，監察人亦得列席常務董事會陳述意見 **❹**。

　　㈣**停止董事會或董事之行為**　董事會或董事執行業務有違反法令、章程或股東會決議之行為者，監察人應即通知董事會停止其行為（公二一八之二Ⅱ），此即為監察人之停止請求權或制止請求權。

　　㈤**查核董事會編造之表冊及報告**　監察人對於董事會編造提出於股東會之各種表冊，應予查核，並報告意見於股東會（公二一九Ⅰ）。監察人辦理前述事務，得委託會計師審核之（公二一九Ⅱ）。如有違反查核之規定而為虛偽之報告時，各科新臺幣六萬元以下罰金（公二一九Ⅲ）。所謂各種表冊，指公司每會計年度終了，董事會所編造之營業報告書、財務報表與盈餘分派或虧損撥補之議案（公二二八Ⅰ）而言。此類會計表冊，董事會應於股東常會開會三十日前交監察人查核，監察人並得請求董事會提前交付查核（公二二八Ⅰ、Ⅲ）。

　　㈥**召集股東會**　監察人除董事會不為召集或不能召集股東會外，得為公司利益，於必要時，召集股東會（公二二〇）。所謂必要時，原則上應於

---

❹　經濟部 91.4.22 經商字第 09102068230 號。

董事會不能召開或不為召開情形下，始得為之。蓋依同法第一七一條規定，股東會原應由董事會召集，倘董事會無不能或不為召開之情形，任由監察人憑其一己主體上之意思，隨意行使此項「補充召集權」勢將影響公司營運正常狀態。雖最高法院六五年臺上字第一○二七號判決曾認所謂「必要時」，不以董事會不為召開或不能召開股東會為限云云。惟此一見解，已為在後之最高法院之判決 ❸❷ 所推翻，故應以董事會不能召開或不為召開之情形下，始得由監察人召集之。然則民國九十年修正之現行公司法第二二○條規定監察人除董事不為召集或不能召集外，得為公司利益，於必要時，得召集股東會。因此所謂「必要時」，如何認定，屬具體個案，如有爭議，循司法途徑解決 ❸❸。本條項之召集權，專屬於監察人，故監察人不得委託他人代為召集 ❸❹。又法院對於檢查人報告認為必要時，得命監察人召集股東會（公二四五Ⅱ）。監察人依法召集之股東會，可由監察人擔任主席 ❸❺，對此本法並未規定，日後修正時，應明定為佳。又監察人於無召集股東會之必要時召集股東會，與無召集權人召集股東會情形有別，僅係股東會之召集有無違反法令，股東得否依公司法第一八九條規定，自決議之日起三十日內，訴請法院撤銷其決議之問題，在該項決議為撤銷前，其決議仍為有效（八九年臺上字第四二五號判決）❸❻。

　　㈦公司發行新股時查核現物出資　公司發行新股而由原有股東認購

❸❷　最高法院 68 年臺上字第 880 號判決；及最高法院 71 年臺上字第 510 號判決：「公司法第二百二十條，固規定監察人認為必要時，得召集股東會，但依同法第一百七十一條，股東會之召集，既為董事會之職權，則該第二百二十條所謂『必要時』，原則上應於董事會不能召開，或不為召開股東會情形下，基於公司利害關係而召集，始為相當。倘董事會無不能召開或不為召開之情形，任由監察人憑一己主觀上意思，隨時擅自行使此一補充召集之權，勢將影響公司正常營運狀態，殊失立法原意。」最高法院 77 年臺上字第 2160 號判例亦是。

❸❸　經濟部 93.4.12 經商字第 09302055200 號。

❸❹　經濟部 66.8.3 商字第 22414 號。

❸❺　經濟部 59.12.4 商字第 55816 號。

❸❻　經濟部 91.5.21 經商字第 09102094570 號。

或由特定人協議認購而不公開發行時,如有以現金以外之財產抵繳股款者,於實行後董事會應送請監察人查核加具意見,報請主管機關核定之(公二七四II)。

㈧審查清算表冊

1.**審查清算人就任時所造具之表冊** 清算人就任後,應即檢查公司財產情形,造具財務報表及財產目錄,送經監察人審查,提請股東會承認後,並即報法院(公三二六I)。前項表冊送交監察人審查,應於股東會集會十日前為之(公三二六II)。監察人審查後,應將其審查結果,向股東會提出報告,以供股東會參考是否承認上述表冊。

2.**審查清算人清算完結時所造具之表冊** 普通清算於清算完結時,清算人應於十五日內,造具清算期內收支表、損益表連同各項簿冊,送經監察人審查,並提請股東會承認(公三三一I)。

二、代表公司

股份有限公司應由董事長對外代表公司(公二〇八III),但本法規定監察人例外得代表公司,其情形如下:

㈠**代表公司訴訟** 公司與董事間之訴訟,除法律另有規定外,由監察人代表公司,股東會亦得另選代表公司為訴訟之人(公二一三)。所謂公司與董事間之訴訟,當指同法第二一二條所規定股東會決議對於董事提起訴訟而言,蓋股東會為公司最高權力機關,惟其有權決定公司是否對董事(或監察人)提起訴訟。至監察人行使監察權,如認董事有違法失職,僅得依同法第二二〇條召集股東會,由股東會決議是否對董事提起訴訟。同法第二一三條所稱除法律另有規定外,則指如同法第二一四條所定不經股東會決議之例外情形而言❸❹❼。詳言之,即繼續六個月以上,持有已發行股份總數百分之一以上之股東,得以書面請求監察人為公司對董事提起訴訟(公二二七準公二一四I)。

㈡**代表公司委託律師會計師** 監察人為調查公司業務及財務狀況,查核簿冊文件,得代表公司委託律師、會計師審核之(公二一八II、二一

❸❹❼ 參閱最高法院 69 年臺上字第 1995 號判決。

九II）。此時律師、會計師之酬金，僅得向公司請求❸❹❽。

　　㈢**代表公司與董事為法律行為**　董事為自己或他人與公司為買賣、借貸或其他法律行為時，由監察人為公司之代表（公二二三）。如董事為其代表之法人股東與公司為買賣等法律行為，應由監察人為公司之代表。蓋本法第二二三條之立法意旨在於避免利害衝突而損害公司利益，故凡與該法律行為有關，而可能造成利害衝突、損及公司利益者，不限於締約，議約亦應由監察人代表公司為宜。至於監察人代表公司對外所為法律行為支出浮濫或超出預算等情事，屬於私權爭議，宜循司法途徑解決❸❹❾。

---

❸❹❽　參閱臺南地院 55 年 4 月份司法座談會結論及審核結果：

法律問題：公司監察人委託律師行使其監察權，律師是否可以直接向公司請求其報酬費？

討論意見

甲說：公司法第二〇六條（現行法第二一九條）既明定監察人得代表公司委託律師、會計師辦理監察人對公司所行使之監察權，且規定律師、會計師之報酬由公司負擔，為節省訴訟時間，且監察人既然代表公司與律師訂立契約辦理其監察人之監察事務，即係公司與律師間成立契約，公司應負擔契約之義務，毋得監察人向公司請求，某律師亦不必向監察人請求自可逕向公司請求也，當事人間並不發生當事人不適格之問題。

乙說：從略。

結論：贊成甲說（臺南地院五十五年四月份司法座談會）。

審核結果　查法人之代表於其權限範圍內，代表法人所為行為，即為法人之行為。本題公司監察人依公司法（指舊法以下同）第二〇六條明定得代表公司委託律師或會計師以辦理該法第二〇四條、第二〇五條（現行法第二一八條）所列之查核調查事務，則在此範圍內所為委任行為，應認為公司之所委任，其委任關係乃直接存在於公司與律師間，律師當然僅得向公司請求其酬金，而不能向監察人有所請求，監察人亦無可以據以向公司請求酬金之法律關係存在，至於律師因向公司請求給付酬金而為交涉或訴訟，已非公司法第二〇六條所定監察人代表權限範圍，應依同法第一九三條（現行法第二〇八條）以董事長為公司法定代理人，原討論意見甲說理由未盡妥洽，乙說將董事與監察人在不同權限範圍內所代表之同一公司分為兩個公司觀念上尤有誤會。

❸❹❾　經濟部 91.7.4 經商字第 09102132160 號。

㈣**應少數股東請求對董事之訴訟** 繼續六個月以上,持有已發行股份總數百分之一以上之股東,得以書面請求監察人為公司對董事提起訴訟(公二一四 I)。監察人自有前項之請求日起,三十日內不提起訴訟時,前項之股東,得為公司提起訴訟;股東提起訴訟時,法院因被告之申請,得命起訴之股東,提供相當之擔保;如因敗訴,致公司受有損害,起訴之股東,對於公司負賠償之責(公二一四 II)。股東提起前項訴訟,其裁判費超過新臺幣六十萬元部分暫免徵收(公二一四III)。第二項訴訟,法院得依聲請為原告選任律師為訴訟代理人(公二一四IV)❸⓿。

第三、監察人之義務

一、忠實執行職務並應盡善良管理人之注意義務

依本法規定,監察人在執行職務範圍內,亦為公司負責人(公八 II),故應有本法第二十三條第一項所規定忠實執行職務並應盡善良管理人之注意義務,如有違反致公司受損害者,負損害賠償責任(公二三 I)。

二、基於委任關係而生之義務

依本法規定,公司與監察人間之關係,從民法關於委任之規定(公二一六III)。監察人之報酬,未經章程訂明者,應由股東會議定之(公二二七準公一九六),故監察人與公司之間,屬於有償委任。因此監察人之義務,除本法另有委任外,如監察人對於董事會編造提出股東會之各種表冊,應予查核,並報告意見於股東會(公二一九 I),其餘適用民法委任之規定。

三、本法規定之具體義務

㈠**申報持股及通知股份設定或解除質權之義務** 監察人經選任後,應向主管機關申報,其選任當時所持有之公司股份數額;公開發行股票之

---

❸⓿ 民國 107 年 7 月 6 日立法院通過公司法第 214 條修正說明:修正第一項。參酌各國公司法之規定,我國持股期間與持股比例之規定較各國嚴格,不利少數股東提起代位訴訟。然為防止股東濫行起訴,仍應保留持股比例與持股期間之限制,爰將持股期間調整為六個月以上,持股比例降低為已發行股份總數百分之一以上。」

公司監察人在任期中轉讓超過選任當時所持有之公司股份數額二分之一時，其監察人當然解任（公二二七準公一九七 I）。監察人在任期中其股份有增減時，應向主管機關申報並公告之（公二二七準公一九七 II）。公開發行股票之公司監察人當選後，於就任前轉讓超過選任當時所持有之公司股份數額二分之一時，或於股東會召開前之停止股票過戶期間內，轉讓持股超過二分之一時，其當選失其效力（公二二七準公一九七 III）。監察人之股份設定或解除質權者，應即通知公司，公司應於質權設定或解除後十五日內，將其質權變動情形，向主管機關申報並公告之。但公開發行股票之公司，證券管理機關另有規定者，不在此限（公二二七準公一九七之一 I）。公開發行股票之公司監察人以股份設定質權超過選任當時所持有之公司股份數額二分之一時，其超過之股份不得行使表決權，不算入已出席股東之表決權數（公二二七準公一九七之一 II）。

　　㈡**不兼任董事、經理人或其他職員之義務**　監察人不得兼任公司之董事、經理人或其他職員（公二二二）。其立法意旨，在使監察人能以超然立場行使職權，並杜流弊。經濟部解釋認為兼任其他公司董事、經理人，則不受限制❸之見解，實有未當。蓋本法第二二二條所規定者，係「不得兼任公司之董事、經理人或其他職員」並非「不得兼任本公司之董事、經理人或其他職員」，故他公司之董事、經理人或其他職員，亦應包括於第二二二條之規定，惟依條文之用字觀之，倘兼任工友，則不論在本公司或他公司，均不受限制。本法第二二二條之規定僅限於公司而已，至於非公司則不受本條之限制。惟日本商法第二七六條規定：「監察人不得兼任董事或經理人及其他使用人。」該條不僅限於公司而已，即使非公司者，亦應受其限制。同時又以「其他使用人」，將工友、僱員，涵蓋在內，則其規定，較我國嚴謹。監察人因不執行公司業務，且本法未明文規定應受競業禁止之限制，故一般學者均主張不受競業禁止之限制。惟監察人為公司之常設機關，監督公司負責人之執行職務，對公司業務機密，了解甚詳，且可行使監察督導之權。監察人得為競業行為，易生擅權偏私或洩漏公司機密，

❸　經濟部 93.8.26 經商字第 09302139530 號。

危害公司甚鉅，故今後修正公司法時，亦禁止其為競業行為，似較允當。又監察人各得單獨行使監察權（公二二一），是以，監察人之職務自不得由董事代理❸❺❷。

　　㈢**審核決算表冊之義務**　監察人對於董事會編造提出於股東會之各種表冊，應予查核，並核對簿據，並調查實況，提出意見報告於股東會（公二一九Ⅰ）。

　　㈣**審查清算表冊之義務**　普通清算完結時，清算人應於十五日內，造具清算期內收支表、損益表，連同各項表冊，送經監察人審查並提請股東會承認（公三三一Ⅰ）。

　　除上述之義務外，其他具體義務之規定請詳閱前述監察人之職權所述，茲不復述。

第四、監察人之責任

一、對於公司之責任

　　監察人執行職務違反法令、章程或怠忽職務，致公司受有損害者，對於公司負賠償責任（公二二四）。監察人在執行職務範圍內，亦為公司負責人（公八Ⅱ），因此應忠實執行職務並盡善良管理人之注意，如有違反公司受有損害者，負損害賠償責任（公二三Ⅰ）。例如監察人為不實之報告或不檢舉董事之舞弊是。

二、對於第三人之責任

　　監察人在執行其職務之範圍內，如有違反法令，致他人受有損害時，對他人應與公司負連帶賠償之責（公二三Ⅱ）。

三、對於股東之責任

　　由少數股東對監察人提起訴訟，其所訴屬實，經終局判決確定時，被訟訴之監察人對起訴之股東，因此訴訟所受之損害負賠償責任（公二二七準公二一四、二一五）。

---

❸❺❷　經濟部 83.6.23 商字第 211471 號，及經濟部 93.8.26 經商字第 09302139530 號。

四、對公司或對第三人負連帶責任

監察人對公司或第三人負損害賠償責任，而董事亦負其責任，該監察人及董事為連帶債務人（公二二六）。

第五、對監察人之訴訟

股份有限公司對其監察人，如發生訴訟，依下列方式提起：

一、股東會起訴時

股東會決議，對於監察人（向地方法院）提起訴訟時，公司應自決議之日起三十日內提起之。前述起訴之代表，股東會得於董事外另行選任（公二二五）。此之股東會決議以普通決議即可。

二、少數股東起訴時

繼續一年以上持有已發行股份總數百分之三以上之股東，得以書面請求董事會為公司對監察人提起之訴訟。董事會如於三十日內不提起時，前述股東，亦得為公司之利益，自行提起訴訟。其因此訴訟提供擔保及賠償損害之規定，均準用有關董事之規定（公二二七準公二一四、二一五）。

第六、檢查人

一、檢查人之概述

檢查人者，係檢查公司業務及財務狀況之一種臨時監察機關。本法對公司重整裁定前或特別清算時，由法院所選派之檢查人，規定須對公司業務具有專門學識、經營經驗而非利害關係人者，始得充任檢查人（公二八五 I、三五二 II）。其他情形，對於檢查人之資格未作限制之規定，但為檢查之事務順利進行，亦宜以具有專門知識之無利害關係的自然人充任之為妥。又檢查人在執行職務範圍內，亦為公司負責人（公八 II），故應忠實執行職務並盡善良管理人之注意義務，如有違反致公司受有損害者，負損害賠償責任（公二三 I）。檢查人對公司業務之執行，如有違反法令致他人受有損害時，對他人應與公司負連帶賠償之責（公二三 II）。至於檢查人之報酬，由公司選任者，自由公司決定之。若由法院選任者，其報酬由公司負

擔，但其數額由法院徵詢董事及監察人意見後，依其職務之繁簡酌定之（非訟一七四、公三一三Ⅰ後）。

二、選任方法

㈠由法院選派者

1.檢查人有應由法院選派者，如繼續六個月以上，持有已發行股份總數百分之一以上之股東，得檢附理由、事證及說明其必要性，聲請法院選派檢查人，於必要範圍內，檢查公司業務帳目、財產情形、特定事項、特定交易文件及紀錄（公二四五Ⅰ），並將其結果報告於法院。按檢查人既係由法院所選派，且檢查人必須向法院陳報檢查情形，法院對於檢查人之報告認為必要時，得命監察人召集股東會（公二四五Ⅱ）。是以，對於檢查人之檢查構成規避、妨礙或拒絕，或監察人不遵法院命令召集股東會等情事，處新臺幣二萬元以上十萬元以下罰鍰。再次規避、妨礙、拒絕或不遵法院命令召集股東會者，並按次處罰（公二四五Ⅲ）。其罰鍰之裁罰權責機關為法院❸❺❸。

2.法院對公司重整之聲請，除依第二八三條之一之規定裁定駁回者外，並得就對公司業務具有專門學識、經營經驗而非利害關係人者，選任為檢查人（公二八五Ⅰ）。

3.特別清算：依公司財產之狀況有必要時，法院得據清算人或監理人，或繼續六個月以上持有已發行股份總數百分之三以上之股東，或曾為特別清算聲請之債權人，或占有公司明知之債權總額百分之十以上債權人之聲請，或依職權命令檢查公司之業務及財產（公三五二Ⅰ）。法院得對公司業務具有專門學識、經營經驗而非利害關係人者，選任為檢查人（公三五二Ⅱ準公二八五）。

檢查人應將下列檢查結果之事項，報告於法院（公三五三）：

1.發起人、董事、監察人、經理人或清算人依第三十四條、第一四八條、第一五五條、第一九三條及第二二四條應負責任與否之事實。

2.有無為公司財產保全處分之必要。

---

❸❺❸ 經濟部 92.6.12 經商字第 09202111770 號。

3.為行使公司之損害賠償請求權,對於發起人、董事、監察人、經理人或清算人之財產,有無為保全處分之必要。

(二)**由公司選任者** 檢查人有可由公司選任者,即如:

1.**創立會選任** 募集設立,創立會將選任檢查人(公一四六)。

2.**股東常會選任** 股東常會得查核董事會所造具之表冊 (公二二八I)、監察人之報告,另選任檢查人辦理(公一八四II)。

3.**股東臨時會選任** (1)繼續一年以上,持有已發行股份總數百分之三以上股份之股東,得以書面記明提議事項及理由,請求董事會召集股東臨時會(公一七三I)。前項請求提出後十五日內,董事會不為召集之通知時,股東得報經主管機關許可,自行召集(公一七三II)。依前述規定召集之股東臨時會,為調查公司業務及財產狀況,得選任檢查人(公一七三III)。(2)清算完結時,清算人應於十五日內,造具清算期內收支表、損益表連同各項簿冊,送經監察人審查,並提請股東會承認(公三三一I)。股東會得另選檢查人,檢查前述簿冊是否確當(公三三一II)。

三、檢查人之職權

檢查人之職權,顧名思義,為檢查業務或財務。其應行檢查之事項,主要者,不外乎會計表冊之編造是否確當、金錢之數額有無出入、款項之交付是否為法律、章程所許。至董事執行業務之當否,則檢查人無權過問,其權限亦與監察人不同。至於公司在重整中,法院所選任之檢查人,其職權依本法第二八五條之規定。又公司之檢查人,在執行職務範圍內,亦為公司負責人(公八II)。為執行檢查職務,得以公司負責人(法定代理人)身分,對於拒絕提交業務帳冊等資料之董事或其他公司職員提起訴訟,請求交付檢查❸❺❹。

---

❸❺❹ 參閱最高法院 69 年臺上字第 3845 號判決:「查公司之檢查人,在執行職務範圍內,亦為公司負責人,公司法第八條第二項定有明文。本件參加人余龍如會計師,經臺灣彰化地方法院,依公司法第二百四十五條規定,選派為大新公司之檢查人,執行檢查大新公司業務帳目及財產情形之職務,既為原審所確定之事實。則檢查人余龍如會計師為執行其檢查職務,依法自應由伊以大新公司負

四、法院選派檢查人之行政罰

依本法規定，對於檢查人之檢查有規避、妨礙或拒絕行為者，或監察人不遵法院命令召集股東會者，處新臺幣二萬元以上十萬元以下罰鍰。再次規避、妨礙、拒絕或不遵法院命令召集股東會者，並按次處罰（公二四五III）。實務上，倘公司對法院之裁定不服，可向法院提出抗告（如清算公司事務由法院管轄，清算人違反就任聲報期限，由法院依公司法第八十三條對清算人處以罰鍰，清算人如不服，可依法提出抗告），此因行政機關未介入本案檢查人選派及檢查過程，倘由行政機關對於違規公司裁罰，公司不服而提起行政救濟，行政機關將無從答辯。是以，公司法第二四五條第三項行政罰鍰裁罰機關為法院❸❺❺。

第五節　股份有限公司之會計

第一款　概　說

股份有限公司為資合公司，一切以公司財產為基礎，不重視股東個人之信用，為保護股東與債權人之利益及維護社會經濟之安全，本法特設「會計」一節，藉公司會計明確，使公司股東及債權人之權益得以保障，避免董事、監察人或大股東侵害其權益。尤以公開發行股票之公司，其公司會計明確、資訊透明，供社會大眾是否投資該公司之參考，俾保護社會大眾投資人之權益。因此本法就公司會計表冊之種類、作成、公示、承認公積之提存及盈餘之分派等，作強行規定，此為股份有限公司之特色。因此本節有規定者，應優先適用。倘未規定時，始適用商業會計法及一般會計慣例。

責人（法定代理人）身分，而以大新公司為原告，對保管該業務帳冊等資料之董事或其他公司職員（如經理人等）起訴請求，方屬合法。」

❸❺❺　經濟部 93.11.16 經商字第 09302402730 號。

第二款 會計人員及表冊

第一、主辦會計人員之任免

股份有限公司主辦會計人員之任免，本法並未規定，準用商業會計法之規定，應由董事會以董事過半數之出席，及出席董事過半數之同意決議行之（商會五II）。會計人員辦理會計事務，其離職或變更職務時，應於五日內辦理交代（商會五IV）。此為強制規定，不得以章程變更之。

第二、會計表冊之種類及編造

每會計年度終了，董事會應依中央主管機關規定之規章編造下列各項表冊，於股東常會開會三十日前交監察人查核：1.營業報告書；2.財務報表；3.盈餘分派或虧損撥補之議案（公二二八I）。會計表冊應依中央主管機關規定之規章編造（公二二八II），如商業會計法、商業會計處理準則、公司證券交易所財務報告編製準則等是。監察人得請求董事會提前交付查核（公二二八III）。會計表冊之編造，係屬董事會之專屬職權，在政府或法人一人所組織之股份有限公司，該公司股東會職權由董事會行使，不適用本法有關股東會之規定（公一二八之一I）。此之公司得依章程規定不設董事會，置董事一人或二人；置董事一人者，以其為董事長，董事會之職權由該董事行使，不適用本法有關董事會之規定；置董事二人者，準用本法有關董事會之規定（公一二八之一II）。第一項公司之董事、監察人，由政府或法人股東指派（公一二八之一IV）。又依公司法第二三〇條有關董事會所造具表冊之承認，係屬股東會專屬職權，依同法第一二八條之一規定由董事會行使。至於第二二八條有關查核期限之規定，於一人股東之公司，董事會仍應於開會三十日前交監察人查核❸❺❻。

一、營業報告書

係報告公司該會計年度營業狀況之文書。營業報告書之內容包括經營

---

❸❺❻ 經濟部 91.5.20 經商字第 09102099060 號。

方針、實施概況、營業計畫實施成果、營業收支預算執行情形、獲利能力分析、研究發展狀況等,其項目格式由公司視實際需要訂定之(商會六六II)。

二、財務報表

所謂財務報表,可分為下列所述(商會二八I):

㈠資產負債表

1.資產負債表者,係記載公司財產之一覽表,分借方與貸方,借方記載將資產記載於資產欄,貸方記載將負債及業主權益記載於負債欄,二者必須平衡。資產分為:(1)流動資產;(2)非流動資產。負債分為:(1)流動負債;(2)非流動負債。權益分為:(1)資本(或股本);(2)資本公積;(3)保留盈餘(或累積虧損);(4)其他權益;(5)庫藏股票(商業會計處理準則一四)。所謂流動資產,指商業預期於其正常營業週期中實現、意圖出售或消耗之資產、主要為交易目的而持有之資產、預期於資產負債表日後十二個月內實現之資產、現金或約當現金,但不包括於資產負債表日後逾十二個月用以交換、清償負債或受有其他限制者(商業會計處理準則一五)。所謂流動負債,指商業預期於其正常營業週期中清償之負債;主要為交易目的而持有之負債;預期於資產負債表日後十二個月內到期清償之負債,即使該負債於資產負債表日後至通過財務報表前已完成長期性之再融資或重新安排付款協議;商業不能無條件將清償期限遞延至資產負債表日後至少十二個月之負債(商業會計處理準則二五I)。

所謂資本(或股本),指業主對商業投入之資本額,並向主管機關登記者,但不包括符合負債性質之特別股,其應揭露事項如下:(1)股本之種類、每股面額、額定股數、已發行股數及特別條件;(2)各類股本之權利、優先權及限制;(3)庫藏股股數或由其子公司所持有之股數(商業會計處理準則二七)。

2.**本法對資產負債表特別規定**　除依商業會計法及商業會計處理準則處理外,本法特別規定者如下:

(1)公司依其業務之性質,自設立登記後,如需二年以上之準備,始能開始營業者,經主管機關之許可,得依章程之規定,於開始營業前分派股

息 (公二三四 I)。此之章程是否限於原始章程，有認為本條項之立法目的，在使經營籌備期間較長之公司易於成立，故限於原始章程，若公司成立後，再變更章程而規定建設股息，與法不合。論者亦有認為原始章程未有建設股息之規定，亦無禁止之明文規定，為避免導致資金無以為繼，致功虧一簣，可以修改章程增訂建設股息。上述二者，本書以限於原始章程為限較佳，此乃因建設股息之規定，乃屬於特例，如可修改章程增訂之，則建設股息成為常態，則本條之規定形同此舉。其次本條項規定「開始營業前」分派建設股息，至於公司營業後若仍可分派建設股息，與本條項之規定及立法意旨有違。

⑵公司於開始營業前依章程之規定分派股息於股東時（指建設股息），此項分派股息之金額，應以預付股息列入資產負債表之股東權益項下。公司開始營業後，每屆分派股息及紅利超過實收資本額百分之六時，應以其超過之金額扣抵沖銷之（公二三四II）。

㈡**損益表**　記載該會計年度虧損盈餘之動態報告表。綜合損益表得包括下列會計之項目（商業會計處理準則三二）：1.營業收入；2.營業成本；3.營業費用；4.營業外收益及費損；5.所得稅費用（或利益）；6.繼續營業單位損益；7.停業單位損益；8.本期淨利（或淨損）；9.本期其他綜合損益；10.本期綜合損益總額。

㈢**現金流量表**　現金流量表，指以現金及約當現金之流入與流出，彙總說明商業於特定期間之營業、投資及籌資活動之現金流量（商業會計處理準則四三）。

㈣**權益變動表**　權益變動表，為表示權益組成項目變動情形之報表，其項目分類與內涵如下（商業會計處理準則四二）：

　1.資本（或股本）之期初餘額、本期增減項目與金額及期末餘額。

　2.資本公積之期初餘額、本期增減項目與金額及期末餘額。

　3.保留盈餘（或累積虧損）。

⑴期初餘額。

⑵追溯適用及追溯重編之影響數（以稅後淨額列示）。

(3)本期淨利（或淨損）。

(4)提列法定盈餘公積、特別盈餘公積及分派股利項目。

(5)期末餘額。

4.其他權益各項目之期初餘額、本期增減項目與金額及期末餘額。

5.庫藏股票之期初餘額、本期增減項目與金額及期末餘額。

三、盈餘分派或虧損彌補之議案

即由董事會擬具盈餘分派及虧損彌補之議案，俾便提交股東會承認。所謂盈餘分派之議案，係指公司有盈餘時，如何將盈餘分派股息或紅利給與股東之議案。同一年度內就上年度未分配盈餘，於股東會決議分派股息或紅利，以一次為限。如作二次以上之分配，有違資本維持原則及資本不變原則 ❸❺❼ 。所謂虧損撥補之議案，係指公司虧損時，如何彌補虧損之議案。

至於公司建業股息應列入資產負債表下，依下列規定分期攤銷之：公司於開始營業前分派股息於股東時，此項分派股息之金額，應以預付股息列入資產負債表之股東權益項下。公司開始營業後，每屆分派股息及紅利超過已收資本總額百分之六時，應以其超過之金額扣抵沖銷之（公二三四 II）。其鼓勵研究與發展之精神實值吾國效法。又公司辦理盈餘或公積增資配股時，不足一股之畸零數如改發現金，公司在股東未領取前其處理方式，係屬公司內部自治事項；至其產生之利息收入應屬公司之「其他收入」。又如股東應領取之現金遲未領回之處理方式，請參考民法第一四四條：「時效

---

❸❺❼ 參閱經濟部 79.8.28 商字第 214784 號函：「按股份有限公司章程定有盈餘分派之方法者，董事會於每營業年度終了，應依據已生效之公司章程（不以登記為生效要件）編造下年度盈餘分派議案，於股東常會開會前三十日交監察人查核，備置公司供股東查閱，並提出於股東常會請求承認後，據以分派上年度盈餘（公司法第二二八條、第二二九條、第二三○條參照）。準此股東會依變更章程中關於盈餘分派方法後，雖未經登記，而董事會依據變更後章程編造上年度盈餘分派議案，並已踐行公司法第二二八條、第二二九條、第二三○條規定者，依上述說明自無不可。唯若公司於召開股東常會時，未先為盈餘分派議案之承認，即先行變更章程，並於同次股東會決議依變更後章程分派上年度盈餘時，即與前揭規定不合。」

完成後，債務人得拒絕給付。請求權已經時效消滅，債務人仍為履行之給付者，不得以不知時效為理由，請求返還。其以契約承認該債務或提出擔保者，亦同。」至逾期未領之代保管現金（限請求權因時效而消滅者），就會計而言，應屬公司之「其他收入」❸❺❽。

前述表冊董事會應依中央主管機關規定之規章編造 （公二二八 II）。

第三、監察人對會計表冊之查核及報告意見於股東會

監察人對於董事會編造提出股東會之各種表冊應予查核，並報告意見於股東會（公二一九 I）。上述會計表冊，監察人得請求董事會提前交付查核（公二二八 III）。監察人為辦理會計表冊之查核，得委託會計師審核之（公二一九 II）。監察人對於上述會計表冊為虛偽之報告者，各科新臺幣六萬元以下罰金（公二一九 III）。監察人對會計表冊之報告書，應提交董事會於股東常會開會十日前，備置於本公司（公二二九）。

第四、會計表冊於股東會開會前之備置及股東會之承認

一、股東會開會前之備置及股東查閱

1.董事會應將前述所造具之各項表冊與監察人之報告書，應於股東常會開會十日前備置於本公司，股東得隨時查閱，並得偕同其所委託之律師或會計師查閱（公二二九）。

2.股東會得查核董事會造具之表冊，監察人之報告書，並決議盈餘分派或虧損撥補，並得另選任檢查人查核（公一八四 I、II）。

3.繼續六個月以上，持有已發行股份總數百分之一以上之股東，得檢附理由、事證及說明其必要性，聲請法院選派檢查人，於必要範圍內，檢查公司業務帳目、財產情形、特定事項、特定交易文件及紀錄（公二四五 I）。法院對於檢查人之報告認為必要時，得命監察人召集股東會。對於檢查人之檢查有妨礙、拒絕或規避行為者，或監察人不遵法院命令召集股東會者，各處新臺幣二萬元以上十萬元以下罰鍰（公二四五 II）。所謂公司業

---

❸❺❽　經濟部 92.12.29 經商字第 09202260140 號。

務帳目,自應以合法帳簿之記載為重要憑證。

二、股東會之承認

1.董事會應將其所具之各項表冊於開會時提出於股東常會,請求承認(公二三〇 I 前)。此項承認之決議,本法未規定其表決方式,故以普通決議為之即可。

2.股東會得查核董事會造具之表冊,監察人之報告書,或另選任檢查人查核,並決議盈餘分派或虧損撥補(公一八四 I 、II)。各項表冊經股東常會決議承認後,視為公司已解除董事及監察人責任,但董事或監察人有不法行為者,不在此限(公二三一)。所謂不法行為者,如營私舞弊,或假造單據等,不因承認決議而視為解除,仍須對公司負責任。至於經理人及主辦會計人員之責任,本法未設解除之規定。惟依商業會計法之規定,商業負責人及主辦會計人員,對於該年度會計上之責任,於所編造之決算報表經股東會承認後解除。但有不法或不正當行為者,不在此限(商會六八 III)。公司經理人依公司法之規定,在執行職務範圍內,亦為公司負責人,故亦有上述規定之適用。

第五、會計表冊之分發、公告或抄錄

一、公司法上之一般規定

董事會所造具之各項表冊,經股東會承認後,董事會應將財務報表及盈餘分派或虧損撥補之決議,分發各股東(公二三〇 I)。此之所稱「盈餘分派」,係以盈餘分派年度之期初未分配盈餘加計本期損益作為可供分配盈餘;如無盈餘時,依本法第二三二條第二項規定,公司不得分派股息及紅利 ❸❺❾。前項財務報表及盈餘分派或虧損撥補決議之分發,公開發行股票公司得以公告方式為之(公二三〇 II)。上述表冊及決議,公司債權人得要求給予、抄錄或複製(公二三〇 III)。代表公司之董事,違反前述規定不為分發者,處新臺幣一萬元以上五萬元以下罰鍰(公二三〇 IV)。經主管機關科罰後,仍不分發時,股東可向法院訴請發給 ❸❻⓿。

---

❸❺❾　經濟部 92.2.26 經商字第 09202035220 號。

二、證券交易法上之規定

㈠已依本法發行有價證券之公司，除情形特殊，經主管機關另予規定者外，應依下列規定公告並向主管機關申報（證交三六 I）：

1.於每會計年度終了後三個月內，公告並申報經會計師查核簽證、董事會通過及監察人承認之年度財務報告。

2.於每會計年度第一季、第二季及第三季終了後四十五日內，公告並申報經會計師核閱及提報董事會之財務報告。

3.於每月十日以前，公告並申報上月份營運情形。

㈡前項所定情形特殊之適用範圍、公告、申報期限及其他應遵行事項之辦法，由主管機關定之（證交三六II）。

㈢第一項之公司有下列情事之一者，應於事實發生之日起二日內公告並向主管機關申報（證交三六III）：

1.股東常會承認之年度財務報告與公告並向主管機關申報之年度財務報告不一致。

2.發生對股東權益或證券價格有重大影響之事項。

㈣第一項之公司，應編製年報，於股東常會分送股東；其應記載事項、編製原則及其他應遵行事項之準則，由主管機關定之（證交三六IV）。

㈤第一項至第三項公告、申報事項及前項年報，有價證券已在證券交易所上市買賣者，應以抄本送證券交易所；有價證券已在證券商營業處所買賣者，應以抄本送主管機關指定之機構供公眾閱覽（證交三六V）。

㈥公司在重整期間，第一項所定董事會及監察人之職權，由重整人及重整監督人行使（證交三六VI）。

㈦股票已在證券交易所上市或於證券商營業處所買賣之公司股東常會，應於每會計年度終了後六個月內召開；不適用公司法第一七〇條第二項但書規定（證交三六VII）。

㈧股票已在證券交易所上市或於證券商營業處所買賣之公司董事及監察人任期屆滿之年，董事會未依前項規定召開股東常會改選董事、監察人

---

⑳ 經濟部 66.2.4 商字第 03237 號。

者，主管機關得依職權限期召開；屆期仍不召開者，自限期屆滿時，全體董事及監察人當然解任（證交三六Ⅷ）。

第三款　公　積

第一、公積之意義及立法理由

公積者，乃公司在決算時，提出若干盈餘，準備將來在公司虧損時，用以彌補公司之損失，或作其他特定用途，備為充實公司之資本、鞏固公司財務及增加公司信用，俾保護公司債權人之謂。蓋股份有限公司全體股東對於公司債權人，除公司財產以外，別無其他擔保，為求公司資本維持及充實，鞏固公司財產狀態，維持股票價格，乃有公積制度之設。

第二、公積之分類

通常可分為下列三種：

一、法定公積

指法律強制規定之公積，依我國現行公司法之規定，有下列二種：

(一)**法定盈餘公積及其提列**　又稱強制公積，乃公司營業上所獲之利益，於公司完納一切稅捐後，分派盈餘時，應先提出百分之十為法定盈餘公積。但法定盈餘公積，已達實收資本額時，不在此限（公二三七Ⅰ）。所謂百分之十，係屬硬性規定，並非最低數額之解釋，如超過百分之十時，自應依本法第二三七條第二項規定，除前項法定盈餘公積外，公司得以章程訂定或股東會議決，另提特別盈餘公積（公二三七Ⅱ）。公司負責人違反上述規定，不提法定盈餘公積時，各處新臺幣二萬元以上十萬元以下罰鍰（公二三七Ⅲ）。又公司負責人違反法令，未經股東會議決，以盈餘償還貸款，致他人受損害者，公司應與該負責人同負連帶賠償之責任❸❻❶。

---

❸❻❶　參閱最高法院 70 年臺上字第 1573 號判決：「公司負責人違反法令，未經股東會決議以盈餘償還貸款，依公司法第二十三條規定，公司應與該負責人同負連帶賠償責任者，以他人因此受有損害為要件，上訴人公司負責人未經股東會議

(二)**資本公積及其提列**　資本公積，指公司因股本交易所產生之權益，包括超過票面金額發行股票所得之溢價、庫藏股票交易溢價等項目（商業會計處理準則二八）。上開規定性質上屬例示規定。另有關資本公積之用途，公司法第二三九條及第二四一條則有明定。

二、任意公積及其提列

任意公積者，係指公司於法定公積外，以章程訂定或股東會決議，另提之盈餘公積（公二三七II）。本法對此，設有明文規定，特別盈餘公積即是。按特別盈餘公積：指依法令或盈餘分派之議案，自盈餘中指撥之公積，以限制股息及紅利之分派者（商業會計處理準則二九I2）。特別盈餘公積提列之成數，本法未規定，自應依章程或股東會之決議提列之。此種公積，乃作特定之用途，例如或係作為資產折舊準備者，謂折舊公積；或係填補損失者，謂填補損失公積；或係平衡盈餘分派者，謂之分派平衡公積；或係作為償還公司債所用者，謂之償還公司債公積；或作為改良、修繕、保險等之公積。凡此均應視其章程，或股東會決議積存之目的如何而定。嗣後用途如有變更，自可依變更章程方法，或股東會決議變更之，但與第三人有利害關係者，則不得變更。

三、秘密公積與類似公積

此係學說上之分類，茲分述如下：

(一)**秘密公積**　即有公積之實質而形式上未以公積名義記載於資產負債表之負債欄，例如故意將公司積極財產之價格低估或不列入，或對公司消極財產（債務）價格故意提高浮報費用或增列負債準備是。秘密公積，將使公司會計失真，致生股權評價錯誤，危及股東及債權人之權益，造成漏稅。按資產負債表為虛偽記載者，依刑法有關規定處罰觀之，故我國禁止秘密公積。

(二)**類似公積**　即在實質上雖不具有公積之性質，而在形式上則記載於

決議，以盈餘償還貸款，一方面其積極財產固因而減少，但他方面消極財產亦相對的因而減少，公司資產並無增減，對被上訴人所有股份之價值，並無影響，何得認為被上訴人因而受有損害。」

資產負債表公積項下，例如折舊公積，在資產負債表資產欄內，揭載營業上固定財產之原價，而於負債欄內，則揭載折舊之價額是。我國公司法雖無類似此種規定，亦無禁止之規定，就理論言，應從德國商法，予以認許之㊷。

第三、公積之用途

一、公積填補公司虧損

公積之提存，原為彌補虧損轉作資本，或法律許可之其他用途。因之法定盈餘公積及資本公積，除填補公司虧損外，不得使用之。但依法撥充資本或法律有規定外，不在此限。公司非於盈餘公積填補資本虧損，仍有不足時，不得以資本公積補充之（公二三九）。是故各種公積在填補虧損時，盈餘公積應先使用，倘有不足時，再以資本公積補充。至於可否以特別盈餘公積彌補虧損，應視提列時所指定之用途而定，除指定用途外，應以彌補虧損為優先㊷。所謂虧損，依商業會計法之規定，公司在同一會計年度內所發生之全部收益，減除同期之全部成本、費用及損失後之差額為該期稅前純益（指差額為正數）或純損（指差額為負數）；再減除營利事業所得稅後為該期稅後純益（指差額為正數）或純損（指差額為負數）（商會五八Ⅰ）。關於填補虧損之時期，原則上以每會計年度終了後為之（公二二八Ⅰ3），是謂填補期終虧損，例外則在會計年度終了前為之（公一六八之一），是謂填補期中虧損。茲分述於下：

(一)**填補期終虧損** 公司於每會計年度終了，經決算後，如有虧損，董事會應編造虧損撥補之議案，於股東常會開會之三十日前送請監察人查核後，提出股東常會請求承認，經股東常會決議承認後（公二二八、二二九、二三〇），即可依該議案之規定填補虧損。

(二)**填補期中虧損** 本法規定，公司為彌補虧損，於會計年度終了前，

㊷ 參閱張國鍵著《商事法論》（66 年） 第 172 頁；經濟部 91.2.19 商字第 09102024920 號。

㊷ 經濟部 61.3.22 商字第 07960 號。

有減少資本及增加資本之必要者，董事會應將財務報表及虧損撥補之議案，於股東會開會三十日前交監察人查核後，提請股東會決議（公一六八之一 I）。條文中所謂「增加資本」係指引進新資金之情形❸。其目的在於為股份有限公司改善財務結構，以減資彌補虧損，並引進新資金，同時辦理時，可就當年度期中虧損彌補之，以利企業運作❸。因此本法又規定，第二二九條至第二三一條之規定，於依前項規定提請股東臨時會決議時，準用之（公一六八之一 II）。此乃明定前項提請股東會決議者，包括股東臨時會，其董事會應造具表冊之規範事項則準用第二二九條至第二三一條有關股東常會之相關規定❸。惟公司如於會計年度期中未發生虧損，自無公司法第一六八條之一的適用。

二、公積發行新股或現金

法定盈餘公積及資本公積之主要用途，在於填補虧損；其次在以公積發給新股或現金予股東（公二三九 I）。本法發給新股或現金予股東，於第二四一條明文規定：「公司無虧損者，得依前條第一項至第三項所定股東會決議之方法，將法定盈餘公積及下列資本公積之全部或一部，按股東原有股份之比例發給新股或現金：

一、超過票面金額發行股票所得之溢額。

二、受領贈與之所得。

前條第四項、第五項之規定，於前項準用之。

以法定盈餘公積發給新股或現金者，以該項公積超過實收資本額百分之二十五之部分為限。」觀之，公積撥充資本發行新股或現金予股東之要件如下：

㈠**須公司無虧損**　本法明定公司無虧損者，始得以法定盈餘公積及特定之資本公積撥充資本，按股東原有股份之比例發給新股或現金（公二四一 I）。又依證券交易法之規定，公開發行公司以法定盈餘公積或資本公積

---

❸　經濟部 91.7.24 第 09102145660 號。

❸　民國 90 年公司法第 168 條之 1 修正理由二。

❸　民國 90 年公司法第 168 條之 1 修正理由三。

撥充資本時，應先行填補虧損，其資本公積撥充資本者；應以其一定比率為限（證交四一II）。觀之，與上述公司法規定須公司無虧損，始得以公積撥充資本發行新股，其結果相同。

㈡**須經股東會或董事會之特別決議**　其情形有三：

1. **章程未授權董事會辦理者**　公司得由有代表已發行股份總數三分之二以上股東出席之股東會，以出席股東表決權過半數之決議（公二四一 I 準公二四〇 I）。倘公開發行股票之公司，出席股東之股份總數不足前項定額者，得以有代表已發行股份總數過半數股東之出席，出席股東表決權三分之二以上之同意行之（公二四一 I 準公二四〇 II）。上述出席股東股份數及表決權數，章程有較高規定者，從其規定（公二四一 I 準公二四〇 III）。

2. **章程明訂或授權董事會辦理者**　公開發行股票之公司，得以章程授權董事會以三分之二以上董事之出席，及出席董事過半數之決議，將應分派股息及紅利之全部或一部，以發放現金之方式為之，並報告股東會（公二四一 II 準公二四〇 V）。

3. **一人公司辦理公積撥充資本**　政府或法人股東一人所組織之股份有限公司，其股東會職權由董事會行之。至於董事會對此公積撥充資本之決議方式並無特別規定，故以普通決議即可。

㈢**法定盈餘公積及資本公積發給新股或現金者之限制**　茲分述於下：

1. **法定盈餘公積之撥充**　有二：

⑴以法定盈餘公積發給新股或現金者，以該項公積超過實收資本額百分之二十五之部分為限（公二四一 III）。換言之，法定盈餘公積以保留實收資本額百分之二十五，未超過部分不得撥充，以維債權人權益。

⑵法定盈餘公積已超過實收資本額百分之二十五，而將其超過百分之二十五部分之法定盈餘公積發給新股或現金，並無限制❸❻❼。

2. **資本公積之撥充**　資本公積，包括以超過票面金額發行所得之溢額及受領贈與所得之一部或全部為限（公二四一 I）。茲述之於下：

❸❻❼　經濟部 57.5.1 商字第 15700 號。

⑴超過票面金額發行股票所得之溢額，其範圍包括如下❸❻❽：

①以超過面額發行普通股或特別股溢價。

②公司因企業合併而發行股票取得他公司股權或資產淨值所產生之股本溢價。

③庫藏股票交易溢價。

④轉換公司債相關之應付利息補償金於約定賣回期間屆滿日可換得普通股市價高於約定賣回價格時轉列之金額。

⑤因認股權證行使所得股本發行價格超過面額部分。

⑥特別股或公司債轉換為普通股，原發行價格或帳面價值大於所轉換普通股面額之差額。

⑦附認股權公司債行使普通股認股權證分攤之價值。

⑧特別股收回價格低於發行價格之差額。

⑨認股權證逾期未行使而將其帳面餘額轉列者。

⑩因股東逾期未繳足股款而沒收之已繳股款。

⑵受領贈與之所得，指與股本交易有關之受領贈與，其範圍包括如下❸❻❾：

①受領股東贈與本公司已發行之股票。

②股東依股權比例放棄債權或依股權比例捐贈資產。

上述資本公積之一部或全部按股東原有股份之比例發給新股或現金，應經股東會以特別決議為之。至於資本公積來源之範圍，「超過票面金額發行股票所得之溢額」有十種，及「受領贈與之所得」有二種，其各款中之來源互換，依同法第二〇二條之規定，尚非本法規定應由股東會決議之事項，自應由董事會決議行之。又股東會決議非屬前揭二款之資本公積發給新股或現金者，則其決議違反法令，依公司法第一九一條規定其決議無效❸❼⓪。

---

❸❻❽　經濟部 91.3.14 經商字第 09102050200 號。

❸❻❾　同❸❻❽。

❸❼⓪　經濟部 91.11.1 經商字第 09102244550 號。

　　再者，本法第二四一條有關「公積」轉增資之規定，為「法定盈餘公積及資本公積」，故不發生特別盈餘公積依公司法第二四一條規定轉增資問題。另按指明用途之特別盈餘公積，倘提列之目的未完成或提列原因未消失，且未轉回保留盈餘前，尚不得用於分派股息及紅利❸。又按發行新股之程序，公司法第二六七條等規定訂有明文，公司自不得於章程訂立：提列特別盈餘公積，以備將來增資發行新股予技術人員(有特殊貢獻員工)❸。

　　㈣**限於章程所定之授權股份總數內**　公司章程明定授權股份數額者，以公積發行新股，其所發行之新股，須在公司章程所定授權股份總數內。若有超過，須依公司變更章程之程序完成後，始得為之。

　　㈤**按股東原有股份之比例發給新股或現金**　本法明定公司以法定盈餘公積及特定資本公積之全部或一部，應按股東原有股份之比例發給新股或現金（公二四一Ⅰ後）。此處所發給之新股，應係指普通股而言；特別股股東所應享之股息，不得以發行新特別股之方式發放❸。公積撥充資本所發行之新股，除公開發行股票之公司，應依證券管理機關之規定辦理者外，一般公司於股東會之決議終結時，即生效力，董事會應即分別通知各股東，或記載於股東名簿之質權人（公二四一Ⅱ準公二四〇Ⅴ）。所謂即生效力，係指該新股之權利，得與股東原持有之股份分離而單獨讓與。至於一人股份有限公司，其董事會之決議亦然。

三、特別公積之使用

　　特別公積之使用，悉依章程之規定或股東會之決議（公二三七Ⅱ）。

第四、股息、紅利與酬勞之分派

　　股份有限公司為營利之社團法人，每會計年度所獲盈餘，自應分派股息及紅利於各股東。所謂盈餘，乃公司現有之純財產額，超過資本及法定公積者之差額。股息及紅利之分派，除本法另有規定外，以各股東持有股

---

❸　經濟部 80.3.5 經商字第 201535 號。

❸　經濟部 91.6.11 經商字第 09102100390 號。

❸　經濟部 92.1.6 經商字第 09102305640 號。

份之比例為準（公二三五）。

壹、股息、紅利之定義

一、股　息

係指資本上計算之利息，即股東依其持股之比率，分派公司盈餘之利益。按公司得在章程訂定股息之比率，亦得在股票上載明之固定比率，依此比率分派盈餘，即為股息。

二、紅　利

紅利者，係公司分派予股東或公司員工之盈利。至於其分配之方式，除得以現金外，並得以發給新股方式分配之（公二四〇 I）。

貳、股息及紅利分派之決定機關

一、股東會

依公司法規定，股東會得查核董事會造具之表冊、監察人之報告，並決議盈餘分派或虧損撥補（公一八四 I），是故公司盈餘分派由股東會決定之。惟董事會職司執行公司之業務，故宜由董事會造具表冊及監察人之報告，提交股東會決議。

二、董事會

依公司法第二四〇條第一項規定：「公司得由有代表已發行股份總數三分之二以上股東出席之股東會，以出席股東表決權過半數之決議，將應分派股息及紅利之全部或一部，以發行新股方式為之；不滿一股之金額，以現金分派之。」又規定，公開發行股票之公司，得以章程授權董事會以三分之二以上董事之出席，及出席董事過半數之決議，將應分派股息及紅利之全部或一部，以發放現金之方式為之，並報告股東會（公二四〇V）。

參、股息、紅利及酬勞分派之方式

可分為以現金或股份為股息及紅利之分派。

一、以現金分派股息及紅利

以現金分派為原則。因公司有無盈餘，而分下列二種分派：

㈠公司有盈餘時股息紅利之分派

㊀分派之程序　公司於本營業年度有盈餘，即應分派各股東。惟分派

盈餘時，除完納一切稅捐外，應先彌補虧損，更須依本法規定提出法定盈餘公積後，始得分派股息及紅利（公二三二Ⅰ、二三七Ⅰ）。故本法分派盈餘時，應循下列規定：

1.**完納稅捐**　本年度有盈餘時，應先完納稅捐。

2.**彌補虧損**　本年度完納稅捐後，尚有所餘，應先彌補往年之虧損，但有例外情形。蓋依所得稅法第三十九條規定，在一定之情況下，得例外就往年虧損扣除後，再完納稅捐。按所得稅法第三十九條規定：「以往年度營業之虧損，不得列入本年度計算。但公司組織之營利事業會計帳冊簿據完備，虧損及申報扣除年度均使用第七十七條所稱藍色申報書或經會計師查核簽證，並如期申報者，得將經該管稽徵機關核定之前十年內各期虧損，自本年純益額中扣除後，再行核課。」

3.**提存法定盈餘公積**　公司於完納一切稅捐及彌補虧損後，尚有盈餘❸，應提出百分之十作為法定盈餘公積。但法定盈餘公積，已達實收資本額時，不在此限（公二三七Ⅰ）。

4.**提列特別盈餘公積**　公司依前述彌補虧損及提存法定盈餘公積後，始得就所剩盈餘分派股息及紅利（公二三二Ⅰ）。惟公司章程訂定或股東會議決另提特別盈餘公積者，其分派股息及紅利前，亦應先行提出特別盈餘公積（公二三七Ⅱ）。按指明用途之特別盈餘公積，倘提列之目的未完成或提列原因未消失，且未轉回保留盈餘前，尚不得用於分派股息及紅利❸。又特別盈餘公積迴轉併入「未分配盈餘」時，其盈餘分派自應依公司章程所定方法分配，尚不得僅分配給股東❸。

㈢**分派股息、紅利與酬勞，及分派之定額或比率**　通常先分派股息，

---

❸　司法院院字第 1423 號：「㈠公司之盈餘，依公司法（舊）第一百七十一條規定之意旨，自非彌補損失後不得提出公積金。

㈡提出公積金，既應在彌補損失之後，則公積金之提出，當然以彌補損失後之餘額為準。」

❸　經濟部 80.3.5 經商字第 201535 號。

❸　經濟部 91.8.22 經商字第 09102174870 號。

再分配紅利。因身分不同，分派之標準亦異：

　　1.**股東之分派**　依本法第二三五條規定：「股息及紅利之分派，除本法另有規定外，以各股東持有股份之比例為準。」

　　2.**勞工之分派**　勞工除本於法令或公司章程規定或本於商業習慣或特約外，不得主張分派❼。惟在章程方面，為鼓勵員工、安定公司人事之目的，本法規定員工酬勞分配之情形有三：

　　⑴一般民營事業之公司：公司應於章程訂明以當年度獲利狀況之定額或比率，分派員工酬勞。但公司尚有累積虧損時，應予彌補（公二三五之一Ⅰ）。其立法意旨係為提高員工之薪資，安定公司之人事。此之員工，並不包括公司於外國投資設立之子公司的員工在內❽。

　　⑵公營事業之公司：公營事業除經該公營事業之主管機關專案核定並於章程訂明分派員工酬勞之定額或比率外，不適用前項規定（公二三五之一Ⅱ）。此乃因公營事業之經營，係基於各種政策目的及公共利益以發揮經濟職能，其性質與民營事業有別。其員工得否分派酬勞，應視個別情形而定。公營事業須經該公營事業之主管機關專案核定，員工可參與酬勞分派，並於章程訂明員工分配酬勞之成數，其員工始得參與酬勞之分派。

　　上述⑴、⑵員工酬勞以股票或現金為之，應由董事會以董事三分之二以上之出席及出席董事過半數同意之決議行之，並報告股東會（公二三五之一Ⅲ）。公司經前項董事會決議以股票之方式發給員工酬勞者，得同次決議以發行新股或收買自己之股份為之（公二三五之一Ⅳ）。

　　⑶控制或從屬公司之員工：章程得訂明依本法第二三五條之一第一項至第三項發給股票或現金之對象包括符合一定條件之控制或從屬公司員工（公二三五之一Ⅴ）。員工酬勞發給對象，除本公司員工外，亦可依據章程規定發給從屬公司員工。惟基於大型集團企業對集團內各該公司員工所採

───────────

❼　司法院院字第 368 號：「按公司之公積金已超過法定額部分，經股東會議決即可處分。至勞工方面，除本於法令或公司章程規定或本於商業習慣或特約外，不得主張分派。」

❽　經濟部 83.2.5 商字第 200851 號。

取之內部規範與獎勵，多一視同仁，爰擴及至控制公司員工，提供企業更大彈性。按企業基於經營管理之需要，常設立研發、生產或行銷等各種功能的從屬公司，從屬公司員工與控制公司員工應享有相同的股票分紅權益，故本法規定，使符合章程所訂一定條件之從屬公司員工亦能享同等權益 **⑲**。所謂「從屬公司」者，係指本法第三六九條之二及第三六九條之三規定而言。

本法第二三五條、第二六七條所稱「員工」，除董事、監察人非屬員工外，其餘人員是否屬員工，允屬公司內部自治事項，由公司自行認定。公司執行長如經認定為員工，而董事長兼任執行長時，身兼二種身分，可基於員工身分受員工紅利之分派 **⑳**。至於「顧問」，是否屬於員工，亦屬公司自治事項，由公司自行認定 **㉑**。

除上述之規定外，本法第二六七條明定公司發行新股時，應保留發行新股總數一定成數之股份由員工承購，是謂員工新股認購權。其次為使公司易於延攬人才，及留住優秀員工，本法更明定員工認股選擇權之規定，即公司除法律或章程另有規定者外，得經董事會以董事三分之二以上之出席及出席董事過半數同意之決議，與員工簽訂認股權契約，約定於一定期間內，員工得依約定價格認購特定數量之公司股份，訂約後由公司發給員工認股權憑證（公一六七之二 I）。員工取得認股權憑證，不得轉讓。但因繼承者，不在此限（公一六七之二 II）。章程得訂明第一項員工認股權憑證發給對象包括符合一定條件之控制或從屬公司員工（公一六七之二 III）。依此，賦予公司發給員工認股權憑證之彈性。實務上，企業基於經營管理之需，常設立研發、生產或行銷等各種功能之從屬公司，且大型集團企業對集團內各該公司員工所採取之內部規範與獎勵，多一視同仁，因此，為利企業留才，賦予企業運用員工獎酬制度之彈性，故參酌外國實務作法，讓公司得於章程訂明員工庫藏股之實施對象，包含符合一定條件之控制公司

---

⑲ 民國 90 年公司法第 235 條修正理由。

⑳ 經濟部 94.3.15 經商字第 09402027670 號。

㉑ 經濟部 94.4.25 經商字第 09402050550 號。

或從屬公司員工，以保障流通性及符合實務需要。

㈢**違法分派之處罰** 公司違反上述之規定分派股息及紅利時，公司之債權人得請求退還，並得請求賠償因此所受之損害（公二三三）。且公司負責人各處一年以下有期徒刑、拘役或科或併科新臺幣六萬元以下罰金（公二三二Ⅲ）。例如股息及紅利之分派超出盈餘總數 **㊂**。違法分派股息、紅利而致公司債債券跌價，債券持有人得依本條規定請求賠償其損失，亦得依本法第二十三條規定，由公司負責人與公司負連帶賠償責任。此時除由被害人提起自訴外，應經檢察官起訴 **㊃**。

㈡**公司無盈餘時股息及紅利之分派** 公司於本營業年度無盈餘，或雖有盈餘而以之彌補虧損及提出法定盈餘公積後，已無剩餘時，不得分派股息及紅利。又公司無盈餘時，縱前有法定盈餘公積已超過實收資本額百分之五十時，其超過部分亦應用於彌補虧損，以維公司之正常經營，故仍不得分派股息及紅利（公二三二Ⅰ、Ⅱ）**㊄**。

公司負責人違反上列所述時，公司債權人得請求退還其股息及紅利於公司，並得請求賠償因此所受之損害（公二三三）。公司負責人得各處一年以下有期徒刑、拘役或科或併科新臺幣六萬元以下之罰金（公二三二Ⅲ）。

二、以股份分派股息及紅利

分派股息及紅利，以現金給付為原則，而以股份分派股息及紅利為例外。換言之，例外即以發行新股代替現金之給付，而將盈餘轉作資本，可用於公司改善或擴充生產設備，而增加公司之資本，股東因之而取得新股以代現金並獲得股票市價之差額利益，目前我國上市上櫃之公司採之。但

㊂ 司法院院字第 1132 號：「公司法（舊）第一百七十一條對於公司有盈餘或無盈餘時分派股息及紅利，均有明文限制。故公司雖有盈餘，而其充派股息，僅得以彌補損失及依法提出公積金外所剩餘之部分為限。倘有同條但書情形時，亦僅限於該但書所示之超過部分充派股息，如其分派有超出盈餘總額或超出公積金之超過部分，即係違反本條之限制，不得謂無明文規定。」

㊃ 司法院院字第 1191 號：「公司法第二三一條至第二三三條所定罰金及徒刑，係特別刑法，除得由被害人自訴外，應經檢察官起訴。」

㊄ 民國 101 年 1 月 4 日修正理由。

其缺點,將使股東之股權稀釋,造成公司資本灌水之嫌。

㈠**決定機關之不同**

1.**股東會決議**

⑴公司得由代表已發行股份總數三分之二以上股東出席之股東會,以出席股東表決權過半數之決議,將應分派股息及紅利之全部或一部以發行新股方式為之,其不滿一股之金額,以現金分派之(公二四〇I)。

⑵公開發行股票之公司,出席股東之股份總數不足前述定額者,得以有代表已發行股份總數過半數股東之出席,出席股東表決權三分之二以上之同意行之(公二四〇II)。

⑶前二項出席股東股份總數及表決權數,章程有較高規定者,從其規定(公二四〇III)。

⑷依本條發行新股,除公開發行股票之公司,應依證券主管機關之規定辦理者外,於決議之股東會終結時,即生效力,董事會應即分別通知各股東,或記載於股東名簿之質權人(公二四〇IV)。

2.**董事會之決議** 為配合股票因證券市場上市的發行公司實際需要,本法規定公開發行股票之公司,得以章程授權董事會以三分之二以上董事之出席,及出席董事過半數之決議,將應分派股息及紅利之全部或一部,以發放現金之方式為之,並報告股東會。

㈡**效 力**

1.依前述㈠1.股東會決議發行新股,除公開發行股票公司,應依證券主管機關之規定辦理者外,於決議之股東會終結時,即生效力。董事會應即分別通知各股東,或記載於股東名簿之質權人(公二四〇IV)。

2.公司違反前述㈠1.股東會決議規定為股份之分派時,本法無明文規定其處罰,似應類推適用本法第二三三條之規定,即公司之債權人得請求股東退還股息及紅利,並得請求賠償因此所受之損害,俾保護債權人之利益。

3.公司以股份分派股息及紅利,即屬以股息及紅利轉作資本,為防止多數股東強制少數異議股東,本法日後修改時,似應增訂異議股東之請求

權，即對異議之股東，仍以現金分配其股息及紅利，俾保護少數異議股東之利益。

　　4.依公司法第二四○條規定，以新股分配股息及紅利之權利，於確定時，得單獨為讓與之標的。蓋股東享有股息和紅利分派請求權，此項請求權，乃股東權最重要內容之一，屬於一種抽象的期待權，原不得獨立處分，故學者稱為抽象的股利分派請求權。迨股東會決議確定的分派一定金額股利後，則此請求權變為具體的股利分派請求權，純屬股東對於公司的一種債權，自得獨立為讓與或扣押之標的。

　　5.原股份讓與時，除當事人另有約定外，參照民法第二九五條第二項意旨，受讓人當然取得新股之權利。蓋因受讓人既已取得股東資格，享有股東權，故當然取得新股之權利。質權人原則上有收取孳息之權利（民八八九），如已將該股份之設質通知公司，具有孳息性質之股息及紅利既屬於質權之範圍，此新股自亦屬於質權之範圍。

三、建設股息之分派

　㈠**建設股息之意義**　建設股息又稱建業股息，或建設利息或工事利息，乃股份有限公司於開始營業前，在一定條件下，經主管機關許可，將股息分派於股東之謂。

　㈡**建設股息之立法理由及其分派**　公司在開始營業前，原則上不得分派股息。惟例外為鼓勵大企業之設立與經營，對於非長期籌備無法完成之礦業、大工廠、鐵路、運河及水電等之經營，皆與國計民生有關。若於長期間內，無分派股息之機會，則人人將裹足不肯投資，致影響股東之招募。因此，本法規定公司依其業務性質，自設立登記後，如需二年以上之準備始能開始營業者，經主管機關之許可，得依章程之規定，於開始營業前分派股息於股東（公二三四Ⅰ）。學者鑑於股息之分派有建設性，故稱為建設股息。惟此項股息之分派，實屬公司之虧損，故分派股息之金額，公司得以預付股息列入資產負債表之股東權益項下，公司開始營業後，每屆分派股息及紅利超過已實收資本額百分之六時，應以其超過之金額扣抵沖銷之（公二三四Ⅱ）。

第六節　股份有限公司之公司債

第一、公司債之概說

一、公司債之意義

公司債者，股份有限公司因需用資金，將其所需資金總額，分成多數單位金額，依法定募集程序，發行流通性之有價證券，向大眾（公募）或特定人（私募）募集金錢之債。公司債係屬金錢債務，惟其債務具有流通性，故與一般之金錢之債不同。公司債債權人為公司之債權人，並無執行公司職務之權利，不論公司有無盈餘，均得依約定之利率收取利息，於償還期限屆至時，得要求償返原本。

二、發行公司債之理由

股份有限公司之資金，原則上由股東繳納之股款而來。但有時為擴展業務或其他原因，需用大量資金，除以公司之資本及盈餘公積如法定公積及特別盈餘公積支應外，公司常以下列二種方式為之：㈠發行新股；㈡舉債。惟如以發行新股之方法增加資本，擴大公司組織，設日後不需大量資金時，公司之組織難以收縮。況發行新股，常因程序繁雜，緩不濟急，且增加資本之結果，董事與監察人常因股東會之改組而發生變動，對公司影響頗大。若以借貸方式，對外舉債，又因一般借貸數額不大，期限過短，利息較高，亦非良策。本法有鑑於此，乃設公司債之制度，在法定程序下公司發行公司債，大量吸收公眾游資，以達籌措之目的，復可鼓勵社會游資之投資，促進國民之儲蓄，並發展企業，實屬一舉數得。

三、公司債之法律性質

公司債契約之性質為何，說者不一。有謂公司債契約之成立，係屬類似消費借貸之無名契約。有認為係以買賣公司債券為標的之無名契約或買賣契約。有謂係以公司債為標的之預約 **⑱**。本書認為公司債，係依公司債

---

⑱　參閱鄭玉波著《公司法》第 165 頁。

契約而成立。以公司募集之公告為要約，以應募人之應募書為承諾，但應募人以現金當場購買無記名公司債券者，則免填應募書（公二五三），此時應募行為為承諾，契約因而成立。根據契約，應募人有繳款之義務，而公司有交付公司債之義務。公司債之召募，有對不特定人之公募與對特定人之私募，公司債契約之內容有定型化，其應募人依公司所訂條件而締結契約，故有附從性；其負擔債務較長，故有繼續性。公司債契約雖與消費借貸相似，惟法律性質不同，其所發行公司債券，與股票之性質亦異。茲分述於下：

(一)公司債與消費借貸之區別

1.消費借貸者，謂當事人一方移轉金錢或其他代替物之所有權於他方，而約定他方以種類、品質、數量相同之物返還之契約（民四七四 I）；公司債契約，僅因應募者對其填寫所認數額於應募書，即負繳款之義務，而繳款僅以金錢為限，不得以其他物代替。

2.消費借貸，無發行債券之必要；公司債契約，則須依法定募集程序發行公司債券。

3.消費借貸契約如債權人多人時，其條件未必一律相同；公司債之發行，其每張金額均屬一定，內容亦相同。

4.公司債債權人得召集債權人會議，決議有關債權共同利害事項，經法院認可後公告執行之（公二六四）；消費借貸之債權人，無此權利。

5.公司債，分為有擔保公司債與無擔保公司債；消費借貸，則無此分類。

6.消費借貸之債權，雖可轉讓，但不具流通性；公司債契約，所發行之公司債券為流通性之證券，在無記名之債券，僅將債券交付，即生效力。

7.消費借貸，不以書面為要件，縱有書面，亦無一定要式，故為非要式契約；公司債之債券須有一定之格式，故為要式證券，其契約為要式契約。

8.消費借貸之契約，當事人之一方須移轉金錢或代替物於他方，故為要物契約及單務契約；公司債契約，則為要式契約（公二五三 I）及雙務

契約（公二五三 II）。

9.消費借貸之償還，須以種類、品質、數量相同之物返還（民四七四 I 後），未定返還期限者，得隨時返還或催告返還（民四七八後）；公司債償還之方法及期限，須載明並公告（公二四八 I 4、二五二 I）。

10.消費借貸之債務人不履行債務時，須負民事責任；公司負責人，將公司債款擅自變更用途，則負刑事及民事責任。

11.消費借貸之貸與人負瑕疵擔保責任（民四七六）；公司債之標的為金錢，公司債債權人不負此責任。

㈡公司債券與股票之區別

1.公司債所有人乃為公司之債權人，僅有民法上規定債權人所有之權利；而股票之所有人非公司之債權人，乃為公司之股東，即公司之構成分子，對於公司則享有公司法所規定之權利及義務，如出席股東會之權利、利用公司設備之權利。

2.公司債之認購，以金錢為限（公二五三）；股東之出資認股，除金錢外，尚有現物出資，或債權抵繳之例外（公一三一 III、一五四 II）。

3.公司債為債權證券；股票為非債權證券。

4.公司得不募集公司債，故不一定必發行公司債證券。公開發行股票之公司，應於設立登記或發行新股變更登記後三個月內發行股票（公一六一之一 I）。

5.公司債券所有人，對於公司有利息給付請求權，即使公司虧損，公司債之利息仍應給付；至於股票，其股票所有人，則須於公司有充分之盈餘時，方能分派股息及紅利。

6.公司債券已屆清償期限，債券所有人即有請求返還之權；而股票所有人，則非因公司解散，不得申請退還股款。

7.公司債券享有優先於股票之權利，公司債券所有人得先就公司盈餘或剩餘財產請求清償；而股票所有人必須於公司全部債務清償後，始得就盈餘或剩餘財產請求清償。

8.公司債之利率固定不變；至於股票，其盈餘分派率，則常有變動。

第二、公司債之種類

一、記名公司債與無記名公司債

以公司債是否記載債權人之姓名，為區分標準：

㈠**記名公司債**　公司債之債券上記載債權人之姓名者，謂記名公司債。

㈡**無記名公司債**　公司債之債券上不記載債權人之姓名者，謂無記名公司債。惟債券為無記名式者，債權人得隨時請求改為記名式（公二六一）。

就本法第二五五條、第二五八條規定觀之，本法得發行記名公司債與無記名公司債。

二、有擔保公司債與無擔保公司債

以公司債是否附有擔保，為區分標準：

㈠**有擔保公司債**　公司債之發行，以公司全部或部分資產作為償還本息之擔保者，謂有擔保公司債。

㈡**無擔保公司債**　公司債之發行，僅以公司信用為保證，並無其他財產擔保者，謂無擔保之公司債。

就本法第二四七條、第二四九條與第二五〇條觀之，本法得發行有擔保公司債及無擔保公司債，但有限制與禁止條件。

三、轉換公司債與非轉換公司債

以公司債是否可轉換為股份，為區分標準：

㈠**轉換公司債**　公司債券之所有人，得以公司債券轉換公司股份者，謂轉換公司債。

㈡**非轉換公司債**　公司債券之所有人，不得以公司債券轉換公司股份者，謂非轉換公司債。

本法原則上採非轉換公司債，惟因採授權資本制，故例外亦承認轉換公司債，而規定於本法第二四八條第一項第十八款、第七項及第二六二條第一項。規定公司債約定得轉換股份者，公司有依其轉換辦法核發股份之義務。但公司債債權人有選擇權。

四、附保證人公司債與不附保證人公司債

以公司債是否有第三人保證，為區分標準：

㈠**附保證人公司債**　公司債由第三人為償還本息擔保而發行者，謂保證人公司債。

㈡**不附保證人公司債**　公司債之發行無第三人為償還本息之擔保者，謂不附保證人公司債。

本法第二四八條第一項第十六款明文規定：「有發行保證人者，其名稱及證明文件。」觀之，除附保證人公司債外，當然亦承認不附保證人之公司債。

五、一般公司債、利益公司債、附認股權公司債與次順位公司債

以公司債債權人享有之利益不同，為區分標準：

㈠**一般公司債**　公司債定有確定利率支付利息，並有還本之期限者，謂一般公司債。

㈡**利益公司債**　公司債以公司利益之有無而定其利息者，謂利益公司債。

㈢**附認股權公司債**　以公司債之債權人享有認購公司債發行公司股份權利之公司債。本法第二四八條第一項第十九款作有規定。公司債附認股權者，公司有依其認購辦法核給股份之義務。但認股權憑證持有人有選擇權（公二六二Ⅱ）。

㈣**次順位公司債**　公司債債權人受償順序次於公司其他債權者屬之。其優點在使公司主要股東購買次順位公司債，以免其對公司融資造成公司與股東間之利害衝突，而影響公司及其他股東與債權人之利益。此種債券之利息通常較一般債券之利息為高。

本法所規定之公司債屬於一般公司債、附認股權公司債與次順位公司債。至於利益公司債，本法未予認許。又次順位公司債，本法第二四六條之一明訂：「公司於發行公司債時，得約定其受償順序次於公司其他債權。」觀之以契約方式約定次順位債務，本屬私權行為，基於契約自由原則，該約定方式應屬可行，故本法明訂之。又查破產法第一一二條規定：「對於破產財團之財產有優先權之債權，先於他債權而受清償，優先權之債權有同

順位者，各按其債權額之比例而受清償」，按反面推之，對破產財團之財產有次順位之債權，其債權理應次於他債權而受清償。故以契約約定方式發行次順位債券尚無約定無效之虞。就涉及私權爭執，可依民事訴訟處理，並使公司之籌資管道更多樣化，亦可避免糾紛 [386]。

六、本國公司債與外國公司債

以公司債募集地，為區分標準：

(一)**本國公司債**　公司債在本國募集者，謂本國公司債。

(二)**外國公司債**　公司債在外國募集者，謂外國公司債。

本法所規定之公司債，均屬本國公司債。至於外國公司債，本法對此並未明文規定，為促進本國經濟之發展，解釋上應認為可以。

此外，尚有所謂證券信託公司債，即以公司持有股票證券及其他抵押證書交付信託公司或受託之金融機關，作為抵押品而發行之債券。倘公司不依約履行償還本息，得將其抵押品變賣取償。至於附股息公司債，即於債券利息外，更以公司盈餘之一部分付與各持券人為號召而發行之債券，此等公司債近乎股份化，故本法未予認許。

第三、募集或私募公司債之限制與禁止

公司債之募集或私募，對於股東及公司之利益，影響至鉅，公司法對公司債之募集及私募之意義，未設明文規定，惟依證券交易法規定，所稱募集，謂發起人於公司成立前或發行公司於發行前，對非特定人公開招募有價證券（公司債）之行為（證交七 I）。所稱私募，謂已依證券交易法發行股票之公司依第四十三條之六第一項及第二項規定對特定人招募有價證券（公司債）之行為（證交七 II）。然則，公司法對公司股票是否公開發行，係屬企業自治事項，如公司公開發行股票者，自得發行公司債，其不論募集或私募，均應依證券交易法之規定辦理。惟有價證券（含公司債）之私募在歐、美、日等先進國家已行之有年，由於應募者只限於少數之特定人，不若公開承銷涉及層面之廣大，因此公司法在規範上予以鬆綁，配合公司

[386]　民國 90 年公司法第 246 條之 1 修正理由。

法第一五六條規定，將公司股票是否公開發行歸屬於企業自治事項。因此公司債私募之發行不必受限於上市、上櫃或公開發行公司❸。是故在公開發行公司之公司債私募，適用證券交易法之規定；至於未公開發行公司之公司債私募，則適用本法第二四八條第二項規定。現將本法對公司債募集或私集之限制及禁止規定，述之於下：

一、募集有擔保公司債之限制及禁止條件

(一)**募集有擔保公司債之限制** 公開發行股票公司之公司債總額，不得逾公司現有全部資產減去全部負債後之餘額，此乃本法第二四七條第一項之規定。本項雖未言明有擔保之文字，惟就同條次項對於無擔保公司債之限制觀之，本項係指有擔保公司債而言，方為允當。所謂負債，應從廣義言，包括公司預收定金、預收貸款及暫收款等，均應併入負債計算。所謂無形資產，係指商業信譽、商標權、專利權、著作權、特許權等所表彰之價額而言。此等資產價值難於估計，故應減去之。例如公司現有資產四千萬元，而全部負債及無形財產為一千萬元，其能募集之公司債，僅限於三千萬元以下，以免有不能清償之虞。

(二)**有擔保公司債發行之禁止條件** 有下列情形之一者，禁止發行公司債（公二五○）：

1.**對於前已發行之公司債或其他債務有違約或遲延支付本息之事實，尚在繼續中者** 公司有此情形，因前債尚未清償，其信用顯已喪失，自不宜准其再舉新債，以免貽害債權人及影響社會公益。又上述所稱「違約或遲延支付本息之事實，尚在繼續中者」之認定，考量公司前已發行之公司債或其他債務業有違約或遲延支付本息之事實，尚在繼續中，雖經債權人同意展延債務，惟其公司債或其他債務違約或遲延支付本息之事實仍屬繼續存在，仍有本款之情事，且該公司此時如再發行公司債，其還本付息能力是否足夠及財務結構是否健全，確有疑慮，為保障投資人權益，公司不得再發行公司債❸。

---

❸ 民國 90 年公司法第 248 條修正理由一、二。

❸ 財政部 92.3.19 臺財證一字第 0920106762 號。

2.最近三年或開業不及三年之開業年度課稅後之平均淨利，未達原定發行之公司債應負擔年息總額之百分之一百者　公司有此情形，其業務不振已可概見，如仍准其發行公司債，對於公司債之應募人，顯有不能清償之危險；但經銀行保證發行之公司債不受限制（公二五○２但）。所謂平均淨利，係指公司財務報告所載之帳面盈餘，扣除實際繳稅後之平均淨利而言。

近十年來我國工業之結構，正由輕工業轉入資本密集之科技工業，並積極開創大企業。因此建廠期間長達數年，所需資金龐大，投資報酬率亦較低，所需資金，如以向國外發行公司債方式代替國外貸款，則公司債還款期限較貸款期限長，利息亦較貸款為低，當可減輕公司財務負擔，降低生產成本。昔日我國公司曾擬向國外發行公司債以籌措所需資金，惟限於舊法第二五○條第二款無但書之限制，無法達成，殊為可惜，故現行法第二五○條第二款但書規定「但經銀行保證發行之公司債不受限制」，作為除外之規定，倘經銀行保證，得不受有擔保公司債發行之禁止條件，即可發行本國公司債或外國公司債。

目前公開發行公司向行政院金融監督管理委員會證券期貨局申報(請)募集與發行公司債，依該會「發行人募集與發行有價證券處理準則」規定所檢附之會計師複核意見，對公司是否符合公司法第二四九條第二款及第二五○條第二款規定，其原定發行之公司債應負擔年息總額，均係計算公司所有已發行且流通在外及本次擬發行之有擔保及無擔保公司債應負擔年息總額。蓋考量發行公司發行有擔保公司債或無擔保公司債，均應負還本付息之責任，如公司正常營運之淨利已不能支付已發行且流通在外及本次擬發行之所有公司債應負擔年息，其如期還本付息能力是否足夠確有疑慮，為保障投資人權益，公司法第二四九條第二款及第二五○條第二款規定所稱「原定發行之公司債應負擔年息總額」，宜按公司已發行且流通在外及本次擬發行之有擔保及無擔保公司債應負擔年息總額計算之❽❾。

二、募集無擔保公司債之限制及禁止條件

　(一)**募集無擔保公司債之限制**　無擔保公司債之總額，不得逾前項餘

❽❾　經濟部 92.3.18 經商字第 09200042900 號。

額二分之一（公二四七Ⅱ）。及公開發行股票公司之公司債額，不得逾公司現有全部資產減去全部負債後之餘額的二分之一 ❸❾⓿（公二四七Ⅱ）。蓋為保護公司債應募人之利益及證券交易安全起見，自應對發行無擔保公司債，予以較嚴限制，以免浮濫。

（二）**無擔保公司債發行之禁止條件**　公司有下列情形之一者，不得發行無擔保公司債（公二四九）：

1. **對於前已發行之公司債或其他債務，曾有違約或遲延支付本息之事實已了結，自了結之日起三年內**　公司有此情形，其債信欠佳已可概見，若毫無擔保，遽准發行公司債，難免再有違約或遲延情事發生，故以發行有擔保公司債為宜，俾保護交易安全。本法第二四九條及第二五〇條所謂「其他債務」一詞，包括欠繳稅款、罰金、罰鍰及追徵金等是 ❸❾❶。至於公司曾有退票記錄，雖已了結，仍觸犯該款規定 ❸❾❷。自了結之日起三年內，

---

❸❾⓿ 民國107年7月6日立法院通過公司法第247條修正說明：「按證券交易法第二十八條之四第一款規定，公開發行股票之公司募集有擔保公司債、轉換公司債或附認股權公司債時，其發行總額不得逾全部資產減去全部負債餘額之百分之二百，不受本法第二百四十七條之限制；證券交易法第四十三條之六第三項規定，普通公司債之私募，其發行總額不得逾全部資產減去全部負債餘額之百分之四百，不受本法第二百四十七條之限制。上開規定尚無「全部資產減去全部負債及無形資產」之規定。又我國改採國際財務報導準則(International Financial Reporting Standards, IFRSs)後，公司之無形資產大幅增加，另基於特殊產業之行業特性，例如電信業、文創業等，其無形資產之比重甚大，如計算基礎須扣除無形資產，將使公司發行公司債之額度受到限制，爰修正第一項，刪除「及無形資產」之文字。另考量現行公開發行股票之公司募集發行公司債之總額限制雖已於證券交易法第二十八條之四明定，惟依證券交易法第四十三條之六第三項規定，私募轉換公司債及附認股權公司債，其私募數額仍須受本法第二百四十七條規定限制，爰修正第一項，以公開發行股票公司為適用對象。換言之，公開發行股票公司私募上開種類公司債仍有舉債額度限制，以免影響公司財務健全。至非公開發行股票之公司，為便利其籌資，私募公司債之總額，則無限制。」

❸❾❶ 經濟部 57.2.17 商字第 05127 號。

不得發行無擔保公司債。

2.最近三年或開業不及三年之開業年度課稅後之平均淨利，未達原定發行之公司債，應負擔年息總額百分之一百五十者　公司有此情形，其營業獲利能力薄弱，償付債息難免有遲延之虞，自不應許其發行無擔保公司債。所謂平均淨利之計算標準，本法並無明文，故可參照證券商管理辦法規定❸❾❸。

三、私募公司債之限制及禁止條件

㈠私募公司債之限制

本法為放寬企業籌措資金之管道，對未公開發行公司，凡不屬於上市、上櫃、公開發行股票之公司，均得私募公司債，不受下列限制（公二四八Ⅱ前）：

1.最近三年或開業不及三年之開業年度課稅後之平均淨利，未達原定發行之公司債，應負擔年息總額之百分之一百五十者（公二四八Ⅱ前、二四九2）。

2.最近三年或開業不及三年之開業年度課稅後之平均淨利，未達原定發行之公司債，應負擔年息總額之百分之一百者。但經銀行保證發行之公司債不受限制（公二四八Ⅱ前、二五○2）。

其立法理由在於私募之對象為特定人，況發行前之平均淨利不能保證公司未來之獲利，應依各應募人主觀之認定，由其自行承擔投資風險，不需硬性規定平均淨利百分比，亦不必於發行前向主管機關申請或交由其事前審查，只需於發行後備查。使公司在資金募集的管道上更多元化，相信私募的開放必能活絡資本市場進而加速經濟的繁榮❸❾❹。

㈡私募公司債之禁止

本法為兼顧應募人之利益及社會公益，有下列情形之一者，禁止私募公司債（公二四八Ⅱ前）：

---

❸❾❷　經濟部 92.12.31 經商字第 09200630360 號。

❸❾❸　經濟部 57.8.3 商字第 27123 號。

❸❾❹　民國 90 年公司法第 248 條修正理由三。

1.對於前已發行之公司債或其他債務，曾有違約或遲延支付本息之事實已了結者（公二四九 I 1）。

2.對於前已發行之公司債或其他債務有違約或遲延支付本息之事實，尚在繼續中者（公二五○ I 1）。

未公開發行公司符合上述規定者，於公司債發行後十五日內檢附發行相關資料，向證券管理機關報備（公二四八 II 後）。

第四、公司債募集之程序

一、董事會之決議

公司債之募集，僅由董事會特別決議，無庸召開股東會為之，但董事會須將募集公司債之原因及有關事項報告股東會（公二四六 I）。董事會為募集公司債之決議，應由三分之二以上董事之出席，及出席董事過半數之同意行之（公二四六 II）。關於上述董事會報告於股東會時，倘股東會決議不募集時，將如何處理，依本法第二○二條規定：「公司業務之執行……均應由董事會決議行之。」觀是，應屬有效，所謂「報告」，性質上屬於知會之而已，是故昔日學者梅仲協及鄭玉波❸❾❺均主張刪除報告於股東會之規定。蓋在授權資本制下，新股之發行，依董事會之決議即可，並不以向股東會報告為必要，而公司債之募集，反須向股東會報告，實屬過分慎重。

二、申請主管機關審核

本法對於公司募集公司債時，應載明下列各款事項，向證券管理機關辦理之（公二四八 I）：

㈠**公司名稱** 即負責償還本息之債務人。

㈡**公司債之總額及債券每張之金額** 例如公司債總額為五千萬元，發行債券五十萬張，每張一百元。每張債券金額以較少為佳，俾便分散募集。

㈢**公司債之利率** 例如年息二分，每年分一次或二次付息，均應記載於公司債券上。通常公司債券，均附有息券，債權人於規定付息時，截取

---

❸❾❺ 梅仲協著《商事法要義》新公司法補編第 28 頁；鄭玉波著《公司法》第 168 頁。

息券，以換取利息。其利息給付請求權依我民法規定，自得為請求之日起，經過五年不行使因時效而消滅（民一二六）。

㈣**公司債償還方法及期限** 所謂償還之方法，例如一次償還、分期償還或分期抽籤償還。所謂償還期限，通常自發行之日起，至一定期日止全部償還。倘應募書另有訂定，亦得於一定期間後，每年於一定期日償還一定之金額。

㈤**償還公司債款之籌集計畫及其保管方法** 所謂籌集計畫，例如以特別盈餘公積或計畫增資償還。所謂保管方法，例如設專戶存儲銀行，或購存有價證券，作為償債基金之用。

㈥**公司債募得價款之用途及運用計畫** 募債之用途，是為擴充營業增加設備，或為清償舊債，均應敘明。公司募得公司債款後，未經申請核准變更，而用於規定事項以外者，處公司負責人一年以下有期徒刑、拘役或科或併科新臺幣六萬元以下罰金，如公司因此受有損害時，對公司並負賠償責任（公二五九）。上述限制之立法意旨，在預防公司負責人濫用職權，於不必要時擅行決議募集公司債，而於募集後變更其用途。

㈦**前已募集公司債者，其未償還之數額** 其未償還之數額，與本法第二四八條第一項第十款之限額有關，故應報明，以便知悉是否有本法第二四九條及第二五〇條禁止之條件。此款應由會計師查核簽證（公二四八Ⅴ）。

㈧**公司債發行之價格或最低價格** 公司債之發行通常係以債券面額為準，但亦可溢價或折價發行。其低於券面金額之折價發行者，自應報明其最低價格。

㈨**公司股份總數與已發行股份總額及其金額** 公司雖有未發行之股份，仍得募集公司債，但已發行股份情形必須報明，並由會計師查核簽證以憑審核（公二四八Ⅴ）。

㈩**公司現有全部資產，減去全部負債及無形資產後之餘額** 此餘額為發行公司債之最高限度，應由會計師查核簽證（公二四八Ⅴ）。

(十一)**證券管理機關規定之財務報表** 此類報表亦應由會計師簽證（公

二四八Ⅴ)。證券交易法為公司法之特別法，公營事業依證券交易法發行有
價證券者，有關會計師查核簽證之事項，應依證券交易法及依該法發布之
命令辦理。又審計機關對公營事業之審核，在審計法中規定有明文，惟在
公營事業得以審計機關審定代替之，俾與事實配合。

　　㈬**公司債債權人之受託人名稱及其約定事項**　公司申請發行公司
債時，應代債權人委託金融或信託事業之機關為受託人，並負擔其報酬（公
二四八Ⅵ），約定由受託人負責主持有關全體債權人之利益事項，故應將其
受託人名稱及約定事項，由律師查核簽證（公二四八Ⅴ）。

　　㈭**代收款項之銀行或郵局名稱及地址**　為便利公司債之募集，故應
記載並由律師查核簽證（公二四八Ⅴ）。

　　㈮**有承銷或代銷機構者，其名稱及約定事項**　公司得採間接發行，
約定付給相當手續費，將公司債委託銀行或信託事業代理發行或承銷，此
時應由律師查核簽證（公二四八Ⅴ）。

　　㈯**有發行擔保者，其種類名稱及證明文件**　公司債之發行，為使募
集順利，採有擔保之發行為佳，其擔保品為動產或不動產。其名稱、數量
及有關之證明文件，例如不動產所有權登記文件，均應報明，並應由律師
查核簽證（公二四八Ⅴ）。

　　㈰**有發行保證人者，其名稱及證明文件**　公司除依其他法律或公司
章程規定得為保證外，不得為任何保證人（公一六Ⅰ），故此之保證人應屬
金融業之信託部保證之，並由律師查核簽證（公二四八Ⅴ）。

　　㈱**對於前已發行之公司債或其他債務，曾有違約或遲延支付本息
之事實或現況**　此項應說明事實之經過及現在情形，並由會計師查核簽證
（公二四八Ⅴ）。

　　㈲**可轉換股份者，其轉換辦法**　公司債轉換股份，其轉換辦法應予
報明，俾活潑債券市場，推動轉換公司債之發行。

　　㈳**附認股權者，其認購辦法**　公司債附認股權，其認購辦法應予報
明。

　　㈴**董事會之議事錄**　指董事會募集公司債之特別決議之議事錄或其

副本，以資證明。

㈡**公司債其他發行事項，或證券管理機關規定之其他事項**

公司就上述各事項有變更時，應即向證券管理機關申請更正；公司負責人不為申請更正時，由證券管理機關各處新臺幣一萬元以上五萬元以下罰鍰（公二四八Ⅳ）。

上述第十八款之可轉換股份數額或第十九款之可認購股份數額加計已發行股份總數、已發行轉換公司債可轉換股份總數、已發行附認股權公司債可認購股份總數、已發行附認股權特別股可認購股份總數及已發行認股權憑證可認購股份總數，如超過公司章程所定股份總數時，應先完成變更章程增加資本額後，始得為之（公二四八Ⅶ）。此項規定，為使公司得在授權資本範圍內可視資本市場市況，彈性選擇辦理現金增資發行新股或發行轉換公司債、認股權證、附認股權公司債或附認股權特別股等，以掌握時效，並利於企業經營 ❸⁹⁶ 。

公司申請發行公司債時，其申請事項，有違反法令或虛偽情事者，證券管理機關應不予核准，其已核准者，得撤銷其核准（公二五一Ⅰ）。所謂違反法令者，例如違反本法第二五〇條及第二五一條第一項之規定者。

為前述撤銷核准時，未發行者，停止募集。已發行者，即時清償，其因此所發生之損害，公司負責人對公司及應募人，負連帶賠償責任（公二五一Ⅱ）。公司負責人申請事項有違反法令或虛偽情事者，由證券管理機關各處新臺幣二萬元以上十萬元以下罰鍰（公二五一Ⅲ準公一三五Ⅱ前）。

三、信託契約之訂立

本法規定募集公司債之公司，在募集前應與第三人成立一項利他性之信託契約（公二四八Ⅰ12），使受託人代表全體公司債之債權人。此受託人以金融或信託事業為限，由公司於申請發行時約定之，並負擔其報酬（公二四八Ⅵ）。關於受託人之辭職與解任，本法並無規定。在辭職方面，日本商法第三一二條規定：「受委託募集公司債之公司，得經公司債之發行公司及公司債權人會議之同意而辭任。受前項規定確定承受募集公司債之公司

---

❸⁹⁶ 民國 90 年公司法第 248 條修正理由四。

時，公司債發行公司應從速公告其事，並分別通知公司債債權人。有不得已之事由，經法院認可者，亦同。」在解任方面，日本商法第三一三條規定：「受委託募集公司債之公司不適於處理事務，或有其他正當之事由時，法院依發行公司債之公司或公司債權人會議之請求，得解任之。」似值吾國立法之參考。

再者，董事會在應募人請求繳足所認之股款時，應將全體記名債券應募人之姓名、住所或居所暨其所認金額，及已發行之無記名債券張數、號碼暨金額，開列清冊，連同本法第二四八條第一項各款所定之文件，送交公司債權人之受託人（公二五五I）。受託人之職權如下：

㈠**查核及監督**　受託人為應募人之利益，有查核及監督公司履行公司債發行事項之權（公二五五II）。

㈡**擔保權之取得、實行及擔保品之保管**　公司為發行公司債所設定之抵押權或質權，得由受託人為債權人取得，並得於公司債發行前先行設定（公二五六I）。受託人對於前述之抵押權或質權或其擔保品，應負責實行或保管之（公二五六II）。因此公司以財產為抵押募集公司債，如經股東會依本法第二五六條議決，即屬適法❸❾❼。依信託契約之本旨，受託人原得以自己名義行使當事人之權利，就此固應解為公司債之受託人有為全體債權人受領給付之權，但公司債之付息、還本，皆須依債券為之。受託人如未持有債券，則不能為債權人受領給付。受託人為行使本法第二五五條及第二五六條之職權，於該範圍內得以自己之名義提起訴訟。再者受託人於公司債不能如期履行時，對於抵押權既有負責實行之權，該抵押權又係以受託人名義設定之，故受託人當然得以自己名義聲請拍賣抵押物。

㈢**召集債權人會議**　公司債債權人之受託人，得為公司債債權人之共同利害關係事項，召集同次公司債債權人會議（公二六三I）。其餘程序如何，本法無明文規定，應類推適用有關公開發行股票之公司股東臨時會召集程序之規定。換言之，公司債債權人會議之召集，應於十五日前通知同次各公司債債權人，對於持有無記名公司債權者，應於三十日前公告之，

---

❸❾❼　司法院院解字第4120號。

通知及公告應載明事由❸。

㈣**債權人會議決議事項之執行**　債權人會議之決議，應申報公司所在地之法院認可並公告後，對全體公司債債權人發生效力，由公司債債權人之受託人執行之（公二六四）。

㈤**法院不予認可之決議**　公司債債權人會議之決議，如有左列情事之一者，法院不予認可：

　1.召集公司債債權人會議之手續或其決議方法，違反法令或應募書之記載者。

　2.決議不依正當之方法達成者。

　3.決議顯失公正者。

　4.決議違反債權人一般利益者。

準此，何種事項得由債權人會議決議，允屬法院認可職權範疇，如有疑義，請逕洽詢公司所在地之法院❹。

四、募集之公告

公司發行公司債之申請經核准後，董事會應將申請主管機關核准事項，除財務報表、受託人、承銷或代銷機構之約定事項、發行擔保與發行保證人之名稱及證明文件及董事會之議事錄等事項外，均應於核准通知到達之日起三十日內，加記核准之證券管理機關與核准之年月日文號，並同時將其公告，開始募集（公二五二Ⅰ）。逾上述期限未開始募集而仍須募集者，應重行申請（公二五二Ⅱ）。

五、債款之募集

㈠**發行之方法**　公司債發行之方法有下列三種：

　1.**直接發行**　即由公司發行公司債，直接向外推銷債券者而言。

　2.**承銷發行**　亦謂承受發行，即由金融機構或證券商，依契約承銷公司債之總額，不問實際有無募足，均由承銷人自行負責而言。

　3.**代銷發行**　亦謂委託發行，即發行公司委託特定人收取若干手續費，

---

❸　經濟部 93.8.27 經商字第 09302137800 號。

❹　同❸。

代為募集。如債款未募足時，受託人不負補足之責。

本法規定得承銷發行或代銷發行（公二四八 I 14），惟現在一般情形多由公司直接發行。

㈡**應募書之備置** 公司募集公司債時，董事會應備置應募書載明上述應行公告之各事項，加記核准之主管機關與年月日文號。董事違反上述規定，不備應募書者，由證券管理機關處新臺幣一萬元以上五萬元以下罰鍰（公二五二Ⅲ）。應募人應在應募書上填寫所認金額及其住所或居所，簽名或蓋章，並照所填應募書負繳款之義務。應募人以現金當場購買無記名公司債券者，免填應募書（公二五三）。

㈢**債款之請求** 公司債經應募人認定後，該應募人即有照所認金額負繳款之義務（公二五三 I）。應募人未照繳者，董事會應向其請求繳足其所認金額（公二五四）。

六、公司債款之使用

公司募集公司債款後，未經申請核准變更，而用於規定事項以外者，處公司負責人一年以下有期徒刑、拘役或科或併科新臺幣六萬元以下罰金，如公司因此受損害時，對公司並負賠償責任（公二五九）。

第五、公司債私募之程序

一、概　述

本法第二四八條第二項及第三項規定:「公司債之私募不受第二百四十九條第二款及第二百五十條第二款之限制，並於發行後十五日內檢附發行相關資料，向證券管理機關報備；私募之發行公司不以上市、上櫃、公開發行股票之公司為限（公二四八Ⅱ）。前項私募人數不得超過三十五人。但金融機構應募者，不在此限（公二四八Ⅲ）。」及證券交易法第四十三條之六規定:「公開發行股票之公司，得以有代表已發行股份總數過半數股東之出席，出席股東表決權三分之二以上之同意，對左（下）列之人進行有價證券之私募，不受第二十八條之一、第一百三十九條第二項及公司法第二百六十七條第一項至第三項規定之限制（證交四三之六 I）：

　　一、銀行業、票券業、信託業、保險業、證券業或其他經主管機關核准之法人或機構。

　　二、符合主管機關所定條件之自然人、法人或基金。

　　三、該公司或其關係企業之董事、監察人及經理人。

前項第二款及第三款之應募人總數，不得超過三十五人（證交四三之六II）。普通公司債之私募，其發行總額，除經主管機關徵詢目的事業中央主管機關同意者外，不得逾全部資產減去全部負債餘額之百分之四百，不受公司法第二百四十七條規定之限制。並得於董事會決議之日起一年內分次辦理（證交四三之六III）。

該公司應第一項第二款之人之合理請求，於私募完成前負有提供與本次有價證券私募有關之公司財務、業務或其他資訊之義務（證交四三之六IV）。

該公司應於股款或公司債等有價證券之價款繳納完成日起十五日內，檢附相關書件，報請主管機關備查（證交四三之六V）。

依第一項規定進行有價證券之私募者，應在股東會召集事由中列舉並說明左（下）列事項，不得以臨時動議提出（證交四三之六VI）：

　　一、價格訂定之依據及合理性。

　　二、特定人選擇之方式。其已洽定應募人者，並說明應募人與公司之關係。

　　三、辦理私募之必要理由。

依第一項規定進行有價證券私募，並依前項各款規定於該次股東會議案中列舉及說明分次私募相關事項者，得於該股東會決議之日起一年內，分次辦理（證交四三之六VII）。」觀之，均對公司債之私募設有規定。惟證券交易法為公司法之特別法，因此公司債之私募，若為公開發行公司，則應優先適用證券交易法之規定。至於非公開發行公司之公司債之私募，則適用上述公司法之規定。

二、私募之對象及人數

　　本法規定，私募之應募人人數不得超過三十五人，但金融機構應募者，不在此限（公二四八III）。證券交易法上之規定亦然（證交四三之六II）。

至於應募人之資格，證券交易法設有規定，限於㈠銀行業、票券業、信託業、保險業、證券業或其他經主管機關核准之法人或機構；㈡符合主管機關所定條件之自然人、法人或基金；㈢該公司或其關係企業之董事、監察人及經理人（證交四三之六Ⅰ）。本法則未設規定，但本法規定，應募人如係金融機構，因其多具有專業投資能力，足以保護自己，故無設人數限制之必要。

三、私募公司債之種類及決定機關

本法對私募公司債之種類，未設規定，就文義觀之，普通公司債、轉換公司債或附認股權公司債等均可私募。惟行政院金融監督管理委員會證券暨期貨局解釋，公開發行股票公司依本法第二四八條第二項規定，私募公司債之種類，以普通公司債為限❹。

其次，依本法第二四六條之規定，公司債之私募，由董事會以特別決議為之，即經董事會三分之二以上之董事出席，及出席董事過半數之同意行之（公二四六Ⅱ）。

四、私募公司債發行公司之資格限制

依本法規定，公司債之私募不受本法第二四九條第二款及第二五〇條第二款之限制，即對公司之營利能力，不硬性規定平均淨利百分比，使公司易於私募公司債款，並由應募人自行承擔風險。蓋公司縱過失獲利與否，不能保證將來一定獲利，公司是否值得投資，由投資人自行判斷。但前已發行公司債或其他債務，曾有違約或遲延支付本息之事實已了結，自了結之日起三年內，不得發行無擔保公司債（公二四九1）；若有違約或遲延支付本息之事實，尚在繼續中者，不得發行有擔保公司債（公二五〇1）。

五、私募程序採事後報備

本法規定，公司於發行後十五日內檢附發行相關資料，向證券管理機關報備（公二四八Ⅱ）；至於證券交易法之規定亦然（證交四三之六Ⅴ）。

六、私募公司債轉售之限制

本法未對私募公司債之轉售加以限制，將可能發生以私募公司債後轉

---

❹ 財政部證期會（現改為證期局）90.12.19 ⑼⑼臺財證㈠字第 172689 號。

售，俾規避公開招募程序之適用。因此學者認為解釋上宜類推適用證券交易法第四十三條之八規定，私募證券於一定期間內不得轉售❹。

第六、公司債之債券、存根簿及公司債券之發行

一、公司債券之概念

公司債券者，乃表彰公司債權利之要式及流通的有價證券。其性質如下：

㈠**公司債券為有價證券**　公司債券無論為記名式或無記名式，均表明一定之金額，對於公司債之利用、處分與其債券之占有有不可分離之關係，故為有價證券。

㈡**公司債券為債權證券**　公司債券乃因應募人給付一定金額而由公司作成債券，交付應募人，以表彰其債權之存在，故為債權證券。

㈢**公司債券為要式證券**　公司債券須記載法定事項（公二四八），故為要式證券。

㈣**公司債券非設權證券**　公司債券之發行，非公司債成立之要件，故非設權證券，此與股票同，而與票據異。

㈤**公司債券為流通證券**　記名公司債券得由持有人以背書轉讓之，無記名公司債券得依交付轉讓（公二六○），故公司債券為流通證券。

二、公司債券應記載之事項

公司債之債券不論為記名公司債之債券或無記名公司債之債券，應編號載明發行之年、月、日及下列事項：㈠公司之名稱；㈡公司債之總額及債券每張之金額；㈢公司債之利率；㈣公司債償還方法及期限；㈤可轉換股份者，其轉換辦法；㈥附認股權者，其認購辦法；㈦有擔保、轉換或可認購股份者，載明擔保、轉換或可認購字樣等，由代表公司之董事簽名或蓋章，並經依法得擔任債券發行簽證人之銀行簽證後發行之(公二五七Ⅰ)。有擔保之公司債除前項應記載事項外，應於公司債正面列示保證人名稱，並由其簽名或蓋章(公二五七Ⅱ)。日本商法第三○六條第一項更規定：「公

---

❹　王文宇〈我國證券私募法制之研究〉，《新金融法》第 479 頁，元照出版社，臺北，2003 年 1 月。

司債券非於公司債全額繳足後，不得發行之」，本法雖未明文規定，亦應作如此解釋，俾保護其他應募人。

依本法第一六二條及第二五七條規定，財政部及經濟部制定「公司發行股票及公司債券簽證規則」，以便遵循。又依證券交易法第二十二條第四項規定，財政部訂定「發行人募集與發行有價證券處理準則」，以資辦理。

三、公司債存根簿

公司債存根簿者，乃記載債權人及債券有關事項的公司之法定帳簿。公司債存根簿，應將所有債券依次編號，並載下列各款事項（公二五八 I）：

㈠公司債債權人之姓名或名稱及住所或居所。

㈡記載下列：

　1.公司債之總額及債券每張之金額。

　2.公司債之利率。

　3.公司債償還方法及期限。

　4.受託人之名稱。

　5.有發行擔保者，其種類、名稱。

　6.有發行保證人者，其名稱。

　7.可轉換股份者，其轉換辦法。

　8.附認股權者，其認購辦法。

㈢公司債發行之年、月、日。

㈣各債券持有人取得債券之年、月、日。

無記名債券，應以載明無記名字樣，替代前述㈠之記載（公二五八 II）。

四、公司債券之發行

㈠**公司債券發行之意義**　公司債券之發行者，係指公司於募集後製作並交付，或以帳簿劃撥方式交付公司債券之行為（證交八 I）。

㈡**公司債券發行之時期**　本法未明訂公司債券發行之時期，一般認為記名公司債券須俟應募人繳足應募書上填寫所認金額後，公司始得發行；無記名公司債券，公司得於應募人以現金當場購買時發行（公二五三）。至於證券交易法規定，公司應於依公司法得發行公司債券之日起三十日內，

對應募人憑繳納憑證，交付公司債券，並應於交付前公告（證交三四Ⅰ）。

　　㈢**公司債券發行之方式**　有無印製個別實體公司債券發行之不同，分述如下：

　　1.**有印製個別實體公司債券發行**　依公司法第二五七條規定，印製公司債券並交付予公司債債權人。

　　2.**無印製個別實體公司債券發行**　此又可分為二種情形：

　　⑴合併印製單張總額公司債券發行　依本法規定，公司發行公司債時，其債券就該次發行總額得合併印製（公二五七之一Ⅰ）。依前項規定發行之公司債，應洽證券集中保管事業機構保管（公二五七之一Ⅱ）。上述規定，係為發揮有價證券集中保管功能，簡化現行公司債發行成本交付作業，爰引入「無實體交易」制度，將當次發行之公司債總額合併印製成單張公司債券存放於集中保管事業機構，而透過集中保管事業機構發給應募人有價證券存摺之方式，解決目前公司債實際交易所帶來之手續繁複及流通過程風險。公司債以帳簿劃撥方式進行無實體交易時，表彰該公司債之債券即已簡化成單張大面額債券，故不適用現行有關債券每張金額及編號以及背書轉讓之規定❹❷。因此，本法復明定：「依第一項規定發行公司債時，不適用第二百四十八條第一項第二款、第二百五十七條、第二百五十八條及第二百六十條有關債券每張金額、編號及背書轉讓之規定。」（公二五七之一Ⅲ）上述公司法第二五七條之一於民國一〇七年七月六日起立法院業已刪除，其修法理由如下：「單張大面額公司債與第一百六十二條之一之單張大面額股票均係為降低公司發行成本，為我國在上市、上櫃及興櫃公司有價證券全面無實體化前之過渡階段而設。因應目前我國上市、上櫃及興櫃公司有價證券已全面無實體發行，本條已無適用之可能，爰予刪除。」

　　⑵無印製實體公司債券發行　本法規定，公司發行之公司債，得免印製債券，並應洽證券集中保管事業機構登錄及依該機構之規定辦理（公二五七之二）。在此情形，不但公司未印製發行個別公司債券，亦未印製發行該次總額之公司債券，而僅洽證券集中保管事業機構登錄。本條規定之目

---

❹❷　民國 90 年公司法第 257 條之 1 修正理由。

的，為發揮有價證券集中保管功能，簡化公司債發行成本及交付作業，引入「無實體發行」制度，規定免印製債券存放於集中保管事業機構，而透過集中保管事業機構發給應募人有價證券存摺之方式，解決目前公司債實體交易所帶來之手續繁複及流通過程風險❹。經證券集中保管事業機構登錄之公司債，其轉讓及設質應向公司辦理或以帳簿劃撥方式為之，不適用第二百六十條及民法第九百零八條之規定（公二五七之二II）。發行公司債之公司，未印製債票而洽證券集中保管事業機構登錄者，因已無實體債券，持有人辦理公司債轉讓或設質，無法再以背書、交付之方式為之，爰參酌證券交易法第四十三條第三項規定，增訂第二項，排除第二百六十條有關記名公司債背書轉讓之規定及民法第九百零八條有關證券質權設定規定之適用，並明定其轉讓及設質應向公司辦理或以帳簿劃撥方式為之❹。前項情形，於公司已印製之債券未繳回者，不適用之（公二五七之二III）。此乃鑑於現行實務上，部分公司於全部債券洽證券集中保管事業機構登錄前，仍存在已發行之實體債券並未繳回公司之情形，該實體債券仍為有效之有價證券，具有流通性，其轉讓及設質仍回歸實體債券之方式辦理，爰增訂第三項❹。

第七、公司債轉換股份與公司債附認股權

一、公司債轉換股份（即轉換公司債）之意義

　　轉換公司債得為股份之轉換，乃本法所承認。其轉換權，屬於債權人，故對公司債之募集，頗具吸引性。蓋本法規定公司債約定得轉換股份者，於發行時，應載明其轉換辦法，向證券主管機關辦理（公二四八I18）。因此公司有依其轉換辦法核給股份之義務，但公司債債權人有選擇權（公二六二I），此之公司，係指公開發行股票之公司而言❹。

---

❹　民國 90 年公司法第 257 條之 2 修正理由。

❹　民國 107 年 7 月 6 日立法院通過公司法第 257 條之 2 修正說明。

❹　民國 107 年 7 月 6 日立法院通過公司法第 257 條之 2 修正說明。

❹　經濟部 91.1.24 經商字第 09102004470 號。

(一)決定公司債轉換股份之機構

1.**董事會之決定發行**　公司債轉換股份，實係以發行新股方式以清償公司債。在授權資本制度下，董事會雖有權以特別決議發行新股（公二六六II），但僅得在章程所定股份總額範圍內為之。

2.**股東會之決定發行**　公司募集公司債時，規定得轉換股份者，其可轉換股份數額，如超過公司章程所定股份之總數時，應先經股東會之特別決議，完成變更章程增加資本後，始得向證券管理機關申請發行轉換公司債（公二四八I18、VII）。

(二)**轉換權之性質**　公司債約定得轉換股份者，公司有依其規定之轉換辦法核給股份之義務，但公司債債權人有選擇權（公二六二I），故轉換公司債，係屬公司債債權人有選擇權之選擇之債。轉換公司債債權人行使轉換權時，公司應依其轉換辦法核給股份。此時公司所發行之新股，公司員工及股東對之無新股承購權（公二六七VII）。又轉換權因公司債債權人一方之意思表示而生效力，成為公司之股東，同時喪失其為公司債債權人之身分，故公司債債權人宜以書面附公司債務行使其選擇權為妥。然則轉換公司債債權人行使轉換權時，其轉換效力何時發生？公司法缺乏規定。轉換公司債既為債權人有選擇權之債，依民法規定，選擇之效力，溯及於債之發生時(民二一二)。若據此說明行使公司債轉換權之意思表示到達公司時，有溯及公司債成立時，對股東發生效力，則轉換公司債債權人須返還其於行使轉換權前由公司取得之利息，而公司又須對其核發之股份補發該債權人應得之股息及紅利，如此則造成公司及社會交易安全之混亂，故解釋上轉換權之行使，自行使之意思表示到達公司時起，發生轉換之效力。換言之，轉換權之行使，無溯及既往之效力❹，故其性質為形成權。倘以公司債券為設定質權之標的，出質人能否選擇行使轉換權，本法無明文規定。依民法第九〇三條之意旨，則非經質權人同意，出質人不得任意轉換股份。公司債債權人申請轉換時，公司之股份總額，已不是發行新股可資轉換，則公司債債權人得依民法債務不履行之規定，請求損害賠償。茲為避免發

---

❹　參閱柯芳枝著《公司法論》（86年10月）第431頁。

生此現象，宜明定因轉換所需發行股份數額，應於轉換期間保留之❹❹⁸。

二、公司債附認股權

(一)**公司債附認股權之意義** 公司債附認股權者，又稱附認股權公司債，係指公司債債權人享有認購公司債發行公司股份權利之公司債。依本法第二四八條第一項第十九款規定，公司發行公司債時，應載明附認股權者，其認購辦法，向證券管理機關辦理之（公二四八 I 19）。公司債附認股權者，公司有依其認購辦法核給股份之義務，但認股權憑證持有人有選擇權（公二六二 II）。此之公司，係指公開發行股票之公司❹⁰⁹。又依本法規定，附認股權公司，可認購股份數額加計已發行股份總數、已發行轉換公司債可轉換股份總數、已發行附認股權公司債可認購股份總數、已發行附認股權特別股可認購股份總數及已發行認股權憑證可認購股份總數，如超過公司章程所定股份總數時，應先完成變更章程增加資本額後，始得為之（公二四八 VII）。因此決定發行公司債附認股權之公司機構有二：

1.**由董事會決定發行** 其情形，與前述一、公司債轉換股份之意義(一)1.同。

2.**由股東會決定發行** 其情形，與前述一、公司債轉換股份之意義(一)2.同。

(二)**認股權之性質** 附認股權公司債債權人是否認股，有選擇權（公二六二 II 但），故認股權是公司債債權人有選擇權的選擇之債，故為形成權。其性質與前述轉換股份公司債之轉換權同。又附認股權公司債債權人行使其認股權時，須繳納股款。惟公司應依其認購辦法，核給債權人股份。在此情形，公司債債權人，兼具有公司股東之身分，此與轉換公司債不同。

第八、公司債券之轉讓、設質及強制執行

一、公司債券之轉讓

有實體個別公司債券之轉讓方式 公司債券為表彰公司債權利之有

---

❹⁰⁸ 賴源河《實用商事法精義》（81 年 10 月）第 287 至 288 頁。

❹⁰⁹ 同❹⁰⁶。

價證券，故無論為記名式或無記名式，其就債券權利之轉讓，均與債券之占有有不可分離之關係，故就公司債成立讓與契約者，均應將公司債券交付，始生讓與效力。因此在無記名公司債券之轉讓，僅須將債券交付即生轉讓之效力。至於記名公司債券僅得由持有人以背書轉讓之，但非將受讓人姓名或名稱記載於債券，並將受讓人之姓名或名稱及住所或居所記載於公司債存根簿，不得以其轉讓對抗公司（公二六〇）。關於背書事項，本法採記名背書，即須將受讓人姓名或名稱記載於債券。至於背書之連續，本法並無規定，應準用票據法之規定，係就形式上證明其取得權利為正當之方法，因之解釋上，當可類推適用票據法第三十七條之規定。至於記名公司債是否隨時可改為無記名公司債，本法並無規定，解釋上如無特別限制，似應從日本商法之規定❹❶⓿，認為二者原則上，可以互為轉換。

　　舊公司法第一五七條之一規定公司發行公司債時，其債券就該次發行之總額已合併印製成單張大面額公司債券，而交由證券集中保管事業機構保管者，不適用本條關於背書之規定（舊公二五七之一），本條業已廢止❹❶❶。

　　「公司發行之公司債，如未印製公司債券，而已在證券集中保管事業機構登錄者（公二五七之二）。」其轉讓亦係以劃撥方式為之。

二、公司債券之設質

　　公司債券為有價證券，故得為質權之標的。其設質之方式，依民法第九〇八條及本法第二六〇條前段及證券交易法第四十三條第三項之規定如下：

　　㈠以無記名債券為設定質權之標的者，應交付債券於質權人，始生質權之效力。

　　㈡以記名債券為設定質權之標的者，除應交付債券於質權人外，並應依背書方法為之。

　　㈢公司債所擔保之債權，雖未屆清償期，質權人亦得向公司收取債

---

❹❶⓿　參閱日本商法第 308 條：「除另有規定外，公司債權人得隨時請求將記名式債券改為無記名式，或將無記名式債券改為記名式。」

❹❶❶　民國 107 年 7 月 6 日立法院通過公司法第 257 條修正說明。

上應受之給付，如有預先通知公司之必要，並應通知之。此際公司僅得向質權人為給付。

㈣轉換公司債出質時，出質人得否行使轉換權，本法未規定，依民法規定，非經質權人同意，出質人不得任意行使轉換權（民九〇三）。倘質權人同意出質人行使轉換權時，該質權基於物上代位，仍存於因轉換而取得之股份（民八九九、九〇一）。

㈤以證券集中保管事業機構保管之公司債券為設質標的者，其設質之交付，得以帳簿劃撥方式為之，不適用民法第九〇八條之規定（證交四三Ⅲ）。至於以經證券集中保管事業機構登錄之公司債（公二五七之二）為設質標的者，亦應作同一解釋，而以劃撥方式為之。經證券集中保管事業機構登錄之公司債，其轉讓及設質應向公司辦理或以帳簿劃撥方式為之，不適用第二百六十條及民法第九百零八條之規定（公二五七之二Ⅱ）。前項情形，於公司已印製之債券未繳回者，不適用之（公二五七之二Ⅲ）。

三、公司債為強制執行之標的

公司債券為表彰公司權利之有價證券，乃屬財產權，得自由轉讓與設質，故債券所有人之債權人，得以之為強制執行之標的，依強制執行法對於動產之執行程序辦理。查封之公司債券，應移置於該管法院所委託妥適之保管人保管之。認為適當時，亦得以債權人為保管人（強執五九Ⅰ）。查封之公司債券，須於其所定之期限內為權利之行使或保全行為者，執行法院應於期限之始期屆至時，代債務人為該行為（強執五九之一）。查封之公司債券，執行法院認為適當時，得不經拍賣程序，準用第一一五條至第一一七條之規定處理之（強執六〇之一）。執行法院於公司債券拍賣後，得代債務人為背書或變更名義與買受人之必要行為，並載明其意旨（強執六八之一）。

第九、公司債之付息與消滅

一、公司債之付息

公司債之付息，通常均於債券附以利息券，到期截下取息。亦有於清

償原本時一次付息，而不先為給付者，要視發行債券時如何而定。關於公司債之利率，則應依債券之記載而定（公二四八Ⅰ3）。

二、公司債之消滅

公司債屬於債務之一種，故一般債務消滅之原因，如民法上關於清償、提存、抵銷、免除、混同等，均得適用外，本法又特設收買、銷除及轉換股份之規定。茲分述如下：

㈠**本法所規定公司債之清償**　公司債之原本因清償而消滅。至清償之方法及期限，應依債券之記載而定（公二四八Ⅰ4）。清償完畢，債權人應將債券交還公司。

㈡**收買銷除**　公司債為公司之債務，與股份不同，故公司債未屆期前，公司亦得將債券收買。但此種情形，公司債不能混同而消滅。蓋公司得將該債券再賣出，故與屆滿清償期後之收買不同。按屆期後之收買，公司因混同而將債券銷除時，則公司債消滅。

㈢**準用民法之規定**

1.*清償*　公司債清償之消滅時效，本法無特別規定，應適用民法之規定。即原本債權之時效期間為十五年（民一二五），而利息債權則為五年（民一二六）。

2.*提存*　公司債屆滿清償期時，債權人受領遲延者，公司得為債權人提存而免責（民三二六）。

3.*抵銷*　公司債抵銷分兩種情形：

⑴債權人主張抵銷：公司債債權人對於公司負有債務者，得以公司債主張抵銷，但須於公司債屆清償期後為之，並將債券交還始可。

⑵為債務人之公司主張抵銷：公司對於公司債債權人有債權，而該債權已屆清償期時，此時公司債（公司之債務）之清償期亦屆滿，公司得主張抵銷之。按一般抵銷，若由債務人主張時，本可拋棄期限利益，於清償期前為之，但公司債為附息之債權，解釋上債務人不得於期前清償，亦不得於期前抵銷。

4.*免除*　公司債債權人向公司交還債券，並表示免除債務之意思，則

公司債消滅（民三四三）。

5.混同　公司債屆滿清償期後，公司將債券收買時，則公司債因混同而消滅（民三四四）。

6.共有　公司債屬於數人共有時，本法雖未明定，解釋上應準用本法股份共有，及民法上共有之規定，以資解決。

第十、公司債券之喪失

無論為記名公司債券或無記名公司債券，如因遺失、被盜、或滅失之原因而喪失者，均得依民事訴訟法之規定，聲請法院為公示催告及除權判決，然後請求公司補發新債券。

第十一、公司負責人就公司債募集之責任

公司負責人就公司債之募集應負相當責任，公司發行公司債經核准後，如發現其申請事項，有違反法令或虛偽情形時，證券管理機關得撤銷核准（公二五一 I）。為前項撤銷核准時，未發行者，停止募集；已發行者，即時清償。其因此所發生之損害，公司負責人對公司及應募人員負連帶賠償責任（公二五一 II）。公司申請事項有變更，經限期補正而未補正者，由證券管理機關處公司負責人新臺幣二萬元以上十萬元以下罰鍰。公司募集公司債款後，未經申請核准變更，而用於規定事項以外者，處公司負責人一年以下有期徒刑、拘役或科或併科新臺幣六萬元以下罰金，如公司受有損害時，並對公司負賠償責任（公二五九、二五一 III準公一三五 II）。

第十二、公司債債權人會議

一、債權人會議之意義

公司債債權人會議者，乃同次公司債債權人為公司債債權人之共同利害關係事項，而組成之臨時團體之會議。此團體並非公司之機關，故與股東會、董事會不同。蓋公司債債權人之受託人，固有查核及監督公司履行公司債發行事項之權，但受託人究係債權人以外之第三人，且有些事項須

債權人決定者，而債權人就有關公司債發行事項，利害攸關，常有集會商洽與決定之必要。況公司債債權人，為數甚多，如皆個別行使其權利，則債權人與公司雙方，均有不便，故本法特仿日本之立法例，設公司債債權人會議之規定❷，就公司債債權人之共同利害關係事項而為決議，以收劃一之效力。

二、會議之召集

㈠**會議之召集權人**　公司債債權人會議之召集權人有三　（公二六三I）：1.發行公司債之公司。2.公司債債權人之受託人。3.同次公司債總數百分之五以上之公司債債權人。

㈡**會議之召集原因**　凡屬公司債債權人之共同利害關係事項，均得召集同次公司債債權人會議（公二六三I後）。

㈢**召集之時間及程序**　公司債債權人會議為臨時性之會議，故召集時間本法並無規定，應於必要時召集之。至於召集程序，本法亦無規定，解釋上可類推適用股東臨時會召集程序之規定（公一七二II）。

㈣**會議之費用**　公司債債權人會議之費用的負擔，本法並無規定，參酌日本商法第三三七條規定，似應認為原則上由發行公司債之公司負擔；但法院得依利害關係人之聲請或以職權，就其全部或一部，另定負擔之人。

三、決議之方法

公司債債權人會議之決議方法，應有代表公司債債權總額四分之三以上債權人之出席，以出席債權人表決權三分之二以上之同意行之，並按每一公司債券最低票面金額有一表決權（公二六三II）。

四、決議之認可或不認可

公司債債權人會議之決議，應製成議事錄，由主席簽名，經申報公司所在之法院認可並公告後，對全體公司債債權人發生效力，由公司債債權人之受託人執行之，但債權人會議另有指定者，從其指定（公二六四）。關於認可之申請時，得依非訟事件法之規定，為事實及證據之調查。惟公司債債權人會議之決議，有下列情形之一者，法院不予認可（公二六五）：

---

❷　參閱日本商法第 319 條至第 341 條之規定。

㈠召集公司債債權人會議之手續或其決議方法,違反法令或應募書之記載者。

㈡決議不依正當方法達成者。

㈢決議顯失公正者。

㈣決議違反債權人一般利益者。

五、決議經認可之效力

㈠公司債債權人會議之決議,應製成議事錄,由主席簽名,經申報公司所在地之法院認可並公告後,對全體公司債債權人發生效力(公二六四前)。惟其決議事項違反應募書之記載時,縱經法院認可,公司亦不受其拘束。蓋公司債債權人與公司間之權利義務關係,應依應募書或債券之記載為準據。

㈡公司債債權人會議決議之事項,經法院認可後,由公司債債權人之受託人執行之,但債權人會議另有指定者,從其指定(公二六四但)。

第七節　股份有限公司之發行新股

第一、意義及種類

發行新股者,乃股份有限公司於成立後,為募集資金而再度發行股份。本法第五章第八節所定之節名「發行新股」,係指通常之發行新股(公二六六 I),即在授權資本制下,發行公司章程所載股份總數中,設立時未發行之分次發行新股(公一五六IV),或將公司章程之股份總數全數發行後,修改章程增加資本所發行之新股。因此其發行新股之類別,可分為:一、公司發行是否須增加資本變更章程,抑或在授權資本範圍內之發行;二、其發行之方式是否公開由不特定人認購,抑或不公開由特定人認購;以及三、是否屬於通常籌資發行新股,抑或特殊事由之發行新股而有不同。茲分述於下:

一、是否須增資變更章程而發行新股

若非增資之分次發行新股,不須經股東會之決議變更章程;反之若增

資發行新股，則須經股東會之特別決議同意後始可。按本法兼採授權資本制，依本法第二六六條第一項規定：「公司依第一百五十六條第二項分次發行新股，或依第二百七十八條第四項發行增資後之新股，均依本節之規定。」觀之，發行新股有下列三種情形：

㈠**非增資之分次發行新股**　非增資之分次發行新股者，乃公司依章程所定股份總額，得以分次發行之股份而言。本法對公司之資本總額採授權資本制，因此章程所定股份總額，得分次發行（公二六六Ⅰ前、一五六Ⅱ），是故股份有限公司發行其股份總額中尚未發行之部分，係屬董事會之權限。其未發行部分，由董事會以董事三分之二以上出席，及出席董事過半數同意之決議發行（公二六六Ⅱ）。

㈡**未增資變更章程而發行新股**　在授權資本制之下，公司得於章程所定股份總數（即授權股份數）之範圍內，按照實際需要，經董事會決議，分次發行股份，無庸經變更章程之程序。倘公司欲發行新股之股數加計已發行股份數，逾章程所定股份總數時，應允許公司可逕變更章程將章程所定股份總數提高，不待公司將已規定之股份總數，全數發行後，始得變更章程提高章程所定股份總數（增加資本），舊法因此限制公司應將章程所定股份總數全數發行後，始得增加資本，並無必要，爰予刪除，以利公司於適當時機增加資本，便利企業運作❹❶❸。

㈢**增資後發行新股**　股份有限公司欲增加資本發行新股，必先變更章程（公二七七Ⅰ），故應有代表已發行股份總數三分之二以上之股東出席股東會，以出席股東表決權過半數之同意決議變更章程後，始得為新股之發行（公二七七Ⅱ）。但公開發行股票之公司，出席股東之股份總數不足前述定額者，得以有代表已發行股份總數過半數股東之出席，出席股東表決權三分之二以上之同意變更章程後，始得發行新股（公二七七Ⅲ）。前二項出席股東股份總數及表決權數，章程有較高之規定者，從其規定（公二七七Ⅳ）。

前述公司發行新股時，依照公司法第一五六條第四項規定，同次發行之股份，其發行條件相同者，價格應歸一律。倘公司定為部分溢價發行，

---

❹❶❸　民國 107 年 7 月 6 日立法院通過公司法第 278 條修正說明。

其餘照票面金額發行,即與上開條文之規定不合。因此公司增資公開發行新股,除應交承銷人承銷之股份外,其餘股份如欲部分溢價發行者,可分次發行,俾符合本法第一五六條之規定 ❹。惟公開發行股票上市之公司,其發行新股或增資之股份公開銷售,經公告除息除權交易者,尚應依其所附條件辦理 ❹。

二、是否須公開發行新股而有不同

(一)**不公開發行新股** 股份有限公司發行新股之方式,非必對外公開招募,發行新股,如由原有股東及員工全部認足,或由特定人協議認購時,則不必對外公開發行(公二六八Ⅰ前)。

(二)**公開發行新股** 股份有限公司之原有股東及員工未全部認足之部分,申請證券管理機關核准後,公開發行(公二六八Ⅰ後)。

三、因發行事由或目的而有不同

(一)**通常發行新股** 通常發行新股者,係公司為籌集資金而直接發行新股。本節所稱「發行新股」屬之。公司募股,認股人認股後,繳足股款,致公司之現實財產增加。

(二)**特殊發行新股** 特殊發行新股者,公司因特定之事由(或目的)而發行新股。所謂特定事由,如下列所述:

1.**股份交換** 即公司設立後得發行新股作為受讓他公司股份之對價屬之。依本法規定,其需經董事會以三分之二董事出席,出席董事過半數決議行之,不受本法第二六七條第一項至第三項之限制(公一五六之三)。其立法意旨,因股份交換可取得新股東之有利資源,對公司整體之營運將有助益之故 ❹。

所謂不受第二六七條第一項至第三項限制,係指不受公司發行新股時,員工及原有股東有新股承(認)購權有關之限制,即員工及原有股東無新股認購權。按依第一五六條第六項之規定,股份交換係於公司成立後始得

---

❹ 經濟部 57.4.30 商字第 15488 號。

❹ 經濟部商業行政 60 年第一次會決議。

❹ 民國 90 年公司法第 156 條修正理由。

為之。其次，本法第一五六條第六項所規定之股份交換自不包括受讓他公司已發行股份達百分之百之情形❹。倘讓與已發行股份達百分之百者，應依企業併購法第四條第五款規定：「股份轉換：指公司經股東會決議，讓與全部已發行股份予他公司作為對價，以繳足公司股東承購他公司所發行之新股或發起設立所需股款之行為。」至於未達百分之百者，企業併購法第二條第一項規定：「公司之併購，依本法之規定；本法未規定者，依公司法、證券交易法、促進產業升級條例、公平交易法、勞動基準法、外國人投資條例及其他法律之規定。」

　2.**盈餘撥充資本**　即應將分派股息及紅利之全部或一部，以發行新股方式給予股東（公二四○I、V）。

　3.**公積、撥充資本**　即公司無虧損者，得依股東會之特別決議，將法定盈餘公積及下列資本公積之全部或一部撥充資本，按股東原有股份之比例發給新股：

　①超過票面金額發行股票所得之溢額。

　②受領贈與之所得（公二四一I）。

　以法定盈餘公積發給新股或現金者，以該項公積超過實收資本額百分之二十五之部分為限（公二四一III）。

　4.**公司債轉換為股份**　即公司債約定得轉換股份者，公司有依其轉換辦法核給股份之義務。但公司債債權人有選擇權（公二六二I）。

　5.**附認股權公司債**　公司債附認股權者，公司有依其認購辦法核給股份之義務。但認股權憑證持有人有選擇權（公二六二II）。

　6.**合併他公司、分割而發行新股**　請詳閱公司合併、公司分割節所述，茲不贅述。

　7.**以公積或資產增值抵充，核發新股予原有股東**　此種情形，僅限於發行新股予原有股東，員工不得享有（公二六七V）。

　8.**員工認股權契約**

　⑴依本法規定，公司除法律或章程另有規定者外，得經董事會以董事

──────────

❹　經濟部91.5.1商字第09102077120號。

三分之二以上之出席及出席董事過半數之決議，與員工簽訂認股權契約，約定於一定期間內，員工得依約定價格認購特定數量之公司股份，訂約後由公司發給員工認股權憑證（公一六七之二 I）。此項規定，於公開發行股票公司與非公開發行股票公司均可適用。其股票來源，得以公司辦理現金增資發行之股票支應。所謂「約定價格」，公開發行股票公司，依商業會計處理準則辦理。至於非公開發行公司依本法規定辦理，即約定價格不得低於票面金額（公一四〇）外，由公司自行決定。至於「一定期間」及「特定數量之公司股份」，依契約自由原則，自得由公司與員工共同約定。

(2)按公司法第一二九條及第一三〇條規定，認股權憑證可認購股份之數額尚非屬公司章程之必要記載事項或相對記載事項。是以，非公開發行股票之公司發行認股權憑證時尚毋庸於章程明訂數額，惟員工持有認股權憑證於行使認購新股時，則公司應發行新股以供其認購之。至公開發行股票之公司依證券主管機關之規定應行記載者，則從其規定❹❶❽。

(3)公司發給員工認股權憑證，無需事前申請或事後報備❹❶❾。依此公司除發行新股供員工認購外，亦容許公司以庫藏股（公一六七之一）發給員工。此項員工取得「認股權憑證」，係屬證明文件，屬於專屬權，不得轉讓。但因繼承者，不在此限（公一六七之二 II）。其與公司公開發行新股時，申請證券主管機關核准發行認股權憑證或附認股權特別股者(公二六八 I 7)，有所不同。

(4)公司法第一六七條之一係規定公司得收買其股份轉讓於員工，公司法第一六七條之一第四項規定章程得訂明第二項轉讓之對象包括符合一定條件之控制或從屬公司員工。又公司法第一六七條之二第三項規定章程得訂明第一項員工認股權憑證發給對象包括符合一定條件之控制或從屬公司員工❹❷〇。又公開發行股票公司依證券交易法關於買回股份轉讓員工之「決

❹❶❽　經濟部 91.2.4 經商字第 09102014280 號。

❹❶❾　同❹❶❽。

❹❷〇　民國 107 年 7 月 6 日立法院通過第 167 條之 1 修正說明：「實務上，企業基於
　　　經營管理之需，常設立研發、生產或行銷等各種功能之從屬公司，且大型集團

議程序」及「員工」之範圍另有規定者，自應優先適用❹。

9.**公開發行認股權憑證或附認股權特別股**　公司公開發行新股時，申請證券管理機關，核准發行認股權憑證或附認股權特別股者，有依其認股辦法核給股份之義務，不受不得公開發行具有優先權利特別股之限制（公二六九），及不得公開發行新股之限制（公二七○）。但認股權憑證持有人有選擇權（公二六八之一 I）。

上述情形，公司並不因發行新股，致增加現實財產，除 5.、8.、9. 之情形外，係以公司現存之財產充之，並無認股人繳納股款之事宜。

第二、新股承購（或認購）權

一、新股承購（或認購）權之意義

新股承購權或新股認購權者，係指公司發行新股時，有優先於他人承購或認購新股之權利。

二、新股承購（或認購）權之主體

㈠由本公司員工承購

1.**民營公司**　一般民營公司發行新股時，除經目的事業中央主管機關專案核定者外，應保留原發行新股總額百分之十至百分之十五之股份，由公司員工承購（公二六七 I）。至於其如何分配予員工承購，由公司自行決定。惟員工承購辦法，是否按職位高低分購，或任由各員工承購，法無明文，習慣上由董事會決定，並按職位高低比例分購，似可為立法或司法之參考。

2.**公營公司**　公營事業經該公營事業之主管機關專案核定者，得保留發行新股由員工承購，其保留股份不得超過發行新股總額百分之十（公二六七 II）。

企業對集團內各該公司員工所採取之內部規範與獎勵，多一視同仁，因此，為利企業留才，賦予企業運用員工獎酬制度之彈性，故參酌外國實務作法，讓公司得於章程訂明員工庫藏股之實施對象，包含符合一定條件之控制公司或從屬公司員工，以保障流通性及符合實務需要。」

❹　經濟部 91.8.16 經商字第 09102167580 號。

3. **從屬公司** 本法第二六七條第七項規定，及本法第二三五條之一第五項規定者，章程得訂明第一項至第三項發給股東或現金之對象包括符合一定條件之特例或從屬公司員工。員工分配股票紅利之對象，包括符合一定條件之從屬公司員工。二者認購權相同。

何謂「員工」，依第二六七條規定所稱之「員工」，乃指非基於股東地位為公司服務者，如經理人。至基於股東地位而為公司服務者，即非此所稱之「員工」，如董事、監察人。又法人董事、監察人指定自然人為代表行使職權（公二七 I）或法人股東之代表人當選為董監事（公二七 II），該代表人既仍係基於股東地位而執行董監事職務，自非此所稱之「員工」。是以，董事長係法人股東指派之代表人，於公司辦理現金增資時，自不得參與依公司法規定保留員工認購股份之配認 ❷。又按公司法所稱董事係董事會之成員，並以參與董事會決議之方式而為公司業務執行之決定。監察人係監督公司業務之執行，有調查權、監察權及列席董事會之權限。而公司法所稱之員工，並無上開權限。是以，董事、監察人與員工，自屬有間 ❸。

4. **新股認購權之轉讓** 公司發行新股時，新股認購權利，除保留員工承購者外，得與原有股份分離而獨立轉讓（公二六七IV）。因此保留員工股份，員工雖有優先承購之權利，但不能離員工身分獨立轉讓（公二六七IV）。此之新股，不論普通股或特別股均可。又公司對員工依前述 1.、2.承購之股份，得限制在一定期間內不得轉讓。但其期間最長不得超過二年（公二六七VI）。按有關保留股份由員工承購，係落實分紅入股政策之具體作法，目的在於融合勞資為一體，有利企業之經營，如員工承購後，隨即轉讓，非但股權變動頻繁，影響經營權之安定，亦將使分紅入股促進勞資合作之目的落空。若限制期間過長，股市之上下波動將使員工因長期股市之低迷而造成投資損失。權衡以上利弊建議酌予縮短修正持有期間最長不得超過二年 ❹。又員工逾期不認購者，喪失其權利。其餘額，仍由原有股東按其

---

❷ 經濟部 84.2.10 商字第 201253 號。

❸ 經濟部 92.10.15 經商字第 2214370 號。

❹ 民國 90 年公司法第 267 條修正理由二。

持有股份比例分認，亦可為實務適用時之參考❷。本法第二六七條第一項前段規定之意旨，在使員工成為股東而與公司業務發生直接利害關係，以激勵員工之工作情緒，減少勞資糾紛。

5.**不適用保留員工承購股份之情形**　保留員工承購股份之規定（即公二六七 I、II），係指通常公司之發行新股份。若公司以公積抵充，核發新股予原有股東者，不適用之（公二六七 V）❷，即員工無承購股份權。又對於因合併他公司、分割、公司重整或員工認股權憑證（公一六七之二）、公司債得轉換為股份或附認股權（公二六二）及公司發行認股權憑證或附認股權特別股（公二六八之一 I），均無員工股東認股之情形，故不適用之（公二六七Ⅷ）。所謂不適用，係指員工對之無新股認購權。然則，參酌國際趨勢及為激勵員工績效達成之特殊性，於民國一○○年六月二十九日增訂第八項至第十項規定，即公司發行限制員工權利新股者，不適用第一項至第六項之規定，應有代表已發行股份總數三分之二以上股東出席之股東會，以出席股東表決權過半數之同意行之（公二六七Ⅸ）。出席股東之股份總數不足前項定額者，得以有代表已發行股份總數過半數股東之出席，出席股東表決權三分之二以上之同意行之（公二六七Ⅹ）。章程得訂明依第九項規定發行限制員工權利新股之對象，包括符合一定條件之控制或從屬公

---

❷　司法行政部編印《商事習慣調查研究》第 76 頁。

❷　民國 100 年 6 月 29 日公司法第 267 條第 5 項修正理由：「按本法於九十年十一月十二日修正時，刪除第二百三十八條有關資本公積之規定，係鑒於資本公積之規定，核屬商業會計處理問題，何種金額應累積為資本公積，應回歸商業會計法令處理。九十年十一月十二日修正前，資產重估增值應累積為資本公積，惟資產重估增值係屬未實現利得，其性質與資本公積不同。按未實現利得係由資產重估增值而產生，資本公積係由資本帳戶之交易而產生，故在財務會計觀點上，資產重估增值不應列為資本公積。商業會計法業於九十五年五月二十四日修正第五十二條，將原列於資本公積項下之資產重估增值準備改列為業主權益項下之未實現重估增值。又本法之增資發行新股，限於現金增資、盈餘轉增資及資本公積轉增資三種。基此，自無再以資產重估增值發行新股之餘地，爰第五項刪除『或資產增值』等文字。」

司員工（公二六七XI）。公開發行股票之公司依前三項規定發行新股者，其發行數量、發行價格、發行條件及其他應遵行事項，由證券主管機關定之（公二六七XII）。

其次，按公司依重整計畫發行新股時，可排除員工及原有股東的優先承購權。因此，未來其要法院裁定准予公司重整，而重整公司關係人會議通過重整計畫發行新股，重整人即可依計畫內容逕行尋求認購者，無需再費時探詢公司員工及原有股東是否優先承購，藉以彰顯社會正義，同時也提高債權人及投資者的投資意願，俾利重整程序的進行❷。依證券交易法規定公司私募股份時，員工亦無新股承購權（證交四三之六 I）。公司增資僅增加股份金額，因不需發行新股，就條文解釋言，當可不受本法第二六七條規定之限制。換言之，即可不保留員工承購股份。

又公司經董事會特別決議，與員工簽訂認股權契約後，由公司發給員工認股權憑證（公一六七之二 I）。依此，公司發行新股供員工認購或以庫藏股支應，此與上述分紅入股（公二四〇）或公司發行新股保留員工承購（公二六七 I、II）規定不同，應注意之。

㈡**由原股東比例認購** 公司發行新股時，除保留公司員工承購部分外，應公告及通知原有股東，按照原有股份比例儘先分認，並聲明逾期不認購者，喪失其權利。原有股東持有股份按照比例有不足分認一新股者，得合併共同認購或歸併一人認購，原有股東未認購者，得公開發行或洽由特定人認購（公二六七III）。按本法規定公司得於其資本總額範圍內，隨時發行新股，並將其決定權授與執行公司業務之董事會，其立法用意不外為使公司資金之調度達到簡速與機動之目的，故在董事會決定發行新股，並限定由原有股東比例分認時，應解為董事會得同時決定認購期間，公告及通知原有股東比例分認，並聲明逾期不認購者，喪失其權利，俾發行新股手續，可早日結束。又上述失權後之新股餘額，得公開發行或洽由特定人認購（公二六七III後）。再者，本法並無規定新股須全部認足，故公司得將該餘額停止發行，但如董事會認為仍有發行必要時，除公開發行或洽由特

❷ 民國 95 年公司法第 267 條第 7 項（現行法第 8 項）修正理由。

定人認購外，亦得依董事會之決議，將此等失權後之新股，再提請其他股東比例承認，至全部認足為止❷。其次，證券交易法為本法之特別法，證券交易法第二十八條之一對於原股東之新股認購權有特別規定者，自應優先適用。茲述之於下：

1.股票未在證券交易所上市或未於證券商營業處所買賣之公開發行股票公司，其股權分散未達主管機關依證交法第二十二條之一第一項所定標準者，於現金發行新股時，除主管機關認為無須或不適宜對外公開發行者外，應提撥發行新股總額之一定比率，對外公開發行，不受本法第二六七條第三項關於原股東儘先分認規定之限制（證交二八之一 I）。

2.股票已在證券交易所上市或於證券商營業處所買賣之公開發行股票公司，於現金發行新股時，主管機關得規定提撥發行新股總額之一定比率，以時價向外公開發行，不受公司法第二六七條第三項關於原股東儘先分認規定之限制（證交二八之一 II）。

3.上述 1. 2.項提撥比率定為發行新股總額之百分之十。但股東會另有較高比率之決議者，從其決議（證交二八之一 III）。因該條項但書規定，公開發行公司得以股東會之決議訂定高於百分之十之比率，向外公開發行新股。由於條文並未規定上限，以致實務上常有公開發行公司以決議通過全數公開發行。況所謂股東會決議，並未明訂為特別決議，似以股東會普通決議，甚至以假決議即可（公一七四、一七五）。對股東權益之保障，似有缺失，亦違背本法第二六七條第三項之立法意旨❷。

上述新股認購權，除保留由員工承購者外，係基於原有股份而生，屬於一種財產權，係股東依法享有之固有權，在於防止原有股東之股權因發行新股而被稀釋，故公司不得以章程或股東會之決議加以限制或剝奪。在董事會未決定為新股發行前，原有股東所享有之抽象新股認購權利，不得與原有股份分離而獨立轉讓，但如在董事會決定為新股發行後，原有股東按照其原有股份比例，得儘先分認之具體認購權利，則得與原有股份分離

❷　司法行政部編印《商事習慣調查研究》第 79 頁。
❷　王文宇著《公司法論》（2004 年 10 月）第 466 頁至第 468 頁。

而獨立轉讓（公二六七IV）。因此原有股東於接到按照原有股份比例優先認購通知後，在未逾期喪失其權利前，將其優先認購權利，轉讓於他人，依本法第二六七條第四項規定，應認為有效。依證券交易法之規定，新股認購權之轉讓方式，通常以「新股認購權利證書」之交付即可（證交二三）。又上述股東之新股認購權，係指通常公司發行新股而言。若公司因合併他公司或分割、員工認股權憑證（公一六七之二）、公司債轉換為股份或附認股權（公二六二）及公司發行認股權憑證或附認股權特別股（公二六八之一 I）等，而增發新股（公二六七VIII），以及依證券交易法第四十三條之六第一項私募股份等，股東均無新股認購權。

　㈢**由特定人協議認購（指不公開發行），或對不特定之公眾公開募股（指公開發行）**　公司發行新股，原有股東及員工逾期不認購或認購不足確定時，方得不限身分、人數由特定人協議認購，而不公開發行或將剩餘股份向不特定之第三人招募公開發行。

　　以上三種認股行為，均屬與公司間之契約行為。惟公司以公開發行股票者，依證券交易法第三十三條第一項及同法第六條第二項之規定，為有價證券之買賣契約。

第三、發行新股之限制

　　本法僅明文對公開發行新股設有禁止條件之規定，至於未公開發行新股則未作限制之規定。茲將公開發行新股之禁止條件，述之於下：

一、公開發行普通股之禁止條件

　　公司有下列情形之一者，不得公開發行新股（公二七〇）：

　㈠**連續二年有虧損者**　最近連續二年有虧損者，不得公開發行新股；但依其事業性質，須有較長準備時間，或具有健全之營業計畫，確能改善營利能力者，不在此限（公二七〇 I）。在但書之情形下，縱有虧損情形，仍得予以核准。所謂「虧損」，為完成決算程序經股東會承認後之累積虧損，與公司年度進行中所發生之本期淨損之合計❹❸⓪。

---

　❹❸⓪　經濟部 91.12.11 經商字第 09102280620 號。

㈡**資產不足抵償債務者**　如有此情形，即有重整或破產原因，自不宜准許公開發行新股。

二、公開發行優先權利特別股之禁止條件

公司有下列情形之一者，不得公開發行優先權利之特別股(公二六九)：

㈠最近三年或開業不及三年之開業年度課稅後之平均淨利，不足支付已發行及擬發行之特別股息者。

㈡對於已發行之特別股約定股息，未能按期支付者。

第四、發行新股之程序

一、須經董事會之特別決議

依本法規定，公司發行新股時，應由董事會以董事三分之二以上之出席，及出席董事過半數同意之決議行之（公二六六Ⅱ）。因此公司非增資之分次發行新股，無庸股東會決議。惟仍應由董事會董事三分之二以上之出席，及出席董事過半數之同意決議行之（公二六六Ⅱ），但公司發行新股時，如本次發行之股數加上「已發行股份總數」加上「保留供認股權憑證可認購股份數」加上「保留公司債可轉換股份數」大於「公司章程所定資本總額」時，應先完成變更章程增加資本總額後，始得發行新股❹；然則董事會仍須依上述方法決議，為增資後之發行新股（公二六六Ⅰ）。至於公開發行新股抑或不公開發行新股，亦然。所謂公開發行，係依本法公開公司之財務與業務，經證券管理委員會之核准公開發行股票，與公司股票公開上市不同。蓋公司發行新股係屬董事會之專屬權，無論分次發行新股或發行增資後之新股，以及公開發行新股或不公開發行新股，均應經由董事會以特別決議方式議決之，故董事會、董事長或總經理等不得僅據股東會所作分次發行新股之決議逕行辦理發行新股之事宜❹。

二、不公開發行新股之程序

㈠**認股書之備置**　公司不公開發行新股，而由股東分認或特定人協議

---

❹　經濟部 95.2.22 經商字第 09502404230 號。

❹　經濟部 81.1.22 商字第 234631 號。

認購,仍應比照公開發行新股之規定由董事會備置認股書。如以現金以外之財產抵繳股款者,並於認股書加載其姓名或名稱及其財產之種類、數量、價格或估價之標準及公司核給之股數(公二七四I)。在員工承購時,其承購之意思表示,自以有文書為其表示之方式為妥,故認股書之備置與填寫實不可免。

⏜仁⏝**對原有股東公告及通知,並聲明逾期不認購之失權** 公司發行新股時,除保留員工認購者外,應公告及通知原有股東,按照原有股份比例儘先分認,並聲明逾期不認購者,喪失其權利(公二六七III前)。

⏜三⏝**董事會催繳股款**

1.**出資及驗資** 公司不公開發行新股,由原有股東認購或由特定人協議認購者,得以現金或以公司事業所需之財產為出資(公二七二但)。以工資為股款者,必係公司所結欠未支付於員工而將應付款轉為資本尚無不可,如以預估工資抵繳股款,仍為法所不許❹❸❸。不公開發行時,仍應備置認股書;如以現金以外之財產抵繳股款者,並於認股書加載其姓名或名稱及其財產之種類、數量、價格或估價之標準及公司核給之股數(公二七四I)。其有移轉登記者,亦應協同公司辦理移轉登記。上述之財產出資實行後,董事會應送請監察人查核加具意見,報請主管機關核定之(公二七四II)。又本法復規定,股東之出資,除現金外,得以對公司所有之貨幣債權、公司事業所需之財產或技術抵充之,其抵充之數額需經董事會決議,不受第二七二條之限制(公一五六V)。

2.**催繳股款及逾期失權** 公司發行新股,關於催繳股款及逾期失權等,均準用公司募集設立時有關規定(公二六六III準公一四一、一四二),故在預定發行股份總數募足時,公司應向各認股人催繳股款。以超過票面金額發行新股時,其溢額應與股款同時繳納(公二六六III準公一四一)。認股人延欠應繳之股款時,公司應定一個月以上之期限催告認股人照繳,並聲明逾期不繳,即喪失其認股之權利,所認股份另行募集,如有損害仍得向認股人請求賠償(公二六六III準公一四二)。

---

❹❸❸ 經濟部 59.3.18 商字第 10808 號。

3.**撤回認股** 公司發行新股超過股款繳納期限，而仍有未經認購或已認購而撤回或未繳股款者，其已認購而繳款之股東，得定一個月以上之期限，催告公司使認購足額並繳足股款，逾期不能完成時，得撤回認股，由公司返回其股款，並加給法定利息（公二七六 I）。此之公司退回股款，本法尚無規定應經股東會或董事會決議。至於經理人可否應股東要求逕自退回股款一節，允屬公司自治事項，依公司內部程序辦理❹。有行為之董事，對於前述情事所致公司之損害，應負連帶賠償責任（公二七六 II）。

㈣**發行股票，依規定辦理** 發行新股之股款收足後，公開發行股票之公司，應於發行新股變更登記後三個月內發行股票（公一六一之一 I）。公司負責人違反前項規定，不發行股票者，除由證券主管機關令其限期發行外，各處新臺幣二十四萬元以上二百四十萬元以下罰鍰；屆期仍未發行者，得繼續令其限期發行，並按次處罰至發行股票為止（公一六一之一 II）。

三、公開發行新股之程序

㈠**主管機關之核准** 公司公開發行新股，應將下列各款事項，申請證券主管機關核准，公開發行（公二六八 I 後）：1.公司名稱。 2.原定股份總數、已發行數額及其金額。 3.發行新股總額、每股金額及其他發行條件。 4.證券主管機關規定之財務報表。5.增資計畫。6.發行特別股者，其種類、股數、每股金額及第一五七條各款事項。 7.發行認股權憑證或附認股權特別股者，其可認購股份數額及其認股辦法。 8.代收股款之銀行或郵局名稱及地址。 9.有承銷或代銷機構者，其名稱及約定事項。 10.發行新股決議之議事錄。 11.證券主管機關規定之其他事項。

公司就上述各款事項有變更時，應即向證券主管機關申請更正；公司負責人不為更正者，由證券主管機關各處新臺幣一萬元以上五萬元以下罰鍰（公二六八 II），俾貫徹上述之規定。上述第二款至第四款及第六款，由會計師查核簽證。第八款、第九款由律師查核簽證（公二六八 III）。按該認購協議之債權行為與認購者移轉公司事業所需之財產所有權而取得股東資格之物權行為，期間或有關連，究各該行為在法律上之評價，係兩個相互

❹ 經濟部 94.4.4 經商字第 09402039170 號。

分離、性質不同之法律行為 ❸。其次，證券交易法為公司法之特別法，公營事業依證券交易法發行有價證券者，有關會計師查核簽證之事項，應依證券交易法及依該法發布之命令辦理。審計機關對公營事業之審核，在審計法中規定有明文（審計法四九至五一）。

再者，本法第二六七條第五項即以公積抵充核發新股予原有股東，不適用保留員工承購股份之規定及認購期限之規定，亦不適用本法第二六八條第一項、第二項之規定（公二六八IV）。至於公司新股東分受營業所得之利益，除招股章程另有規定外，不能溯及未經入股之前與原有股東共同分配 ❸。

公開發行股票之公司，申請發行新股時，依證券交易法第十七條之規定，應先向財政部證券管理委員會申請核准後，始辦理公司增加資本變更登記。

上述所提申請證券管理機關核准事項 9.之「承銷」者，謂依約定包銷或代銷發行人發行有價證券（含公司債或股票）之行為（證交一〇）。

其次，「7.發行認股權憑證或附認股權特別股者，其可認購股份數額及

---

❸ 最高法院 101 年臺上字第 280 號判決：「按公司增資發行新股，洽由特定人協議以公司事業所需之財產為出資而認購者，依公司法第七條、第二百六十八條、第二百七十二條及第二百七十四條之規定，固應由公司依認購者出資之財產核定應給之股數，經董事會送請監察人查核加具意見，連同會計師查核簽證資料送主管機關核定。惟該認購協議之債權行為與認購者移轉公司事業所需之財產所有權（與繳足股款同）而取得股東資格之物權行為，其間或有關連，究各該行為在法律上之評價，應係兩個相互分離、性質不同之法律行為，此與買賣契約之債權行為及作為其履行行為之移轉所有權之物權行為，分屬獨立而不同之法律行為概念相同，亦即取得新股股份行為與認購協議行為間之關係，一如移轉所有權之物權行為與其原因即買賣契約之債權行為間具有『獨立性』或『無因性』，前者行為之效力不受其原因即後者行為效力之影響。因此，洽由特定人認購新股之協議，該意思表示縱有瑕疵而屬無效或經撤銷時，認購者取得公司新股股份之行為仍不因而當然無效或失其存在。」

❸ 大理院 5 年上字第 1077 號。

其認股辦法」，茲詳述於下：

1. 認股權憑證

(1)認股權憑證之意義及目的　認股權憑證 (warrants) 者，係指發行公司所發行表彰得認購其公司股份之有價證券，使公司得在授權資本範圍內，可視資本市場市況，為公司融資，以掌握時效，並利於企業經營❹❸❼。公開發行股票之公司始可發行認股權憑證或附認股權特別股，故本法第二六八條第一項第七款及第二六八條之一所稱公司，係指公開發行股票之公司❹❸❽。而認股選擇權憑證 (stock option)，係公司與員工簽訂認股權契約後，由公司發給員工認股權憑證（公一六七之二）。其目的，係公司籠絡人才，增加員工向心力時，所採取之員工政策之一，於公司融資法制中，係屬較次要之地位❹❸❾。因此二者，在概念上並不完全相同。

(2)認股權憑證之募集　本法規定，發行認股權憑證之決議方式或限制等，仍準用通常發行新股相關規定。此觀之於本法第二六八條之一第二項規定：「第二百六十六條第二項、第二百七十一條第一項、第二項、第二百七十二條及第二百七十三條第二項、第三項之規定，於公司發行認股權憑證時，準用之。」即可知之。

(3)認股權之行使　本法規定公司發行認股權憑證者，有依其認股辦法核給股份之義務，不受第二六九條及第二七〇條規定之限制。但認股權憑證持有人有選擇權（公二六八之一 I）。按認股權憑證之發行，尚非屬現金發行新股，公司依前揭規定為核給股份而發行新股時，自不受公開發行新股之限制（公二六九）及公開發行新股之禁止（公二七〇）規定之限制❹❹❶。公司有依其認股辦法核給股份之義務，但認股權憑證持有人有選擇權。

❹❸❼　民國 90 年公司法第 268 條修正理由。

❹❸❽　經濟部 91.1.24 商字第 09102004470 號。

❹❸❾　前揭《新修正公司法解析》第 217 頁註 36。

❹❹❶　民國 90 年公司法第 268 條之 1 修正理由；及經濟部 91.3.11 經商字第 09102041670 號。

2.**附認股權特別股** 附認股權特別股者，係指發行公司依其所定之認股辦法，由他人認購該公司所發行公司股份權利之特別股。本法將附認股權特別股及認股權憑證併在一起規定，並規定其可認購股份數額及其認股辦法（公二六八 I 7）。又本法明定，公司發行認股權憑證或附認股權特別股者，有依其認股辦法核給股份之義務，不受公開發行新股限制（公二六九）及公開發行新股之禁止（公二七〇）限制。但認股權憑證持有人有選擇權（公二六八之一 I）。前述但書之規定，似遺漏「或附認股權特別股股東」，而未與「認股權憑證持有人」之規定並列規定，不無缺失。第二六六條第二項、第二七一條第一項、第二項、第二七二條及第二七三條第二項、第三項之規定，於公司發行認股權憑證時，準用之（公二六八之一 II）。即發行附認股權特別股時，其決議方法或限制，準用通常發行新股相關規定。

上述附認股權特別股與認股權憑證一併規定，故附認股權特別股之募集及認股權之行使，與附認股權同。請閱前述，茲不贅述。

㈡**招募新股之公告** 公司公開發行新股時，除在認股書加記證券主管機關核准文號及年、月、日外，並應將有關事項，於證券主管機關核准通知到達後三十日內，加記核准文號及年、月、日公告並發行之。但營業報告、財產目錄、議事錄，承銷或代銷機構約定事項，得免予公告（公二七三 II）。超過前項限期仍須公開發行時，應重行申請（公二七三 III）。前述所謂「證券主管機關」，依證券交易法第三條之規定，為財政部證券暨期貨管理委員會。所謂「發行」，乃指完成認股之手續，而非發行股票之意 ❹。

㈢**認股書之備置** 公司公開發行新股時，董事會應備置認股書，載明下列事項，由認股人填寫所認股數、種類、金額及其住所或居所，簽名或蓋章：1.第一二九條第一項第一款至第六款及第一三〇條之事項。 2.原定

---

❹ 經濟部 61.9.12 商字第 25380 號：「公司法第二百七十三條係規定公開發行新股程序，其第二項所稱中央主管機關（新法修正為證券管理機關），係指核准公開發行之機關而言，依證券交易法第二十二條及第三條之規定，應為該會（證管會）。至所定核准通知到置後三十日內加記核准文號及日期公告並發行之。此之所稱『發行』，乃指完成認股之手續而非發行股票之意。」

股份總數，或增加資本後股份總數中已發行之數額及其金額。3.第二六八條第一項第三款至第十一款之事項。4.股款繳納日期（公二七三Ⅰ）。代表公司的董事違反上述規定不備認股書者，由證券主管機關處新臺幣一萬元以上五萬元以下罰鍰（公二七三Ⅳ）；公司負責人所備認股書有虛偽記載時，依刑法或特別刑法有關規定處罰。

　　㈣**股款之催繳**　公司公開發行新股時，應以現金為股款，不得以現金以外財產充之（公二七二前），此與原股東認購或由特定人協議認購，得以公司事業所需之財產為其出資（公二七二後），迥不相同。股東之出資除現金外，得以對公司所有之貨幣債權、公司事業所需之財產或技術抵充之，惟抵充之數額需經董事會決議，不受第二七二條之限制（公一五六Ⅶ）。本項規定，允許公司以債權作股，或以公司所需之技術作股。前者得改善公司財務狀況，降低負債比例，故僅限於對公司所有之貨幣債權，若以他公司所有之貨幣債權，則不得抵充之。後者可藉技術之輸入更能增強企業之競爭力，有利於公司之未來發展。以上換股之作業均限制在發行新股一定的比例內，以免影響股東權益及公司之正常營運，故只需經董事會普通決議通過即可❹❹❷。

　　㈤**是否發行股票，依規定辦理**　公開發行股票之公司應於發行新股變更登記後三個月內發行股票（公一六一之一Ⅰ）。

　　公司負責人違反前項規定，不發行股票者，除由證券主管機關令其限期發行外，各處新臺幣二十四萬元以上二百四十萬元以下罰鍰；屆期仍未發行者，得繼續令其限期發行，並按次處罰至發行股票為止（公一六一之一Ⅱ）。至於公司是否採無實體發行，請詳閱前述股票發行所述，茲不贅述。

　　其次，我國舊公司法第二七五條規定：「新股股款收足後，持有新股總額百分之五以上之股東以書面請求召集股東會，改選董事、監察人時，董事會應即召集股東會改選之。」於民國九十年修正的現行公司法，業已刪除。蓋董事、監察人任期於公司章程中均已明定，且各公司現金增資額度不一，若辦理現金增資即須應少數股東之請求改選董事、監察人，易引起

❹❷　民國 90 年公司法第 156 條修正理由二。

公司經營權紛爭，故刪除該條規定，以杜爭議。所以公司發行新股不論公開發行與否，均不須改選董事及監察人。

發行新股之程序，除依上述不公開或公開發行新股之程序辦理外，尚應注意行政院金融監督管理委員會頒布之「發行人募集與發行有價證券處理準則」。

第五、發行新股核准之撤銷

公司公開發行新股，經核准後，如發現其申請事項，有違反法令或虛偽情形時，證券主管機關得撤銷其核准（公二七一I）。為前項撤銷核准時，未發行者，停止發行；已發行者，股份持有人得於撤銷時起，向公司依股票原定發行金額加算法定利息，請求返還；因此所發生之損害，並得請求賠償（公二七一II）。同時本法第二七一條第三項規定：「第一百三十五條第二項之規定，於本條準用之。」此之準用於本條者，即公司負責人對申請事項有變更，經限期補正而未補正者，由證券主管機關各處新臺幣二萬元以上十萬元以下罰鍰（公二七一III準公一三五II）。再者，依前述本法第二七一條第一項之規定觀之，僅限於證券管理機關對發行新股得撤銷其核准。

第六、公開發行股票公司發行新股之私募

依本法規定，公司債私募之發行公司不以上市、上櫃、公開發行股票之公司為限（公二四八II後），換言之，未公開發行股票之公司亦得私募公司債。惟本法對於發行新股，並未如發行公司債之私募（公二四八II）作明文之規定。因此未公開發行股票公司發行新股不得以私募辦理。至於公開發行公司依證券交易法之規定，發行新股得為私募。茲分述於下：

一、私募之主體及客體

公開發行股票之公司，得以有代表已發行股份總數過半數股東之出席，出席股東表決權三分之二以上之同意，對下列之人進行新股之私募（證交四三之六I）：

1.銀行業、票券業、信託業、保險業、證券業或其他經主管機關核准

之法人或機構。

　2.符合主管機關所定條件之自然人、法人或基金。

　3.該公司或其關係企業之董事、監察人及經理人。

　前述 2.及 3.之應募人總數，不得超過三十五人（證交四三之六II）。

　公開發行股票公司應就前述 2.之人之合理請求，於私募完成前負有提供與本次有價證券私募有關之公司財務、業務或其他資訊之義務（證交四三之六IV）。

二、私募應募人之出資

　按公司法第一五六條第五項規定：「股東之出資除現金外，得以對公司所有之貨幣債權、公司事業所需之財產或技術抵充之……」、第二七二條規定：「公司公開發行新股時，應以現金為股款；但由原有股東認購或由特定人協議認購，而不公開發行者，得以公司事業所需之財產為出資。」準此，公開發行股票公司私募股票之應募人，依前揭規定以非現金之方式出資，尚非不可❹。又其私募股票之價格，依證券交易法第四十三條之六第六項第一款之規定，得低於票面金額發行，不受公司法第一四○條規定之限制。

三、私募不受限制之規定

　依證券交易法規定，公開發行股票公司發行新股之私募，不受證券交易法第二十八條之一、第一三九條第二項及公司法第二六七條第一項至第三項規定之限制（證交四三之六 I 後），即不受提撥發行新股總額之比率（證交二八之一）、上市之買賣（證交三九II）及發行新股保留一定成數股份員工承購（公二六七 I、II、III）等之限制。

四、股東會之召集及決議

　公開發行股票公司進行新股私募者，應在股東會召集事由中列舉並說明下列事項，不得以臨時動議提出（證交四三之六VI）：

　1.價格訂定之依據及合理性。

　2.特定人選擇之方式。其已洽定應募人者，並說明應募人與公司之關係。

　3.辦理私募之必要理由。

---

❹　經濟部 92.3.12 經商字第 09200524540 號。

公司進行私募，並依前述各款規定於該次股東會議案中列舉及說明分次私募相關事項者，得於該股東會決議之日起一年內，分次辦理（證交四三之六VII）。

公司發行新股私募，得以有代表已發行股份總數過半數股東之出席，出席股東表決權三分之二以上決議同意之（證交四三之六I前）。

五、私募程序事後備查

該公司應於新股之價款繳納完成日起十五日內，檢附相關書件，報請主管機關備查（證交四三之六V）。

第七、股份有限公司公開與不公開發行新股之區別

關於股份有限公司，公開發行新股與不公開發行新股之區別，如下：

一、發行對象不同

股份有限公司之公開發行，乃公司之發起人，或發行公司，以公告方法向社會不特定之公眾，公開招募認股之要約，故其對象為不特定人。至於不公開發行者，乃發行不公開，故不須公告，故其對象僅向特定人請為認股之要約。

二、出資種類不同

股份有限公司之公開發行，原則上應以現金為股款之出資（公二七二前）。至於不公開發行者，得以公司事業所需之財產為出資（公二七二後）。如以財產為出資者，其種類、數量、價格、核准之股數是否為公司事業所需，應報經主管機關核定（公二七四）。

三、是否需核准不同

股份有限公司之公開發行新股，須經證券管理機關核准，始得公告招募及發行（公二六八I後）。至於不公開發行新股，不必報請核准（公二六八I前）。

四、發行之順序不同

股份有限公司公開發行新股時，除經政府核定之公營事業及目的事業主管機關專案核定者外，應先為不公開發行，並保留員工發行新股總額百

分之十至百分之十五之承購權及限期儘先由原有股東分認，原有股東未認購者，得洽由特定人認購或申請核准公開發行（公二六七 I、二六八 I）。

五、虧損或負債時之發行不同

　　股份有限公司之公開發行，不得有下列情形之一（公二七〇）：1.最近連續二年有虧損者。但依其事業性質，須有較長準備期間或具有健全之營業計畫，確能改善營利能力者，不在此限。 2.資產不足抵償債務者。至於不公開發行，縱有上述情事，本法亦不予限制。

六、具有優先權之特別股之發行

　　股份有限公司公開發行新股，公司如最近三年或開業不及三年之開業年度課稅後之平均淨利，不足支付已發行及擬發行之特別股股息者，或對於已發行特別股約定股息，未能按期支付者，不得公開發行具有優先權利之特別股（公二六九）。至於不公開發行者，無此限制。

第八節　股份有限公司之變更章程

第一、概　說

一、變更章程之意義

　　變更章程者，乃對公司章程之內容，加以變更之謂。由於社會經濟之變化與營業情形之變動，章程之規定，往往無法適應，因而有變更之必要。惟章程之變更，常涉及股東權益，故本法特設變更章程之規定，以便遵循。

二、變更章程之範圍

　　公司於訂立章程後，有變更章程之必要時，自得變更章程。至於章程變更之內容，法無限制，在不違背強行與禁止規定，或公序良俗範圍內，作任何重大之變更，甚至將公司所營之目的事業完全更改，亦屬有效。

三、變更章程之原因

　　公司變更章程之原因頗多，或因董事、監察人人數之增減者，或因所營事業更改者，或因公司住所地變更者。惟本法特設專節變更章程之規定，

而以增加資本與減少資本之變更章程為主要內涵。至於其他特殊事項之變更章程，如變更組織之變更章程（公三一五），及公司重整成立之變更章程（公三〇四），則另有專節述之，在此不復贅及。

四、變更章程之程序

(一)變更之決議

1.原則　公司變更章程，應經股東會之特別決議，即須有代表已發行股份總數三分之二以上股東出席，以出席股東表決權過半數之決議行之(公二七七II)。但公開發行股票之公司，出席股東之股份總數不足前述定額者，得以有代表已發行股份總數過半數股東之出席，出席股東表決權三分之二以上之同意變更章程(公二七七III)。前二項出席股東股份總數及表決權數，章程有較高之規定者，從其規定（公二七七IV）。公司發行特別股者，其章程變更如有損害特別股股東之權利時，除股東會特別決議外，更應經特別股股東會之決議（公一五九）。股東會為公司最高意思機關，關於公司章程之修訂，在不違背法令範圍內，經股東會決議，即生效力，其向主管機關登記，僅生對抗要件，並非生效要件❹❹❹。本法並未禁止優先權之特別股股東出席股東會行使表決權之權利，優先權之特別股股東自非不得出席股東常會或股東臨時會行使表決權❹❹❺。本法第二七七條第四項僅規定關於股東會變更章程之決議，其出席股東股份總數及表決權數，章程有「較高之規定」者，從其規定。倘章程規定以股東全體同意，始變更章程者，於股份有限公司之性質，及本法第二七七條第四項「較高之規定」尚屬有別，自不能適用❹❹❻。載明公司發起人特別利益之章程業已確定，受益人之權利即為既得權，嗣後除經受益人同意外，不得變更章程予以裁減❹❹❼。本法並未明文規定變更章程須經董事會之特別決議，故無須經董事會之特別決議。此外，為保護少數反對變更章程之股東，日本商法特別規定反對股東之股

---

❹❹❹　經濟部 60.7.14 商字第 27951 號。

❹❹❺　司法院 31 年院字第 2286 號。

❹❹❻　司法院院字第 1128 號。

❹❹❼　司法院 30 年院字第 2225 號。

份收買請求權❹，本法對此並無規定，自不能作相同之主張。

2.例外　有下列情形之一者，不必經股東會之決議：

(1)公司重整中，得經重整人聲請法院，由法院裁定予以變更章程，以資適應。

(2)因事實之變更，而章程當然變更者。例如本公司住所地，行政區劃之變更，則章程上所載住所地，亦當然隨之變更。

(二)**變更章程之登記**　公司變更章程，原設立登記事項即有變更，公司負責人應即為變更之登記，若不為變更登記，不得以其事項對抗第三人（公一二）。

第二、增加資本之變更章程

一、增加資本之意義

增加資本者，乃股份有限公司因業務之需要，經變更章程而增加股份總額。蓋公司之發行股份總數及每股金額，為章程必要記載事項（公一六二Ⅰ3），故增加章程上之股份總額即增加資本，故必須變更章程。

二、增加資本之原則

增加資本之變更章程，應經股東會之特別決議（公二七七Ⅰ）。

三、增加資本之方法

其方法有三：

(一)**增加股份數額**　例如股份總數原為五千股，現增為七千股，增加二千股是。

(二)**增加股份金額**　例如原每股為三十元，現每股增為四十元是。

(三)**增加股份金額及數額**　例如原為五千股，每股三十元，現增為七千股，每股四十元是。

---

❹　參閱日本商法第 349 條：「在股東會為前條第一項之決議前，對於公司以書面通知反對同項規定設定之意思，且於股東會為反對之股東，得請求公司將自己持有股份以如未為決議時，應有之公正價格收買之。

第二百四十五條之三及第二百四十五條之四之規定，於前項情形準用之。」

上述㈠之方法得對外發行，㈡之方法僅得由股東比例認定，二者相較以㈠之方法為優。

四、增資後發行新股之程序

須依前節發行新股規定之程序辦理，詳請閱前節所述，茲不贅述。

五、申請變更之登記

公司章程為公司申請設立登記事項之一，因此公司變更章程時，董事長應於變更後十五日內，向主管機關申請為變更登記（公三八七Ⅰ、公登一五、表四 4.），倘公司不為變更登記者，得以其變更對抗第三人（公一二）。

六、增資之撤銷

公司增資如未經股東會之特別決議（公二七七Ⅰ）是否僅得撤銷，抑屬當然無效？對此，我國學者甚少論及。惟本法既無如日本商法第二八〇條之十五所規定提起無效之訴，自難作同一解釋。為保護交易之安全，依本法第一八九條之規定，由股東提起撤銷之訴較妥。

第三、減少資本之變更章程

一、減少資本之定義

減少資本者，股份有限公司因業務之需要，變更章程而減少資本之總額。在授權資本制之下，減少資本係指減少已發行之資本數額，故不以公司章程上之股份總數全部發行完畢為必要。

二、減少資本之限制

㈠**原則**　股份有限公司係屬資合公司。公司資本為公司信用基礎，原則上不得任意減少。

㈡**例外**　公司之事業，如因經濟情事變遷，預定之資本過多，形成資金過剩之情形，或因公司虧損過鉅，以減資方式彌補損失而縮小營業範圍，則為法所許。惟須遵循本節之法定程序。

三、減少資本之方法

㈠**依有否現實返還出資為標準**　可分為下列二種：

1.**實質上之減資**　公司以發還過剩資金於股東為目的而減少資本時，

此際其積極財產隨之減少之謂。

　　2.**名義上之減資**　公司因虧損過鉅，減少資本使公司資本總額與公司現在之積極財產相一致者，或公司有盈餘時，必須先彌補其所減少之資本後，始分派股息紅利，否則債權人得請求返還，並得請求賠償公司因此所受之損害者（公二三二、二三三），謂之名義上之減資或形式上之減資或計算上之減資。

　　(二)依減少資本之方法為標準　可分為下列三種：

　　1.**減少股份之數額**　即每股金額不變，而減少其股份總數。其方法有下列二種：

　　(1)**股份之銷除**　即取銷股份之一部，有強制銷除方法與任意銷除方法之分❹。前者又稱為法定銷除，乃公司與股東間之法律行為，不問股東之意思如何，而以收買、抽籤或其他方法銷除其特定股份，使之消滅。強制銷除之減資，其生效之時點，以公司或通知中所指定之期限屆滿時為準。後者公司與股東間之買賣契約，使特定之股份歸於消滅，即為任意銷除或約定銷除。學者❺有認為本法以承認法定銷除為準。其實無論強制銷除或任意銷除，均應依本法第一六八條「公司非依股東會決議減少資本，不得銷除其股份，……」之規定，並均應注意股東平等之原則❻。在任意銷除

---

❹　我國多數學者如梅仲協、林咏榮、楊建華諸氏，均以強制銷除與任意銷除之分類。反對者認為公司減資之法定程序，既經過股東會之特別決議，是否有其決議並不一定，顯無強制規定可言，遂將強制銷除改成法定銷除。蓋因銷除須依減少資本之法定程序為之。所謂法定程序，乃是由於法律之規定也。上列所述乃是名詞之爭而已。其實所謂銷除，當然本於法律之規定，強制銷除者，乃在其銷除之辦法不容股東參與任何之意見而已。

❺　武憶舟著《公司法論》第 507 頁以法定銷除與約定銷除為分類，並認為我國公司法上以承認法定銷除為準。

❻　參閱梅仲協著《商事法要義》第 108 頁所述：「誠以公司情況較佳之際，銷除之條件，即或於股東稍有不利，但只須取得各有關股東之同意，未始不可，而在公司情況不佳之時，則股東平等之原則，不能不予顧及。蓋於此之時，在相當銷除條件之下，人人皆欲其股份，得受銷除，而既係任意銷除，則董事便當

股份時，除公司依本法第一六七條所規定之例外情形以外，不得收買自己之股份，但如公司在章程上訂定對於特定股份銷除，而須公司與特別股東間之約定時，並無不可。甚至於股東會為減資之特別決議，准許股東儘先在減少股份總額以內聲明撤銷其股份，仍無不可。任意銷除情形下，減資之生效時點，為公司取得公司自己股份而銷除時。

(2)股份之合併　例如將二股或三股併為一股，或將三股併為二股是。本法第二八〇條規定公司因減少資本而合併股份時，其不適於合併之股份之處理，準用第二七九條第二項之規定。換言之，即公司得將其奇零之數拍賣，而返還賣價於該股東（公二八〇準公二七九II）。

　2.**減少股份金額**　即減少每股之金額而不減少股份之總數，其方法有下列三種：

(1)免除　即對於尚未繳納之股份金額，免除其全部或一部繳納之義務是。

(2)發還　即將每股核減之金額，返還於股東是。

(3)註銷　即為減除虧損，而減少每股份之金額，予以註銷。例如公司資本總額為四百萬元，現已虧損二百萬元，則將原每股金額一千元減為五百元，以彌補其損害是。

　3.**減少股款及股數**　即上述減少股份數額及減少股份金額兩種方法，同時並行之。例如原為二百萬股，每股二百元，現減為一百萬股，每股一百元是。

上述三種方法，依本法之規定均得採用之。蓋其方法既無違反本法之任何強制規定，亦與股份有限公司之性質並無抵觸。惟究應採用何種方式而減資，端賴股東會之特別決議。不論公司採何種方法，其減資之生效時點，以公司對全體股東通知或公告時發生效力。其次，公開發行股票公司，依證券交易法第二十八條之二第四項規定，公司買回自己之股份作為股權

向其親近之股東，為買受之要約，俾此輩得蒙銷除之利益。至其他股東縱使對公司提出要約，而承諾與否，其權當操諸董事之手也。由是以觀之，任意銷除，亦須適用股東平等之原則，務使各股東皆平等的享受可得銷除股份之機會，而以投標之方法行之，最為適宜。」

轉換之用或轉讓予員工，應於買回之日起三年內將其轉讓；逾期未轉讓者，視為公司未發行股份，並應辦理變更登記。因此公司於買回庫藏股後未轉讓前，該股份仍係存在。依公司法第一六八條第一項規定，公司減少資本，應依股東所持股份比例減少之，故公司依證券交易法第二十八條之二第一項規定就買回公司股份供尚未轉讓部分，於公司辦理減資時，庫藏股之股份既仍存在，即應依比例銷除股份 ❷。

四、減少資本之程序

㈠**股東會之決議** 公司之減少資本應變更章程，故應經股東會之特別決議（公二七七Ⅱ、Ⅲ）。若未經股東會之特別決議之減少資本不生效力。惟公司之減少資本方法、數額，應由股東會作具體之決議。

㈡**通知及公告**

1.公司決議減少資本時，應即編造資產負債表及財產目錄（公二八一準公七三Ⅰ）。

2.應將減資方法向各債權人分別通知及公告，指定三十日以上期限，聲明債權人得於期限內提出異議（公二八一準公七三Ⅱ）。

㈢**踐行對公司債權人之保護程序** 公司不對債權人通知及公告，或對於其在指定之期限內提出異議之債權人不為清償，或不提供相當之擔保者，不得以其減資對抗債權人（公二八一準公七四）。

㈣**減資之實行** 減資之實行，因減資之方法不同而異。在減少股份金額之註銷及股份之強制銷除，皆係以公司之單獨行為為之，即於公司對全體股東通知或公告屆滿時發生減資之效力。例如對於減少股份金額所為股款之發還，應先為發還之通知及公告，然後為現實之發還。但仍應以公告或通知屆滿時，為減資生效之時點為妥。在股份之任意銷除，則為公司與股東間之契約，自應依契約之規定，但通常以公司取得自己股票而銷除時生效。其次，公司為改善財務結構以減資彌補虧損，並引進新資金同時辦理者，依本法第一六八條之一規定，應於會計年度終了前，將財務報表及虧損撥補之議案，交監察人查核後提請股東會決議。準此，減資、增資併

---

❷ 財政部證券暨期貨管理委員會 91 年 8 月 8 日臺財證三字第 0910004241 號函。

案登記時，其分別之減資彌補虧損決議及發行新股決議，自以同一年度為宜。至於減資基準日與增資基準日相距日期為何，法無明文限制規定❹❺❸。

㈤**換發新股** 公司因減少資本換發新股票時，應於減資登記後，定六個月以上之期限，通知各股東換取，並聲明逾期不換取者，喪失其股東之權利（公二七九Ｉ）。股東於上述期限內不換取者，即喪失其股東之權利，公司得將其股份拍賣，以實得之金額，給付該股東（公二七九Ⅱ）。公司負責人違反上述通知期限之規定時，各處新臺幣三千元以上一萬五千元以下罰鍰（公二七九Ⅲ）。

㈥**減資之登記** 公司減少資本為變更章程之原因，自應於股東會為減資之決議變更章程後十五日內，由公司董事長向主管機關申請為變更之登記（公三八七Ｉ、公登五、股份有限公司登記應附送一覽表）。倘公司不為變更登記者，不得以其變更對抗第三人（公一二）。又公司依本法第一六八條之一規定，辦理變更登記者，減資及增資併案辦理登記者，其申辦期限以增資基準日為準❹❺❹。

五、減少資本之撤銷

股東會未為減少資本之決議，或雖為減少資本之決議而未為減少資本方法之決議者，以及減少資本方法違反股東平等原則者，均為減資撤銷之原因。減資撤銷，亦可由股東提起撤銷決議之訴，以資救濟。此與前述「第二、增加資本之變更章程，六、增資之撤銷」，所提及之意旨相同。

第九節 股份有限公司之重整

第一、概 說

一、公司重整之意義

公司重整者，乃依本法公開發行股票或公司債之股份有限公司，因財

---

❹❺❸ 經濟部 91.9.25 經商字第 09102207450 號。

❹❺❹ 經濟部 91.9.26 經商字第 09102214760 號。

務困難，暫停營業或有停業之虞，而有重建價值，由關係人之聲請，法院裁定准予重整，俾調整其債權人、股東及其他利害關係人之利益，使陷於困境之公司，得以維持與更新其事業為目的之制度。

二、公司重整之立法理由

近代大規模企業大抵採用公司制度，俾便於募集鉅額資本，達到資本大眾化。然則各類公司經緯交織，相互連鎖彼此影響。就社會經濟觀點言，企業經營之成敗，非僅為企業本身或其投資人個人問題，恆與社會大眾之利益相關。大公司之倒閉，不獨其股東及債權人受損，其員工因之失業，甚且牽累平常往來之企業連鎖倒閉。由於生產工作停頓，無法供應貨品。倘其貨品為大眾所需，或有爭取外匯之價值者，則社會、國家均受其害，故現代立法特設公司重整規定，協助瀕臨倒閉之公司謀求對策，預防其破產，使公司得以維持並求發展。我國公司法「公司重整」節係仿日本會社更生法及美國聯邦破產法上公司重整 (Corporation Reorganization) 之立法例而來，俾挽救陷於困境之公司，免予解體或破產。

三、公司重整之性質

㈠**公司重整在實體法上之性質**　關於公司重整在實體法上之性質，其學說可分為二：

1.**和解契約說**　此說認為重整人提出重整計畫，乃屬民法上之要約行為。至於關係人會議之可決重整計畫為承諾行為，契約因之成立。倘從關係人會議各組之意見一致觀之，重整計畫具有團體契約之性質。重整計畫經法院認可者，對公司及關係人均有拘束力，故為強制契約。主張此說之學者如武憶舟 ❹❺❺。

2.**共同行為說**　此說認為公司重整實具有「共同行為」之性質，其共同之目的，在於重整公司。主張此說之學者如陳顧遠 ❹❺❻。

本書從共同行為說。蓋契約之要約與承諾，乃立於相對之地位，其利益各殊，而關係人會議依本法第三〇〇條之規定，係由重整債權人及股東

---

❹❺❺　武憶舟著《公司法論》（60 年版）第 517 頁至第 518 頁。
❹❺❻　陳顧遠著《商事法（中冊）》（57 年版）第 520 頁。

為組成分子。至於重整人常由公司之董事為之。董事本屬股東之一,此時重整人與關係人會議,並非完全立於相對之地位,其利益亦非不一致。再者,關係人會議係採多數決,經認可後,對於全體債權人及股東均有拘束力,其不贊同或未參與重整程序者亦同。因此與契約之性質有違,故以公司重整之性質為團體強制和解契約,顯有不當。應以共同行為說,認為公司重整之目的,係利害關係人之共同行為,其目的在於公司之重整,俾與公司成立之性質相符。

　　㈡**公司重整在程序法上之性質**　公司重整,論其性質為非訟事件。蓋非訟事件法第五章商事非訟事件第一節公司事件內,列有關於重整事件之規定,如該法第一八五條至第一八七條即屬之。因此非訟事件法有關公司重整之規定,當然於公司重整適用。然則,本法第三一四條規定:「關於本節之管轄及聲請、通知、送達、公告、裁定或抗告等,應履行之程序,準用民事訴訟法之規定。」本條之準用,並非完全適用,應解釋為不抵觸非訟事件法之範圍內,方可引用。民事訴訟法第二十八條第一項、第二十九條及第三十一條之三規定,除別有規定外,於非訟事件準用之。其次非訟事件法第一九條、第二十三條、第三十一條、第三十五條之一、第三十五條之三、第三十六條、第四十五條至第四十八條等皆有準用民事訴訟法之規定。是故解釋上公司重整,具有非訟事件及民事訴訟之性質。

四、公司重整制度之沿革

　　英國於一八六七年制定鐵路公司法,對於瀕臨破產之鐵路公司,在法院監督下設置管理人,加以整理。後於一九二九年公司法中,明文規定一般公司之整理程序。復於一九四九年修正之公司法明定 「整理與重建」 (Arrangement and Reconstruction) 一編,於是英國公司重整制度,於焉確定。

　　十九世紀中葉,美國鐵路公司因資金周轉困難,宣告破產之事,相繼發生,既無救濟之普通法及制定法。聯邦法院基於公益之理由,乃使用衡平法之救濟,將支付不能之債務人之財產以司法上出售 (judicial sale) 之方式,售與債權人,而成為公司之股東,俾防止債權人利用破產管理制度對於債務人之財產請求拍賣受償❺。嗣後聯邦法院復許可債務人請求任命破

產管理人之聲請，進行整理手續。終於在一九〇八年聯邦法院基於衡平法之破產管理制度，對於非執行營業之債權人之請求，經債務人之同意，法院得准許為整理 ❹。一九三三年美國規模宏大之八家鐵路公司瀕臨財務困難，由於衡平法上之破產管理制度，無法有效的挽救其困境，國會乃於該年制定聯邦破產法第七十七條，明定鐵路公司重整之法定程序。復於一九三四年制定第七十七條 B 項，規定其他公司重整之法定程序。至一九三八年聯邦破產法修正時，由於查德爾 (Walter C. Chandler) 之提議，將第七十七條 B 項擴充成為美國聯邦破產法第十章共計一百二十五條之規定，故又稱為查德爾法 (Chandler Act)。至於鐵路公司仍適用上述第七十七條之規定。該法頒行迄今，仍不斷修正。

日本於昭和十三年商法修正時，仿效英美衡平法上之破產管理制度將公司之整理，明訂於商法第三八一條至第四〇三條內，於昭和十五年一月一日施行。第二次世界大戰後，日本經濟發展甚速，鑑於商法上之公司整理規定 ❺，不易收到公司重整之績效，乃於昭和二十七年（民國四十一年）仿前述美國聯邦破產法第十章公司重整之規定，制定會社更生法共計二百九十五條。隨後日本於昭和年間，復陸續將該法修正。本書內所提及之日本會社更生法，係以平成九年（一九九七年）法七十二號為準 ❻。

我國破產法規定破產前和解程序，過於簡單，不適合大規模之企業，且有別除權之債權人不受和解之拘束。因此無法賴之對瀕臨倒閉之企業予以挽救，故民國四十九年九月間，臺灣唐榮鐵工廠股份有限公司因周轉失靈，向政府請求救濟。行政院乃依據國家總動員法第十六條及第十八條之

---

❹ Thomas K. Finletter: *The Law of Bankruptcy Reorganization*, pp. 1–2(1939).

❺ Wabash, St. L.&P. Ry. v. Central Trust Co., 22F. 2d 272. (C. C. E. D. MO., 1884).

❺ 按日本商法上之公司整理，未經債權人之全體同意，不得強行整理，且對公司重整之措施及程序，缺乏法律詳細之規定，且對有擔保債權人之實行仍不停止，故不易達成整理之目的。

❻ 參閱三省堂《模範六法》（昭和 53 年版）。詳閱拙著〈論公司重整規定及修正〉載於民國 67 年 10 月《中興法學》第 14 期。及日本有斐閣《六法全書》，平成 12 年（2000 年）版。

規定於同月二十四日以臺（四九）經字第六五八九號頒布一項重要之生產事業救濟令，認為「股份有限公司組織以重要生產需用或交通事業，其產品或服務為國內所必須，或確有外銷市場者，倘因事故有停工之虞，但有重建可能價值者，得向事業主管機關請求救濟。」因此救濟令，臺灣唐榮鐵工廠股份有限公司賴以重建。惟近代經濟發展之結果，公司財務困難急需重建，是所常聞，而行政院之救濟令主要在減縮債權，維持生產。至於進行重整程序之具體規定，均付闕如，實不足以應工商社會之需要。況行政院之救濟令，以國家總動員法為依據，用之於私法重整，顯屬脆弱。因此監察院曾決議函請司法院解釋，依據國家總動員法頒布救濟令，是否適宜。因之行政院於四十九年九月仿日本會社更生法制定公司法修正案，於第五章第十節以專節規定「公司整理」，立法院審議時，適應時代需要，改為重整，遂於五十五年七月五日通過，共計三十三條，同年七月十七日總統明令公布施行。因其內容過於簡略，窒礙難行，嗣後屢經修正之。至於「重要生產事業救濟令」，既經依法公布，在未明令廢止，或以後令變更前，就法理言之，自仍可適用。但現行公司法，對於公司重整，既已有詳盡之程序規定，故事實上，該令已不宜適用。

第二、公司重整之原因及要件

公司重整之原因，依公司法（以下簡稱本法）第二八二條第一項之規定有四，茲分述於下：

一、公司財務困難，暫停營業

此時公司已有停止營業之事實，自易認定，故公司不能清償債務或已停止支付而有破產原因，已暫停營業者，得認為有重整原因。

二、公司財務困難，有停業之虞者

此時公司雖尚未停止營業，但已有停業之危險，例如公司財務周轉不靈，利息不勝負擔，或需變賣重要資產以維持公司開銷，如仍照原定方式經營，將使公司之困難日益加重，而將有停業之危險者，亦認為有重整原因。所謂財務困難，係公司流動資金之客觀狀態，必有財務困難之客觀事

實始可，若因公司負責人主觀的認識錯誤，誤以為公司之流動資金，已不能清償其現實之債務，仍非此之所謂財務困難。至於公司有無資本淨值，在所不問❹。因此公司之積極財產多於消極財產，而公司財產足以抵償其所負債務者，亦得聲請公司重整。

　　至於公司有宣告破產之事由者，得否聲請重整，本法並未明文規定之。惟依破產法之規定股份有限公司除以「清償不能」為破產原因外（破五七），其負債超過其資產之總額，即所謂債務超過時，亦得為破產之原因。按本法第二八二條第一項規定，公司因財務困難，暫停營業或有停業之虞者，即得聲請重整。前述財務困難，並非單以現實財產，是否足夠清償債務為準，故解釋上「清償不能」當然包括在內。惟公司於解散後清算中，發現其財產不足清償債務者，此時公司既已解散，與公司重整之以維持公司之本旨未合，自僅得由清算人聲請向法院宣告破產，而不得為聲請重整之原因。此與美國聯邦破產法關於公司重整之原因，凡有不能清償其債務及債務超過者（美國聯邦破產法一三〇），亦可聲請重整，略有區別。至於日本會社更生法第三十條❹除明文規定有破產之虞者，亦得聲請公司重整外，更於日本會社更生法第三十一條規定解散後清算中公司亦得聲請重整❹。上述美、日立法例，不無參考價值。

三、公司業務及財務狀況有重建更生之可能者

　　公司業務及財務狀況無重建更生之可能者，法院應駁回重整之聲請（公二八二Ⅰ後、二八五之一Ⅲ），故有重建更生可能應屬公司重整要件之一。

---

❹　參閱最高法院 56 年臺抗字第 320 號裁定。

❹　日本會社更生法第 30 條：「事業之繼續發生重大障礙，不能清償已屆清償期之債務時，公司得向法院聲請開始重整程序。有發生公司破產原因情事之虞時，亦同。

　　於前項後段之情形，持有相當於資本十分之一以上債權之債權人，或持有相當於已發行股份總數十分之一以上股份之股東，亦得聲請之。」

❹　日本會社更生法第 31 條：「清算或特別清算中之公司或破產宣告後之公司為重整程序開始之聲請者，應依商法（明治三十二年法律第四十八號）第三百四十三條（章程變更之決議方法）所定之決議為之。」

公司有重建更生之可能，固難有確切之衡量標準，然須於公司能夠合理負擔財務費用，在重整後能達到收支平衡，且須具有盈餘以攤還債務之原則下，始有經營之價值，而有重建更生之可能。按有效之經營方法、合理之財務結構，及健全之人事管理，亦即業務、財務與管理三者合理之調整，為企業成功之保證，故實際上決定公司之經營價值，應就三者加以考慮，而斷定其效益。

四、公司重整須以公開發行股票或公司債之公司為限者，始得聲請重整（公二八二Ⅰ）

按公司重整之目的，乃在協助大規模企業之重建，使瀕臨困難而有經營價值之公司，得以重振旗鼓。至於非公開發行股票或公司債之公司，多為家族公司，其股東不多，涉及公眾關係與社會秩序之安寧者較少，自無特別加以扶持重整之必要。本法第二八二條第一項所謂「公開發行」之意義，應指公司曾依本法第一三三條公開招募股份，或依本法第二四八條募集公司債，或依本法第二六八條公開發行新股者而言，並不以股票債券上市證券市場為必要。對外公開募股募債，除公司法設有嚴格限制外，證券交易法原有一定監督規定，主管機關既已准許對外公開募股募債，其財務結構必已健全，為大眾化之公司而非家族公司。惟公開募股募債，其股票債券非當然可以上市，如須上市，仍當依證券交易法第一三九條規定另行申請。

第三、公司重整之聲請

一、聲請權人

我國公司法關於公司之重整，仿美、日立法例，採當事人聲請主義，即須有聲請權人之聲請，法院始得受理。主管機關不得依職權為公司重整之聲請❹。至於得為重整之聲請者有三，茲述於下：

（一）**公司** 公司營業之情形，以董事會知之最詳，故本法規定，公司有

---

❹ 民國 55 年行政院修正草案原擬列有主管機關及目的事業主管機關得主動函請法院為公司重整之裁定。惟立法院審查時，認為干預過甚，致未被採取。

重整之必要時，得自由提出，但公司為此聲請時，應經董事會以董事三分之二以上之出席，及出席董事過半數同意之決議行之（公二八二 II）。公司為聲請時，應提出重整之具體方案（公二八三 III）。公司聲請者，應以公司名義聲請之❹，不得以公司之董事會名義為之。蓋現行本法採法人實在說之理論，董事會係公司（法人）內部之機關，法人代表所為之行為，即係法人本身之行為，董事會於實體法上無權利能力，於訴訟法上自亦無當事人能力（民訴四〇），而公司重整之性質乃屬非訟事件，依非訟事件法第一條之規定，除法律別有規定外，非訟事件法總則當然適用於公司重整事件。非訟事件法第十一條復規定，民事訴訟法當事人能力，於非訟事件關係人準用之。董事會既無當事人能力，自不得為非訟事件之當事人。其次，就本法第二八三條第三項明文規定，應以公司為當事人聲請之。再就美國聯邦破產法第十章第一二六條之規定，及日本會社更生法第三十條均明文規定，公司向法院聲請重整，未有以董事會為聲請人。惟如以董事會之名義為聲請時，參考最高法院四四年臺上字第二七一號判例意旨❺，法院可於當事人欄內，改列公司為當事人，藉資糾正，並於理由欄說明，不得以當事人能力欠缺，駁回重整之聲請。

（二）**少數股東**　公司經營之成敗，影響股東之利益甚鉅，故股東與公司之關係，最為密切。因之依本法規定繼續六個月以上持有已發行股份總數百分之十以上股份之股東（公二八二 I 1），得聲請法院裁定准予重整。所謂「已發行股份總數百分之十以上股份」之數目，究屬限於一個股東所持股份，抑數股東得合併計算其股份，法無明文排斥一股東之情形。本書認為僅股份總數百分之十以上股份即可，姑不論其為一人抑數人。蓋此項權限，僅為聲請權利，尚須法院之審查，方可裁定重整。又股東持有數種不

---

❹　楊建華著《新版公司法要義》第 147 頁。

❺　最高法院 44 年臺上字第 271 號判例：「某商行為某甲獨資經營，固難認為有當事人能力，但某甲在一、二兩審既以法定代理人名義代其自己獨資經營商行而為訴訟行為，與實際上自為當事人無異，只應於當事人欄內予以改列，藉資糾正，不生當事人能力欠缺之問題。」

同股份時，例如同時持有特別股及普通股時，其不同類股票是否合併計算，本法並無明文禁止合併計算，解釋上應為許可，方足以保護所有之股東。所謂百分之十以上，應以裁定時為準。聲請時，股東縱未具備上開條件，而裁定時已達到標準者，仍合於本法之規定。至於股東在裁定時已持有法定股份，法院在抗告時股份已轉讓者，法院為全體股東及債權人所開始之重整裁定，仍然有效。抗告法院不能因該聲請之股東之股份已不存在，而廢棄原裁定。因原裁定之開始重整，係為全體債權人與全體股東之利益，非僅為該股東之利益。

　　前述股東聲請時，應檢同釋明其資格文件，但對於「公司所營事業及業務狀況」與「公司最近一年度依第二百二十八條規定所編造之表冊；聲請日期已逾年度開始六個月者，應另送上半年之資產負債表」之事項，得免予記載（公二八三IV）。

　　㈢**公司債權人**　公司經營之成敗，直接影響公司債權人債權之清償頗鉅，故本法仿美、日法例❹規定法院得依相當於已發行之股份總數金額百分之十以上之公司債權人之聲請，裁定准予重整（公二八二I2）。所謂「相當於公司已發行股份總數金額百分之十以上之公司債權人」，究係指債權人一人之所有債權額，抑係數債權人合併計算已達此數額，本法並無明示。惟就本法第二八二條第一項第二款之用語觀之，並無排除債權人一人所有債權額達到百分之十以上之債權，而單獨聲請之情形。惟如債權人數人之債權金額，須合併計算始達法定數額，自應由該等債權人共同聲請，其當事人能力始無欠缺。又所謂「債權人」之債權，係屬金錢債權，或得以金錢評價而就公司流動資產取償之財產請求權。倘非金錢債權，又非得以金錢評價之財產上請求權，勢將無法計算其是否合於法定數額。至有擔保物權之債權人，依我國公司法規定既仍應依重整程序行使權利，自亦應有聲

---

❹　美國聯邦破產法第 126 條規定，三個以上總額達五千萬元之債權人，得為重整之聲請；日本會社更生法第 30 條第 2 項規定，相當於資本十分之一以上債權之債權人或持有相當於已發行股份總數十分之一以上股份之股東，亦得聲請之。

請重整之權利。惟附條件或附期限之債權人是否得為重整之聲請人，依我國破產法第一〇二條規定附條件之債權，得以其全額為破產債權。依本法第二九六條準用之規定，足見附條件之債權得為重整債權，但是可得聲請重整之債權人，應分別情形而定，如為附停止條件之債權，條件成就前，其債權繫於將來不確定之事實，目前尚不得行使，自不得為聲請人。至於附解除條件債權，在解除條件成就前，其債權係有效存在，自得行使，當然可以聲請重整。再者，清償期未到之債權依破產法第一〇〇條規定，於破產宣告時視為已到期，在准重整裁定前，不能視為已到期，自尚不得行使，即不得聲請重整。

前述債權人聲請時，應檢同釋明其資格文件，但對於「公司所營事業及業務狀況」與「公司最近一年度依第二百二十八條規定所編造之表冊；聲請日期已逾年度開始六個月者，應另送上半年之資產負債表」之事項，得免予記載（公二八三Ⅳ）。

㈣**工會**　指下列工會：1.企業工會。2.會員受僱於公司人數，逾其所僱用勞工人數二分之一之產業工會。3.會員受僱於公司之人數，逾其所僱用具同類職業技能勞工人數二分之一之職業工會（公二八二Ⅲ）。

㈤**公司三分之二以上之受僱員工**　受僱員工，以聲請時公司勞工保險投保名冊人數為準（公二八二Ⅳ）。

二、管轄法院

重整事件之管轄，本法並無如日本會社更生法明文規定重整事件的管轄法院 ❹，僅於本法第三一四條之規定準用民事訴訟法之規定，應由公司之本公司所在地之法院管轄（民訴二Ⅱ）。惟公司重整，性質上為非訟事件，自應由地方法院管轄（法院組織法九）。雖然公司法並未如同破產法將破產

---

❹　參閱日本會社更生法第 6 條規定：「重整事件之管轄，專屬本公司所在地之地方法院。本公司在外國者，由其在日本境內之主營業所所在地之地方法院管轄。」及日本會社更生法第 7 條規定：「前條之法院為避免重大損害或延滯認為有必要者，得依職權，將重整事件移送於本公司其他營業所或財產所在地之地方法院審理。」

事件規定為專屬管轄（破二），但公司是否確實有重整之原因及保全處分，均須由法院裁定之。因此法院必須收集公司財產及有關營業資料，同時在重整程序中，法院必須隨時監督重整工作之進行，公司法所定由法院處理之公司事件由本公司所在地法院屬管轄（非訟一七一）。況重整程序涉及公益，不僅限於公司或重整聲請人之利害關係而已，故解釋上合意管轄之規定，在重整事件上不應適用之。

三、聲請之書狀

公司重整之聲請，應由聲請人以書狀連同副本五份載明下列事項向管轄法院為之（公二八三Ⅰ、Ⅱ）：㈠聲請人之姓名及住所或居所；聲請人為法人、其他團體或機關者，其名稱及公務所、事務所或營業所。㈡有法定代理人、代理人者，其姓名、住所或居所，及法定代理人與聲請人之關係。㈢公司名稱、所在地、事務所或營業所及代表公司之負責人姓名、住所或居所。㈣聲請之原因及事實。㈤公司所營事業及業務狀況。㈥公司最近一年度依第二二八條規定所編造之表冊；聲請日期已逾年度開始六個月者，應另送上半年之資產負債表。㈦對於公司重整之具體意見。

上述第六款，係為爭取時效，要求聲請人所送書狀內容應完整正確，參照第二六八條第一項第四款規定，應提具最近一年之財務報表，俾便利意見徵詢及檢查人之檢查[469]。重整之聲請書狀應載明各款事項，其內容繁複，容或無法一一備載於書狀，故本法第二八三條第二項規定，上述第五款至第七款之事項，得以附件補充之（公二八三Ⅱ）。公司為聲請時，應提出重整之具體方案（公二八三Ⅲ前）。股東、債權人、工會或受僱員工為聲請時，應檢同釋明其資格之文件，對上述第五款及第六款之事項，得免予記載（公二八三Ⅲ後）。

四、聲請重整之費用

聲請重整，應否繳納費用，本法並無如日本會社更生法明文規定[470]。

---

[469]　參閱民國 90 年公司法第 283 條修正理由三。

[470]　參閱日本會社更生法第 34 條：「為重整程序開始之聲請者，應預繳法院所定金額以充費用。

惟重整係屬非訟事件，其非訟事件程序費用之徵收及預納，由聲請人負擔（非訟二一Ⅰ、二五）。按其標的之金額或價額，依非訟事件法第十三條之標準收取費用。其金額或價額，以新臺幣為標準徵收費用。

　　蓋以在民事訴訟程序中原告繳納裁判費之計算，並非完全以訴訟標的物之價額為準，而係以原告起訴所得受保護之利益為準**❹**，例如提起共有物分割之訴，非以共有物之總價額計算裁判費用，而係以原告之應有部分之價額為計算標準，參考此項原則，在非訟性質之重整事件，股東或債權人申請時，自亦應以債權額或股東權額為準。

　　非訟事件程序費用依非訟事件法第二十五條規定，應由聲請人預納，如聲請被駁回者，聲請人負擔，如聲請准許者，則聲請費用應作為重整程序所發生費用之一部分優先重整受償（公三一二）。倘不繳付預納聲請費經命補正而不遵行者，法院應依非訟事件法第二十六條規定，以裁定駁回其聲請。

第四、法院對公司重整之裁定

一、裁定前之審查

　　㈠**形式上之審查**　法院受理重整之聲請後，首先應就此聲請加以形式上之審查，即審查該聲請有下列情形之一者，法院應以裁定駁回（公二八三之一），俾節省人力物力：1.聲請程序不合者。但可以補正者，應限期命其補正。 2.公司未依本法公開發行股票或公司債者。 3.公司經宣告破產已確定者。 4.公司依破產法所為之和解決議已確定者。 5.公司已解散者。 6.公司被勒令停業限期清理者。此乃配合銀行法第六十二條之七而規定「公司被勒令停業限期清理者」，重整程序應予停止。

　　㈡**實質上之審查**　法院為前述形式上之審查後，如無不合之情形時，應即進而為實質上之審查，即審查是否確有重整之原因，亦即重整之要件

　　前項金額，法院視事件之大小等情形定之。公司以外之人為聲請者，就重整程序開始後之費用，視公司財產得支付金額定之。」

❹　司法院 31 年院字第 2500 號解釋。

有無欠缺。此項審查得行任意之言詞辯論，並得依職權為必要之調查。其調查之方法本法有明文者，述之如下：

1.應徵詢主管機關之意見　法院受理重整之聲請時，應將聲請書狀副本，檢送中央主管機關、目的事業中央主管機關、中央金融主管機關及證券管理機關，並徵詢其關於應否重整之具體意見（公二八四 I）。所謂中央主管機關，係指經濟部。按經濟部主管全國工商業，對於公司之業務情形，及影響社會安定與發展程度之分析，甚為透徹，且因平日監督之機會，當有所了解。至於目的事業之中央主管機關，如藥業公司為衛生署、航業公司為交通部、保險公司為財政部。其對公司營業及業務狀況較為熟悉，故法院應徵詢其意見，作為裁定重整與否之參考。法院並不受其意見之拘束，仍應依職權斟酌是否准予重整。所謂「中央金融主管機關」，如財政部金融局，俾由其彙整債權銀行對公司重整之具體意見。所謂「證券管理機關」，係指行政院金融管理委員會證券暨期貨局。本法規定「徵詢其關於應否重整之具體意見」，與被徵詢意見之機關，應於三十日內提出意見（公二八四 III），其立法意旨，在避免上述主管機關，遇有法院就公司重整事件，徵詢其意見，或遲未答覆，坐失重整之時效；或縱令答覆，類多敷衍塞責，致使本法第二八四條第一項之規定，形同具文。倘上述機關，並未依期限提出關於應否重整之具體意見者，法院得逕行裁定。

2.得徵詢本公司所在地之稅捐機關及其他有關機關、團體　依本法規定，法院對於重整之聲請，並得徵詢本公司所在地之稅捐稽徵機關及其他有關機關、團體之意見。前二項被徵詢意見之機關，應於三十日內提出意見（公二八四 II、III）。按公司繳納稅捐之情形，有助於瞭解公司之營運情形，而為法院裁定准駁重整之重要參考因素，故有此項規定，以求周延 ❹❼❷。

3.通知被聲請重整之公司　重整之聲請人為股東或債權人時，法院應檢同聲請書狀副本，通知該公司(公二八四IV)，以便公司陳述意見或提供資料。

4.選任檢查人為調查報告

⑴檢查人之選任及職務　法院為期發現真實，除徵詢中央主管機關、

---

❹❼❷　民國 90 年公司法第 284 條修正理由二。

目的事業主管機關、中央金融主管機關及證券管理機關外，應為相當之調查。然法官對於公司之經營及帳目未必均具有該項知識，故得選任檢查人，調查有關重整之資料。檢查人之設，並非重整之必要程序，選任與否，由法院斟酌實際情形選任之。檢查人之選任，以對公司業務具有專門學識、經營經驗而非利害關係人者（公二八五Ⅰ）充任之。所謂利害關係，應以有相當理由，足認為執行職務有偏頗之虞者為標準。通常公司之負責人，或鉅額債權人、股東，均應認為有利害關係。至於檢查人是否限於自然人，就本法第二八五條第一項之條文觀之，檢查人應具備專門學識、經營經驗者，法人實無從具備。同時本法第二八五條亦未有金融機關之明文規定，故與本法第二八九條之明文規定金融機關，有所不同。二者比較觀之，本法第二八五條應以自然人為限。又本法第二八五條規定檢查人職責，須負責調查公司之業務、財務及有關之一切事項，並須對公司之董事、監察人、經理人或其他職員等所詢問或檢查，性質上亦以自然人充任為適宜❹。惟學者多數主張，應包括自然人及法人❹。再者，檢查人應於法院選任後三十日內，就下列事項調查完畢報告法院（公二八五Ⅰ）：

①公司業務、財務狀況及資產估價。

②依公司業務、財務、資產及生產設備之分析，是否尚有重建更生之可能。

③公司以往業務經營之得失及公司負責人執行業務有無怠忽或不當情形。

④聲請書狀所記載事項有無虛偽不實情形。

⑤聲請人為公司者，其所提重整方案之可行性。

⑥其他有關重整之方案。

前述三十日之期限，檢查人事實上常無法如期完成，故本書認為解釋上，法院有權依實際情形延長之。

其次，檢查人對於公司業務或財務有關之一切簿冊、文件及財產，得

---

❹ 經濟部 56.7.8 商字第 23373 號。

❹ 武憶舟著《公司法論》第 572 頁；楊建華著《公司法要論》第 151 頁。

加以檢查，公司之董事、監察人、經理人或其他職員，對於檢查人關於業務之詢問，有答覆之義務（公二八五II）。公司之董事、監察人、經理人或其他職員，拒絕前項檢查或對前項詢問，無正當理由不為答覆或為虛偽陳述者，處新臺幣二萬元以上十萬元以下罰鍰（公二八五III）。

檢查人應以善良管理人之注意，執行其職務，其報酬由法院依其職務之繁簡定之（公三一三 I）。檢查人執行職務，有違反法令，致公司受有損害時，對於公司應負賠償責任（公三一三II）。檢查人對於職務上之行為，有虛偽陳述時，各處一年以下有期徒刑，拘役或科或併科新臺幣六萬元以下罰金（公三一三IV）；對於職務上之文書，為虛偽記載者，依刑法或特別刑法有關規定處罰。

檢查人之報告對於法院准駁重整，具有重大影響，又公司重整係緊急事件，為爭取時效，故本法規定，法院依檢查人之報告，並參考目的事業中央主管機關、證券管理機關、中央金融主管機關及其他有關機關、團體之意見，應於收受重整聲請後一百二十日內，為准許或駁回重整之裁定，並通知各有關機關（公二八五之一 I）。前述一百二十日之期間，法院得以裁定延長之，每次延長不得超過三十日。但以二次為限（公二八五之一II）。

(2)檢查人之人數　公司法第二八五條並無人數之限制，自得為二人以上之選任，共同或分別辦理有關檢查事務❹❼❺。

(3)檢查人之報酬　法院受理重整聲請後；其所選任之檢查人，係在裁定重整以前，所需之報酬依非訟事件法第二十五條前段規定，應由聲請人預納。倘於裁定重整後，即為公司法第三一二條第一項第二款進行重整程序所發生之費用，為重整債務，優先於重整債權而受清償。如裁定駁回重整之聲請確定，依非訟事件法第九條之規定，該項報酬得以裁定命關係人（即聲請人）負擔。

(4)檢查人之解任　本法雖無明文規定，惟法院既有選任權，參考我國非訟事件法第一七五條、日本會社更生法第四十四條之規定❹❼❻，解釋上應

---

❹❼❺　經濟部 56.5.8 商字第 23372 號。

❹❼❻　日本會社更生法第 44 條規定：「有重大事故者，法院得依利害關係人之申請或

認為，得依職權以裁定解任之。

　　5.**命造報名之債權人及股東名冊**　法院於公司重整前，得命公司負責人於七日內就公司債權人及股東，依其權利之性質，分別造報名冊，並註明住所及債權或股份總金額（公二八六）。按法院命令公司負責人，造具債權人及股東名冊，係屬重整開始之準備程序。名冊上應將公司債權人及股東，依其權利性質，分為有擔保債權人、無擔保債權人、優先債權人、有優先權之特別股及普通股等之報名冊。

二、裁定前之處分——權利之保全

　　㈠**保全處分之聲請人**　依本法第二八七條第一項規定，法院為重整之裁定前，得因公司或依利害關係人之聲請或依職權，以裁定為必要之處分。所謂「利害關係人」，其範圍，學者見解不同，茲述之於下：

　　1.有認為以公司及聲請為公司重整之債權人或股東為限[477]。

　　2.有認為公司之債權人、股東及公司，均屬利害關係人者[478]。

　　3.有認為凡與公司之存續有直接利害關係之人，例如公司、債權人、股東、保證人等均得為聲請人[479]。

　　按公司之保全處分，其目的乃在保持公司之現狀，維護重整程序之進行而設。因此利害關係人之範圍，似應從寬解釋，以上述 3. 之情形為宜。

　　㈡**保全處分之聲請時期**　聲請為裁定前之處分者，應於聲請公司重整後，法院為重整之裁定並將該裁定送達公司前為之。又本法第二九五條規定，法院未為第二八七條第一、二、五及六各款所為之處分者，於裁定重整後，仍得依利害關係人或重整監督人之聲請，或依職權裁定之。

　　㈢**保全處分之內容**　按聲請人聲請重整，至法院將重整之裁定送達公司，其間手續繁雜，曠日費時，倘不及時為相當之保全處分，則公司將可

　　　依職權，解任調查委員，惟應於詢問該調查委員後為之。」

[477]　兼子一、三個月章著《條解會社更生法》（昭和 39 年）第 134 頁。

[478]　松田二郎著《會社更生法》（昭和 36 年）第 26 頁；陳世榮著〈公司重整程序㈡〉，載《彰銀資料》第 16 卷第 1 期第 5 頁。

[479]　陳計男著〈論公司重整前之保全處分〉載《法令月刊》第 8 卷第 12 期第 11 頁。

趁機隱匿財產，或為其他有損公司重整之行為，甚至與部分債權人勾結，而為不利公司重整之行為。因此法院為重整裁定前，得因利害關係人之聲請或依職權，以裁定為下列處分（公二八七 I）：

1. **公司財產之保全處分** 本法就保全處分，並無程序之規定，亦無準用民事訴訟法有關保全程序之明文，致適用上頗感困難。解釋上，只能依其性質類推適用民事訴訟法之規定。依民事訴訟法之規定保全處分有假扣押、假處分，於本法均適用之。惟管轄法院，則限於受理重整之法院。蓋公司應否重整，其財產有否保全處分之必要，唯有受理聲請之法院知之最詳，故並無理由，由標的物所在地之法院為裁定。其次，民事訴訟法上，供擔保以代保全原因之釋明部分，性質亦非完全適用，例如法院得本其職權，為保全處分之裁定即屬之。再者，民事訴訟法上有關催告債權人於若干時日起訴之規定，亦不得在此準用。

2. **公司業務限制之處分** 所謂公司業務，不僅限於該公司之營業範圍。凡依特殊情事可認為營業上之行為者，亦在限制之列。例如對外舉債，嚴格言之，並非公司之營業行為，然公司擅自對外借款，影響重整之順利進行至鉅，自應限制。

法院為公司業務限制之處分，而公司負責人違反此項規定所為之法律行為，效力如何？本法並無明文規定，惟依強制執行法之規定，關於債務人違反查封效力之規定所為之法律行為，對債權人不生效力之法理，應解為該負責人所為之行為，對於將來重整公司不生效力。同時如對公司有所損害，公司負責人應負損害賠償責任。倘法院裁定駁回公司重整之聲請時，該公司負責人違反業務限制之處分所為之法律行為，仍然屬於有效之法律行為。

3. **公司履行債務及對公司行使債權之限制處分** 法院為重整裁定前，如任令債權人向公司行使債權或公司自動向部分債權人清償，則有失公平原則，且窒礙重整之進行。因此本法特設此項限制，其目的乃在維持公司財產之現狀。

所謂對公司行使債權之限制，應指在訴訟外由公司為現實給付行為以履行債務，不包括債權人起訴請求公司履行債務在內。因此不得以欠缺權

利保護要件，予以駁回❹。蓋本項限制處分，係在准許重整裁定前為之。倘駁回債權人給付之訴後，將來如駁回重整之聲請，則非但債權人之訴權，因之遭受遲延，尚且損失前之訴訟費用，實非保護債權人之道。況民事訴訟程序，僅在確定私權之存否，與強制執行程序，係在實現私權不同。取得權利之給付判決，僅屬取得執行名義，尚須經過執行程序，始為現實之給付行為。本法第二八七條第四款既已規定，法院得停止強制執行程序。因此債權人於取得確定判決聲請執行時，法院即得為停止強制執行程序之處分，債權人自無法據以實現其請求權，故對重整程序並無影響。日本會社更生法雖無關於類似本項停止訴訟程序之規定❹，惟日本實例上採起訴不受限制之見解❹，本法似應作相同之解釋。是故雖有重整前裁定保全處分之限制，仍可起訴中斷其消滅時效。倘屬已經判決確定之請求權，應解為當事人可聲請法院強制執行，以中斷時效。惟法院認為必要時，得依本法同條第四款停止強制執行程序。再者，稅捐及其他公法上應為之給付，亦屬本項限制行使之對象。稅捐在重整裁定前發生者，參考司法院院解字第三五七八號及第四〇二三號解釋❹，係得為破產債權，應解為亦屬重整債權。凡重整債權，均應依重整程序行使權利，故法院如已為概括之限制債權之處分，自應包含稅捐及其他公法上之給付在內。

　　4.公司破產、和解或強制執行等程序之停止處分　法院為重整裁定後，破產、和解或強制執行程序原應當然停止。惟在裁定前，如為破產宣告裁定或和解之決議已經確定，則重整程序即屬無從開始，當然不適用本項之

---

❹　陳世榮著〈公司重整程序㈡〉，載《彰銀資料》第 16 卷第 1 期第 4 頁；楊建華著〈重整裁定前對於公司行使債權限制之效力〉，載《司法通訊》第 319 期。

❹　永澤信義著《會社更生法的基礎的研究》（昭和 41 年）。

❹　日本昭和 33 年 6 月 19 日最高裁判所民事判決。

❹　司法院院解字第 3578 號解釋：「納稅義務人受破產之宣告時，其在破產宣告時所欠之稅由破產法第一百零三條第四款之規定推之非不得為破產債權，此項破產債權，如法律別無優先受償之規定自應與其他破產債權平均分配。」

　　司法院院解字第 4023 號解釋：「本文所稱之欠賦於納稅義務人宣告破產時自屬破產債權，除法律別有優先受償之規定外，應與其他破產債權平均分配。」

停止。所謂停止強制執行程序，須其程序尚未終結前，始有停止可言。然其強制執行程序是否包括停止假扣押、假處分執行程序在內，不無疑問。按法院命停止強制執行程序之裁定，原應具體指明係停止何種執行程序，如已指明，當不致發生疑問。如未為指明，應解為包括一切強制執行程序，除一般滿足性之終局執行外，即保全程序假扣押、假處分執行程序亦包括在內⓿。蓋現行本法有關重整程序之規定，係仿日本會社更生法之規定而來，該法第六十七條第一項⓿明定假扣押、假處分執行程序包括在內，實足供本法解釋之參考。

5.公司記名式股票轉讓之禁止處分　公司重整裁定前，為便利重整程序之進行，公司股東不宜變動，故法院得為此項禁止處分。本法就記名股票之轉讓，乃採背書制度。變更股東名簿，僅為對抗公司之要件。倘違反禁止轉讓之處分（公二八七Ⅰ5），善意第三人能否取得股東之權利？約可分下列兩說：

⑴依本法規定，記名股票，由股票持有人以背書轉讓之，並應將受讓人之姓名或名稱記載於股票（公一六四前）。又依本法第一六五條規定，應變更股東名簿股東之記載，如未為股東名簿之變更，僅不得以其轉讓對抗公司。因此法院為公司重整裁定前，禁止公司記名式股票之轉讓，僅禁止公司為股東名簿之變更而已。對股票之受讓人，仍可依背書取得股東權利，僅不能對抗公司。

⑵法院於公司重整裁定前，裁定禁止記名式股票之轉讓，其目的在於防止因聲請公司重整，股東紛紛拋售股票，致股票價值低落。法院為轉讓

⓿　91 年臺抗字第 261 號。

⓿　參閱日本會社更生法第 67 條第 1 項規定：「裁定重整程序開始時，破產、和解開始、重整程序開始、整理開始或特別清算開始之聲請、及基於重整債權或有擔保重整債權對公司財產之強制執行、假扣押、假處分、依拍賣法之拍賣及企業擔保權之實行，不得為之；已進行之破產程序，基於重整債權或有擔保重整債權對公司財產進行之強制執行、假扣押、假處分、依拍賣法之拍賣程序及企業擔保權之實行程序，即行中止；已為之和解程序、整理程序及特別清算程序，失其效力。」

禁止處分之裁定，依非訟事件法第一八七條第一項規定，應黏貼法院公告處。自公告之日起發生效力，必要時，並得登載本公司所在地之新聞紙，故法院就此記名股票禁止轉讓之處分，應公告周知，使不特定人有知悉之機會，公告後，倘有違反此處分之裁定者，應不生轉讓之效力。

上述兩說相較，應以後說為當。

6. **公司負責人對於公司損害賠償責任之查定及其財產之保全處分**　公司財務困難，致暫停營業或有停業之虞時，公司負責人往往與有過失，應對公司負賠償之責，故法院為公司重整裁定前，得因利害關係人聲請或依職權，對公司負責人為對於公司損害賠償責任查定之裁定，以免負責人隱匿或損壞不利於己之證據。且為防止該負責人之脫產行為，亦得就其財產，予以假扣押、假處分等保全處分。所謂負責人，係指董事、發起人、監察人、清算人等，凡在其執行職務之範圍內，均為公司負責人。按股份有限公司重整事件為非訟事件，法院向利害關係人之聲請或依職權，以本法第二八七條第一項第六款就公司負責人對於公司損害賠償之查定時，本法並無程序之規定。此項行為為非訟事件之處分，依非訟事件法第三十六條第一項規定，應以裁定為之；並應於裁定前，依非訟事件法第三十二條規定，依職權調查事實及必要之證據。法院為調查事實，得命關係人或法定代理人本人到場。法官命關係人為一定給付及科處罰鍰之裁定，得為執行名義（非訟三六II）。按非訟事件法採職權主義，惟當事人對於裁定如有不服，得提起抗告（非訟四一）。此與日本會社更生法第七十五條及第七十六條之規定略同❹86。俟法院裁定宣告公司重整後，由重整人代表公司對該負責人

---

❹86　參閱日本會社更生法第 75 條規定：「不服查定之裁定者，得自接受裁定之日起，一個月之不變期間內，提起異議之訴。

認可或變更查定之判決，就強制執行，與給付命令之判決有同一效力。

第一項之訴，專屬重整法院管轄，言詞辯論，應經該項規定之期間後開始之。數宗訴訟同時繫屬者，其辯論及裁判應合併為之。」

日本會社更生法第 76 條規定：「於前條第一項之期間內提起異議之訴者，查定與命令給付之確定判決具有同一之效力，上述訴訟經駁回者，亦同。」

提起訴訟，取得執行名義，以實現查定之結果。本法第二八七條第一項第六款所述之重點在於「其財產之保全處分」，係指對公司負責人個人所有財產之保全處分，以防其脫產，逃避責任。

依公司法第二八七條第一款及第六款所為財產保全處分，如其財產依法應登記者，應囑託登記機關登記其事由；其財產依法應註冊者亦同（非訟一八六 I）。駁回重整聲請裁定確定時，法院應通知登記或註冊機關塗銷前項事由之登記（非訟一八六 II）。依公司法第二八七條第二款、第三款及第五款所為之處分，應黏貼法院公告處，自公告之日起發生效力；必要時，並得登載本公司所在地之新聞紙（非訟一八七 I）。駁回重整聲請裁定確定時，法院應將前項處分已失效之事由，依原處分公告方法公告之（非訟一八七 II）。

前述六項之處分，除法院准予重整外，其期間不得超過九十日；必要時，法院得由公司或利害關係人之聲請或依職權以裁定延長之；其延長期間不得超過九十日（公二八七 II）。此乃為維護利害關係人之權益，避免企業利用處分期間從事不當行為，而對於處分期間之延長，除須經法院裁定外，亦限制其延長期限不得超過九十日 ⁴⁸⁷。

前述期間屆滿前，重整之聲請駁回確定者，第一項之裁定失其效力（公二八七 III）。其立法意旨，乃為避免公司利用重整作為延期償付債務之手段，及貫徹本法立法意旨，法院既經裁定確定駁回重整，則各種緊急處分，自應失其效力 ⁴⁸⁸，法院為前述各款處分之裁定時，應將裁定通知證券管理機關及相關之目的事業中央主管機關（公二八七 IV），俾使證券管理機關及目的事業中央主管機關立即獲悉法院為上述各款之處分情形，而便停止該公司股票交易及各種處理，以保障投資大眾及交易安全 ⁴⁸⁹。

三、駁回重整聲請之裁定

法院受理公司重整之聲請，首先應就形式上審查，即審查該聲請是否

---

⁴⁸⁷ 參閱民國 90 年公司法第 287 條修正理由三。

⁴⁸⁸ 參閱民國 90 年公司法第 287 條修正理由四。

⁴⁸⁹ 參閱民國 90 年公司法第 287 條修正理由五。

合法。倘有不合法，除依情形可補正者，應定期間命其補正外，否則應駁回其聲請。法院經審查聲請之程序，並無不合法後，應進而為實質上之審查。在實質上之審查結果，認無理由者，自應駁回其聲請。聲請人對駁回重整聲請之裁定不服者，得提起抗告（非訟四一II、公三一四）。法院為裁定前，應訊問利害關係人（非訟一八五I準非訟一七二II）。法院為駁回重整聲請之裁定者，應附理由（非訟一八五II前）。茲就本法規定，法院應駁回重整聲請之事由，述之於下：

㈠**聲請程序不合法者（公二八三之一I1前）** 指聲請未依本法第二八二條之有聲請人之聲請，或聲請未依本法第二八三條之程序辦理，但可以補正者，未於限期內補正（公二八三之一I1）。因本款之情事駁回者，不受一事不再理之原則，仍可聲請。

㈡**公司未依本法公開發行股票或公司債者（公二八三之一I2）**

㈢**聲請書狀所記載事項有虛偽不實者（公二八五之一III1）** 指聲請之原因及本法第二八三條各款事項有虛偽不實。

㈣**公司宣告破產已確定者（公二八三之一I3）** 公司經宣告破產已確定者，法院應裁定駁回重整之聲請。惟公司破產之宣告尚未確定前，仍可為重整之裁定。倘公司宣告破產尚未確定，而破產程序已終結者，則公司實質上已不存在，其所為重整之裁定，於事無補，故解釋上應以無重整之可能，予以駁回較妥。

㈤**公司依破產法所為之和解決議已確定者（公二八三之一I4）** 所謂和解決議已確定者，並非指法院許可和解聲請之裁定之確定，而是指法院之和解方案經債權人會議可決，並經法院為認可之裁定已確定，或商會之和解已經債權人會議之可決，並訂立書面契約，由商會主席署名加蓋商會戳記者而言。

㈥**公司已解散者（公二八三之一I5）** 公司已解散而清算完畢，自無重整可言。法院當應駁回重整之聲請。惟公司依法解散而尚未清算完畢前，得否依股東會決議聲請重整，有二種不同見解。茲分述於下：

1.**否定說** 認為公司既已依法宣告解散，僅在清算之目的範圍內，公

司始視為存在，如再以股東會決議繼續經營，已非其權利能力之範圍，故不得聲請重整。

2.**肯定說**　認為公司雖依宣告解散，但其人格仍未消滅，其股東會仍為公司最高意思機關，如其決議繼續經營，仍得聲請重整。

就上述二說，舊公司法第二八八條第六款，明文規定公司已解散，即可駁回重整聲請之裁定，惟現該款已刪除，故應賦予法院有斟酌之權。按日本會社更生法第三十一條規定：「公司在清算程序或特別清算程序中，或在破產宣告後清算中，聲請開始重整者，應依商法第三百四十三條（章程變更之決議方法）規定決議之。」亦無類似日本商法第四○六條規定：「公司因存續期間屆滿或其章程所定事由發生，或股東會之決議而解散者，得依第三百四十三條所定之決議繼續之。」因此日本商法准許經股東會決議，得聲請法院准予重整。依法理及經濟部之見解，本法應採肯定說為當，但法院仍有斟酌之權 **490**。

490　參閱經濟部 60.5.25 商字第 20521 號：「公司已決議解散並依法呈報清算人就任後是否得決議撤銷原解散之決議，並解任清算人繼續營業，業經本部函准司法行政部六十年五月十日臺（六○）函民字第三七○二號函復：『貴部六○、一、一八經（六○）商字第○一八八二號函敬悉。二、查股份有限公司已決議解散，並依法呈報清算人就任，是否得以復經決議撤銷解散，並解任清算人，繼續營業一節，公司法固無明文規定，惟股份有限公司之股東會，為公司之最高意思決定機關，其得決議事項，依現行公司法之規定，並不以公司法有明文規定者為限，公司股東會以後決議變更前決議，既與公司法第一百八十九條所定股東會之召集程序或決議方法違背法令或章程得訴請撤銷其決議之情形有別，依私法人自治之原則，自無不可。公司在未為清算登記前，股東會既仍得行使職權，而公司繼續營業，又與企業維持之精神無違，似無不予准許之理，此項決議既係變更前為解散之決議，其決議方法，解釋上應適用公司法第三一六條特別決議之程序。至回復營業之登記程序問題，當可由貴部斟酌實際情形與公司法有關條文作適當之規定。日本商法昭和十三年修正時增訂第四○六條規定「公司因存續期間之屆滿，章程所定其他事由發生，或經股東會決議解散時，得依第三四三條所定決議，使其繼續營業」正與上開說明旨趣相符，惟在此以前，該國法院判例及學者見解均認股份有限公司經決議解散後，如欲繼續經營，只能

㈦依公司業務及財務狀況無重建更生之可能者 （公二八五之一III2）　公司重整旨在起死回生，自須有經營價值者，始有重整之必要。公司有無重建更生之可能，應依公司業務及財務狀況判斷，須其在重整後能達到收支平衡，而許其重整❹。若依合理財務費用負擔標準，證實公司業務及財務狀況無重建更生之可能者，即應駁回其重整之聲請。法院於裁定駁回時，其合於破產規定者，法院得依職權宣告破產（公二八五之一IV）。

除上述外，法院首須依職權作管轄權有無之審查，無管轄權者，亦以裁定駁回重整之聲請。法院駁回重整聲請之裁定已確定，則依本法第二八七條所為處分，自已無保全之必要。各項保全處分之裁定，應解為當然失其效力，勿庸另以裁定撤銷。此就非訟事件法第一八六條第二項規定：「駁回重整聲請裁定確定時，法院應囑託登記或註冊機關塗銷前項事由之登記。」同法第一八七條第二項亦規定：「駁回重整聲請裁定確定時，法院應將前項處分已失效之事由，依原處分公告方法公告之。」可為上述說明之參考。

四、准許重整之裁定

法院認為重整之聲請合法，並有重整原因，應為重整之裁定時，並應

依清算程序消滅舊公司後，另設立新公司，不能以股東會之決議，使舊公司恢復繼續經營。亦值注意。三、復請查照參考』等由。本案准照司法行政部意見得於解散登記前股東會依同一方式決議撤銷原解散之決議，並解任清算人繼續營業，並參照公司法第三二七條所定分別通知及三次以上公告債權人週知，再依同法第三九六條規定於十五天內向主管機關申請回復營業之登記。」

❹ 最高法院93年臺抗字第178號裁定：「公司重整，乃公開發行股票或公司債之公司因財務困難，暫停營業或有停業之虞，而有重建更生之可能者，在法院監督下，以調整其債權人、股東及其他利害關係人利益之方式，達成企業維持與更生，用以確保債權人及投資大眾之利益，維護社會經濟秩序為目的。法院依檢查人之報告，並參考目的事業中央主管機關、證券管理機關、中央金融主管機關及其他有關機關、團體之意見，應為准許或駁回重整之裁定。而依公司業務及財務狀況無重建更生之可能者，法院應裁定駁回重整之聲請，公司法第二百八十五條之一第一項、第三項第二款定有明文。公司有無重建更生之可能，應依公司業務及財務狀況判斷，須其在重整後能達到收支平衡，且有盈餘可攤還債務，始得謂其有經營之價值，而許其重整。」

就公司業務,具有專門學識及經營經驗者或金融機構,選任為重整監督人,並決定下列事項(公二八九 I):

　　㈠債權人及股東權申報期間及場所,其期間應在裁定之日起十日以上,三十日以下。

　　㈡所申報之債權及股東權之審查期日及場所,其期間應在前款申報期間屆滿後十日以內。

　　㈢第一次關係人會議期日及場所,其期日應在前述㈠申報期間屆滿後三十日以內。

　　准許重整之裁定,應於何時生效,本法無明文規定。惟其性質上不能適用民事訴訟法之規定,即宣示之裁定,於宣示時,發生效力。不宣示者,於送達時,發生效力。蓋利害關係人不計其數,對之一一送達,事實上有所困難,故解釋上重整之裁定,僅須公告,不以送達為必要。裁定發生效力之時間,參考破產法上關於宣告破產之裁定之有關學說,以法官作成裁定書及署名之年月日之中午,為公司開始重整之時,亦即於此際發生重整之效力。縱使公司重整裁定於翌日始為公告,受訴法院或執行法院於當日或翌日將公司之財產拍定,其效力就法律上言,其拍定完成於當然停止之後,其執行程序自屬違法,且強制執行法上的拍賣,依通說為買賣之一種,並認債務人為出賣人,執行法院所為之拍定,對重整公司不生效力。

五、重整裁定之公告

　　法院為重整裁定後,應即公告下列事項(公二九一 I):㈠重整裁定之主文及其年、月、日。㈡重整監督人、重整人之姓名或名稱、住址或處所。㈢本法第二八九條所定期間、期日及場所。㈣公司債權人怠於申報權利時,其法律效果。

　　法院對於重整監督人、重整人、公司、已知之公司債權人及股東,仍應將前項裁定及所列各事項,以書面送達之(公二九一 II)。

　　法院於前項裁定送達公司時,應派書記官於公司帳簿,記明截止意旨,簽名或蓋章,並作成節略,載明帳簿狀況(公二九一 III)。

六、重整裁定之效力

㈠對於公司之效力

1.重整開始之登記　法院為重整裁定後，應檢同裁定書，通知主管機關，為重整開始之登記，並由公司將裁定書影本黏貼於該公司所在地公告處（公二九二），以彌補公告之不足。惟毋庸辦理公司變更登記。蓋公司之股東會及董事、監察人，依本法第二九三條第一項規定雖應停止職權，並將公司業務之經營及財產之管理處分權移屬於重整人，惟此時重整人與重整公司之關係，乃基於法律規定之特別關係，並非實際取代為公司之負責人，故毋庸辦理變更登記，應俟重整計畫經關係人會議可決及法院裁定認可後，並經重整人依照本法第三一〇條規定於重整計畫所定期限內，完成重整工作，並召集重整後之股東會，而選任董事、監察人，並於其就任後，始須向主管機關申請登記或變更登記。至於公司經法院裁定准予重整後，應否向主管稽徵機關，辦理重整開始登記或變更登記一節，應由財稅機關自行酌定 **❹❾❷**。

2.公司帳簿之處置　法院於重整裁定送達公司時，應派書記官於公司帳簿，記明截止意旨，簽名蓋章，並作成節略，載明帳簿狀況（公二九一III），以劃分重整前後之情形。

3.業務及財產之移交

⑴重整裁定送達公司後，公司業務之經營及財產之管理處分權移屬於重整人，由重整監督人監督交接，並聲報法院，公司股東會、董事及監察人之職權，應予停止（公二九三 I）。按公司原有之負責人，既因重整裁定後喪失其管理權及處分權，如仍以公司名義與他人為法律行為者，應認為無效。債務人亦不得對之為清償行為。惟債務人若不知重整裁定之事實而為清償，究屬情有可原，應解為債務人得以不知重整之事實對抗重整人，而主張有效。但債務人就不知重整之事實，應負舉證責任。至債務人明知已有重整之事實，仍向公司原有負責人為清償者，應解為僅以公司所受之利益為限，始得對抗重整人。

---

❹❾❷　經濟部 56.11.11 商字第 3096 號。

(2)為前述交接時，公司董事及經理人，應將有關公司業務或財務之一切帳冊、文件與公司之一切財產，移交重整人（公二九三Ⅱ）。公司之董事、監察人、經理人或其他職員，對於重整監督人或重整人所為關於業務或財務狀況之詢問，有答覆之義務（公二九三Ⅲ）。

(3)公司之董事、監察人、經理人或其他職員有下列情形之一者：①拒絕移交；②隱匿或毀損有關公司業務或財務狀況之帳冊文件；③隱匿或毀棄公司財產或為其他不利於債權人之處分；④對重整監督人或重整人所為關於業務或財務狀況之詢問，無故不為答覆；⑤捏造債務或承認不真實債務，各處一年以下有期徒刑、拘役或科或併科新臺幣六萬元以下罰金（公二九三Ⅳ）。

4.**上市股票仍未必下市**　因本法並無明定股票上市之股份有限公司，其股票應行下市，倘無證券交易法第一五六條規定所列應停止其股票之買賣情形之一，主管機關不能命令其停止全部或一部買賣（下市）❹❾❸。

㈡**對於債權人之效力**　公司在重整裁定前成立之債權為重整債權，該債權非依重整程序，不得行使其權利（公二九六Ⅰ）。惟有別除權及優先權之規定，不在此限（公二九六Ⅱ但）。取回權、解除權或抵銷權之行使，

---

❹❾❸　證券交易法第 156 條規定：「主管機關對於已在證券交易所上市之有價證券，發生下列各款情事之一，而有影響市場秩序或損害公益之虞者，得命令停止其一部或全部之買賣，或對證券自營商、證券經紀商之買賣數量加以限制：

一、發行該有價證券之公司遇有訴訟事件或非訟事件，其結果足使公司解散或變動其組織、資本、業務計畫、財務狀況或停頓生產。

二、發行該有價證券之公司，遇有重大災害，簽訂重要契約，發生特殊事故，改變業務計畫之重要內容或退票，其結果足使公司之財務狀況有顯著重大之變更。

三、發行該有價證券公司之行為，有虛偽不實或違法情事，足以影響其證券價格。

四、該有價證券之市場價格，發生連續暴漲或暴跌情事，並使他種有價證券隨同為非正常之漲跌。

五、其他重大情事。」

應向重整人為之（公二九六III）。重整債權人，應提出足資證明其權利存在之文件，向重整監督人申報，經申報者，其時效中斷。未經申報者，不得依重整程序受清償（公二九七Ｉ）。但未在公告期間申報者，其債權並非當然消滅，將來公司經法院裁定終止重整時，仍得行使其權利（公三〇八2）。為使公司債權人在關係人會議中，樂於贊同重整計畫，本法特於第三一一條第二項規定：「公司債權人對公司債務之保證人及其他共同債務人之權利，不因公司重整而受影響。」再者，裁定成立後，為維持公司業務繼續營運所發生之債務（公三一二Ｉ1），及進行重整程序所發生之費用，為公司之重整債務，優先於重整債權而為清償（公三一二Ｉ2）。前述優先受償之效力，不因裁定終止重整而受影響（公三一二II）。

　　法院准予重整之裁定，在抗告程序中，重整程序仍得進行，並不因而停止，故抗告法院裁定駁回重整之聲請前，應認為本法第三一二條第一項第二款的「進行重整程序」中，第三人因信賴法院准予重整之裁定，而與代表公司之重整人為交易，自應予以保障。因此本法第三一二條規定重整債務優先於重整債權而受清償，其目的在使第三人敢與重整中的公司為交易行為，使公司的業務得以繼續經營。否則准予重整裁定後，於該重整裁定確定前，重整人代表公司負擔之債務不受保障，則在此段期間，他人必將不敢與公司為法律行為，則公司之重整未見其利，先見其弊，實有不當，故本法特設第三一二條之規定。

　　(三)**對於股東之效力**　公司重整程序中，股東行使權利，除記名股東依股東名簿之記載，無庸申報外，重整債權人應提出足資證明其權利存在之文件，向重整監督人申報，未經申報者，不得依重整程序受償（公二九七Ｉ）。應為申報之人，因不可歸責於自己之事由，致未依限申報者，得於事由終止後十五日內補報之，但重整計畫已經關係人會議可決時，不得補報（公二九七II）。股東之權利，依股東名簿記載（公二九七III）。重整裁定送達公司後，公司股東會之職權應即停止（公二九三Ｉ）。公司股東為公司重整之關係人（公三〇〇Ｉ），則其股東權當由關係人會議行使之。惟公司無資本淨值時，在關係人會議，其股東組不得行使表決權（公三〇二II）。

㈣**重整監督人對債權及股東權之審查** 重整監督人,於權利申報期間屆滿後,應依其初步審查之結果,分別製作優先重整債權人、有擔保重整債權人、無擔保重整債權人及股東清冊,載明權利之性質、金額及表決權數額,於第二八九條第一項第二款期日之三日前,聲報法院及備置於適當處所,並公告其開始備置日期及處所,以供重整債權人、股東及其他利害關係人查閱(公二九八 I)。重整債權人之表決權,以其債權之金額比例定之,股東表決權,依公司章程之規定(公二九八 II)。

法院審查重整債權,及股東權之期日,重整監督人、重整人及公司負責人,應到場備詢,重整債權人、股東及其他利害關係人,得到場陳述意見(公二九九 I)。有異議之債權或股東權,由法院裁定之(公二九九 II)。就債權或股東權有實體上爭執者,應由有爭執之利害關係人,於前項裁定送達後二十日內提起確認之訴,並應向法院為起訴之證明,經起訴後在判決確定前,仍依前項裁定之內容及數額行使其權利。但依重整計畫受償時,應予提存(公二九九 III)。重整債權或股東權,在法院宣告審查終結前,未經異議者,視為確定,對公司及全體股東、債權人有確定判決同一之效力(公二九九 IV)。

㈤**各項程序之停止** 公司經法院裁定重整後,公司之破產、和解、強制執行及因財產關係所生之訴訟等程序,當然停止(公二九四)。各債權人應依重整程序行使其權利(公二九六)。本法第二九四條所稱強制執行程序及因財產關係所生之訴訟程序,其範圍除取回權、解除權、抵銷權外,凡與重整債權有關之債權,其執行程序與訴訟程序均包括在內,甚至假扣押、假處分及拍賣抵押物之程序等,均包括在內。

所謂「訴訟程序」,乃指與重整債權有關已起訴者而言,若尚未起訴,而其程序與重整債權有關者,得否再行起訴,原應與破產債權得否起訴相同。通常在破產程序中,有二種不同之見解,茲分述於下:

1.破產債權,應依破產程序行使權利,不能起訴。若有起訴,則應認為無保護之必要,而加以駁回。

2.亦有認為對破產債權,如有爭執,仍可起訴。蓋遇有爭執,在非訟

事件性質破產程序既無法確定實體上之事項，起訴並非無保護之必要。

上述二種見解各有所偏，對於破產債權，若無異議，則顯無保護之必要，縱使獲得勝訴，仍不得據以強制執行，若對破產債權在破產程序有所爭執，則其起訴仍有受保護之必要。

重整債權，如有爭執，本法第二九九條第二項、第三項已設有救濟程序，如有異議，則提起確認之訴。若對之並無異議，或未經異議者，依本法第二九九條第四項規定視為確定，對公司及全體股東、債權人有確定判決同一之效力。但該重整債權必以在重整裁定前成立，得以之對公司之財產為強制執行之財產上請求權者為限，觀之本法第二九六條規定甚明❹。

在公司宣告重整後，依民事訴訟法第一七〇條之規定，訴訟程序當然停止，重整人產生後，則以公司負責人之地位承受訴訟（公八）。未承受訴訟前，法院及當事人不得為關於本案之訴訟行為（民訴一八八Ⅰ前），故有關訴訟當然停止及訴訟承受之規定，可適用於公司宣告重整。惟關於民事訴訟法第一七四條破產財團之訴訟程序，於言詞辯論終結後，而當然停止者，本於其辯論之裁判得宣示判決之規定（民訴一八八），與公司重整之目的相違，似應解為不得準用。又前開當然停止之效力，於重整程序經法院裁定終止後，其停止原因當然消滅；如公司經重整完成，其於重整裁定前之破產、和解、強制執行及因財產關係所生之訴訟等程序，即行失其效力，此觀公司法第三〇八條第一款、第三一一條第一項第三款規定自明❺。

㈥**得為各項保全處分**　法院在公司重整裁定前，依法所為之各項保全處分，不因裁定重整而失其效力，但未為各項處分者，於裁定重整後，仍得依利害關係人或重整監督人之聲請，或依職權裁定為之（公二九五）。

㈦**屬地主義之效力**　本法並未如日本會社更生法第四條規定：「一、在日本境內開始之重整程序，僅就日本境內之財產有效。二、在外國開始之重整程序，對於日本境內之財產，不生效力。三、依民事訴訟法得為裁判上請求之債權，視為在日本境內。」

❹　最高法院 91 年臺抗字第 280 號裁定。
❺　最高法院 91 年臺上字第 1121 號裁定。

解釋上，我國亦採屬地主義為當，即在本國境內開始之重整程序，僅就我國境內之財產有效。在外國開始之重整程序，對我國境內之財產不生效力。依民事訴訟法得為裁判上請求之債權，視為在我國境內。同時，凡在我國境內，不論為外國人或外國法人，均與中華民國國民或我國法人有同等之地位。

七、重整裁定之抗告

聲請重整之人對於重整之裁定當然不得抗告，惟因法院重整之裁定影響公司、股東、債權人之權利與義務甚鉅，故公司、股東、債權人依非訟事件法第四十一條第一項規定：「因裁定而權利受侵害者，得為抗告。」解釋上，上列之人，均有抗告之權。其抗告期間自何時起算？依非訟事件法第九十四條第二項規定：「前項裁定及准許開始重整之裁定，其利害關係人之抗告期間，應自公告之翌日起算。」

復依非訟事件法第九十四條第四項規定：「准許開始重整之裁定，如經抗告者，在駁回重整聲請裁定確定前，不停止執行。」因此不僅在抗告程序中，原重整程序得繼續進行，縱抗告法院將准許重整裁定廢棄，發回原法院更為裁定，在未更為裁定前，重整程序並不因而停止。況且若更為裁定之結果，係駁回重整之聲請，在該項裁定未確定前，原准許重整之裁定，仍不失其效力，故重整程序在駁回聲請裁定確定前，並不即時結束。

重整裁定一經生效，雖經抗告，重整程序仍繼續進行，重整人在駁回裁定確定前代表公司所為之行為，自屬合法有效。公司當然受其拘束，否則在重整程序中，將無人敢與代表公司之重整人為法律行為，顯與公司重整之意旨不符。

第五、重整之執行與監督

本法關於公司重整之執行，規定由重整人為之。關於重整之監督，由法院另派重整監督人為之。

為符合「企業自救」之原則，重整人由公司董事擔任，或由法院就債權人股東選派。蓋如法院為重整人，等於法院接收公司，當非法院所能勝

任。惟為使重整工作能順利進行，法院另派重整監督人，監督重整人對重整工作之進行。

　　重整人或重整監督人如不自行處理重整業務，完全委託他人代為處理，自非法所許，但如以自己之責任就特定事項選任輔助人代為處理，本法並無規定，惟日本會社更生法第九十八條規定，財產管理人有必要時，得以自己責任選任代理人執行事務，可供參考。茲將重整人及重整監督人，分別述之於下：

一、重整人

　㈠**重整人之意義及選任**　重整人者，公司開始重整後，因原有機關之職權當然停止，而另選適當之人，執行公司業務，進行重整工作，完成重整程序之人。

　　依本法第二九〇條第一項規定，公司重整人由法院就債權人、股東、董事、目的事業中央主管機關或證券管理機關推薦之專家中選派之（公二九〇 I）。本項之立法意旨，為維持重整人有客觀超然之立場處理重整事務，如重整人本身為董事，具股東身分，其執行業務難免有偏於股東之權益，宜就公司經營具有專門知識及經驗者充任之較為妥當。同時為顧及債權人、股東或董事，對公司原有之業務或債權情形較為熟悉，亦不宜將之硬性排除在外，且是否有偏頗之虞，法院亦會適當斟酌，故本法規定債權人、股東或董事亦得擔任公司重整人 ❹❾❻。各國法例，通常規定「法院應就對公司業務，具有專門學識及經營經驗，而非利害關係人者，選任為重整人」，並依美國聯邦破產法第一五六條之規定，任命公司之董事、職員為輔助管理人，以彌補對重整公司業務之不熟悉，似較完善。再者日本會社更生法第九十四條規定：「財產管理人應自適合其職務之人中，選任之。」而不以董事充任為原則，且日本會社更生法第九十五條第一項規定：「信託公司、銀行及其他法人得為財產管理人。」亦較完善。又公司重整人涉及股東、債權人、公司原本經營者三方面之權益，事關日後重整成敗，除專業外，當有操守原則之適用，故經理人消極資格之規定，重整人準用之（公二九〇

❹❾❻　參閱民國 90 年公司法第 290 條修正理由。

II 準公三〇)。其次，本法第二九〇條第三項規定，關係人會議，依第三〇二條分組行使表決權之結果，有二組以上主張另行選定重整人時，得提出候選人名單，聲請法院選派之（公二九〇Ⅲ）。重整人執行職務，應受重整監督人之監督，其有違法或不當情事者，重整監督人得聲請法院解除職務，另行選派之（公二九〇Ⅴ）。

　　㈡**重整人之人數**　關於重整人之人數，本法並無明文規定，在解釋上，重整人由董事充任時，似應以董事之人數為準。如由法院選派債權人或股東為重整人，其人數由法院酌定之。重整人有數人時，關於重整事務之執行，應以過半數之同意行之（公二九〇Ⅳ）。數重整人，非如董事會，設有董事長代表公司，此際究應共同代表或各得單獨代表，本法在「公司重整」節內，並無規定。惟依本法第八十五條規定，清算人有數人時，得推定一人或數人代表公司，如未推定時，各有對於第三人代表公司之權。關於清算事務之執行，取決於過半數之同意（公三三四準公八五）。復依本法第八條規定，清算人、重整人均為公司職務範圍內負責人，應可適用同一法理解決，亦即得推定一人或數人代表公司，其未推定者，各有代表公司之權，並亦得經法院許可，各自分掌一部事務，故重整人有數人時，第三人向重整公司為意思表示，究竟應否向重整人全體為之，本法雖未明定，似可類推適用清算人之有關規定（公三三四準公八五），即重整人有數人者，如經推定一人或數人代表公司時，第三人向重整公司為意思表示，應對該被推定之代表一人或數人為之；若未推定時，第三人只對其中一人為意思表示即可 ❹⁹⁷ 。

---

❹⁹⁷　最高法院 54 年臺上字第 1043 號判決：「破產管理人有數人者，應參照公司清算之規定，其所為或所受意思表示，以一人為已足。」（司法院公報八卷一期）然公司重整人依公司法第 8 條規定，為公司負責人，係代表公司為法律行為，與破產管理人係以自己名義為法律行為者，其情形尚有不同。對此日本會社更生法第 97 條規定：「財產管理人為數人者，共同行使其職務。但得經法院之許可分掌其職務。財產管理人為數人者，第三人之意思表示得向數人中之一人為之。」

㈢**重整人之性質**　關於重整人之性質，學者之見解，約可分為二說：

1.**代理說**　認為重整人，係利害關係人團體之執行機關，其職務在重整公司業務及管理之經營，性質上屬於利害關係人團體之代理人，而非重整公司之代表人。其理由不外乎為公司之利害關係人，有重整債權人、擔保重整債權人及股東等，各自形成關係人團體。關係人會議，乃為關係人團體之意見的決定機關。重整人介於其間，提出重整計畫，以供關係人會議之議決，故為利害關係人團體之代理人❹❾❽。

2.**公吏說**　此說認為重整人，係由法院所選任，依法律規定執行有關公司重整程序之業務，故依職務而言，應認為法院之公職人員❹❾❾，美國學者及判例多採此說。至於我國究採何說，不無可疑。依本法規定，公司重整人由法院就債權人、股東、董事、目的事業中央主管機關或證券管理機關推薦之專家中選派之（公二九○Ｉ）。觀之，既由法院選派，實具公力救濟主義之精神，故以公吏說，解釋重整人之性質較當。其理由如下：

⑴重整人由法院選派之。

⑵重整人職務之範圍，非基於民法上代理權之授與，而是由於法律之規定，其行為之效力，直接及於公司及關係人全體。

⑶重整公司業務之執行及財產之管理、處分權，專屬於重整人，而非關係人，故重整人無受關係人委任之可言。

⑷重整公司在訴訟中，關係人得為參加人或證人，如重整人係代理關係人全體，必不能如此。

⑸重整人在重整程序中，除應注意關係人及重整公司之利益外，並應兼顧社會之利益，此非委任代理所應如此。

公司經宣告重整，董事長之職務即應停止，由重整人代表公司，故以

---

❹❾❽　松田二郎著《會社更生法》（昭和 36 年）第 48 頁；陳國樑著《破產法研究》（60 年）第 152 頁至第 154 頁。

❹❾❾　永澤信義著《會社更生法の基礎的研究》（昭和 41 年）第 188 頁；陳國樑著《破產法》（60 年）第 155 頁至第 158 頁；劉清波著《破產法》（62 年）第 217 頁至第 220 頁。

原來公司之董事長為法定代理人提起訴訟，僅發生法定代理權欠缺問題，係屬訴訟未經合法代理，法院應依民事訴訟法第四十八條之規定期間命其補正，逾期不補正，始行駁回，非如公司宣告破產，對於破產財團喪失處理權及管理權，而為當事人不適格之問題。在公司重整期間，如因重整公司財產關係所生之訴訟，其當事人欄有關重整人究應如何記載？其見解不外有三種情形：

第一種情形：認公司重整人與一般公司之法定代理人同，故應記載為「某某股份有限公司法定代理人某某」。

第二種情形：認重整期間之公司與一般正常狀態之公司不同，故應加冠「重整公司」四字，記載為「重整公司某某股份有限公司法定代理人某某」，俾使人易認當事人，乃重整公司，與一般之公司不同。

第三種情形：認應參考有關破產管理人提起訴訟之記載，主張應記載為「某某某」（某股份有限公司重整人）。

以上三種情形，第三種見解並無可採。蓋本法並無如日本會社更生法第九十六條規定：「公司財產關係之訴，以財產管理人為原告或被告。」因此依本法第八條規定，重整人在其執行職務範圍，亦為公司負責人，其代表公司提起訴訟，自與破產管理人以自己之名義提起有關破產財團之訴訟性質有別，故不可相提並論。惟依本法第八條之規定意旨，且為使人易於瞭解當事人，乃重整之公司計，應以第二種情形之見解較妥。

其次，公司經法院裁定准許開始重整後，公司重整人於重整完成前，以經重整監督人及全體重整人同意，且認公司已無重整之必要，乃具狀向法院撤銷重整之裁定，法院應予裁定駁回。此乃臺灣高等法院暨所屬法院八十九年法律座談會民事執行類第十四號所通過之審查意見如下：「甲說：（否定說）按公司重整事件之性質，通說認係非訟事件，經法院裁定准許重整之公司，依公司法第二百九十三條第一項規定：『重整裁定送達公司後，公司業務之經營及財產之管理處分權移屬於重整人，由重整監督人監督交接，並聲報法院，公司股東會、董事及監察人職權，應予停止。』同法第二百九十四條亦規定：『裁定重整後，公司之破產、和解、強制執行及因財

產關係所生之訴訟等程序，當然停止。」是則重整事件既因法院之介入，對於公司經營權、財產管理處分權等產生變動，訴訟程序亦生停止效力，公司法復未明定公司重整人經公司重整監督人及重整債權人之同意，且認無重整之必要時，得聲請撤銷重整之裁定。因而為維護投資大眾權益，自應乃依重整程序賡續進行，公司重整人或原聲請人自無聲請撤銷原裁定之可言。審查意見：採甲說，應予裁定駁回。研討結果：照審查意見通過。」

㈣重整人之職權及限制

1.**重整人之職權**　重整程序中之重整人，相當於重整前之董事，其職權除法律另有規定，或其性質不適用董事之規定者外，有公司業務之經營及財產管理處分權（公二九三 I）。重整人有數人時，關於重整事務之執行，以過半數之同意行之（公二九〇III）。其執行之期限，不得超過一年（公三〇四II）。至於為特定行為時，應得重整監督人之事先許可。茲將本法所規定重整人之職權，述之於下：

⑴對公司業務之經營權及財產管理處分權（公二九三 I）。

⑵在法院審查重整債權與股東權之期日到場備詢（公二九九 I）。

⑶列席關係人會議備詢（公三〇〇IV）。

⑷擬定重整計畫　重整人應擬定重整計畫，連同公司業務及財務報表，提請第一次關係人會議審查（公三〇三 I）。

⑸聲請法院認可重整計畫　重整計畫經關係人會議可決者，重整人應聲請法院裁定認可執行之，並報中央主管機關備查（公三〇五 I）。

⑹執行重整計畫　公司重整人應於重整計畫所定期限內，完成重整工作（公三一〇 I 前）。

⑺聲請法院，作適當之處理　公司重整中，就特定事項，如與事實確有扞格時，經重整人聲請法院，得裁定另作適當處理（公三〇九）。

⑻召集重整後之股東會選任董事、監察人　公司重整人完成重整工作後，並召集重整後之股東會選任董事、監察人（公三一〇 I 後）。

⑼報請法院為重整完成之裁定　重整後之公司董事、監察人於就任後，應即向主管機關申請登記或變更登記（公三一〇II）。

2.**重整人職權之限制**　公司重整人為下列行為，應得重整監督人之事前許可（公二九〇Ⅵ）：

⑴營業行為以外之公司財產之處分，例如將公司生產設備出售是。

⑵公司業務或經營方法之變更，例如內銷改為外銷；批發改為零售是。

⑶借款。

⑷重要或長期性契約之訂立或解除，其範圍由重整監督人定之。

⑸訴訟或仲裁之進行。

⑹公司權利之拋棄或讓與。

⑺他人行使取回權、解除權或抵押權事件之處理。

⑻公司重要人事之任免，例如經理人之任免是。

⑼其他經法院限制之行為。

公司重整中之重整人，為公司之負責人（公八Ⅱ），而重整人為前述本法第二九〇條第六項各款之行為時，應得重整監督人事前之許可（公二九〇Ⅵ）。如重整人未得重整監督人之許可，其法律上之效力究竟如何？本法未明文規定。按公司重整與公司破產就其目的而言，雖不無差異，但其性質亦有相類似之處，故公司重整在性質許可範圍內，亦可參酌破產法有關之規定而為解釋。按破產法第九十二條亦有破產管理人為該法第九十二條所列十三款之行為，應得監督人同意之明文。倘破產管理人違反此項規定，依實務上見解，僅為破產管理人與監察人之內部問題，不得以之對抗善意之第三人，尚非無效或得撤銷❺⓪⓪。準此法理，於公司重整中，亦應為同樣之解釋，此理由一。其次本法第五十八條規定：「公司對於股東代表權所加之限制，不得對抗善意第三人。」及本法第八十六條規定：「對於清算人代表權所加之限制，不得對抗善意第三人。」之立法意旨，亦可得如上之解釋，此理由二。所以重整人未經重整監督人同意，所為法院限制之行為，此乃公司與監督人內部關係，並不得以之對抗善意第三人，但重整人對公司應負損害賠償之責任。

此外，破產法第七十八條規定債務人在破產宣告前所為之無償或有償

---

❺⓪⓪　最高法院 54 年臺上字第 1042 號判決，刊載於 55 年 1 月《司法院公報》。

行為，有損害於債權人之權利，依民法第二四四條之規定，破產管理人有權聲請法院撤銷之。至於公司於重整前所為之有償或無償行為，有損害於債權人之權利，重整人是否亦得行使民法第二四四條之撤銷權，公司法並無明文規定。惟自法理言之，民法第二四四條撤銷權之訴訟，乃形成之訴，形成之訴須法律有明文規定，始得提起，且須當事人行使，始為當事人適格，重整人確係執行重整工作之機關，並非債權人本人。實際上，重整人在執行其職務之範圍內，亦為公司之負責人（公八 II），如准其行使撤銷權，則同時為原告及被告，亦互相矛盾。綜上所述，本法既乏明文規定，故不能認為重整人有民法第二四四條所規定之撤銷權。

二、重整監督人

㈠重整監督人之意義、任免及人數

1. **重整監督人之意義**　重整監督人者，乃法院為重整裁定時，應就對公司業務，具有專門學識及經營經驗者或金融機關，加以選任，俾監督執行重整事務。重整監督人對重整人立於監督之地位，而重整人得由董事充任，為收監督之效，重整監督人實應選擇無利害關係之人為之。對此本法尚乏明文規定，因此實務上宜注意及之。

2. **重整監督人之任免及人數**　依本法第二八九條第一項規定之意旨，公司重整監督人，不限於自然人，且人數多寡亦無規定。揆諸破產法有關破產管理人選任，亦無人數之規定，而學者間之解釋以及最高法院判例 **501**均認為由法院斟酌事實需要決定之。重整監督人有數人時，關於重整事務之監督執行，以其過半數之同意行之（公二八九 III）。但重整監督人既由法院選任，法院自得規定重整監督人，各自分掌一部分事務。同時亦得由法院，隨時予以解任。

㈡重整監督人之性質　按我國公司法於民國五十五年修正時，其修正草案並無重整監督人之規定，將有關重整程序之監督，完全委由法院負責。嗣於立法院審查時，認為以如此繁鉅而專門性之任務交與法院負責，

501　參閱錢國成著《破產法要義》（64 年）第 122 頁；陳國樑著《破產法論》（60 年）第 250 頁；劉清波著《破產法新詮》（63 年）第 209 頁。

恐難勝任，故增列重整監督人之規定，由法院選任重整監督人，予以監督。法院則不實際執行重整事務，俾得以超然立場，為關係人之利害爭執作公平合理之審理❺⓪②，此與日本立法例規定的法院負責實際監督之責迥異，而與美國聯邦破產法上審理人 (referee) 頗為類似。按美國法上之審理人，係由法院就所在地之律師公會中有相當地位之會員選任，任期為二年，人數並未限制。惟不得與選任之法官有親戚關係，或從事公職之人員。審理人之權限，在重整程序上甚為廣泛。凡條文中用「法院」(court) 之語句，所得為之行為，均得由審理人為之，諸如各種聲請書類之受領、法定期間之延展、一定行為之事前許可、實施計畫所必要書類之作成、重整計畫施行之監督、對於申報權利異議之審理等均屬之。惟審理人所為之行為，仍須接受法院之再審查，而由法院為最後之決定。審理人為公職人員，對其執行職務時加以侮辱者，依侮辱法庭罪名處罰之❺⓪③。然則本法所規定之重整監督人既由法院選任，與美國破產法上審理人相同，具有公吏之性質。惟重整監督人，僅監督重整事務之進行，性質上應屬監督權之行使。學者有謂本法第二九〇條第五項雖明定監督重整人執行業務，然綜觀有關其職務之法條，重整監督人具有執行機關及意思機關之性質❺⓪④。此種見解，本書不敢苟同。蓋其主張具有執行機關之性質者，乃基於本法第二九七條及第二九八條規定，重整債權人應提出足資證明其權利存在之文件，向重整監督人申報。重整監督人審查後，應製作股東名冊，以及第三〇〇條第二項規定重整監督人召集第一次以外之關係人會議，並由重整監督人通知及公告之，並為會議之主席。本法第三〇六條規定，重整計畫未得關係人會議可決時，重整監督人應即報告法院。惟上開規定，係因董事擔任重整人，為免其偏頗，致影響重整工作之執行，而賦予重整監督人之職權，其本質乃屬監督機關之性質。此與破產上之和解，監督輔助人雖製作債權人清冊，保管債務人之流動資產及其業務上之收入，調查債務人之業務、財產及價

---

❺⓪② 參閱立法院經濟、司法委員會審查修正重點第十四。

❺⓪③ Collier:*Bankruptcy Manual*, Chapter 39, pp. 418–430(1965).

❺⓪④ 武憶舟著《公司法論》第 419 頁至第 420 頁。

格，報告於債權人會議，但本質上，仍為監督機關（破一八），而非執行機關。其次認為重整監督人兼具意思機關之性質者，係依據本法第二九〇條第五項規定，重整人為重要行為時，應得重整監督人事前之許可。然重整之最高意思機關為關係人會議，故不能僅憑本法第二九〇條第五項之規定，即認定重整監督人具有意思機關之性質。況前述重要行為，實係重整事務之執行行為，僅因其行為較為重大，恐重整人之執行不當，嚴重影響重整之進行，故事前須經重整監督人之許可。推究其立法原意，仍在於監督，而非意思之決定，此與破產法上之監督人，對於破產管理人所為重要行為之事前允許無異（破九二）。

　　㈢**重整監督人之職權**　關於重整監督人之職權，約有下列數點：

　　1.**監督重整人執行職務，聲請法院解除重整人職務**　重整人執行職務，應受重整監督人之監督，其有違法或不當情事，重整監督人得聲請法院解除其職務，另行選派之（公二九〇Ⅵ）。

　　2.**對重整人為重要行為時之許可**　重整人為下列行為時，應得重整監督人事前許可（公二九〇Ⅵ）：⑴營業行為以外之公司財產之處分。⑵公司業務或經營方法之變更。⑶借款。⑷重要或長期性契約之訂立或解除，其範圍由重整監督人定之。⑸訴訟或仲裁之進行。⑹公司權利之拋棄或讓與。⑺他人行使取回權、解除權或抵銷權事件之處理。⑻公司重要人事之任免。⑼其他經法院限制之行為。

　　3.**監督及詢問公司業務及財務交接**　重整裁定送達公司後，公司業務之經營及財產之管理處分權移屬於重整人，由重整監督人監督交接，並聲報法院。公司股東會、董事及監察人之職權，應予停止（公二九三Ⅰ）。宣告重整生效之日，依前所述為法官作成裁定之年、月、日（公二九一Ⅰ1）之中午十二時生效。此後公司原負責人所為之法律行為，不生效力（公二九三Ⅰ）。但如經重整人代表公司承認時，仍得對公司發生效力。

　　前述交接時，公司董事及經理人，應將有關公司業務及財務之一切帳冊、文件與公司之一切財產，移交重整人（公二九三Ⅱ）。公司之董事、監察人、經理人或其他職員，對於重整監督人或重整人所為關於業務或財務

狀況之詢問,有答覆之義務(公二九三III)。本法第二九三條第二項規定,與破產法第八十八條規定「破產人應將與其財產有關之一切簿冊、文件及其所管有之一切財產,移交破產管理人」相同。在破產程序破產人如拒不將屬於破產財團之財產移交破產管理人者,通說認為破產管理人得依據破產裁定,請求破產法院執行點交,由其管理處分,無庸另行起訴取得執行名義❺❺❺。是故公司重整裁定送達公司後,公司原來負責人如拒將公司業務及財產移交重整人時,似可依前述解釋理由,請求為裁定重整之法院,執行移交。

此外,本法第二九三條第四項第一款規定,公司負責人拒絕移交者,處一年以下有期徒刑、拘役或科或併科新臺幣六萬元以下之罰金。此項刑罰制裁,亦可發生阻嚇作用,使公司負責人自動將公司業務及財產移交重整人。

4.**聲請法院為必要之保全處分** 法院依本法第二八七條第一、第二、第五及第六各款所為之處分,不因裁定重整失其效力,其未為各該款處分者,於裁定重整後,仍得依重整監督人之聲請裁定之(公二九五)。

5.**受理債權及股東權之申報** 重整債權人應提出足資證明其權利存在之文件,向重整監督人申報。經申報者,其時效中斷。未經申報者,不得依重整程序受清償(公二九七 I)。前項應為申報之人,因不可歸責於自己之事由,致未依限申報者,得於事由終止後十五日內補報之。但重整計畫已經關係人會議可決時,不得補報(公二九七II)。股東之權利,依股東名簿之記載(公二九七III)。

6.**製作表冊** 重整監督人應製作重整債權人及股東清冊,並聲報法院及備置於適當處所(公二九八)。

7.**通知並公告召集關係人會議** 關係人會議由重整監督人為主席,並召集除第一次以外之關係人會議(公三〇〇II)。重整監督人召集會議時,於五日前訂明會議事由,以通知及公告為之。一次集會未能結束,經重整監督人當場宣告連續或展期舉行者,得免為通知及公告(公三〇〇III)。

---

❺❺❺ 雲林地方法院 55 年 5 月份司法座談會。

8.向法院報告重整計畫，未得關係人會議可決或聲請重行審查　重整計畫未得關係人會議有表決權各組之可決時，重整監督人應即報告法院（公三○六Ⅰ前）。重整計畫因情勢變遷或有正當理由，致不能或無須執行時，得聲請法院裁定命關係人會議重行審查（公三○六Ⅲ前）。

9.聲請裁定終止重整　公司顯無重整之可能或必要時，法院得因重整監督人之聲請，以裁定終止重整（公三○六Ⅲ後）。

三、重整人及重整監督人之責任與報酬

㈠重整人及重整監督人之責任

1.在重整程序中，重整人及重整監督人之職權，極為重大，故應以善良管理人之注意，執行職務（公三一三Ⅰ前）。

2.其因違反法令致公司受有損害時，對於公司應負賠償責任（公三一三Ⅱ）。

3.對於職務上之行為有虛偽之陳述時，各處一年以下有期徒刑、拘役或科或併科新臺幣六萬元以下罰金（公三一三Ⅲ）；對於職務上之文書為虛偽記載者，依刑法或特別刑法有關規定處罰。

㈡**重整人及重整監督人之報酬**　重整人及重整監督人責重事繁，自應給與報酬，其報酬數額由法院依其職務之繁簡定之（公三一三Ⅰ後），作為重整程序之費用，有優先受償之權，且不因裁定終止重整而受影響（公三一二）。

第六、重整債權、股東權與重整債務

一、重整債權

㈠**重整債權之意義**　重整債權，可分為形式之意義與實質之意義。所謂形式之意義，係指依重整程序申報債權，並依此程序行使其權利之債權而言。所謂實質之意義，係指在重整裁定前，對於公司享有之金錢債權或得以金錢評價之債權而言。本法第二九六條第一項前段規定：「對公司之債權，在重整裁定前成立者，為重整債權」，乃指重整債權之實質意義。重整裁定送達後，公司董事會之職權當然停止（公二九三Ⅰ），倘仍代表公司負

擔債務，對於公司不生效力，自非重整債務（公三一二），亦非重整債權，故重整債權以重整裁定前成立者為限。茲就重整債權之實質意義，分述於後：

1.**重整債權者，係以在重整裁定前成立者為限** 債權發生之時間，如在重整裁定成立前成立者，即為重整債權。姑不論其為附有期限或附條件之債權均屬之。重整裁定成立後所生之債權，如係由重整人代表公司負擔者，為重整債務而非重整債權。

2.**重整債權者，係以財產上之請求權為限** 所謂財產上之請求權，係指金錢請求權及具有金錢價值，且可就債務人之一般財產以獲償之請求權為限。

本法雖無如日本會社更生法第一一七條之規定：「債權之標的非金錢，或雖為金錢而其數額不確定，或為外國貨幣者，應以重整程序開始時之評價額，為重整債權額。」解釋上，亦應如此，方足以資應用。至於代替行為之債務，可支付費用而由他人代為履行，故代替行為之請求權，亦可為重整債權，而以重整裁定時之標準，評定之費用額，為重整債權額。倘屬不可代替者，例如不履行時，則可轉換為損害賠償債權者，當可以損害賠償請求權，為重整債權。至於不能以金錢評價，或由第三人代替之一定行為之債權，即不得為重整債權。又不作為之債權，亦依上述原則，以能否轉換為金錢損害賠償之債權，而定其得否為重整債權。

3.**重整債權者，係以在實體法上得行使之債權為限** 在實體法上得行使之債權，方得為重整債權，故如因不法原因所生之債，或其本質上為自然債權（包括超過法定利率之利息），或履行道德義務之給付，債權人均不能請求給付，僅能由債務人任意給付，故不可為重整債權 ⓚ。罹於時效之債權，學者雖有認係採請求權消滅主義者 ⓛ，但實例上則係採抗辯權發生

ⓚ 兼子一、三個月章著《條解會社更生法》（昭和 39 年）第 243 頁。

ⓛ 參閱胡長清著《中國民法總論（上冊）》第 431 頁；何孝元著《民法總則》第266 頁至第 267 頁；王伯琦著《民法總則》第 216 頁。惟洪遜欣著《中國民法總則》第 557 頁主張我國民法採折衷請求權消滅主義與抗辯權發生主義。

主義❺⓪❽，故在重整裁定前成立之債權，縱令已罹於時效，仍得為重整債權。倘重整公司不抗辯時，法院不能逕予援用時效完成之規定。惟債務人對於消滅時效已完成之債，得拒絕給付，此時重整人自得代表重整公司提出異議，由法院裁定後，自債權表中剔除之。其他債權人亦可代位重整公司提出異議，此項異議，依本法第二九九條第二項規定，由法院裁定之。如股東或債權人無異議時，即告確定，得為重整債權。

㈡**重整債權之種類**　有別除權與優先權之債權，均為重整債權。若不加區別，則在關係人會議各為與自己同類債權之利益，行使其表決權，則居於多數之他類債權人，將無法保護其權利，故本法將各類債權人，明確區分如下（公二九六 I）：

1.**依法享有優先受償權者，為優先重整債權**　例如海商法第二十四條第一項所列各款之債權。

2.**有抵押權、質權或留置權為擔保者，為有擔保重整債權**　例如破產法第一〇八條所規定之別除權，於本法重整節，屬於有擔保重整債權。

3.**其無擔保之一般債權，為無擔保重整債權**　我國實務上認為公司重整裁定前所欠之稅款，應為重整債權❺⓪❾。惟本法未規定其申報手續，不無遺憾。

㈢**重整債權之範圍**　關於重整債權，本法明定準用破產法上破產債權節之規定。惟公司重整之目的與破產之目的不同，故本法特別規定別除權與優先權不得準用，仍應依重整程序行使權利（公二九六 II）。因之，關於重整債權之範圍，須參酌破產法之規定決之。茲詳述於下：

1.**附條件及附期限之債權**

⑴**附條件債權**　附條件之債權，其債權之發生或消滅，繫於將來客觀不確定事實之成否，故均處於不確定之狀態。附停止條件之債權，於條件成就時，始生效力。惟其債權發生之原因，仍係於重整裁定前成立。附解

❺⓪❽　最高法院 29 年上字第 867 號，同年上字 1195 號，32 年上字第 1992 號判例；司法院 31 年院字第 2424 號解釋。

❺⓪❾　參閱❹❽❾所揭院解字第 3578 號及第 4023 號。

除條件之債權，於條件成就時，失其效力，然於法院為重整裁定時，其條件尚未成就，債權仍為存續，故均以其全額為重整債權。本法僅規定重整債權，準用破產法破產債權節之規定（公二九六II），並未規定準用破產法第六節「破產財團之分配及破產之終結」。實務上附條件債權，依重整計畫清償時，是否準用破產法第一四○條至第一四三條之規定，不無疑問。

按附停止條件之債權，須條件成就時，始生效力。法院准許於條件成就前行使債權，乃特別優待，自應準用破產法第一四一條之規定，條件未成就前，應將得依重整計畫清償之金額提存之。至附解除條件之債權，學者大多認為準用破產法第一四○條之規定，依重整計畫清償時，應提供相當之擔保，無擔保時，應提存其金額❺❿，實屬允當。

(2)附期限之債權　附期限之債權，其債權係在重整裁定前成立，僅其履行期間尚未屆至，倘不許其依重整程序行使權利，有欠公平，故附期限之債權未到期者，於重整裁定時，視為已到期。附期限之債權，其附有利息者，在重整裁定前已發生之利息，則可併同原本為重整債權。至於其在重整裁定後之利息，為除斥債權，不得為重整債權。其未附利息者，依重整計畫現實受償時，尚應扣除自重整裁定時起至到期時止之法定利息（公二九六II準破一○一），此項中間利息之扣除，當依一般扣除中間利息之通說，適用霍夫曼氏計算法❺⓫。

2.特殊重整債權　按公司債權之成立，係在重整裁定後，即不得依重整程序行使權利。惟下列債權，或非可得行使或難認為在重整裁定前成立，但法律基於公平之理由，仍允許其得依重整程序行使權利，此即謂特殊重整債權（公二九六II、破一○三、一○四、一○五、一○七）。茲分析言之：

(1)將來之求償權　數人（公司與第三人）就同一給付各負全部履行之責任者，公司受重整裁定時，債權人得就其債權之總額，在重整程序中行使其權利。如各該債務人均為股份有限公司，並同時受重整裁定時，並得

---

❺❿　參閱楊建華著《公司法要論》第161至第162頁；武憶舟著《公司法論》第578頁；陳顧遠著《商事法（中冊）》第553頁。

❺⓫　參閱何孝元著《民法債篇總論》第95頁。

以其債權總額，在各種重整程序行使其權利（破一〇四）。

數人（公司與第三人）就同一給付各負全部履行之責任者，為共同債務人之公司，如受重整裁定時，其他共同債務人，得以將來求償權之總額為重整債權，而行使其權利。但債權人已以債權總額為重整債權，而行使其權利者，不在此限（破一〇五）。所謂數人就同一給付各負全部履行之責任者，係指多數債務人之連帶之債或不可分之債。在連帶之債，若債權人不依重整程序行使權利，其他共同債務人中之一人或數人因清償或其他行為，致重整公司同免責任者，依民法第二八一條之規定，其他共同債務人，得就重整公司應分擔之部分，行使求償權。此項求償權，在其他共同債務人，實際上尚未清償，或以其他行為消滅債之關係前，其債權尚未發生，原不得列為重整債權，惟法律基於公平之理由，特許其他共同債務人，以將來求償權之總額為重整債權，而預先行使權利。至於不可分之債，依民法第二九二條及第二九三條之規定與前述情形相同。上述規定，在公司為被保證人，而債權人未以其債權，在重整程序中行使權利時，公司之保證人，對公司之將來求償權，應有相同之適用。

(2)重整後之票據資金請求權　法律為保護票據之流通，及交易之安全，於公司為匯票發票人或背書人，而付款人或預備付款人在重整裁定後，不知其事實為承兌或付款者，其因此所生債權，得為重整債權而行使其權利。此項規定於支票，及其他以給付金錢，或其他物件為標的之有價證券，準用之（破一〇七）。上述不知之事實，由主張付款人或預備付款人知悉者，應負舉證責任。

此外，破產法第一〇六條規定：「對於法人債務應負無限責任之人，受破產宣告時，法人之債權人，得以其債權之總額，為破產債權而行使其權利。」此在破產法上固得列為特殊破產債權。惟本法第十三條既禁止公司為他公司之無限責任股東或合夥事業之合夥人，故破產法第一〇六條之規定不得準用。

3.除斥債權　公司之債權，於重整裁定前成立者，固得為重整債權。惟下列債權或成立於重整裁定後，或為公法上之債權，故不得為重整債權

而為除斥債權（公二九六II準破一○三）：

(1)重整裁定後之利息　本項利息之原本債權，不論其為優先債權或擔保債權抑或普通債權均屬之。

(2)參加重整程序所支出之費用　本項費用係因參加公司重整程序而生，應屬於重整裁定後之債權，固不得依重整程序行使權利。

(3)因重整裁定後之不履行所生損害賠償及違約金　此因其債權本身縱使成立於重整裁定前，但債務不履行之事實，發生於重整裁定後，故因其不履行所生損害賠償及違約金債權，不得為重整債權。

(4)罰金、罰鍰及追徵金　本項債權，乃屬公法上之債權。至於私法上權益，法律特別規定其不得依重整程序行使權利。所謂罰金，為刑法上之財產刑，罰鍰則為行政罰。追徵金，指依刑法應沒收之物。行政罰以用罰鍰名稱為常，財稅法之短估金、滯納金、怠報金……等名稱雖有不同，但均屬違反行政上作為或不作為義務之制裁，具有行政罰性質。行政罰之範圍，似不宜拘泥於罰鍰名稱，而應以其真意為依歸。破產法第一○三條規定不得列為破產債權者，雖僅為罰鍰，惟一切具有行政罰性質之制裁，似亦應解為包括在內，故財稅法規中之滯納金，應亦為除斥債權。依本法第二九六條第二項準用破產法第一○三條之規定，滯納金亦不得為重整債權❺⓬。惟就此有反對說，亦值注意。至於在公司裁定前所欠之稅項，則應解為重整債權❺⓭。

　　前述各項之除斥債權，雖然不得在重整程序中行使，但其債權並未因公司重整而消滅，因此公司重整完成後，是否可照常行使，本法無明文規定。理論上，應解為可以行使，方屬公平。此項債權，如在重整程序完成而公司回復常態時，即可照常行使，勢將影響重整計畫，甚至導致再度之重整。對此日本法例與本法規定，有所不同。依日本會社更生法第一二一

---

❺⓬　司法行政部 58.7.4 臺(58)民法字第 4977 號函。

❺⓭　參閱❹⓼所揭院解字第 3578 號、院解字第 4023 號；及院字第 1520 號：「拖欠營業稅款，乃原於行政法上之關係，除非司法上之債務，自不適用破產法內關於破產債權及別除權之規定。」

條之規定❺❹，上述債權，仍視為重整債權，不過其清償順序，次於一般重
整債權，即後償重整債權。

（四）**重整程序中之取回權、解除權與抵銷權**　依本法第二九六條第三
項規定，取回權、解除權或抵銷權之行使，應向重整人為之。茲將取回權、
解除權與抵銷權，分別述之於後：

1. **取回權**　取回權者，係指不依重整程序，向重整人取回不屬於公司
財產之請求權（公二九六 II 準破一一○）。蓋重整程序中，應移屬於重整人
接管之財產，以公司所有財產為限。因此公司依委任、寄託、承攬等契約
關係占有第三人財產時，所有人自可不依重整程序向重整人取回之。惟重
整人就取回權事件之處理，應得重整監督人事前之許可（公二九○ VI 7）。

2. **解除權**　出賣人已將買賣標的物發送於買受人（即公司）而買受人
（公司）尚未收到，亦未付清全價而受重整裁定者，出賣人得向重整人為
解除契約之表示，並取回其標的物，是謂出賣人之解除權與特殊取回權（公
二九六 II 準破一一一），惟重整人就解除事項之處理，亦應得重整監督人事
前許可（公二九六、二九○ VI 7 準破一一一）。倘重整人清償全價而請求標

---

❺❹　日本會社更生法第 121 條：「下列請求權，為重整債權：

（一）重整程序開始後之利息。

（二）重整程序開始後，由於不履行之損害賠償及違約金。

（三）重整程序參加之費用。

（四）除前款所列情形外，基於重整程序開始後之原因所生財產上請求權而非共益
債權者。

（五）重整程序開始前之罰金、刑事訴訟費用、追繳金及罰鍰。

（六）重整程序開始前之稅收中，作為租稅免除或意圖租稅免除，以不正行為收受
退稅，或徵收後應繳納者而未為繳納，因而於重整程序開始後，被處有期徒刑
或罰金或於已履行國稅違反取締法規定之通告要旨之情形，因免除、意圖免除、
收受退稅、或就未繳付或未繳納之稅收額而未申報者。

前項請求權之次序，後於其他重整債權。但依國稅徵收法或國稅徵收之成例得
徵收之請求權，而為該項第六款所未列者，不在此限。

第一項第五款之請求權，於重整計畫中不得有減免或影響於其他權利之規定。」

的物之交付，此於出賣人並無不利，自為法之所許（公二九六II準破一一一但）。倘標的物已在重整公司占有中，此時出賣人不得取回，僅得主張重整債權而行使其權利。

3.抵銷權

(1)意義 抵銷權者，乃重整債權人於重整裁定時，對於重整公司負有債務，縱令給付種類不同或其債權為附條件者，均得不依重整程序而為抵銷之權利（公二九六II準破一一三）。

(2)行使 抵銷權之行使，應由重整債權人以意思表示向重整人為之，重整人處理此項事件應得重整監督人之事先許可 （公二九六III、 二九〇VI7）。附有期限之債權，因重整人主張抵銷，視為拋棄期限利益，除原有利息之債權，其利息應算至重整人以意思表示抵銷時。其以到期無利息之債權為抵銷者，應扣除自抵銷時起，至到期時止之法定利息（破一〇一）；以附解除條件之債權抵銷者，應由債權人提供相當之擔保（破一四〇）❺❺。以非同種類之債權抵銷者，應以評價額為其抵銷額。此項評價額，應以重整裁定時為準，並由重整債權人與重整人協議定之。惟重整人就此所為之協議，應得重整監督人事先同意（公二九〇VI7），如協議不成時，因事涉實體上之爭執，應依訴訟程序確定其抵銷額。

本法無明文禁止抵銷之規定，因此為防止重整債權人故意對於重整公司負債務，或以低價收買他人重整債權，參酌日本會社更生法之規定❺❻，

---

❺❺ 參閱陳顧遠著《商事法（中冊）》第556頁；楊建華著《公司法要論》第163頁。

❺❻ 日本會社更生法第163條規定：「有下列各款情形者，不得抵銷：

（一）重整債權人或有擔保重整債權人，於重整程序開始後，對公司負擔債務者。

（二）重整債權人或有擔保重整債權人於知停止支付或破產後開始 ，重整程序開始，整理開始，甚或特別清算程序開始之申請後，對公司負擔債券者，但此債券負擔係因法定原因時，重整債權人有擔保重整債權人知停止支付或破產、和解開始、重整程序開始、整理開始或特別清算開始以前所發生之原因事實時，或在破產宣告和解開始、重整程序開始、整理開始、特別清算開始等一年以前所發生之原因事實，均不在此限。

（三）公司之債務人於重整程序開始後取得他人之重整債權或有擔保重整債權 。

解釋上應認為有下列情形之一時，不得為抵銷：①重整債權人，在重整裁定後，對於重整公司負債務者。②重整公司之債務人，在重整裁定後，對重整公司取得債權，或取得他人之重整債權者。③重整公司之債務人，已知公司有重整原因，或聲請重整後取得債權者，但其取得係基於法定原因，或基於其知悉以前所生之原因者，不在此限。蓋其取得係基於法定原因（如繼承），或基於知悉停止支付或聲請重整前所生之原因者，則雖取得債權已在知悉重整公司停止支付或聲請以後，亦無情弊之可言，應許其與一般債權相同，互相抵銷。再者抵銷權之行使，僅重整債權人始得為之，重整人不得以重整公司對債權人之債權自動表示抵銷❺❶❼。

(五)重整債權之行使與申報

1.**重整債權之行使** 重整債權，非依重整程序，不得行使其權利（公二九六Ⅰ）。因此重整債權人，得以其所有之重整債權參加重整程序，而有擔保重整債權人，亦得以其所有之擔保重整債權參加重整程序。蓋法院裁定公司重整後，公司之破產、和解、強制執行及因財產關係所生之訴訟等程序，當然停止（公二九四）。因此數債權人對公司動產之強制執行，於拍定後價金分配前，經法院裁定重整者，執行法院自應停止執行程序，不得將拍賣價金分配予債權人。又債權人對於公司之重整債權，非依重整程序，不得行使。亦為公司法第二九六條第一項所明定，故如公司之重整計畫內容，有以此拍賣價金，為營運或清償債務等之資金來源時，執行法院應將之交付重整人，以實行重整計畫，否則應俟重整程序終結後，繼續分配❺❶❽。

(四)公司之債權人，知有停止支付、破產、和解開始、重整程序開始、清理開始或特別清算開始之聲請後，取得重整債權或有擔保重整債權者。但其取得係基於法定原因者，或基於知悉債務人有停止支付、破產、和解開始、重整程序開始、清理開始或特別清算開始之聲請之前所發生之原因者，或基於破產宣告、和解開始、重整程序開始、開始清理或特別清算之前一年以上所生之原因者，不在此限。」

❺❶❼ 最高法院 27 年滬杭字第 51 號判例。

❺❶❽ 法律問題：數債權人對某公司之動產聲請強制執行，經執行法院予以查封拍賣，於拍定後價金分配前，該公司經法院裁定准予重整，該公司重整人乃聲請執行

2.重整債權之申報

(1)申報之程序　重整債權人行使重整債權，首應在公告期間內，提出足資證明其權利存在之文件，向重整監督人申報（公二九七Ⅰ前）。至申報方法，或以書面，抑以言詞由重整監督人作成紀錄，均得為之。申報時應敘明其債權額，或債權人自己之評價額、債之原因及其債權之種類，並提出足資證明其權利存在之文件（公二九七Ⅰ前）。倘重整債權人未提出任何文件，重整監督人得否拒絕其申報，依本法第二九七條第一項規定之法條用語觀之，應拒絕其申報。惟債權之存在，非必有文件證明，其基於非要式行為所生之債權，恆無書面文件。若因此拒絕其申報，使真正債權人受損，亦非持平之道，本法既已有規定審查重整債權之程序，則無妨仍許可

法院發還拍賣所得價金，以便依重整程序清理債務，此際，執行法院應否准許？

討論意見：甲、肯定說：某公司既經法院裁定重整，依公司法第二九六條之規定，各債權人對公司之債權，非依重整程序均已不得行使權利，故執行法院應准該公司重整人之聲請，將拍賣所得價金，交由重整人依重整程序處理。

乙、否定說：依公司法第二九四條之規定，裁定重整後，公司之強制執行程序，僅是止於當然停止（需至重整完成，始失其效力，同法第三一一條），並無撤銷查封或將拍賣所得價金發還債務人之規定。且依同法第三○八條，倘公司經法院裁定終止重整時，上開當然停止強制執行之效力隨即喪失，亦即仍需回復原來之執行程序。依此，則如將上開價金發還公司，於公司終止重整時，勢難回復原來之執行程序。

結論：多數贊成否定說。

座談機關：臺灣彰化地方法院。

司法院第一廳研究意見：按裁定重整後，公司之強制執行程序，當然停止，公司法第二九四條定有明文。故對公司動產之強制執行，於拍定後價金分配前，經法院裁定重整者，執行法院自應停止執行程序，不得將拍賣價金分配予債權人。又債權人對於公司之重整債權，非依重整程序，不得行使。亦為公司法第二九六條第一項所明定。故如公司之重整計畫內容，有以此拍賣價金，為營運或清償債務等之資金來源時，執行法院應將之交付重整人，以實行重整計畫，否則應俟重整程序終結後，繼續分配（72.12.29 ⑺廳民一字第 0924 號函復臺高院）。

其申報，將來之審查重整債權時，再確定其得否在重整程序行使權利，故理論上應許申報為當，非可拘泥於法條之用語。

至於債權人所提出之文件，是否足資證明其權利存在及其債權之性質，因重整監督人並無逕行審查決定之權，解釋上應不得以此理由拒絕申報，而應依本法第二九八條所規定之程序，加以審查。如全部關係人均不申報權利時，在破產程序可依司法院院字第一六七三號解釋：「債權人於公告後，如不依限申報債權，法院對其所已知之債權人及其債權數額，仍得依破產程序進行」之規定處理。惟破產目的，乃在處分破產人之財產，與重整之目的不同。重整程序之重點，在擬訂重整計畫，倘債權人全不申報權利，則依本法第二九八條及第三〇二條表決權之規定，關係人會議無法進行，重整計畫無從擬訂，此際僅能依本法第三〇六條第三項後段「其顯無重整之可能或必要者，得裁定終止重整」之規定，裁定終止重整。

(2)申報之效力　重整債權經申報者，有中斷時效之效力，其未經申報者，不得依重整程序受清償（公二九七 I 後）。惟未在公告期間申報債權，並非債權絕對消滅之原因，如將來公司裁定終止重整時，仍得行使其權利。但如公司重整完成，其債權之請求權消滅（公三一一 I 1）。再者，重整債權經申報者，依同法第二九七條第一項規定，其時效中斷。至重整裁定後之利息，依公司法第二九六條第二項準用破產法第一〇三條第一款規定，不得為重整債權，無上開時效中斷規定之適用 **⑲**。

(3)非歸責於己逾期申報之補救　應為申報之人，因不可歸責於己之事由，如天災、事變、交通斷絕等項，致未能依限申報者，得於事由終止後，十五日內補報之。但重整計畫已經關係人會議可決時，不得補報（公二九七 II）。

㈥重整債權之審查

1.重整債權之審查，首由重整監督人為之。重整監督人於權利申報期間屆滿後，應依其初步審查之結果，分別製作優先重整債權人、有擔保重整債權人、無擔保重整債權人及股東清冊，載明權利之性質、金額及表決

---

⑲ 最高法院 89 年臺上字第 98 號判決。

權數額,於審查債權期日之三日前,聲報法院及備置於適當處所,並公告其開始備置日期及處所,以供重整債權人、股東及其他利害關係人查閱(公二九八 I)。關於重整債權人之表決權,則以其債權之金額比例定之(公二九八 II 前)。

2.重整監督人、重整人及公司負責人於審查日應到場備詢,重整債權人、股東及其他利害關係人,得到場陳述意見(公二九九 I)。

3.對重整債權有異議者,應在法院宣告審查終結前,向法院提出,逾時未經異議者,視為確定。對公司及全體股東,債權人有確定判決同一之效力(公二九九 IV),此與日本會社更生法第一四五條規定相同❺。有異議之債權者,則由法院裁定之(公二九九 II)。按重整監督人依公司法第二九八條第一項規定,於權利申報期間屆滿後為初步審查,僅得就已申報之債權是否在重整裁定前成立者及其評價額是否相當,予以審查,並作適當之分類,分別製作債權人清冊向法院聲報;縱認債權人申報之債權不得依重整程序行使權利,或其評價額不相當,雖可表明其審查之意見,惟仍應予列入債權人清冊,應由法院本其監督權,命重整監督人改編債權人清冊,依同法第二九八條規定之程序辦理。尚非得以重整監督人未將重整債權列入債權人清冊,自認其有異議而逕依同法第二九九條第二項規定予以裁定❺。惟日本會社更生法對重整債權之調查及異議之規定❺,頗為詳盡,似值我國參考。

4.就債權有實體上之爭執者,應由有爭執之利害關係人於裁定送達後二十日內提起確認之訴,並向法院為起訴之證明。經起訴後在判決確定前,仍依上述裁定之內容及數額行使權利,但依重整計畫受清償時,應予提存

---

❺ 日本會社更生法第 145 條:「確定之重整債權及有擔保重整債權,其重整債權人清冊及有擔保重整債權人清冊之記載,對重整債權人、有擔保重整債權人及股東之全體,有與確定判決同一之效力。」

❺ 最高法院 89 年臺抗字第 18 號裁定。

❺ 參閱日本會社更生法下列之規定:

第 137 條:「對重整債權及有擔保重整債權之調查,非有財產管理人到場不得

（公二九九III）。

為之。」

第 138 條：「就依第一二七條之規定申報之重整債權及有擔保重整債權，如財產管理人、重整債權人、有擔保重整債權人及股東無異議者，得於重整債權及有擔保重整債權調查之一般期日為調查。申報期間經過後，申報之其他重整債權及有擔保重整債權，亦同。

前項所列之人有異議時，法院對於依第一二七條規定申報之重整債權及有擔保重整債權，應指定特別期間調查。其費用由該重整債權人或有擔保重整債權人負擔。」

第 139 條：「前條規定於重整債權人或有擔保重整債權人就申報之事項於申報期間經過後，有損害其他重整債權人或有擔保重整債權人之利益之情形準用之。」

第 140 條：「第一三八條第二項之規定，於重整債權人或有擔保重整債權人依第一二七條之規定，於重整債權及有擔保重整債權調查之一般期日後，或就申報事項為變更之情形，準用之。」

第 141 條：「指定重整債權及有擔保重整債權調查之特別期日之裁定，應向財產管理人、公司及已申報之重整債權人、有擔保重整債權人及股東送達之。

前項送達，得依通常處理書類之方式，付郵為之。

第十四條第四項及第五項之規定，於前項之情形準用之。

公司如發行無記名股票時，法院應公告第一項之期日，在此情形第十五條第二項之規定，不適用之。」

第 142 條：「前條之規定，於重整債權及有擔保重整債權調查之期日之變更，重整債權及有擔保重整債權調查之延期及續行準用之。但經宣判者，不再送達。」

第 146 條：「重整債權人或有擔保重整債權人，於重整債權及有擔保重整債權調查之期日未到場者，對其權利有異議時，法院應通知權利人。依第一四二條之二第一項之規定於通知後三日內，對於退職金請求權有所異議之財產管理人者，亦同。」

第 147 條：「關於有異議（公司之異議除外）之重整債權或有擔保重整債權，其權利人得對於該異議人，以訴訟求其權利之確定。

前項之訴，應於為權利之調查之日起一月內提起之。

異議人有數人時，均為共同被告。

二、股東權

關於股東權之意義，於本章第四節業已述之，茲不復贅。法院為重整裁定後，股東行使其股東權必須依重整程序為之。

(一)**股東權利，依股東名簿之記載**　配合無記名股東制度之廢除，毋庸再區別記名股東與無記名股東，公司記名股東均稱「股東」即可。股東之權利，依股東名簿之記載（公二九七III）。股東權利經重整而變更或減除之部分，其權利消滅（公三一一 I 2）。

(二)**股東權之審查**　法院審查股東權之期日，重整監督人、重整人及公司負責人，應到場備詢，重整債權人、股東及其他利害關係人，得到場陳述意見（公二九九 I）。有異議之股東權，由法院裁定之（公二九九 II）。就股東權有實體上之爭執者，應由有爭執之利害關係人，於裁定送達後二十日內提起確認之訴，並應向法院為起訴之證明。經起訴後在判決確定前，仍依裁定之內容及數額行使其權利，但依重整計畫受清償時，應予提存（公二九九III）。股東權在法院宣告審查終結前，未經異議者，視為確定。對公司及全體股東、債權人有確定判決同一之效力（公二九九IV）。

三、重整債務

(一)**重整債務之意義**　公司在重整程序中所生之債務或費用，得不依重整程序而優先於一切重整債權而受清償者，為重整債務。此項債務之優先清償，係指重整債務之債權人，不受重整計畫之拘束，甚至重整計畫，就重整債務之清償，應予確保不得予以減免或變更㊿。俾第三人願與重整公

法院依重整債權人或有擔保重整債權人之請求，應交付有關其權利之重整債權人清冊或有擔保重整債權人清冊之抄本。」

㊿　最高法院 59 年臺抗字第 144 號判決：「公司重整裁定後，為維持公司業務繼續營運所發生之債務，為公司之重整債務（或稱為共益債權）應優先於重整債權而為清償。所謂重整債權，固包括無擔保重整債權，及有擔保重整債權在內。惟所謂優先於重整債權而為清償，具有兩種意義，其一重整程序中所有重整債權，不問有無擔保，均非依重整程序，不得行使權利，亦即其債權陷於停止狀態，而重整債務，則應隨時清償之。其二重整債權，不問有無擔保，均因重整計畫而將蒙受變更，並依重整計畫而為清償。反之，重整債務之債權人，不受

司進行交易，而使重整之工作順利進行。

　　㈡**重整債務之種類**　依本法第三一二條規定，下列各款為重整債務：

　　1.**維持公司業務繼續營運所發生之債務**　又所謂「維持公司業務繼續營運所發生之債務」，係指重整中所發生之債務，因為公司之財務狀況已經不正常，才會進入重整程序，此時債權人如無優先權，可能沒有人願意出售原料予公司，或僱用不到員工而不能達到繼續營運業務之目的，因此重整前所積欠員工之薪資，不得優先於重整債權而為清償❷❹。例如重整人關於公司業務及財產向外借款，及其他行為所生之請求權。重整以後應納之稅捐，應屬於重整債務。惟發生在重整裁定前之稅捐，屬於重整債權，依重整程序行使權利。

　　2.**進行重整程序所發生之費用**　凡為重整債權人、重整擔保人及股東之共同利益而支付之裁判費用。執行重整計畫之費用，重整人、重整監督人、檢查人之報酬及墊付金，以及其他公司不得已支出之費用，均應包括在內。日本會社更生法第二〇八條規定❺❷❺，除有列舉規定外，該條第八款

　　　重整計畫之拘束，甚且重整計畫，就重整債務之清償，應予確保不得予以減免或變更，則公司法第三百十二條所謂優先清償，僅具此等意義而已，並非謂重整債務恆無條件得優先於擔保物權而就擔保物受清償。」

❷❹　臺灣高等法院暨所屬法院 89 年法律座談會民事執行類第 15 號。

❺❷❺　所謂重整債務，日本會社更生法規定稱為共益債權，以別於重整債權。該法第 208 條：「下列請求權，為共益債權：

　　㈠為重整債權人、有擔保重整債權人及股東之共同利益之裁判上費用。

　　㈡有關重整程序開始後公司事業之經營、財產管理及處分之費用。

　　㈢有關執行重整計畫之費用。但重整程序終結後發生者除外。

　　㈣依第二八五條及第二八七條之規定應支付之報酬、費用及報償金。

　　㈤有關公司業務及財產，財產管理人基於權限所借入之資金及其他行為所生之請求權。

　　㈥因事務管理或不當得利，於重整程序開始後對公司發生之請求權。

　　㈦財產管理人依第一〇三條第一項之規定，為債務之履行之情形，相對人所有之請求權。

　　㈧上述各款以外，公司不得已支出之費用。」

又作有概括規定。因此觀之本法第三一二條規定，實嫌簡略，就重整人在其權限內所發生之債務，有難以全部包括之感，故適用上就本法第三一二條之解釋，應盡量從寬，以免與法律規定之重整人職權不能配合，致影響重整程序之進行。

(三)**重整債務之效力** 重整債務間之清償，原則上無先後之別。若公司財產不足清償重整債務時，則應按此比例受償，但此重整債務較彼重整債務享有優先權或擔保物權者，不在此限。重整債務優先於重整債權而清償，且此等債權人優先受償權之效力，不因裁定終止重整而受影響（公三一二II）。至於准予重整裁定，經抗告法院廢棄、駁回重整之聲請，與終止重整之裁定相類似，優先清償之效力亦不受影響。除法院終止重整時，認為有破產原因，依職權宣告破產外，兩者皆使公司恢復重整前之狀態。即公司重整債務，得不依重整程序行使而隨時受清償，且其優先之效力不僅於重整完成時有之，即裁定終止重整後亦有之。是公司重整中，並非其所有民事法律關係所涉之程序均當然停止，如係重整裁定後所發生之重整債務，自不受公司法第二九四條之限制，而得就公司財產為強制執行❺❷❻。

第七、關係人會議

一、關係人會議之意義

關係人會議者，乃公司重整程序中，重整債權人及股東，以決議方式，而參與重整工作之進行，及重整計畫可否決議之會議。此項關係人會議應以召開會議方式為之，而不得僅由關係人以書面對議案表示同意與否之方式為之❺❷❼。

二、關係人會議之組織

(一)**立法理由** 公司重整之目的與公司破產之目的不同。破產程序著重於保障債權人之利益，破產公司之股東，並無表示意見之機會；而公司重整則兼顧公司股東之利益，其目的在維持公司促其重生，因此股東得參與

---

❺❷❻ 最高法院 90 年臺抗字第 373 號裁定。

❺❷❼ 經濟部 84.5.2 經商字第 206447 號。

重整工作之進行及決議重整計畫之可否，故本法特設關係人會議。

㈡**構成員**　公司重整程序中，重整債權人及公司股東，均為公司重整之關係人，出席關係人會議，因故不能出席者，得委託他人代理出席（公三〇〇Ⅰ）。所謂債權人，包括優先債權人、有擔保債權人、無擔保債權人。所謂股東，包括普通股股東及特別股股東。

因本法第三〇〇條第一項後段僅規定，「因故不能出席時，得委託他人代理出席」。因此受託人，除非受債權人之委託，否則不能在重整程序中代為行使權利。此與本法第二五五條第二項明文規定，公司債債權人之受託人，為債權人之利益，有查核及監督公司履行公司債發行事項之權，有所不同。至於申報債權，僅為保全行為，故受託人可以代為申報債權，當無疑問。

三、關係人會議之任務

依本法之規定，有下列三種（公三〇一）：

㈠**聽取關於公司業務與財務狀況之報告，及對於公司重整之意見**（公三〇一1）　重整人應列席關係人會議備詢，並應對於公司業務及財務狀況提出報告。至於重整裁定前之公司業務及財務狀況之報告，則由公司負責人報告。本法第三〇一條第一款後段所謂「公司重整之意見」，雖有學者主張係聽取對於公司重整之意見者❷，然基於集思廣益之理由，與會人士均得表示意見與建議。倘法院於裁定重整前，選有檢查人者，亦得請其列席，提供重整意見。惟檢查人並無列席之義務，故與重整人、公司負責人不同。

㈡**審議及表決重整計畫（公三〇一2）**　此為關係人會議之最主要任務。審議結果，獲得可決，經法院認可者，有拘束所有關係人及公司之效力（公三〇五），重整人即得據以執行。

㈢**決議其他有關重整之事項（公三〇一3）**　例如建議法院改選重整人或重整監督人，以及聲請法院為本法第二八七條所規定之保全處分。

---

❷　張白琰著《新公司法釋義》第 275 頁。

四、關係人會議之召集

(一)**第一次之召集** 第一次關係人會議期日及場所，由法院為重整裁定時決定之。其期日應在債權及股東權申報期間屆滿後三十日以內（公二八九 I 3）。對於已知之債權人及股東，則仍應以書面送達之（公二九一 II）。債權及股東權之申報期日及場所，其期間應在裁定之日起十日以上，三十日以下（公二八九 I 1）。所申報之債權及股東權之審查期日及場所，其期間應在申報期間屆滿後十日以內（公二八九 I 2）。故俟債權審查確定時，至第一次關係人會議期日，僅有三十日之期間而已。以如此短暫之時間，擬訂周詳而公平可行之重整計畫，實有困難，故重整人在第一次關係人會議期日，如尚未提出重整計畫時，解釋上可經法院許可延長其提出之期限。至於第一次關係人會議期日，則不必延展。因關係人會議除審查重整計畫，尚有其他任務。況重整計畫未提出前，各關係人亦得在會議上表示其對於重整之意見，作為重整計畫擬訂之參考。

(二)**第一次以外之召集** 第一次以外之關係人會議，由重整監督人召集並為會議之主席（公三○○ II）。召集會議時，應於五日前訂明會議事由，以通知及公告為之。一次集會未能結束，經重整監督人當場宣告連續或展期舉行者，得免通知及公告（公三○○ III）。

(三)**不為召集之補救** 第一次以外關係人會議之召集權，惟重整監督人有之。重整人及關係人認有召集關係人會議之必要，應請重整監督人召集，但重整監督人無正當理由，而不召集時，法無明文規定許重整人或關係人聲請法院召集之。惟依本法第二八二條規定之立法精神，應解釋為有向法院聲請召集之權限。同時法院得基於監督權，命重整監督人召集，其不遵守者，法院得隨時將之改選（公二八九 II）。

五、關係人會議之表決權

(一)關係人會議之構成員，有債權人，亦有股東。至於債權人中，又有優先權或有無擔保權而不同。股東中，亦有普通股與特別股之別，為求公平計，關係人會議之表決權，係依其權利性質，分組行使其表決權（公三○二 I），即分為優先債權人組、有擔保債權人組、無擔保債權人組，以上

係自重整債權而分者。

㈡關係人會議開會時，重整人及公司負責人應列席備詢(公三○○IV)。公司負責人無正當理由對前項詢問不為答覆或為虛偽之答覆者，各處一年以下有期徒刑、拘役或科或併科新臺幣六萬元以下罰金（公三○○V）。

㈢關於股東之分組，本法僅規定應與上述債權人分組，但因普通股與特別股之權利內容不同，依本法第一五九條之同一法理，重整計畫如損害特別股股東之權利時，則特別股股東與普通股股東應分組行使表決權。

㈣重整債權人之表決權，以其債權人金額之比例定之，股東表決權，則依公司章程之規定（公二九八II）。惟公司無資本淨值時，股東組則不得行使表決權（公三○二II），此際股東組，自不計算在內。惟公司是否確無資本淨值，有爭議時，參酌美國立法例之規定，由法院認定之為宜。再者，重整監督人，非為關係人會議之主席。因其既非債權人，亦非股東，故無表決權。

六、關係人會議之決議方法

關係人會議決議之事項（公三○一2、3），以經各組表決權總額二分之一以上之同意行之（公三○二I後）。如重整計畫之可決即是。

倘有一組未可決同意者，則不能認為已獲得關係人會議可決。至於另選重整人之決議，須有二組以上主張另行選定重整人時，始得提出候選人名單聲請法院選派之（公二九○III）。至關係人得否由代理人出席，應否受本法第一七七條委託代理人出席之限制，有認為股東之表決權，既依章程規定（公二九八II），則應受限制，而債權人則否。亦有認為二者均應受限制者。然則本法第二九八條第二項乃對於表決權計算之規定，並非表決權之限制，公司重整程序中，關係人會議之性質與一般公司股東會不同，既無限制之明文，當無受本法第一七七條限制之餘地。

第八、重整計畫

一、重整計畫之擬訂與提出

㈠重整計畫之擬訂人與擬訂原則　重整計畫之擬訂，專屬於重整人

（公三〇三Ⅰ前）。其他利害關係人，自無妨向重整人陳述關於重整計畫之意見，但不得逕行擬訂重整計畫。此與日本會社更生法規定關係人亦得提出計畫，有所不同。重整人擬訂重整計畫，除須合法外，應以公平而切實可行為原則。茲將其原則述之於下：

1. **公平原則** (rule of fairness and equity)　所謂公平性，乃重整計畫不論以現金、新債券，或同時以二者為全部之清償 (full recognition) 時，必須符合各債權所具有之法律上及契約上之優先順序，高順序優先債權人之權利，應優先於低順序之債權人獲得清償之謂[529]。通常有擔保債權人獲得最優厚之待遇，無擔保之債權人次之，特別股東又次之，普通股東則最差之待遇。然則，同類債權人之地位相同，待遇應無差異。美國最高法院於洛杉磯產物公司案中，認為在法律上所稱不公平之計畫，縱令有法定數額債權人之同意，法院仍不予核准。蓋法院非但為各類債權人贊同票數之登記處，且為一切利害關係人之保障者。重整計畫既無充分之資產以清理債權人之債權，又不承認債權人較股東有優先之權利，實有欠公平[530]。又北太平洋公司案中認為任何重整計畫，訂定股東之權利，優先於債權人者，均屬無效[531]，以說明重整計畫有失公平性，法院即不予認可其計畫。再者日本會社更生法第二一八條規定：「重整計畫應斟酌下列權利之次序就計畫條件設定公正、平允之差別。

一、重整擔保權。

二、一般先取特權及其他有一般優先權之重整債權。

三、前款及次款以外之重整債權。

四、後償重整債權。

五、關於剩餘財產分配有優先內容之股東權利。

六、前款以外之股東權利。

前項規定，就第一二一條第一項第五款（罰金等）及第一二二條第一

[529]　Collier:*Bankruptcy Manual*, p. 1084.(1965).

[530]　Case v. Los Angeles Products Company, Ltd, 308 U.S. 106.(1939).

[531]　Northern Pacific v. Boyd, 85 Fed 56.(1896).

項（租稅等）所列之請求權，不適用之。」及日本會社更生法第二二九條：「重整計畫之條件於同性質權利人之間，應一律平等。但對於小額重整債權人及重整擔保權人，縱另為規定及設定其他差別而無害於衡平之情形者，不在此限。」

日本會社更生法第二三三條規定：「重整計畫具備下列要件者，法院得為認可之裁定：

一、重整程序或計畫符合法律之規定者。

二、計畫為公正、衡平且有執行可能者。

三、決議之方法為誠實公正者。

四、依合併為內容之計畫，已有他公司之股東大會之合併契約承認之決議者。

五、定有應經行政官署許可、認可、免許及其他處分之事項之計畫，不違反依第一九四條第二項規定行政官署之意見重點者。

重整程序違反法律規定者，視其違反之程度、公司之現況及其他一切情況，認為不認可計畫為不適當者，法院仍得為計畫認可之裁定。」均提及之。上述美日法例之精神，均可供吾國之參考。

2.**可行原則** (rule of feasibility)　所謂可行原則，係指依重整計畫之實施結果，能達成公司重整之目的之意。即重整計畫能致經濟上的健全，並據以實施 (economically sound and workable)，不致有妨礙重整公司業務之執行，或導致再次之重整[532]。倘公司重整，僅注意重整計畫之公平性，若未顧慮其可行性，將使公司重整失之垂成，故重整計畫必須確實可行始可。洛蘭卡斯特公寓建築公司案中，證券交易委員會向法院提出出售急速上漲之公司財產，較之換發證券為內容之計畫，對於債權人及重整程序更為有利，因而獲得法院之許可[533]。美國證券交易委員會對於計畫之可行性，主

---

[532]　Dodd and Billyon:*Case and Materials on Corporate Reorganization*, 1950, revised by William T. Laube and W. J. Hill, pp. 38–39.

[533]　In re. Lorraine Castle Apartment Building Corp. Im. 149 F 2d 55.(C.C. A. 7th 1945).

張應特別注意流動資本是否適當，長期借款與財產價值之資本結構相互間之關係，公司之獲利能力是否能配合所付利息、紅利，公司未來信用之新資本估計結果等❺❸❹。統一洛克物產公司案中，美國最高法院廢棄地方法院所確認之重整計畫，認為企業之所得，能否合理支付新證券之利息及紅利，實為決定新資本結構是否切實可行之要件。因此，判斷重整計畫能否實行，應對企業之獲利能力加以調查，同時對於該企業全盤之估價，應徹底調查，對未來情形，亦應加以估計。因此，原計畫不從整個企業之收益量著眼，而僅就有形之因素，可根據之價值以及分配於該資產每一單位價值加以考慮，實有違計畫之可行性❺❸❺。前述日本會社更生法第二三三條第一項第二款亦提及「有執行可能者」即是。

上述二大原則，本法並未明文規定之，僅於本法第三〇六條第一項提及「重整計畫未得關係人會議有表決權各組之可決時，重整監督人應即報告法院，法院得依公正合理之原則，指示變更方針……。」及同條第三項提及「……顯無重整之可能或必要者，（法院）得裁定終止重整」而已。惟為期重整程序之達成，法院對於違反公平及可行原則之重整計畫，應不予認可，乃屬當然之解釋。

㈡重整計畫之提出人

1. 重整人擬訂重整計畫，應連同公司業務及財務報表，提請第一次關係人會議審查（公三〇三Ⅰ）。

2. 重整人如經法院另行選定者，重整計畫應由新任重整人於一個月內提出之（公三〇三Ⅱ）。蓋新任重整人必預先對公司業務經營，與財務情形有相當之了解，始能為重整計畫之擬訂。

二、重整計畫之內容

重整計畫之擬訂，由重整人酌定。公司重整如有下列事項，應訂明於重整計畫，而重整計畫應訂明執行期限，但不得超過一年（公三〇四）：

㈠全部或一部重整債權人或股東權利之變更　關於權利變更之內

---

❺❸❹　12th Annual Report of the Securities and Exchange Commission, p. 91.(1946).

❺❸❺　Consolidated Rock Products Company v. Du Bois, 312 U.S. 510, 526.(1941).

容、權利變更之方法，或某類債權不予變更者，均須明訂之。例如重整債權人為一部債務之免除，或利息免除、有擔保債權人捨棄其一部擔保、股東按比例減少其股份及銷減股東權中之「按原有股份比例優先認購權」等事項之變更，均須明訂於重整計畫。

㈡**全部或一部營業之變更**　重整人斟酌實際之情形，如認有必須變更全部或一部之營業者，不論其為變更營業之種類、營業之方法或營業之範圍，均應記明於重整計畫。例如將營業範圍縮小，或原為零售業務現改為批發等是。學者有認為本項所謂「營業之變更」，與本法第二九〇條第五項第二款所定之公司業務之變更同義，故以後雖經重整計畫可決而付諸實施，有關營業之變更，仍應依本法第二九〇條第五項第二款規定，重整人於行為前，須得重整監督人事前之許可者 **❺❸❻**。對此本書認為無此必要。蓋重整計畫既經關係人會議可決，復經法院予以認可。重整人依認可後之計畫執行業務，仍非業務之變更，自不必再經重整監督人事前之許可。否則無異承認重整監督人有超越關係人會議可決，及法院認可之權限。

㈢**財產之處分**　例如將公司財產處分充作清償債款，或重整有關費用是。關於財產之處分，於重整計畫內，僅訂明其原則為已足。至於其他細則，不妨授權重整人斟酌處理。倘重整計畫未訂明者，重整人於行為前，應經重整監督人之許可。

㈣**債務清償方法及其資金來源**　例如將債務清償期限展延，或分期為之。甚至折扣償還或產品抵付，抑以處分財產或發行新股之方法籌措資金償債，均應分類酌情訂明於計畫。

㈤**公司資產之估價標準及方法**　公司固定資產之估價標準、房屋、各項設備之折舊方法、有價證券之計價方法、應收票據、應收帳款之有壞帳（即呆帳）發生者，其壞帳準備之攤提方法、比率，均宜明訂。關於公司重整之估價標準，應以時價為估價之標準，較為妥當 **❺❸❼**。惟估價時，必

---

❺❸❻　武憶舟著《公司法論》第 592 頁。

❺❸❼　呂先高著〈新公司法的幾個會計問題〉，載《財政經濟月刊》第 18 卷第 10 期第 17 頁。

須將公司之商業價值列入，以資公平❸❸。

　　㈥**章程之變更**　章程之變更者，例如變更章程之內容，或增資、減資。又重整公司已虧損至無資本淨值時，重整計畫中之減資幅度，是否可訂為百分之百，或減資至「股份有限公司最低資本額之限制」以下？按我國公司法第三〇九條規定，並未將第一五六條之二第一項排除，故重整計畫之減資幅度，不得低於最低資本額之限制。

　　㈦**員工之調整或裁減**　例如重要職員之任免，因營業範圍縮小而裁減部分員工是。

　　㈧**新股或公司債之發行**　例如以發行新股或公司債所得價款，以解決公司財務之困難，或將債權轉為公司債等均屬之。至於公司重整計畫，是否得以「債權轉作股款（本）」？本法第三〇九條規定，本法第二七二條出資種類之規定於公司重整中，如與事實確有扞格時，經重整人聲請，法院得裁定另作適當之處理（公三〇九 6），故得以債權作股款，即以債作股。蓋重整公司所以財務上發生困難，主要原因為鉅額負債與沉重之利息負擔，挽救之道，自須增資，而其吸收資金確有困難，如經公司債權人及關係人同意發行新股時，出資種類不以現金為限，或可以債權抵繳股款，確能紓減財務負擔，增加重整可行性❸❸。

　　㈨**其他必要事項**　例如公司進行重整時，得將併購之規劃，訂明於重整計畫中（企併五一 I）。公司以併購之方式進行重整時應提供相關書面文件，為重整計畫之一部分，其程序不適用企業併購法第十八條、第十九條、第二十七條至第三十條、第三十五條至第三十七條有關股東會或董事會決議之規定（企併五一 II）。公司於重整中進行併購者，其股東無股份收買請

---

❸❸　參閱 Consolidated Rock Products Company v. Du Bois, 312 U.S. 526(1941). 該案法院認為資產之商業價值，應包括自該項資產預期可獲之收益。資產之估計，須基於熟悉實情之判斷，包括有關未來收益量之一切事業，並及於有關現在之資料。倘僅就有形之因素，可依據價值予以考慮，不顧及企業之收益量，仍嫌不足。

❸❸　參閱民國 90 年公司法第 304 條修正理由。

求權，不適用企業併購法第十二條之規定（企併五二）。又向外借款（公二九〇V3），或公司營業之出租或委託他人經營是。

　(十)**重整計畫執行期限**　重整計畫之執行，除債務清償期限外，自法院裁定認可確定之日起算不得超過一年；其有正當理由，不能於一年內完成時，得經重整監督人許可，聲請法院裁定延展期限；期限屆滿仍未完成者，法院得依職權或依關係人之聲請裁定終止重整(公三〇四II)。其立法意旨，在於重整計畫之執行應有一定期限，以避免重整人藉故拖延時日，影響股東及債權人權益，故現行規定其執行期間為一年。惟就何時起算本法明文規定「自法院裁定認可確定之日起算」，以資明確；又重整計畫之執行，程序上繁簡不一，若未能於一年內完成而有正當理由者，自宜許其延展，故明定應經重整監督人許可後，聲請法院裁定准予延展期限，俾加強監督；屆期仍未完成者，則公司已無重建更生之可能，法院自得依職權或聲請裁定終止重整，以杜流弊❺⓪。

三、重整計畫之可決與再審查

　(一)**重整計畫之可決**

　　1.重整計畫之可決應於關係人會議，以各組表決權總額二分之一以上之同意行之(公三〇二I)。公司無資本淨值時，股東組不得行使表決權(公三〇二II)。

　　2.重整計畫經關係人會議之可決者，重整人應聲請法院認可後執行之，並報主管機關備查（公三〇五I）。

　　3.重整計畫之審查及可決與否，本法未明定其期限。因此無形中，操之於重整監督人召開關係人會議與否而定（公三〇〇II）。惟法院可以其監督權加以督促，以資補救（公二八九II）。

　(二)**重整計畫之再審查**

　　1.重整計畫如未得關係人會議有表決權各組之可決時，重整監督人應即報告法院。法院徵詢中央主管機關、目的事業主管機關及證券管理機關之意見後，得依公正合理之原則指示變更方針，命關係人會議在一個月內

❺⓪　參閱民國 90 年公司法第 304 條修正理由二。

再予審查（公三〇六 I）。

　　2.重整計畫經法院指示變更再予審查，仍未獲關係人會議可決時，應裁定終止重整（公三〇六 II 前）。法院所為終止重整之裁定，應公告之，毋庸送達。利害關係人之抗告期間，應自公告之翌日起算（非訟九四 I、II）。

四、重整計畫之認可

　　㈠**認可之聲請**　重整計畫因關係人會議之可決而成立，但須經法院之認可始生效力，故關係人會議可決為其成立要件，法院認可為其生效要件。重整計畫經關係人可決者，重整人應聲請法院裁定認可後執行之。其經認可者，並報請主管機關備查（公三〇五 I）。其次，重整中之某股份有限公司，其重整人經股東決議通過及重整監督人事前之允許，代表公司出賣部分不動產於甲，就該買賣契約，請求公證，可否准許？司法院第八期公證實務研討會研討結論認為，公司重整，是以清理重整公司之債務與維持企業之經營為目的。重整人須依法擬定重整計畫。如前述不動產已入重整計畫之事項，則重整人須事前取得重整監督人之許可，並提交由股東及公司債權人共同組成之關係人會議表決通過，並依公司法第三〇五條第一項由重整人聲請法院裁定認可後，重整人始得依法為財產之處分。從而，本件買賣契約，尚未完成必備之要件，公證人自應拒絕受理。

　　㈡**法院之處理**　法院據重整人聲請後，應就重整計畫之內容是否適法、公平、有無執行之可能，及關係人會議之召開與重整計畫之決議方法是否合法，加以審查，並徵詢主管機關、目的事業中央主管機關及證券管理機關之意見後，而為認可與否之裁定（公三〇七 I）。

　　重整計畫之不適法，如係本法第三〇九條各款列舉之情形，法院仍得予以認可，而另依重整人聲請為適當之處理。至重整計畫經可決後，法院認為有背公平之原則，得否為不予認可之裁定，學者有持「可決即應認可」之見解者❺❶，其所持理由不外下列五點：

　　1.重整計畫之內容，縱違反公平合理及衡平法則，但既經關係人可決，則債權人間、債權人與公司間、股東間，已達成協議表示各願讓步。苟計

_____

❺❶　武憶舟著《公司法論》第 597 頁至第 598 頁。

畫並非不能執行者，不得為不予認可之裁定。

　　2.依本法第三〇五條第一項規定:「……重整人應聲請法院裁定認可後執行之，並報主管機關備查。」然並未明定:「如法院認可決之重整計畫為不合法或不公平，應以裁定駁回或不予認可」之規定。足見立法意旨，仍以認可為原則，並無例外。

　　3.參照日本會社更生法第二三三條第二項規定:「重整程序違反法律規定者，視其違反之程度、公司之現況及其他一切情況，認為不認可計畫為不適當者，法院仍得為計畫認可之裁定。」可見仍以儘量許其認可為原則，以符重整之原旨。

　　4.本法就重整程序終止之原因，僅於本法第三〇六條第二項前段及第三〇六條第三項後段規定之，此外並無就可決之重整計畫予以不認可之裁定，作為終止之原因。

　　5.法院於重整程序中，僅居監督地位，不宜對已協議之私議，過分干涉。苟可決之重整計畫，並不妨害公序良俗者，縱於法律不洽，似仍不宜遽為不予認可之裁定，反增加社會經濟之動盪不安。

　　綜觀上述理由，固非無見。惟法院裁定准予公司重整後，重整債權必須依重整程序進行之。倘關係人會議中多數債權人罔顧少數債權人之利益，而為不公平之可決，法院即予以認可，易生糾紛。且法院之認可裁定，非但徒具形式，反增程序上之繁複，當非本法所以明定經可決之重整計畫，尚須法院裁定認可之立法意旨。為免公司重整功敗垂成，本法應於日後修正時，明定法院得令關係人會議再為審查較當。

　　㈢**重整計畫之修正認可**　重整計畫未獲可決時，重整監督人應即報告法院，由法院依公正合理之原則，指示重整計畫變更原則，命關係人會議再審查，仍未獲可決時，如公司確有重整之價值者，法院經徵詢主管機關、目的事業中央主管機關及證券管理機關之意見後（公三〇七 I），就其不同之組，得以下列方法之一，修正重整計畫裁定認可之（公三〇六 II）:

　　1.有擔保重整債權人之擔保財產，隨同債權移轉於重整後之公司，其權利仍存續不變。

2.有擔保重整債權人，對於擔保之財產；無擔保重整債權人，對於可充清償其債權之財產；股東對於可充分派之剩餘財產，均得分別依公正交易價額，各按應得之份，處分清償或分派承受或提存之。

3.其他有利於公司業務維持及債權人權利保障之公正合理方法。

㈣**重整計畫之重行審查** 重整計畫之重行審查與重整計畫之再審查不同。重整計畫之再審查者，係指未經關係人會議可決之重整計畫，加以審查（公三〇六 I、II），已詳述於前，茲不復贅述。重整計畫之重行審查，係指已經法院認可或係法院變更修正後以裁定認可之重整計畫，因情事變遷或有正當理由，致不能或無須執行時，法院得因重整監督人、重整人或關係人之聲請，以裁定命關係人會議重行審查（公三〇六III前）而言。例如以發行新股為重整計畫，結果新股無人問津。又如公司供生產所需之廠房及設備因火焚毀，或執行中公司之產品突然漲價，足供依執行計畫清償全部債務等是。重行審查可決之重整計畫，其仍應聲請法院裁定認可（公三〇六IV）。法院為裁定前，應徵詢主管機關、目的事業中央主管機關及證券管理機關之意見（公三〇七 I）。

㈤**重整計畫可決之期限** 關係人會議，未能於重整裁定送達公司後一年內可決重整計畫者，法院得依聲請或依職權裁定終止重整；其經法院依第三項裁定命重行審查，而未能於裁定送達後一年內可決重整計畫者，亦同（公三〇六 V）。其立法意旨，在促使關係人早日作出具體可行的重整計畫，避免公司重整狀態久懸不決，法律關係長久處於不確定狀態，損害當事人的權益❺❷。

㈥**法院之裁定**

1.**裁定之公告** 法院就重整計畫所為認可或駁回之裁定，究應以公告方式對外表示，抑或以送達方法為之，或二者併行，本法並無明文規定。惟公司重整之關係人，人數頗多，無從一一送達，如送達未及，反足影響裁定之確定，當非立法之本意。因此非訟事件法第一八七條第一項規定法院就重整計畫所為認可或駁回之裁定，應公告之，毋庸送達。法院所為上

---

❺❷ 民國 95 年 1 月公司法第 306 條修正理由。

述之裁定，應黏貼法院公告處，自公告之日起發生效力；必要時，並得登載本公司所在地之新聞紙（非訟一八七Ⅰ）。認可重整計畫之裁定，抗告中應停止執行（非訟一八五Ⅱ）。各關係人就法院所為重整計畫為認可與否之裁定，或就不同意之組修正重劃而為認可之裁定，均得對之提起抗告。惟利害關係人之抗告期間，應自公告之翌日起算（非訟一八八Ⅰ、Ⅱ）。為免重整程序之拖延，解釋上應以因裁定而受不利益之關係人，且在關係人會議時持與裁定相反之主張者為限❺❹❸。其抗告程序則準用民事訴訟法之規定。

　　2.裁定認可之效力　本法第三〇五條第二項規定:「前項法院認可之重整計畫，對於公司及關係人均有拘束力，其所載之給付義務，適於為強制執行之標的者，並得逕予強制執行。」因此重整計畫於裁定認可後，有拘束力及執行力二者。茲分述於下:

　　⑴拘束力　所謂拘束力，乃指重整計畫經裁定認可後，不論關係人是否出席關係人會議，或是否在會議中同意重整計畫，公司及關係人就重整債權或股東權之一切法律關係，均以重整計畫之內容為準，不得為相異之主張。至於債權人未依限申報債權，其債權之請求權，因未為申報，而在公司重整完成後，歸於消滅（公三一一Ⅰ1），故不生拘束力之問題。又公司債務人之保證人或對於公司負債務之共同債務人，是否受重整計畫之拘束？依本法第三一一條第二項規定:「公司債權人對公司債務之保證人及其他共同債務人之權利，不因公司重整而受影響。」蓋保證契約原為主債務人不履行契約時，保證人代負履行之責。然公司重整之要件，為財務困難，故公司償債能力，必然減低，保證之實益，將受影響。重整債權人在關係人會議中，對於訂有延期清償之重整計畫投票贊成者，倘公司之保證人得以之為證據，援引民法第七五五條主張不負保證責任，將迫使所有有保證之重整債權人不敢贊同重整計畫，則公司重整勢必遭到阻礙，自非立法本意。其次，就共同債務人言之，如共同債務人係與重整公司分擔債務者，則重整公司就其分擔部分與債權人協議減免者，原不影響於共同債務人之分擔部分（民二七一）。如共同債務人與重整公司係連帶債務人，而重整計

❺❹❸　楊建華著《公司法要論》第 173 頁。

畫係允許債務人緩期清償時，並無影響債權人對其他連帶債務人先請求全部之權利給付（民二七二）。惟如重整計畫為減免公司一部債務時，其他連帶債務人若可依民法第二七六條、第二八○條之規定，就該公司應分擔之部分免其責任，將使重整債權人對重整計畫望之卻步，當非立法本意，故本法第三一一條第二項之規定，至為允當。此乃承襲日本會社更生法第二四一條第二項所規定，公司之保證人及共同債務人之權利，不受計畫之影響。其目的在於尊重擔保制度，防止權利關係之錯雜化，並使債權人樂於同意公司重整❺⁴⁴。

(2)執行力　重整計畫之裁定，縱其具有拘束力，若無執行力，則無法發揮其效用，故本法特別明文規定，重整計畫所載之給付義務，適於為強制執行之標的者，得逕予強制執行（公三○五II後）。換言之，得將該裁定作為強制執行法第四條第六款所載之執行名義，聲請強制執行。

五、重整計畫之執行

重整計畫，由重整人以善良管理人之注意執行之，並報主管機關備查。重整工作應在重整計畫所訂一年之期限內完成之。

至於重整計畫之執行時，有並非不能或無須執行，僅係計畫之執行與實際情形不合，執行有所困難者，自不宜再命重行審查，徒增程序上之拖延。本法有鑑於此，特於第三○九條規定，下列各條之規定如與事實確有扞格時，法院經重整人之聲請，得裁定另作適當之處理。茲分述如下：

㈠**本法第二七七條變更章程之規定**　例如計畫中原規定變更章程，須經股東組關係人之決議者，法院得裁定另作適當之處理。

㈡**本法第二七九條及第二八一條減資之通知及公告期間及限制之規定**　上述條文原規定減少資本須通知並公告股東限期換取股票，其不換取者，即失股東權，法院得裁定不受此項限制。

㈢**本法第二六八條至第二七○條及第二七六條發行新股之規定**　上述各該條，屬有關發行新股之限制規定，經重整人聲請，法院得裁定另作適當之處理。蓋依一般限制發行新股，手續繁複，限制較嚴，事實上有

---

❺⁴⁴　兼子一、三個月章著《條解會社更生法》（昭和 39 年）第 473 頁。

困難，妨礙公司資金之籌集，如經聲請，法院得裁定另作適當處理。

㈣**本法第二四八條至第二五○條發行公司債之規定** 法院對於有關發行公司債之程序規定（公二四八），及發行之限制規定（公二四九、二五○），均得以裁定，予以適當之變更處理，不受各該條規定之限制。

㈤**本法第一二八條、第一三三條、第一四八條至第一五○條及第一五五條設立公司之規定** 例如法院得裁定縱令發起人不足自然人二人亦得設立新公司，或發起人對於公司之設立費用，不必負連帶責任等。

㈥**第二七二條出資種類之規定**

第九、重整程序之終止

重整程序開始後，原以完成重整工作為目的。惟因事實之困難，未能完成重整工作者，自得終止重整程序。茲將終止之原因及效力，分述於下：

一、終止重整之原因

㈠**重整計畫之未認可** 重整計畫經關係人會議可決後，聲請法院認可時，法院認為該計畫有違公正、可行之原則，或有其他重大違法之情形，自得裁定不予認可。俟該裁定確定，則重整計畫即無法進行，重整程序應歸終止。

㈡**重整計畫未獲可決之裁定終止** 重整計畫因情事變遷，或有正當理由致不能或無須執行時，其公司又顯無重整可能或必要者，於徵詢主管機關、目的事業中央主管機關及證券管理機關之意見後，得裁定終止重整（公三○六Ⅲ、三○七Ⅰ）。

二、終止重整裁定時法院之處理

法院為終止重整之裁定，應檢同裁定書通知主管機關；裁定確定時，主管機關應即為終止重整之登記；其合於破產規定者，法院得依職權宣告其破產（公三○七Ⅱ）。對此裁定之抗告程序，類推適用民事訴訟法之規定。

三、裁定終止重整之效力

㈠**積極效力** 法院裁定終止重整，除依職權宣告公司破產者，並有如下之效力（公三○八）：

1.**法院所為之各項保全或緊急處分，均當然失其效力** 法院裁定終止重整後，依本法第二八七條、第二九四條、第二九五條或第二九六條所為之處分或所生之效力，均失效力，即法院所為之處分（如公司財產之保全處分）均失其效力，而各種程序如破產、和解、強制執行及因財產關係所生之訴訟程序，亦均當然消滅，而均恢復繼續進行。惟日本會社更生法規定❺，確定之重整債權或擔保重整債權與確定判決具有同一效力，對公司得為強制執行，故與我國不同。至非依重整程序，不得行使之權利，亦均當然解除其限制，而失其效力。

2.**因怠於申報權利，而不能行使權利者，恢復其權利** 債權未申報者，本不得依重整程序受清償（公二九七 I），於終止後均恢復其權利之常態。

3.**因裁定重整，而停止之股東會，董事及監察人之職權，應即恢復**此時重整人應將其接收之業務或財產，移還與董事會。

㈡**消極之效力** 公司雖經終止重整而生前述效力，然其效力之生效，並無溯及力。僅屬嗣後生效，俾終結重整程序之效力，故重整人在終止重整前，代表公司於職權範圍內，與第三人所為之法律行為，仍屬有效。其在重整程序中，他人本於取回權、解除權或抵銷權所為之行為，亦不因終止重整而失其效力。重整債務優先受償之效力，並不因裁定重整而受影響。所謂優先受償之效力，應指實質意義之重整債權，而非形式意義之重整債權。蓋本法第二九六條之重整債權，指實質意義之債權，且終止重整後，已申報之重整債權與未申報之重整債權，均未受任何之利益，自不應以其未申報債權，而享有較優之待遇，故重整債權不論有無申報，均應為重整債務優先效力之所及。至於重整債務在終止重整後，仍應優先於其他優先

---

❺ 日本會社更生法第 283 條：「依第二七三條或第二七四條之規定，廢止重整程序之裁定確定時，關於確定之重整債權或有擔保重整債權，重整債權人清冊與有擔保重整債權人清冊之記載，對於公司，與確定判決具有同一之效力。但公司於重整債權或有擔保重整債權調查期日，對於該權利提出異議者，不在此限。重整債權人或有擔保重整債權人，於重整程序終結後，得基於重整債權人清冊或有擔保重整債權人清冊之記載，對公司為強制執行。」

權或擔保物權而受償（公三一二II）。此之優先受償者，限於終止重整時公司之財務狀況為準。至於裁定終止重整後，對公司新取得或新發生之優先權或擔保物權，重整債務對之不能優先受償。

第十、重整之完成

重整之完成，乃公司經重整程序，完成重整工作者。茲將其完成之程序及效力，分述如下：

一、重整完成之程序

㈠公司重整人，應於重整計畫所定期限內完成重整工作；重整完成時，應聲請法院為重整完成之裁定，並於裁定確定後，召集重整後之股東會選任董事、監察人（公三一○I）。該項裁定，應公告，毋庸送達（非訟一八八I）。又該股東會是否討論其他議案，本法無明文規定，屬公司自治事項。如對股東會決議之效力有爭執，可循司法途徑解決❺❹❻。

㈡重整後之公司董事、監察人於就任後，應會同重整人向主管機關申請登記或變更登記，並會同重整人報請法院為重整工作完成之裁定（公三一○II）。

㈢經法院為公司重整完成之裁定後，公司重整之程序即告終結。

二、重整完成之效力

公司重整之目的，在使公司繼續經營，與破產或公司清算程序，在使公司之人格消滅者不同。重整前之公司與重整完成後之公司，其法人人格仍一貫連續，其同一性質並不因重整程序而受影響。茲將公司重整完成後之效力，述之於下（公三一一）：

㈠**對債權人之效力**　已申報之債權未受清償部分，除依重整計畫處理，移轉重整後之公司承受者外，其請求權消滅。未申報之債權亦同（公三一一I1）。所謂請求權消滅，究指請求權消滅抑權利本身消滅，學者多指係請求權消滅❺❹❼。因此論者有謂已申報之債權未受清償部分，或未申報

---

❺❹❻　經濟部 92.7.7 經商字第 09202140520 號。

❺❹❼　武憶舟著《公司法論》第 612 頁；陳顧遠著《商事法（中冊）》第 587 頁。

之債權，變為自然債務，將來公司財務狀況良好，若自動任意清償，不發生民法上請求返還不當得利之問題。此與本法第三一一條第一項第二款規定「股東股權經重整而變更或減除之部分，其權利消滅。未申報之無記名股票之權利亦同。」者不同。觀其論點，固非無見。惟對於未受清償者，有失公平，易生紛爭。況重整後之公司，可以自然債務加以清償，易使公司之財務重蹈困難之覆轍，致公司重整完成之效果，有名無實。按公司破產程序與公司重整程序不同。前者有別除權之債權人，得不依破產程序行使其權利。後者有擔保之重整債權人，則應依重整程序行使權利，其立法意旨，乃不使有擔保債權人，有優越於重整程序之地位，而阻礙公司之重整。若採債權請求權消滅主義，有擔保之債權，不論已否申報，依民法第一四五條第一項之規定，有擔保權之債權人於請求權消滅（時效消滅）後，仍得就其抵押物、質物或留置物取償。如此將使公司之重整，失之垂成，有違重整之目的。矧依美國聯邦破產法之規定，重整公司除係重整計畫應負之責任外，對於債權人及股東均免其責任，仍採權利消滅主義 ❽。至於日本會社更生法第二四一條之規定，公司之重整計畫經裁定認可後，除依計畫之規定，或依本法之規定認可之權利外，對所有重整債權及有擔保重整債權免其責任，股東之權利及公司之財產上存在之擔保權，即行消滅。其採權利消滅主義，固無疑義 ❾。

綜上所述，應以權利消滅主義為當。本法第三一一條第一項第一款所謂「請求權消滅」之用語，實有欠當，解釋上應與本法第三一一條第一項第二款所謂權利消滅相同。為免解釋上之紛歧，本法對此實有修正之必要。

㈡**對股東之效力** 股東權經重整而變更或減除之部分，其權利消滅（公三一一 I 2）。

易言之，股東權經重整而變更或減除部分之權利，不論其為記名股東抑或無記名股東，及已、未申報其權利，均歸消滅。所謂「未申報之無記名股票之權利亦同」，係指未申報之無記名股東之權利，經重整而變更或減除之部

---

❽ Collier:*Bankruptcy Manual*, p. 1085,(1965).

❾ 兼子一、三個月章著《條解會社更生法》（昭和 39 年）第 474 頁。

分消滅，非指全部權利均歸消滅。此與前述未申報之債權人之權利，係全部消滅者有異。蓋無記名股票係流通證券，輾轉流通，持有人不知申報期限而未申報者，在所難免，為維護交易之安全，故不宜使其股權全部消滅 ❺❺⓪。

　　㈢**對訴訟程序中斷之效力**　法院裁定重整後，公司之破產、和解、強制執行及因財產關係所生之訴訟等程序，當然停止（公二九四）。重整完成後，重整計畫對於債權人權利之行使已有解決之辦法，自毋庸當事人或法院進行重整裁定前公司之破產、和解、強制執行及因財產關係所生之訴訟等程序，故此等程序即失其效力（公三一一Ⅰ3）。

　　㈣**對於重整機關之效力**　重整完成後，重整人、監督人及關係人會議之任務，均告終了，自應解除其職務。關於重整人職務究於何時解除？本法無明文規定，日本學者對此見解亦不一 ❺❺①。惟我國公司重整程序之完成，係於重整人完成重整工作並召集重整之股東，改選重整後之董事、監察人，而於新任董事、監察人就任後，向主管機關申請登記，並會同重整人聲請法院為重整完成之裁定，經裁定後，重整程序始為終結。因此重整人之職務，自應於法院裁定重整完成時，始行解除。

第十一、公司重整與公司變更組織之主要區別

　　公司重整與公司變更組織之主要不同點，述之於下：

一、發生原因不同

　　公司重整之原因，由於公司財務困難，暫停營業或有停業之虞為限；公司變更組織之原因，由於股東未滿法定人數或經全體股東之同意。

---

❺❺⓪　兼子一、三個月章著《條解會社更生法》（昭和39年）第477頁至第478頁。

❺❺①　日本學者三宅一夫認為新任董監事選出後，財產管理人（重整人）及董事各有管理處分權，應視為置有二人以上執行業務之董事之公司，相互協力分掌公司之業務（《批判商事法之研究》240號第11頁）。兼子一、三個月章謂重整之管理處分權，應於重整計畫成立，選出新任董事、監察人時，蓋公司之人事業經整頓，重整人自宜退居監督地位，以公正之立場實施監督（參閱《條解會社更生法》第488頁）。

二、適用對象不同

公司重整為股份有限公司獨有之制度;公司變更組織適用於無限公司、有限公司、兩合公司、股份有限公司。

三、程序開始不同

公司重整因法定之人的聲請而開始,法院不得依職權而開始;公司變更組織,經股東全體之同意而開始。

四、目的不同

公司重整在使陷於困境之公司,得以維持與更新經營為目的;公司變更組織以責任相同之公司變更組織,避免清算程序為目的。

五、監督之不同

公司重整在法院監督之下為之;公司變更組織係公司內部事宜,法院並不參與其事。

六、保護對象不同

公司重整在兼顧股東、債權人與公司三者之利益;公司變更組織著重於股東利益之保護。

第十節　股份有限公司之解散、合併及分割

第一、股份有限公司之解散

公司解散之意義,業已詳述於第一章第十三節。股份有限公司為公司種類之一,當然可以適用。因此股份有限公司除適用總則一般規定外,復特設下列規定:

一、解散事由

股份有限公司有下列情形之一者,應予解散(公三一五 I):

(一)**章程所定解散事由之發生**　有章程所定解散事由時,應予解散。惟得經股東會變更章程後繼續經營(公三一五 II前)。

(二)**公司所營事業已成就或不能成就**

(三)**股東會為解散之決議** 此之決議應有代表已發行股份總數三分之二以上股東之出席，以出席股東表決權過半數之同意行之（公三一六 I），故不得以假決議或普通決議為之。惟公開發行股票之公司，出席股東之股份總數不足前述定額者，得以有代表已發行股份總數過半數股東之出席，出席股東表決權三分之二以上之同意行之（公三一六 II）。但前二項出席股東股份總數及表決權數，章程有較高之規定者，從其規定（公三一六 III）。再者股份有限公司已決議解散，並依法呈報清算人就任，是否得以復經決議撤銷解散，並解任清算人，繼續營業，本法固無明文規定。惟股份有限公司之股東會，為公司之最高意思決定機關，其既得決議解散，依法理推之，當然亦有權決議撤銷解散之決議。公司股東會以後決議變更前決議，既與本法第一八九條所定股東會之召集程序或決議方法違背法令或章程得訴請撤銷其決議之情形有別，依私法自治之原則，自無不可。況公司在未為清算登記前，股東會既仍得行使職權，而公司繼續營業，又與企業維持之精神無違，似無不予准許之理。此項決議既係變更前為解散之決議，其決議方法，解釋上應適用本法第三一六條特別決議之程序。至回復營業之登記程序問題，當可斟酌實際情形就本法有關條文作適當之適用。日本商法於昭和十三年修正時增訂第四〇六條規定：「公司因存續期間之屆滿，章程所定其他事由發生，或經股東會決議解散時，得依第三四三條所定決議，使其繼續營業。」正與上開說明旨趣相符，實值吾國立法之參考❺❺❷。同時日本商法❺❺❸亦規定對於特定之事由發生時，少數股東得請求法院為解散之

---

❺❺❷ 參閱司法行政部 60.5.10 臺 60 函民字第 3702 號函。

❺❺❸ 參閱日本商法第 406 條之 2：「於下列情形有不得已之事由時，持有已發行股份總數十分之一以上股份之股東，得請求法院解散公司：

1.公司業務執行上，遭遇顯著困難，對公司發生不能回復之損害或有發生之虞者。

2.公司財產之管理及處分顯著失當，致危及公司之存續者。

第一百一十二條第二項之規定，於前項情形準用之。」

判決，故日法對少數股東之保護，甚為周詳。

　　㈣**有記名股票之股東不滿二人，但政府或法人股東一人者不在此限**　有記名股票之股東不滿二人，應予解散。惟得增加有記名股東繼續經營（公三一五Ⅱ後）。

　　㈤**與他公司合併**　未經特別決議，擅為合併處分行為，應屬無效❺❺❹。

　　㈥**分割**　此指公司因進行分割而消滅者而言。如公司進行分割，而公司未消滅者，自毋庸解散。

　　㈦**破產**　依本法第二八二條規定聲請「公司重整」者，並不因之而解散。再者法院為破產宣告時，就破產人或破產財團有關之登記，應即通知該登記所，囑託為破產之登記，為破產法第六十六條所明定。惟破產人對於宣告破產之裁定，仍得依民事訴訟法之規定為抗告，為避免抗告法院廢棄原裁定，徒增法律關係複雜，似得參照民事訴訟法第四九一條第二項：「原法院或審判長或抗告法院得在抗告事件裁定前，停止原裁定之執行或為其他必要處分」規定之意旨，暫停原破產裁定之登記，而依破產宣告之裁定確定後，始正式登記之❺❺❺。公司經法院裁定破產者，應逕行辦理破產登記，不必再辦理解散登記❺❺❻。

　　㈧**解散之命令或裁判**　例如本法第十、十一條之規定。

　　以上解散事由，除㈢、㈣、㈥三款外，均與無限公司之解散事由相同。

二、解散之決議

　　股東會對於解散之決議，應有代表已發行股份總數三分之二以上股東之出席，以出席股東表決權過半數之同意行之（公三一六Ⅰ），以昭慎重。

---

❺❺❹　58 年臺上字第 3340 號：「關於顏得鴻上訴部分原審斟酌調查證據為辯論之結果，以上開和解契約，為兩造以個人名義所訂立，無拘束德泰公司及其他股東之效力，至於轉讓德泰公司全部股份，另行創設新公司，交付德泰公司印章與顏得鴻等，顏得安原無是項處分權限，且事關公司解散及變更組織，依公司法第三百十六條及第三百二十一條之規定，須經股東會特別決議，始得為之，顏得安未經股東會特別決議，擅為上開處分行為，顯然違反法律規定應屬無效。」

❺❺❺　經濟部 55.11.28 商字第 27643 號。

❺❺❻　經濟部商業行政 61 年第一次會決議。

惟公開發行股票之公司，出席股東之股份總數不足前述定額者，得以有代表已發行股份總數過半數股東之出席，出席股東表決權三分之二以上之同意行之（公三一六II）。前二項出席股東股份總數及表決權數，章程有較高之規定者，從其規定（公三一六III）。

三、解散之通知及公告

公司解散時，除破產之事由外，董事會應即將解散之要旨，通知各股東，其有發行無記名股票者，並應公告之（公三一六IV）。至於公告方法，詳閱本論第一章第十節之規定。

四、清算之開始

公司解散時，除因合併、分割或破產而解散者外，應行清算（公二四）。

五、解散登記

申請本法各項（解散）登記之期限、應檢附之文件與書表及其他相關事項辦法，由中央主管機關訂之（公三八七I）。前項登記之申請，得以電子方式為之；其實施辦法，由中央主管機關定之（公三八七II）。前二項之申請，得委任代理人，代理人以會計師、律師為限（公三八七III）。代表公司之負責人或外國公司在中華民國境內之負責人申請登記，違反依第一項所定辦法規定之申請期限者，處新臺幣一萬元以上五萬元以下罰鍰（公三八七IV）。代表公司之負責人或外國公司在中華民國境內之負責人不依第一項所定辦法規定之申請期限辦理登記者，除由主管機關令其限期改正外，處新臺幣一萬元以上五萬元以下罰鍰；屆期未改正者，繼續令其限期改正，並按次處新臺幣二萬元以上十萬元以下罰鍰，至改正為止（公三八七V）。公司解散後，不向主管機關申請解散登記者，主管機關得依職權或據利害關係人申請，廢止其登記（公三九七I）。主管機關對於前述之廢止，應定三十日之期間，催告公司負責人聲明異議，逾期不為聲明或聲明理由不充分者，即廢止其登記（公三九七II）。

第二、股份有限公司之合併

公司合併之意義，其他共同事項之規定及合併之效果，業已詳述於本

論第一章第十一節。現僅就本法股份有限公司章，合併之規定述之於下：

一、公司合併之概述

　　股份有限公司與他公司合併時，合併之當事公司及合併後存續或另立公司種類，本設有限制，即股份有限公司相互間合併，或股份有限公司與有限公司合併者，其存續或新設公司以股份有限公司為限（公三一六之一Ⅰ）。

二、通常合併之程序

　　㈠**合併之決議**　董事會將合併之議案，請求股東會決議時，應就合併有關事項作成合併契約，提出於股東會（公三一七Ⅰ前）。此之合併契約，應以書面為之，並記載下列事項（公三一七之一Ⅰ）：

　　1.合併之公司名稱，合併後存續公司之名稱或新設公司之名稱。

　　2.存續公司或新設公司因合併發行股份之總數、種類及數量。

　　3.存續公司或新設公司因合併對於消滅公司股東配發新股之總數、種類及數量與配發之方法及其他有關之事項。

　　4.對於合併後消滅之公司其股東配發之股份不滿一股應支付現金者，其有關規定。

　　5.存續公司之章程需變更者或新設公司依第一二九條應訂立之章程。

　　上述之合併契約書，應於發送合併承認決議股東會之召集通知時，一併發送於股東（公三一七之一Ⅱ），俾股東對應否同意合併，作一正確判斷。

　　依本法之規定，股份有限公司之合併，應有代表股份總數三分之二以上股東之出席，以出席股東表決權過半數之同意行之（公三一六Ⅰ後）。但公開發行股票之公司，出席股東之股份總數不足前項定額者，得以有代表已發行股份總數過半數股東之出席，出席股東表決權三分之二以上之同意行之（公三一六Ⅱ）。前二項出席股東股份總數及表決權數，章程有較高之規定者，從其規定（公三一六Ⅲ）。此之合併之主體，均以公司組織合併為限。倘非公司之組織將資產作價併入，應依一般增資之規定辦理❺⑦。

　　㈡**不同意合併之股東股份收買請求權**　股東在集會前或集會中，以書面表示異議，或以口頭表示異議經記錄者，得放棄表決權，而請求公司

---
❺⑦　經濟部 60.9.3 商字第 38456 號。

按當時公平價格，收買其持有之股份（公三一七Ⅰ），不得將異議股份實行減資退還資金❸，此為少數股東權之一。請求收買期間、請求價格裁定期間，準用本法第一八七條及第一八八條之規定（公三一七Ⅲ）。

㈢**編造資產負債表及財產目錄**　公司決議合併時，應即編造資產負債表及財產目錄（公三一九準公七三Ⅰ）。

㈣**合併之公告及通知**　股份有限公司為合併之決議後，應即向各債權人分別通知及公告，並指定三十日以上期限，聲明債權人得於期限內提出異議（公三一九準公七三Ⅱ）。公司不為前述之通知及公告，或對於在指定期限內提出異議之債權人不為清償，或不提供相當擔保者，不得以其合併對抗債權人（公三一九準公七四）。

㈤**合併後存續或新設公司應循之程序**　公司合併後，存續公司之董事會，或新設公司之發起人，於完成催告債權人程序後，其因合併而有股份合併者，應於股份合併生效後，其不適於合併者，應於該股份為處分後，分別依下列程序行之（公三一八Ⅰ）：

1.存續公司，應即召集合併後之股東會，為合併事項之報告，其有變更章程必要者，並為變更章程。

2.新設公司，應即召開發起人會議，訂立章程。

無論為存續公司或新設公司，其章程之訂立，均不得違反合併契約之規定（公三一八Ⅱ）。

㈥**合併之登記**　申請合併登記之期限，應檢附之文件與書表及其他相關事項，由中央主管機關定之(公三八七Ⅰ)。據此依公司登記辦法規定辦理：

1.存續之公司為變更之登記。

2.消滅之公司為解散之登記。

3.另立之公司為設立之登記。

三、簡易合併（控制公司與從屬公司之合併）

㈠**簡易合併之意義**　控制公司持有從屬公司百分之九十以上已發行股份者，其合併之決議，不適用第三一六條第一項至第三項有關股東會決

---

❸　經濟部 59.1.24 商字第 54103 號。

議之規定（公三一六之二 I）。其立法意旨，基於關係企業控制公司合併其持有大多數股份之從屬公司時，對公司股東權益較不生影響，為便利企業經營策略之運用，控制公司及從屬公司得以董事會之特別決議為合併之決議，並得不召開股東會為合併契約之承認。參照美國模範公司法第 11.04 條關於簡易合併之規定，控制公司及從屬公司得不召開股東會，以節省勞費，爰增訂本條第一項，為簡易合併之規範❺❺。又依前揭規定得不召開股東會之控制公司，但因合併而有公司章程應修正者，仍應依第二七七條規定辦理(公三一六之二Ⅵ)。是以因合併註銷交叉持股而須減少章訂資本總額者，自應於合併基準日前召開股東會修正章程，始符合法定程式❺❺⓪。

(二)簡易合併之程序

1. **董事會之特別決議合併**　得經控制公司及從屬公司之董事會以董事三分之二以上出席，及出席董事過半數之決議，與其從屬公司合併。

2. **通知股東，對不同意合併股東收買請求權**　從屬公司董事會為合併決議後，應即通知其股東，並指定三十日以上期限，聲明其股東得於期限內提出書面異議，請求從屬公司按當時公平價格，收買其持有之股份（公三一六之二 II）。從屬公司股東與從屬公司間依前項規定協議決定股份價格者，公司應自董事會決議日起九十日內支付價款；其自董事會決議日起六十日內未達協議者，股東應於此期間經過後三十日內，聲請法院為價格之裁定（公三一六之二Ⅲ）。其立法意旨為保障從屬公司之少數股東之權益，參酌第三一七條第二項準用第一八七條及第一八八條規定，增訂本條第二項及第三項❺❻①。第二項從屬公司股東收買股份之請求，於公司取銷合併之決議時，失其效力。股東於第二項及第三項規定期間內不為請求或聲請時，亦同（公三一六之二Ⅳ）。此明定從屬公司股東原依第二項請求收買其持有之股份，於公司決議取銷合併時，已無異議對象，其請求於該項決議時即失其效力❺❻②。

---

❺❺　民國 90 年公司法第 316 條之 2 第 1 項修正理由一。

❺❻⓪　經濟部 91.2.27 經商字第 0910209280 號。

❺❻①　民國 90 年公司法第 316 條之 2 第 2 項、第 3 項修正理由二。

第三一七條有關收買異議股東所持股份之規定，於控制公司不適用之（公三一六之二Ⅴ）。此乃因公司進行簡易合併時，控制公司依一般公認會計原則，應與其持有超過百分之九十以上已發行股份之從屬公司編製合併財務報表，故控制公司合併該等從屬公司時，對於控制公司之財務狀況及控制公司之股東權益並無重大影響，故已於第一項規定得不召開控制公司股東會。準此，增訂第五項明定第三一七條有關收買異議股東所持股份之規定於控制公司不適用之❺❻❸。

控制公司因合併而修正其公司章程者，仍應依第二七七條規定辦理（公三一六之二Ⅵ）。

按控制公司如因合併而導致修正章程之部分，仍須依第二七七條規定辦理，增訂第六項❺❻❹。

所謂依第二七七條規定辦理，即公司非經股東會決議，不得變更章程（公二七七Ⅰ）。前項股東會之決議，應有代表已發行股份總數三分之二以上之股東出席，以出席股東表決權過半數之同意行之（公二七七Ⅱ）。公開發行股票之公司，出席股東之股份總數不足前項定額者，得以有代表已發行股份總數過半數股東之出席，出席股東表決權三分之二以上之同意行之（公二七七Ⅲ）。前二項出席股東股份總數及表決權數，章程有較高之規定者，從其規定（公二七七Ⅳ）。

四、公司合併之效果

㈠**一般效力**　請參閱本論第一章第十一節公司之合併第五、公司合併之效力。

㈡**股份收買與股份轉換**　按股東就股東會承認合併契約，在集會前或集會中以書面表示異議，係屬股份收買事宜，至表示異議股東之股份收買價格於「合併基準日」後議定或裁定，與股份之銷除，係屬二事。又依最高法院六九年臺上字第二六一三號判決略以：「法院裁定公司收買股份之

---

❺❻❷　民國 90 年公司法第 316 條之 2 第 4 項修正理由三。

❺❻❸　民國 90 年公司法第 316 條之 2 第 5 項修正理由四。

❺❻❹　民國 90 年公司法第 316 條之 2 第 6 項修正理由五。

價格非自裁定起即生股份移轉之效力」。是以，股份之移轉效力，自價款交付時生效。即對於合併異議股東之股份於股份轉換時，已支付價款並收買其股份之情形，自排除其參與股份轉換，惟如於「股份轉換基準日」時，對異議股東之股份如未完成價款之交付，自得轉換股份❺❺。

㈢**給予租稅優惠及虧損之扣除** 為促進公司合理經營，對於公司合併應給予優惠，以鼓勵公司進行合併，提高其競爭力，創造更有利的投資環境❺❻。舊公司法第三一七條之三規定公司合併租稅優惠，但民國九十四年八月修訂之公司法將之刪除。其刪除理由，係租稅優惠之規定，企業併購法及促進產業升級條例已有明文，毋庸於公司法重複規定。又公司法係規範公司內部組織運作及設立登記事宜之法律，租稅優惠規定植入公司法中，與公司法體例不合，該條爰予刪除。惟公司合併，其租稅之優惠及虧損之扣除，影響其成敗甚鉅，故就企業併購法有關規定，述之於下：

1.**租稅優惠**

⑴公司進行分割或依第二十七條至第三十條規定收購財產或股份，而以有表決權之股份作為支付被併購公司之對價，並達全部對價百分之六十五以上，或進行合併者，適用下列規定（企併三九Ⅰ）：

①所書立之各項契據憑證，免徵印花稅。

②取得不動產所有權者，免徵契稅。

③其移轉之有價證券，免徵證券交易稅。

④其移轉貨物或勞務，非屬營業稅之課徵範圍。

⑤公司所有之土地，經申報審核確定其土地移轉現值後，即予辦理土地所有權移轉登記。其依法由原土地所有權人負擔之土地增值稅，准予記存於併購後取得土地之公司名下；該項土地再移轉時，其記存之土地增值稅，就該土地處分所得款中，優先於一切債權及抵押權受償。

⑵依前項第五款規定記存土地增值稅後，被收購公司或被分割公司於該土地完成移轉登記日起三年內，轉讓該對價取得之股份致持有股份低於

---

❺❺ 經濟部 92.12.16 經商字第 09202250560 號。

❺❻ 民國 90 年公司法第 317 條之 3 的立法理由。

原取得對價之百分之六十五時，被收購公司或被分割公司應補繳記存之土地增值稅；該補繳稅款未繳清者，應由收購公司、分割後既存或新設公司負責代繳（企併三九II）。

　　2.公司合併虧損之扣除

　　⑴公司合併，其虧損及申報扣除年度，會計帳冊簿據完備，均使用所得稅法第七十七條所稱之藍色申報書或經會計師查核簽證，且如期辦理申報並繳納所得稅者，合併後存續或新設公司於辦理營利事業所得稅結算申報時，得將各參與合併之公司於合併前，依所得稅法第三十九條規定得扣除各期虧損，按各該公司股東因合併而持有合併後存續或新設公司股權之比例計算之金額，自虧損發生年度起十年內從當年度純益額中扣除（企併四三I）。

　　⑵公司與外國公司合併者，合併後存續或新設之公司或外國公司在中華民國境內設立之分公司，得依前項規定扣除各參與合併之公司或外國公司在中華民國境內設立之分公司合併前尚未扣除之虧損額（企併四三II）。

五、公司合併與讓與全部營業或財產之比較

　　公司合併與讓與全部營業或財產，均屬企業結合型態之一。二者均須經股東會特別決議同意行之（公三一六、一八五）；且股東對於股東會決議表示異議者，得請求公司收買其持有之股份（公三一七、一八六），但公司合併（前者）與讓與全部營業或財產（後者）仍有不同如下：

　　㈠**性質不同**　前者為團體法上之契約（公三一七之一）；後者為普通債權法之契約。

　　㈡**股東收買請求權要件不同**　前者股東於股東會集會前或集會中，書面表示異議或口頭表示異議經紀錄並放棄表決權（公三一七），而股東會決議解散者；後者股東於股東會決議前書面通知公司反對之意思，並於股東會已為反對，以及股東會未決議解散僅決議營業讓與而已（公一八五I）。

　　㈢**對債權人保護之方式不同**　前者公司合併之結果，消滅公司之債權債務當然移轉合併後存續或另立之公司（公三一九準公七五），故為保護公司債權人設有債權人之異議及保護規定（公三一九準公七四至七五）；至

於後者依民法債務承受之規定處理，亦即須債權人之同意，因而無事前保護之規定。

㈣**是否須解散之不同** 前者被吸收公司或消滅公司而當然解散，但毋庸經清算程序；至於營業讓與並非法定之解散原因（公三一五），然如因營業或財產全部讓與而致解散時，仍須經股東會特別決議解散後，並應進行清算程序。

㈤**效力不同** 前者合併後消滅公司之財產為存續公司或創設公司所概括繼受，故無個別之移轉行為；至於後者屬於兩公司之單純債權契約，故須個別之財產移轉行為，亦得特約約定不移轉之範圍。

㈥**股東股權是否變動不同** 前者消滅公司之股東當然成為存續公司或新設公司之股東（公三一七之一Ⅰ3）；後者讓與公司之股東並不發生移轉成為被讓與公司之股東。

第三、股份有限公司之分割

一、股份有限公司分割之意義

係指將具有法人人格之獨立公司，分割成為二或二以上之具有法人人格之公司，而在分割後由被分割之股東取得分割法人公司之股份。此相對公司合併而言，非僅有公司財產之分析而已。我國公司法對此未作規定，惟外國法例，如日本商法（日本商法三七四之一六至三一，有限公司法之六三之二、之三）及美國法例均有之，可供我國參考。

二、公司分割之種類

㈠**就分割次數為分類標準**

1.一次分割 係指經股東會一次之決議，將公司分割為數獨立之公司而言。

2.分次分割 係指母公司先設立一子公司，然後再將母公司部分營業讓與子公司，母公司之股東按股份比例，取得子公司之股份謂之。

㈡**就分割後公司是否存續為分類標準**

1.存續分割 係指被分割公司於分割後仍存續，其人格並未消滅。

2.消滅分割　係指被分割公司分割後因解散而法人人格消滅謂之。

㈢就公司被分割後之去向為分類標準

1.單純分割　即新設分割，係指被分割部分在分割後成為一新設獨立法人之公司謂之。

2.分割合併　即吸收分割合併，係指被分割部分在分割後為他公司所吸收合併謂之。

㈣就分割後公司之股份或出資是否依原比例為分類標準

1.按比例分割　係指分割後之公司股東持股或出資，均依原公司之股東股份或出資比例分配謂之。

2.非按比例分割　係指分割後之公司股東持股或出資非依原公司股東持股或出資比例分配謂之。

三、公司分割之程序

㈠董事會作成分割計畫　董事會應作成分割計畫（公三一七Ⅰ前），分割計畫應以書面為之，並記載下列事項（公三一七之二Ⅰ）：

1.承受營業之既存公司章程需變更事項或新設公司章程。

2.被分割公司讓與既存公司或新設公司之營業價值、資產、負債、換股比例及計算依據。

3.承受營業之既存公司發行新股或新設公司發行股份之總數、種類及數量。

4.被分割公司或其股東所取得股份之總數、種類及數量。

5.對被分割公司或其股東配發之股份不滿一股應支付現金者，其有關規定。

6.既存公司或新設公司承受被分割公司權利義務及其相關事項。

7.被分割公司之資本減少時，其資本減少有關事項。

8.被分割公司之股份銷除所需辦理事項。

9.與他公司共同為公司分割者，分割決議應記載其共同為公司分割有關事項。

上述第四款規定，分割計畫應以書面記載被分割公司或其股東所取得

股份之總數、種類及數量。準此，承受營業之新設公司得發行股份予被分割公司或被分割公司之股東。復依同法第三一七條第二項規定：「他公司為新設公司者，被分割公司之股東會視為他公司之發起人會議，得同時選舉新設公司之董事及監察人」。是以，承受營業之新設公司之章程，應由被分割公司之股東會以特別決議訂定之，其章程無須經新設公司之全體發起人簽名或蓋章。又被分割公司因分割而須減少資本者，應依同法第一六八條規定按股東所持股份比例減少之[567]。

上述第七款規定被分割公司之資本減少時，其資本減少有關事項亦應於分割計畫中記載。又被分割公司為減資之程序時，自應依同法第一六八條第一項之規定，依股東所持股份比例減少之[568]。

又按「企業併購法」第二條第一項規定，公司之併購，依該法之規定，該法未規定者，依公司法之規定。復依該法第三十二條第七項規定，他公司為新設公司者，被分割公司之股東會視為他公司之發起人會議，得同時選舉新設公司之董事及監察人，不適用公司法第一二八條至第一三九條、第一四一條至第一五五條規定。因此其餘申請分割新設公司設立登記，得免附發起人之身分證明文件[569]。

前項分割計畫書，應於發送分割承認決議股東會之召集通知時，一併發送於股東（公三一七之二II）。

㈡**發送分割計畫及股東會之召集通知書**　分割計畫作成後，應隨股東會之召集通知書一併發送於股東（公三一七之二II）。

㈢**股東會之召集及決議**

1.**分割不得以臨時動議提出**　公司分割之事項，應於召集事由中列舉，不得以臨時動議提出（公一七二V）。

2.**以特別決議為之**　依本法規定，股東會對於公司分割之決議，應有代表已發行股份總數三分之二以上股東之出席，以出席股東表決權過半數

---

[567] 經濟部 91.4.2 經商字第 09102052990 號。

[568] 經濟部 91.3.27 經商字第 09102039650 號。

[569] 經濟部 92.11.18 經商字第 09202226580 號。

之同意行之（公三一六 I）。公開發行股票之公司，出席股東之股份總數不足前項定額者，得以有代表已發行股份總數過半數股東之出席，出席股東表決權三分之二以上之同意行之（公三一六 II）。前二項出席股東股份總數及表決權數，章程有較高之規定者，從其規定（公三一六III）。

四、公司分割之效果

(一)**租稅優惠**　其情形與公司合併同，詳閱前述公司合併之效力。

(二)**虧損之扣除**　公司分割時，既存或新設公司，得依第一項規定，將各參與分割公司分割前尚未扣除之虧損，按股權分割比例計算之金額，自其純益額中扣除。既存公司於計算可扣除之虧損時，應再按各參與分割公司之股東分割後持有既存公司之股權之比例計算之（企併四三III）。

第十一節　股份有限公司之清算

第一、概　說

股份有限公司於決議解散前，不適用關於清算之規定❺⓪。惟解散後，於清算範圍內，視為尚未解散（公二五），此時必須適用清算程序。關於股份有限公司解散之原因，除因合併、分割或破產而解散外，應行清算（公二四）。按股份有限公司係資合之公司，其股東人數眾多，且均負有限責任，為維護交易之安全，關於其清算程序本法規定較為嚴格，其清算機關除清算人外，尚有監察人及股東會。是故與無限公司之為人合公司，而股東負連帶無限責任，其解散得為任意清算，而清算機關，以清算人為限，有所不同。因此現行本法規定股份有限公司之清算有普通清算與特別清算兩種程序，而特別清算事項，本法規定於「特別清算」內，未規定者，仍準用普通清算之規定（公三五六）。

---

❺⓪　24 年院字第 1209 號。

第二、清算中之公司機關

一、普通清算

普通清算之機關，有清算人、監察人、股東會等三機關。至執行業務之董事已因公司解散而退職，其職務則由清算人執行，而監察人及股東會之行使職權，則以清算事務為限。清算人執行清算事務之範圍，除本節另有規定外，其權利義務與董事同（公三二四）。

二、特別清算

特別清算之機關，有清算人、債權人會議、監理人等三機關。除在性質許可範圍內，得準用普通清算之規定外，其清算人之任免及職務與權限，均設有特別規定。

第三、普通清算

一、普通清算之意義

普通清算者，乃股份有限公司因破產或合併以外之事由而解散時，依一定方法處分公司財產，以了結公司法律關係之程序。

二、清算人之任免及報酬

(一)**清算人之選任**　有下列四種：

1. **法定清算人**　股份有限公司之清算，以董事充任清算人為原則（公三二二 I），謂之法定清算人。所謂董事，係指全體董事而言，縱令原設有執行業務代表或代表公司之董事者，亦同。

2. **章程訂定之清算人**　股份有限公司之章程，原已規定公司解散時之清算人者，從其規定（公三二二 I 但）。

3. **選任清算人**　章程如未定清算人者，股東會得另選清算人（公三二二 I 但）。

4. **選派清算人**　章程未定清算人，股東會亦未選任清算人，董事又因故不能任清算人者，法院得因利害關係人之聲請，選派清算人。至於保險公司之解散，其清算人由主管機關選派，乃保險法第一四九條第三項所明定。

　　前述清算人應於就任後十五日內，將其姓名、住所或居所及就任日期，向本公司所在地之地方法院聲報（公三三四準公八三 I），其聲請程序，適用非訟事件法之規定。清算人如係由法院選派時，則應公告之（公三三四準公八三III）。又公司法第二〇八條之一規定之臨時管理人係代行董事長及董事會職權，公司經廢止登記後，應行清算，而清算中之公司，應選任清算人執行清算事務，無選任臨時管理人之情事㉑。

　　㈡**清算人之解任**　茲分下列二項述之：

　　1.**股東會決議之解任**　清算人除由法院選派者外，得由股東會以普通決議解任（公三二三 I）。

　　2.**法院裁定解任**　法定清算人、股東會選任之清算人及法院選派之清算人，法院均得因監察人或繼續一年以上持有已發行股份總數百分之三以上股東之聲請，將之解任（公三二三 II）。法院認公司解散後之清算人有違法或不稱職，而有解除任務之必要者，得解除其任務㉒。解任時，應公告之（公三三四準公八三III）。前述清算人之解任，應由監察人於十五日內向法院聲報（公三三四準公八三 II）。此項十五日，宜以清算人就任之日為清算起算日，惟因清算屬法院職權，仍需逕向該管轄法院洽詢㉓。普通清算之清算人就任或解任，未向法院聲報者，於清算完結後，無法依本法第三三一條第四項為清算完結之申報，其公司人格無從消滅，但其清算程序仍屬有效。但依本法第三三四條準用第八十三條第四項之規定，各處清算人新臺幣三千元以上一萬五千元以下罰鍰。又民法第四十二條第一項規定，法人之清算，屬於法院監督，法院得隨時為監督上必要之檢查及處分。是以公司之清算人違反應於就任後十五日內向法院聲報其姓名、住居所及就

㉑　經濟部 93.11.19 經商字第 09302403100 號。

㉒　參閱司法院 25 年院字第 1411 號：「公司法（舊）第二百零六條第二項，乃就法院未認清算人有解任之必要時，特設之規定。倘法院認公司解散後之清算人有違法或不稱職情事而有解除任務之必要，自得依民法總則第三十九條之規定解除其任務。」

㉓　經濟部 91.5.17 經商字第 09100116720 號。

任日期之規定，是否依公司法第三三四條準用第八十三條第四項裁處罰鍰，係屬法院職權，宜由受理公司清算人呈報清算事件之法院查處辦理❺⃝。

㈢**清算人之報酬**　清算人之報酬，由法院選派者，應由法院決定之。非由法院選派者，由股東會議定（公三二五Ⅰ）。清算費用及清算人之報酬，由公司現存財產中儘先給付（公三二五Ⅱ）。其效力應優先於擔保物權，否則無人願與清算中之公司為法律行為，將妨礙清算程序之進行。法人之清算，屬法院監督職權（民四二），因此清算費用及清算人之報酬疑義，逕洽詢該清算公司管轄之法院❺⃝。至於保險公司之清算，依保險法規定，清算人之報酬及因執行職務所生之費用，由清算之保險業負擔，並優先於其他債權受清償。此項報酬，應報請主管機關核定（保一四九之五）。此之主管機關，即指行政院金融監督管理委員會保險局。

三、清算人之職務與權限

㈠**清算人之職務**　茲分下列八項述之：

1.檢查公司財產　清算人就任後，應即檢查公司財產情形，造具資產負債表及財產目錄，於股東會集會前十日送經監察人審查。並於提請股東承認後，即報法院。有妨礙、拒絕或規避清算人檢查行為者，各處新臺幣二萬元以上十萬元以下罰鍰（公三二六）。清算人造具表冊為虛偽記載者，依刑法有關規定處罰。

2.了結現務　清算人於就任後，應了結公司解散時，已經開始尚未終了之事務（公三三四準公八四Ⅰ）。又本法第八十四條第二項但書所稱「將公司營業包括資產負債轉讓於他人時，應得全體股東之同意」之規定，係指無限公司而言。倘股份有限公司之清算人將公司營業包括資產負債轉讓於他人時，依同法第三三四條準用第八十四條之規定，以經同法第一八五條第一項特別決議即得行之，上開條項但書「……應得全體股東同意」之規定，與股份有限公司之性質不合，自不宜準用之❺⃝。

❺⃝　經濟部 92.1.10 經商字第 09202000720 號。

❺⃝　經濟部 93.9.7 經商字第 09302146740 號。

❺⃝　最高法院 91 年臺上字第 2137 號。

3.**召集股東會** 清算人依規定造具資產負債表及財產目錄後，應即提交股東會請求承認（公三二六I）。清算完結時，清算人應於十五日內，造具清算期內收支表、損益表、連同各項簿冊，送經監察人審查後，並提請股東會請求承認（公三三一I）。

4.**公告催報債權** 清算人於就任後，應即以三次以上之公告，催告債權人於三個月內申報其債權，並應聲明逾期不申報者，不列入清算之內，但為清算人所明知者，不在此限。債權人為清算人所明知者，並應分別通知之（公三二七）。

5.**收取債權** 公司對於第三人享有債權者，清算人應予收取（公三三四準公八四I2）。在公司解散前，股東未繳之股款，已經催告者，其與通常債權相同，亦應一併收取。

6.**清償債務** 其清償方法如下：

⑴清算人清償公司債務，應於公告申報債權期限屆滿後為之。在申報期限內，不得對任何債權人為清償，但對於有擔保之債權，經法院許可者，不在此限（公三二八I）。

⑵公司對於期限屆滿之債權未為清償者，仍應負遲延給付之損害賠償責任（公三二八II）。

⑶惟公司之資產顯足抵償負債者，對於前述足致損害賠償責任之債權，得經法院許可後先行清償（公三二八III）。

7.**分派賸餘財產** 清算人將公司已有財產清償債務後，賸餘之財產，應按各股東股份比例分派；但公司發行特別股，而章程另有訂定者，從其訂定（公三三〇）。清算人非清償公司債務後，不得將公司財產分派於各股東，如有違反之而分派公司財產時，各處一年以下有期徒刑、拘役或科或併科新臺幣六萬元以下罰金（公三三四準公九〇）。

8.**聲請宣告破產** 公司財產不足清償其債務時，清算人應即聲請宣告破產（公三三四準公八九I）。俟法院宣告破產時，清算人移交其事務與破產管理人時，其職務即為終了（公三三四準公八九II）。清算人如違反規定，不即聲請宣告破產者，各處新臺幣二萬元以上十萬元以下罰鍰（公三三四

準公八九III)。

(二)清算人之權限

1.清算人在執行職務之範圍內，除將公司營業包括資產負債轉讓於他人時，應得全體股東同意外，有代表公司為訴訟上或訴訟外一切行為之權（公三三四準公八四II）。依本法第八條規定之公司清算人，在執行其職務之範圍內，亦為公司之負責人。因此清算人就公司事務為訴訟行為時，應記載為「某某公司法定代理人」。

2.清算人有數人時，得推定一人或數人代表公司，其推定之代表人應於就任後十五日內向本公司所在地法院聲報，如未能推定時，各有代表公司之權。關於清算事務之執行，取決於過半數之同意（公三三四準公八五）。

3.對於清算人代表權所加之限制，不得對抗善意第三人（公三三四準公八六）。

四、清算人之權利義務

(一)**清算人之權利**　清算人與公司之關係，基於委任契約，故依委任之法律關係定之。在執行清算事務之範圍內，其一切權利與董事同（公三二四）。是以清算人得請求報酬，其報酬數額，除由法院選派者，由法院決定外，餘均由股東會議定之。清算費用及清算人之報酬，由公司現存財產儘先給付（公三二五）。

(二)**清算人之義務**　依本法第二十五條規定，解散之公司，於清算範圍內，視為尚未解散。因此公司於解散後，清算完結以前，其法人之資格，仍視為存續。惟其權利能力僅限於以清算為目的之範圍以內，故清算中之公司，如逾越清算目的所為之法律行為，公司不能享受或負擔，亦即對公司不生法律上之效力，應由清算人負賠償損害之責任。清算人對公司之義務，亦應依委任之規定，對執行之職務，應遵守法令章程及股東會之決議，故本法第三二四條規定「清算人於執行清算事務之範圍內，除本節有規定外，其權利義務與董事同。」惟監察人不得兼任董事（公二二二），故監察人亦不得兼任清算人。因公司清算中，監察人如辭職或死亡，仍應補選❺⑦。

---

❺⑦　經濟部 92.12.24 經商字第 09202263550 號。

清算人應於六個月內完結清算，不能於六個月內完結清算時，清算人得申敘理由聲請法院展延（公三三四準公八七III）。清算人遇有股東詢問時，應將清算情形隨時答覆（公三三四準公八七V）。為使清算程序迅速完結，本法規定清算人不於前述規定期限內清算完結者，各處新臺幣一萬元以上五萬元以下罰鍰（公三三四準公八七IV），以示警戒。

五、清算之完結

(一)**清算完結之期限**　準用無限公司，原則上應於六個月內完結清算之規定（公三三四準公八七III）。

(二)**清算完結時清算人之工作**　清算完結時，清算人應於十五日內造具清算期內收支表、損益表連同各項簿冊，送經監察人審查，並提請股東會承認（公三三一I）。股東會並得另選檢查人，檢查前項簿冊是否確當（公三三一II）。對於此項之檢查有妨礙、拒絕或規避行為者，各科新臺幣二萬元以上十萬元以下罰鍰（公三三一VI）。簿冊經股東會承認後，除清算人有不法行為外，視為公司已解除清算人之責任（公三三一III）。其清算期內收支表及損益表，並應於股東會承認後十五日內，向法院聲請（公三三一IV）。清算人違反上述聲請限期之規定時，各處新臺幣一萬元以上五萬元以下罰鍰（公三三一V）。至於公司清算終結，各股東原持有之股票是否應通知收回註銷，本法並無規定，公司可視情形自行處理❻❼❽。

(三)**簿冊文件之保存**　公司之各項簿冊文件，應自清算完結聲報法院之日起，保存十年。其保存人，由清算人及其他利害關係人聲請法院指定之（公三三二）。依非訟事件法第八十八條規定，對於法院依公司法規定指定公司簿冊及文件保存人之裁定，不得聲明不服。其程序之費用，由公司負擔。

(四)**重行分派財產**　清算完結後，如有可以分派之財產，法院因利害關係人之聲請，得選派清算人重行分派（公三三三）。對此並無期間之限制。

---

❻❼❽　經濟部 66.3.4 商字第 0524 號。

第四、特別清算

一、特別清算之意義

特別清算者，解散之股份有限公司，於實行普通清算發生顯著之障礙時，法院依債權人或清算人或股東之聲請或依職權命令公司開始特別清算，或公司負債超過資本，有不實之嫌疑時，由清算人之聲請而開始特別清算程序（公三三五）。法院此項命令，應以裁定為之；法院為特別清算之裁定前，應訊問利害關係人；裁定應附理由（非訟一八九準非訟一七二）。按本法特別清算，乃仿日本商法立法例而設❺❼❾，採取法院公權力干涉清算及認許公司債權人干預清算，而對清算人之權限加以縮減。按公司負債超過資本，即屬於破產法第一條所規定「債務人不能清償債務者」而得為宣告破產之原因。惟破產程序繁複，且需時較久，對債權人反而不利，故本法設特別清算程序，介於普通清算程序與破產程序之間，以補破產程序之缺點。本法未如日本商法規定特別清算程序得為破產程序中止之原因❺❽⓪，因此公司如已進行破產程序，則不得再開始特別清算程序。然依本法第三三五條之立法意旨觀之，在特別清算程序之開始後，在協定不可能或協定實行上不可能前，法院不得為破產之宣告，否則本法對特別清算之規定，形同虛設。倘確實的協定不可能或協定實行上不可能，此時法院不待聲請，應依職權而為破產之宣告。

---

❺❼❾　參閱日本商法第 431 條至第 456 條之規定。

❺❽⓪　參閱日本商法第 433 條：「第三八二條至第三八五條之規定，於特別清算之情形準用之。」至於日本商法第 383 條：「法院於有開始整理之聲請或通告，認為必要時，得中止破產程序、和解程序及企業擔保權之實行程序。
有開始整理之命令者，不得再為破產或和解之聲請，或對於公司財產為強制執行、假扣押、假處分或為企業擔保權之實行。破產程序、和解程序及已開始之強制執行、假扣押、假處分及企業擔保權之實行程序，應即中止之。
開始整理之命令確定時，依前二項規定所中止之程序，於與整理之關係喪失其效力。」

二、特別清算發生之原因

關於此，學者亦謂為特別清算之實質要件。依本法第三三五條規定，特別清算發生之原因如下：

(一)**普通清算之實行發生顯著之障礙時**　本法第三三五條第一項雖未明定普通清算，然若無普通清算程序之進行，自無發生清算之實行有顯著之障礙可言。同時普通清算程序發生顯著之障礙時，恆有強制執行或破產等程序存在，為使特別清算程序得順利進行，本法第三三五條第二項特別規定關於破產、和解及強制執行程序當然停止之規定，於特別清算準用之。所謂發生顯著之障礙者，指清算之實行，遇有法律上或事實上顯著障礙，無法依清理方針，順利完結清算而言。所謂法律上之顯著障礙者，如債權人已獲有執行名義，對公司之財產已進行強制執行查封程序，或公司部分財產已非由公司占有，致無法處分等事由。所謂事實上之顯著障礙者，如處分公司財產無法變現，或乏人問津，或公司之財產業已滅失，且無損害賠償請求權者等事由而言。

(二)**公司負債超過資產有不實之嫌疑時**　例如所負之債額並非真正，係勾串而為申報之假債權，或雖有債權，而其數額並不實；或帳面上資產價值較市價為低等情事。論者有謂此一原因，不僅限於負債超過資產有不實之嫌疑，亦可類推適用於資產超過負債有不實之嫌疑。至於公司資產，形式上雖超過負債，但實際上是否超過有疑問時，亦應屬於特別清算之原因。

三、特別清算程序之開始

此亦即特別清算程序之形式要件，須由法院依職權或依聲請命令開始特別清算程序。茲述之於下：

(一)**法院依聲請命令開始特別清算程序**　茲分下列二項述之：

1.因普通清算之實行發生顯著之障礙為特別清算之原因者，法院依債權人或清算人或股東之聲請而開始（公三三五前），故不論普通股股東抑特別股股東，債權人有無擔保均得為之。惟清算人有數人時，解釋上似應依本法第三三四條準用第八十五條第一項之規定，先經清算人過半數之同意，

始向法院為之。蓋因普通清算程序轉為特別清算程序，事關公司重大，應如此以示慎重。

2.因負債超過資產，有不實嫌疑為特別清算原因者，其聲請人僅限於普通清算之清算人（公三三五後）。

法院依上開聲請而命令公司開始特別清算前，應訊問利害關係人（非訟一八九準非訟一七二II），其命令以裁定行之。法院對於收買股份價格事件之裁定，應附理由，並得抗告，抗告中應停止執行（非訟一八九準非訟一八二IV）。前述之裁定應公告之，但無庸送達（非訟一八九準非訟一八八I）。

㈡**法院依職權命令開始特別清算程序**　茲分下列三項述之：

1.公司如有法定特別清算原因，不論其為清算之實行，發生顯著障礙，或負債超過資產有不實之嫌疑，法院在職權上知悉時，均得依職權命令開始特別清算。

2.公司負債超過資產，有不實之嫌疑時，其聲請權人雖限於清算人，但其他利害關係人，如債權人或股東於認為公司有此項特別清算原因，則不妨向法院陳述意見，促請法院為職權之發動。

3.公司之監督機關或其他事業主管機關，雖無此項聲請權，但亦可向法院陳述意見，促請法院為職權之發動。

㈢**特別清算程序開始前之保全處分**　法院得依有聲請權人之聲請或依職權於命令開始特別清算前，為下列保全處分（公三三六）：

1.公司財產之保全處分　例如禁止公司就其財產為處分行為或設定負擔。

2.記名式股份轉讓之禁止。

3.基於公司發起人、董事、監察人、經理人或清算人責任所生之損害賠償請求權，對其財產為保全處分。

四、特別清算程序中之機關

㈠**清算人（即特別清算人）**

1.清算人之任免　特別清算人之選任與解任，本法未作特別規定，原

則上準用普通清算之規定（公三五六）。惟特別清算程序開始之原因，清算人本身即與有責任，如仍以之為清算人，難期為公平誠實之清算，故不論其清算人係如何產生，有重大事由時，法院均得解任之。因解任或其他原因而生之清算人缺額，或有增加人數之必要時，由法院選派之（公三三七）。所謂「缺額」，係指法院解任後之缺額，或其他原因如死亡等情事而生之缺額而言。至於所謂「增加人數之必要」，係指清算事務過於繁雜，原有清算人數不足而言。是故特別清算程序，除由原有清算人繼續執行清算事務外，如有變動，僅限於法院選派清算人而已。

　　2.**清算人之職務**　清算人之職務，除於普通清算程序中，清算人之職務性質許可範圍內，亦可準用外（公三五六），其在特別清算程序中，尚有下列特別職務：

　　⑴聲請法院在開始特別清算前為保全處分　清算人得於命令開始特別清算前，聲請法院對公司財產、公司負責人之財產為保全處分，及記名式股份轉讓之禁止處分（公三三六、三三九、三五四Ⅰ1、2、6）。

　　⑵清算事務之報告及調查　依法院之命令為清算事務及財產狀況之報告，並得為其他清算監督上必要之調查（公三三八）。

　　⑶依債務之比例清償　公司對於其債務之清償，應依其債權額比例為之，但依法得行使優先受償權或別除權之債權，不在此限（公三四○）。

　　⑷召集債權人會議　在特別清算程序中，清算人認為有必要時，有召集債權人會議之權（公三四一Ⅰ）。

　　⑸造具書表　造具公司業務及財產狀況之調查書、資產負債表及財產目錄，提交債權人會議（公三四四前）。

　　⑹陳述意見　就清算實行之方針與預定事項，向債權人會議，陳述其意見（公三四四後）。

　　⑺協定之提出或變更協定之建議　清算人得徵詢監理人之意見，對於債權人會議提出協定之建議（公三四七）。協定在實行上遇有必要時，清算人得提出變更其條件之建議於債權人會議（公三五一）。

　　⑻通知優先權人、別除權人列席參加　清算人認為作成協議有必要時，

請求優先權人或別除權人參加債權人會議（公三四九）。

(9)聲請法院檢查公司　依公司財產之狀況有必要時，清算人得聲請法院，命令檢查公司之業務及財產（公三五二 I）。

3.**清算人之權限**　普通清算，以自行清算為原則，而特別清算，不僅法院採積極之干涉態度，而且債權人亦參與監督，故對清算人執行清算之事務權限，亦加以縮小。清算人為下列行為之一時，應得監理人之同意（公三四六 I）：

(1)公司財產之保全處分　所謂處分，包括法律行為之處分與事實行為之處分。其處分不以動產或不動產為限。凡有經濟價值之財產均屬之。

(2)借款　公司在清算程序中，因清算費用或其他必要費用之支出均需款項，借款使用係使公司負債增加，故應得監理人之同意。

(3)訴之提起　訴訟之勝負，影響公司之財產甚鉅，故應得監理人之同意。此之訴訟，當指民事訴訟而言，不包括強制執行。

(4)成立和解或仲裁契約　和解須互相讓步，仲裁可能使公司受不利益之虞，故不得任意為之。此之和解，當指民法第七三六條至第七三八條有關和解之規定。至於仲裁契約一詞，係指當事人間之契約訂有仲裁條款者而言（仲三）。因「商務仲裁條例」於民國八十七年六月二十四日總統令修正名稱為「仲裁法」，並將仲裁契約修正為仲裁協議。所謂仲裁協議，係指有關現在或將來之爭議，當事人得訂立仲裁協議，約定由仲裁人一人或單數之數人成立仲裁法庭仲裁之（仲一 I）。

(5)權利之拋棄　拋棄權利，足致公司資產減少，自不許任意為之。

清算人所為上述五項行為，如其標的價額在資產總值千分之一以下者，與債權人利害關係不大，則不受限制（公三四六 I）。上述應經監理人同意之行為，如監理人不同意時，清算人可召集債權人會議決議之（公三四六 I 前）。惟召集債權人會議需時甚久，如有迫不及待之情形，得經法院之許可為上列之行為（公三四六 II）。清算人如未得監理人之同意，或未經債權人會議決議，或未經法院之許可而為前述行為時，應與公司對於善意第三人負連帶責任（公三四六 III）。關於普通清算程序中清算人將公司營業包括

資產負債轉讓他人時，應得全體股東同意之限制，於特別清算不適用之（公三四六IV）。蓋特別清算程序就清算人之權限，已有特別之限制。

　　㈡債權人會議

　　1.意義　債權人會議者，謂特別清算程序中，由公司債權人臨時集會，決定意思之最高機關。公司債權人往往人數眾多、意見紛紜，故本法特定債權人會議，以為債權人之意思機關。本法第三五六條規定：「特別清算事項，本目未規定者，準用普通清算之規定。」而普通清算程序得召開股東會（公三二二），本法並無排斥特別清算程序，不得召開股東會之規定，故公司股東會仍得召開。然則股東會之職權甚小，僅限於清算目的範圍內之公司事項，故其職權與債權人會議不同者，並無衝突。

　　2.構成員　茲分述於下：

　　⑴凡已經申報債權或為公司所明知債權之一般債權人，均為債權人會議之構成員。未在期限內申報之債權，又為清算人不知之債權，不列入清算之內，均非債權人會議之構成員（公三五六準公三二七）。有優先受償權或別除權之債權人，僅得由債權人會議之召集人通知其列席債權人會議徵詢意見，而無表決權（公三四二）。

　　⑵附條件之債權、附期限之債權、連帶債權或不可分之債權，亦應認為債權人會議之構成員（公二九六準破一○○至一○二、一○四、一○五）。

　　3.會議之召集　茲分述於下：

　　種類　債權人會議之召集，有下列三種（公三四二）：

　　①清算人自行召集　清算人於清算中認為必要時，得召集債權人會議（公三四一Ⅰ）。

　　②少數債權人請求清算人召集　占有公司明知之債權總額百分之十以上之債權人，得以書面載明事由，請求清算人召集債權人會議（公三四一Ⅱ）。所謂明知之債權總額，並非客觀存在之債權總額，僅指明知者即可。

　　③少數債權人自行召集　前述債權人請求清算人召集債權人會議，自其提出後十五日內，清算人不為召集時，得由債權人報請主管機關許可，自行召集（公三四一Ⅲ準公一七三Ⅱ）。

綜上所述，就本法第三四一條規定，清算人於清算中認有必要時，得召集債權人會議。占有公司明知之債權總額百分之十以上之債權人，得以書面載明事由，請求清算人召集債權人會議。又第三四五條規定，債權人會議，得經決議選任監理人，並得隨時解任之。依此等條文觀之，召集債權人會議及選任監理人，均曰「得」而非「應」，其規定似有彈性。惟事實上，如無債權人會議及監理人之設，則協定無法提出，而特別清算程序將成為無意義之事。因此事實上債權人會議及監理人，應為特別清算程序之必要機關。其次債權人會議，應由何人擔任主席，法無明文。解釋上，除第一次之會議係由清算人召集，應由清算人為主席外，其餘之債權人會議，應以債權人會議選任之監理人當任主席為宜。

4. **出席會議及表決權與其決議方法**

(1)出席及表決權　依法得為債權人會議之構成員者，除有優先受償權或有別除權之債權人外，在債權人會議均得出席而有表決權。優先債權人或有別除權之債權人，僅得列席債權人會議徵詢意見，而無表決權（公三四二）。債權人之出席不限於親自出席，委託他人代理出席亦可。

(2)決議方法　依本法第三四三條準用本法第二九八條第二項前段規定，債權人之表決權依其債權之金額比例定之。至於本法第二九八條第二項後段「股東表決權，依公司章程之規定」，並不在準用之內。在一般事項之決議，準用破產法第一二三條之規定，應有出席債權人過半數，而其所代表之債權額超過總債權額之半數之同意行之（公三四三）。但協定可決之決議，應有得行使表決權之債權人過半數之出席，及得行使表決權之債權總額四分之三以上之同意行之（公三五〇 I）。

5. **債權人會議之議事錄**　債權人會議應作成議事錄，該議事錄準用股東會關於議事錄之規定（公三四三準公一八三）。

6. **債權人會議之權限**　債權人會議之職權，依法有明文規定者如下：

(1)徵詢優先債權或別除權之債權人意見（公三四二）。

(2)查閱清算人造具公司業務及財產狀況之調查書、資產負債表及財產目錄，並聽取清算人陳述清算實行之方針與預定事項之意見（公三四四）。

(3)對監理人選任與解任之決議（公三四五）。

(4)清算人所為重要事項之同意（公三四六 I）。

(5)協定可決之決議（公三五〇）。

(6)變更協定條件之決議（公三五一）。

(三)**監理人**　茲分五點述之於下：

1.**意義**　監理人者，為保護公司債權人之共同利益，而代表債權人監督清算人執行特別清算事務之人。在債權人會議不開會期間，特別清算事務之監督，悉由監理人任之。

2.**立法理由**　債權人會議並非常設之機關，為保護債權人共同利益與代表債權人為清算實行之監督，故本法特設監理人。惟監理人非清算程序中之必要機關，其是否設置，由債權人會議酌情定之。

3.**資格**　債權人會議，得經決議選任監理人（公三四五）。至於監理人之資格，本法無明文規定。惟監理人既為保護債權人之共同利益而設，純屬債權人之機關，無公吏之性質，原則上似應由債權人中選任。但公司特別清算，涉及專門學識經驗，非一般人所能勝任，如債權人中無適當人選，參酌目前破產監查人之實務上見解，似亦可就債權人以外之人選任之。至於監理人之報酬，本法並無規定，得由債權人會議決定之。

4.**任免**　監理人由債權人會議選任，並得隨時由其解任。惟債權人會議為上述決議應得法院之認可（公三四五），始生法律上效力。法院認其人選或人數不適當或其他有關監理人之決議不適當時，得不予認可。法院僅有認可權，並不得逕行予以任免。

5.**監理人之職務**　可分為下列五點：

(1)監督清算人事務之進行及清算協定之執行。

(2)清算人為公司財產之處分、借款、訴之提起、成立和解或仲裁契約及權利之拋棄等行為，應事先得監理人之同意（公三四六 I）。

(3)對清算人提供意見，以便清算人在債權人會議提出協定之建議（公三四七）。

(4)應清算人之徵詢，提供變更協定條件之意見（公三五一）。

(5)列席債權人會議，陳述意見。

五、特別清算程序中法院之監督

特別清算實行中，法院對於清算事務加以嚴格之監督，並積極的干預清算事務，此與普通清算有別。茲就其有關事項分述如下：

(一)**基於職權為一般監督**　茲分二項述之於下：

1. 法院得隨時命令清算人，為清算事務及財產狀況之報告，並得為其他清算監督上必要之調查（公三三八），以便明瞭清算事務之進行及公司之財產狀況。

2. 法院在清算監督上認為必要時，得為下列處分（公三三九）：

(1)公司財產之保全處分　特別清算程序中，本法並無明文規定，可以中止強制執行，僅在本法第三三九條及第三五四條第一款規定認為必要時得對公司財產為保全處分。就實際而言，公司進行特別清算程序，如有債權人請求強制執行，事實上即不能進行特別清算，有關保全處分亦等於具文，參考日本商法第四三三條準用第三八二條❺公司整理規定，不得再對

---

❺ 日本商法第 433 條：「第三百八十二條至三百八十五條之規定，於特別清算準用之。」

日本商法第 382 條：「公司受有開始整理之命令時，應即在本公司及分公司所在地登記所為其登記。」

日本商法第 383 條：「法院於有開始整理之聲請或通告，認為必要時，得命中止破產程序、和解程序及企業擔保權之實行程序。

有開始整理之命令者，不得再為破產或和解之聲請，或對於公司財產為強制執行、假扣押、假處分或為企業擔保權之實行。破產程序、和解程序及已開始之強制執行、假扣押、假處分及企業擔保權之實行程序，應即中止之。

開始整理之命令確定時，依前二項規定所中止之程序於與整理之關係喪失其效力。」

日本商法第 384 條：「有開始整理之命令時，如認為符合債權人之一般利益，且無不當損及拍賣聲請人之虞者，法院得定相當之期間，命中止擔保權之拍賣程序。」

日本商法第 385 條：「有開始整理之命令時，關於公司債權人之債權，自開始整理之撤銷登記或整理終結登記日起二個月內，時效不完成。」

公司財產為強制執行，已開始之強制執行，應即中止。本法並無規定特別清算程序得中止強制執行，故特別清算程序適用之機會，大為減少。

　　⑵記名式股份轉讓之禁止。

　　⑶因基於發起人、董事、監察人、經理人或清算人責任所生損害賠償請求權，對其財產為保全處分。

　　㈡**基於聲請或依職權為檢查命令**　茲分二項述之於下：

　　1.**公司業務及財產之檢查**　在特別清算期間，依公司財產之狀況，如有必要時，法院得據清算人或監理人或繼續六個月以上持有已發行股份總數百分之三以上之股東，或曾為特別清算聲請之債權人，或占有公司明知之債權總額百分之十以上債權人之聲請，或依職權命令檢查公司之業務及財產（公三五二 I）。

　　2.**選任檢查人執行職務**　茲分二點述之於下：

　　⑴檢查人之選任及準用規定　法院於公司特別清算程序中，得依職權或依前述聲請人之聲請，於公司財產之狀況有檢查必要時，得就公司業務具有專門學識經驗而非利害關係人者，選任為檢查人，就特定事項（即本法第三五三條規定）於三十日內調查完畢，將其結果報告於法院（公三五二 II 準公二八五 I）。本法第三五二條第二項所謂準用第二八五條之規定，就本法第二八五條第一項之規定觀之，上述檢查人之選任屬之。除此之外，第二八五條第一項之其他規定，係專門為重整而設，當不在準用之列。至於檢查人對於公司業務或財務有關之一切簿冊文件及財產，得加以檢查，公司之董事、監察人、經理人或其他職員，對於檢查人關於業務財產之詢問，有答覆之義務（公三五二 II 準公二八五 II）。公司之董事、監察人、經理人或其他職員拒絕前項檢查，或對前項詢問無故不為答覆，或為虛偽之陳述者，處新臺幣二萬元以上十萬元以下罰鍰（公三五二 II 準公二八五 III）。

　　⑵檢查人之職務　檢查人就任後應檢查下列事項，報告於法院：

　　①公司業務及財務實況。

　　②發起人、董事、監察人、經理人或清算人有無依本法規定第三十四條、第一四八條、第一五五條、第一九三條及第二二四條應負責任與否之

事實（公三五三 1）。

③有無為公司財產保全處分之必要（公三五三 2）。

④為行使公司之損害賠償請求權，對於發起人、董事、監察人、經理人或清算人之財產有無為保全處分之必要（公三五三 3）。

㈢**保全處分** 法院據前述檢查人之報告，認為必要時，得為下列之處分（公三五四）：

1.公司財產之保全處分。

2.記名式股份轉讓之禁止。

3.發起人、董事、監察人、經理人或清算人責任解除之禁止。例如依本法第二三一條前段規定「各項表冊經股東會決議承認後，視為公司已解除董事及監察人之責任」。又如第三三一條第三項前段規定「簿冊經股東會承認後，視為公司已解除清算人之責任」。發起人所負責任，如第一四八條之規定，均得由法院為責任解除之禁止。

4.發起人、董事、監察人、經理人或清算人責任解除之撤銷，但於特別清算開始起一年前已為解除，而非出於不法之目的者，不在此限。例如董事、監察人之責任，已依本法第三三一條規定而解除，法院仍得撤銷其解除重行追究其責任，但在特別清算開始時起一年前已為解除，且非出於不法之目的，則不得撤銷。

5.基於發起人、董事、監察人、經理人或清算人責任所生之損害賠償請求權之查定。

6.因前款損害賠償請求權，對於發起人、董事、監察人、經理人或清算人之財產為保全處分。

前項 1.、2.、6.之處分，依本法第三三九條規定，法院認為對清算監督上有必要時，得為保全處分，及依本法第三三六條規定，法院於命令開始特別清算前，得依職權或依聲請為保全處分。上述保全處分，如其財產依法應登記者，應通知登記機關登記其事由；其財產依法應註冊者亦同。駁回保全處分裁定確定時，法院應通知登記或註冊機關塗銷前述登記之事由（非訟一九一準非訟一八六）。上述保全處分，應黏貼於法院公告處，自

公告之日起發生效力，必要時得登載於本公司所在地之新聞紙。駁回保全處分聲請裁定確定時，法院應將前述處分已失效之事由，依原處分公告方法公告之（非訟一九一準非訟一八七）。

六、特別清算程序之協定

(一)**協定之意義**　指清算中之公司與債權人團體間，以協定之方式，為債務之清償，使清算程序終了而訂立之強制和解契約，經法院認可而生效力者。此與破產前之和解、破產程序中調協之意義相類似。

(二)**立法理由**　公司特別清算程序之發生，必因公司財產狀況不佳，在特別清算之結果，債權人恆難獲得十足之清償，為避免繁複費時之破產程序，只有互相讓步，以協調方式終結清算程序之必要。

(三)**協定之提出**　清算人得徵詢監理人之意見，對於債權人會議提出協定之建議（公三四七）。所謂徵詢監理人之意見者，僅作為參考而已，無絕對之拘束。清算人有數人時，協定之建議應解為須得過半數之同意。關於協定之條件，在各債權人間應屬平等，但有優先權或別除權之債權，不在此限（公三四八）。

(四)**協定之可決**　清算人認為作成協定有必要時，得請求有優先權或別除權之債權人參加陳述意見，但無表決權（公三四九）。依本法並未明文規定須經股東會之同意決之，但依第三五六條準用普通清算之結果，解釋上以須經股東會之通過為宜。協定之可決，應提出於債權人會議為可決之決議，其決議方法應有得行使表決權之債權人過半數之出席，及得行使表決權之債權總額四分之三以上同意行之（公三五〇I）。

(五)**協定之認可**　協定之可決為協定之成立要件，而協定之認可則為協定之生效要件，協定須經法院之認可始生法律上之效力（公三五〇II）。法院之認可以裁定行之。法院對協定可決與否，應作形式上或實質上之審查，審查時，應訊問利害關係人（非訟一八九準非訟一七二II）。形式上之審查，如審查債權人會議的召開程序及決議方法有無違法。在實質上之審查方面，如審查協定之條件，在各債權人間是否平等，債權清償是否按照債權額比例為之等情，如有違法，則法院應不予認可。法院認可與否之裁定，應附

理由。其裁定並應公告之，毋庸送達（非訟一八九準非訟一八五、一八八）。

㈥**協定條件之變更** 協定經可決並經法院認可後，如協定在實行上遇有必要時，得變更其條件；變更協定條件之程序，其提出、可決、認可均與原來協定相同（公三五一）。所謂「協定在實行上遇有必要時，得變更其條件」，例如協定擬以出賣公司財產所得現金，比例清償債務，突因火災燒毀，故有變更原來之計畫。此項變更之裁定應附具理由，並公告之，毋庸送達（非訟一八九準非訟一八五、一八八）。

㈦**協定認可之效力** 協定經法院認可後，對於債權人會議構成全體均發生法律上之拘束力（公三五〇準破一三六）。有別除權或優先權之債權，既不列入清算債權以內，其各債權人，僅得列席債權人會議並無表決權，故不受協定認可之拘束。惟如某項債權另有第三人為其保證人或其他共同或連帶債務人者，則不因此項協定而受影響，該債權人仍得向第三人主張其原有之權利。

七、特別清算之終結

㈠在特別清算程序中，各債權人如能獲得十足清償，亦無協定之可決與認可，則與普通清算程序之終結情形相同。

㈡若有協定之可決與認可，則在協定之條件實行完畢時，其特別清算程序亦為終結。

㈢如公司財產確有不足清償債務，法院於命令特別清算開始後，而協定為不可能，或雖經協定而在實行上有不可能，又不可能變更其條件時，法院應依職權就破產法為破產之宣告（公三五五），其特別清算程序，自然終結而移轉為破產程序。此時特別程序之費用，視為破產財團債務（非訟一九二）。至於特別清算程序開始後，能否再為破產宣告，本法並無明文規定。然特別清算之目的，即在於避免破產，而特別清算之原因往往即為破產之原因，如特別清算程序開始後得為破產之宣告，則特別清算程序將成為具文。參諸本法第三五五條之規定，應認為特別清算程序開始後，除有協定不可能或協定實行上不可能時，應依職權為破產之宣告外，不得宣告破產。反之宣告破產後，亦不得再為特別清算。所謂「協定不可能時」，例

如條件不合，無法作成協定，或債權人否決協定之建議。所謂「協定實行上不可能時」，如公司財產被焚毀，不能依原有條件清償債務。

第五、特別清算與類似概念之區別

一、特別清算與普通清算之異同

(一)**主要相同點** 分述如下：

1.兩者均為了結公司法律關係之方法（即公司人格之消滅）。

2.兩者性質均為非訟事件。

3.兩者均在法院監督之下為之。

4.兩者清算事務均由清算人執行。

5.兩者在程序進行中發現合於破產之規定時，應即適用破產法之規定，為公司破產之宣告。

6.特別清算事項，本法未規定者，可準用普通清算。因此在準用之範圍內，二者相同。

(二)**主要不同點** 分述如下：

1.特別清算發生之原因須在普通清算之實行發生顯著之障礙，或公司負債超過資本有不實之嫌疑時，方可為之；普通清算之原因，則為公司之解散。

2.特別清算程序中公司之機關有清算人、監理人、債權人會議三種；普通清算程序中公司之機關有清算人、監察人、股東會三種。二者之機關，有所不同。

3.特別清算程序，法院依聲請或職權命令而開始；普通清算程序，則因公司解散所當然進行者。

4.特別清算，法院及債權人均積極監督，並積極干涉清算事務之進行；普通清算除選派清算人外，法院及債權人並不直接干涉清算事務，法院僅作消極之監督。

5.特別清算著重保護公司債權人之利益；普通清算則兼顧股東與債權人之利益。

6.特別清算程序有協定之方式,以終結清算程序之規定;普通清算則否。

7.特別清算為股份有限公司獨有之程序;普通清算於各種公司均有之。

二、特別清算與公司重整之異同

(一)**主要相同點** 分述如下:

1.二者均為股份有限公司特有之制度,他類公司並無此規定。

2.二者性質均為非訟事件。

3.二者均在法院監督之下為之。

4.二者均由法院積極干涉事務之進行。

5.二者債權人均有參與表示意見之機會。

6.二者均得選任檢查人調查公司之業務及財產狀況,報告於法院。

7.二者均得為法定之保全處分。

8.公司重整有重整計畫之提出及法院可決之認可,而特別清算有協定之建議及法院可決之認可。

9.二者程序進行中,如發現合於破產之規定者,均應依破產法為公司破產之宣告。

(二)**主要不同點** 分述如下:

1.**原因不同** 特別清算,以普通清算之實行發生顯著之障礙,或公司負債超過資本有不實之嫌疑為原因;至於公司重整,則以公司因財務困難,暫停營業,或有停業之虞為原因。

2.**目的不同** 特別清算,在使公司之人格消滅為目的;至於公司重整,則以協助公司之重行建立,繼續經營為目的。

3.**程序開始不同** 特別清算,法院基於聲請命令或依職權命令而開始其程序;至於公司重整之程序,必基於聲請,法院不得依職權為公司重整之裁定。

4.**機關不同** 特別清算程序中,公司機關有清算人、監理人、債權人會議三種;公司重整程序中,公司機關有重整人、重整監督人、關係人會議三種,各司不同之職務。二者機關及其構成員顯有不同。

5.**保護對象不同**　特別清算，著重於保護公司債權人之利益；公司重整，則兼顧股東或公司與債權人之利益。

6.**終結方式不同**　特別清算程序有協定方式，以終結清算程序之規定；公司重整則否。

7.**公司適用範圍不同**　特別清算程序，以股份有限公司發生法定原因即得為之；而公司重整，則以公開發行股票或公司債之股份有限公司為限。

8.**終止規定不同**　特別清算程序無終止之規定；公司重整程序，則有終止之規定。

9.**準用規定不同**　本法明定特別清算，可準用公司重整規定，例如本法第三四三條規定準用第二九八條第二項，第三五二條第二項規定準用第二八五條。惟本法並未明定公司重整準用特別清算之規定。

第六、股份有限公司與有限公司之異同

一、主要不同之處

分述如下：

㈠**公司性質**　股份有限公司（以下簡稱前者）屬於資合公司；至於有限公司（以下簡稱後者）雖具資合公司，但略有人合公司之性質。

㈡**設立程序**　前者發起設立以外另有募集設立，故有創立會之組織；後者僅有近似發起設立一種，不得向外招募資本，根本無創立會組織。

㈢**股東人數**　前者最低額為二人以上股東或政府、法人股東一人所組織（公二Ⅰ4），最高額，法無明文限制；後者則為一人以上（公九八Ⅰ）。

㈣**負責人住所**　前者監察人至少一人，須在國內有住所；後者無此規定。

㈤**股東種類**　前者除普通股股東以外，得有特別股股東。記名股東以外，得有無記名股東；後者則沒有特別股股東與無記名股東，僅有記名股東而已。

㈥**董事人數**　前者有董事會，設董事不得少於三人；後者未設董事會，其董事最多不逾三人。

(七)**股權憑證** 前者經核准後，股票得在證券市場轉讓；後者無股票，不得上市。

(八)**股權變更** 前者除特別情形外，股份轉讓自由；後者股東非得其他股東過半數的同意，不得轉讓其出資之全部或一部。

(九)**公司資本** 前者資本均分為股份，每股金額一律，並得分次發行；後者資本並不分為股份，不得分次發行。

(十)**表決權之計算** 前者原則上以股份為計算表決權之標準，即每一股份有一表決權；後者原則上以人為計算表決權之標準，即不問出資多寡，每一股東有一表決權。

(十一)**資本公積** 前者兼採授權資本制，並有資本公積之規定，故增資、減資僅變更章程即可；後者資本由股東的出資額集合而成，因一次繳足股款，自無所謂授權資本制度。且僅能增資，不得減資，亦無資本公積之名稱。

(十二)**新股之發行** 前者特為發行新股而有規定；後者無此必要。

(十三)**公司債之發行** 前者得發行公司債；後者不得發行公司債。

(十四)**公司重整** 前者得為公司重整；後者不得為公司重整。

(十五)**特別清算** 前者得為特別清算；後者不得為特別清算。

二、主要相同之處

分述如下：

(一)**股東責任** 股東不論以繳清其股份金額或以繳清其出資額，僅就出資為限，對公司負其責任，對外不負責任。

(二)**股款繳納** 無論為分次發行股份或一次繳納資本，均須全數繳足股款，不得分期繳納。

(三)**股東名簿** 二者均有股東名簿，並須備置於本公司。

(四)**提出公積** 二者均應依法提出法定盈餘公積，並得依章程或股東同意，加提特別盈餘公積。

(五)**準用規定** 有限公司準用股份有限公司規定之部分，自屬相同。

第十二節　閉鎖性股份有限公司

第一、閉鎖性股份有限公司之概述

　　政府為鼓勵新創及中小型企業之發展，營造更有利之商業環境，另因應科技新創事業之需求，賦予企業有較大自治空間，爰引進英、美等國之閉鎖性公司制度，於第五章「股份有限公司」增訂「閉鎖性股份有限公司」專節，讓新創及中小型企業使用此種公司型態時，在股權安排及運作上更具彈性。爰閉鎖性股份有限公司應先適用本節之規定；本節未規定者，適用本法非閉鎖性之非公開發行股票公司之規定❺❽❷。藉此希望能促進我國產業發展，同時與國際法制接軌，提升國際競爭力。惟鑒於閉鎖性股份有限公司相關規定之施行，尚需時準備及宣導，爰明定其施行日期由行政院定之（公四四九），並由行政院公告於一○四年九月四日開始施行（院臺字1040047867號）

第二、閉鎖性股份有限公司之定義、公示及設立

一、閉鎖性股份有限公司之定義

　　閉鎖性股份有限公司，指股東人數不超過五十人，並於章程定有股份轉讓限制之非公開發行股票公司（公三五六之一 I）。此乃參考新加坡、香港閉鎖性公司之股東人數為五十人；另基於閉鎖性股份有限公司之最大特點係股份之轉讓受到限制，爰於第一項定義閉鎖性股份有限公司係指股東人數不超過五十人，並於章程定有股份轉讓限制之非公開發行股票公司❺❽❸。

　　本法第三五六條之一第二項規定：股東人數，中央主管機關得視社會經濟情況及實際需要增加之；其計算方式及認定範圍，由中央主管機關定

---

❺❽❷　立法院第 8 屆第 7 會期第 16 次會議議案關係文書，「公司法」部分條文修正草案對照表說明，討 5，2015 年 6 月 8 日。

❺❽❸　立法院第 8 屆第 7 會期第 16 次會議議案關係文書，討 6，2015 年 6 月 8 日。

之（公三五六之一II）。此乃考量未來社會經濟情況變遷及商業實際需要，有調整本法第三五六條之一第一項所定股東人數之必要，爰於第二項授權中央主管機關得增加閉鎖性股份有限公司之股東人數，並授權訂定股東人數之計算方式及認定範圍❽。

二、閉鎖性股份有限公司之公示

公司應於章程載明閉鎖性之屬性，並由中央主管機關公開於其資訊網站（公三五六之二）。此乃鑑於閉鎖性股份有限公司之公司治理較為寬鬆，企業自治之空間較大，為利一般民眾辨別，並達公示效果，以保障交易安全，明定公司於章程應載明閉鎖性之屬性，並由中央主管機關公開於其資訊網站❽。

三、閉鎖性股份有限公司採發起設立，禁止以募集設立之方式

本法第三五六條之三第六項規定：「公司之設立，不適用第一百三十二條至第一百四十九條及第一百五十一條至第一百五十三條規定。」換言之，排除本法有關募集設立之規定，僅得採發起設立。因此本法規定，募集設立（公一三二）、募集之申請審核事項（公一三三）、代收股款之證明（公一三四）、不予或撤銷募集核准之情形（公一三五）、撤銷核准之效力（公一三六）、招股章程應記載事項（公一三七）、備置認股書（公一三八）、認股人繳款之義務（公一三九）、股票發行之價格（公一四〇）、催繳股款（公一四一）、認股人延欠股款之效果（公一四二）、創立會之召集期限（公一四三）、創立會決議及程序（公一四四）、發起人報告事項（公一四五）、選任董事及監察人（公一四六）、創立會之裁減權（公一四七）、發起人連帶認股之義務（公一四八）、發起人損害賠償責任（公一四九）、創立會之權限（公一五一）、撤回認股（公一五二）、股份撤回之禁止（公一五三）等規定，不適用之（公三五六之三VI）。

---

❽ 同❽，討6。

❽ 同❽，討6。

第三、發起設立之股東出資規定

一、閉鎖性股份有限公司僅得採發起設立，認足第一次應發行之股份

本法規定發起人得以全體之同意，設立閉鎖性股份有限公司，並應全數認足第一次應發行之股份（公三五六之三 I）。

按閉鎖性股份有限公司雖享有較大企業自治空間，惟亦受有不得公開發行及募集之限制，且股東進出較為困難。是以，發起人選擇此種公司型態時，須經全體發起人同意。又基於閉鎖性之特質，不應涉及公開發行或募集，僅允許以發起設立之方式為之，不得以募集設立之方式成立，且發起人應全數認足第一次應發行之股份，以充實公司資本，故作此規定❺❽❻。

二、出資除現金外，以公司事業所需之財產、技術、勞務抵充者受一定比例限制

發起人之出資除現金外，得以公司事業所需之財產、技術、勞務抵充之。但以勞務抵充之股數，不得超過公司發行股份總數之一定比例（公三五六之三 II）。此乃參酌其他國家之作法及回應實務需要而作此規定❺❽❼。惟上述所稱之一定比例，由中央主管機關定之（公三五六之三 III）。是故，有關勞務出資抵充之股數所占公司發行股份總數之一定比例，授權中央主管機關定之。

三、以技術或勞務出資者，章程須載明並在主管機關登記載明與中央主管機關之資訊網站公開

鑒於以技術或勞務出資者，其得抵充之金額及公司核給之股數等，涉及其他股東權益，爰於第三五六條之三第四項明定：「以技術或勞務出資者，應經全體股東同意，章程並應載明其種類、抵充之金額及公司核給之股數；（中央或地方）主管機關應依該章程所載明之事項辦理登記，並公開於中央主管機關之資訊網站。」以達公示效果，同時保障交易安全。另於會計

---

❺❽❻　同❺❽❷，討 6、7。

❺❽❼　同❺❽❷，討 7。

師查核簽證公司之登記資本額時，就非現金出資抵充部分，公司無須檢附鑑價報告，併予敘明❸ 。

第四、不得公開發行或募集有價證券，但有例外規定

基於閉鎖性之特質，本法明定「閉鎖性股份有限公司不得公開發行或募集有價證券」（公三五六之四 I 前）。惟為利該等公司得透過群眾募資平臺募資，爰為但書規定，即「但經由證券主管機關許可之證券商經營股權群眾募資平臺募資者，不在此限」（公三五六之四 I 但）。至於辦理群眾募資者，仍受第三五六條之一之股東人數及公司章程所定股份轉讓之限制，爰為第二項規定：「前項但書情形，仍受第三五六條之一之股東人數及公司章程所定股份轉讓之限制」（公三五六之四 II）。

第五、閉鎖性股份有限公司董事及監察人之選任

本法規定：「發起人選任董事及監察人之方式，除章程另有規定者外，準用第一百九十八條規定」（公三五六之三 V）。換言之，發起人選任董事及監察人之方式，除章程另有規定者外，依累積投票制之方式為之。

第六、閉鎖性股份有限公司章程對股份之限制

一、章程載明股份轉讓之限制

基於閉鎖性股份有限公司之最大特點，係股份之轉讓受到限制，以維持其閉鎖特性，故本法規定公司股份轉讓之限制，應於章程載明（公三五六之五 I）。至於股份轉讓之限制方式，由股東自行約定，例如股東轉讓股份時，應得其他股東事前之同意等❹ 。

二、股票明顯文字註記轉讓之限制及相關措施等

閉鎖性股份有限公司股份轉讓受有限制，股份受讓人如無適當管道知悉該項限制，對受讓人保障明顯不足，故本法規定，其股份轉讓之限制，

---

❸ 同❷，討 7。
❹ 同❷，討 9。

公司印製股票者，應於股票以明顯文字註記；不發行股票者，讓與人應於交付受讓人之相關書面文件中載明（公三五六之五II）。至於違反前揭規定者，係屬私權範疇之爭議，應由當事人循民事爭訟途徑解決。又前述股份之受讓人得請求公司給與章程影本，以為保障（公三五六之五III）。

第七、閉鎖性股份有限公司股票與特別股之發行

一、票面金額股與無票面金額股併行

閉鎖性股份有限公司除可發行票面全額股外，為提供新創事業之發起人及股東在股權部分有更自由之規劃空間，引進國外無票面金額股制度，允許公司發行之股票有票面金額股與無票面金額股併存之情形❺❾⓪。

二、特別股之發行

本法第三五六條之七第一項規定：「公司發行特別股時，應就下列各款於章程中定之：

㈠特別股分派股息及紅利之順序、定額或定率。

㈡特別股分派公司賸餘財產之順序、定額或定率。

㈢特別股之股東行使表決權之順序、限制、無表決權、複數表決權或對於特定事項之否決權。

㈣特別股股東被選舉為董事、監察人之禁止或限制，或當選一定名額權利之事項。

㈤特別股轉換成普通股之轉換股數、方法或轉換公式。

㈥特別股轉讓之限制。

㈦特別股權利、義務之其他事項。」

上述規定，本於閉鎖性之特質，股東之權利義務如何規劃始為妥適，宜允許閉鎖性股份有限公司有充足之企業自治空間。此外，就科技新創事業而言，為因應其高風險、高報酬、知識密集之特性，創業家與投資人間，或不同階段出資之認股人間，需要有更周密、更符合企業特質之權利義務安排，爰特別股之存在及設計，經常成為閉鎖性股份有限公司（特別是科

---

❺❾⓪ 民國 107 年 7 月 6 日立法院通過公司法第 356 條刪除及其說明。

技新創事業）設立及運作過程中不可或缺之工具。美國商業實務上，新創
事業接受天使投資人或創投事業之投資時，亦多以特別股為之。是以，除
第一五七條固有特別股類型外，於第三款及第五款放寬公司可發行複數表
決權之特別股、對於特定事項有否決權之特別股、可轉換成複數普通股之
特別股等；第四款允許特別股股東被選舉為董事、監察人之禁止或限制，
或當選一定名額之權利之事項；另如擁有複數表決權之特別股、對於特定
事項有否決權之特別股、可轉換成複數普通股之特別股，得隨意轉讓股份，
對公司經營將造成重大影響，是以，第六款允許公司透過章程針對特別股
之轉讓加以限制 ㉛ 。

　　為貫徹閉鎖性股份有限公司擁有較大的自治空間之精神，訂立第三五
六條之七第二項「第一百五十七條第二項規定，於前項第三款複數表決權
特別股股東不適用之。」換言之，閉鎖性股份有限公司具複數表決權特別
股之股東於選舉監察人時仍享有複數表決權 ㉜ 。

第八、閉鎖性股份有限公司之股東會

一、章程得訂明以視訊會議召開

　　閉鎖性股份有限公司股東人數較少，股東間關係緊密，且通常股東實
際參與公司運作，為放寬股東會得以較簡便方式行之，爰於本法第三五六
條之八第一項明定，公司章程得訂明股東會開會，以視訊會議或其他經中
央主管機關公告之方式為之。其次，並於同條第二項明定股東會開會時，
如以視訊會議為之，其股東以視訊參與會議者，視為親自出席股東會 ㉝ 。

二、股東會議議案得以書面行使表決權

　　茲為利閉鎖性股份有限公司召開股東會之彈性，爰於本法第三五六條
之八第三項明定公司章程得訂明經全體股東同意，股東就當次股東會議案
以書面方式行使其表決權，而不實際集會，並於同條第四項明定前項情形，

㉛　同㉚所揭，討 10、11、12。

㉜　民國 107 年 7 月 6 日立法院通過公司法第 356 條之 7 修正說明。

㉝　同㉚所揭，討 12。

視為已召開股東會；以書面方式行使表決權之股東，則視為親自出席股東會。

三、股東得訂立表決權拘束契約及表決權信託契約

為使閉鎖性股份有限公司之股東得以協議或信託之方式，匯聚具有相同理念之少數股東，以共同行使表決權方式，達到所需要之表決權數，鞏固經營團隊在公司之主導權，參照企業併購法第十條第一項及第二項規定，於第三五六條之九第一項明定閉鎖性股份有限公司股東得訂立表決權拘束契約及表決權信託契約 ❺❾❹，即股東得以書面契約約定共同行使股東表決權之方式，亦得成立股東表決權信託，由受託人依書面信託契約之約定行使其股東表決權（公三五六之九 I）。前述受託人，除章程另有規定者外，以股東為限（公三五六之九 II）。

四、股東應將相關資料送交公司辦理登記

參酌企業併購法第十條第三項規定，於本法第三五六條之九第三項明定股東應將相關資料送交公司辦理登記，否則不得以其成立股東表決權信託對抗公司。詳言之，即股東非將第一項書面信託契約、股東姓名或名稱、事務所、住所或居所與移轉股東表決權信託之股份總數、種類及數量於股東會五日前送交公司辦理登記，不得以其成立股東表決權信託對抗公司（公三五六之九 III）。

第九、閉鎖性股份有限公司之私募

一、公司私募之決議

公司私募普通公司債，應由董事會以董事三分之二以上之出席，及出席董事過半數同意之決議行之（公三五六之十一 I）。

二、公司私募轉換公司債或附認股權公司債

公司私募轉換公司債或附認股權公司債，應經前述董事會之特別決議，並經股東會決議，惟鑒於公司債轉換為股權或行使認購權後，涉及股東人數之增加，故明定但書，即章程規定無須經股東會決議者，從其規定（公

---

❺❾❹　同❺❽❷所揭，註13。

三五六之十一II但），而不須再經股東會之決議。惟上述明定閉鎖性股份有限公司私募轉換公司債或附認股權公司債，在公司債債權人行使轉換權或認購權後，基於閉鎖性之特質，仍應受本法第三五六條之一之股東人數及公司章程所定股份轉讓之限制●。

三、私募普通公司債、轉換公司債或附認股權公司債時之排除規定

本法於第三五六條之十一第四項明訂閉鎖性股份有限公司私募普通公司債、轉換公司債或附認股權公司債之發行，不適用第二四六條、第二四七條、第二四八條第一項、第四項至第七項、第二四八條之一、第二五一條至第二五五條、第二五七條之二、第二五九條及第二五七條第一項有關簽證之規定（公三五六之十一IV）。

第十、閉鎖性股份有限公司發行新股之程序

閉鎖性股份有限公司發行新股，除章程另有規定者外，應由董事會以董事三分之二以上之出席，及出席董事過半數同意之決議行之（公三五六之十二I）。新股認購人之出資方式，除準用第三五六條之三第二項至第四項規定外，並得以對公司所有之貨幣債權抵充之（公三五六之十二II）。

為使閉鎖性股份有限公司在股權安排上更具彈性，本法明定上述新股之發行，不適用第二六七條規定（公三五六之十二III）。

第十一、閉鎖性股份有限公司變更為非閉鎖性股份有限公司

閉鎖性股份有限公司可能因企業規模、股東人數之擴張，而有變更之需求，本法規定閉鎖性股份有限公司得經有代表已發行股份總數三分之二以上股東出席之股東會，以出席股東表決權過半數之同意，變更為非閉鎖性股份有限公司(公三五六之十三I)。上述出席股東股份總數及表決權數，章程有較高之規定者，從其規定（公三五六之十三II）。

其次閉鎖性股份有限公司不符合閉鎖性股份有限公司要件之規定時（公三五六之一），應變更為非閉鎖性股份有限公司，並辦理變更登記（公

● 同●所揭，討 13、14。

三五六之十三III)。公司未依上述規定辦理變更登記者，主管機關得依第三八七條第五項規定責令限期改正並按次處罰；其情節重大者，主管機關得依職權命令解散之（公三五六之十三IV）。

第十二、非公開發行股票之股份有限公司變更為閉鎖性股份有限公司

　　為使非公開發行股票之股份有限公司有變更為閉鎖性股份有限公司之機會，於第三五六條之十四第一項明定：「非公開發行股票之股份有限公司得經全體股東同意，變更為閉鎖性股份有限公司。」同條第二項規定：「全體股東為前項同意後，公司應即向各債權人分別通知及公告。」

　　其次，另依第一〇六條第三項規定，有限公司得經全體股東同意變更其組織為股份有限公司，所定「股份有限公司」包括「閉鎖性股份有限公司」在內 ㊱ 。

㊱　同㊷所揭，討 16。

第六章　關係企業

　　我國公司法自民國十八年制定公布以來，仍一貫以單一企業為規範對象，對關係企業之運作尚乏規定，已難因應工商社會之實際需要。按關係企業於我國經濟發展上，現已具有舉足輕重之地位，在企業經營方式上，亦已取代單一企業，成為企業經營之主流。茲為維護大眾交易之安全，保障從屬公司少數股東及其債權人之權益，促進關係企業健全營運，以配合經濟發展，達成商業現代化之目的，我國公司法增訂關係企業獨立專章之規定，終於經立法院三讀通過，送請總統於民國八十六年六月二十五日公布實施。本章於無限公司、有限公司、兩合公司及股份有限公司均得適用之。

第一、關係企業之範圍

　　按公司法所稱關係企業，指獨立存在而相互間具有下列關係之企業（公三六九之一）：

　　一、有控制與從屬關係之公司。

　　二、相互投資之公司。

　　按關係企業之形成，主要在於公司間的統一管理關係，參考外國立法例，此種關係往往藉控制公司對從屬公司實際上之控制或公司間相互投資而達成，故為免關係企業立法初創階段規定過於複雜，爰於本條明定關係企業之範圍，包括有控制與從屬關係之公司及相互投資之公司❶。本法第十三條轉投資限制之規定，列於第一章總則中，因此公司如以轉投資方式而形成上述之關係企業，其轉投資額，仍受本法第十三條之規範。

---

❶　立法院經濟、司法委員會 81.6.23 ⑻臺立經字第 160 號函（立法院議案關係文書民國 86 年 4 月 16 日印發）修正條文對照表，討六四。

第二、控制公司及從屬公司之意義及推定

一、控制公司之意義

本法規定，公司持有他公司有表決權之股份或出資額，超過他公司已發行有表決權之股份總數或資本總額半數者（公三六九之二 I 前）或公司直接或間接控制他公司之人事、財務或業務經營者（公三六九之二 II 前），為控制公司。按控制公司與從屬公司之形成，基本上在於原各自獨立存在之公司間存有某種控制關係，而一公司對他公司所行使之控制，主要表現於任免董事及經理人等之人事權，或支配公司財務或業務經營，故一公司之人事、財務或業務經營，如實際受他公司直接、間接控制時，其相互間即屬從屬公司與控制公司之關係❷。所謂他公司，係指股份有限公司、有限公司及兩合公司中之有限責任股東而言。

又本法有關轉投資之限制（公一三），規定於第一章總則之中，故因轉投資而形成關係企業，其轉投資額仍受本法第十三條規定之限制。所謂「持有他公司表決權之股份」之他公司，係指股份有限公司；所謂「持有他公司出資額」之他公司，係指有限公司或兩合公司而言。計算公司所持有他公司之股份或出資額，應連同下列各款之股份或出資額一併計入：

㈠公司之從屬公司所持有他公司之股份或出資額。

㈡第三人為該公司而持有之股份或出資額。

㈢第三人為該公司之從屬公司而持有之股份或出資額（公三六九之一一）。

所謂「直接或間接控制」，例如甲公司控制乙公司，是謂直接控制，而乙公司控制丙公司，則甲公司可透過乙公司而控制丙公司，是謂間接控制。

二、從屬公司之意義

依本法規定，公司持有他公司有表決權之股份，或出資額超過他公司已發行有表決權之股份總數或資本總額半數者；或公司直接或間接控制他公司之人事、財務或業務經營者，為控制公司，該他公司為從屬公司（公

---

❷ 同❶討六五。

三六九之二)。

三、控制與從屬關係之推定

依本法規定，有下列情形之一者，推定為有控制與從屬關係（公三六九之三）：

㈠**公司與他公司之執行業務股東或董事有半數以上相同者** 董事、執行業務股東兼充之公司間，容易產生控制從屬關係，為求周延，故明定之。

倘董事係以法人代表人身分當選者，所謂「董事半數相同」，係以代表人之個人身分為認定標準❸，有半數之個人身分相同者而言。至於同條第二項所謂「有半數以上為相同之股東持有或出賣者」，亦以較高股份總數或資本總額之半數為計算標準❹。

㈡**公司與他公司之已發行有表決權之股份總數或資本總額，有半數以上為相同之股東持有或出資者** 我國企業界以個人投資所建立之控制公司及從屬公司之情形頗為常見，因此有可能控制公司本身並未持有股權，而係由控制公司個人股東持有。為避免國內控制公司以個人股東名義持股而規避本法之適用，爰訂定之❺。上開公司法第三六九條之三第二款規定：「公司與他公司之已發行有表決權之股份總數或資本總額有半數以上為相同之股東持有或出資者」。以較高股份總數或資本總額之半數為準，前經經濟部八十八年九月八日經商字第八八二一九六二七號函釋在案，例如甲公司股份總數為一萬股，乙公司股份總數為六千股，計算甲、乙公司是否有半數以上股份為相同之股東持有時，係以較高之一萬股之半數五千為計算標準。準此，如股東持有甲公司股份總數五千股以上，持有乙公司股份總數為五千股以上，則推定甲公司與乙公司有控制從屬關係❻。

---

❸ 經濟部 88.9.8 商字第 88219627 號。

❹ 同❸。

❺ 同❶註六六。

❻ 經濟部 99.5.11 經商字第 09900060500 號。

第三、控制公司及其負責人之責任與從屬公司保護

一、控制公司及其負責人之責任

控制公司對從屬公司少數股東及債權人之保護與賠償責任如下：

㈠**控制公司之賠償責任** 控制公司直接或間接使從屬公司為不合營業常規或其他不利益之經營，而未於會計年度終了時為適當補償，致從屬公司受有損害者，應負賠償責任（公三六九之四 I）。此為揭開公司面紗之理論規定，亦即「法人人格否認之法理」，俾保護從屬公司之小股東及債權人之利益，避免造成其損害。所謂「不合營業常規」者，如賤價出售公司財產或產品，高價購入財產或產品。倘控制公司直接或間接使從屬公司為不合營業常規或其他不利益之經營者，如於會計年度終了前已為補償，則不生損害問題。如未受補償，則從屬公司為直接受害人，其對控制公司應有損害賠償請求權。

㈡**控制公司負責人之連帶賠償責任** 控制公司負責人使從屬公司為不合營業常規或其他不利益之經營者，應與控制公司就前項損害負連帶賠償責任（公三六九之四II）。此乃加重公司負責人之責任，俾保護從屬公司。

二、對從屬公司之保護

上述控制公司之責任，即對從屬公司之保護，除此之外，尚有下列四點：

㈠**從屬公司之債權人或少數股東之代位權** 控制公司於會計年度終了為損益計算後，對從屬公司造成前述「一、控制公司及其負責人之責任，㈠控制公司之賠償責任、㈡控制公司負責人之連帶賠償責任」之損害而未賠償者，從屬公司債權人或股東得以自己名義代位請求賠償，其賠償所得歸屬公司，但為避免濫訴及參照公司法第二○○條規定，本法明定從屬公司之債權人或繼續一年以上持有從屬公司已發行有表決權股份總數或資本總額百分之一以上之股東，得以自己名義行使前述一、㈠㈡之從屬公司權利，請求對從屬公司為給付（公三六九之四III）。

上述本法第三六九條之四第三項規定之股東限於有表決權者，始有代

位權，然則從屬公司受控制公司之控制而致其股東權益受損時，不以有表決權之股東為限，無表決權股東亦受有損害，不應將無表決權股東排除在外，故本項規定應修正之以維公允。其次，本項規定債權人代位權之行使，無債權額多寡及清償期長短之限制，每一債權人均得單獨行使。因此本法為民法之特別法，故債權人行使此一代位權，不受民法第二四二條及第二四三條規定之限制。

上述權利之行使，不因從屬公司就前述一、㈠之請求賠償權利所為之和解或拋棄而受影響（公三六九之四IV）。此乃係為保障本法第三六九條之四第三項所規定從屬公司股東或債權人之權利，明定縱使從屬公司就本條第一項之請求權達成和解或拋棄時，上述股東或債權人之權利，亦不受影響。

㈡對從屬公司債權人之保護

1.不得主張抵銷 控制公司直接或間接使從屬公司為不合營業常規或其他不利益之經營者，如控制公司對從屬公司之債權，在控制公司對從屬公司應負擔之損害賠償限度內，不得主張抵銷（公三六九之七 I）。

2.應次於從屬公司之其他債權受清償 控制公司直接或間接使從屬公司為不合營業常規或其他不利益之經營者，如控制公司對從屬公司有債權，此項債權無論其有無別除權或優先權，於從屬公司依破產法之規定為破產或和解，或依本法之規定為重整或特別清算時，應次於從屬公司之其他債權受清償（公三六九之七II）。按從屬公司之財產為全體債權人之總擔保，為避免控制公司利用其債權參與從屬公司破產財團之分配，或於設立從屬公司時，濫用股東有限責任之原則，儘量壓低從屬公司資本，增加負債而規避責任，損及其他債權人之利益，特參考美國判例而規定，控制公司之債權無論有無別除權或優先權，均應次於從屬公司之其他債權人受清償，並不得於破產程序中主張抵銷。本法第三六九條之七規定，係脫胎於美國判例法上之「深石原則」。深石原則之控制公司為本案之被告，深石公司為其從屬公司，法院認為深石公司在成立之初，即資本不足，且其業務經營完全受被告公司所控制，經營方法主要為被告公司之利益，因此判決被告

公司對深石公司之債權，應次於深石公司之其他債權人❼。

　　㈢**從屬公司對他從屬公司之損害賠償請求權**　即受有利益從屬公司之連帶賠償責任。依本法規定，控制公司使從屬公司為不合營業常規或其他不利益之經營（公三六九之四 I），致他從屬公司受有利益，受有利益之該他從屬公司於其所受利益限度內，就控制公司依規定應負之賠償（公三六九之四），負連帶責任（公三六九之五）。本項之設，乃為避免控制公司本身無資產可供清償，而使受損害之從屬公司之股東及債權人蒙受損害，故規定受有利益之該他從屬公司應就控制公司依規定所應負之賠償（公三六九之四），負連帶責任。惟為顧及受有利益之從屬公司股東及債權人之利益，該從屬公司賠償範圍，僅限於所受利益❽。

　　㈣**對從屬公司股東之股息紅利的保護**　控制公司股息及紅利之分派，其章程得訂明員工分配股息紅利之對象，包括符合一定條件之從屬公司（公二三五Ⅳ）。

三、控制公司與從屬公司交叉持股之限制

　　本法第一六七條第三項規定：「被持有已發行有表決權之股份總數或資本總額超過半數之從屬公司，不得將控制公司之股份收買或收為質物。」所規範之「從屬公司」，顯然與本法「關係企業」章中之「從屬公司」範圍不盡相符。此或許增訂本法第一六七條第三項及第四項時，未顧及本法「關係企業」章之規定所致。按本法第三六九條之二及之三的規定，「從屬公司」應包含被持有已發行有表決權之股份總數或資本總額超過半數之公司、公司人事財務或業務經營被他公司直接或間接控制之公司、及當公司與他公司之執行業務股東或董事有半數以上相同或當二者已發行有表決權之股份總數有半數以上為相同之股東持有或出資時，推定有控制從屬關係存在等情形。但本法第一六七條第三項僅限於「被持有已發行有表決權之股份總數或資本總額超過半數之公司」，至於其他情形之從屬公司，則不在規範之內，故控制公司仍可利用未受規範之其持股或出資未過半之其他類型的從

---

❼　同❶註七〇、七一。

❽　同❶註六九。

屬公司,買回自己的股份。因此本法第一六七條第三項規定,並未能完全杜絕控制與從屬公司間之交叉持股。

再者,本法第一六七條第四項規定:「前項控制公司及其從屬公司直接或間接持有他公司已發行有表決權之股份總數或資本總額合計超過半數者,他公司不得將控制公司及其從屬公司之股份收買或收為質物。」觀之,其所規範之「他公司」依本法第三六九條之十一規定,應亦屬於關係企業中之從屬公司,故第一六七條第四項之「他公司」似可被第一六七條第三項之「被持有已發行表決權之股份總數或資本總額超過半數之從屬公司」之範圍所涵蓋,因此本法第一六七條第四項之規定似屬多餘。

第四、關係企業損害賠償請求權之短期時效

一、自知有賠償責任及義務人起二年,及自賠償責任發生起五年

為免控制公司及其負責人之責任久懸未決,本法規定從屬公司股東及其債權人之損害賠償請求權(公三六九之四、三六九之五),自請求權人知控制公司有賠償責任及知有賠償義務人時起,二年間不行使而消滅。自控制公司賠償責任發生時起,逾五年者亦同(公三六九之六)。

二、立法理由

本法第三六九條之六規定,在為避免控制公司及其負責人之責任久懸未決,因此本條之損害賠償請求權,係參照德國股份法第三○九條第五項規定,採五年之短期時效,為民法第一九七條第一項之特別規定。按德國股份法第三○九條規定:「訂有控制契約者,控制企業之負責人(在獨資商號為商號所有人)對於從屬公司為指示時,應盡其正常與忠實管理人之注意義務(第一項)。公司負責人違反前項義務者,應對公司因此所致之損害,連帶負賠償責任。有無違背前項義務有爭執者,公司負責人應負舉證責任(第二項)。公司拋棄賠償請求權或成立和解應於賠償發生後三年且經外部股東特別決議之同意,且決議中未有代表參與決議之股份總額十分之一之股東表示反對時,始生效力。但賠償義務人無支付能力且與債權人成立和解以避免破產程序者,不受上述三年期間之限制(第三項)。公司之損害賠

償請求權，各股東亦得主張之，但僅得請求對公司為賠償之給付。公司債權人就其債權未獲清償之部分亦得主張公司之賠償請求權。此項請求權不因公司拋棄賠償請求權或成立和解而受影響。公司已開始破產程序者，股東及債權人之賠償請求權，由破產管理人行使之（第四項）。本條規定之賠償請求權，因五年間不行使而消滅（第五項）。」

第五、控制公司與從屬公司之合併

　　控制公司與從屬公司之合併，與一般公司間之合併大致相同，請閱前述第十節股份有限公司之解散、合併與分割所述。惟所不同者，控制公司持有從屬公司百分之九十以上已發行股份者，得依本法第三一六條之二規定，為簡易合併，詳請參閱前述第十節之規定。

第六、投資狀況之公開

一、通知之義務

　　持有他公司已發行有表決權之股份總數或資本總額三分之一者有通知之義務，一公司持有他公司有表決權之股份或出資額超過該他公司已發行有表決權之股份總數或資本總額三分之一者，應於事實發生之日起一個月內以書面通知該他公司（公三六九之八 I）。按關係企業之形成，最主要方式乃資本參與，亦即他公司股份之取得。是故，將公司間之相互持股關係加以公開、透明化，實有必要。因此一公司持有他公司有表決權之股份或出資額，超過該他公司已發行有表決權之股份總數或資本總額三分之一者，雖未構成本法控制與從屬關係（公三六九之二 I），但對他公司亦有潛在之控制力量，故課以該公司有通知義務較妥 ❾。

二、再通知之義務

　　公司為前述一、通知後，有下列變動之一者，應於事實發生之日起五日內，以書面再為通知（公三六九之八 II）：

　　㈠**低於三分之一時**　有表決權之股份或出資額低於他公司已發行有

───────────────

❾　同❶討七二。

表決權之股份總數或資本總額三分之一時。

㈡**超過二分之一時** 有表決權之股份或出資額，超過他公司已發行有表決權之股份總數或資本總額二分之一時。

㈢**再低於二分之一時** 前款之有表決權之股份或出資額，再低於他公司已發行有表決權之股份總數或資本總額二分之一時。

三、受通知公司之公告

㈠**公告時間及事項** 受通知之公司，應於收到前述再通知五日內公告之，公告中應載明通知公司名稱及其持有股份或出資額之額度（公三六九之八Ⅲ）。此乃為貫徹公開原則，以保護公司小股東及債權人，明定受通知之公司，應於收到通知後，五日內公告。

㈡**公告之效果** 公司為本法第三六九條之八第一項之通知後，如持有表決權之股份或出資額低於他公司已發行有表決權之股份總數或資本額三分之一時，已不受本章之規範；如超過二分之一時，依第三六九條之二第一項規定，該公司間有控制與從屬關係；如超過二分之一後再低於二分之一時，其之控制與從屬之關係略緩，如有上述變動情形之一，因效果影響頗大，應有再為通知之必要，故明定第二項規定❿。

四、違反通知或公告之處分

公司負責人違反前述一、二、三、之通知或公告之規定者，各處新臺幣六千元以上三萬元以下罰鍰。主管機關並應責令限期辦理；期滿仍未辦理者，得責令限期辦理，並按次連續各處新臺幣九千元以上六萬元以下罰鍰至辦理為止（公三六九之八Ⅳ）。此乃明定對公司負責人可處以罰鍰，以貫徹公司通知或公告之義務，並為避免主管機關責令公司限期辦理後，公司仍拖延未辦，主管機關得連續處罰⓫。

第七、相互投資公司

公司間相互投資為現行公司法第十三條及第一五六條第六項規定所允

❿ 同❶討七二、七三。
⓫ 同❶討七三。

許，但相互投資公司有虛增資本與董監事永久保其權位之弊端，因此應有予以適當規範之必要。

一、相互投資公司之意義

一公司與他公司相互投資，各達對方有表決權之股份總數或資本總額三分之一以上者，為相互投資公司（公三六九之九 I）。

本法明定相互投資公司之定義如上所述，但如相互投資公司中公司持有他公司已發行有表決權之股份總數或資本總額半數或實質上可直接或間接控制他公司時，則其有控制與從屬關係。如二公司互有上述關係時，則互為控制、從屬公司，故有本法第三六九條之九第二項之規定 ❷。按相互投資公司各持有對方已發行有表決權之股份總數或資本總額超過半數者，或互可直接或間接控制對方之人事、財務或業務經營者，互為控制公司與從屬公司（公三六九之九 II）。

二、相互投資公司表決權行使之限制

㈠**表決權行使之限制** 依本法規定，相互投資公司知有相互投資之事實者，其得行使之表決權，不得超過被投資公司已發行有表決權股份總數或資本總額之三分之一。但以盈餘或公積增資配股所得之股份，仍得行使表決權（公三六九之一〇 I）。至於另被選為董監事之權，本法尚無限制規定 ❸。本項之立法意旨，為避免相互投資公司可能發生之弊端，及相互投資現象之擴大，明定其表決權行使之限制，但此項限制，不適用於從盈餘或公積轉為新增資本，而獲得之新增股份，以避免矯枉過正，妨礙公司正常之營運。

㈡**不適用表決權行使限制之規定** 公司依第三六九條之八規定通知他公司後，於未獲他公司相同之通知，亦未知有相互投資之事實者，其股權之行使不受前述不得超過被投資公司已發行有表決權股份總數或資本總額之三分之一的限制（公三六九之一〇 II）。此乃因公司已為第三六九條之八之通知後，在未得他公司之類似通知或公司知其相互投資之事實前，不

❷　同❶討七三、七四。

❸　經濟部 93.11.19 經商字第 09302175000 號。

宜限制其表決權之行使，否則公司行使表決權後，始接獲他公司通知或才知有相互投資之事實時，如仍就上述已行使之表決權為前述㈠之限制，將徒增困擾❶。是故本法第三六九條之八所規定之通知或公告義務，與表決權之計算係屬二事，而是以「知」有相互投資之事實為限制發生之要件，並非以已獲得他公司依本法第三六九條之八所為通知為限制發生之唯一要件。

三、相互投資公司交叉持股之限制

從本法第一六七條第三項規定：「被持有已發行有表決權之股份總數或資本總額超過半數之從屬公司，不得將控制公司之股份收買或收為質物。」第四項規定：「前項控制公司及其從屬公司直接或間接持有他公司已發行有表決權之股份總數或資本總額合計超過半數者，他公司亦不得將控制公司及其從屬公司之股份收買或收為質物。」觀之，該條項規定，致控制公司與從屬公司間不可能再形成相互投資公司；或原本為相互投資公司，若進一步發展成為控制從屬公司時，先成為從屬公司之一方，須出售原先已持有之控制公司股份，亦即不能再交叉持股，故上述該條項規定與本法第三六九條之九第二項規定：「相互投資公司各持有已發行有表決權之股份總數或資本總額超過半數者，或互可直接或間接控制對方之人事、財務或業務經營者，互為控制公司與從屬公司。」有所衝突，致第三六九條之九第二項，形同廢止。因此本法第一六七條第三、四項，若未設例外之規定，將使交叉持股規定之限制，過於嚴苛，矯枉過正，誠屬立法者之疏漏。

第八、適用本章之其他規定

一、本章持股或出資之綜合計算

依本法規定，計算本章一公司所持有他公司之股份或出資額，應連同下列各款之股份或出資額一併計入（公三六九之一一 I）：

㈠公司之從屬公司所持有他公司之股份或出資額。

㈡第三人為該公司而持有之股份或出資額。

---

❶　同❶討七四。

㈢第三人為該公司之從屬公司而持有之股份或出資額。

按現行公司法對於股份或出資之計算，並未採綜合計算。為防止公司以迂迴間接之方法持有股份，以規避相互投資之規範，並為正確掌握關係企業之形成，乃參考德國股份法第十六條第四項規定：「企業對他企業之參與部分，應包括其從屬企業之參與部分，及他人為企業及其從屬企業之計算而參與之部分，獨資企業之所有人參與之部分，視為企業之參與部分。」所致❶。是以，某公司持有 A 公司未達過半數股權，但該公司關係企業之法人董事代表人或經理人個人亦持有 A 公司部分股權，如兩者股權加總過半數時，是否屬公司法第三六九條之二第一項所稱之控制從屬關係一節，因涉及該公司關係企業之法人董事代表人或經理人個人持有之股份，是否屬於公司法第三六九條之一一第二款之「第三人為該公司而持有之股份」，事涉具體個案事實之認定，如有爭議，允屬司法機關認事用法之範疇❶。

二、關係報告書、關係企業合併財務報表

㈠**關係報告書** 依本法規定，從屬公司為公開發行股票之公司者，應於每會計年度終了，造具其與控制公司間之關係報告書，載明相互間之法律行為、資金往來及損益情形（公三六九之一二 I）。

㈡**合併營業報告書及合併財務報表** 控制公司為公開發行股票之公司者，應於每會計年度終了，編製關係企業合併營業報告書及合併財務報表（公三六九之一二 II）。本條之適用，僅限於公開發行股票之公司，俾減輕中小公司帳務處理之困擾與成本。按關係報告書及合併財務報表之編製，為德國股份法特有制度，目的在於明瞭控制公司與從屬公司間之法律行為（如業務交易行為或不動產買賣等行為）及其他關係，以確定控制公司對從屬公司之責任，且為便於主管機關管理及保護少數股東與債權人，本法參考德國立法例，要求關係企業編製各種足以表現關係企業往來關係及財務狀況之書表，以資規範。

㈢**書表之編製準則** 前二項書表之編製準則，由證券主管機關定之

---

❶ 同❶討七五、七六。

❶ 經濟部 97.3.28 經商字第 09702029960 號。

（公三六九之一二III）。此乃本法盱衡我國目前情況，採彈性規定，授權證券主管機關，視情形需要而訂定編製準則。財政部證券暨期貨管理委員會依此授權之規定，頒布「關係企業合併營業報告書、關係企業合併財務報表及關係報告書編製準則」，以資遵行。

第七章　外國公司

第一、外國公司之意義

通常一般國家將外國公司之適用，規定於國際私法之涉外法則內。惟亦有些國家，將外國公司規定於公司法內者，如日本、義大利、葡萄牙、比利時等國屬之。我國亦然。

外國公司之異於內國公司者，其最主要者，乃在於公司國籍之認定。至於外國公司國籍之認定標準，學說頗不一致。茲臚舉重要之學說，述之於下：

一、認許說

此說以公司設立所認許之國家，為其國籍所屬。即其認許最後程序，經外國政府承認者，為外國公司。

二、股東國籍說

此說以公司多數股東，或多數出資額之股東國籍而決定其公司國籍之標準。是故以此說者，認定是否為外國公司，頗難固定。

三、準據法說

此說以公司之成立，係準據何國家之法律而組織登記者，其國籍即屬於該國，故準據外國法律組織登記而成立者，則為外國公司。

四、設立行為地說

此說以公司設立行為所在地之國籍，為公司國籍之所屬。換言之，公司之設立行為地在外國者，為外國公司。

五、住所地國籍說

此說以公司住所設於何國，以定其國籍所屬。詳言之，住所設在外國者，為外國公司。

六、資金募集地說

此說以資金募集地為準，以定其國籍所屬。是故資本在外國募集者，為外國公司。

七、營業中心地主義

此說以公司主要營業中心地為準，以定其國籍所屬。是故主要營業中心在外國者，為外國公司。

綜上所述，外國公司與本國公司之區別，主要在以公司本身所隸屬之國籍為準，故本國公司之股東不妨有外國人，外國公司其股東亦不妨有本國人。

現行本法第七章外國公司，共計十七條，即從第三七〇條至第三八六條止。按本法第四條第一項規定，外國公司者，謂以營利為目的，依照外國法律組織登記之公司。同條第二項規定外國公司，於法令限制內，與中華民國公司有同一之權利能力 ❶。依此意義，本法就外國公司國籍之認定，係採準據法說。惟外國人投資條例第一條規定「外國人在中華民國境內之投資、保障、限制及處理，依本條例之規定」。另同法第三條第一項規定「本條例所稱外國人包括外國法人」，並未以經認許之外國法人為限 ❷。外國人投資條例係本法之特別法理應配合修訂。茲將本法外國公司之意義分述如下：

一、須以營利為目的之公司

凡非以營利為目的之公司，縱其本國稱為公司，亦不得在我國聲請為

---

❶ 民國 107 年 7 月 6 日立法院通過公司法第 4 條修正說明：「在國際化之趨勢下，國內外交流頻繁，依外國法設立之外國公司既於其本國取得法人格，我國對此一既存事實宜予尊重。且為強化國內外公司之交流可能性，配合實際貿易需要及國際立法潮流趨勢，爰廢除外國公司認許制度，刪除現行條文後段規定。關於外國公司之定義，採取與企業併購法第四條第八款及證券交易法第四條第二項相同之定義。按民法總則施行法第十二條第一項規定『經認許之外國法人，於法令限制內，與同種類之我國法人有同一之權利能力。』本法廢除認許制度後，外國公司於我國究有如何之權利能力，宜予明定，爰參照上開規定，增訂第二項。」

❷ 經濟部 87.8.28 商字第 87220450 號。

外國公司。

二、須依外國法律組織登記之公司

本法第四條第一項所規定者，係採準據法說，為外國公司於我國之先決條件。換言之，外國公司並非依我國法律組織登記而成立之公司，乃係依據外國法律組織，並在該外國登記取得公司資格之公司。倘在該外國未取得公司資格，自不得再稱為外國公司。惟外國立法例，有採非社團法人得為公司之立法例（如德國無限公司、兩合公司），因此我國對此未具社團法人資格之公司，是否認為是外國公司？本法第四條未如本法第一條明文規定須具備社團法人之資格，故為維持國際貿易關係，達到通商友好目的，凡以經我國批准之條約為根據時，得承認其為外國公司。

三、須在中華民國政府法令限制內

外國公司之行為，與我國社會公益及人民權益，關係密切，為維持社會秩序，保護交易安全，故外國公司在我國以我國法令為準據之依據。

四、須在中華民國境內營業

他國之公司如不在我國境內營業，依本法規定外國公司因無意在中華民國境內設立分公司營業，未經申請分公司登記而派其代表人在中華民國境內設置辦事處者，應申請主管機關登記（公三八六Ⅰ）。外國公司設置辦事處後，無意繼續設置者，應向主管機關申請廢止登記（公三八六Ⅱ）。辦事處代表人缺位或辦事處他遷不明時，主管機關得依職權限期令外國公司指派或辦理所在地變更；屆期仍不指派或辦理變更者，主管機關得廢止其辦事處之登記（公三八六Ⅲ）。

五、須標明種類、國籍及中文名稱

外國公司在中華民國境內設立分公司者，其名稱應譯成中文，除標明其種類外，並應標明其國籍以資識別（公三七〇）。

關於標明其公司種類，乃依其本國法所登記組織之種類。縱與本法所規定之四種公司種類不同，亦屬無妨。至於公司名稱之上，應標明其國籍，例如英商德記洋行有限公司。

第二、外國公司之準據

一、準據之要件

外國公司準據之要件，可分為積極要件與消極要件。茲分述於下：

(一)積極要件

1.**須在其本國已設立登記之公司** 本法所稱外國公司，謂以營利為目的，依照外國法律組織登記之公司（公四 I）。按在國際化之趨勢下，國內外交流頻繁，依外國法設立之外國公司既於其本國取得法人格，我國對此一既存事實宜予尊重。且為強化國內外公司之交流可能性，配合實際貿易需要及國際立法潮流趨勢，爰廢除外國公司認許制度，刪除舊法第四條後段規定「並經中華民國政府認許，在中華民國境內營業之公司」。關於外國公司之定義，採取與企業併購法第四條第八款及證券交易法第四條第二項相同之定義。又民法總則施行法第十二條第一項規定「經認許之外國法人，於法令限制內，與同種類之我國法人有同一之權利能力」。本法廢除認許制度後，外國公司於我國究有如何之權利能力，宜予明定，爰參照上開規定，增訂第四條第二項「外國公司，於法令限制內，與中華民國公司有同一之權利能力」。**❸**

2.**須在我國辦理分公司登記，始得在我國營業** 外國公司非經辦理分公司登記，不得以外國公司名義在中華民國境內經營業務（公三七一 I）。違反前項規定者，行為人處一年以下有期徒刑、拘役或科或併科新臺幣十五萬元以下罰金，並自負民事責任；行為人有二人以上者，連帶負民事責任，並由主管機關禁止其使用外國公司名稱（公三七一 II）。

(二)消極要件
凡外國公司具有下列情形之一者，不予分公司登記（公三七三）：

1.**其目的或業務，違反中華民國法律、公共秩序或善良風俗者** 例如販賣嗎啡或鴉片，違反我國法律出賣武器有礙公共秩序，介紹婚姻取佣金有礙中華民國善良風俗是。依民法第七十一條前段規定：「法律行為，違反

---

❸ 同**❶**。

強制或禁止之規定者，無效」，又民法第七十二條規定：「法律行為，有背於公共秩序或善良風俗者，無效」。因之以無效之法律行為，申請為外國公司之目的或業務，當然不予分公司登記。

　　2.公司申請登記事項或文件時，應報明之事項有虛偽者　應報明之事項，倘其報明事項有虛偽之情形時，其居心必存欺詐，自應不予分公司登記。

　　舊公司法第三七三條第二項規定：「外國公司所屬之國家，對於中國公司不予認許者，得不予認許。」及舊公司法第三八三條規定：「外國公司之本國法律，不准中國公司在其境內募股募債者，該外國公司不得在中國境內募股募債；但其股東私人依法令規定買賣股票債券，不在此限。」此二條，係基於國際間平等互惠原則而設，於民國八十六年六月二十五日總統令修正實施後，刪除。此乃因依世界貿易組織 (WTO) 設立協定第十六條第四項之規定　，所有申請入會之會員均應使其國內法規符合世界貿易組織 (WTO) 之國際規定。依世界貿易組織 (WTO) 服務貿易總協定第二條之規定，世界貿易組織 (WTO) 會員之公司至他世界貿易組織 (WTO) 會員國設立分公司或經營業務，必須給予最惠國待遇原則之不歧視之待遇。我國公司法上述兩條文有違前述規定。我國既已加入世界貿易組織 (WTO)，則凡我國現行法規與世界貿易組織 (WTO) 之規定有不一致者，均已修訂，俾履行成為世界貿易組織 (WTO) 會員之基本義務，故刪除舊公司法第三七三條第二項及第三八三條之規定，又為配合我國加入世界貿易組織 (WTO) 之時程，遂於第四四九條增訂此兩條修正條文之施行日期，由行政院訂之。

二、準據之效力

　　(一)取得外國法人之資格　關於外國公司準據之性質　，向有創設說及宣告說。前者因準據外國公司因而創設成立。後者因準據之宣告外國公司，因而被確認其存在。我國對於公司及法人採實在說，故準據之性質，應以實在說較當。外國公司依我國公司法第四條第二項於法令限制內，與中華民國公司有同一之權利能力（公四II）。換言之，即經我國確認為公司。再者，依民法總則施行法第十三條規定，外國法人在中華民國設事務所者，

準用民法總則，而民法第四十五條規定：「以營利為目的之社團，其取得法人資格，依特別法之規定」，故外國公司依公司法之規定之準據，即取得法人資格，而在中華民國境內享受權利能力。然則外國公司之權利能力，依本法第三七七條第一項規定，應受下列限制：「第七條、第十二條、第十三條第一項、第十五條至第十八條、第二十條第一項至第四項、第二十一條第一項及第三項、第二十二條第一項、第二十三條至第二十六條之二，於外國公司在中華民國境內設立之分公司準用之。」詳言之，外國公司在中華民國境內設立分公司準用如下：

1. **公司登記之查核簽證**　公司申請設立登記之資本額，應經會計師查核簽證；公司應於申請設立登記時或設立登記後三十日內，檢送經會計師查核簽證之文件（公七 I）。公司申請變更登記之資本額，應先經會計師查核簽證（公七 II）。前二項查核簽證之辦法，由中央主管機關定之（公七 III）。

2. **登記之效力**　公司設立登記後，有應登記之事項而不登記，或已登記之事項有變更而不為變更之登記者，不得以其事項對抗第三人（公一二）。

3. **公司轉投資之限制**　公司不得為他公司無限責任股東或合夥事業之合夥人（公一三）。

4. **貸款之限制**　公司之資金，除有左列各款情形外，不得貸與股東或任何他人（公一五 I）：⑴公司間或與行號間有業務往來者。⑵公司間或與行號間有短期融通資金之必要者。融資金額不得超過貸與企業淨值的百分之四十。公司負責人違反前項規定時，應與借用人連帶負返還責任；如公司受有損害者，亦應由其負損害賠償責任（公一五 II）。

5. **公司為擔保人之限制**　公司除依其他法律或公司章程規定得為保證者外，不得為任何保證人（公一六 I）。公司負責人違反前項規定時，應自負保證責任，如公司受有損害時，亦應負賠償責任（公一六 II）。

6. **特許之業務**　公司業務，依法律或基於法律授權所定之命令，須經政府許可者，於領得許可文件後，方得申請公司登記（公一七 I）。前項業務之許可，經目的事業主管機關撤銷或廢止確定者，應由各該目的事業主管機關，通知中央主管機關，撤銷或廢止其公司登記或部分登記事項（公

一七II）。

　　7.**廢止登記**　公司之經營有違反法令受勒令歇業處分確定者，應由處分機關通知中央主管機關，廢止其公司登記或部分登記事項(公一七之一)。

　　8.**公司名稱專用**　公司名稱，應使用我國文字，且不得與他公司或有限合夥名稱相同。二公司或公司與有限合夥名稱中標明不同業務種類或可資區別之文字者，視為不相同（公一八 I）。公司所營事業除許可業務應載明於章程外，其餘不受限制（公一八II）。公司所營事業應依中央主管機關所定營業項目代碼表登記。已設立登記之公司，其所營事業為文字敘述者，應於變更所營事業時，依代碼表規定辦理（公一八III）。公司不得使用易於使人誤認其與政府機關、公益團體有關或妨害公共秩序或善良風俗之名稱（公一八IV）。公司名稱及業務，於公司登記前應先申請核准，並保留一定期間；其審核準則，由中央主管機關定之（公一八 V）。

　　9.**年終查核**　公司每屆會計年度終了，應將營業報告書、財務報表及盈餘分派或虧損撥補之議案，提請股東同意或股東常會承認（公二〇 I）。公司資本額達一定數額以上或未達一定數額而達一定規模者，其財務報表，應先經會計師查核簽證；其一定數額、規模及簽證之規則，由中央主管機關定之。但公開發行股票之公司，證券主管機關另有規定者，不適用之（公二〇II）。前項會計師之委任、解任及報酬，準用第二十九條第一項規定（公二〇III）。第一項書表，主管機關得隨時派員查核或令其限期申報；其辦法，由中央主管機關定之（公二〇IV）。

　　10.**平時業務之檢查**　主管機關得會同目的事業主管機關，隨時派員檢查公司業務及財務狀況，公司負責人不得妨礙、拒絕或規避（公二一 I）。公司負責人妨礙、拒絕或規避前項檢查者，各處新臺幣二萬元以上十萬元以下罰鍰。連續妨礙、拒絕或規避者，並按次連續各處新臺幣四萬元以上二十萬元以下罰鍰（公二一II）。

　　11.**帳表查核之方法**　主管機關查核第二十條所定各項書表，或依前條檢查公司業務及財務狀況時，得令公司提出證明文件、單據、表冊及有關資料，除法律另有規定外，應保守秘密，並於收受後十五日內，查閱發還

（公二二 I）。

12.**負責人應負違反及損害賠償之責** 公司負責人應忠實執行業務並盡善良管理人之注意義務，如有違反致公司受有損害者，負損害賠償責任（公二三 I）。公司負責人對於公司業務之執行，如有違反法令致他人受有損害時，對他人應與公司負連帶賠償之責（公二三 II）。公司負責人對於違反第一項之規定，為自己或他人為該行為時，股東會得以決議，將該行為之所得視為公司之所得。但自所得產生後逾一年者，不在此限（公二三 III）。

13.**解散公司之清算** 解散之公司除因合併、分割或破產而解散外，應行清算（公二四）。

14.**清算中之公司** 解散之公司，於清算範圍內，視為尚未解散（公二五）。

15.**清算中之營業** 前條解散之公司在清算時期中，得為了結現務及便利清算之目的，暫時經營業務（公二六）。

16.**撤銷或廢止登記之準用** 公司經中央主管機關撤銷或廢止登記者，準用前三條之規定（公二六之一）。

17.**公司名稱得為他人申請核准使用之情形** 經解散、撤銷或廢止登記之公司，自解散、撤銷或廢止登記之日起，逾十年未清算完結，或經宣告破產之公司，自破產登記之日起，逾十年未獲法院裁定破產終結者，其公司名稱得為他人申請核准使用，不受第十八條第一項規定之限制。但有正當理由，於期限屆滿前六個月內，報中央主管機關核准者，仍受第十八條第一項規定之限制（公二六之二）。

㈡**得在中華民國境內營業**

1.**外國公司非經辦理分公司登記，禁止以外國公司名義在我國境內經營業務** 外國公司非經辦理分公司登記，不得以外國公司名義在中華民國境內經營業務（公三七一 I）。違反前項規定者，行為人處一年以下有期徒刑、拘役或科或併科新臺幣十五萬元以下罰金，並自負民事責任；行為人有二人以上者，連帶負民事責任，並由主管機關禁止其使用外國公司名稱（公三七一 II）。

2.**外國公司在我國境內設立分公司之營業資金與負責人**　外國公司在中華民國境內設立分公司者，應專撥其營業所用之資金，並指定代表為在中華民國境內之負責人（公三七二 I）。外國公司在中華民國境內之負責人於登記後，將前項資金發還外國公司，或任由外國公司收回者，處五年以下有期徒刑、拘役或科或併科新臺幣五十萬元以上二百五十萬元以下罰金（公三七二 II）。有前項情事時，外國公司在中華民國境內之負責人應與該外國公司連帶賠償第三人因此所受之損害（公三七二 III）。第二項經法院判決有罪確定後，由中央主管機關撤銷或廢止其登記。但判決確定前，已為補正者，不在此限（公三七二 IV）。外國公司之分公司之負責人、代理人、受僱人或其他從業人員以犯刑法偽造文書印文罪章之罪辦理設立或其他登記，經法院判決有罪確定後，由中央主管機關依職權或依利害關係人之申請撤銷或廢止其登記（公三七二 V）。

㈢**在中華民國境內設立分公司**　外國公司經辦理分公司登記後，方得在中華民國境內設立分公司，並為營業行為（公三七一）。所稱營業，原則上係指公司所從事之經常性、反覆性之商業活動❹。代表公司負責人或外國公司在中華民國境內之負責人不依本法第三八七條第一項所訂辦法申請期限辦理登記者，除由主管機關責令限期改正外，處新臺幣一萬元以上五萬元以下罰鍰；屆期未改正者，繼續責令其限期改正外，並按次處新臺幣二萬元以上十萬元以下罰鍰，至改正為止（公三八七 V 後）。本法並未規定分公司設立僅限於一所，故外國公司是否可以設立數所，得由主管機關斟酌情形定之。外國公司在中華民國境內設立分公司者，應將章程備置於其分公司，如有無限責任股東者，並備置其名冊（公三七四 I）。外國公司在中華民國境內之負責人違反前項規定者，處新臺幣一萬元以上五萬元以下罰鍰。再次拒不備置者，並按次處新臺幣二萬元以上十萬元以下罰鍰（公三七四 II）。又其所備置之章程或無限責任股東名冊有虛偽記載時，依刑法或特別刑法有關規定處罰，故本法不再重複作刑事規定。

㈣**得依土地法規定購置業務所需用之地產**　外國公司經認許後得

---

❹　經濟部 92.10.29 經商字第 09202221350 號。

依土地法之規定購買因業務所需用之地產。茲將土地法第十八、十九、二十條及第二十四條規定，述之如下：

1.**取得或設定土地之權利** 外國人在中華民國取得或設定土地權利，以依條約或其本國法律，中華民國人民得在該國享受同樣權利者為限（土一八）。

2.**租售或購置土地之程序** 外國人為供自用、投資或公益之目的使用，得取得左列各款用途之土地，其面積及所在地點，應受該管直轄市或縣(市)政府依法所定之限制（土一九）：

(1)住宅；(2)營業處所、辦公場所、商店及工廠；(3)教堂；(4)醫院；(5)外僑子弟學校；(6)使領館及公益團體之會所；(7)墳場；(8)有助於國內重大建設、整體經濟或農牧經營之投資，並經中央目的事業主管機關核准者。

外國人依土地法第十九條需要取得土地，應檢附相關文件，申請該管直轄市或縣（市）政府核准；土地有變更用途或為繼承以外之移轉時，亦同。其依同條第一項第八款取得者，並應先經中央目的事業主管機關同意（土二○ I）。

直轄市或縣（市）政府為前項之准駁，應於受理後十四日內為之，並於核准後報請中央地政機關備查（土二○ II）。

外國人依土地法第十九條第一項第八款規定取得土地，應依核定期限及用途使用，因故未能依核定期限使用者，應敘明原因向中央目的事業主管機關申請展期；其未依核定期限及用途使用者，由直轄市或縣（市）政府通知土地所有權人於通知送達後三年內出售。逾期未出售者，得逕為標售，所得價款發還土地所有權人；其土地上有改良物者，得併同標售（土二○ III）。

前項標售之處理程序、價款計算、異議處理及其他應遵行事項之辦法，由中央地政機關定之（土二○ IV）。

3.**登記之效果** 外國人租賃或購買之土地，經登記後，依法令之所定，享受權利，負擔義務（土二四）。

(五)**淨利孳息之結匯** 本法對此並無明定，惟學者 ❺ 認為得依外國人投

資條例第十二條至第十七條之法理，外國公司將其淨利孳息而為結匯。茲將該外國人投資條例有關規定，述之於下：

　　1.**結匯之權限及轉讓**　投資人依外國人投資條例享有結匯之權利不得轉讓。但其出資轉讓與投資人之合法繼承人或經核准受讓其投資之其他外國人或華僑，不在此限（外一一）。

　　2.**申請結匯之金額**　投資人得以其投資每年所得之孳息或受分配之盈餘，申請結匯（外一二 I）。

　　以投資人經核准轉讓股份或撤資或減資，得以其經審定之投資額，全額一次申請結匯；其因投資所得之資本利得，亦同（外一二II）。

　　投資人申請結匯貸款投資本金及孳息時，從其核准之約定（外一二III）。

　　3.**徵用或收購事業價款之結匯**　投資人對所投資之事業，投資未達該事業資本總額百分之四十五者，政府基於國防需要，對該事業徵用或收購時，應給予合理之補償（外一三 I）。

　　前項補償所得之價款，准予申請結匯（外一三II）。

　　投資人對所投資事業之投資，占該事業資本總額百分之四十五以上者，在開業二十年內，繼續保持其投資在百分之四十五以上時，不予徵用或收購（外一四 I）。

　　前述規定，於投資人與依華僑回國投資條例投資之華僑共同投資，合計占該投資事業資本總額百分之四十五以上時，準用之（外一四II）。

三、申請廢止登記之依據效力及事由

㈠廢止登記之依據

　　1.**事由及程序**　申請本法各項登記之期限、應檢附之文件與書表及其他相關事項之辦法，由中央主管機關定之（公三八七 I）。前項登記之申請，得以電子方式為之；其實施辦法，由中央主管機關定之（公三八七II）。前二項之申請，得委任代理人，代理人以會計師、律師為限（公三八七III）。所謂無意，乃指主觀之意思而已，無須具備客觀情事。

　　2.**廢止之效力**　外國公司廢止登記後，不得在中華民國境內繼續營業，

❺　參閱張國鍵著《商事法論》第 259 頁。

倘設有分公司者，亦一併撤銷，惟依本法第三七八條但書規定「不得免除廢止登記以前所負之責任或債務」。本法第三七八條但書係屬強制規定，外國公司所負之債務未履行完畢之前，遽以無意在中華民國境內繼續營業，向主管機關聲請廢止，致債權人之債權無從受償，該公司在我國境內之負責人應與公司連帶負賠償之責。

(二)**主管機關廢止外國公司之分公司之情事** 外國公司有下列情事之一者，主管機關得依職權或利害關係人之申請廢止外國公司在中華民國境內之分公司登記（公三七九 I）：

1.**公司已解散者** 公司既已解散，當然終止營業，與本法第三七一條之登記營業未合，自應撤銷。

2.**公司已受破產宣告者** 外國公司已受破產宣告者，自應撤銷，惟外國公司在其本國尚未破產，僅在公司重整程序時，非至終止重整之宣示，似不應類推解釋為具有撤銷之原因。

3.外國公司在中華民國境內之分公司，有第十條各款之情事之一，即公司有下列情事之一者，主管機關得依職權或利害關係人之申請，命令解散之（公一〇）：

(1)公司設立登記後六個月尚未開始營業。但已辦妥延展登記者，不在此限。

(2)開始營業後自行停止營業六個月以上。但已辦妥停業登記者，不在此限。

(3)公司名稱經法院判決確定不得使用，公司於判決確定後六個月內尚未辦妥名稱變更登記，並經主管機關令其限期辦理仍未辦妥。

(4)未於第七條第一項所定期限內，檢送經會計師查核簽證之文件者。但於主管機關命令解散前已檢送者，不在此限。

所謂廢止其登記者，係配合行政程序法第一二五條之規定而設，以資周延❻。

主管機關為上述廢止登記，不得影響債權人之權利及外國公司之義務

❻ 民國 90 年公司法第 379 條修正之立法理由。

（公三七九 II）。

第三、外國公司之負責人及其責任

一、負責人

（一）外國公司在中華民國境內設立分公司者，應專撥其營業所用之資金，並指定代表為在中華民國境內之負責人（公三七二 I）。外國公司在中華民國境內之負責人於登記後，將前項資金發還外國公司，或任由外國公司收回者，處五年以下有期徒刑、拘役或科或併科新臺幣五十萬元以上二百五十萬元以下罰金（公三七二 II）。有前項情事時，外國公司在中華民國境內之負責人應與該外國公司連帶賠償第三人因此所受之損害（公三七二 III）。本法第三七二條第二項經法院判決有罪確定後，由中央主管機關撤銷或廢止其登記。但判決確定前，已為補正者，不在此限（公三七二 IV）。外國公司之分公司之負責人、代理人、受僱人或其他從業人員以犯刑法偽造文書印文罪章之罪辦理設立或其他登記，經法院判決有罪確定後，由中央主管機關依職權或依利害關係人之申請撤銷或廢止其登記（公三七二 V）。

（二）第七條（公司登記之委託審核）、第十二條（登記效力）、第十三條第一項（轉投資限制）、第十五條至第十八條（業務與貸款限制、保證限制、特許業務、受勒令歇業處分者之撤銷登記、公司名稱）、第二十條第一項至第四項（書表查核）、第二十一條第一項及第三項（業務檢查）、第二十二條第一項（帳表查核方法）、第二十三條至第二十六條之二（負責人侵權責任、解散公司之清算、清算中之公司、清算中之營業、撤銷或廢止登記之準用、公司名稱得為他人申請核准使用之情形），於外國公司在中華民國境內設立之分公司準用之（公三七七 I）。外國公司在中華民國境內之負責人違反前項準用第二十條第一項或第二項規定者，處新臺幣一萬元以上五萬元以下罰鍰；違反前項準用第二十條第四項規定，規避、妨礙或拒絕查核或屆期不申報者，處新臺幣二萬元以上十萬元以下罰鍰（公三七七 II）。外國公司在中華民國境內之負責人違反第一項準用第二十一條第一項規定，規避、妨礙或拒絕檢查者，處新臺幣二萬元以上十萬元以下罰鍰。再次規

避、妨礙或拒絕者，並按次處新臺幣四萬元以上二十萬元以下罰鍰（公三七七III）。外國公司在中華民國境內之負責人違反第一項準用第二十二條第一項規定，拒絕提出證明文件、單據、表冊及有關資料者，處新臺幣二萬元以上十萬元以下罰鍰。再次拒絕者，並按次處新臺幣四萬元以上二十萬元以下罰鍰（公三七七IV）。

二、清算人

外國公司之清算，除外國公司有指定清算人外，以外國公司在中華民國境內之負責人或分公司經理人為清算人（公三八〇II前）。至於清算人之責任，詳閱後述第五、外國公司之清算。

第四、外國公司之監督

一、主管機關命令解散

外國公司或其分公司，有下列情形之一者，主管機關得依職權或利害關係人之申請，命令解散之（公三七七準公一〇 I）：1.設立登記後六個月尚未開始營業者。但已辦妥延展登記者，不在此限。 2.開始營業後自行停止營業六個月以上者，但已辦妥停業登記者，不在此限。

二、資金限制之監督

外國公司在中華民國境內設立分公司者，應專撥其營業所用之資金，指定代表為中華民國境內之負責人（公三七二 I）。蓋外國公司之本公司係在外國，其公司資產亦以在其本公司所在地為常，在中華民國境內與外國公司為營業行為之債權人顯無適當之保障，一旦停止營業，其債權債務如無了結程序，則危險殊甚，故本法設此規定，以保交易之安全。

三、章程及股東名冊之備置

外國公司在中華民國境內設立分公司後，將章程備置於其分公司，如有無限責任股東者，並備置其名冊（公三七四 I）。

外國公司在中華民國境內負責人違反前述規定者，各處新臺幣一萬元以上五萬元以下罰鍰。再次拒不備置者，並按次連續各處新臺幣二萬元以上十萬元以下罰鍰（公三七四II）。又其所備章程或股東名冊有虛偽記載時，

依刑法或特別刑法有關規定處罰，故本法不再重複規定刑事處罰。

四、簿冊文件之查閱

㈠公司每屆會計年度終了，應將營業報告書、財務報表及盈餘分派或虧損撥補之議案，提請股東同意或股東常會承認。公司資本額達一定數額以上或未達一定數額而達一定規模者，其財務報表，應先經會計師查核簽證；其一定數額、規模及簽證之規則，由中央主管機關定之。但公開發行股票之公司，證券主管機關另有規定者，不適用之。前項會計師之委任、解任及報酬，準用第二十九條第一項規定。第一項書表，主管機關得隨時派員查核或令其限期申報；其辦法，由中央主管機關定之。公司負責人違反第一項或第二項規定時，各處新臺幣一萬元以上五萬元以下罰鍰。規避、妨礙或拒絕前項查核或屆期不申報時，各處新臺幣二萬元以上十萬元以下罰鍰（公三七七Ⅰ準公二〇）。

㈡主管機關得會同目的事業主管機關，隨時派員檢查公司業務及財務狀況，公司負責人不得妨礙、拒絕或規避。公司負責人妨礙、拒絕或規避前項檢查者，各處新臺幣二萬元以上十萬元以下罰鍰。連續妨礙、拒絕或規避者，並按次連續各處新臺幣四萬元以上二十萬元以下罰鍰。主管機關依第一項規定派員檢查時，得視需要選任會計師或律師或其他專業人員協助辦理（公三七七Ⅰ準公二一）。

㈢主管機關查核第二十條所定各項書表，或依前條檢查公司業務及財務狀況時，得令公司提出證明文件、單據、表冊及有關資料，除法律另有規定外，應保守秘密，並於收受後十五日內，查閱發還。公司負責人違反前項規定，拒絕提出時，各處新臺幣二萬元以上十萬元以下罰鍰。連續拒絕者，並按次連續各處新臺幣四萬元以上二十萬元以下罰鍰（公三七七Ⅰ準公二二）。

第五、外國公司之清算

一、清算之原因

外國公司之清算原因，可分為下列二種情形：

㈠**撤銷或廢止之清算** 依本法規定，外國公司在中華民國境內設立之所有分公司，均經撤銷或廢止登記者，應就其在中華民國境內營業，所生債權債務清算了結，所有清算未了之債務，仍由該外國公司清償之（公三八○Ｉ）。倘外國公司未經主管機關核准、撤銷或廢止者，自毋須踐行清算程序❼。

㈡**解散之清算** 外國公司之上述㈠除外國公司另有指定清算人者外，外國公司經解散者，除因合併、分割或破產而解散者外，應行清算（公三七七Ｉ準公二四）。

二、清算人及清算程序

以外國公司在中華民國境內之負責人或分公司經理人為清算人，並依外國公司之性質，準用本法有關各種公司之清算程序（公三八○ＩＩ）。

三、清算之效果

約有下列四點：

㈠**清算範圍內，視為尚未解散** 外國公司因解散而清算者，於清算範圍內，視為尚未解散（公三七七準公二五）。本法第三七七條僅規定外國公司準用公司法第二十四條、第二十五條之規定，而第二十六條之規定並未在準用之列，故外國公司在清算期中，縱為了結現務及便利清算，亦不許其再暫時經營業務，僅於清算範圍內，視為尚未解散而已。

㈡**財產處分之限制** 外國公司在中華民國境內之財產，在清算時期中，不得移出中華民國國境，除清算人為執行清算外，並不得處分（公三八一）。

㈢**清償未了債務** 外國公司之清算，倘有清算未了之債務，仍由該外國公司清償之（公三八○Ｉ後）。

㈣**負責人之連帶責任** 外國公司在中華民國境內之負責人、分公司經理人或指定清算人，違反法定清算程序或在清算中移出或任意處分財產，對於外國公司在中華民國境內營業或分公司所生債務，應與該外國公司負連帶責任（公三八二）。

---

❼　經濟部 92.7.10 經商字第 09202140800 號。

第六、設辦事處之報備

外國公司因無意在中華民國境內設立分公司營業，未經申請分公司登記而派其代表人在中華民國境內設置辦事處者，應申請主管機關登記（公三八六 I）。考量辦事處所為行為不受限於業務上法律行為，縱從事蒐集市場資訊之事實行為亦無不可，爰刪除「為業務上之法律行為」之文字 ❽。外國公司設置辦事處後，無意繼續設置者，應向主管機關申請廢止登記（公三八六 II）。辦事處代表人缺位或辦事處他遷不明時，主管機關得依職權限期令外國公司指派或辦理所在地變更；屆期仍不指派或辦理變更者，主管機關得廢止其辦事處之登記（公三八六 III）。

---

❽　民國 107 年 7 月 6 日立法院通過公司法第 386 條修正說明㈢。

第八章　公司之登記

第一、公司登記之意義

　　公司登記者，公司依本法所定程序，就其公司營業資金之真實狀況及其他法定登記事項，向主管機關所為之登記。有此登記，俾使其權利義務得以確定，藉以保障公司本身及社會公眾之利益。公司之設立登記，係採登記要件主義，其他事項之登記，則採登記對抗主義（公一二）。公司設立登記與商業登記性質類似，惟前者因登記而取得法人資格，其公司名稱專用權，在同類業務之公司，其效力及於全國（公一八）。後者僅因登記在同一縣市取得商號專用權，並不因登記而取得法人資格。

第二、各類公司登記之程序

　　㈠**登記之申請**　公司之登記申請本法各項登記之期限、應檢附之文件與書表及其他相關事項之辦法，由中央主管機關定之（公三八七Ⅰ）。前項登記之申請，得以電子方式為之；其實施辦法，由中央主管機關定之（公三八七Ⅱ）。前二項之申請，得委任代理人，代理人以會計師、律師為限（公三八七Ⅲ）。此之會計師或律師，應以開業者為之❶。至於專利代理人之執行職務，係依「專利代理人管理規則」第六條之規定，專利代理人受委託之業務範圍為：1.專利之申請事項。2.專利之異議、舉發事項。3.專利權之讓與、信託、質權設定、授權實施、特許實施事項。4.專利之訴願、行政訴訟事項。5.其他依專利法令規定之專利業務等，並不包括公司及營利事業登記在內，故專利代理人如非開業之會計師或律師者，尚不得充任公司登記及營利事業登記之代理人❷。

❶　參閱經濟部 56.2.2 商字第 02599 號。

㈡**登記申請之改正** 主管機關對於各項登記之申請，認為有違反法令或不合法定程式者，應令申請人改正，非俟改正合法後，不予登記（公三八八）。所謂違反法令，係指有關本法之法律及命令而言。倘關於公司所在地之房屋有無違反建築法及都市計畫法規定，為工務或建築單位管理取締事項，與公司登記無關❸。

㈢**登記事項之更正** 申請人於登記後，確知其登記事項有錯誤或遺漏時，得申請更正（公三九一）。

㈣**登記證明書之核發** 各項登記事項，主管機關得核給證明書（公三九二）。此項證明書，僅在證明登記現況，不得規定證明書之有效期間❹。

㈤**外文名稱登記** 公司得向主管機關申請公司外文名稱登記，主管機關應依公司章程記載之外文名稱登記之（公三九二之一 I）。

前項公司外文名稱登記後，有下列情事之一者，主管機關得依申請令其限期辦理變更登記；屆期未辦妥變更登記者，撤銷或廢止該公司外文名稱登記（公三九二之一 II）：

1.公司外文名稱與依貿易法令登記在先或預查核准在先之他出進口廠商 外文名稱相同。該出進口廠商經註銷、撤銷或廢止出進口廠商登記未滿二年者，亦同。

2.公司外文名稱經法院判決確定不得使用。

3.公司外文名稱與政府機關、公益團體之外文名稱相同。

第一項外文種類，由中央主管機關定之（公三九二之一 III）。

㈥**登記事項之查閱或抄錄** 各項登記文件，公司負責人或利害關係人，得聲敘理由請求查閱、抄錄或複製；但主管機關認為必要時，得拒絕或限制其範圍（公三九三 I）。

公司下列登記事項，主管機關應予公開，任何人得向主管機關申請查閱、抄錄或複製（公三九三 II）：

---

❷ 參閱經濟部 62.6.1 商字第 15798 號。

❸ 經濟部 66.7.4 商字第 17653 號。

❹ 參閱經濟部 65.3.27 商字第 07730 號。

1.公司名稱；章程訂有外文名稱者，該名稱。

2.所營事業。

3.公司所在地；設有分公司者，其所在地。

4.執行業務或代表公司之股東。

5.董事、監察人姓名及持股。

6.經理人姓名。

7.資本總額及實收資本額。

8.有無複數表決權特別股、對於特定事項具否決權特別股。

9.有無第一百五十七條第一項第五款、第三百五十六條之七第一項第四款之特別股。

10.公司章程。

前項第一款至第九款，任何人得至主管機關之資訊網站查閱；第十款，經公司同意者，亦同（公三九三Ⅲ）。

㈥**解散登記、合併登記、分割登記、分公司登記、經紀人登記、停業登記、其他事項之變更登記**　申請本法各項登記之期限、應檢附之文件與書表及其他相關事項之辦法，由中央主管機關定之（公三八七Ⅰ）。代表公司之負責人或外國公司在中華民國境內之負責人申請登記，違反依第一項所定辦法規定之申請期限者，處新臺幣一萬元以上五萬元以下罰鍰（公三八七Ⅳ）。代表公司之負責人或外國公司在中華民國境內之負責人不依第一項所定辦法規定之申請期限辦理登記者，除由主管機關令其限期改正外，處新臺幣一萬元以上五萬元以下罰鍰；屆期未改正者，繼續令其限期改正，並按次處新臺幣二萬元以上十萬元以下罰鍰，至改正為止（公三八七Ⅴ）。

第三、規　費

依本法受理公司名稱及所營事業預查、登記、查閱、抄錄、複製及各種證明書等之各項申請，應收取費用；其費用之項目、費額及其他事項之準則，由中央主管機關定之（公四三八）。基於使用者付費原則，本條公司

名稱及所營事業預查之審查費，俾作為收取規費之法律依據。又為配合規費收入統一用語，明定各項名稱，其中證照費涵括登記事項核發之證明書費及公司登記核發之執照費❺。本法將各種規費，授權主管機關以行政命令訂定，以便賦予主管機關得視實際情況，隨時調整之彈性。現經濟部對於規費之繳納，訂有「公司登記規費收費準則」❻，以資適用。

---

❺　民國 90 年公司法第 438 條修正理由。

❻　經濟部 72.7.11 經⑺商字第 27898 號令修正。

第九章 附 則

第一、罰鍰之強制執行

本法所定之罰鍰，拒不繳納者，移送強制執行（公四四八）。

第二、施行日

本法除中華民國八十六年六月二十五日修正公布之第三七三條及第三八三條、一○四年七月一日修正公布之第五章第十三節條文、一○七年七月六日修正之條文之施行日期由行政院定之，及九十八年五月二十七日修正公布之條文自九十八年十一月二十三日施行外，自公布日施行（公四四九）。此乃鑑於閉鎖性股份有限公司相關規定之施行，尚需時準備及宣導，爰明定其施行日期由行政院定之。

附

錄

一〇七年八月一日公司法部分條文修正要點總說明

一、友善創新創業環境

㈠為促進公司善盡其社會責任，公司經營業務應遵守法令及商業倫理規範，得採行增進公共利益之行為（公司法第一條）。

㈡為強化股東投資效益，有限公司及股份有限公司得每季或每半會計年度終了後為盈餘分派（公司法第一一〇條及第二二八條之一）。

㈢股份有限公司得發行票面金額股或無票面金額股，並自行審酌擇一採行；股份有限公司得將票面金額股轉換為無票面金額股，但無票面金額股不得轉換為票面金額股（公司法第一五六條及第一五六條之一）。

㈣非公開發行股票之公司得發行複數表決權或對於特定事項具否決權之特別股（公司法第一五七條）。

㈤非公開發行股票之公司股東得以書面訂立表決權拘束契約及表決權信託契約，以匯聚具有共同理念之股東共同行使表決權（公司法第一七五條之一）。

㈥公司債為企業重要籌資工具，非公開發行股票之公司除得私募普通公司債外，亦得私募轉換公司債及附認股權公司債，並放寬發行總額之限制（公司法第二四七條及第二四八條）。

二、強化公司治理

㈠非公開發行股票之公司亦適用實質董事之規定（公司法第八條）。

㈡將有限公司納入「揭穿公司面紗原則」之適用範圍（公司法第九九條）。

㈢股份有限公司過半數董事於董事長不召開董事會時，得自行召集董事會（公司法第二〇三條之一）。

㈣為強化少數股東之保護，降低聲請法院選派檢查人之股東之持股期間及持股數之限制，另為強化投資人保護機制與提高股東蒐集不法證據及關係人交易利益輸送蒐證之能力，爰擴大檢查人檢查客體之範圍及於公司內部特定交易文件（公司法第一一〇條及第二四五條）。

㈤提高公開發行股票之公司負責人違法之行政罰鍰，包括違反股票發行期限、股東提案、董事候選人提名、股東及債權人查閱簿冊文件、召集權人召集股東會股東名簿之提供、監察人檢查行為之規定（公司法第一六一條之一、第一七二條之一、第一九二條之一、第二一〇條、第二一〇條之一及第二一八條）。

三、增加企業經營彈性

㈠放寬無限公司、有限公司、兩合公司、非公開發行股票之公司轉投資之限制（公司法第十三條）。

㈡無限公司、兩合公司得經股東三分之二以上之同意變更章程，將其組織變更為有限公司或股份有限公司（公司法第七六條之一及第一二六條）。

㈢有限公司變更章程、合併、解散之門檻，放寬為經股東表決權三分之二以上之同意（公司法第一一三條）。

㈣政府或法人股東一人所組織之股份有限公司得不設董事會，而僅置董事一人或二人，且得不置監察人。非公開發行股票之公司亦得不設董事會，而僅置董事一人或二人（公司法第一二八條之一及第一九二條）。

㈤考量非公開發行股票之公司發行股票與否，宜由公司自行決定，其得不發行股票，爰僅規定公開發行股票之公司應於設立登記或發行新股變更登記後三個月內發行股票（公司法第一六一條之一）。

㈥刪除發起人之股份在公司設立登記後一年內，不得轉讓之限制，以貫徹股份轉讓自由原則（公司法第一六三條）。

㈦非公開發行股票公司董事會之召集通知，由七日前修正為三日前通知各董事及監察人。惟公司得以章程排除，另定長於三日之期間，賦予公司更大彈性（公司法第二〇四條）。

㈧擴大員工獎酬工具之發放對象，可包括控制或從屬公司之員工，例如員工庫藏股、員工認股權憑證、員工酬勞、員工新股認購及限制員工權利新股。另放寬非公開發行股票之公司亦得發行限制員工權利新股（公司法第一六七條之一、第一六七條之二、第二三五條之一及第二六七條）。

四、保障股東權益

㈠鑑於股份有限公司減資、申請停止公開發行、董事競業許可、盈餘轉增資、公積轉增資，均屬公司經營重大事項，影響股東權益至鉅，增列該等事由亦應在股東會召集通知列舉；另所有應在召集事由中列舉之事項，均應說明其主要內容（公司法第一七二條）。

㈡為落實股東提案權，股東提案如符合公司法規定，董事會即應列為議案；股東提案倘係為敦促公司增進公共利益或善盡社會責任之建議，董事會仍得列入議案（公司法第一七二條之一）。

㈢繼續三個月以上持有已發行股份總數過半數股份之股東，得自行召集股東臨時會，毋庸先請求董事會召集或經主管機關許可（公司法第一七三條之一）。

㈣非公開發行股票之公司得採行董事、監察人候選人提名制度；公開發行股票之公司應逐步採行董事、監察人候選人提名制度；提名股東提出候選人名單，如符合公司法規定，董事會或其他召集權人即應將其列入名單（公司法第一九二條之一及第二一六條之一）。

㈤股份有限公司應備置之股東名簿及公司債存根簿，如備置於股務代理機構，而股東及公司之債權人請求查閱、抄錄或複製時，公司應令股務代理機構提供（公司法第二一〇條）。

㈥為利股份有限公司股東會之召開，董事會或其他召集權人召集股東會者，得請求公司或股務代理機構提供股東名簿（公司法第二一〇條之一）。

五、數位電子化及無紙化

㈠為符合國際無紙化之潮流，減少股東承擔遺失實體股票之風險，不論公開發行或非公開發行股票之公司，如發行股份而未印製股票者，均應洽證券集中保管事業機構登錄其發行之股份（公司法第一六一條之二）。

㈡股份有限公司受理股東提案，除現行書面受理之方式外，新增電子方式亦為受理方式之一；至是否採行電子方式受理，由公司自行斟酌其設備是否備妥而決定（公司法第一七二條之一）。

㈢非公開發行股票之公司股東會得以視訊會議或其他經中央主管機關

公告之方式開會，惟應於章程載明（公司法第一七二條之二）。

六、建立國際化之環境

㈠為配合全球招商政策，建構我國成為具有吸引全球投資之國際環境並與國際接軌，爰廢除外國公司認許制度（公司法第四條及第三七〇條至第三八六條）。

㈡為因應國際化需求，公司得向主管機關申請外文公司名稱登記，主管機關不為事前審查，依公司章程記載之外文名稱予以登記（公司法第三九二條之一）。

七、閉鎖性股份有限公司更具經營彈性

㈠股東會選任董事及監察人，不強制採行累積投票制，公司得以章程另定選舉方式（公司法第三五六條之三）。

㈡公司得以章程訂明特別股股東當選一定名額之董事、監察人（公司法第三五六條之七）。

八、遵守國際洗錢防制規範

㈠我國為亞太洗錢防制組織 (Asia/Pacific Group on Money Laundering, APG) 會員，有遵守國際洗錢防制及打擊資恐規範之義務，為防制洗錢及打擊資恐，除符合一定條件之公司外，公司應每年定期申報董事、監察人、經理人及持有已發行股份總數或出資額資本總額超過百分之十之股東之持股數或出資額等資料（公司法第二十二條之一）。

㈡為避免無記名股票成為洗錢之工具，廢除無記名股票制度（公司法第一三七條、第一六四條、第一六六條、第一六九條、第一七二條、第一七五條、第一七六條、第二四〇條、第二七三條、第二七九條、第二九一條、第二九七條、第三一一條、第三一六條及第四四七條之一）。

本書主要參考書籍

一、本國法

(一)書 籍

《新公司法解釋》	張肇元	民國四十六年
《商事法要義》	梅仲協	民國五十年
《商事法（中冊）》	陳顧遠	民國五十七年
《商事法論》	張國鍵	民國六十六年
《商事法新詮（上冊）》	林咏榮	民國六十五年
《商事法新論》	范衡生	民國六十五年
《公司法》	鄭玉波	民國六十六年
《公司法論》	武憶舟	民國六十年
《公司法要論》	劉甲一	民國六十七年
《公司法要論》	楊建華	民國五十九年
《新公司法釋義》	張白琰	民國六十年
《公司法專題研究》	柯芳枝	民國六十五年
《股份有限公司法論》	張龍文	民國五十五年
《商事習慣調查研究》	司法行政部	民國五十九年
《最新公司法法令解釋》	林豐賓、郭本厚	民國六十七年
《司法官訓練所公司法講義》	楊建華	民國六十六年
《公司法爭議問題》	王泰銓	民國八十六年
《最新公司法解釋彙編》	經濟部	民國八十八年
《公司法實例解說》	梁宇賢	民國八十九年
《新修正公司法解析》	賴源河、王仁宏、王泰銓、曾宛如、王文宇、余雪明、黃銘傑、林仁光、劉連煜、梁宇賢、林國全、王志誠、柯芳枝	民國九十一年

《公司法論（上）》	柯芳枝	民國九十一年
《公司法論（下）》	柯芳枝	民國九十一年
《公司法精義》	梁宇賢	民國九十一年
《公司法實例研習》	曾淑瑜	民國九十二年
《公司法論》	王文宇	民國九十二年

(二)論　文

| 我國現行公司重整制度之檢討 | 謝慶輝 | 民國五十八年 |
| 股份有限公司股份之研究 | 廖正勝 | 民國六十三年 |

二、外國法

(一)日　文

《三省堂模範六法》		昭和五十三年
《條解會社更生法》	兼子一、三個月章	昭和三十九年
《會社更生法》	松田二郎	昭和三十六年
《會社更生法の基礎的研究》	永澤信義	昭和四十一年

(二)英　文

Harry G. Henn: *Law of Corporation* 2nd Ed. (1970).

Joseph L. Franscona: *Business Law* 2nd Ed. (1963).

William L. Cary: *Corporations* 4th Ed. (1969).

House of Representative: *Bankruptcy Laws of the United States* (1968).

Flvin R. Latty and George T. Frampton: *Basic Business Association* (1963).

Mounce and Dawson: *Business Law* (1969).

Norman D. Lattin: *The Law of Corporation* (1959).

Collier: *Bankruptcy Manual* (1965) (As revised by William T. Laube and W. T. Hill).

American Jurisprudence vol. 18 2nd Ed. (1965).

Corpus Juris Secundum vol. 18 2nd Ed. (1939).

The Corporation Trust Company: Delaware Corporation Law Annototed 6th Ed.

(1976).

㈢譯　著

《日本民商法規彙編》　　　　　司法行政部　　　　　民國六十四年

《日本商法》　　　　　　　　　林素鳳　　　　　　　民國八十五年

《日本商法典》　　　　　　　　王書江、殷建年　　　民國八十九年

《日本商法特例法》　　　　　　林素鳳　　　　　　　民國九十二年

▶ **保險法論**

鄭玉波著　劉宗榮修訂

　　本書在維持原著《保險法論》的精神下，修正保險法總則、保險契約法的相關規定，並通盤改寫保險業法。本書的特色如下：1.囊括保險契約法與保險業法，內容最完備。2.依據最新公布的保險法條文修正補充，資料最新穎。3.依據大陸法系的體例撰寫，銜接民法，體系最嚴明。4.章節分明，文字淺顯易懂，自修考試兩相宜。

▶ **醫護健保與長照法規**

吳秀玲著

　　本書以根植法治觀念為先，回顧法律的 ABC 基本概念，針對醫事人員的專業法規、醫療與護理機構的法規範、健保和長照的法律問題、傳染病和愛滋防治，以及器官移植、安寧緩和醫療和醫療爭議議題，加以介紹分析。又本書側重於醫護健保長照管制法規、實務運作之論述，並檢討現行法規之缺失、提出修法建議，以維民眾醫療權益。